U0576534

中华经典名著

全本全注全译丛书

郭丹　程小青　李彬源◎译注

左传　下

中華書局

左传下

下册目录

昭公

【题解】

昭公，鲁国第二十三任国君，名裯，一作稠，襄公之子，齐归所生。前541年即位，时年十九岁。在位二十五年，寄居于齐、晋八年，共三十二年。前510年死于乾侯（晋地，在今河北成安）。弟宋立，是为定公。

昭公时期，公室进一步衰弱，鲁国的实际当政者为季孙氏。昭公五年，季孙氏废除中军，四分公室，季氏得其二，叔孙、孟孙各得其一，公室更加衰弱了。昭公为人无情无能，有贤臣子家羁而不能用，在内不能整顿国政，在外失信于诸侯，终于昭公二十五年被逼逃亡国外，最后死于异国。

昭公时期，诸侯国普遍出现公室卑弱，政在家门的局面。各国内部纷争不断，内乱不已。同时，周王室也更加没落，周景王去世后，王室陷入诸王子争立的混乱，导致周敬王数年间不能安居于王城。

这一时期晋国霸业已衰，楚国意欲凌驾于晋国之上，在昭公元年虢之会上抢占风头，又于昭公四年大会诸侯于申，甚至企图问鼎周室。但是，楚国君臣骄横轻敌，肆意攻伐，多行不义，并不能取信于诸侯，同时遭到了新崛起的吴国的有力打击。晋国国君生活奢侈，民力凋敝，虒祁宫落成后，诸侯有贰心。为示威于诸侯，昭公十三年，晋国主持了平丘之会。同为政权下移，但晋国卿相较有德行与能力，能够顾全大局，他们苦苦撑持了晋国的盟主地位。

元年

【经】

1.1　元年春王正月[①],公即位。

1.2　叔孙豹会晋赵武、楚公子围、齐国弱、宋向戌、卫齐恶、陈公子招、蔡公孙归生、郑罕虎、许人、曹人于虢[②]。

1.3　三月,取郓[③]。

1.4　夏,秦伯之弟鍼出奔晋。

1.5　六月丁巳[④],邾子华卒[⑤]。

1.6　晋荀吴帅师败狄于大卤[⑥]。

1.7　秋,莒去疾自齐入于莒[⑦]。莒展舆出奔吴。

1.8　叔弓帅师疆郓田[⑧]。

1.9　葬邾悼公。

1.10　冬十有一月己酉[⑨],楚子麇卒[⑩]。

1.11　楚公子比出奔晋[⑪]。

【注释】

①元年:鲁昭公元年当周景王四年,前541。

②虢:指东虢,周文王弟虢叔所封。后为郑国所灭,周平王即以其地与郑国。在今河南郑州。

③郓:地名,在今山东沂水东北。

④丁巳:初九。

⑤邾子华卒:邾悼公死。

⑥大卤:古地名。在今山西太原西南。

⑦莒去疾自齐入于莒:去疾去年因展舆弑君自立而奔齐,今年

返国。

⑧叔弓帅师疆郓田：鲁国今春占据郓，接着为郓田划定疆界。

⑨己酉：初四。

⑩楚子麇(jūn)卒：楚王郏敖去世。

⑪公子比出奔晋：公之围杀楚王郏敖，公子比逃晋。

【译文】

鲁昭公元年春周历正月，昭公即位。

叔孙豹和晋国赵武、楚国公子围、齐国国弱、宋国向戌、卫国齐恶、陈国公子招、蔡国公孙归生、郑国罕虎、许国人、曹国人在虢会见。

三月，占领郓邑。

夏，秦景公弟弟鍼出逃到晋国。

六月初九，邾悼公华去世。

晋国荀吴带兵在大卤打败狄人。

秋，莒国去疾从齐国进入莒国。莒国展舆逃往吴国。

叔弓领兵划定郓地田地的疆界。

安葬邾悼公。

冬十一月初四，楚国君郏敖麇去世。

楚国公子比出逃晋国。

【传】

1.1　元年春，楚公子围聘于郑，且娶于公孙段氏[①]。伍举为介[②]。将入馆[③]，郑人恶之[④]，使行人子羽与之言，乃馆于外[⑤]。既聘，将以众逆[⑥]。子产患之，使子羽辞[⑦]，曰："以敝邑褊小，不足以容从者，请墠听命[⑧]！"令尹命大宰伯州犁对曰[⑨]："君辱贶寡大夫围[⑩]，谓围将使丰氏抚有而室[⑪]。围布几筵，告于庄、共之庙而来[⑫]。若野赐之，是委君贶于草莽也[13]。是寡大夫不得列于诸卿也[14]。不宁唯是[15]，又使围蒙其先君[16]，将不得为寡君老[17]，其蔑以复矣[18]。唯大夫图之。”子羽曰：“小国无罪，恃实其罪[19]。将恃大国之安靖己，而无乃包藏祸心以图之[20]。小国失恃，而惩诸侯[21]，使莫不憾者[22]，距违君命，而有所壅塞不行是惧[23]。不然，敝邑，馆人之属也[24]，其敢爱丰氏之祧[25]？”伍举知其有备也，请垂櫜而入[26]。许之。

【注释】

①且娶于公孙段氏：公子围将娶公孙段家女儿。

②伍举：楚国大夫椒举。介：副使。

③将入馆：入城住于客馆。

④郑人恶之：知道楚人不怀好意。

⑤乃馆于外：只让楚人住在城外。

⑥既聘，将以众逆：聘问之礼毕，楚人准备率兵众进城迎亲。众，兵众。

⑦子产患之，使子羽辞：子产担心楚人乘机侵郑，因此拒绝其进城。

⑧以敝邑褊小，不足以容从者，请墠(shàn)听命：古人迎亲，须在祖庙迎娶，子产拒绝楚人进城，因此在城外除地为墠，代替公孙段氏祖庙以行婚礼。墠，为供祭祀之用而清除的地面。

⑨令尹：即公子围。

⑩君辱贶寡大夫围：虽是娶丰氏女，但言及郑国君，表示有礼。贶，赐。寡大夫围，谦称公子围。

⑪将使丰氏抚有而室：丰氏已答应将女儿嫁给公子围。丰氏，公孙段。抚，有。室，妻子。

⑫围布几(jī)筵，告于庄、共之庙而来：为表诚意，公子围祭告父祖

之庙而来娶妇。布，陈列。几筵，这里代指祭神之物。几，凭靠的小桌。筵，竹席。庄，楚庄王，公子围祖父。共，楚共王，公子围之父。

⑬若野赐之，是委君贶于草莽也：如果野外迎娶，等于弃郑国君之赐于草野。君，指郑国君。莽，草深。

⑭是寡大夫不得列于诸卿也：公子围也不能享受上卿之礼。

⑮不宁唯是：不仅如此。宁，语助词。

⑯又使围蒙其先君：来前已告于祖庙，现在不得迎娶于女家之庙，是欺骗祖先。蒙，欺骗。

⑰将不得为寡君老：意思是这样一来我将不能再做国君的上卿了。老，天子诸侯大夫之臣之长皆曰老。

⑱其蔑以复矣：将无法返国。

⑲小国无罪，恃实其罪：依恃大国而不设防备，即小国之罪。

⑳将恃大国之安靖己，而无乃包藏祸心以图之：与楚国结亲，是想仰仗大国安定自己，不希望楚国借以侵郑。按，子羽明言楚人包藏祸心。

㉑而惩诸侯：使诸侯因此戒惧楚国。惩，戒惧。

㉒憾：怨恨。

㉓壅塞不行：楚君的命令不能通行。

㉔敝邑，馆人之属也：郑国就等于楚国的客馆。馆人，守客馆者。

㉕其：难道。祧(tiāo)：祖庙。

㉖请垂櫜(gāo)而入：楚国打消侵郑念头。垂櫜，口袋向下，表示内无兵器。櫜，装兵器的口袋。

【译文】

鲁昭公元年春，楚国公子围到郑国聘问，并娶公孙段家女子为妻。伍举作为副使。楚国人将要进入宾馆，郑国人厌恶他们，派行人子羽对他们婉言拒绝，于是就住在城外。聘问完毕，公子围准备带众多人马入城迎亲。子产为此感到担心，派子羽辞谢，说："由于敝国狭小，不足以容纳您的随从，请求在郊外建墠听取您的命令！"公子围派太宰伯州犁回复说："承蒙贵君赐给敝国大夫围恩惠，对围说要将丰氏女儿嫁给你做妻子。围陈列祭品，在庄王、共王的庙中祭告后才前来。如果在野外将她赐给他，这是把贵君的赏赐扔在草丛里了。这样将使敝国大夫无法享受上卿之礼。不仅仅如此，又使围欺骗了他的先君，将不能再担任我们国君的卿了，恐怕还无法回去复命。请大夫好好考虑一下。"子羽说："小国没有罪过，但如倚靠大国而不加防范就是罪过。我们打算依靠大国使自己安定，无奈大国可能包藏祸心来图谋我国。小国失去依靠，而使诸侯引起警戒，全都怨恨大国，对贵君的命令采取抗拒的态度，使它行不通，这是我们所担心的。否则，敝国就等于是贵国的宾馆，哪敢舍不得丰氏的宗庙？"伍举知道对方已有防备，就请求倒垂弓袋入城。郑国人答应了。

正月乙未[①]，入，逆而出[②]。遂会于虢，寻宋之盟也[③]。祁午谓赵文子曰[④]："宋之盟，楚人得志于晋[⑤]。今令尹之不信，诸侯之所闻也。子弗戒，惧又如宋。子木之信称于诸侯，犹诈晋而驾焉[⑥]，况不信之尤者乎[⑦]？楚重得志于晋[⑧]，晋之耻也。子相晋国，以为盟主，于今七年矣[⑨]。再合诸侯[⑩]，三合大夫[⑪]，服齐、狄，宁东夏[⑫]，平秦乱[⑬]，城淳于[⑭]，师徒不顿[⑮]，国家不罢[⑯]，民无谤讟[⑰]，诸侯无怨，天无大灾，子之力也。有令名矣，而终之以耻，午也是惧。吾子其不可以不戒[⑱]。"文子曰："武受赐矣[⑲]。然宋之盟，子木有祸人之心，武有仁人之心，是楚所以驾于晋也。今武犹是心也，楚又行僭，非所害也[⑳]。武将信以为本，循而行之。譬如农夫，是穮是蓘，虽有饥馑，必有丰年[㉑]。且吾闻之，能信不为人下，吾未能也[22]。《诗》曰：'不僭不贼，鲜不为则[23]。'信也。能为人则者，不为人下矣。吾不能是难[24]，楚不为患[25]。"楚令尹围请用牲，读旧书加于牲上而已[26]，晋人许之。

【注释】

①乙未：十五日。

②入，逆而出：公子围入城，在祖庙迎娶新妇。入，入城入庙。逆，迎妇。

③遂会于虢，寻宋之盟也：公子围与诸侯国的大夫会见，重温襄公二十七年宋国盟会的友情。

④祁午：祁奚儿子。

⑤宋之盟，楚人得志于晋：宋弭兵之会，楚人先歃。

⑥诈晋：指宋之盟时楚人衷甲。驾：凌驾。

⑦不信之尤者：指公子围。

⑧重：再次。

⑨子相晋国，以为盟主，于今七年矣：赵武于襄公二十五年执政。

⑩再合诸侯：指襄公二十五年会诸侯于夷仪，二十六年会于澶渊。再，两次。

⑪三合大夫：指襄公二十七年会于宋，三十年会于澶渊，这次又会于虢。

⑫服齐、狄，宁东夏：襄公二十八年齐景公、白狄曾朝晋国。东夏，华夏东方的国家，指齐国。

⑬平秦乱：指崤之战后秦、晋不和，襄公二十六年两国和解。

⑭城淳于：襄公二十九年修杞之淳于城。淳于，古地名。在今山东安丘东北。

⑮顿：疲惫。

⑯罢：疲惫。

⑰讟(dú):怨言。

⑱吾子其不可以不戒:按,祁午历数赵武政绩,希望此次会见不能让楚人得志。

⑲武受赐矣:接受祁午的意见。

⑳今武犹是心也,楚又行僭(jiàn),非所害也:晋国坚持守信,楚国肯定不能伤害晋国。僭,不守信,超越本分。

㉑"武将信以为本"六句:以农夫为喻,只要辛勤耕作,必有丰收;晋国坚持仁信,必受诸侯拥护。穮(biāo),耘田除草。蓘(gǔn),给苗培土。

㉒能信不为人下,吾未能也:守信必不会居于人下,只怕自己还不能做到这样。

㉓不僭不贼,鲜不为则:引《诗》见《诗经·大雅·抑》,意思是说,没有过错,不伤害人,没有不成为典范的。贼,戕害。鲜,少。则,准则,典范。

㉔吾不能是难:难在不能做到这一点。

㉕楚不为患:按,赵武坚持以信得诸侯。

㉖楚令尹围请用牲,读旧书加于牲上而已:楚国怕晋国先歃血,于是请求用牺牲,不歃血,仅仅宣读一下旧盟约后将盟书放在牺牲上。旧书,指襄公二十七年宋之盟约。

【译文】

正月十五日,公子围进入郑国都城,迎亲后出城。就在虢会见,重温在宋国的盟约。祁午对赵文子说:"在宋国的盟会,楚国占了晋国的先。现在楚国令尹不守信用,是诸侯们所知道的。你要是不加戒备,怕又会像在宋国那样。子木的信用著称于诸侯,尚且欺骗晋国而凌驾在晋国之上,又何况眼前这个尤其不守信用的人呢?楚国如果再次压在晋国之上,是晋国的耻辱。您辅相晋国作为盟主,到现在已经七年了。其间两次会合诸侯,三次会合大夫,使齐国、狄人归服,东方诸侯安定,平定秦国造成的动乱，修筑淳于城，军队不劳顿，国家不疲弱，人民不抱怨，诸侯无怨言，上天无大灾，这都是您的功绩。我担心您已经有了好名声，而以耻辱结束。您实在不能不加以戒备。”赵文子说：“我接受您的教诲了。不过在宋国的盟会，子木有害人之心，我有爱人之心，这是楚国所以凌驾在晋国之上的原因。如今我还是抱定爱人之心，要是楚国又做出不守信用的事，就不是他所能伤害的了。我将以信为本，并照此行事。就好比农夫，只要勤于除草培土，即便出现饥荒，也一定丰收。而且我听说，能守信用的人不会处在别人的下风，只怕我还是不能做到守信用啊。《诗》说：‘不弄虚作假不害人，很少不被当做典范。’这是由于守信用的缘故。能成为他人准则的人，不会处于人下。我难在不能做到这一点，楚国不可能成为祸患。”楚国令尹围请求用牺牲，仅仅宣读旧的盟书，然后放在牺牲上面，晋国同意了。

三月甲辰①，盟。楚公子围设服离卫②。叔孙穆子曰：“楚公子美矣，君哉③！”郑子皮曰：“二执戈者前矣④！”蔡子家曰：“蒲宫有前，不亦可乎⑤？”楚伯州犁曰：“此行也，辞而假之寡君⑥。”郑行人挥曰⑦：“假不反矣⑧！”伯州犁曰：“子姑忧子皙之欲背诞也⑨。”子羽曰：“当璧犹在，假而不反，子其无忧乎⑩？”齐国子曰⑪：“吾代二子愍矣⑫！”陈公子招曰：“不忧何成，二子乐矣⑬。”卫齐子曰⑭：“苟或知之，虽忧何害⑮？”宋合左师曰：“大国令，小国共。吾知共而已⑯。”晋乐王鲋曰：“《小旻》之卒章善矣，吾从之⑰。”

【注释】

①甲辰：二十五日。

②楚公子围设服离卫：陈设国君的仪仗服饰，两个卫兵拿着戈并排

侍立。离,并排。按,公子围只是令尹,这里用国君礼仪是僭越。

③君哉:如同国君。

④二执戈者前矣:按礼,国君前行,有执戈卫士二人前导。这里指公子围已用国君的礼仪。

⑤蒲宫有前,不亦可乎:指公子围既造王宫而居,有二执戈卫士在前并不奇怪。按,这是讥讽的话。蒲宫,用蒲苇屏蔽成王宫。

⑥辞而假之寡君:指公子围那些仪仗,是临行前向国君请求而借来的。按,以上这些诸侯大夫的议论,已经暗示公子围有篡位野心,所以伯州犁出来为他掩饰。

⑦郑行人挥:即子羽。

⑧假不反矣:这是承接伯州犁的话。假,借。反,归还。

⑨子姑忧子皙之欲背诞也:指襄公三十年郑国子皙杀伯有作乱。背诞,违命作乱。伯州犁反唇相讥,要子羽只为郑国考虑,不必为公子围担心。

⑩当璧犹在,假而不反,子其无忧乎:楚国公子弃疾还在,公子围即便当上国君,也不能没有忧虑。当璧,指楚国公子弃疾。昭公十三年《传》载,楚共王无嫡子,乃埋璧于大室之庭,祈于神,当璧而拜者为神所立。命五宠子拜,公子弃疾当璧。

⑪齐国子:即国弱。

⑫吾代二子愍(mǐn)矣:伯州犁后来被楚灵王(即公子围)所杀,楚灵王也不得善终,所以国弱说替他俩担心。愍,忧虑。

⑬不忧何成,二子乐矣:这里公子招承接国弱的话,认为二人不忧而乐,其事必不成。

⑭卫齐子:即齐恶。

⑮苟或知之,虽忧何害:能事先知道,虽有忧难,也无损害。

⑯大国令,小国共。吾知共而已:宋国左师向戌不愿正面评论公子围,只是说,大国发令,小国恭敬,我只知道恭敬罢了。共,通“恭”。

⑰《小旻(mín)》之卒章善矣,吾从之:《小旻》,《诗经·小雅》篇名。《小旻》最后一章以暴虎冯河、临渊履冰为喻,说不敬则有危险。按,作者假借诸大夫的议论,预示公子围的野心及其结局,而乐王鲋的话是不赞成诸大夫公开讥评公子围。

【译文】

三月二十五日结盟。楚国公子围用国君的仪仗服饰,两名卫兵持戈侍立。叔孙穆子说:"楚国公子围的仪仗服饰真华美,已经与国君一样了!"郑国子皮说:"他用两名侍卫持戈前导了!"蔡国子家说:"他住在蒲宫,有两名侍卫前导不也是可以的吗?"楚国伯州犁说:"这是这次出行时求得我们国君的允许借来的。"郑国行人子羽说:"借了就不会再还了!"伯州犁说:"你还是去担忧你们国家的子皙想要违命作乱吧。"子羽说:"公子弃疾还在,借了不归还,你难道没有忧虑吗?"齐国国弱说:"我在替二位担心啊!"陈国公子招说:"不忧愁又怎么能办成事,不过这二位可高兴了。"卫国齐恶说:"如果事先知道了,即便有忧患又有什么危害?"宋国向戌说:"大国发布命令,小国恭敬地听命。我只知道恭敬地听命。"晋国乐王鲋说:"《小旻》最后一章说得好,我就照着它来做。"

退会,子羽谓子皮曰:"叔孙绞而婉[①],宋左师简而礼[②],乐王鲋字而敬[③],子与子家持之[④],皆保世之主也[⑤]。齐、卫、陈大夫其不免乎!国子代人忧[⑥],子招乐忧[⑦],齐子虽忧弗害[⑧]。夫弗及而忧[⑨],与可忧而乐[⑩],与忧而弗害[⑪],皆取忧之道也,忧必及之[⑫]。《大誓》曰:'民之所欲,天必从之。'三大夫兆忧[⑬],能无至乎?言以知物,其是之谓矣[⑭]。"

【注释】

①叔孙绞而婉:叔孙穆子的话恰切而婉转。

②宋左师简而礼:向戌说恭事大国的话无所臧否,是为有礼。简,无所臧否。

③乐王鲋字而敬:乐王鲋知道自爱,不冲撞别人,是恭敬。字,爱。

④子与子家持之:子皮和蔡国公子归生说话得体。子,指子皮。子家,蔡国公子归生。持,指说话无可无不可。

⑤皆保世之主也:上述各人将可保持几代的爵位。

⑥国子代人忧:国弱说"代二子愍",是替他人忧虑。

⑦子招乐忧:公子招以忧为乐。

⑧齐子虽忧弗害:齐恶虽然知道忧虑却不当作危害。

⑨夫弗及而忧:忧不及己而代人忧。

⑩可忧而乐:应忧而乐。

⑪忧而弗害:有忧而不以为害。

⑫皆取忧之道也,忧必及之:以上三种情况,是真正取忧之道,所以必招忧惹祸。按,以上是子羽评论各位大夫的话。

⑬兆忧:有了忧虑的征兆。

⑭言以知物,其是之谓矣:察言而知祸福之类,就是说的这种情况。物,类。按,后来在昭公八年陈招杀太子,昭公二十年齐恶之子齐豹被灭,哀公六年国弱之子国夏奔鲁,都应验了子羽的预言。

【译文】

散会后,子羽对子皮说:"叔孙穆子言辞恰当而委婉,宋国向戌简明而合乎礼,乐王鲋自爱而尊重别人,您和子家说话得体,都是可以保全爵禄世代不衰的人。齐、卫、陈三国大夫大概却要不免于祸患了吧?国弱替别人担忧,公子招以高兴代替忧虑,齐恶虽然有忧虑却没意识到危害。与自己无关却忧虑,该忧愁反而高兴,以及有忧虑却没意识到危害,都是导致忧虑的根由,忧患必定会到来。《大誓》说:'人民所愿望的，上天一定听从。'三位大夫有了忧虑的预兆，忧虑能不到来吗？通过话语预知事物的结局，说的就是这种情况。"

1.2　季武子伐莒，取郓。莒人告于会。楚告于晋曰："寻盟未退[①]，而鲁伐莒，渎齐盟，请戮其使[②]。"乐桓子相赵文子[③]，欲求货于叔孙，而为之请[④]。使请带焉[⑤]，弗与。梁其胫曰[⑥]："货以藩身[⑦]，子何爱焉？"叔孙曰："诸侯之会，卫社稷也。我以货免，鲁必受师[⑧]。是祸之也，何卫之为？人之有墙，以蔽恶也[⑨]。墙之隙坏[⑩]，谁之咎也？卫而恶之，吾又甚焉[⑪]。虽怨季孙，鲁国何罪[⑫]？叔出季处，有自来矣，吾又谁怨[⑬]？然鲋也贿，弗与，不已。"召使者，裂裳帛而与之[⑭]，曰："带其褊矣[⑮]。"赵孟闻之，曰："临患不忘国，忠也；思难不越官，信也[⑯]；图国忘死，贞也[⑰]；谋主三者，义也[⑱]。有是四者，又可戮乎？"乃请诸楚曰："鲁虽有罪，其执事不辟难[⑲]，畏威而敬命矣[⑳]。子若免之，以劝左右可也[㉑]。若子之群吏，处不辟污，出不逃难[㉒]，其何患之有？患之所生，污而不治，难而不守[㉓]，所由来也。能是二者，又何患焉？不靖其能，其谁从之？鲁叔孙豹可谓能矣，请免之，以靖能者。子会而赦有罪，又赏其贤[㉔]，诸侯其谁不欣焉望楚而归之，视远如迩[㉕]？疆埸之邑[㉖]，一彼一此，何常之有？王、伯之令也[㉗]，引其封疆[㉘]，而树之官，举之表旗[㉙]，而著之制令，过则有刑[㉚]，犹不可壹[㉛]。于是乎虞有三苗[㉜]，夏有观、扈[㉝]，商有姺、邳[㉞]，周有徐、奄[㉟]。自无令王，诸侯逐进[㊱]，狎主齐盟[㊲]，其又可壹乎？恤大舍小[㊳]，足以为盟主，又焉用之？封疆之削，何国蔑有？主齐盟者，谁能辩焉[㊴]？吴、濮有衅，楚之执事岂其顾盟[㊵]？

莒之疆事，楚勿与知[41]。诸侯无烦[42]，不亦可乎？莒、鲁争郓，为日久矣[43]。苟无大害于其社稷，可无亢也[44]。去烦宥善[45]，莫不竞劝[46]。子其图之！"固请诸楚，楚人许之，乃免叔孙[47]。

【注释】

①寻盟未退：重温宋国弭兵之盟尚未结束。

②渎齐盟，请戮其使：此时鲁国叔孙豹参加虢之会，因此楚国请求诛杀鲁国使者。渎，亵渎。齐盟，即斋盟，盟前必先斋戒，故名。

③乐桓子：即乐王鲋。相：相礼。

④欲求货于叔孙，而为之请：乐王鲋想向叔孙豹索取贿赂，因此替他向赵武请求免戮。

⑤使请带焉：乐王鲋不好明言，以要叔孙豹的腰带作暗示。

⑥梁其胫：叔孙家臣。

⑦藩：保卫。

⑧我以货免，鲁必受师：个人行贿免戮，国家将被伐。

⑨人之有墙，以蔽恶也：喻意自己卫国，就如墙可挡住坏人。

⑩隙：裂缝。

⑪卫而恶之，吾又甚焉：我本来为保卫社稷，现在反而使它受伐，罪过更重。

⑫虽怨季孙，鲁国何罪：季孙伐莒，应怨季孙，鲁国无罪。

⑬叔出季处，有自来矣，吾又谁怨：叔孙氏出使，季孙氏守国，有多年的历史了，职有所分，即使受戮，无所怨恨。自襄公二十一年后，盟会聘问，皆书叔孙，仲孙偶然参与，《经》未尝书季孙，已十余年。

⑭裳帛：裙帛。裳，下身穿的衣裙，古代男女皆着。

⑮带其褊(biǎn)矣：腰带太狭小，只好撕下做裙子的帛相赠。褊，狭小。按，叔孙豹既不肯贿赂免戮，又能权变。

⑯思难不越官，信也：临难不忘职守，甘受灾祸，是有诚意。信，诚。

⑰图国忘死，贞也：为国而不惜一死，是贞。贞，坚定。

⑱谋主三者，义也：考虑问题从忠、信、贞出发，是义。

⑲执事：指叔孙豹。

⑳畏威而敬命矣：畏楚威，敬楚命。

㉑子若免之，以劝左右可也：宽宥叔孙豹，可以勉励他人。左右，指楚国群臣。

㉒处不辟污，出不逃难：处，指在国内。出，指在国外。辟，躲避。污，指困难之事。

㉓难而不守：遇困难而不能坚守。

㉔又赏其贤：指赦免叔孙豹。

㉕诸侯其谁不欣焉望楚而归之，视远如迩：这样一来，楚国虽然远离中原，诸侯却觉得亲近。

㉖疆埸(yì)：边境。

㉗王：指三王，即夏禹、商汤、周文王。伯：指五霸，即夏昆吾、商大彭、豕韦、周齐桓公、晋文公。令：政令。

㉘引：正，划定。

㉙而树之官，举之表旗：为划定疆界设置官员，树立标志。表旗，界碑之类。

㉚而著之制令，过则有刑：制定章程法令，不得相侵犯，越境则受罚。制令，边界章程。过，越境。

㉛犹不可壹：如此尚不能固定列国境界而一成不变。

㉜三苗：国名。相传舜征伐三苗而道死于苍梧。

㉝观、扈：二古国名，观国在今山东范县境内，扈国在今陕西西安鄠邑区北。

㉞姺(shēn)：即有莘氏，在今山东曹县境北。邳(pī)：古国名，在今江苏邳州。

㉟徐、奄:二古国名。古徐国在今江苏泗洪南,古奄国在今山东曲阜东。按,三王以下诸国,为历代反抗当时王朝的诸侯,意指三王五霸强盛时,尚有诸侯相争。

㊱诸侯逐进:诸侯争相扩张。逐,追逐,竞争。

㊲狎主齐盟:交替主盟。狎,更替。

㊳恤大舍小:慎重考虑大事,不过问小事。大,大事,指篡弑灭亡之祸。小,小事,指边境纠纷。

㊴辩:治理。

㊵吴、濮有衅,楚之执事岂其顾盟:意思是楚之邻国有机可乘,楚国也不会为顾念弭兵之盟而不攻打它们。吴、濮,楚的邻国。有衅,有隙可乘。

㊶勿与知:不必过问。

㊷无烦:不因伐鲁而劳烦。

㊸莒、鲁争郓,为日久矣:文公十二年季孙行父城郓,可知郓属鲁;成公九年楚伐莒入郓,则郓又已属莒,可见两国争郓日久。

㊹亢:庇护。

㊺去烦宥善:不劳诸侯,赦免善人叔孙豹。

㊻莫不竞劝:如此则人人努力为善。

㊼固请诸楚,楚人许之,乃免叔孙:此次盟会,已是完全由楚国主持,莒人告于会,实则告于楚。晋国赵文子坚持向楚请求,才赦免了叔孙豹。

【译文】

季武子攻打莒国,夺取郓邑。莒国人向盟会报告。楚国告诉晋国说:"重温旧盟还没结束,鲁国却攻讨莒国,亵渎盟约,请把使者杀掉。"乐桓子相礼赵文子,想向叔孙豹索取财物,然后为他说情。派人向叔孙豹索要他的腰带,叔孙豹不给。梁其胫说:"财物是用来护卫身体的,你何必舍不得呢?"叔孙豹说:"诸侯相会,是为了保卫国家。如果我通过贿赂免除自身灾难，鲁国一定会被进攻。这是为鲁国带来祸患，谈得上什么卫国？人所以要有围墙，是为了阻挡坏人的入侵。墙有了缝隙或损坏，这是谁的过错呢？为保卫国家反而使它受到攻击，我的罪过就更大了。虽然季孙应该怨恨，但鲁国有什么罪？叔孙出使季孙守国，很长时间以来都是这样，我又能去抱怨谁呢？不过乐王鲋贪财，我不给，他一定不会罢休。"于是召见来使，从下裙上扯裂一块丝帛给他，说："身上的腰带恐怕太狭窄了。"赵文子听说了，说："身临祸患而不忘国家，这是忠；临难而不放弃职守，这是信；为国考虑而忘死，这是贞；考虑问题从这三样出发，这是义。一个人有了这四种优点，又怎么可以被杀戮呢？"便向楚国请求说："鲁国虽然有罪，但他的使者不避祸难，畏惧贵国的威势而恭敬地遵命。您如果赦免了他，可以用来劝勉您的左右。如果您的官员在国内不躲避困难以处理的事情，在国外不逃避祸难，还有什么可忧虑的呢？忧患的产生，在于遇到麻烦而不去解决，碰到祸难而不能坚守，祸患就是由此而来的。能够做到以上这两点，又有什么可担忧的呢？不安抚贤能的人，又有谁会听从您？鲁国叔孙豹可以算得贤能了，请赦免他，以安抚贤能者。您召集诸侯聚会而赦免有罪的，又奖励那贤能的，诸侯有谁会不高兴地向着楚国而归顺，视远方的楚国如同近邻？边境上的城邑，时而归这国，时而归那国，哪有固定不变的？尽管三王五霸有政令，划定了疆界，并且设置官员防守，建立标志，明白地记载在法令上，越境就有刑罚，还依然不能一成不变。在这种情况下，虞时有三苗，夏时有观氏、扈氏，商时有姺氏、邳氏，周时有徐国、奄国。自从没有了英明的天子，诸侯争相扩张，交替主持盟会，哪里又能划一不变呢？关注大事忽略小事，这就足可以为盟主，哪用得着去计较那些小事？边境被侵削，哪一个国家没有？主持盟会的，有谁能处理？吴、濮之间要是有机可乘，楚国的大夫们岂会顾及盟约？莒国疆界之事，楚国不要去过问。让诸侯们不必劳烦出兵，不也是好事吗？莒、鲁争夺郓邑，已经很长时间了。如果对他们的国家没有大的危害，大可不必去庇护。免除烦劳，赦免善人，其他人就没有不争相努力的。请您好好考虑一下吧！”坚决请求楚国，楚国答应了，于是赦免叔孙豹。

1.3 令尹享赵孟，赋《大明》之首章①。赵孟赋《小宛》之二章②。事毕，赵孟谓叔向曰：“令尹自以为王矣，何如？”对曰：“王弱，令尹强，其可哉③！虽可，不终④。”赵孟曰：“何故？”对曰：“强以克弱而安之，强不义也⑤。不义而强，其毙必速。《诗》曰：‘赫赫宗周，褒姒灭之⑥。’强不义也⑦。令尹为王，必求诸侯。晋少懦矣，诸侯将往⑧。若获诸侯，其虐滋甚⑨。民弗堪也，将何以终？夫以强取，不义而克，必以为道⑩。道以淫虐，弗可久已矣⑪！”

【注释】

①令尹享赵孟，赋《大明》之首章：《大明》首章歌颂文王明德显扬天下，公子围借以比附炫耀自己。《大明》，《诗经·大雅》篇名。

②赵孟赋《小宛》之二章：《小宛》第二章暗指君臣如果纵欲骄奢，失仪败德，将致灭亡。赵孟借以告诫令尹。《小宛》，《诗经·小雅》篇名。

③其可哉：令尹野心也可能成功。其，或许。

④不终：不得善终。

⑤强以克弱而安之，强不义也：以强凌弱而心安理得，不义。

⑥赫赫宗周，褒姒灭之：引《诗》见《诗经·小雅·正月》，写周幽王宠爱褒姒，最终被犬戎所杀。宗周，西周镐京，这里指西周王朝。褒姒，周幽王后。

⑦强不义也：西周虽赫赫强盛，不义却足以使它灭亡。

⑧晋少懦矣，诸侯将往：此次虢之会由楚国出面主持，莒也向楚求救，可见晋国霸业已逐渐衰弱，叔向已经意识到这一点。少懦，渐渐衰弱。

⑨若获诸侯，其虐滋甚：楚得诸侯，暴虐将更甚。

⑩夫以强取，不义而克，必以为道：以不义强取君位，必以不义作为常道。

⑪道以淫虐，弗可久已矣：楚国令尹以荒淫暴虐为常道，多行不义，必不能长久。按，此为昭公十三年楚灵王被杀伏笔。

【译文】

楚国令尹设享礼宴请赵文子，赋《大明》第一章。赵文子赋《小宛》第二章。宴会结束后，赵文子对叔向说："令尹自以为是国君了，你认为怎么样？"叔向回答说："楚王弱，令尹强，大约是会成功的吧！不过虽然成功，不会善终。"赵文子说："为什么？"叔向回答说："强大的战胜弱小的而心安理得，强大者就不合道义。不合道义而强大，一定很快灭亡。《诗》说：'赫赫宗周多兴旺，褒姒一笑就灭掉。'这是因为虽强但不义的缘故。令尹当了楚王，必然要谋求诸侯拥护。晋国比以前虚弱了，诸侯将会去投靠楚国。楚国获得诸侯的拥护，势必更加暴虐。人民无法承受，怎么能够善终？用强力取得君位，以不义而获胜，也一定会以此作为治国之道。把荒淫暴虐作为常道，是不可能长久的！"

1.4　夏四月，赵孟、叔孙豹、曹大夫入于郑，郑伯兼享之[①]。子皮戒赵孟[②]，礼终，赵孟赋《瓠叶》[③]。子皮遂戒穆叔，且告之[④]。穆叔曰："赵孟欲一献[⑤]，子其从之！"子皮曰："敢乎？"穆叔曰："夫人之所欲也，又何不敢？"及享，具五献之笾豆于幕下[⑥]。赵孟辞[⑦]，私于子产曰："武请于冢宰矣[⑧]。"乃用一献。赵孟为客，礼终乃宴[9]。穆叔赋《鹊巢》[10]。赵孟曰："武不堪也[11]。"又赋《采蘩》[12]，曰："小国为蘩，大国省穑而用之，其何实非命[13]？"子皮赋《野有死麕》之卒章[14]。赵孟赋《常棣》[15]，且曰："吾兄弟比以安[16]，尨也可使无吠[17]。"穆叔、子皮及曹大夫兴，拜[18]，举兕爵[19]，曰："小国赖子，知免于戾矣。"饮酒乐。赵孟出，曰："吾不复此矣[20]。"

【注释】

①赵孟、叔孙豹、曹大夫入于郑，郑伯兼享之：虢之会后三人经过郑国，郑简公同时宴请他们。

②戒：通知享礼日期，通知时也有礼节。

③《瓠(hù)叶》：《诗经·小雅》篇名。杨宽《古史新探》以为"叙述低级贵族举行饮酒礼的情况"。按，赵孟借此诗告诉子皮享宴饮食可从简。

④子皮遂戒穆叔，且告之：子皮通知穆叔享礼时间，同时告诉穆叔赵孟赋诗的情况。

⑤一献：古代享礼，先由主人敬酒，叫献；次由宾回敬，叫酢；再由主人先酌酒自饮，随即劝客同饮，叫酬。献、酢、酬合称一献。只要一献，其他食品仪节可以相应减少从简。一献，为士饮酒之礼。

⑥具五献之笾(biān)豆于幕下：子皮仍然准备得非常丰盛。笾，古代祭祀和宴会时盛果脯的竹器。豆，木制的盛肉类礼器，形似高脚盘。幕下，东房。《仪礼·特牲馈食礼》："设洗于阼阶东南，壶禁在西序，豆笾铏在东房。"

⑦赵孟辞：赵孟提出只用一献，现在用五献，过于丰盛，所以推辞不受。

⑧冢宰：指子皮。

⑨礼终乃宴：古人享宴，先用享礼，享后再宴。如果享礼隆重，如九献、七献，则宾客向主人还敬次数相应增多，作乐与酬币亦繁重，为时长，宴礼将隔日举行；此次享礼只用一献，时间不长，因此享礼完毕即行宴礼。

⑩《鹊巢》：《诗经·国风·召南》篇名。诗中有“维鹊有巢，维鸠居之”等句，穆叔借以称赞赵孟能治理晋国。杨伯峻以为：“穆叔意或比赵孟为鹊，以己为鸠。大国主盟，己得安居，免于楚之请杀之也。”

⑪武不堪也：赵孟表示自己不敢当。

⑫《采蘩》：《诗经·国风·召南》篇名。蘩，白蒿。穆叔又赋此诗表示蘩菜虽然菲薄，借以敬献公侯。

⑬小国为蘩，大国省穑而用之，其何实非命：意思是小国献蘩，贡品菲薄，大国并不嫌弃，爱惜而用之，又岂敢不服从大国的命令？这是穆叔自己解释赋诗的意思。穑，通“啬”，爱惜。

⑭《野有死麇(jūn)》：《诗经·国风·召南》篇名。其卒章云：“舒而脱脱兮，无感我帨兮，无使尨也吠。”子皮以此喻指赵孟能以义安抚诸侯，而不以无礼相欺凌。麇，獐子。

⑮《常棣》：《诗经·小雅》篇名。赵孟赋此诗借以答谢，意思是兄弟之国本应相亲团结。

⑯吾兄弟比以安：兄弟亲密又安好。比，亲密。

⑰尨(máng)也可使无吠：《野有死麇》中有“无使尨也吠”的诗句，赵孟借指兄弟相安，便不会有惊扰。尨，多毛的狗。

⑱兴，拜：宴礼时坐席上，现在起而后拜。兴，起来。

⑲兕(sì)爵：以兕牛角做的酒杯。兕，雌犀牛。爵，古代酒杯，形似雀。

⑳吾不复此矣：赵孟很满意，但认为不再会见到这样的欢乐了。

【译文】

夏四月，赵文子、叔孙豹、曹国大夫进入郑国，郑简公设享礼一起款待他们。子皮正式通知了赵文子，通知礼仪结束，赵文子赋《瓠叶》。子皮又去通知叔孙豹，同时告诉他赵文子赋诗事。叔孙豹说："赵文子只想要一献，你们就依从他吧！"子皮说："我们哪敢呢？"叔孙豹说："这是他自己所希望的，又有什么不敢？"到举行享礼时，郑国在东房准备了五献的器物用具。赵文子推辞了，私下对子产说："我已经向执政请求过了呀。"于是只用一献。赵文子为主宾，享礼结束后就宴饮。叔孙豹赋《鹊巢》。赵文子说："我可不敢当。"叔孙豹又赋《采蘩》，说："小国献上蘩，大国爱惜而加以使用，岂敢不服从大国的命令？"子皮赋《野有死麇》最后一章。赵文子赋《常棣》，并说："我们像兄弟一样安好，就可以让狗不叫唤了。"叔孙豹、子皮和曹国大夫从座位上起来，下拜，举起兕角酒杯，说："小国仰赖着您，知道可以免于罪过了。"大家酒喝得很高兴。赵文子出来后，说："我不会再看到像今天这样的快乐了。"

1.5　天王使刘定公劳赵孟于颍[①]，馆于雒汭[②]。刘子曰："美哉禹功！明德远矣。微禹，吾其鱼乎[③]！吾与子弁冕端委[④]，以治民、临诸侯，禹之力也。子盍亦远绩禹功，而大庇民乎[⑤]？"对曰："老夫罪戾是惧，焉能恤远？吾侪偷食，朝不谋夕，何其长也[⑥]？"刘子归，以语王曰："谚所为老将知而耄及之者，其赵孟之谓乎[⑦]！为晋正卿，以主诸侯，而侪于隶人，朝不谋夕，弃神人矣[⑧]。神怒民叛，何以能久？赵孟不复年矣[⑨]。神怒，不歆其祀[⑩]；民叛，不即其事[⑪]。祀、事不从，又何以年[⑫]？"

【注释】

①天王：周景王。刘定公：刘夏，周朝臣子。颍：本属周邑，后属郑国，在今河南登封东。

②洛汭：洛水曲流处，在今河南巩义西。

③“美哉禹功”四句：洛水流经洛阳，北入黄河，刘定公因见洛水、黄河而赞美大禹治水之功，意思是，禹的功德深远，没有他，我们早成鱼鳖了。

④弁冕：卿大夫的礼帽。端委：礼服。

⑤子盍亦远绩禹功，而大庇民乎：刘定公劝赵孟继承大禹之功，造福安抚百姓。绩，继承。庇，庇护。

⑥“老夫罪戾是惧”五句：我苟且度日，朝不虑夕，唯恐犯下罪过，哪能考虑到长远之事？这是赵孟自谦之辞。侪，同辈分的人。偷，苟且。

⑦谚所为老将知而耄及之者，其赵孟之谓乎：俗话说老了会聪明些，可老态昏聩也跟着来了。赵孟这时年未满五十，而似八九十岁的人，正是如此。耄，八十、九十曰耄，同时也有昏乱之意。

⑧“为晋正卿”五句：赵孟为晋国正卿，主盟诸侯，却将自己等同于隶人。民为神之主，不恤抚百姓，是抛弃了神灵和百姓。

⑨不复年：见不到明年，指将死。

⑩不歆：不享受祭品。

⑪不即其事：不干事情。不即，不就。

⑫祀、事不从，又何以年：按，本年冬，赵孟死，这里为他预言。

【译文】

周景王派刘定公到颍地慰劳赵文子，让他住在雒水边。刘定公说：“大禹的功绩真辉煌啊！他伟大的德行流传千古。没有大禹，我们都要变成鱼了吧！我和您戴着礼帽穿着礼服，治理人民、面对诸侯，都是大禹的力量。您何不也远承大禹的功德，大力庇护人民呢？”赵文子回答说:“老夫唯恐犯下罪过,哪里能想得那么长远?我辈苟且度日,早晨顾不上晚上,哪里能够作长远考虑呢?”刘定公回去后,告诉景王说:“谚语所谓老年人富有智慧可糊涂也降临了,说的就是赵文子这样的人吧!他担任晋国正卿,领导诸侯,却把自己等同于那些下贱的人,早晨不考虑晚上的事,抛弃了神明和人民。神明生气人民背叛,怎么能够长久?赵文子过不了今年了。神怒,不会享用他的祭祀;人民背叛,不肯为他做事。祭祀和事功都不能办理,又怎么能过得了年?”

1.6 叔孙归,曾夭御季孙以劳之①。旦及日中不出②。曾夭谓曾阜曰③:“旦及日中,吾知罪矣④。鲁以相忍为国也。忍其外,不忍其内,焉用之⑤?”阜曰:“数月于外,一旦于是,庸何伤⑥?贾而欲赢,而恶嚣乎⑦?”阜谓叔孙曰:“可以出矣!”叔孙指楹曰⑧:“虽恶是,其可去乎?”乃出见之。

【注释】

①曾夭:季孙家臣。

②旦及日中不出:叔孙豹怨恨季孙伐莒,使自己在虢之会上几乎被戮,所以季孙从早晨等到中午,叔孙豹都不出来见他。

③曾阜:叔孙家臣。

④旦及日中,吾知罪矣:季孙久候不见,既不发怒,又不离开,是知罪的表示了。

⑤忍其外,不忍其内,焉用之:对外能忍让,对内又何必不忍让呢?外,指虢之会。内,指对内,现在。

⑥数月于外,一旦于是,庸何伤:叔孙出使在外数月,季孙在此一个早晨,又算得了什么。庸,何。

⑦贾(gǔ)而欲赢,而恶嚣乎:譬如商贾欲求赢利,还厌恶市场的喧

嚣之声吗？贾，商人。嚣，喧嚣。

⑧楹(yíng)：厅堂大柱，赖以支持房屋，这里喻指季孙。

【译文】

叔孙豹回国，曾夭为季孙驾车来慰劳他。叔孙豹从早上直到中午都不出来。曾夭对曾阜说："从早上直到中午了，我们已经知道自己的过错了。鲁国是靠互相忍让来治理国家的。在国外能忍让，在国内却不能忍让，那又何必呢？"曾阜说："他在外劳累了几个月，你们在这里等一个早上，又算得了什么？商人要想赢利，还害怕市场的喧嚣吗？"曾阜对叔孙豹说："可以出去了！"叔孙豹指着堂上的柱子说："虽然厌恶它，但能把它去掉吗？"便出来见季孙。

1.7　郑徐吾犯之妹美①，公孙楚聘之矣，公孙黑又使强委禽焉②。犯惧，告子产。子产曰："是国无政，非子之患也。唯所欲与③。"犯请于二子，请使女择焉。皆许之④。子皙盛饰入，布币而出⑤。子南戎服入，左右射，超乘而出⑥。女自房观之，曰："子皙信美矣，抑子南，夫也⑦。夫夫妇妇⑧，所谓顺也。"适子南氏⑨。子皙怒，既而櫜甲以见子南⑩，欲杀之而取其妻。子南知之，执戈逐之。及冲⑪，击之以戈。子皙伤而归，告大夫曰："我好见之，不知其有异志也，故伤⑫。"

【注释】

①徐吾犯：郑国大夫，复姓徐吾。

②公孙楚聘之矣，公孙黑又使强委禽焉：二人争娶徐吾犯的妹妹。公孙楚，即子南，郑穆公孙。聘，定婚。公孙黑，即子皙。委禽，送聘礼。按，上古聘礼用雁。

③唯所欲与：应该由女子自己选择丈夫。

④皆许之：二人同意由女选择。

⑤子晳盛饰入，布币而出：盛饰，装扮华丽。布币，陈设彩礼。币即贽币，初见时礼品，男用玉帛或禽鸟，陈于堂上。按，是以此取悦于女。

⑥子南戎服入，左右射，超乘而出：子南表演左右开弓射箭，然后一跃上车出去。按，子南已聘，所以不再纳币。

⑦抑子南，夫也：但子南威武，才是个大丈夫。抑，然而。夫，是大丈夫。

⑧夫夫妇妇：丈夫要像个丈夫，妻子要像个妻子。前一夫、妇都是名词，指其身，下一夫、妇是述语。

⑨适：嫁给。

⑩櫜甲：这里是把皮甲穿在外衣里面，即衷甲。

⑪冲：十字路口。

⑫我好见之，不知其有异志也，故伤：子晳櫜甲见子南，本蓄意动武，不得逞而受伤，反而说子南有异志以自我掩饰。

【译文】

郑国徐吾犯妹妹长得很美，公孙楚已经聘她为妻，公孙黑又派人强行送去聘礼。徐吾犯害怕了，告给子产。子产说：“这是国家政事混乱，不是你的忧患。你妹妹愿意嫁谁就嫁谁。”徐吾犯向公孙楚、公孙黑二人提出，让妹妹自己来择婿。二人都答应了。公孙黑打扮得漂漂亮亮到徐家，在堂上放好礼物就退出。公孙楚穿着戎服到来，左右开弓射了箭，就跳上车走了。徐吾犯妹妹从屋里观察他们，说：“公孙黑确实很漂亮，而公孙楚才是真正的大丈夫。丈夫要像丈夫，妻子要像妻子，才是所谓顺。”于是嫁给公孙楚。公孙黑大怒，不久在衣服里边穿着皮甲去见公孙楚，想要杀死公孙楚而娶其妻。公孙楚知道后，持戈追赶公孙黑。到了交叉路口，用戈击打公孙黑。公孙黑受伤逃回，告诉大夫们说：“我好心好意去见公孙楚，没想到他有不良的念头，所以打伤了我。”

大夫皆谋之。子产曰:“直钧,幼贱有罪。罪在楚也[①]。”乃执子南而数之,曰:“国之大节有五,女皆奸之[②]。畏君之威,听其政,尊其贵,事其长,养其亲,五者所以为国也[③]。今君在国,女用兵焉[④],不畏威也;奸国之纪,不听政也[⑤];子皙,上大夫;女,嬖大夫[⑥],而弗下之,不尊贵也。幼而不忌[⑦],不事长也;兵其从兄[⑧],不养亲也。君曰:‘余不女忍杀,宥女以远[⑨]。’勉[⑩],速行乎,无重而罪!”

【注释】

①直钧,幼贱有罪。罪在楚也:直钧,各有理由。幼贱,乃少且位低。楚,即子南,公孙楚。按,子皙欲夺子南已聘之妻,不得,又欲杀子南,子南不过自卫而伤之。子皙分明无理,但子产以子皙大族,故以子南伤之为无理。

②奸:触犯。

③所以为国:国之大节,治国之道。

④用兵:子南以戈击子皙,是用兵。

⑤奸国之纪,不听政也:用兵伤人,是触犯法纪。纪,法纪。

⑥嬖大夫:下大夫。

⑦忌:敬畏。

⑧兵:用兵。从兄:堂兄。

⑨宥女以远:宽宥其罪,逐于远方。

⑩勉:尽力,是劝勉之辞。

【译文】

大夫们一起商量如何处理这件事。子产说:“双方都有理,年幼地位低的有罪,所以罪在公孙楚。”于是逮捕公孙楚宣布他的罪状,说:“国家大节有五项,你都违犯了。要畏惧国君的威严,听从他的政令,尊重显贵者，事奉年长者，奉养亲眷，这五条是治理国家的基本条件。现在国君在国都里，你却动用武器，这是不畏惧国君的威严；干犯国纪，这是不听从政令；公孙黑是上大夫，你只是下大夫，却不甘居于其下，这是不尊重显贵者；年幼而不恭敬，是不事奉年长者；用武器对付堂兄，这是不奉养亲属。国君说：'我不忍心杀你，赦免你让你到远方去。'你还是勉力吧，赶快上路，不要再加重自己的罪责了！"

五月庚辰①，郑放游楚于吴②。将行子南，子产咨于大叔③。大叔曰："吉不能亢身④，焉能亢宗⑤？彼，国政也，非私难也⑥。子图郑国，利则行之，又何疑焉？周公杀管叔而蔡蔡叔⑦，夫岂不爱？王室故也。吉若获戾，子将行之⑧，何有于诸游⑨？"

【注释】

①庚辰：初二。

②游楚：即子南。

③子产咨于大叔：子产征求太叔游吉的意见。咨，咨询，征求意见。大叔，即游吉，子南兄长的儿子，游氏宗主。古代一族之人皆须听宗主之命，所以大叔虽为子南的侄子，子南也须听命。所以子产征求其意见。

④亢：保护。身：自身。

⑤宗：家族。

⑥彼，国政也，非私难也：子南、子皙之事，是国家政事，不是私人之难。

⑦周公杀管叔而蔡蔡叔：周成王年少，管叔、蔡叔挟殷纣之子武庚以作乱，周公伐武庚，杀管叔，流放蔡叔。蔡，《说文》作"㮛"，流放。

⑧行之：执行刑罚。

⑨何有于诸游：不必顾虑游氏诸人。按，明年子产终于杀了公孙黑。

【译文】

五月初二，郑国放逐公孙楚到吴国。准备让他动身前，子产向太叔征询意见。太叔说："我连自身都无法保护，哪里能护佑宗族？他的事情属于国政，并非私家危难。你为郑国着想，有利的就去办，何必有什么疑虑呢？当初周公杀了管叔而流放蔡叔，难道不爱他们？是为了王室的缘故啊。我要是获罪，你也将照办，何必顾及游家其他人呢？"

1.8　秦后子有宠于桓，如二君于景[①]。其母曰："弗去，惧选[②]。"癸卯[③]，鍼适晋，其车千乘[④]。书曰："秦伯之弟鍼出奔晋。"罪秦伯也[⑤]。

【注释】

①秦后子有宠于桓，如二君于景：后子因受到秦桓公的疼爱，在秦景公时与秦景公如两君并列。后子，秦桓公之子，秦景公同母弟弟鍼。

②弗去，惧选：其母怕景公加害于鍼。选，遣，这里指放逐。

③癸卯：二十五日。

④鍼适晋，其车千乘：鍼的随车千乘，可见其权宠豪富。

⑤罪秦伯也：《经》文这样记载，是责怪秦景公不能容纳其弟的意思。

【译文】

秦国后子得到秦桓公的宠爱，在秦景公时就如同二君并列。他的母亲说："你要是不离开，恐怕会放逐你。"五月二十五日，后子到晋国去，随行车辆有千辆。《春秋》记载说："秦景公弟弟鍼逃往晋国。"这是把罪责归于秦景公。

后子享晋侯，造舟于河[1]，十里舍车，自雍及绛[2]。归取酬币，终事八反[3]。司马侯问焉[4]，曰："子之车，尽于此而已乎？"对曰："此之谓多矣！若能少此，吾何以得见？"女叔齐以告公，且曰："秦公子必归。臣闻君子能知其过，必有令图。令图，天所赞也[5]。"

【注释】

①造舟：列船作浮桥。

②十里舍车，自雍及绛：从雍到绛，每隔十里停车若干。雍，秦国国都，在今陕西凤翔。绛，晋国国都，在今山西侯马。

③归取酬币，终事八反：后子享晋平公用最隆重的九献之礼。九献要用酬币九次，起初已经带来一次，后来又回去取币八次。酬，参见前文"一献"解。酬币，主人劝酒时奉献的礼物。

④司马侯：即下文的女叔齐，晋大夫。

⑤"秦公子必归"五句：司马侯认为，后子能知其过，必能返回秦国。昭公五年，秦景公死，后子终于归返秦国。令图，好的打算。赞，赞助。

【译文】

后子设享礼款待晋平公，在黄河上用船搭成桥，每十里停放一批车辆，从雍都直到绛都。又回去取奉献的礼物，到享礼结束一共往返了八趟。司马侯问他，说："你的车辆全都在这里了吗？"后子回答说："这已经太多了！如果比这要少，我哪里会见到你呢？"司马侯把这话告给平公，并且说："秦国公子鍼肯定能回国。下臣听说君子能够意识到自己的过错，必定有好的打算。有了好的打算，上天就会帮助他。"

后子见赵孟。赵孟曰:“吾子其曷归[1]?”对曰:“鍼惧选于寡君,是以在此,将待嗣君[2]。”赵孟曰:“秦君何如?”对曰:“无道。”赵孟曰:“亡乎[3]?”对曰:“何为[4]? 一世无道,国未艾也[5]。国于天地,有与立焉[6]。不数世淫,弗能毙也[7]。”赵孟曰:“夭乎[8]?”对曰:“有焉。”赵孟曰:“其几何[9]?”对曰:“鍼闻之,国无道而年谷和熟[10],天赞之也[11]。鲜不五稔[12]。”赵孟视荫[13],曰:“朝夕不相及,谁能待五?”后子出而告人曰:“赵孟将死矣。主民,玩岁而愒日[14],其与几何?”

【注释】

①曷:何时。

②将待嗣君:待新君继位再回国。

③亡乎:国君既无道,秦国是否会灭亡。

④何为:为何会灭亡。

⑤艾:绝。

⑥国于天地,有与立焉:立国于天地,必有辅助之者。与立,辅助的人。

⑦不数世淫,弗能毙也:没有连续几代国君放纵乱政,国家不会灭亡。

⑧夭乎:指国君短命。

⑨其几何:何时而死。

⑩年谷和熟:指粮食丰收。

⑪赞:辅佐。

⑫鲜:少。五稔:五年。

⑬荫:日影。

⑭玩岁而愒(kài)日:得过且过又荒废时日。

【译文】

后子去见赵文子。赵文子说:"你估计什么时候回国?"后子回答说:"我担心遭到我们国君的放逐,所以留在这里,等待着继位的国君登基。"赵文子说:"秦国国君怎么样?"后子回答说:"无道。"赵文子问:"那么国家会灭亡吗?"后子回答说:"为什么会灭亡呢?一代国君无道,国家还不至于陷入绝境。国家立于天地间,就一定有辅助的人。不是几代国君都荒淫无道,国家是不会灭亡的。"赵文子问:"秦公会短命吗?"后子回答说:"会的。"赵文子问:"那要到什么时候?"后子回答说:"我听说过,国无道但年成丰收,是上天在帮他。少则不过五年。"赵文子看了看太阳的影子,说道:"早晨在晚上未必能在,谁能等到五年?"后子出来后告诉别人说:"赵文子快要死了。作为人民的主宰,既混日子又荒废时日,他还能活多久?"

1.9 郑为游楚乱故①,六月丁巳②,郑伯及其大夫盟于公孙段氏,罕虎、公孙侨、公孙段、印段、游吉、驷带私盟于闺门之外③,实薰隧④。公孙黑强与于盟,使大史书其名,且曰七子。子产弗讨⑤。

【注释】

①游楚:即子南。

②丁巳:初九。

③罕虎、公孙侨、公孙段、印段、游吉、驷带私盟于闺门之外:六位卿大夫在闺门结盟。闺门,郑国城门。

④薰隧:门外道路名。

⑤子产弗讨:按,这时子皙仍然强大,时机未到,所以子产未加讨伐。

【译文】

郑国因为公孙楚作乱的缘故，六月初九，郑简公和大夫们在公孙段家设立盟誓，罕虎、公孙侨、公孙段、印段、游吉、驷带私下在闺门外结盟，地点在薰隧。公孙黑强行加入盟约，让太史记下他的名字，并称为“七子”。子产没有讨伐他。

1.10　晋中行穆子败无终及群狄于大原，崇卒也[①]。将战，魏舒曰：“彼徒我车[②]，所遇又厄[③]，以什共车[④]，必克。困诸厄，又克。请皆卒，自我始[⑤]。”乃毁车以为行[⑥]，五乘为三伍[⑦]。荀吴之嬖人不肯即卒[⑧]，斩以徇。为五陈以相离[⑨]，两于前，伍于后，专为右角，参为左角，偏为前拒[⑩]，以诱之。翟人笑之[⑪]。未陈而薄之，大败之[⑫]。

【注释】

①晋中行穆子败无终及群狄于大原，崇卒也：中行穆子重用步兵，打败了敌人。中行穆子，即荀吴。无终，国名，在今山西太原一带。大原，大卤，在今太原西南。崇，尚，重视。卒，步兵。

②徒：步兵。

③厄：险要之地。

④以什共车：以十个精锐之兵当一车。

⑤“困诸厄”四句：如果我们以十兵当一车，又困敌于险隘之地，必能一胜而再胜，因此魏舒请求全部改为步兵。诸，“之于”的合音。

⑥毁车：弃车不用。行：步兵的行列。

⑦五乘为三伍：每乘三人，五乘十五人，改编为三个伍。伍，战斗的最小单位，五人为伍。

⑧即卒:参加步兵行列。

⑨五陈:五种阵法。相离:互相呼应。离,通"丽",附丽。

⑩两于前,伍于后,专为右角,参为左角,偏为前拒:两、伍、专、参、偏,都是步兵阵法名,可能是临时设置的。前拒,作前锋。杨伯峻曰:"两者,两个伍,十人也;伍者,或一伍,或伍为五之讹,五人或二十五人也;专,独也,一也,即一伍,五人也;参,通三,三伍十五人也;偏,《司马法》及《周礼·小司徒》,百人为卒,宣十二年《传》谓卒为二偏,则偏五十人,杜《注》亦如此。则五阵不过百许人耳。"

⑪翟人笑之:五阵人数不多,不合常规,所以狄人笑之。翟,同"狄"。

⑫未陈而薄之,大败之:狄人未及布阵,晋军迫近攻击,大败狄军。按,以上追记败狄原因。

【译文】

晋国中行穆子在大原打败无终国和各部狄人,这是由于重视了步兵的作用。将要交战时,魏舒说:"他们是步兵我们是车兵,两军相遇的地方又地形狭隘,用十个人当一辆战车,必然会取胜。如果我们以十兵当一车,又困敌于险隘处,步兵能一胜再胜。请全部将车兵改为步兵,从我的部队开始。"便毁坏战车改为步兵行列,五辆战车的人改编为三个伍。荀吴的宠臣不肯编入步兵,于是杀了他示众。设立五种阵法互相配合,两在前面,伍在后面,专作为右翼,参作为左翼,偏作为前锋,用来诱敌。狄人讥笑他们。晋军趁对方还没布阵就迫近了他们,结果大败狄人。

1.11 莒展舆立,而夺群公子秩①。公子召去疾于齐②。秋,齐公子钼纳去疾,展舆奔吴③。叔弓帅师疆郓田④,因莒乱也。于是莒务娄、瞀胡及公子灭明以大庬与常仪靡奔齐⑤。

君子曰："莒展之不立[⑥]，弃人也夫[⑦]！人可弃乎？《诗》曰：'无竞维人[⑧]。'善矣。"

【注释】

①秩：俸禄。按，古代秩禄，或以田，或以谷。

②公子召去疾于齐：群公子召唤去年奔齐的去疾。

③展舆奔吴：展舆母亲是吴女，所以他投奔吴国。

④叔弓：鲁国宗室子叔敬叔。叔老之子。疆郓田：划定郓田的疆界。按，此后郓一直为鲁所有，后昭公二十五年奔齐，齐侯取郓，让昭公住在这里。

⑤于是莒务娄、瞀(mào)胡及公子灭明以大厖(páng)与常仪靡奔齐：莒务娄、瞀胡、公子灭明，三人都是展舆的党羽。大厖、常仪靡，莒国二邑。

⑥莒展：指展舆。

⑦弃人：指夺群公子秩禄，从而失去他们的支持。

⑧无竞维人：引《诗》见《诗经·周颂·烈文》，意思是，要强大只有靠人拥护。无，发语词，无义。竞，强。

【译文】

莒国展舆即位，削减了公子们的俸禄。公子们把去疾从齐国召回来。秋，齐国公子鉏送去疾回国，展舆逃往吴国。叔弓领兵划定郓地田土的疆界，是由于莒国内乱的缘故。这时莒国的务娄、瞀胡及公子灭明带着大厖与常仪靡二地投奔了齐国。君子说："莒国展舆不能立为国君，是因为丢弃民众！民众哪里可以丢弃呢？《诗》说：'要强大唯有靠民众。'说得太对了。"

1.12　晋侯有疾，郑伯使公孙侨如晋聘，且问疾。叔向问焉，曰："寡君之疾病[1]，卜人曰：'实沈、台骀为祟[2]。'史莫之知。敢问此何神也？"子产曰："昔高辛氏有二子[3]，伯曰阏伯，季曰实沈[4]，居于旷林[5]，不相能也，日寻干戈[6]，以相征讨。后帝不臧[7]，迁阏伯于商丘[8]，主辰[9]。商人是因[10]，故辰为商星。迁实沈于大夏[11]，主参[12]，唐人是因，以服事夏、商。其季世曰唐叔虞[13]。当武王邑姜方震大叔[14]，梦帝谓己[15]：'余命而子曰虞，将与之唐，属诸参[16]，而蕃育其子孙。'及生，有文在其手曰'虞'，遂以命之[17]。及成王灭唐而封大叔焉，故参为晋星[18]。由是观之，则实沈，参神也。昔金天氏有裔子曰昧[19]，为玄冥师[20]，生允格、台骀。台骀能业其官[21]，宣汾、洮[22]，障大泽[23]，以处大原。帝用嘉之[24]，封诸汾川[25]，沈、姒、蓐、黄[26]，实守其祀。今晋主汾而灭之矣[27]。由是观之，则台骀，汾神也。抑此二者，不及君身[28]。山川之神，则水旱疠疫之灾，于是乎禜之[29]。日月星辰之神，则雪霜风雨之不时，于是乎禜之[30]。若君身，则亦出入、饮食、哀乐之事也，山川星辰之神又何为焉？侨闻之，君子有四时：朝以听政，昼以访问，夕以修令，夜以安身[31]。于是乎节宣其气，勿使有所壅闭湫底以露其体，兹心不爽，而昏乱百度[32]。今无乃壹之[33]，则生疾矣。侨又闻之，内官不及同姓[34]，其生不殖[35]。美先尽矣，则相生疾[36]，君子是以恶之。故《志》曰：'买妾不知其姓，则卜之。'违此二者[37]，古之所慎也。男女辨姓，礼之大司也[38]。今君内实有四姬焉[39]，其无乃是也乎？若由是二者，弗可为也已[40]。四姬有省犹可，无则必生疾矣。"叔向曰："善哉！肸未之闻也。此皆然矣。"

【注释】

①疾病:病重。

②实沈、台骀(tái):二神名。

③高辛氏:即帝喾。

④伯曰阏(è)伯,季曰实沈:伯,季,都是排行。最长曰伯,最少曰季。

⑤旷林:古地名。或曰即旷野。

⑥日寻干戈:意即经常打仗。寻,用。

⑦后帝:即尧。臧:善。

⑧商丘:宋地。

⑨主辰:主祀商星。辰,大火星,又名商星。

⑩因:沿袭下来。

⑪大夏:地名,今山西太原。

⑫参(shēn):参宿。按,参、商二星此出彼没,两不相见。

⑬季世:末世。

⑭邑姜:周武王后,齐太公女儿。震:通"娠",怀孕。大叔:周成王弟弟唐叔虞,晋国始祖。

⑮己:指邑姜。

⑯属诸参:唐属于参星的分野。

⑰有文在其手曰"虞",遂以命之:手掌上有纹似"虞"的字形,就起名为"虞"。文,同"纹"。按,这一段是承上文追叙唐叔虞出生时的灵异。

⑱及成王灭唐而封大叔焉,故参为晋星:叔虞封唐侯,子燮父改为晋侯,晋也是参星的分野。

⑲金天氏:即少皞(hào)帝。裔子:后代。

⑳玄冥师:水官之长。

㉑业其官:继承水官的世业。

㉒宣:疏导。汾、洮:汾水、洮水。

㉓障:筑堤防。

㉔帝:指颛顼。用:因此。

㉕汾川:汾水流域。

㉖沈、姒、蓐、黄:台骀后裔建立的四个小国,都在晋国境内。

㉗今晋主汾而灭之矣:晋国为汾水流域之主,并灭了那四国。

㉘抑此二者,不及君身:但二者与晋平公的疾病无关。二者,指参神实沈和汾神台骀。

㉙山川之神,则水旱疠疫之灾,于是乎禜(yǒng)之:有水旱瘟疫,就祭台骀这样的山川之神。疠疫,传染病。禜,古代禳灾之祭。为禳风雨、雪霜、水旱、疠疫而祭日月星辰、山川之神。

㉚日月星辰之神,则雪霜风雨之不时,于是乎禜之:遇到气候不合时令,就祭实沈这样的星辰之神。杨伯峻指出,祭日月星辰与山川之神其实都是因为水旱疠疫,都是禜。子产分别说,是因为台骀为山川之神,实沈为星辰之神。

㉛"朝以听政"四句:一天的时间分为四段,应按时工作和休息。修令,确定政令。

㉜"于是乎节宣其气"四句:四时有劳有逸,以调节、通畅人体精神、血气的运行,不至于使它闭塞而使身体衰弱,否则,将心里糊涂,百事昏乱。节宣,有节制地散发。壅闭湫(qiū)底,壅塞。露,羸弱。兹,如此。百度,各事的节度。

㉝壹之:混同四时,作息无度。

㉞内官:妃嫔姬妾。

㉟不殖:不昌繁。

㊱美先尽矣,则相生疾:同姓通婚,必选甚美者,美集于一人之身,就会得病。

㊲二者:一指四时混乱,一指同姓通婚。

㊳大司：大事。

㊴今君内实有四姬焉：晋平公的姬妾中有同是姬姓的女子四个。内实，官内姬妾。

㊵弗可为：病不可治。

【译文】

晋平公有病，郑简公派子产到晋国去聘问，并问候病情。叔向询问子产，说道："我们国君病重，卜人说：'是实沈、台骀在作怪。'太史不知道是何方神灵。请问这是什么神呀？"子产说："从前高辛氏有两个儿子，大的叫阏伯，小的叫实沈，他们住在旷林，互相不服气，整天拿起武器，互相攻打。帝尧看不过去，把阏伯迁移到商丘，用大火星来定时节。商朝人于是沿用这办法，因此大火星就成了商星。把实沈迁移到大夏，以参星定时节，唐国人于是沿用这办法，服事了夏朝、商朝。唐国末代国君叫唐叔虞。当武王夫人邑姜怀着太叔时，梦见天帝对她说：'我给你的儿子命名为虞，将把唐国给他，属于参星，繁衍养育他的子孙。'到太叔出生，他的手掌有文字'虞'，就取名为虞。到成王灭掉唐国后就封太叔在唐地，所以参是晋国的星宿。由此看来，实沈是参星之神。往昔金天氏有个后裔叫昧，担任水官长，生下允格、台骀。台骀能继承父亲的官职，疏导汾水、洮水，筑堤防堵住大泽，让人民居住在广阔的高原上。颛顼帝因此嘉奖他，把他封在汾水流域，沈、姒、蓐、黄四国，世代守着他的祭祀。现今晋国有了汾水流域而灭掉沈、姒等国。由此看来，台骀是汾水之神。不过这两位神不会降祸到贵国国君身上。山川的神灵，遇到水旱瘟疫这些灾祸，就向他们祭祀禳灾。日月星辰的神灵，遇到雪霜风雨不正常，也向他们祭祀禳灾。至于贵国国君的身体，不过是由于劳逸、饮食、哀乐这些问题的缘故，山川星辰的神明，又怎么能够降祸于他呢？我听说，君子有四段时间：早晨用来听政，白天用来访问调查，晚上用来修订政令，夜里用来安歇身子。这样就能有节制地宣泄气血，不让他有所堵塞而损伤身体，使心里不爽快，而使百事昏乱。现在莫非是贵国国君把精力全部用在一个地方，结果就生出疾病来。我又听说，国君的姬妾不能有同姓的，不然子孙不能昌盛。美貌者集中到一个人那儿，那样就要产生疾病，君子所以厌恶这一点。因此《志》说：'买妾不知道她的姓，就用占卜来决定。'违背这两点，古人是非常注意避免的。男女婚姻要辨别姓氏，这是礼仪的大事。如今国君的宫内有四名姬姓女子，大约他的病就是源于此吧？如果是由于这两点，病可就没治了。去掉这四名姬姓女子还可挽回，不然一定会加重病情。"叔向说："说得真好啊！我闻所未闻。这些话都说得很对。"

叔向出，行人挥送之[①]。叔向问郑故焉[②]，且问子皙。对曰："其与几何[③]？无礼而好陵人，怙富而卑其上[④]，弗能久矣[⑤]。"

【注释】

①行人挥：子羽。

②郑故：郑国政事。故，事。

③其与几何：即"其几何欤"，指子皙不能长久。

④怙富：仗恃其富有。

⑤弗能久矣：明年子皙被杀。

【译文】

叔向退出，行人子羽送他。叔向问郑国的政事，并问起公孙黑的情况。子羽回答说："他还能活多久呢？无礼而好凌驾于人，仗着富有而瞧不起地位比他高的人，他活不久了。"

晋侯闻子产之言，曰："博物君子也[①]。"重贿之[②]。

【注释】

①博物：知识渊博。

②重贿：赠以厚礼。

【译文】

晋平公听了子产一席话，说："真是博学多闻的君子啊。"送给子产一份厚礼。

晋侯求医于秦，秦伯使医和视之[1]，曰："疾不可为也。是谓近女室，疾如蛊[2]。非鬼非食，惑以丧志[3]。良臣将死，天命不佑。"公曰："女不可近乎？"对曰："节之[4]。先王之乐，所以节百事也，故有五节[5]。迟速本末以相及，中声以降[6]。五降之后，不容弹矣[7]。于是有烦手淫声[8]，慆堙心耳[9]，乃忘平和[10]，君子弗听也。物亦如之。至于烦[11]，乃舍也已，无以生疾。君子之近琴瑟[12]，以仪节也，非以慆心也[13]。天有六气[14]，降生五味[15]，发为五色[16]，征为五声[17]。淫生六疾[18]。六气曰阴、阳、风、雨、晦、明也，分为四时[19]，序为五节[20]，过则为灾[21]：阴淫寒疾，阳淫热疾，风淫末疾[22]，雨淫腹疾，晦淫惑疾[23]，明淫心疾[24]。女，阳物而晦时[25]，淫则生内热惑蛊之疾。今君不节、不时，能无及此乎[26]？"

【注释】

①和：秦医之名。

②是谓近女室，疾如蛊：亲近女人，蛊惑得病。蛊，蛊惑。

③非鬼非食，惑以丧志：疾病不是由于鬼神、饮食而起，是沉溺于女

色，丧失心志。

④节之：并非不可近女色，但应有节制。

⑤五节：指先王之乐有五声的节制。

⑥迟速本末以相及，中声以降：五声有迟有速，有本有末，互相调节，使音调中和，然后降于无声。

⑦五降之后，不容弹矣：五声降而无声，不可再弹。

⑧烦手：繁复的手法。淫声：过度之音，靡靡之音。

⑨慆（tāo）：淫，指怠惰。堙：堵塞。

⑩平和：平和之声，即中声。

⑪烦：过度。

⑫琴瑟：比喻女色。

⑬慆心：烦荡心志。

⑭六气：即下文阴、阳、风、雨、晦、明。

⑮五味：辛、酸、咸、苦、甘。

⑯五色：白、青、黑、赤、黄。

⑰五声：宫、商、角、徵、羽。

⑱淫生六疾：滋味、声色过度，则发生六种疾病。

⑲四时：一说为春夏秋冬，一说为一日有朝昼夕夜。

⑳五节：五声之节。

㉑过则为灾：六气也有时分与顺序，过头便成灾。

㉒末：四肢。

㉓晦淫惑疾：夜里没有节制则惑乱。惑，心志惑乱。

㉔明淫心疾：白天没有节制则成心病。心疾，思虑烦多，心劳成疾。

㉕女，阳物而晦时：女阴男阳，女子随男子而成家室，生育子孙，所以是阳之物。男女同寝在夜里，所以说晦时。

㉖今君不节、不时，能无及此乎：医和最后指出，晋平公的病是沉溺于女色，荒淫过度。不节，贪色过度。不时，近女色不分晦明。

【译文】

晋平公向秦国请求派医生来，秦景公派了医和来为平公看病，医和说："您的病已经无可救药了。这就是亲近女色，病同蛊惑。既不是因为鬼神也不是饮食所致，而是被迷惑丧失心志。国家的良臣将要死去，天命不能保佑。"晋平公说："女色不可接近吗？"医和回答说："要有节制。先王的音乐，就是用来节制百事的，所以有五声作为节制。有快慢本末来互相调节，从中和之声逐渐下降。五声都下降而停止之后，就不能再弹了。这时再弹就会有复杂的手法和靡靡之音，使人听了心息耳烦，忘了中和之声，所以君子不听这种音乐。其他事物也是这样。一到过度，就要停止，不要因此而得病。君子亲近妻室，也应有礼仪节度，不可使自己心志佚荡。天有六种气象，因而产生五味，表现为五色，应验为五音。过了头就产生六种疾病。六气是阴、阳、风、雨、晦、明，分为四时，以五声的节奏为顺序，过分了就成为灾祸：阴过了头就生寒疾，阳过了头就生热病，风过了头就使手脚出毛病，雨过了头就生腹疾，晦过了头就生迷乱疾病，明过了头就生心病。女色属于阳物而表现在晚上，女色过度就生内热蛊惑之疾。现在国君既不节制、又不分昼夜，能够不病吗？"

出，告赵孟。赵孟曰："谁当良臣[①]？"对曰："主是谓矣[②]！主相晋国，于今八年，晋国无乱，诸侯无阙[③]，可谓良矣。和闻之，国之大臣，荣其宠禄，任其大节，有灾祸兴，而无改焉，必受其咎[④]。今君至于淫以生疾，将不能图恤社稷，祸孰大焉？主不能御[⑤]，吾是以云也。"赵孟曰："何谓蛊？"对曰："淫溺惑乱之所生也。于文，皿虫为蛊[⑥]。谷之飞亦为蛊[⑦]。在《周易》，女惑男、风落山，谓之《蛊》䷑[⑧]。皆同物也[⑨]。"赵孟曰："良医也。"厚其礼归之。

【注释】

①谁当良臣:医和前面说“良臣将死”,所以赵孟问“谁是良臣”。

②主是谓矣:指的是您。主,指赵孟。医和自称为宾,称赵孟为主。

③阙:缺失。

④有灾祸兴,而无改焉,必受其咎:有灾祸而不改变其做法,必受其灾祸。灾祸,此指晋平公好色。

⑤御:禁止。

⑥于文,皿虫为蛊:从字形上解释,器皿里生虫子叫蛊。文,字。

⑦谷之飞亦为蛊:谷积久所生飞虫也叫蛊。

⑧在《周易》,女惑男、风落山,谓之《蛊》䷑:《周易》的《蛊》卦,上《艮》下《巽》,《艮》为山,《巽》为风,是风吹落山木之象。《艮》又为少男,《巽》又为长女,又是女人迷惑男人之象。按,这是引用《蛊》卦来解释蛊疾。

⑨同物:同类事物。

【译文】

退出后,医和把情况告诉了赵文子。赵文子说:“谁相当于良臣?”医和回答说:“说的就是您了!您辅相晋国,到现在已经八年了,晋国没有内乱,诸侯没有缺失,可以算得上是良臣了。我听说,国家大臣光荣地受到国家的信任和爵禄,承担国家重任,有灾祸兴起,却不能改变它,就一定会受到连累。现在国君女色过度以至于生病,将不再能为国家图谋操心,难道还有比这更大的祸难吗?您无法制止,我所以这样说。”赵文子问:“什么叫做蛊?”医和回答说:“沉迷惑乱于某事。在文字上,器皿生虫为蛊。谷子生出的飞虫也叫蛊。在《周易》中,女人迷惑男人、大风吹落山木,都叫做《蛊》。它们是同类事物。”赵文子说:“真是好医生啊。”赠给他丰厚礼物送他回国了。

1.13 楚公子围使公子黑肱、伯州犁城犨、栎、郏[①]。郑人惧。子产曰："不害。令尹将行大事[2]，而先除二子也。祸不及郑，何患焉？"

【注释】

①公子黑肱：公子围的弟弟子晳。犨、栎、郏：三地本是郑国城邑，这时已经属于楚国。分别在今河南叶县西、新蔡北、三门峡西北。

②行大事：弑君自立。

【译文】

楚国公子围派公子黑肱、伯州犁在犨、栎、郏三地筑城。郑国害怕了。子产说："不要紧。令尹将要做出大事，因而要先除掉这二人。祸害不会到达郑国，担心什么呢？"

冬，楚公子围将聘于郑，伍举为介。未出竟，闻王有疾而还。伍举遂聘。十一月己酉，公子围至，入问王疾，缢而弑之[1]，遂杀其二子幕及平夏[2]。右尹子干出奔晋[3]，宫厩尹子晳出奔郑[4]。杀大宰伯州犁于郏。葬王于郏，谓之郏敖[5]。使赴于郑，伍举问应为后之辞焉[6]，对曰："寡大夫围。"伍举更之曰："共王之子围为长[7]。"

【注释】

①入问王疾，缢而弑之：公子围借探望楚王之机绞杀楚王。

②幕及平夏：楚王二子。

③右尹子干：即王子比。

④宫厩尹子晳出奔郑：子晳在外筑城，于是逃郑。

⑤郏敖：即楚王麇。敖，或以为即"獒"，今之酋长；或以为丘陵，某敖即某陵。

⑥应为后之辞：发讣告时关于继承人的措辞。

⑦共王之子围为长：伍举更改讣辞，称公子围为楚共王长子，应该继位，以掩饰篡弑之事。

【译文】

冬，楚国公子围将到郑国聘问，伍举担任副使。还没出国境，听说楚王有病就返回了。伍举就往郑国聘问。十一月初四，公子围回到国都，进宫探视楚王的病，趁机把楚王勒死了，并且杀了楚王的两个儿子幕与平夏。右尹子干逃往晋国，宫厩尹子晳出逃到郑国。公子围又把太宰伯州犁杀死在郏地。把楚王安葬在郏地，称为郏敖。派人到郑国发讣告，伍举问使者关于继承人的措辞，使者回答说："寡大夫围。"伍举更正说："共王的儿子围是老大。"

子干奔晋，从车五乘，叔向使与秦公子同食[①]，皆百人之饩[②]。赵文子曰："秦公子富。"叔向曰："厎禄以德，德钧以年，年同以尊[③]。公子以国[④]，不闻以富。且夫以千乘去其国，强御已甚[⑤]。《诗》曰：'不侮鳏寡，不畏强御[⑥]。'秦、楚，匹也[⑦]。"使后子与子干齿[⑧]，辞曰："鍼惧选，楚公子不获[⑨]，是以皆来，亦唯命。且臣与羁齿，无乃不可乎[⑩]？史佚有言曰：'非羁，何忌[⑪]？'"

【注释】

①同食：食禄相同。

②百人之饩：一百人口粮的数目，大约是田百亩。

③厎(zhǐ)禄以德，德钧以年，年同以尊：对来奔者授食禄，以德行为依据，德相同则以年龄为依据，年龄相同以地位为依据。厎，致。厎禄，得禄。钧，通"均"。

④公子以国：同为公子来奔，以其国之大小为据。

⑤强御：指秦公子鍼强横。

⑥不侮鳏寡，不畏强御：引《诗》见《诗经·大雅·烝民》。

⑦匹：对等。

⑧齿：并列。

⑨不获：得不到信任。

⑩且臣与羁齿，无乃不可乎：后子鍼先来，已仕晋为臣，因此以主人自居。子干刚来，犹如羁旅之客。

⑪非羁，何忌：后子借史佚的话，说明自己不是客人，不必受到如此恭敬的对待，于是辞谢和子干同列。

【译文】

子干逃到晋国，随从的车子有五辆，叔向让他和秦国公子后子食禄相同，都是供应一百个人的口粮。赵文子说："秦国公子富有。"叔向说："颁发俸禄是根据德行，德行相同则根据年龄，年龄相同就根据地位。对公子要根据他的国家，没听说根据富有程度的。况且后子带着一千辆车离开他的国家，太过强横了。《诗》说：'不欺侮鳏寡，不害怕强暴。'秦、楚是相等的国家。"便让后子和子干等同，后子谢绝说："我因为怕被放逐，楚国公子是得不到信任，所以都来投奔晋国，也就唯命是听。而且下臣与宾客并列，恐怕不行吧？史佚有句话说：'不是宾客，为什么如此恭敬？'"

1.14 楚灵王即位[①]，薳罢为令尹，薳启强为大宰。郑游吉如楚，葬郏敖，且聘立君。归，谓子产曰："具行器矣[②]。楚王汏侈[③]，而自说其事[④]，必合诸侯[⑤]。吾往无日矣[⑥]。"子产曰："不数年未能也[⑦]。"

【注释】

①楚灵王:即公子围,即位后改名为熊虔。

②具行器矣:准备为盟会所用的行装器具。

③汏(tài)侈:骄傲放纵。

④自说:自我得意。说,同“悦”。

⑤必合诸侯:游吉由楚灵王行状预言他必将会合诸侯。

⑥吾往无日矣:指不必多久便将参加楚国的盟会。

⑦不数年未能也:子产预言还得几年。昭公四年,楚灵王会诸侯于申。

【译文】

楚灵王即位,薳罢担任令尹,薳启强任太宰。郑国游吉去楚国,参加郏敖的葬礼,并且聘问新国君。回国后,对子产说:“快准备行装吧。楚王骄横放纵,而且沾沾自喜,必定要会合诸侯。我过不了多久就又要去楚国了。”子产说:“没有几年的时间他办不到。”

1.15 十二月,晋既烝[①],赵孟适南阳,将会孟子馀[②]。甲辰朔[③],烝于温[④]。庚戌[⑤],卒。郑伯如晋吊,及雍乃复[⑥]。

【注释】

①烝:冬祭。

②会:同“禬(huì)”,祈求消灾除病的祭祀。孟子馀:即赵衰,赵武的曾祖。

③甲辰朔:初一。

④温:古地名。在今河南温县西南。

⑤庚戌:初七。

⑥郑伯如晋吊,及雍乃复:郑简公吊唁赵氏,因赵氏辞谢,仅到雍地便返回了。

【译文】

十二月，晋国举行了烝祭，赵文子到南阳去，准备会祭孟子馀。初一，在温地举行烝祭。初七，赵文子去世。郑简公到晋国吊唁，到达雍地就返回了。

二年

【经】

2.1　二年春[①]，晋侯使韩起来聘。

2.2　夏，叔弓如晋。

2.3　秋，郑杀其大夫公孙黑。

2.4　冬，公如晋，至河乃复[②]。

2.5　季孙宿如晋[③]。

【注释】

①二年：鲁昭公二年当周景王五年，前540。

②公如晋，至河乃复：晋国少姜死，鲁昭公前往吊唁。晋国辞谢，昭公中途返回。

③季孙宿如晋：昭公中途返回后，由季孙宿前往晋国送丧服。

【译文】

鲁昭公二年春，晋平公派韩起来鲁国聘问。

夏，叔弓到晋国去。

秋，郑国杀了他们的大夫公孙黑。

冬，昭公去晋国，到达黄河边便返回了。

季孙宿到晋国去。

【传】

2.1 二年春，晋侯使韩宣子来聘，且告为政而来见，礼也[①]。观书于大史氏[②]，见《易》、《象》与《鲁春秋》[③]，曰："周礼尽在鲁矣，吾乃今知周公之德与周之所以王也[④]。"公享之，季武子赋《绵》之卒章[⑤]。韩子赋《角弓》[⑥]。季武子拜，曰："敢拜子之弥缝敝邑，寡君有望矣[⑦]。"武子赋《节》之卒章[⑧]。既享，宴于季氏。有嘉树焉，宣子誉之。武子曰："宿敢不封殖此树[⑨]，以无忘《角弓》。"遂赋《甘棠》[⑩]。宣子曰："起不堪也，无以及召公。"

【注释】

①晋侯使韩宣子来聘，且告为政而来见，礼也：鲁昭公即位，韩起奉命前来聘问祝贺，同时报告自己代赵武子将中军，执掌国政，礼貌周到，合于礼。

②大史：即太史，掌管文献、档案、国史、册书等。

③《易》：指《周易》。杨伯峻指出，此书的六十四卦与《卦辞》、《爻辞》作于西周初，十翼则是战国至西汉的作品，韩起不及见。《象》：即哀公三年《传》"命藏《象魏》"之《象魏》，因其悬挂于象魏，故以名之，也省称《象》。象魏也名魏阙，又曰观，为宫门外悬挂法令俾众周知的地方。这里指鲁国历代的政令。《鲁春秋》：指鲁国史书。

④周礼尽在鲁矣，吾乃今知周公之德与周之所以王也：韩起所见《鲁春秋》，可能从周公旦与伯禽开始叙起，由于遵周公之典以序事，所以说周礼尽在鲁国。又加以当时礼崩乐坏，只有鲁国备周礼，所以韩起由此称赞周公之德与周之成就王业。

⑤《绵》之卒章：《绵》是《诗经·大雅》篇名，是称颂周文王的诗歌。末章称文王有四贤臣，因此能兴盛不衰。季武子赋此诗，以晋平

公比周文王，以韩起比四贤臣，加以赞颂。

⑥《角弓》:《诗经·小雅》篇名。韩起取其中“兄弟昏姻，无胥远矣”的诗句，意指兄弟之国本应相亲相善。

⑦敢拜子之弥缝敝邑，寡君有望矣：季武子表示客气的话，感谢韩起以兄弟之义弥合两国的关系。

⑧《节》之卒章：《节》，指《诗经·小雅·节南山》。季武子以此诗的末章称赞晋国之德可以蓄养万邦。

⑨封殖：培植。

⑩《甘棠》:《诗经·国风·召南》篇名。召公曾息于甘棠树下，人们于是作诗赞美他。

【译文】

鲁昭公二年春，晋平公派韩起来鲁国聘问，并且通告他因执掌国政而来相见，这是合于礼的。韩起到太史氏那里参观藏书，见到《易》、《象》和《鲁春秋》，说道：“周礼都在鲁国了，我今天才知道周公的德行，与周朝所以能成就王业的缘故了。”昭公设享礼款待他，季武子赋《绵》的最后一章。韩起赋《角弓》。季武子下拜，说：“谨此拜谢您为敝国弥合关系，我们国君有希望了。”季武子赋《节》的最后一章。享礼结束后，在季氏家宴请韩起。季氏家有棵美树，韩起称赞它。季武子说：“我怎敢不好好培植这棵树，以不忘《角弓》。”就赋了《甘棠》一诗。韩起说：“我可不敢当，我哪里比得上召公。”

宣子遂如齐纳币[①]。见子雅[②]。子雅召子旗[③]，使见宣子。宣子曰：“非保家之主也，不臣[④]。”见子尾[⑤]。子尾见强[⑥]，宣子谓之如子旗。大夫多笑之，唯晏子信之，曰：“夫子[⑦]，君子也。君子有信，其有以知之矣[⑧]。”

【注释】

①宣子遂如齐纳币：聘鲁之后，韩起为晋平公聘娶少姜而使齐送聘礼。

②子雅：齐国大夫公孙灶。

③子旗：子雅之子栾施。

④非保家之主也，不臣：韩起预言子旗将败家。不臣，不像个臣子。

⑤子尾：齐国大夫公孙虿。

⑥见强：让强拜见韩起。强，子尾之子高强。

⑦夫子：指韩起。

⑧有以知之：说话是有根据的。昭公十年，齐国陈、鲍二氏攻栾、高，栾施、高强奔鲁，这里预为伏笔。

【译文】

韩起就到齐国为晋平公聘娶少姜纳聘礼。他拜见子雅。子雅叫来儿子子旗，让他拜见韩起。韩起说："这不是能保住家业的人，他不像个臣子。"韩起又进见子尾。子尾让儿子强拜见他，韩起像评价子旗一样评价强。齐国的大夫大多嘲笑韩起，只有晏婴相信他的话，说："那人是个君子。君子有信用，他说话是有根据的。"

自齐聘于卫。卫侯享之，北宫文子赋《淇澳》[①]，宣子赋《木瓜》[②]。

【注释】

①《淇澳》：《诗经·国风·卫风》篇名，赞美武公。北宫文子借以称韩起有武公之德。

②《木瓜》：《诗经·国风·卫风》篇名。韩起借此诗表示将要厚报以结两国关系之好。

【译文】

韩起又从齐国到卫国聘问。卫襄公设享礼招待，北宫文子赋《淇澳》，宣子赋《木瓜》。

2.2 夏四月，韩须如齐逆女[①]。齐陈无宇送女[②]，致少姜[③]。少姜有宠于晋侯，晋侯谓之少齐[④]。谓陈无宇非卿，执诸中都[⑤]。少姜为之请曰："送从逆班[⑥]，畏大国也，犹有所易，是以乱作[⑦]。"

【注释】

①韩须如齐逆女：为晋平公迎娶少姜。韩须，韩起之子。逆，迎接。

②陈无宇：即陈桓子。

③致：护送到达目的地。

④晋侯谓之少齐：姜为母家姓，晋平公改以齐国名称她，以示宠异。

⑤谓陈无宇非卿，执诸中都：按当时礼，齐国应该派卿送女。陈无宇只是上大夫，晋平公认为陈无宇非卿，因此在中都扣押了他。中都，晋地。

⑥送从逆班：少姜为之辩解，意思是晋国来迎接的非卿，齐国也不派卿护送。

⑦畏大国也，犹有所易，是以乱作：韩须只是公族大夫，而齐国因为敬畏大国，特派上大夫护送，才有此混乱。这里少姜仍然委婉地请求释放陈无宇。

【译文】

夏四月，韩须去齐国迎亲。齐国陈无宇送亲，护送少姜到晋国。少姜得到晋平公的宠爱，晋平公称她为少齐。晋平公认为陈无宇不是卿，在中都把他逮了起来。少姜为他求情说："送亲的地位应和迎亲的相当，齐国敬畏大国，还有所改易，所以发生了误会。"

2.3　叔弓聘于晋，报宣子也[①]。晋侯使郊劳[②]。辞曰："寡君使弓来继旧好，固曰：'女无敢为宾[③]！'彻命于执事[④]，敝邑弘矣[⑤]，敢辱郊使？请辞。"致馆[⑥]。辞曰："寡君命下臣来继旧好，好合使成[⑦]，臣之禄也。敢辱大馆？"叔向曰："子叔子知礼哉！吾闻之曰：'忠信，礼之器也[⑧]；卑让，礼之宗也[⑨]。'辞不忘国[⑩]，忠信也；先国后己[⑪]，卑让也。《诗》曰：'敬慎威仪，以近有德[⑫]。'夫子近德矣。"

【注释】

①叔弓聘于晋，报宣子也：为报答韩起聘问，叔弓回访晋国。

②郊劳：使者到别国聘问，受聘之国派卿士到郊外迎接、慰劳。

③女无敢为宾：你不能接受迎宾之礼。

④彻命：传达命令。

⑤弘：受惠很大。

⑥致馆：让叔弓住客馆。

⑦使成：使命完成。

⑧忠信，礼之器也：忠信为载礼之器。

⑨卑让，礼之宗也：卑让为礼之根本。

⑩辞不忘国：口称为国继旧好，是不忘国。

⑪先国后己：先称敝邑之弘，后言臣之禄，是先国后己。

⑫敬慎威仪，以近有德：引《诗》见《诗经·大雅·民劳》。意思是谨慎保持威仪，以亲近有德之人。叔向以此称赞叔弓为近德之人。

【译文】

叔弓到晋国聘问，是回报韩起的聘问。晋平公派人到郊外迎接犒劳。叔弓辞谢说："我们国君派下臣来是为了继续以往的友好，强调说：'你可不敢以宾客自居！'只要把我们国君的意思上达给您，敝国就受恩多了。岂敢有劳使者郊劳？请允许辞谢。”请叔弓住进宾馆。他又辞谢说：“我们国君派下臣来继续过去的友好关系，友好能保持，就是下臣的福气了。怎敢住在高大的宾馆里？”叔向说：“叔弓真是个懂礼的人！我听说：‘忠诚信用，是礼的载体；谦卑逊让，是礼的根本。’他言辞不忘国家，是忠诚信用；先国家后自己，是谦卑逊让。《诗》说：‘不要滥用威仪，以亲近有德的人。’叔弓已经接近贤德了。”

2.4　秋，郑公孙黑将作乱，欲去游氏而代其位①，伤疾作而不果②。驷氏与诸大夫欲杀之③。子产在鄙④，闻之，惧弗及，乘遽而至⑤。使吏数之⑥，曰：“伯有之乱以大国之事⑦，而未尔讨也。尔有乱心，无厌，国不女堪。专伐伯有，而罪一也。昆弟争室⑧，而罪二也。薰隧之盟，女矫君位⑨，而罪三也。有死罪三，何以堪之？不速死，大刑将至⑩。”再拜稽首，辞曰：“死在朝夕，无助天为虐⑪。”子产曰：“人谁不死？凶人不终，命也。作凶事，为凶人。不助天，其助凶人乎！”请以印为褚师⑫。子产曰：“印也若才，君将任之；不才，将朝夕从女⑬。女罪之不恤⑭，而又何请焉？不速死，司寇将至⑮。”七月壬寅，缢⑯。尸诸周氏之衢，加木焉⑰。

【注释】

①欲去游氏而代其位：想除掉游吉而代其职位。游氏，指游吉，游氏宗主。欲去游氏，必伐其宗主。

②伤疾作而不果：去年被公孙楚击伤，伤痛发作，未能作乱。

③驷氏与诸大夫欲杀之：驷氏与诸大夫都要杀公孙黑。驷氏，公孙黑的氏族。驷氏亦欲杀公孙黑，因诸大夫皆恶之，恐其祸族。

④鄙：边境。

⑤遽(jù):传车,驿车,速度很快。

⑥数之:列举公孙黑的罪状。

⑦伯有之乱:伯有之乱见襄公三十年《传》,当时公孙黑率族兵进攻伯有。

⑧昆弟争室:和公孙楚争夺徐吾犯妹妹。

⑨矫:假称,指让太史书曰“七子”一事,见上年《传》。

⑩不速死,大刑将至:子产以三罪逼公孙黑自杀。大刑,死刑。

⑪死在朝夕,无助天为虐:公孙黑因创伤复发,自认不久将死,无需逼己自杀以助天虐待自己。

⑫请以印为褚师:公孙黑请求任命印为褚师。印,公孙楚之子。褚师,古代管理市场的官吏。

⑬将朝夕从女:不久也将受刑。

⑭恤:忧虑。

⑮司寇:行刑官。

⑯七月壬寅,缢:七月初一,公孙黑上吊自杀。

⑰尸诸周氏之衢,加木焉:暴公孙黑之尸于周氏之衢,将其罪状写在木头上放在尸体上。

【译文】

秋,郑国公孙黑打算发动叛乱,想要除掉游氏而代替他的职位,因伤病发作而未能作乱。驷氏与大夫们想杀了他。子产在边境,听到这消息,怕赶不及制止内乱,就乘坐驿车回都。派官吏历数公孙黑的罪状,说:“伯有那次动乱,因为要应付大国的事,没有讨伐你。你有作乱之心,不能满足,国家无法容忍你。你擅自讨伐伯有,是你的第一条罪状。兄弟争抢妻室,是你的第二条罪状。薰隧盟会,你假托君位,是你的第三条罪状。有这三条死罪,怎么能容忍你?不快些去死,就要对你执行死刑。”公孙黑再拜叩头,推托说:“我早晚要死,没必要帮着上天来虐待我。”子产说:“人谁不死?凶恶的人不得好死,这是天命。作了凶事，就是凶恶的人。不帮助上天，难道反而帮助凶恶的人不成！”公孙黑请求让儿子印担任褚师。子产说：“印如果是个人才，国君将任用他；如果不成器，将会很快跟从你去死。你不考虑自己的罪过，又提出什么请求？不赶快去死，司寇马上就到。”七月初一，公孙黑上吊自杀。郑国人把他的尸体陈放在周氏之衢，把写着罪状的木牌放在他的尸体上。

2.5　晋少姜卒，公如晋，及河，晋侯使士文伯来辞，曰：“非伉俪也，请君无辱①！”公还。季孙宿遂致服焉②。

【注释】

①非伉俪也，请君无辱：少姜不是晋平公正妻，不敢劳驾昭公亲临吊丧，于是派士文伯来辞谢。伉俪，妻子，配偶。按，依当时之礼，纵诸侯嫡配之丧，诸侯亦无亲吊者。

②致服：送下葬的丧服。

【译文】

晋国少姜去世，昭公去晋国吊唁，到了黄河，晋平公派士文伯来辞谢，说：“少姜不是正妻，请您不必光临！”昭公回国。便派季孙宿到晋国送去下葬的衣服。

叔向言陈无宇于晋侯曰：“彼何罪？君使公族逆之①，齐使上大夫送之，犹曰不共②，君求以贪③。国则不共④，而执其使。君刑已颇⑤，何以为盟主？且少姜有辞⑥。”冬十月，陈无宇归。

【注释】

①君使公族逆之：派公族大夫韩须迎少姜。

②不共：不恭敬。

③以贪：太过分。以，通“已”，太。

④国则不共：晋国派韩须迎娶已是不恭。

⑤君刑已颇：君主的刑罚太偏。颇，偏。

⑥且少姜有辞：少姜生前曾请求释放陈无宇，所以更应放人。

【译文】

叔向向晋平公为陈无宇求情：“他有什么罪？国君派了公族大夫去迎亲，齐国派出上大夫送亲，还说不恭敬，国君的要求也太过分了。自己的国家不恭敬，反而逮捕别国的使者。国君的刑罚太偏颇，又怎么当盟主？而且少姜也替他求过情。”冬十月，陈无宇回国。

十一月，郑印段如晋吊。

【译文】

十一月，郑国印段到晋国吊唁。

三年

【经】

3.1 三年春王正月丁未①，滕子原卒②。

3.2 夏，叔弓如滕③。

3.3 五月，葬滕成公。

3.4 秋，小邾子来朝④。

3.5 八月，大雩。

3.6 冬，大雨雹。

3.7 北燕伯款出奔齐⑤。

【注释】

①三年：鲁昭公三年当周景王六年，前539。丁未：初九。

②滕子原：滕成公。

③叔弓如滕：为滕成公送葬。

④小邾子来朝：小邾穆公朝鲁。

⑤北燕伯款：燕简公。

【译文】

鲁昭公三年春周历正月初九，滕成公原去世。

夏，叔弓到滕国去。

五月，安葬滕成公。

秋，小邾穆公来鲁国朝聘。

八月，举行求雨的雩祭。

冬，下大冰雹。

北燕简公款出逃到齐国。

【传】

3.1　三年春王正月，郑游吉如晋，送少姜之葬。梁丙与张趯见之[①]。梁丙曰："甚矣哉，子之为此来也[②]！"子大叔曰："将得已乎！昔文、襄之霸也，其务不烦诸侯。令诸侯三岁而聘，五岁而朝，有事而会，不协而盟[③]。君薨，大夫吊，卿共葬事；夫人，士吊，大夫送葬。足以昭礼、命事、谋阙而已，无加命矣[④]。今嬖宠之丧，不敢择位，而数于守適[⑤]，唯惧获戾，岂敢惮烦？少姜有宠而死，齐必继室[⑥]。今兹吾又将来贺，不唯此行也。"张趯曰："善哉，吾得闻此数也[⑦]！然自今子其无事矣。譬如火焉，火中，寒暑乃退[⑧]。此其极也，能无退乎[⑨]？晋将失诸侯，诸侯求烦不获。"二大夫退。子大叔告人曰："张趯有知，其犹在君子之后乎[10]！"

【注释】

①梁丙、张趯(tì)：晋国二位大夫。

②甚矣哉，子之为此来也：卿来为妾送葬，太过分了。

③"令诸侯三岁而聘"四句：意谓诸侯朝会无定期。昭公十三年《传》，叔向曰："是故明王之制，使诸侯岁聘以志业(每年相聘)，间朝以讲礼(三年一朝)，再朝而会以示威(六年一会)，再会而盟以显昭明(十二年一盟)，自古以来未之或失也。"

④足以昭礼、命事、谋阙而已，无加命矣：朝聘时以昭明礼义，发布命令，盟会时以商量补救缺失。此外不再有额外的命令。

⑤今嬖宠之丧，不敢择位，而数于守適：按照文、襄之制，夫人之丧仅士吊大夫送葬，现在不敢如旧礼制选择适位之人来，而派卿来吊送妾葬，是礼数超过正夫人了。嬖宠，指少姜，得到晋平公的宠幸。守適，指正夫人。適，同"嫡"。数，礼数。

⑥齐必继室：齐国必须继续嫁女给晋国。

⑦数：朝会吊丧的礼数。

⑧譬如火焉，火中，寒暑乃退：大火星夏末黄昏出现于天空，暑气将退；冬末早晨出现于天空，寒气渐消。火，大火星。

⑨此其极也，能无退乎：如大火星出现寒暑将消一样，盛极必衰。晋国霸权现在已经极盛，也必将衰退。

⑩君子之后：君子之列。

【译文】

鲁昭公三年春周历正月，郑国游吉去晋国，为少姜送葬。梁丙与张趯见游吉。梁丙说："您竟然为这事来晋国，实在太过分了！"游吉说："我能不这么做吗！当初晋文公、晋襄公领袖诸侯的时候，以不麻烦诸侯为宗旨。命令诸侯三年聘问一次，五年朝见一次，有事就会面，有冲突就结盟。国君去世，大夫吊唁，卿参加葬礼；夫人去世，士去吊唁，大夫去送葬。只要能够足以昭明礼仪、发布命令、商议补救缺失就足够了，没有额外的命令。现在连宠妾的丧事，诸侯国都不敢选派地位相当的人来，而且礼数超过正妻，我们唯恐获罪，哪敢怕麻烦？少姜得到国君的宠爱而死了，齐国必定会继续把女子嫁过来。今年我又要来祝贺了，并非仅仅来这一次。”张趯说：“说得好，让我知道这样的礼数！不过您从今以后大概会没事了。就好比大火星吧，它运行到天空正中，寒暑就将消退。现在就是国君的顶点了，能不消退吗？晋国将会失去诸侯的拥戴，以后诸侯就是想求得麻烦都得不到了。”二位大夫退出。游吉告诉身边人说：“张趯明白事理，他应当排在君子的行列里吧！”

3.2　丁未，滕子原卒。同盟，故书名[①]。

【注释】

①同盟，故书名：滕成公自襄公五年于戚、九年于戏、十一年于亳城北、十九年于祝柯、二十年于澶渊、二十五年于重丘，凡与盟者六次，为同盟国；襄公卒，原来会葬；其葬，鲁卿亦往会，相亲好如此。所以《经》文记下他的名字。

【译文】

正月初九，滕成公原去世。因为是同盟国，所以《春秋》记下他的名字。

3.3　齐侯使晏婴请继室于晋[①]，曰：“寡君使婴曰：‘寡人愿事君，朝夕不倦，将奉质币以无失时[②]，则国家多难，是以不获[③]。不腆先君之適以备内官[④]，焜耀寡人之望[⑤]，则又无禄，早世陨命[⑥]，寡人失望。君若不忘先君之好，惠顾齐国，辱收寡人[⑦]，徼福于大公、丁公[⑧]，照临敝邑，镇抚其社稷，则犹有先君之適及遗姑姊妹若而人[⑨]。君若不弃敝邑，而辱使董振择之[⑩]，以备嫔嫱，寡人之望也[⑪]。'"韩宣子使叔向对曰："寡君之愿也。寡君不能独任其社稷之事，未有伉俪，在缞绖之中，是以未敢请[⑫]。君有辱命，惠莫大焉。若惠顾敝邑，抚有晋国，赐之内主[⑬]，岂唯寡君，举群臣实受其贶，其自唐叔以下，实宠嘉之[⑭]。"

【注释】

①齐侯使晏婴请继室于晋：即前文所说"齐必继室"。

②将奉质币以无失时：将按时朝聘贡奉财礼。质币，财礼。

③则国家多难，是以不获：国君不能亲自前来。

④不腆：当时常用的谦辞，不厚富。先君之適：指少姜，可能为齐庄公嫡夫人所生。备内官：谦虚之辞，指少姜聊充内官之数。

⑤焜耀：照亮。

⑥则又无禄，早世殒命：不意少姜过早死去。

⑦收：安抚。

⑧徼福：求福。大公、丁公：齐国先君。

⑨遗姑姊妹：指齐景公的大姑小姑。非齐灵公嫡妻所生。遗，余。若而人：若干人。

⑩董振：慎重。

⑪寡人之望也：齐国希望晋平公再娶齐女。按，这是全用委婉的外交辞令来申述。

⑫在缞绖之中，是以未敢请：服丧期间，未敢请求再娶齐女。缞绖之中，服丧期间。

⑬内主：指正夫人，为内官之主。

⑭其自唐叔以下，实宠嘉之：齐君称受大公、丁公之福，因此叔向也自称晋国自唐叔以下都会因受宠惠而称赞齐国。唐叔，晋国之祖。

【译文】

齐景公派晏婴请求再次把女子嫁到晋国去，说："我们国君派下臣婴说：'寡人愿意事奉贵国国君，从早到晚，不知疲倦，按时奉献财礼，但由于国家多难，不能亲自前来。将区区先君的嫡亲女儿备充国君的内宫，使寡人感到荣耀，可她没有福分，早早去世，寡人很失望。国君如果不忘先君的友好关系，惠顾齐国，安抚寡人，求福于太公、丁公，光辉照耀敝国，镇定安抚敝国，那么还有先君的亲生女儿及遗姑姐妹若干人。国君如果不嫌弃敝国，而派使者从中慎重选择，以充姬妾，这是寡人所希望的。'"韩起派叔向答复说："这正是我们国君的愿望啊。我们国君不能独立担任国家大事，没有正妻，但还在服丧期间，所以不敢提出这种请求。贵国国君有赐命，没有比这更大的恩惠了。如果能加恩顾念敝国，安抚晋国，赐给晋国正宫夫人，岂止我们国君，所有臣子都受到恩赐，从唐叔以下列祖列宗，都会因受宠惠而赞美。"

既成昏①，晏子受礼②，叔向从之宴，相与语。叔向曰："齐其何如？"晏子曰："此季世也③，吾弗知齐其为陈氏矣④。公弃其民，而归于陈氏。齐旧四量⑤，豆、区、釜、钟。四升为豆，各自其四，以登于釜⑥。釜十则钟⑦。陈氏三量皆登一焉，钟乃大矣⑧。以家量贷，而以公量收之⑨。山木如市，弗加于山；鱼、盐、蜃、蛤，弗加于海⑩。民参其力，二入于公，而衣食其一⑪。公聚朽蠹，而三老冻馁⑫。国之诸市，屦贱踊贵⑬。民人痛疾，而或燠休之⑭。其爱之如父母，而归之如流水，欲无获民，将焉辟之？箕伯、直柄、虞遂、伯戏，其相胡公、大姬已在齐矣⑮。"叔向曰："然。虽吾公室，今亦季世也。

戎马不驾，卿无军行，公乘无人，卒列无长[16]。庶民罢敝，而宫室滋侈[17]。道殣相望[18]，而女富溢尤[19]。民闻公命，如逃寇仇。栾、郤、胥、原、狐、续、庆、伯[20]，降在皂隶。政在家门[21]，民无所依。君日不悛[22]，以乐慆忧[23]。公室之卑，其何日之有[24]？《谗鼎之铭》曰[25]：'昧旦丕显，后世犹怠[26]。'况日不悛，其能久乎？"晏子曰："子将若何[27]？"叔向曰："晋之公族尽矣。肸闻之，公室将卑，其宗族枝叶先落，则公室从之。肸之宗十一族，唯羊舌氏在而已[28]。肸又无子[29]，公室无度[30]，幸而得死，岂其获祀[31]？"

【注释】

①成昏：订婚。

②受礼：接受享礼。

③季世：末世，衰微之世。

④吾弗知齐其为陈氏矣：预言齐国将被陈氏所取代。

⑤四量：四种量器名，即豆、区(ōu)、釜、钟。

⑥四升为豆，各自其四，以登于釜：四豆为区，一区，一斗六升。四区为釜，一釜六斗四升。这是由小量升至大量，从升至釜，各用四进制。自，用。登，成为。

⑦釜十则钟：十釜为一钟，十进制，一钟为六斛四斗。

⑧陈氏三量皆登一焉，钟乃大矣：这三量都加一，即以五升为豆，五豆为区，五区为釜。这样一来钟也加大，一钟为八斛。三量，指豆、区、釜。登，增加。

⑨以家量贷，而以公量收之：以陈氏之量器出借，用公家之量器回收，这样借出的多，收回的少，以此收买人心。

⑩山木如市，弗加于山；鱼、盐、蜃(shèn)、蛤(gé)，弗加于海：山上木

料运往市面卖，价格与在山上相同；海产在市面卖，和海上一样，都不加价。这同样是陈氏收买人心的做法。如，前往。蜃、蛤，海产。

⑪民参其力，二入于公，而衣食其一：公室重赋敛，人民劳动所得，二分纳于公室，一分作为自己衣食之用。

⑫三老：上寿、中寿、下寿，指八十以上的老人。或曰指致仕的老臣。

⑬屦(jù)贱踊(yǒng)贵：刑罚苛刻，受刖足之刑的人多。屦，麻、葛等制成的鞋子。踊，古代受刖刑的人所穿的一种特制鞋子。

⑭燠(yù)休：优恤，抚慰。此指陈氏对痛疾之民厚加赏赐。

⑮箕伯、直柄、虞遂、伯戏，其相胡公、大姬已在齐矣：指陈氏即将获得齐国政权，其祖先神灵已同来受享。箕伯、直柄、虞遂、伯戏，四人都是陈氏先祖。相，随。胡公、大姬，陈氏始受封立国的国君和夫人。

⑯"戎马不驾"四句：晋国衰弱，不能征讨诸侯，兵车组织瘫痪；各大族离散，卿大夫不过问军事，不在军伍之中；公室的戎车上没有甲士，步卒的队伍中也没有官长。军纪废弛，已不能使诸侯畏服。

⑰滋侈：更加奢侈。

⑱殣(jìn)：饿死的人。

⑲女富溢尤：宠妾家里却豪富得太过分。女，国君的嬖宠。尤，过。

⑳栾、郤、胥、原、狐、续、庆、伯：这八氏都是晋国旧贵族，本皆姬姓。其中栾枝、郤缺、胥臣、先轸、狐偃五氏皆卿，续简伯、庆郑、伯宗皆大夫。

㉑政在家门：晋国政权此时已掌握在韩、赵诸家手中。

㉒悛(quān)：悔改。

㉓以乐慆(tāo)忧：以娱乐度过忧患。慆，过，度过。

㉔公室之卑，其何日之有：公室的卑微必将到来。其，肯定的假设词。

㉕谗鼎：古代大鼎名。

㉖昧旦丕显，后世犹怠：意思是人君每日早起，从事光明大业，可以大显赫。但后世之君犹有懈怠政事的。昧旦，天将明未明时，黎明。丕显，大显赫。

㉗子将若何：指叔向你自己将怎样避开这个危难。

㉘肸之宗十一族，唯羊舌氏在而已：与叔向同祖者共十一族，现在只有羊舌氏还在。羊舌氏，叔向本族。

㉙无子：没有贤能子孙。

㉚无度：无法度。

㉛岂其获祀：言己必不得享祀。其，将。

【译文】

订婚以后，晏婴接受晋国的享礼，叔向和他饮宴，互相交谈。叔向问："齐国怎么样啊？"晏婴说："已经到了末世了，我不知道齐国什么时候将属于陈氏了。国君抛弃人民，使人民归附于陈氏。齐国向来有四种量器，就是豆、区、釜、钟。四升为一豆，依四进位，直到成一釜。十釜就成一钟。陈氏的前三种量器都是加大四分之一，钟就变大了。他们用自家的量器放贷，而用国家的量器收回。山上的木材运到市上，卖价和在山上一样；鱼、盐、蜃、蛤，价格也不高于海边。人民的劳力分为三份，二份所得交给国家，只有一份供应自己的衣食。国库里堆聚的财物朽烂长虫，而老人们却在挨饿受冻。国内市场上，鞋子便宜而踊昂贵。民众有苦痛，陈氏就给予慰问资助。百姓爱戴陈氏如同自己的父母，犹如流水一样归附陈氏，想不得到人民的拥护，又怎么可能？箕伯、直柄、虞遂、伯戏，这几人跟随着胡公、大姬，已经在齐国了。"叔向说："不错。即便是晋国的公室，现在也到了末世了。战马不驾战车，卿不率领军队，公室的战车没有御者和车右，军队里没有军官。百姓疲惫不堪，宫室却更加奢侈。道路上饿殍相望，国君宠姬娘家却富得流油。人民听到国君的命令，如同躲避寇仇一样。栾、郤、胥、原、狐、续、庆、伯八家，已经沦为低贱的隶役。国政掌握在私家手里，人民无所依靠。国君没有一天想到要悔改，而是用欢乐来度过忧患。公室卑弱到了如此地步，还能有多少时光？《谗鼎之铭》说：'黎明即起致力于声名显赫，子孙后代还会懈怠。'何况从不思悔改，能维持长久吗？"晏婴说："那您打算怎么办？"叔向说："晋国的公族完了。我听说，公室将要卑弱，它的宗族像树的枝叶一样先落，然后公室随着完结。我这一宗总共十一族，现在只剩下羊舌氏还在了。我又没有好儿子，公室没有法度，我有幸得到善终就不错了，难道还会得到祭祀？"

初，景公欲更晏子之宅，曰："子之宅近市，湫隘嚣尘[①]，不可以居，请更诸爽垲者[②]。"辞曰："君之先臣容焉[③]，臣不足以嗣之，于臣侈矣[④]。且小人近市，朝夕得所求[⑤]，小人之利也，敢烦里旅[⑥]？"公笑曰："子近市，识贵贱乎？"对曰："既利之，敢不识乎？"公曰："何贵何贱？"于是景公繁于刑[⑦]，有鬻踊者[⑧]。故对曰："踊贵屦贱。"既已告于君，故与叔向语而称之[⑨]。景公为是省于刑。君子曰："仁人之言，其利博哉！晏子一言，而齐侯省刑。《诗》曰：'君子如祉，乱庶遄已[⑩]。'其是之谓乎！"

【注释】

①湫(jiū)隘：低湿狭小。嚣：喧嚣嘈杂。尘：尘土飞扬。

②更：更换。爽垲(kǎi)：明亮干燥。

③君之先臣容焉：先人已居于此。先臣，指晏婴先人。

④臣不足以嗣之，于臣侈矣：吾德不足以继承先世，居先人之宅已

太奢侈。

⑤得所求：因为近市，买东西方便。

⑥敢烦里旅：不敢烦劳众人为自己筑新居。里旅，众人。

⑦于是：当时。繁于刑：用刑过多。

⑧鬻：卖。

⑨既已告于君，故与叔向语而称之：见前文关于“踊贵屦贱”的谈话。

⑩君子如祉，乱庶遄(chuán)已：引《诗》见《诗经·小雅·巧言》，意思是说君子行福，则祸乱庶几可以速止。如，行。祉，福。遄，速。已，止。

【译文】

起初，齐景公想让晏婴换一所住宅，说道：“你的住宅靠近闹市，低湿狭小，喧闹嘈杂，尘土飞扬，无法居住，请让我为你换个高爽的房子。”晏婴辞谢说：“国君的先臣就住在这里，下臣不足以继承祖业，住在这里已经是奢侈了。况且小人住得靠近市场，早晚可以随时得到所需要的，这是小人的好处，哪里敢烦劳众人为我建造新房？”景公笑着说：“你靠近市场，了解物品的贵贱吗？”晏婴回答说：“既然感到便利，怎么会不知道呢？”景公问：“什么东西贵什么东西贱？”当时景公滥用刑罚，街市上有卖踊的。所以回答说：“踊贵鞋贱。”此前晏婴已经告诉了景公，所以和叔向交谈时提起这件事。景公为此而减省了刑罚。君子说：“仁德之人所说的话，产生的好处真大呀！晏婴一句话，使得齐景公减省了刑罚。《诗》说：‘君子降下福祉，祸乱将很快被制止。’说的就是这种情况吧！”

及晏子如晋，公更其宅，反，则成矣①。既拜，乃毁之，而为里室，皆如其旧，则使宅人反之②，曰：“谚曰：‘非宅是卜，唯邻是卜③。’二三子先卜邻矣，违卜不祥④。君子不犯非礼，小人不犯不祥，古之制也。吾敢违诸乎[⑤]？”卒复其旧宅，公弗许，因陈桓子以请，乃许之。

【注释】

①反，则成矣：晏婴从晋国回来，新居已建成。

②“既拜”五句：因景公拆掉里中邻家扩大晏婴的住宅，现在晏婴毁新居，恢复邻家旧屋，让旧宅的居民仍回原屋居住。拜，向景公拜谢新宅。毁之，毁去新宅。里室，里中的邻家。

③非宅是卜，唯邻是卜：选择居宅，不是卜其吉凶，而是要选择邻居。

④二三子先卜邻矣，违卜不祥：邻人居住于此，已先卜邻，不可违背。二三子，指邻人。

⑤“君子不犯非礼”四句：去俭就奢是非礼，违卜迁居是不祥，既不可有非礼之举，也不可做不祥之事。

【译文】

等到晏婴去晋国，景公改建了晏婴的住宅，晏婴回国时，房子已经建成了。晏婴拜谢过景公，又把新居拆毁，建好邻居的房屋，一切都跟原来的一样，然后让邻居们搬回来，并说：“谚语说：‘不是建住宅要占卜，唯有选择邻里才要占卜。’各位已经都为选择邻居占卜过了，违背占卜的结果是不吉祥的。君子不去干不合礼仪的事，小人不违犯不吉祥的事，这是古往今来的制度。我难道敢违背吗？”最终还是恢复了自己的旧宅，景公不允许，晏婴通过陈桓子向景公请求，才被准许。

3.4　夏四月，郑伯如晋，公孙段相[①]，甚敬而卑，礼无违者。晋侯嘉焉，授之以策[②]，曰：“子丰有劳于晋国，余闻而弗忘[③]。赐女州田[④]，以胙乃旧勋[⑤]。”伯石再拜稽首，受策以出。君子曰:“礼,其人之急也乎[6]!伯石之汏也[7],一为礼于晋,犹荷其禄[8],况以礼终始乎?《诗》曰:‘人而无礼,胡不遄死[9]?’其是之谓乎!”

【注释】

①公孙段:郑国大夫伯石。

②策:赐命之书。

③子丰有劳于晋国,余闻而弗忘:郑僖公即位那年,子丰曾和他一起前往晋国,见襄公七年《传》。子丰,公孙段的父亲。

④州:古地名。在今河南温县。隐公十一年周桓王将州赐予郑国,后被晋国所得。

⑤胙:酬报。

⑥礼,其人之急也乎:礼仪是人所急需的。

⑦伯石之汏也:伯石欲为卿而伪让者三,子产恶之,见襄公三十年《传》。汏,骄傲。

⑧荷其禄:得到了福禄。指得到州田。

⑨人而无礼,胡不遄死:引《诗》见《诗经·国风·鄘风·相鼠》。

【译文】

夏四月,郑简公去晋国,公孙段为相礼,很恭敬而且卑躬屈节,没有违背礼仪之处。晋平公很赞赏他,授给他策书,说:“子丰对晋国有过功劳,我听说后一直没忘。赐给你州地的田地,以酬报你家过去的勋劳。”公孙段再拜叩头,接受策书后退出。君子说:“礼仪应该是人所急需的吧!像公孙段这样骄奢的人,偶然在晋国有礼,尚且得到了福禄,何况始终奉行礼仪的人呢?《诗》说:‘人如果没有礼,为什么不赶快死去?’说的就是这种情况吧!”

初，州县，栾豹之邑也[①]。及栾氏亡[②]，范宣子、赵文子、韩宣子皆欲之。文子曰："温，吾县也[③]。"二宣子曰："自郤称以别，三传矣[④]。晋之别县不唯州，谁获治之[⑤]？"文子病之[⑥]，乃舍之。二宣子曰："吾不可以正议而自与也[⑦]。"皆舍之。及文子为政，赵获曰[⑧]："可以取州矣。"文子曰："退！二子之言，义也。违义，祸也。余不能治余县，又焉用州？其以徼祸也[⑨]。君子曰：'弗知实难[⑩]。'知而弗从，祸莫大焉。有言州必死！"丰氏故主韩氏[⑪]，伯石之获州也，韩宣子为之请之，为其复取之之故[⑫]。

【注释】

①栾豹：栾盈族人。

②栾氏亡：栾氏灭亡见襄公二十三年《传》。

③温，吾县也：温县是赵氏之邑，州本属于温，所以赵文子认为州县应属赵氏。

④自郤称以别，三传矣：州从郤称到赵氏，再到栾豹，已传三家。郤称，晋国大夫。其时划分温与州为二地，郤称得州。

⑤晋之别县不唯州，谁获治之：晋国一分为二的县很多，谁也不可能按划分前的情况去治理它。别县，将一县一分为二。

⑥病之：自感惭愧。

⑦正议而自与：说得公正其实自己想要。按，这样一来，三人都不取州了。

⑧赵获：赵文子之子。

⑨其以徼祸也：如再取州县，是自找祸患。

⑩弗知实难：担心的是不知祸患发生的原因。

⑪丰氏故主韩氏：子丰到晋国，曾住在韩起私宅。丰氏，公孙段的

氏族。主，住于其家。

⑫伯石之获州也，韩宣子为之请之，为其复取之之故：韩起想取州田，故意为伯石请求州田，为以后重得州田作准备。昭公七年，丰氏将州归还韩起。

【译文】

当初州县是栾豹的封邑。到栾氏灭亡后，范宣子、赵文子、韩宣子都想得到州地。赵文子说："温县是我的封邑。"范宣子、韩宣子都说："自从郤称把州县从温县划出至今，已经传了三家了。晋国将一县划分为二，并不只有州县，谁能够收回划出的地盘？"赵文子感到惭愧，就放弃了这种念头。范、韩二人说："我们不能口头上说要公正而把好处留给自己。"于是都放弃州县。到赵文子执政以后，赵获说："可以取州县了。"赵文子说"住口！范、韩二人的话合乎道义。违背道义，会导致祸难。我不能治理好自己的封县，又哪里用得着要州县？要了是自找灾祸啊。君子说：'不知祸从何处来就很难防止。'知道了而不加以防止，祸害没有比这更大的了。今后有再说起州县的一定处死！"丰氏来晋国都是住在韩氏那里，公孙段得到州县，就是韩宣子为他请求的，其实这是为自己再次取得州县而做的准备。

3.5　五月，叔弓如滕，葬滕成公，子服椒为介①。及郊，遇懿伯之忌，敬子不入②。惠伯曰③："公事有公利，无私忌，椒请先入④。"乃先受馆。敬子从之⑤。

【注释】

①介：副使。

②及郊，遇懿伯之忌，敬子不入：因为刚好碰上懿伯忌日，叔弓便不进入滕国。懿伯，子服椒之父。忌，忌日。敬子，即叔弓。按，古人于父母逝世纪念日，不做他事，不举音乐，谓之不用。此时两

人已至滕、鲁两国相接之郊，入滕境，则子服椒必受滕之郊劳、授馆等礼仪，故敬子因之不入滕境，为子服椒稽缓一日。

③惠伯：即子服椒。

④公事有公利，无私忌，椒请先入：不要因为私家的忌讳而妨碍公家之利。

⑤乃先受馆。敬子从之：惠伯先入滕国住进客馆，叔弓也一同入滕国。

【译文】

五月，叔弓去滕国，参加滕成公的葬礼，子服椒担任副使。到了滕国郊外，正好遇上懿伯的忌日，叔弓便停下不进入国都。子服椒说："执行公务只考虑国家的利益，没有私家的忌讳，请让我先进入。"于是先进城住进宾馆。叔弓听从了他的意见。

3.6　晋韩起如齐逆女。公孙虿为少姜之有宠也，以其子更公女，而嫁公子[①]。人谓宣子："子尾欺晋[②]，晋胡受之？"宣子曰："我欲得齐，而远其宠，宠将来乎[③]？"

【注释】

①公孙虿为少姜之有宠也，以其子更公女，而嫁公子：公孙虿将自己的女儿嫁给晋平公，而将齐景公女儿嫁与他人。子，古代男女都可称子。

②子尾欺晋：以己女换景公女，是欺骗晋国的行为。子尾，公孙虿。

③我欲得齐，而远其宠，宠将来乎：不接受公孙虿女儿，是疏远了他，便不可能得齐。宠，宠信的人，指公孙虿。

【译文】

晋国韩起到齐国迎亲。公孙虿因为少姜得到晋平公的宠爱，便将自己的女儿换下国君的女儿嫁到晋国，而把国君的女儿嫁给别人。有人对韩起说："公孙虿欺骗晋国，晋国为什么要接受他的女儿？"韩起说："我们想得到齐国的拥护，反而疏远它的宠臣，宠臣会拥护我们吗？"

3.7　秋七月，郑罕虎如晋，贺夫人①，且告曰："楚人日征敝邑以不朝立王之故②。敝邑之往，则畏执事其谓寡君而固有外心③；其不往，则宋之盟云④。进退罪也。寡君使虎布之⑤。"宣子使叔向对曰："君若辱有寡君⑥，在楚何害？修宋盟也。君苟思盟，寡君乃知免于戾矣⑦。君若不有寡君，虽朝夕辱于敝邑，寡君猜焉⑧。君实有心，何辱命焉。君其往也⑨！苟有寡君，在楚犹在晋也。"

【注释】

①郑罕虎如晋，贺夫人：祝贺晋平公新娶齐女。

②楚人日征敝邑以不朝立王之故：楚灵王新立，郑国还没有去朝聘，楚国于是每日来责问。征，问。

③敝邑之往，则畏执事其谓寡君而固有外心：假如郑国去朝楚，又怕晋国责怪郑国有二心。

④其不往，则宋之盟云：盟约在先，不敢不朝。宋之盟，指襄公二十七年的弭兵之盟，当时楚国提出"晋、楚之从交相见"的盟约。

⑤进退罪也。寡君使虎布之：朝与不朝，两边得罪，因此向晋告白。布，陈述。

⑥君若辱有寡君：如果对晋国有真心。

⑦君苟思盟，寡君乃知免于戾矣：如此朝楚，也是修宋盟之好，晋国也不必承受罪过了。

⑧君若不有寡君，虽朝夕辱于敝邑，寡君猜焉：对晋无真心，天天朝晋也不能被信任。猜，猜疑。

⑨君实有心,何辱命焉。君其往也:真心事晋,朝楚可不需来告。

【译文】

秋七月,郑国罕虎到晋国去,祝贺晋平公娶夫人,并且报告说:“楚国不断来质问敝国不去朝见他们新君的原因。敝国如果前往,又担心贵国认为我们国君原来就有外心;要是不去,可又有宋国的盟约在。去与不去都是罪过。我们国君派下臣来陈述苦衷。”韩起让叔向回复他说:“贵国国君如果心里有我们国君,去楚国又有什么妨害?不过是重修在宋国盟会的友好。贵国国君如果是考虑到盟约,我们国君就知道可以免除罪过了。贵国国君如果心中没有我们国君,即使早晚不断光临敝国,我们国君还是会有猜疑的。贵国国君真有我们国君在心中,何必要来告诉我们呢。你们还是去吧!如果心中有我们国君,在楚国就如同来晋国一样。”

张趯使谓大叔曰:“自子之归也,小人粪除先人之敝庐①,曰:‘子其将来。’今子皮实来,小人失望②。”大叔曰:“吉贱,不获来,畏大国,尊夫人也③。且孟曰‘而将无事’,吉庶几焉④。”

【注释】

①粪除:扫除。

②今子皮实来,小人失望:因为游吉吊少姜时说过“又将来贺”,结果是子皮来而游吉不来,所以张趯失望。子皮,即罕虎。

③吉贱,不获来,畏大国,尊夫人也:游吉地位较低,郑国畏惧大国,尊敬夫人,所以派了上卿罕虎来。

④且孟曰“而将无事”,吉庶几焉:当时张趯曾说“然自今子其无事”,游吉也许是应验了此话。孟,即张趯。

【译文】

张趯派人对游吉说:“自从您回国后,小人打扫干净先人的居室,说:‘您大约要来了。’可如今却是子皮前来,小人感到很失望。”游吉回复说:“我地位低下,没资格前来,这是由于害怕大国,尊重夫人的缘故。况且当初您曾说过‘你将会没事了’,我也许是被你说中了。”

3.8 小邾穆公来朝,季武子欲卑之①。穆叔曰:“不可。曹、滕、二邾,实不忘我好,敬以逆之,犹惧其贰,又卑一睦②,焉逆群好也?其如旧而加敬焉。《志》曰:‘能敬无灾。’又曰:‘敬逆来者,天所福也。’”季孙从之③。

【注释】

①季武子欲卑之:想不以诸侯之礼接待小邾穆公。

②一睦:指小邾,睦邻友好之国。

③季孙从之:仍然以诸侯之礼接待小邾穆公。按,小邾分别朝鲁庄公、僖公和襄公各一次,现在又来朝。

【译文】

小邾国穆公前来鲁国朝见,季武子想要降格接待。穆叔说:“不能这样做。曹国、滕国和两个邾国确实都没忘记和我国的友好,我们恭敬地迎接他们,还担心他们有二心,如果再降低一个友好国家的地位,又怎能迎接其他的友好国家呢?还是同往常一样地接待而且要更加恭敬。《志》说:‘能恭敬就没灾祸。’又说:‘恭敬地迎接来宾,上天就会赐福。’”季武子听从了。

3.9 八月,大雩,旱也①。

【注释】

①大雩，旱也：鲁国大旱，祭祀求雨。杨伯峻指出，《春秋》记载鲁国雩祭有二十一次，仅昭公时就占其七。昭公二十五年旱甚而大雩，足见当时气象之变化。

【译文】

八月，举行盛大的求雨雩祭，是因为大旱。

3.10　齐侯田于莒[①]，卢蒲嫳见，泣，且请曰："余发如此种种，余奚能为[②]？"公曰："诺，吾告二子[③]。"归而告之。子尾欲复之[④]，子雅不可，曰："彼其发短而心甚长，其或寝处我矣[⑤]。"九月，子雅放卢蒲嫳于北燕[⑥]。

【注释】

①莒：在齐国东境。

②余发如此种种，余奚能为：卢蒲嫳是庆封余党，襄公二十八年被放逐于境，这时见齐景公，自言已经衰老，不能再为害。种种，头发短的样子。

③二子：指子雅、子尾。

④子尾欲复之：复卢蒲嫳官位。

⑤彼其发短而心甚长，其或寝处我矣：子雅认为，卢蒲嫳工于心计，贼心不死，如果复其官位，必将报复。

⑥子雅放卢蒲嫳于北燕：担心卢蒲嫳再作乱，所以再放逐于北燕。

【译文】

齐景公在莒地打猎，卢蒲嫳求见，哭着请求说："我的头发都这么短少了，还能做什么坏事？"景公说："好的，我会说给那两人。"回去后就告诉了子尾和子雅。子尾想让卢蒲嫳回来，子雅不同意，说："他头发虽短但心计很多,他也许又想要睡我的皮了。"九月,子雅把卢蒲嫳流放到北燕。

3.11 燕简公多嬖宠,欲去诸大夫而立其宠人。冬,燕大夫比以杀公之外嬖①。公惧,奔齐。书曰:"北燕伯款出奔齐。"罪之也②。

【注释】

①比:勾结。外嬖:宠臣。

②罪之也:燕简公失为君之道,所以逃亡,《经》文这样记载,认为罪在简公自己。

【译文】

燕简公有很多宠幸的人,他想把大夫们除掉而立他宠幸的人。冬,燕国大夫们联合起来杀了燕简公宠幸的人。燕简公害怕了,逃往齐国。《春秋》记载:"北燕国君款出逃到齐国。"是归罪于他。

3.12 十月,郑伯如楚,子产相。楚子享之,赋《吉日》①。既享,子产乃具田备②,王以田江南之梦③。

【注释】

①《吉日》:《诗经·小雅》篇名,是周宣王田猎宴宾之诗,楚灵王准备和郑简公一起打猎,于是赋此诗。

②田备:田猎用具。

③以:与,和郑简公。江南之梦:古代云梦泽跨长江南北,这里指长江以南的云梦泽。

【译文】

十月，郑简公到楚国去，子产任相礼。楚灵王设享礼招待，赋《吉日》。享礼结束后，子产便备下打猎的工具，楚灵王和郑简公在江南的云梦泽打猎。

3.13　齐公孙灶卒[①]。司马灶见晏子[②]，曰："又丧子雅矣。"晏子曰："惜也！子旗不免，殆哉[③]！姜族弱矣[④]，而妫将始昌[⑤]。二惠竞爽[⑥]，犹可，又弱一个焉，姜其危哉！"

【注释】

①公孙灶：即子雅。

②司马灶：齐国大夫。

③子旗不免，殆哉：去年韩起曾预言子旗与高强不是保家之主，现在子雅一死，子旗必不免于祸患。殆，危险。

④姜族：指齐国公室。

⑤妫(guī)：指陈氏。

⑥二惠：指子雅、子尾，二人都是齐惠公孙。竞爽：刚强明白。

【译文】

齐国公孙灶去世。司马灶见晏婴，说："又丧失了一位子雅。"晏婴说："可惜啊！子旗将不免于难，危险了！姜族衰弱了，而妫姓将开始昌盛了。惠公的两个孙子刚强明理还可以维持姜姓，现在又少了一个，姜姓危险了！"

四年

【经】

4.1　四年春王正月[①]，大雨雹[②]。

4.2 夏，楚子、蔡侯、陈侯、郑伯、许男、徐子、滕子、顿子、胡子、沈子、小邾子、宋世子佐、淮夷会于申③。

4.3 楚人执徐子。

4.4 秋七月，楚子、蔡侯、陈侯、许男、顿子、胡子、沈子、淮夷伐吴，执齐庆封，杀之④。遂灭赖⑤。

4.5 九月，取鄫⑥。

4.6 冬十有二月乙卯⑦，叔孙豹卒。

【注释】

①四年：鲁昭公四年当周景王七年，前538。

②大雨雹：鲁国发生大雹灾。

③楚子、蔡侯、陈侯、郑伯、许男、徐子、滕子、顿子、胡子、沈子、小邾子、宋世子佐、淮夷会于申：这是楚灵王第一次大会诸侯。申，古地名。在今河南南阳。

④楚子、蔡侯、陈侯、许男、顿子、胡子、沈子、淮夷伐吴，执齐庆封，杀之：楚灵王会于申之后伐吴，庆封于襄公二十八年逃亡到吴国，此时被杀。

⑤赖：赖国，在今湖北随州东北。

⑥鄫：姒姓国，襄公六年被莒所灭，成为莒邑。在今山东枣庄东。

⑦乙卯：二十八日。

【译文】

鲁昭公四年春周历正月，下大冰雹。

夏，楚灵王、蔡灵侯、陈哀公、郑简公、许悼公、徐子、滕悼公、顿子、胡子、沈子、小邾穆公、宋国太子佐、淮夷在申地相会。

楚灵王逮捕了徐子。

秋七月，楚灵王、蔡灵侯、陈哀公、许悼公、顿子、胡子、沈子、淮夷讨伐吴国，抓住齐国庆封，杀了他。接着消灭了赖国。

九月，取得鄫地。

冬十二月二十八日，叔孙豹去世。

【传】

4.1 四年春王正月，许男如楚，楚子止之，遂止郑伯，复田江南，许男与焉。使椒举如晋求诸侯，二君待之[①]。椒举致命曰[②]："寡君使举曰：日君有惠，赐盟于宋[③]，曰：'晋、楚之从交相见也。'以岁之不易，寡人愿结欢于二三君，使举请间[④]。君若苟无四方之虞，则愿假宠以请于诸侯[⑤]。"晋侯欲勿许。司马侯曰："不可。楚王方侈，天或者欲逞其心[⑥]，以厚其毒，而降之罚，未可知也。其使能终[⑦]，亦未可知也。晋、楚唯天所相[⑧]，不可与争。君其许之，而修德以待其归[⑨]。若归于德，吾犹将事之，况诸侯乎？若适淫虐，楚将弃之，吾又谁与争[⑩]？"公曰："晋有三不殆[⑪]，其何敌之有？国险而多马，齐、楚多难[⑫]，有是三者，何乡而不济[⑬]？"对曰："恃险与马，而虞邻国之难[⑭]，是三殆也。四岳、三涂、阳城、大室、荆山、中南，九州之险也，是不一姓[⑮]。冀之北土，马之所生，无兴国焉[⑯]。恃险与马，不可以为固也，从古以然。是以先王务修德音以亨神人[⑰]，不闻其务险与马也。邻国之难，不可虞也。或多难以固其国，启其疆土[⑱]；或无难以丧其国，失其守宇[⑲]。若何虞难？齐有仲孙之难，而获桓公，至今赖之[⑳]。晋有里、丕之难，而获文公，是以为盟主[㉑]。卫、邢无难，敌亦丧之[㉒]。故人之难，不可虞也。恃此三者，而不修政德，亡于不暇[㉓]，又何能济？君其许之！纣作淫虐，文王惠和[㉔]，殷是以陨，周是以兴，夫岂争诸侯[25]？”乃许楚使。使叔向对曰：“寡君有社稷之事，是以不获春秋时见[26]。诸侯，君实有之，何辱命焉[27]？”椒举遂请昏，晋侯许之[28]。

【注释】

①使椒举如晋求诸侯，二君待之：晋国本为盟主，但楚灵王想取得霸业，于是派伍举到晋国，请求诸侯朝楚。椒举，楚国大夫伍举。二君，许、郑二国国君。

②致命：传达命令。

③日君有惠，赐盟于宋：楚国受晋国之惠，得以参加宋之盟。日，昔日。宋之盟，襄公二十七年向戌弭兵。

④以岁之不易，寡人愿结欢于二三君，使举请间：这是客套话。不易，多难。二三君，指众诸侯。请间，请求在您空闲时向您禀报这件事。间，闲暇。

⑤君若苟无四方之虞，则愿假宠以请于诸侯：晋国若无边境之患，楚国愿意借晋君之宠威以会诸侯。这是外交辞令，意在照会晋国同意。

⑥天或者欲逞其心：上天或许要纵楚灵王为非。

⑦能终：能得善终。

⑧晋、楚唯天所相：晋、楚都得到上天扶助。相，扶助。

⑨而修德以待其归：晋国可自修其德，看看楚灵王归宿如何。归，归宿。

⑩若适淫虐，楚将弃之，吾又谁与争：楚灵王如果荒淫暴虐，楚国自将抛弃他，晋国不用争而霸主地位可保。

⑪晋有三不殆：晋国有三个有利条件可以免除危险。殆，危险。

⑫多难：指国内多篡弑之难。

⑬何乡而不济：无往不成。乡，通“向”。

⑭虞：指望。

⑮四岳、三涂、阳城、大室、荆山、中南，九州之险也，是不一姓：说明地形险要不足恃。四岳，指东岳泰山、西岳华山、南岳衡山（一说南岳指安徽霍山，衡山作南岳是以后的事）、北岳恒山。三涂，指今河南嵩县西南的三涂山。阳城，阳城山，俗名城山岭，在今河南登封东南。大室，即太室，河南的嵩山。荆山，在今湖北南漳西。中南，即今陕西西安南的终南山。是不一姓，非一姓所有，统治者屡次更换。

⑯冀之北土，马之所生，无兴国焉：此言多马也不足恃。冀之北土，指燕、代诸国。兴，强盛。

⑰亨：同"享"。神人：神灵与祖先。人，祖先。

⑱或多难以固其国，启其疆土：意谓国多难反而兴盛。

⑲或无难以丧其国，失其守宇：意谓国无难也可能丧国失地。守宇，疆土。

⑳齐有仲孙之难，而获桓公，至今赖之：庄公八年、九年，齐国因公孙无知弑齐襄公，齐桓公得以即位，齐国至今仍得桓公余荫。仲孙，即公孙无知。

㉑晋有里、丕之难，而获文公，是以为盟主：僖公九年，晋国里克、丕郑在晋献公死后连弑奚齐、卓子，晋国乱。僖公二十四年，重耳回国，是为文公。僖公二十八年，文公指挥城濮之战，晋成为盟主。

㉒卫、邢无难，敌亦丧之：闵公二年，狄灭卫国；僖公二十五年，卫灭邢国。

㉓亡于不暇：救亡都来不及。

㉔惠和：仁慈和蔼。

㉕夫岂争诸侯：在于修德，不在于争夺诸侯。

㉖寡君有社稷之事，是以不获春秋时见：这里谦言不能亲自前往。

㉗诸侯，君实有之，何辱命焉：意思是楚国不必来征求意见。

㉘椒举遂请昏，晋侯许之：伍举同时为楚灵王向晋国求婚，晋平公答应了。

【译文】

鲁昭公四年春周历正月，许悼公到楚国去，楚灵王留下他，又挽留了郑简公，再到江南打猎，许悼公参加了。楚灵王派椒举到晋国去要求会合诸侯，让郑简公、许悼公留下等候消息。椒举传达楚灵王的话说："我们国君派下臣来说：往日国君施恩，赐敝国在宋国参与结盟，说：'晋国、楚国的附属国互相朝见。'由于年来多事，寡人愿与各位国君交好，派下臣来在您空闲时向您禀报这件事。国君如果没有四方边境的忧患，那么愿借国君的威宠请诸侯们到会。"晋平公想不予同意。司马侯说："不行。楚王正狂妄，上天或许是想满足他的心愿，从而增加他的罪恶，然后再降给惩罚，这是未可知的事。他或许能够善终，也是说不定的事。晋、楚两国都依靠上天的帮助，不能彼此相争。请国君同意他的要求，而修明德行等待其最后的结果。如果楚王最终有德行，我国都将要事奉他，更何况诸侯呢？如果走向荒淫暴虐，楚国自己会抛弃他，又有谁来和我国相争呢？"晋平公说："晋国有三个条件可以免于危险，有谁能和我国匹敌？国家地势险要而且多出产马匹，齐、楚二国正在祸难频发，有这三条，何往而不胜？"司马侯回答说："倚仗险要与多马，并把希望寄托在邻国的祸难上，恰恰是三个危险。四岳、三涂、阳城、太室、荆山、中南，都是九州中的险要之地，它们并不归一姓所有。冀州北面的地区，是马蕃育之地，并无一个强盛的国家。倚仗险要与多马，并不能作为巩固自己的条件，自古以来都是这样的。所以先王致力于修明德行，使神明和人民高兴，没听说致力于地势险要与多马。至于邻国的祸难，是不可以寄以希望的。有的多难反而使国家巩固，开疆辟土；有的无祸难反倒丧失国家，失掉疆土。怎么能把希望寄托在别国的祸难上？齐国有仲孙的祸难，却得到了桓公，齐国至今还靠着他的余荫。晋国有里克、丕郑的祸难，却获得文公，并由此而成为盟主。卫国、邢国并无祸难，敌国却灭亡了它们。所以他人的祸难，是不可以寄予希望的。倚仗上述三条，却不修明政德，挽救灭亡还顾不上，又如何能够得到成功？所以国君还是同意了楚国的要求吧！纣王淫佚暴虐，文王贤惠和顺，殷因此灭亡，周因此兴起，难道在于争夺诸侯吗？”晋平公便同意了楚国使者的要求。派叔向答复说：“我们国君有国家大事要处理，因此不能在春秋两季按时相见。至于诸侯，贵国国君本来就拥有他们，何必再征求意见呢？”椒举于是为楚灵王求婚，晋平公答应了。

楚子问于子产曰：“晋其许我诸侯乎？”对曰：“许君。晋君少安，不在诸侯①。其大夫多求②，莫匡其君③。在宋之盟，又曰如一④。若不许君，将焉用之⑤？”王曰：“诸侯其来乎？”对曰：“必来。从宋之盟，承君之欢，不畏大国⑥，何故不来？不来者，其鲁、卫、曹、邾乎！曹畏宋，邾畏鲁，鲁、卫逼于齐而亲于晋⑦，唯是不来⑧。其余，君之所及也，谁敢不至⑨？”王曰：“然则吾所求者，无不可乎？”对曰：“求逞于人，不可⑩；与人同欲，尽济⑪。”

【注释】

①晋君少安，不在诸侯：晋平公贪图小处安逸，不以诸侯叛服为意。

②多求：贪求私利。

③匡：帮助。

④如一：晋、楚同等，应同样朝贡，即“交相见”。

⑤若不许君，将焉用之：晋国要是不答应，宋之盟还有什么用？

⑥不畏大国：晋国已经同意，不必怕晋国责难。大国，指晋国。

⑦鲁、卫逼于齐而亲于晋：鲁、卫逼于齐，不得不亲近晋国。

⑧唯是：因此。唯，因。

⑨君之所及也，谁敢不至：楚国威力所及，诸侯不敢不来。

⑩求逞于人，不可：求快己意于人，不可。

⑪与人同欲，尽济：自己所为，应该和大多数人同欲，如此则无不成功。

【译文】

楚灵王询问子产说："晋国会同意我召集诸侯吗？"子产回答说："会答应您的。晋国国君贪图小处安逸，志向不在于诸侯。该国大夫又多贪求，没有谁能匡扶国君。在宋国的盟约又规定了诸侯对待楚国、晋国要同样朝贡。如果不答应您，宋国的盟约又有什么用呢？"楚灵王问："诸侯们会来吗？"子产回答说："一定会来。服从在宋国的盟约，得到您的欢心，不用害怕晋国，为何不来？不来的，大概只有鲁国、卫国、曹国和邾国吧！曹国畏惧宋国，邾国害怕鲁国，鲁、卫二国为齐国所威逼而亲近晋国，因此不会来。其余各国，是您的威力所能达到的，谁敢不到会？"楚灵王说："那么我所要求的，就没有办不到的了？"子产回答说："让别人服从自己的愿望，不行；与大多数人愿望相同，就能成功。"

4.2 大雨雹。季武子问于申丰曰[①]："雹可御乎[②]？"对曰："圣人在上，无雹。虽有，不为灾。古者日在北陆而藏冰[③]，西陆朝觌而出之[④]。其藏冰也，深山穷谷，固阴沍寒，于是乎取之[⑤]。其出之也，朝之禄位[⑥]，宾、食、丧、祭[⑦]，于是乎用之。其藏之也，黑牡、秬黍，以享司寒[⑧]。其出之也，桃弧、棘矢，以除其灾[⑨]。其出入也时。食肉之禄[⑩]，冰皆与焉。大夫命妇丧浴用冰[⑪]。祭寒而藏之，献羔而启之[⑫]，公始用之[⑬]，火出而毕赋[⑭]。自命夫命妇至于老疾，无不受冰。山人取之[⑮]，县人传之[⑯]，舆人纳之，隶人藏之[⑰]。夫冰以风壮，而以风出[18]。其藏之也周，其用之也遍，则冬无愆阳[19]，夏无伏阴，春无凄风，秋无苦雨，雷出不震，无灾霜雹[20]，疠疾不降[21]，民不夭札[22]。今藏川池之冰弃而不用[23]，风不越而杀[24]，雷不发而震[25]。雹之为灾，谁能御之？《七月》之卒章，藏冰之道也[26]。"

【注释】

①申丰：季氏家臣。

②御：防止。

③古者日在北陆而藏冰：太阳行至虚宿和危宿，是夏历十二月，在小寒和大寒时节，古人在这时取冰而藏。北陆，指虚宿与危宿二星宿。

④西陆朝觌(dí)而出之：昴宿和毕宿在早晨出现，正是夏历四月，应是清明、谷雨时节，这时取冰而出。西陆，指昴宿与毕宿。觌，显示，显现。

⑤其藏冰也，深山穷谷，固阴冱(hù)寒，于是乎取之：前言藏冰用冰之时，这里说藏冰取冰之地。固阴冱寒，寒气凝固。

⑥朝之禄位：指卿大夫等。

⑦宾：迎宾。食：君之膳食。丧：丧礼。祭：祭祀。

⑧其藏之也，黑牡、秬(jù)黍，以享司寒：藏冰时先祭司寒。黑牡，黑色公羊。秬，黑黍。司寒，冬神玄冥。冬在北陆，故用黑色。

⑨其出之也，桃弧、棘矢，以除其灾：取冰时，以桃弓棘箭置于储冰室的门上以消灾。

⑩食肉之禄：即肉食者，有禄位的官。

⑪命妇：大夫之妻。丧浴：死后擦身。

⑫祭寒而藏之，献羔而启之：藏、取冰都要祭祀。寒，指司寒。献

羔，献羔羊祭祖。

⑬公始用之：国君先用。

⑭火出而毕赋：大火星出现为夏历三月，这时分冰完毕。火，大火星。

⑮山人：主管山林的小官。

⑯县人：县正，遂的属官。按，五县为遂。

⑰舆人纳之，隶人藏之：取冰、运输、交付、收藏都由下级官员承担。舆人、隶人，都是低级小官。

⑱夫冰以风壮，而以风出：冰由于寒风而更坚固，由于春风而取出使用。

⑲愆阳：阳气过盛。愆，过度。

⑳雷出不震，无灾霜雹：有雷鸣而不伤人，有霜雹而不成灾。

㉑疠疾：传染病、流行病。

㉒夭：短命而死。札：因流行病而死。

㉓藏川池之冰弃而不用：既不藏山谷之冰，又不遍用藏冰。

㉔风不越而杀：风不散而草木凋零。越，飘散。杀，指草木枯萎。

㉕雷不发而震：雷不鸣而击物伤人，阴阳失序，风雷为灾。

㉖《七月》之卒章，藏冰之道也：《七月》，《诗经·国风·豳风》篇名。此诗的末章有"二之日凿冰冲冲，三之日纳于凌阴，四之日其蚤献羔祭韭"等句，吟咏取冰藏冰用冰之事。

【译文】

下大冰雹。季武子向申丰询问说："冰雹可以防止吗？"申丰回答说："圣人在上，就没有冰雹。即便有，也不会成为灾害。古时候，太阳行走在虚宿和危宿的位置上就藏冰，昴宿和毕宿出现在清晨时就把冰取出来。当藏冰的时候，在深山穷谷，凝聚着阴寒之气的地方，在这儿取冰。在取出冰的时候，凡是朝廷上有禄位的，在迎宾、膳食、丧事、祭祀时就取用。当藏冰时，用黑公羊和黑黍来祭祀司寒之神。取出来的时候，用桃木弓、荆棘箭来祓除灾祸。取冰藏冰都有一定的时令。凡是有禄位吃祭肉的官吏，都能用到冰。大夫和妻子死后洗擦身子也要用冰。祭祀司寒之神而藏冰，奉献羔羊而后取用，国君首先使用，大火星出现时分配完毕。从大夫、命妇直到退休有病的，无不分到冰。山人凿冰，县人运送，舆人交纳，隶人收藏。冰由于寒风而坚固，又由于春风而取出。它收藏周密，使用普遍，那么冬天不会过于暖和，夏天不会过于阴寒，春天没有寒冷的风，秋天没有连绵的雨，雷鸣不伤害人畜，霜雹不会造成灾害，瘟疫不会流行，人民不会夭折死亡。现在收藏着河川水池中的冰而放弃不用，风就不发散而使草木凋零，雷不作声而震伤人畜。冰雹所造成的灾害，谁能防止？《七月》最后一章，说的就是藏冰的道理。”

4.3　夏，诸侯如楚，鲁、卫、曹、邾不会。曹、邾辞以难，公辞以时祭，卫侯辞以疾①。郑伯先待于申。六月丙午②，楚子合诸侯于申。椒举言于楚子曰：“臣闻诸侯无归，礼以为归③。今君始得诸侯，其慎礼矣。霸之济否，在此会也。夏启有钧台之享④，商汤有景亳之命⑤，周武有孟津之誓⑥，成有岐阳之蒐⑦，康有酆宫之朝⑧，穆有涂山之会⑨，齐桓有召陵之师⑩，晋文有践土之盟⑪。君其何用？宋向戌、郑公孙侨在，诸侯之良也⑫，君其选焉。”王曰：“吾用齐桓。”王使问礼于左师与子产⑬。左师曰：“小国习之，大国用之，敢不荐闻⑭？”献公合诸侯之礼六⑮。子产曰：“小国共职⑯，敢不荐守⑰？”献伯子男会公之礼六⑱。君子谓合左师善守先代⑲，子产善相小国⑳。

【注释】

①曹、邾辞以难，公辞以时祭，卫侯辞以疾：四国都找借口拒绝朝

楚,正与子产预料相合。难,指国家不安定。公,指鲁昭公。时祭,祭祖。

②丙午:十六日。

③臣闻诸侯无归,礼以为归:诸侯只归服于有礼者。

④夏启有钧台之享:夏启曾在钧台宴享诸侯。钧台,古地名。在今河南禹州。

⑤商汤有景亳之命:商汤曾在景亳发布命令。景亳,古地名。在今河南商丘北。

⑥周武有盂津之誓:周武王两次在盂津会合诸侯,誓师伐纣。盂津,即盟津,古地名,在今河南孟州南。

⑦成有岐阳之蒐:周成王从奄归来,在岐阳田猎。岐阳,即岐山之阳,古地名。在今陕西岐山。

⑧康有酆宫之朝:周康王曾在酆宫朝诸侯。酆宫,文王庙,在今陕西西安鄠邑区东。

⑨穆有涂山之会:周穆王曾在涂山会诸侯。涂山,古地名。据传在今安徽怀远东南。按,以上六王之会,除周武王外,都不知其事件本末。

⑩齐桓有召陵之师:僖公四年,齐桓公率鲁、宋、陈、卫、郑、许、曹等国军队在召陵与楚结盟。

⑪晋文有践土之盟:僖公二十八年城濮之战后,晋文公与鲁、齐、宋、蔡、郑、卫、莒等诸侯盟于践土。

⑫良:能。此谓向戌与子产习于礼,闻见广。

⑬左师:即向戌。

⑭荐闻:献其所闻,以备采择。

⑮献公合诸侯之礼六:宋国为公爵,所以献公会合诸侯之礼仪六种。

⑯共职:指事奉大国。共,通“供”。

⑰守：所遵守的典礼。

⑱献伯子男会公之礼六：郑国是伯爵，所以献伯子男会盟主之礼仪六种。

⑲合左师善守先代：宋国为公爵，向戌所献礼，符合宋国传统的大国地位，是善守先代传统。

⑳子产善相小国：郑国是伯爵，服于大国，子产所献礼，符合敬事大国之道，是善于辅佐小国。

【译文】

夏，诸侯们前往楚国，鲁国、卫国、曹国、邾国果然没到会。曹国、邾国借口国内不安定，鲁昭公以举行祭祀来推辞，卫襄公推托有病。郑简公先在申地等待。六月十六日，楚灵王和诸侯在申地相会。椒举对楚灵王说："下臣听说诸侯不归服别的，只归服有礼者。现今国君刚刚得到诸侯的拥护，对礼仪要慎重。霸业成功与否，就在这次相会。夏启有钧台的宴享，商汤有景亳的命令，周武王有孟津的誓师，周成王有岐阳的田猎，周康王有酆宫的朝会，周穆王有涂山的会见，齐桓公有召陵的会师，晋文公有践土的盟会。国君打算用哪一种形式？宋国向戌、郑国公孙侨在此，他们是诸侯大夫中的佼佼者，国君您就在他们中选用吧。"楚灵王说："我采用齐桓公的方式。"楚灵王派人到向戌和子产那儿询问礼仪。向戌说："小国学习礼仪，大国使用礼仪，我怎敢不进献自己所知道的？"他献上了公会见诸侯的礼仪六种。子产说："小国的职责就是事奉大国，哪里敢不进献所遵守的典礼？"献上了伯子男会见公的礼仪六种。君子认为向戌善于保持先世的礼仪，子产善于辅佐小国。

王使椒举侍于后以规过[①]，卒事不规。王问其故，对曰："礼，吾所未见者有六焉，又何以规[②]？"

【注释】

①规过：纠正过失。

②礼，吾所未见者有六焉，又何以规：向戌、子产二人所献六礼，楚国都未曾实行过，甚是齐备，椒举无从纠正。

【译文】

楚灵王让椒举侍立在自己身后以纠正过失，直到仪式结束椒举也没有纠正过一次。楚灵王问他是何缘故，椒举回复说："这些礼中有六种我从来没有见过，我又怎么能纠正呢？"

宋大子佐后至，王田于武城[①]，久而弗见[②]。椒举请辞焉。王使往，曰："属有宗祧之事于武城[③]，寡君将堕币焉，敢谢后见[④]。"

【注释】

①武城：古地名。在今河南南阳北。

②久而弗见：楚灵王恨宋太子迟到。

③属：适逢。宗祧之事：指为宗庙祭祀田猎的事。

④寡君将堕币焉，敢谢后见：不满于宋太子晚到，所以说须等到会诸侯献宗庙礼时才接见。按，这是追记会诸侯前的话。堕币，布币，向宗庙献礼。

【译文】

宋国太子佐迟到了，楚灵王正在武城打猎，很久都不接见他。椒举请楚灵王辞谢他。灵王派人前去，说："不凑巧在武城有宗庙祭祀的事，我们国君将把礼物献于宗庙，谨为不能及时接见而致歉意。"

徐子[①]，吴出也，以为贰焉，故执诸申。

【注释】

①徐:国名,在今安徽泗县。

【译文】

徐国国君是吴国女子所生,楚灵王认为他有二心,所以在申地抓了他。

楚子示诸侯侈[①],椒举曰:“夫六王、二公之事[②],皆所以示诸侯礼也,诸侯所由用命也[③]。夏桀为仍之会[④],有缗叛之[⑤]。商纣为黎之蒐[⑥],东夷叛之。周幽为大室之盟,戎狄叛之。皆所以示诸侯汏也,诸侯所由弃命也[⑦]。今君以汏,无乃不济乎?”王弗听。子产见左师曰:“吾不患楚矣。汏而愎谏,不过十年[⑧]。”左师曰:“然。不十年侈,其恶不远,远恶而后弃。善亦如之,德远而后兴[⑨]。”

【注释】

①侈:骄纵。

②六王:夏启、商汤、周武、周成、周康、周穆王六人。二公:齐桓公、晋文公。

③用命:听命。

④仍:国名,在今山东金乡。

⑤有缗:即缗国,也是国名,舜之后,姚姓,也在今山东金乡。

⑥黎:小国名,原在山西长治西南,后迁于黎城。

⑦皆所以示诸侯汏也,诸侯所由弃命也:上举都是暴君,骄侈过甚,诸侯因此都违命不从。

⑧汏而愎(bì)谏,不过十年:子产预言楚灵王霸业必不能长久,郑国不必担心。愎谏,固执己见,不接受别人忠言。

⑨“不十年侈”五句：为恶及远，必为人所弃；行善及远，必能兴盛。昭公十三年，楚灵王自缢而死，这里为之预言。远，这里既指时间，也指地域。

【译文】

楚灵王在诸侯面前表现得很骄纵，椒举说：“六王、二公会合诸侯时，都是向诸侯显示礼仪，诸侯所以服从命令。夏桀在仍地的会见，有缗背叛他。商纣在黎地打猎，东夷背叛他。周幽王在太室举行盟会，戎狄背叛他。这都是由于对诸侯表现出骄纵，诸侯所以背弃他们的命令。现在国君过于骄侈，恐怕不会成功吧？”楚灵王不听从椒举的话。子产见到向戌说：“我不担心楚国了。楚灵王骄横而不听从劝谏，用不了十年就会完蛋。”向戌说：“是的。没有十年的骄奢，他的恶名不能远播，臭名远扬后就会被抛弃。善也是，德行远播后才能兴盛。”

4.4　秋七月，楚子以诸侯伐吴。宋大子、郑伯先归。宋华费遂、郑大夫从。使屈申围朱方①，八月甲申②，克之，执齐庆封而尽灭其族。将戮庆封③，椒举曰：“臣闻无瑕者可以戮人。庆封唯逆命④，是以在此，其肯从于戮乎？播于诸侯，焉用之⑤？”王弗听，负之斧钺，以徇于诸侯⑥，使言曰：“无或如齐庆封弑其君，弱其孤，以盟其大夫⑦。”庆封曰：“无或如楚共王之庶子围弑其君——兄之子麇——而代之，以盟诸侯⑧！”王使速杀之⑨。

【注释】

①屈申：屈荡之子。朱方：吴邑，襄公二十八年，齐庆封逃吴，吴王赐封朱方。

②八月甲申：八月不当有甲申日，当为史官误记。

③将戮庆封：据下文，此当指在诛杀之前先羞辱他。戮，羞辱。

④逆命：违逆君命。

⑤播于诸侯，焉用之：楚灵王想公布庆封之罪，杀于诸侯之前，以示其为诸侯讨贼之举。椒举则担心楚灵王本身有瑕，万一庆封宣扬出去，灵王反自取其辱。

⑥负之斧钺，以徇于诸侯：让庆封背着大斧示众于诸侯中。此即前所谓"戮"。

⑦无或如齐庆封弑其君，弱其孤，以盟其大夫：齐国崔杼弑君，庆封为其同党，因此以弑君罪加于庆封。孤，指齐景公。庆封欺其幼弱。襄公二十五年《传》载盟国人于大宫，其初辞曰"所不与崔、庆者"，国人即大夫，即盟其大夫。无，不要。

⑧无或如楚共王之庶子围弑其君——兄之子麇——而代之，以盟诸侯：昭公二年，楚灵王杀郏敖自立。兄之子麇，即楚君郏敖。

⑨王使速杀之：庆封果然播灵王之恶，灵王果自取其辱。

【译文】

秋七月，楚灵王率领诸侯攻打吴国。宋国太子、郑简公先回国了。宋国华费遂、郑国大夫随从灵王。楚灵王派屈申包围了朱方，八月甲申，攻克朱方，抓住齐国庆封并把他家灭族。楚灵王准备诛戮庆封，椒举说："下臣听说没有缺点的人才可以诛戮人。庆封就因为违逆君命，所以逃亡到这里，他怎肯乖乖地受戮？如果他在诸侯中散播您的丑闻，那时该怎么办？"楚灵王不听，让庆封背上斧钺，在诸侯军中游行示众，让他说："不要像齐国庆封那样杀死国君，削弱国君的孤儿，来和他的大夫们会盟。"庆封说："不要像楚共王的庶子围那样杀死国君——兄长的儿子麇——而取代他当国君，来和诸侯会盟！"楚灵王赶紧让人把庆封杀掉。

遂以诸侯灭赖①。赖子面缚衔璧，士袒，舆榇从之，造于中军[②]。王问诸椒举,对曰:"成王克许,许僖公如是,王亲释其缚,受其璧,焚其榇。"王从之。迁赖于鄢[③]。楚子欲迁许于赖,使斗韦龟与公子弃疾城之而还[④]。申无宇曰:"楚祸之首将在此矣[⑤]。召诸侯而来,伐国而克,城竟莫校[⑥]。王心不违,民其居乎[⑦]?民之不处[⑧],其谁堪之?不堪王命,乃祸乱也。"

【注释】

①遂以诸侯灭赖:克朱方与灭赖是以两支军同时进行,楚灵王派屈申克朱方,自己率军灭赖。

②中军:指楚灵王所率中军。

③鄢:地名,在今湖北宜城南。

④使斗韦龟与公子弃疾城之而还:楚灵王派二人为许国筑城。斗韦龟,楚国令尹子文的玄孙。

⑤楚祸之首将在此矣:灵王会诸侯,克朱方,灭赖迁许,野心得逞,但申无宇认为楚国之祸也由此开始。

⑥城竟莫校:筑城于外境,而诸侯无一争论异议。校,抗争,抵抗。

⑦王心不违,民其居乎:楚王逞其私欲,百姓何能安居?

⑧不处:不能安居。

【译文】

于是又率领诸侯灭掉赖国。赖国国君反绑双手口含玉璧,士袒露肩背,抬着棺木跟着,来到中军。楚灵王询问椒举如何处理,椒举回答说:"当初成王攻下许国时,许僖公就是这样的,成王亲自解开他的捆缚,接受他的玉璧,焚毁棺木。"楚灵王按他所说做了。把赖国迁到鄢地。楚灵王想把许国迁到赖地,派斗韦龟和公子弃疾为许国筑城完毕而回。申无宇说:"楚国的祸乱开端将在这里了。召集诸侯诸侯就前来,攻打别国就能攻下,在边境筑城也没人敢有异议。君王的愿望全都得到满足,人民能够安居吗?人民无法安居乐业,谁能忍受得了?不能忍受君王的命令,就是祸乱。”

4.5 九月,取鄫,言易也。莒乱,著丘公立而不抚鄫,鄫叛而来,故曰取。凡克邑,不用师徒曰取。

【译文】

九月,取得鄫地,是说来得容易。莒国动乱,著丘公立为国君而不安抚鄫地,鄫叛离莒国而来投奔鲁国,所以说“取”。凡是取得城邑而不动用军队就叫“取”。

4.6 郑子产作丘赋[1],国人谤之[2],曰:“其父死于路[3],己为虿尾[4],以令于国,国将若之何[5]?”子宽以告[6]。子产曰:“何害?苟利社稷,死生以之[7]。且吾闻为善者不改其度[8],故能有济也。民不可逞[9],度不可改。《诗》曰:‘礼义不愆,何恤于人言[10]。’吾不迁矣[11]。”浑罕曰[12]:“国氏其先亡乎[13]!君子作法于凉,其敝犹贪[14]。作法于贪,敝将若之何[15]?姬在列者[16],蔡及曹、滕其先亡乎,逼而无礼[17]。郑先卫亡,逼而无法[18]。政不率法,而制于心[19]。民各有心,何上之有[20]?”

【注释】

①郑子产作丘赋:丘,原为乡鄙奴隶所居,隶属于采邑主,不服兵役,现在由公室令其出军赋、服兵役。

②国人谤之:咒骂子产。

③其父死于路:襄公十年,子产父亲子国被尉止杀死。

④虿：蝎子，尾有毒刺。

⑤以令于国，国将若之何：国人咒骂子产以重赋“毒害”国人。

⑥子宽：郑国大夫。

⑦苟利社稷，死生以之：于国有利，愿以身许国。以，用。

⑧度：制度。

⑨逞：快意，指尽得其欲。

⑩礼义不愆(qiān)，何恤于人言：这是逸诗，意思是于国有利，于礼义无过失，不必担心别人的闲言。愆，过失。

⑪不迁：不变更。

⑫浑罕：即子宽。

⑬国氏：子产父亲子国，以国为氏。

⑭君子作法于凉，其敝犹贪：君子之法以薄取为原则，其流弊尚有厚敛贪财的。凉，薄。

⑮作法于贪，敝将若之何：作法于贪，后果更不堪设想。

⑯姬在列者：姬姓诸国。

⑰蔡及曹、滕其先亡乎，逼而无礼：蔡邻近楚，曹、滕临近于宋。逼，邻近大国。

⑱郑先卫亡，逼而无法：郑邻近晋、楚二国。邻近大国，且又无礼仪无法度，必先亡。按，以上都是子宽的预言。

⑲政不率法，而制于心：子宽认为子产作丘赋，不循旧法，只以己意制订。

⑳民各有心，何上之有：子宽责备子产以己心制订政令，则民心不同，将无上矣。上，指统治者。

【译文】

郑国子产制订丘赋，国人咒骂他，说：“他的父亲死在路上，他自己毒如蝎子的尾巴，他在国内发布命令，国家将要怎么办?”子宽把这些话告诉了子产。子产说：“这有什么妨害？如果有利于国家，我死生都不在乎。何况我听说做好事的人不改变他的法度，所以能有所成。百姓不可尽得其欲，法度不可改变。《诗》说：'在礼义上没有过错，何必担心闲言碎语。'我不会改变了。"子宽说："国氏恐怕要先灭亡了！君子在薄取的基础上制定法度，还会产生贪婪的后果。在贪婪的基础上制定法度，后果又将怎么样？姬姓列国，蔡国及曹国、滕国大概先灭亡，因为它们邻近大国而且没有礼仪。郑国比卫国先灭亡，是由于逼近大国而无法度。政令不遵循法度，而是由自己的意志来决定。人民人各有志，怎么会尊崇在上面的人？"

4.7　冬，吴伐楚，入棘、栎、麻①，以报朱方之役。楚沈尹射奔命于夏汭②，咸尹宜咎城钟离③，薳启彊城巢④，然丹城州来⑤。东国水，不可以城⑥。彭生罢赖之师⑦。

【注释】

①棘、栎、麻：三地都是楚国东部边境之邑。棘，在今河南永城南。栎，在今河南新蔡北。麻，在今安徽砀山东北。

②楚沈尹射奔命于夏汭：楚国沈尹射奔赴夏汭应命。沈，县名，在今安徽临泉。尹，楚国县长叫尹。射，人名。夏汭，西淝河下游入淮水处，在今安徽凤台西南。

③宜咎：本是陈国大夫，襄公二十四年奔楚。钟离：古地名。在今安徽凤阳东北。

④巢：古地名。在今安徽寿州南。

⑤然丹：郑国穆公孙，子然之子，襄公十九年奔楚。州来：古地名。在今安徽凤台。

⑥东国水，不可以城：东部地区水灾，不能筑城。

⑦彭生罢赖之师：停止了赖地军队的筑城。彭生，楚国大夫。罢，结束，停止。

【译文】

冬，吴国讨伐楚国，进入棘、栎、麻三地，以报复楚国攻打朱方的战役。楚国沈尹射受命奔赴夏汭，咸尹宜咎修筑钟离城，薳启彊修筑巢城，然丹修筑州来城。东部发大水，无法筑城。彭生停止了赖地军队的筑城。

4.8 初，穆子去叔孙氏[①]，及庚宗[②]，遇妇人，使私为食而宿焉[③]。问其行，告之故，哭而送之[④]。适齐，娶于国氏，生孟丙、仲壬。梦天压己，弗胜，顾而见人，黑而上偻[⑤]，深目而豭喙[⑥]，号之曰："牛！助余！"乃胜之。旦而皆召其徒[⑦]，无之。且曰："志之[⑧]。"及宣伯奔齐[⑨]，馈之[⑩]。宣伯曰："鲁以先子之故，将存吾宗，必召女[⑪]。召女，何如？"对曰："愿之久矣。"

【注释】

①穆子去叔孙氏：这是追述成公十六年穆叔避其兄宣伯侨如之难而逃奔齐国时事。侨如嗣立为鲁卿，而与成公母穆姜私通，谋去季孙行父与孟孙蔑。鲁人驱逐了叔孙侨如。穆子，即穆叔，鲁国叔孙豹。

②庚宗：鲁地名，在今山东泗水东。

③遇妇人，使私为食而宿焉：穆叔与这个妇人私通。

④问其行，告之故，哭而送之：妇人问穆叔，得知避难之事，哭送穆叔。

⑤上偻(lóu)：上身弯曲。

⑥深目：眼睛凹进。豭(jiā)喙(huì)：嘴巴像猪。

⑦徒：随从。

⑧志之：嘱咐随从记下“牛”的面貌。

⑨宣伯：即叔孙侨如，也在成公十六年逃奔齐国。

⑩馈：赠食。

⑪鲁以先子之故，将存吾宗，必召女：因先人之故，鲁国将保存叔孙氏的宗族，并立为卿。先子，宣伯先人。

【译文】

当初穆子离开叔孙氏出走，到达庚宗，遇见一个女人，让她替自己偷偷弄点吃的，并在她那里留宿。女人问他的去向，告诉她原因，女人哭着送他上路。穆子到了齐国，娶国氏女为妻，生下孟丙、仲壬。穆子梦见天塌下来压着自己，快要顶不住了，回头见到一个人，皮肤很黑而且上身伛偻，眼眶深陷嘴巴像猪，穆子大声呼叫说："牛！快来帮助我！"这才顶住了。早上穆子把手下人全都召来，没有梦中见到的人。穆子吩咐："把那人的模样记下来。"等到宣伯也逃来齐国，穆子送了食物给他。宣伯说："鲁国因为我们先人的缘故，将要保存我们的宗族，必定召你回国。要是召你，你打算怎么办？"穆子回答说："我已经盼望很久了。"

鲁人召之，不告而归①。既立②，所宿庚宗之妇人献以雉③。问其姓④，对曰："余子长矣，能奉雉而从我矣⑤。"召而见之，则所梦也。未问其名，号之曰"牛"，曰："唯⑥。"皆召其徒，使视之，遂使为竖⑦。有宠，长使为政⑧。公孙明知叔孙于齐⑨，归，未逆国姜⑩，子明取之，故怒，其子长而后使逆之⑪。

【注释】

①鲁人召之，不告而归：穆叔不告诉宣伯便回鲁国。

②既立：穆叔被立为卿。

③所宿庚宗之妇人献以雉：古礼，妇人献雉是表示已有儿子。

④问其姓：问她儿子的情况。姓，子。

⑤余子长矣，能奉雉而从我矣：到穆叔回鲁为卿，其儿子已经长大。杨伯峻曰："叔孙豹为鲁卿，当在成公十七年后，襄公二年前，《经》《传》无明文，其召庚宗妇人，又在为鲁卿之后。杜云'襄二年竖牛五六岁'，盖以叔孙豹见《经》之年即为卿之年，未必然也。此等处不必深究。"

⑥唯：恭敬的应答声。《礼记·曲礼上》："父召无诺，唯而起。"

⑦竖：小臣。

⑧为政：主管叔孙家政。

⑨公孙明知叔孙于齐：在齐国时公孙明和穆叔就有交情。公孙明，齐大夫子明。

⑩国姜：即穆叔所娶齐国国氏妻子。

⑪故怒，其子长而后使逆之：穆叔怒其妻改嫁子明，所以到孟丙、仲壬长大后才接回鲁国。

【译文】

鲁国召穆子回国，穆子没告诉宣伯就回国了。穆子立为卿之后，在庚宗留宿过的女人向他献上雉鸡。穆子询问儿子的情况，妇人回答说："我的儿子已经长大了，能够拿着雉鸡跟从我了。"穆子召见那孩子，就是梦中所见的人。他没问孩子的名字，大声叫他"牛"，孩子回答说："哎。"于是把手下人都召来，让大家看这孩子，便让他当了小臣。竖牛得到穆子的宠爱，长大后让他主管家政。公孙明和穆子在齐国时交情很好，穆子回国后，没把妻子国姜接来，公孙明娶了国姜为妻，穆子因此发怒，待到两个儿子长大了才把他们接回来。

田于丘莸[①]，遂遇疾焉。竖牛欲乱其室而有之，强与孟盟，不可[②]。叔孙为孟钟[③]，曰："尔未际，飨大夫以落之[④]。"

既具,使竖牛请日[5]。入,弗谒;出,命之日[6]。及宾至,闻钟声[7]。牛曰:“孟有北妇人之客[8]。”怒,将往,牛止之。宾出,使拘而杀诸外[9]。牛又强与仲盟[10],不可。仲与公御莱书观于公[11],公与之环。使牛入示之[12]。入,不示;出,命佩之[13]。牛谓叔孙:“见仲而何[14]?”叔孙曰:“何为?”曰:“不见,既自见矣,公与之环而佩之矣[15]。”遂逐之,奔齐[16]。疾急,命召仲,牛许而不召。杜洩见,告之饥渴,授之戈[17]。对曰:“求之而至,又何去焉[18]?”竖牛曰:“夫子疾病,不欲见人。”使置馈于个而退[19]。牛弗进,则置虚命彻[20]。十二月癸丑[21],叔孙不食。乙卯,卒[22]。牛立昭子而相之[23]。

【注释】

①丘莸(yóu):古地名。今地不详。

②强与孟盟,不可:竖牛强要孟丙盟誓顺从自己,孟丙不肯。

③叔孙为孟钟:穆叔为孟丙铸了一口钟。

④尔未际,飨大夫以落之:穆叔想借此机会使孟丙得到诸大夫的支持。未际,未和诸大夫交际。落,以公猪血衅钟时举行的享宴。

⑤既具,使竖牛请日:享礼准备就绪,由竖牛请穆叔择定日子。

⑥入,弗谒;出,命之日:竖牛入,不报告请日之事,出来后又假传穆叔之命定一日期。

⑦及宾至,闻钟声:落成享宾客,穆叔不知享日,听到钟声而奇怪。

⑧孟有北妇人之客:竖牛有意以公孙明激怒穆叔。北妇人,指国姜。客,指公孙明。

⑨使拘而杀诸外:穆叔不知真情,拘禁孟丙并杀掉。

⑩仲:即仲壬。

⑪公御莱书:昭公御者,名莱书。观于公:在公宫游玩。

⑫使牛入示之：让竖牛将玉环给穆叔看。

⑬入，不示；出，命佩之：假传穆叔之命让仲壬佩戴玉环。

⑭见仲而何：让仲壬见昭公以确立其承嗣地位怎么样？而何，如何。

⑮既自见矣，公与之环而佩之矣：仲壬已自己去见昭公了，有佩环为证。

⑯遂逐之，奔齐：穆叔怒逐仲壬，仲壬奔齐。

⑰杜洩见，告之饥渴，授之戈：穆叔被竖牛断了吃喝，于是让杜洩杀了竖牛。

⑱求之而至，又何去焉：当初既找回竖牛，现在又因何要除掉他。

⑲使置馈于个而退：食物并没有送到穆叔房中。个，东西厢房。

⑳置虚命彻：倒掉食物，食具空虚，表示穆叔已吃，然后撤去食具。

㉑癸丑：二十六日。

㉒乙卯，卒：二十八日穆叔饿死。

㉓昭子：穆叔的庶子叔孙婼(ruò)。

【译文】

穆子在丘莸打猎，在这里生了病。竖牛想搅乱家室后占有它，就强行要和孟丙结盟，孟丙不肯。穆子为孟丙铸了一口钟，说："你还没正式与人交往，我为你设享礼宴请大夫的时候举行钟的落成典礼。"孟丙完成了享礼的准备，就让竖牛向穆子请示日期。竖牛进去后，并没请示穆子；出来后假传穆子的命令订定日期。到那天宾客来了，穆子听到钟声。竖牛说："孟丙那里有北边女人的客人。"穆子大怒，准备前去，竖牛阻止了他。宾客走后穆子派人拘捕了孟丙，并把他杀死在郊外。竖牛又强行要和仲壬盟誓，仲壬也不肯。仲壬和昭公的御者莱书在公宫玩耍，昭公赐给他玉环。仲壬让竖牛把玉环拿进去给穆子看。竖牛进去后，并没出示玉环；出来后，假传穆子的话让仲壬佩带。竖牛对穆子说："让仲壬进见国君吧？"穆子说："为什么要引见？"竖牛说："你不引见，他已经自己去见国君了,国君赐给他玉环佩戴在身上了。"穆子于是把仲壬放逐,仲壬逃往齐国。穆子病重的时候,命令召仲壬,竖牛表面答应了其实没召。杜洩进见穆子,穆子告诉他自己又饿又渴,授给他戈。杜洩回答说:"把他找来了,又为何要去掉他?"竖牛说:"他老人家病重,不想见人。"杜洩让人把食物放到厢房就退出了。竖牛并不把食物送进去,而是把它们倒掉,命人撤走食具。十二月二十六日,穆子开始没吃东西。二十八日死去。竖牛立昭子并辅佐他。

公使杜洩葬叔孙。竖牛赂叔仲昭子与南遗,使恶杜洩于季孙而去之①。杜洩将以路葬②,且尽卿礼。南遗谓季孙曰:"叔孙未乘路,葬焉用之?且冢卿无路,介卿以葬,不亦左乎③?"季孙曰:"然。"使杜洩舍路。不可,曰:"夫子受命于朝而聘于王,王思旧勋而赐之路④,复命而致之君。君不敢逆王命而复赐之,使三官书之。吾子为司徒,实书名⑤。夫子为司马,与工正书服⑥。孟孙为司空,以书勋⑦。今死而弗以⑧,是弃君命也。书在公府而弗以,是废三官也。若命服⑨,生弗敢服,死又不以,将焉用之?"乃使以葬⑩。

【注释】

①竖牛赂叔仲昭子与南遗,使恶杜洩于季孙而去之:杜洩已经不是同党,竖牛想要通过叔仲昭子与南遗谗害杜洩而让季孙除掉他。叔仲昭子,即叔仲带。南遗,季氏家臣,他们素有勾结,见襄公七年《传》。

②路:即"辂",这里指周王赐穆叔的车。

③且冢卿无路,介卿以葬,不亦左乎:次卿比正卿待遇高,不合适。冢卿,卿中居首位者,这里指季孙。介卿,次卿,这里指穆叔。

左，不正，不正当。

④夫子受命于朝而聘于王，王思旧勋而赐之路：襄公二十四年，齐人城郏。穆叔如周聘，且贺城。王嘉其有礼也，赐之大路。夫子，指穆叔。

⑤吾子为司徒，实书名：季孙为司徒，记载姓名。

⑥夫子为司马，与工正书服：穆叔为司马，让工正记载所受车服之器。

⑦孟孙为司空，以书勋：孟孙记载功勋。

⑧今死而弗以：不用路葬。以，用。

⑨命服：国君赐命使用的车服。

⑩乃使以葬：杜洩力争，才以大路葬穆叔。

【译文】

昭公派杜洩安葬穆子。竖牛贿赂叔仲昭子和南遗，让他们在季孙面前说杜洩的坏话从而除掉他。杜洩打算用路车葬穆子，并且全都按照卿的礼仪安葬。南遗对季孙说："穆子没有乘坐过路车，安葬时怎么能用它？而且正卿没有路车，副卿用路车安葬，这不是不合适吗？"季孙说："是这样。"就让杜洩放弃路车。杜洩不肯，说："他老人家受命于朝廷去聘问周天子，周天子念及他往日的功勋而赐给路车，他回国复命时把路车交给国君。国君不敢违背周王的命令又把路车赐给他，并让三名官员把它记载下来。您是司徒，记载姓名。他老人家为司马，让工正记下车服。孟孙为司空，记录功勋。现在他死了，却不能用路车，这是背弃国君的命令。记载藏在公府而不能用路车，这是废弃了三名记载的官员。如果国君命令使用的车服，生前不敢服用，死后又不让用以陪葬，还何时用它？"季孙这才同意将路车葬叔孙。

季孙谋去中军①，竖牛曰："夫子固欲去之②。"

【注释】

①季孙谋去中军：季孙想要削弱公室，扩充势力，图谋废除中军。

②夫子固欲去之：竖牛为讨好季孙，造舆论说穆叔生前曾要撤除中军。

【译文】

季孙打算撤销中军，竖牛说：“我家老人早就想撤掉它了。”

五年

【经】

5.1 五年春王正月[1]，舍中军[2]。

5.2 楚杀其大夫屈申。

5.3 公如晋。

5.4 夏，莒牟夷以牟娄及防、兹来奔[3]。

5.6 秋七月，公至自晋。

5.7 戊辰[4]，叔弓帅师败莒师于蚡泉[5]。

5.8 秦伯卒[6]。

5.9 冬，楚子、蔡侯、陈侯、许男、顿子、沈子、徐人、越人伐吴。

【注释】

①五年：鲁昭公五年当周景王八年，前537。

②舍中军：鲁国废除中军。鲁于襄公十一年立中军，今年舍之，前后共二十四年。

③牟娄：古地名。在今山东诸城西。防：古地名。在今山东安丘西南。兹：古地名。在今山东诸城北、安丘西南。

④戊辰：十四日。

⑤蚡泉：莒、鲁两国交界地。

⑥秦伯卒：秦景公去世。

【译文】

鲁昭公五年春周历正月，废除中军。

楚国杀了他们的大夫屈申。

昭公到晋国去朝见。

夏，莒国牟夷带着牟娄和防、兹三地来投奔鲁国。

秋七月，昭公从晋国回来。

十四日，叔弓带兵在蚡泉打败莒国军队。

秦景公去世。

冬，楚灵王、蔡灵侯、陈哀公、许悼公、顿子、沈子、徐国人、越国人攻打吴国。

【传】

5.1 五年春王正月，舍中军，卑公室也[①]。毁中军于施氏，成诸臧氏[②]。初，作中军，三分公室，而各有其一。季氏尽征之，叔孙氏臣其子弟，孟氏取其半焉[③]。及其舍之也，四分公室[④]，季氏择二，二子各一，皆尽征之[⑤]，而贡于公[⑥]。

【注释】

①舍中军，卑公室也：季孙氏废除中军，公室更微弱了。

②毁中军于施氏，成诸臧氏：在施氏家中讨论撤中军之事，在臧氏家立约。施氏，指公子施父之族。臧氏，指公子子臧之族。臧氏当时任司寇，古时兵狱同制，而二家本来就是秉承季孙的意旨行事。

③“初，作中军”七句：见襄公十一年《传》。

④四分公室:把公室的军队一分为四。

⑤皆尽征之:全都改为征兵或征税。

⑥贡于公:三家各以所入的一小部分贡于公室。

【译文】

鲁昭公五年春周历正月,废除中军,这是为了削弱公室。讨论废除中军是在施氏家里进行,而立约则是在臧氏家。当初设置中军,是把公室的军队一分为三,各家掌握一军。季孙氏掌握的部队全都采用征兵或征税的办法;叔孙氏让壮丁做奴隶兵,老弱者作为自由民;孟孙氏以一半作为奴隶,一半作为自由民。废除中军以后,把公室军队一分为四,季氏得四分之二,其他两家各得四分之一,全都改为征兵或征税,然后把其中的一小部分交给公室。

以书使杜泄告于殡[①],曰:"子固欲毁中军,既毁之矣,故告[②]。"杜泄曰:"夫子唯不欲毁也,故盟诸僖闳,诅诸五父之衢[③]。"受其书而投之,帅士而哭之[④]。

【注释】

①以书使杜泄告于殡:季孙让杜泄将此事告之于穆叔灵柩前。

②子固欲毁中军,既毁之矣,故告:季孙先是让施、臧二家谋废中军,现在又让杜泄告之于穆叔之殡,意在逃避祸首之责。子固欲毁中军,这是用上年《传》中竖牛的话。

③夫子唯不欲毁也,故盟诸僖闳,诅诸五父之衢:穆叔本意并不愿毁中军,故襄公十一年在三分公室前在僖公庙的门口盟誓,在五父之衢立下咒誓。

④帅士而哭之:杜泄痛心穆叔被诬枉而带领手下士民大哭。

【译文】

季孙用策书派杜泄在叔孙的灵柩前告知,说:"您本来就要废除中军，现在已经实现了，特来向您报告。”杜泄说：“他老人家并不打算废除中军，所以在僖公庙门口盟誓，在五父之衢诅咒发誓。”杜泄接过策书把它扔在地上，带领手下大哭。

叔仲子谓季孙曰：“带受命于子叔孙曰：‘葬鲜者自西门[①]。’”季孙命杜洩。杜洩曰：“卿丧自朝，鲁礼也[②]。吾子为国政，未改礼而又迁之[③]。群臣惧死，不敢自也[④]。”既葬而行[⑤]。

【注释】

①带受命于子叔孙曰：“葬鲜者自西门”：要灵柩出西门，意在卑弱穆叔。鲜，不以寿终。穆叔饥渴三日而死，所以也称为鲜。西门，非朝廷正门。带，叔仲子。

②卿丧自朝，鲁礼也：卿之丧礼应从朝门出。周代之礼，葬前必移柩于宗庙，从朝出正门，由朝之路，出国都之南门。

③未改礼：改变礼仪必有一定程序，季氏无此程序，故云未改礼。而又迁之：季孙只是凭己意随便改变。

④自：服从。

⑤既葬而行：葬穆叔后，杜洩逃走了。据《唐书·宰相世系表》，“杜洩避季子之难奔于楚”。

【译文】

叔仲子对季孙说：“我曾在叔孙穆子那里接受命令，说：‘安葬不是善终的人要从西门出殡。’”季孙让杜洩从西门出殡。杜洩说：“卿的丧礼从朝门出殡，这是鲁国的礼仪。您执掌国政，礼仪并未改变却不遵从它。臣下害怕被诛戮，不敢服从。”他安葬完叔孙穆子就出走了。

仲至自齐[①]，季孙欲立之。南遗曰："叔孙氏厚，则季氏薄。彼实家乱，子勿与知，不亦可乎[②]？"南遗使国人助竖牛以攻诸大库之庭[③]，司宫射之，中目而死[④]。竖牛取东鄙三十邑以与南遗。

【注释】

①仲至自齐：仲壬上年奔齐，得知穆叔之丧而回鲁国。

②"叔孙氏厚"五句：上年竖牛曾贿赂南遗，因此南遗要季孙假装不知道，以阻止立仲壬。

③南遗使国人助竖牛以攻诸大库之庭：南遗帮助竖牛进攻仲壬。大库之庭，杜预以为即鲁都城内"有大庭氏之虚，于其上作库"。或云大库即长府。藏财货武器的府库。

④司宫射之，中目而死：仲壬被司宫射死。司宫，季孙氏或叔孙氏的内臣。

【译文】

仲壬从齐国回来，季孙打算立他继承叔孙氏。南遗说："叔孙氏强大了，季孙氏就弱。他们家发生内乱，您不要去管，不也是可以的吗？"南遗让国人帮助竖牛在大库的庭院里攻打仲壬，司宫射仲壬，仲壬眼睛被射中后死去。竖牛把东边三十座城邑送给南遗。

昭子即位，朝其家众，曰："竖牛祸叔孙氏，使乱大从[①]，杀適立庶，又披其邑[②]，将以赦罪[③]，罪莫大焉。必速杀之！"竖牛惧，奔齐。孟、仲之子杀诸塞关之外[④]。投其首于宁风之棘上[⑤]。仲尼曰："叔孙昭子之不劳，不可能也[⑥]。周任有言曰：'为政者不赏私劳，不罚私怨[⑦]。'《诗》云：'有觉德行，四国顺之[⑧]。'"

【注释】

①使乱大从:搅乱了重要的秩序。从,顺。

②又披其邑:竖牛赠南遗三十邑。披,析,分裂。

③赦罪:逃避罪责。赦,宽免罪过。

④塞关:齐、鲁边界上的关口。

⑤投其首于宁风之棘上:使竖牛身首异处。宁风,齐地,处边境。

⑥叔孙昭子之不劳,不可能也:昭子为竖牛所立,他不报竖牛立己之功,反而杀之,实属难能可贵。劳,酬劳。

⑦为政者不赏私劳,不罚私怨:不因个人恩怨而行赏罚。

⑧有觉德行,四国顺之:引《诗》见《诗经·大雅·抑》,意思是品德正直,各国都会归顺。孔子用它来称赞昭子。觉,正直。

【译文】

昭子即位后,召集家族上下人等朝见,说:“竖牛祸害叔孙氏,搅乱重大的秩序,杀死嫡子立了庶子,又把封邑分割给别人,想用它来逃避罪责,没有比这更大的罪行了。一定要赶快杀掉他。”竖牛害怕了,逃往齐国。孟丙、仲壬的儿子把他杀死在齐、鲁边界的关口之外,又把他的头扔在宁风的荆棘上。孔子说:“叔孙昭子不酬劳竖牛立己之功,真是难能可贵。周任有句话说:‘执政者不赏赐他个人的私劳,不处罚他个人的私怨。’《诗》说:‘如有正直的德行,四方诸侯都会来归顺。’”

初,穆子之生也,庄叔以《周易》筮之[①],遇《明夷》䷣之《谦》䷎,以示卜楚丘。楚丘曰:“是将行,而归为子祀[②]。以谗人入,其名曰牛,卒以馁死。《明夷》,日也[③]。日之数十,故有十时,亦当十位[④]。自王已下,其二为公,其三为卿[⑤]。日上其中,食日为二,旦日为三[⑥]。《明夷》之《谦》,明而未融,其当旦乎,故曰‘为子祀’[⑦]。日之《谦》,当鸟,故曰‘明夷于飞'[8]。明而未融,故曰'垂其翼'[9]。象日之动,故曰'君子于行'[10]。当三在旦,故曰'三日不食'[11]。《离》,火也;《艮》,山也。《离》为火,火焚山,山败[12]。于人为言,败言为谗,故曰'有攸往,主人有言'。言必谗也[13]。纯《离》为牛,世乱谗胜,胜将适《离》,故曰'其名曰牛'[14]。谦不足,飞不翔[15];垂不峻,翼不广[16]。故曰'其为子后乎'[17]。吾子,亚卿也,抑少不终[18]。"

【注释】

①庄叔:穆叔的父亲叔孙得臣。

②是将行,而归为子祀:将会有出奔,但仍能归国事奉祭祀。行,出奔。穆叔于成公十六年曾逃奔齐国,既而回国代侨如袭叔孙氏爵禄。

③《明夷》,日也:《明夷》,卦名,《离》下《坤》上,《离》为火为日,坤为地,即日在地下,有日将出于地上之象。

④日之数十,故有十时,亦当十位:古代记日,十日为一旬。一日又分为十时。人又分为十个等级。楚丘把人的十等和日的十时相配,所以说十时"亦当十位"。

⑤自王已下,其二为公,其三为卿:人分十等,王为最高等级,公是第二等级,卿是第三等级。

⑥日上其中,食日为二,旦日为三:日中是太阳最高时,以配王;食日(早饭时)稍低,以配第二位的公;旦日(日初出)更低,以配第三位卿。日中、食日和旦日是十时中的三个时名。上、二、三指太阳上升高度级别。

⑦"《明夷》之《谦》"四句:《明夷》卦变为《谦》卦,下卦《离》日变为《艮》山,上卦《坤》地未变,象征太阳初被大地遮住,旋被大山遮

住，还没大放光明，是旦日之象。旦日和卿相配，所以说穆叔将继承爵位，为卿，奉叔孙氏的祭祀。

⑧日之《谦》，当鸟，故曰“明夷于飞”：《离》日变为《艮》山，《离》又为雉，又是雉向山间飞之象。

⑨明而未融，故曰“垂其翼”：《明夷》的日是未大放光明，所以雉将垂下翅膀，未能大展翅羽。

⑩象日之动，故曰“君子于行”：日比君子，日的运行可比君子行路。

⑪当三在旦，故曰“三日不食”：《明夷》之日为旦日，居第三位，未到食日，又象征三日不食。

⑫“《离》，火也”七句：《离》变为《艮》，有火焚山之象，山将毁坏。

⑬“于人为言”五句：在人的方面，火似谗言，火焚山似谗言败坏家国。

⑭“纯《离》为牛”四句：《明夷》是《离》下《坤》上，以《坤》配《离》。《坤》又为牛，《离》为火为谗言，则进谗言的人应叫做“牛”。且当此乱世，谗人胜利，所以胜利将归于谗人。纯，相配。

⑮谦不足，飞不翔：谦就是不满足，所以能飞却不能远翔。

⑯垂不峻，翼不广：翅膀下垂，所以不能广远。峻，高。

⑰故曰“其为子后乎”：不广远，不能远行，不会远离，所以会是你的继承人。

⑱吾子，亚卿也，抑少不终：穆叔虽长寿，但有点不得善终。抑，但。亚卿，庄叔父子世为亚卿。少，小。按，以上是楚丘根据卦象结合《明夷》初九的爻辞来预言穆叔的一生。

【译文】

当初，叔孙穆子出生的时候，庄叔用《周易》为他占筮，得到《明夷》变成《谦》，拿给卜楚丘看。楚丘说：“他将出逃，然后又回来为您祭祀。他领着奸邪的人回来，名字叫牛，他最终将饿死。《明夷》是日。日的数目为十，所以有十个时辰，也和十个位次相配。从王以下，第二是公，第三是卿。太阳在中天是第一，食时之日是第二，刚升起是第三。《明夷》

变成《谦》，是已经明亮但升不高，大约相当于刚升起，所以说‘为您祭祀’。日变为《谦》，和鸟相配，所以说‘雉向山间飞翔’。明亮而不高，所以说‘垂下翅膀’。象征太阳的运动，所以说‘君子远走他方’。第三的位子是太阳刚升起，还没到食时所以说‘三天吃不到食物’。《离》是火，《艮》是山。《离》是火，火烧山，山被毁坏。在人是言语，毁坏的言语是谗言，所以说‘有人离开，主人有话’。是说一定会受谗言。与《离》相配的是牛，时世动乱，进谗言的人将得到胜利，胜利了将归向《离》，所以说‘他的名字叫牛’。谦就是不足，所以虽然能飞但不能高翔；翼垂就是不高，所以虽有翅膀但飞不远。所以说‘应该会是你的继承人’。您是亚卿，但继承人虽长寿却有点不得善终。”

5.2　楚子以屈申为贰于吴，乃杀之。以屈生为莫敖①，使与令尹子荡如晋逆女。过郑，郑伯劳子荡于汜，劳屈生于菟氏②。晋侯送女于邢丘③。子产相郑伯会晋侯于邢丘。

【注释】

①屈生：屈建之子。

②过郑，郑伯劳子荡于汜，劳屈生于菟氏：郑简公亲自慰劳二人，以示对楚国特别恭敬。汜、菟氏都是郑地。汜，在今河南襄城南。菟氏在今河南尉氏西北。

③晋侯送女于邢丘：据《仪礼·士昏礼》，父母送女不下堂。晋平公亲自送女，也是敬畏楚国。邢丘，古地名，在今河南温县东北。

【译文】

楚灵王因为屈申私通吴国，于是杀了他。任命屈生担任莫敖，让他和令尹子荡到晋国迎亲。路过郑国，郑简公在汜地慰劳子荡，在菟氏慰劳屈生。晋平公亲自把女儿送到邢丘。子产相礼郑简公与晋平公在邢丘相会。

5.3　公如晋，自郊劳至于赠贿，无失礼①。晋侯谓女叔齐曰："鲁侯不亦善于礼乎？"对曰："鲁侯焉知礼？"公曰："何为？自郊劳至于赠贿，礼无违者，何故不知？"对曰："是仪也，不可谓礼②。礼，所以守其国，行其政令，无失其民者也。今政令在家③，不能取也。有子家羁④，弗能用也。奸大国之盟，陵虐小国⑤，利人之难⑥，不知其私⑦。公室四分，民食于他⑧。思莫在公，不图其终⑨。为国君，难将及身，不恤其所⑩。礼之本末将于此乎在，而屑屑焉习仪以亟⑪。言善于礼，不亦远乎？"君子谓叔侯于是乎知礼⑫。

【注释】

①公如晋，自郊劳至于赠贿，无失礼：鲁昭公自始至终揖让周旋，都合乎礼仪。自郊劳至于赠贿，聘问之礼的全过程。郊劳，使者到别国聘问，受聘之国派卿士到郊外迎接、慰劳。赠贿，聘问结束，使者要走，赠以礼物。

②是仪也，不可谓礼：仪、礼有别。

③今政令在家：此时鲁国公室衰弱，大权已在三家。家，卿大夫。

④子家羁：鲁庄公玄孙懿伯。

⑤奸大国之盟，陵虐小国：这里指伐莒取郓违反宋之盟。奸，犯。

⑥利人之难：指去年利用莒乱取鄫。

⑦不知其私：凌虐弱小，却不知自己有私难。

⑧公室四分，民食于他：三家四分公室，百姓只好依赖三家为生。他，指三家。

⑨思莫在公，不图其终：无人思念国君，昭公也不考虑后果。

⑩不恤其所：不忧虑自己地位岌岌可危。

⑪礼之本末将于此乎在，而屑屑焉习仪以亟：礼之本在守国、在行

政令、在无失民，礼是治国之本；仪是仪式，是枝节。昭公不重本，却急于追求琐碎的仪节。亟，急。

⑫叔侯：即女叔齐。

【译文】

昭公到晋国去，从郊劳到赠贿，没有失礼的地方。晋平公对女叔齐说："鲁侯不是很善于礼吗？"女叔齐回答说："鲁侯哪里懂得礼？"平公说："为什么这么说？他从郊劳到赠贿，在礼仪上都没有过失，怎么说是不知礼？"女叔齐回答说："这是仪，不能叫做礼。礼是用来保有国家，推行政令，不失去人民的。现在政令出于私家，不能取回。有子家羁这样的人才，却不能任用。违反大国的盟约，欺凌虐待小国，利用别人的祸难，却不知道自己将有私难。公室一分为四，人民靠三家大夫养活。无人思念国君，昭公也不考虑后果。身为国君，祸难即将降临，却不忧虑自己地位岌岌可危。礼的根本与枝节就在于此，反而急着学习仪式。说他精通礼，不是差得太远了吗？"君子认为，从女叔齐的看法说明他是懂得礼的。

5.4　晋韩宣子如楚送女，叔向为介。郑子皮、子大叔劳诸索氏①。大叔谓叔向曰："楚王汏侈已甚，子其戒之。"叔向曰："汏侈已甚，身之灾也，焉能及人？若奉吾币帛，慎吾威仪，守之以信，行之以礼，敬始而思终，终无不复②。从而不失仪③，敬而不失威④，道之以训辞⑤，奉之以旧法⑥，考之以先王⑦，度之以二国⑧，虽汏侈，若我何？"

【注释】

①索氏：郑国地名，在今河南荥阳。

②终无不复：太叔怕叔向在楚国有不测，所以叔向回答说将安然返

国。复，返归晋国。

③从而不失仪：顺从主人而不失仪度。

④敬而不失威：恭敬主人而不失晋国尊严。

⑤道：引导。训辞：先贤的语言。

⑥旧法：传统的法度。

⑦考之以先王：以先王之事为准则加以分析考核。

⑧度之以二国：斟酌晋、楚二国的形势而后行事。

【译文】

晋国韩起到楚国送亲，叔向担任副使。郑国子皮、子太叔在索氏慰劳他们。太叔对叔向说："楚王太过骄横，您要小心谨慎。"叔向说："太过骄横，只是他自身的灾祸，哪里能祸害到别人？如果奉献我们的礼物，谨慎地维护自己的威仪，守信用，行礼仪，慎始慎终，不可能不安然回国。顺从而不失礼仪，恭敬而不失威仪，以古圣前贤的语言为前导，奉行以往的法度，参考先王的做法，把握权衡晋、楚二国的利益，即便他骄横，又能奈我何？"

及楚，楚子朝其大夫，曰："晋，吾仇敌也。苟得志焉[①]，无恤其他。今其来者，上卿、上大夫也[②]。若吾以韩起为阍[③]，以羊舌肸为司宫[④]，足以辱晋，吾亦得志矣。可乎？"大夫莫对。薳启彊曰："可。苟有其备，何故不可？耻匹夫不可以无备，况耻国乎？是以圣王务行礼，不求耻人。朝聘有珪，享眺有璋[⑤]。小有述职，大有巡功[⑥]。设机而不倚，爵盈而不饮[⑦]；宴有好货，飧有陪鼎[⑧]，入有郊劳，出有赠贿[⑨]，礼之至也。国家之败，失之道也[⑩]，则祸乱兴。城濮之役，晋无楚备，以败于邲[⑪]。邲之役，楚无晋备，以败于鄢[⑫]。自鄢以来，晋不失备，而加之以礼，重之以睦，是以楚弗能报，而求亲焉[13]。既获姻亲，又欲耻之，以召寇仇，备之若何？谁其重此[14]？若有其人，耻之可也。若其未有，君亦图之。晋之事君，臣曰可矣：求诸侯而麇至[15]；求昏而荐女，君亲送之，上卿及上大夫致之。犹欲耻之，君其亦有备矣。不然，奈何？韩起之下，赵成、中行吴、魏舒、范鞅、知盈[16]；羊舌肸之下，祁午、张趯、籍谈、女齐、梁丙、张骼、辅跞、苗贲皇[17]，皆诸侯之选也[18]。韩襄为公族大夫，韩须受命而使矣[19]。箕襄、邢带、叔禽、叔椒、子羽，皆大家也[20]。韩赋七邑，皆成县也[21]。羊舌四族[22]，皆强家也。晋人若丧韩起、杨肸[23]，五卿八大夫辅韩须、杨石[24]，因其十家九县[25]，长毂九百[26]，其余四十县，遗守四千[27]，奋其武怒，以报其大耻。伯华谋之[28]，中行伯、魏舒帅之，其蔑不济矣[29]。君将以亲易怨，实无礼以速寇，而未有其备，使群臣往遗之禽[30]，以逞君心，何不可之有？"王曰："不穀之过也，大夫无辱。"厚为韩子礼。王欲敖叔向以其所不知[31]，而不能，亦厚其礼[32]。

【注释】

①得志：满足羞辱晋国的愿望。

②今其来者，上卿、上大夫也：韩起为上卿，叔向为上大夫。

③以韩起为阍：让韩起看门。阍，守门人。

④以羊舌肸为司宫：派叔向当阉官。羊舌肸，即叔向。司宫，宫内阉官，须加宫刑。

⑤朝聘有珪，享眺（tiào）有璋：聘问、朝见时都有相应的礼器。眺，谒见。珪、璋，朝享之礼所执的玉制礼器。

⑥小有述职，大有巡功：小国有述职的规定，大国有巡功的制度。

小、大，指小国、大国。述职，诸侯朝天子陈述职事。巡功，天子巡视诸侯的治绩。

⑦设机而不倚，爵盈而不饮：不倚不饮以示有礼。机，通“几”，古人跪坐时用以靠着休息。爵，酒器。盈，满。

⑧宴有好货，飧(sūn)有陪鼎：宴会时赠送礼品，陪鼎以示极殷勤。飧，熟食。陪鼎，另加的菜肴。

⑨入有郊劳，出有赠贿：迎送各以其礼。

⑩失之道也：失朝聘宴享之礼仪。

⑪城濮之役，晋无楚备，以败于邲：僖公二十八年的城濮之役，晋胜楚而轻敌，结果在宣公十二年邲之战败于楚。

⑫邲之役，楚无晋备，以败于鄢：邲之战后，楚胜晋后不做防备，在成公十六年的鄢陵之战中败于晋。

⑬是以楚弗能报，而求亲焉：楚国不能报鄢陵战败之耻，提出婚姻的请求。

⑭重此：负此重责。重，任。

⑮求诸侯而麇至：去年楚国照会晋国而求诸侯，诸侯会于申。麇至，群至。

⑯韩起之下，赵成、中行吴、魏舒、范鞅、知盈：五人位在韩起之下，都是晋国三军将佐。赵成，赵武之子。中行吴，荀偃之子。

⑰羊舌肸之下，祁午、张趯、籍谈、女齐、梁丙、张骼、辅跞、苗贲皇：八人都是晋国贤大夫。

⑱诸侯之选也：诸侯所应选拔之良臣。

⑲韩襄为公族大夫，韩须受命而使矣：韩襄现任公族大夫，韩须虽年幼，已出任使臣。韩襄，韩起族人，韩无忌之子。韩须，韩起嫡子。

⑳箕襄、邢带、叔禽、叔椒、子羽，皆大家也：箕襄、邢带同为韩起同族，叔禽、叔椒、子羽都是韩起庶子，这几家都是大家族。

㉑韩赋七邑，皆成县也：韩氏收七大县之赋，实力雄厚。成县，大县，可供兵车百乘。

㉒羊舌四族：指铜鞮伯华、叔向、叔鱼、叔虎兄弟。

㉓杨肸：羊舌肸采邑为杨，因此称为杨肸。

㉔杨石：叔向儿子杨食我。

㉕因其十家九县：两族共十一家，封邑共九县。

㉖长毂：兵车。

㉗遗守四千：留守的兵车还有四千乘。

㉘伯华：叔向兄。

㉙中行伯、魏舒帅之，其蔑不济矣：辱其二人，必怒其两族，楚国无法对付。中行伯，即荀吴。蔑不济，没有不成功的。

㉚往遗之禽：送群臣去做晋国俘虏。禽，同“擒”。

㉛敖：同“傲”。

㉜亦厚其礼：楚灵王不能加辱于二人，只好厚礼送他们回国。

【译文】

到了楚国，楚灵王召集大夫们朝见，说：“晋国是我们的仇敌。如果我们能达到目的，不要顾忌其他。现在到我国来的人，是晋国的上卿、上大夫。如果我们让韩起看门，派叔向做宫内阉官的工作，就足可羞辱晋国，我也就满足了愿望。这么办可以吗？”大夫们都不应答。薳启彊说：“可以。如果我们做好防备，为什么不可以？羞辱普通人都不能没防备，何况羞辱一个国家呢？所以明圣君主致力于推行礼仪，而不想去羞辱别人。朝聘时有珪，宴享进见有璋。小国对大国有朝见，大国对小国有巡察。设置了几而不靠，酒杯倒满酒而不喝；宴会时有好的礼品，吃饭时添加菜肴，宾客入境在郊外慰劳，宾客离境有礼物赠送，这是礼仪的最高要求。国家的败亡，都是因为失去这些礼仪的常规，结果祸乱发生。城濮战役，晋军胜利后对楚国不加戒备，因此在邲地打了败仗。邲地战役，楚军胜利后也没防备晋军，结果在鄢地被打败。自鄢之战以来，晋国没有疏于防备，并且对楚国很注重礼节，又格外重视两国间的和睦，所以楚国无法报复雪耻，而向晋国求亲。现在已经成为姻亲，又想要羞辱他们，自找仇家，请问我国准备得怎么样了？谁来承担这个责任？如果有人来担责，就可以羞辱他们；如果没有人敢担责，君王还是要好好考虑一下。晋国事奉君王，下臣以为够可以了：要求诸侯朝见，诸侯就成群结队到来；请求婚姻就进奉女子，国君亲自送亲，上卿和上大夫护送前来。还想要羞辱他们，君王大概已经做好了准备。不然的话，到时候该怎么办？韩起以下，有赵成、中行吴、魏舒、范鞅、知盈；羊舌肸以下，有祁午、张趯、籍谈、女齐、梁丙、张骼、辅跞、苗贲皇，这些人都是诸侯国中的佼佼者。韩襄任公族大夫，韩须已能奉命出使。箕襄、邢带、叔禽、叔椒、子羽都是大家族。韩氏食邑七县，而且都是大县。羊舌氏四族，都是强盛的家族。晋国人如果丧失韩起、叔向，五卿八大夫辅佐韩须、杨石，凭借他们十一个家族九个采邑的实力，战车九百辆，其余四十个县留守的兵车四千辆，发扬其武勇，来报复奇耻大辱。伯华为他们出谋划策，中行伯、魏舒统领军队，那就没有不成功的了。君王将会把亲善换成仇怨，实在是以无礼的行为招致敌对，却没应有的防备，让群臣送上门去当俘虏，以满足君王的心愿，又有什么事不可以做的呢？”楚灵王说：“是寡人的过错，大夫不用再说了。”于是对韩起厚加礼遇。灵王企图用叔向所不知道的事物来傲视他，却没能办到，于是也对他厚加礼遇。

韩起反，郑伯劳诸圉①。辞不敢见，礼也②。

【注释】

①圉：古地名。在今河南杞县南。

②辞不敢见，礼也：韩起不敢当国君亲来慰劳，因此辞谢不见。

【译文】

韩起返回晋国，郑简公在圉地慰问。韩起不敢劳动国君亲来慰劳，因此辞谢不见，这是合于礼的。

5.5　郑罕虎如齐，娶于子尾氏。晏子骤见之①，陈桓子问其故，对曰："能用善人，民之主也②。"

【注释】

①骤：屡次。

②能用善人，民之主也：襄公三十一年，罕虎授子产政，晏婴称赞他能选贤任能。

【译文】

郑国罕虎到齐国，在子尾氏家娶亲。晏婴多次会见，陈桓子询问这样做的原因，晏婴回答说："他能任用善人，是人民的好主宰。"

5.6　夏，莒牟夷以牟娄及防、兹来奔。牟夷非卿而书，尊地也。莒人诉于晋，晋侯欲止公①。范献子曰："不可。人朝而执之，诱也。讨不以师，而诱以成之，惰也②。为盟主而犯此二者，无乃不可乎？请归之，间而以师讨焉③。"乃归公。秋七月，公至自晋。

【注释】

①晋侯欲止公：当时鲁昭公正朝晋，晋平公想扣留他。

②讨不以师，而诱以成之，惰也：以引诱取得成功，是怠惰，不光彩。

③间：闲暇，有时间。

【译文】

夏，莒国牟夷带着牟娄和防、兹三地投奔鲁国。牟夷不是卿而在《春秋》中加以记载，是因为看重这些地方。莒国向晋国控诉鲁国，晋平公想扣留昭公。范献子说："不能这样做。人家来朝见反而抓他，这是诱骗。讨伐不用军队，而是靠引诱来达到目的，这是怠惰。身为盟主而犯下这两个过错，难道可以这样吗？请让他回国，等有时间再派军队去讨伐。"于是放昭公回去。秋七月，昭公从晋国回国。

5.7 莒人来讨①，不设备②。戊辰，叔弓败诸蚡泉，莒未陈也。

【注释】

①莒人来讨：莒国攻鲁，讨伐鲁国接受牟夷。

②不设备：莒不设防。

【译文】

莒国派兵攻打鲁国，自己却不加防备。十四日，叔弓在蚡泉打败他们，是趁莒军还没布阵就发起攻击。

5.8 冬十月，楚子以诸侯及东夷伐吴，以报棘、栎、麻之役①。薳射以繁扬之师会于夏汭②。越大夫常寿过帅师会楚子于琐③。闻吴师出，薳启彊帅师从之④，遽不设备⑤，吴人败诸鹊岸⑥。楚子以驲至于罗汭⑦。

【注释】

①棘、栎、麻之役：昭公四年冬，吴伐楚，入棘、栎、麻。

②薳射以繁扬之师会于夏汭：薳射率军队与楚灵王会师。繁扬，古

地名。在今河南新蔡。

③常寿过:复姓常寿名过,吴仲雍之后。琐:楚地名,在今安徽霍邱东。

④薳启彊帅师从之:薳启彊带兵迎战吴军。

⑤遽不设备:匆忙中没设防。

⑥鹊岸:古地名。在今安徽无为南至铜陵沿长江北岸一带。

⑦驲(rì):驿车。罗汭:汨罗江,在今湖南省境。

【译文】

冬十月,楚灵王统率诸侯和东夷各国进攻吴国,以报复吴国入侵棘、栎、麻地的战役。薳射率领繁扬的军队和楚灵王在夏汭会师。越国大夫常寿过率领军队和楚灵王在琐地会合。听到吴军出动,薳启彊率领军队迎击,匆忙中来不及设防,吴国军队把他挫败在鹊岸。楚灵王乘驿车赶到罗汭。

吴子使其弟蹶由犒师[①],楚人执之,将以衅鼓[②]。王使问焉,曰:"女卜来吉乎?"对曰:"吉。寡君闻君将治兵于敝邑,卜之以守龟[③],曰:'余亟使人犒师[④],请行以观王怒之疾徐,而为之备,尚克知之[⑤]。'龟兆告吉,曰:'克可知也。'君若欢焉,好逆使臣,滋敝邑休怠[⑥],而忘其死,亡无日矣。今君奋焉,震电冯怒[⑦],虐执使臣,将以衅鼓,则吴知所备矣。敝邑虽羸,若早修完[⑧],其可以息师。难易有备[⑨],可谓吉矣。且吴社稷是卜,岂为一人?使臣获衅军鼓,而敝邑知备,以御不虞[⑩],其为吉,孰大焉?国之守龟,其何事不卜?一臧一否,其谁能常之[⑪]?城濮之兆,其报在邲[⑫]。今此行也,其庸有报志[⑬]?"乃弗杀。

【注释】

①吴子使其弟蹶由犒师:派蹶由犒劳楚师。

②衅鼓:古代战争时,杀人或杀牲以血涂鼓行祭。

③守龟:天子诸侯占卜用的龟甲。

④亟:急,赶紧。

⑤尚克知之:或许能预知吉凶。尚,庶几,犹言也许可以。

⑥滋敝邑休怠:则吴国将更加松懈斗志。滋,更加。休怠,懈怠。

⑦冯怒:盛怒。

⑧修完:城郭武器修缮完备。

⑨难易有备:祸难或平安均有所准备。易,平安。

⑩不虞:意外之事,指楚师入侵。

⑪一臧一否,其谁能常之:事之吉凶,并不能定于一。臧否,吉凶。

⑫城濮之兆,其报在邲:城濮之役,楚卜吉,结果败;邲之役,楚胜,吉兆应验在邲之役。

⑬其庸有报志:蹶由来时卜吉,今若被杀,必有吉报,即吴国将战胜楚国。其庸,岂。

【译文】

吴王派他弟弟蹶由犒劳军队,楚国捉住他,准备杀了他取血祭鼓。灵王派人问他,说:“你来的时候占卜过是否吉利吗?”蹶由回答说:“占卜吉利。我们国君听说贵国国君将要在敝国用兵,用守龟占卜,说:‘我打算立刻派人犒劳军队,请以此行来观察楚王怒气的大小,从而加以防备,如果能获胜请赐知。’龟兆显示的是吉利,说:‘获胜是可以预知的。’楚王要是高兴,友好地迎接使臣,将使敝国更加懈怠,忘记危险,那么国亡就没多久了。现在贵国国君勃然大怒,如疾雷闪电,暴虐地逮捕使臣,将要用其血祭鼓,那么吴国就知道要好好戒备了。敝国虽然羸弱,但如果早早把城墙、武器修缮好,大概可以挡住楚军的进攻。不论祸难与平安,只要事先有了准备,可以说就是吉了。况且吴国是为国家占卜吉凶，哪里是为了我一个人？使臣得以血涂抹军鼓，从而使敝国知道戒备，以提防意外事件的发生，还有比这更大的吉利吗？国家的守龟，有什么事不能占卜出来？再说了，一吉一凶，谁能够就肯定应验在哪一件事情上？城濮战役的征兆贵国应是吉兆，结果却应验在邲地战役上。我此次前来的占卜结果，也许会应验吧？”灵王于是不杀蹶由。

楚师济于罗汭，沈尹赤会楚子，次于莱山[①]。薳射帅繁扬之师先入南怀，楚师从之，及汝清[②]。吴不可入。楚子遂观兵于坻箕之山[③]。是行也，吴早设备，楚无功而还，以蹶由归。楚子惧吴，使沈尹射待命于巢，薳启彊待命于雩娄[④]，礼也。

【注释】

①莱山：古地名。今河南光山南之天台山或曰即莱山。

②薳射帅繁扬之师先入南怀，楚师从之，及汝清：薳射带领繁扬军队首先进入南怀，楚军随后跟从，到达汝清。南怀、汝清都是楚地，当在今江、淮间。

③坻箕之山：在今安徽巢湖南，即踟蹰山。

④雩娄：古地名，在今安徽金寨北。

【译文】

楚军渡过罗汭，沈尹赤与楚灵王会合，驻扎在莱山。薳射率领繁扬的军队首先进入南怀，楚军随后跟从，到达汝清。楚国无法攻进吴国。楚灵王于是在坻箕山检阅军队。这次出兵，由于吴国早已做好防备，楚军无功而返，押着蹶由归国了。楚灵王怕吴国进犯，派沈尹射在巢地驻军，薳启彊在雩娄待命，这是合乎礼的。

5.9 秦后子复归于秦，景公卒故也[①]。

【注释】

①秦后子复归于秦，景公卒故也：秦后子于昭公元年奔晋，现在因景公死而返回秦国。

【译文】

秦国后子又回到秦国，是由于秦景公去世的缘故。

六年

【经】

6.1 六年春王正月[①]，杞伯益姑卒[②]。

6.2 葬秦景公。

6.3 夏，季孙宿如晋。

6.4 葬杞文公。

6.5 宋华合比出奔卫。

6.6 秋九月，大雩。

6.7 楚薳罢帅师伐吴。

6.8 冬，叔弓如楚。

6.9 齐侯伐北燕。

【注释】

①六年：鲁昭公六年当周景王九年，前536。

②杞伯益姑卒：杞文公益姑去世。

【译文】

鲁昭公六年春周历正月，杞文公益姑去世。

安葬秦景公。

夏，季孙宿去晋国。

安葬杞文公。

宋国华合比出逃卫国。

秋九月，举行盛大的求雨雩祭。

楚国薳罢领兵讨伐吴国。

冬，叔弓前往楚国。

齐景公进攻北燕。

【传】

6.1 六年春王正月，杞文公卒，吊如同盟，礼也[①]。

【注释】

①吊如同盟，礼也：吊唁如同对盟国一样。杜预《春秋左传注》："鲁怨杞因晋取其田，而今不废丧纪，故礼之。"

【译文】

鲁昭公六年春周历正月，杞文公去世，鲁国吊唁如同对待同盟国，这是合于礼的。

6.2 大夫如秦，葬景公，礼也[①]。

【注释】

①大夫如秦，葬景公，礼也：古代制度，诸侯之丧，士吊，大夫送葬，所以称合于礼。

【译文】

鲁国派大夫到秦国去，参加景公葬礼，是合于礼的。

6.3　三月，郑人铸刑书[①]。叔向使诒子产书[②]，曰："始吾有虞于子[③]，今则已矣。昔先王议事以制[④]，不为刑辟，惧民之有争心也[⑤]。犹不可禁御，是故闲之以义[⑥]，纠之以政[⑦]，行之以礼，守之以信，奉之以仁，制为禄位，以劝其从[⑧]，严断刑罚，以威其淫。惧其未也，故诲之以忠，耸之以行[⑨]，教之以务[⑩]，使之以和[⑪]，临之以敬，莅之以强，断之以刚[⑫]，犹求圣哲之上、明察之官、忠信之长、慈惠之师[⑬]，民于是乎可任使也，而不生祸乱。民知有辟，则不忌于上[⑭]。并有争心，以征于书[⑮]，而徼幸以成之[⑯]，弗可为矣。夏有乱政[⑰]，而作《禹刑》[⑱]；商有乱政，而作《汤刑》[⑲]；周有乱政，而作《九刑》[⑳]。三辟之兴[㉑]，皆叔世也[㉒]。今吾子相郑国，作封洫[㉓]，立谤政[㉔]，制参辟[㉕]，铸刑书，将以靖民[㉖]，不亦难乎？《诗》曰：'仪式刑文王之德，日靖四方[㉗]。'又曰：'仪刑文王，万邦作孚[㉘]。'如是，何辟之有[㉙]？民知争端矣，将弃礼而征于书，锥刀之末，将尽争之[㉚]。乱狱滋丰，贿赂并行。终子之世，郑其败乎？肸闻之：'国将亡，必多制[㉛]。'其此之谓乎！"

【注释】

①郑人铸刑书：将法令条文铸在鼎上，公布于众，使用刑有准则。

②诒(yí)：送。

③虞：期望。

④议事以制：衡量事情轻重以断刑。议，通"仪"，拟想，推测，忖度。制，断。

⑤不为刑辟，惧民之有争心也：不预定条文，若有预定条文，民将依据条文争执不已。辟，法。

⑥闲之以义：用道义来防范。闲，防范。

⑦纠之以政：用政令来约束。纠，约束。

⑧劝其从：勉励顺从者。从，顺从教诲者。

⑨耸之以行：用模范行为来加以奖励。耸，相劝。行，模范行为。

⑩教之以务：教给他们专业知识。务，专业知识。

⑪使之以和：和悦慈爱地使用他们。和，和悦慈爱。

⑫临之以敬，莅之以强，断之以刚：面对百姓严肃而有威严，断罪判刑坚决。临、莅，面对。强，威严。

⑬犹求圣哲之上、明察之官、忠信之长、慈惠之师：让这些人以德、义教民。上，执政的上卿。官，主事官员。长，乡长，一乡之贤。师，乡校掌教导之师。

⑭不忌于上：对上不恭敬。忌，敬。

⑮征于书：征引法律条文。

⑯而徼幸以成之：以求侥幸逃避刑罚。

⑰乱政：犯政令者。

⑱《禹刑》：杨伯峻指出，相传夏有《赎刑》，也作《禹刑》，但未必是禹所作。

⑲《汤刑》：杨伯峻引《墨子·非乐》篇、《吕氏春秋·孝行览》、《韩非子·内储说(上)》等书证实确有商汤有刑之说。

⑳《九刑》：杨伯峻引文公十八年《传》中史克的话和《周书·尝麦解》的记载，证明“周初本有刑书，名曰《九刑》”。

㉑三辟：即上文所说夏、商、周的三刑法。

㉒叔世：衰世。

㉓作封洫：襄公三十年，子产作封洫，清理田亩，划定田界，将侵占他人的土地归还原主。

㉔立谤政：指昭公四年作丘赋，郑人谤之。

㉕制参辟：指子产刑书取法于上述三法。参，通“三”。

㉖靖：安定。

㉗仪式刑文王之德，日靖四方：引《诗》见《诗经·周颂·我将》，意思是效法文王典章，每天安定四方。仪式刑，三字同义连用，即法。

㉘仪刑文王，万邦作孚：引《诗》见《诗经·大雅·文王》，意思是效法文王，万邦信赖。孚，信。

㉙如是，何辟之有：这样一来，就不必有法律，不必铸刑书。

㉚锥刀之末，将尽争之：有了刑书，字句都要争个明白。锥刀之末，比喻每字每句。

㉛多制：多制定法律。

【译文】

三月，郑国把刑法铸在鼎上。叔向派人给子产送去一封信，说："原先我对你寄托了期望，现在则不这么想了。以往先王衡量犯罪的轻重来判定刑罚，而不制订刑法，是害怕人民有争竞之心。这样还不能禁止，所以就用道义来防范，用政令来约束，用礼仪来奉行，用信用来保持，用仁爱来奉养，制订禄位来勉励顺从的人，用严格的刑罚来威慑放纵的人。担心不能奏效，所以用忠教诲他们，用模范行为来加以奖励，用专业知识教育他们，和蔼慈爱地使用他们，敬重地面对他们，威严地管理他们，坚决地判定他们的罪行，还要访求聪慧睿智的卿相、明察事理的官吏、忠诚守信的乡长、慈爱和惠的教师，人民在这种情况下才可以任凭使唤，而不会生出祸乱。人民知道有法律，便对在上者不恭敬。并且怀有争竞之心，征引法律条文作为依据，以求侥幸逃避刑法，那么就没法治理了。夏朝有违犯政令的人，于是制订《禹刑》；商朝有违犯政令的人，于是制订《汤刑》；周朝有违犯政令的人，于是制订《九刑》。三种刑法的制订，都是在各朝的衰世。现在你辅佐郑国后，划定田界水沟，实施备受批评的政事，仿效上述三种刑法制定法律，并把它铸在鼎上，想用这种办法来安定人民，不也是十分困难的吗？《诗》说：'效法文王典章，每天安定四方。'又说：'效法文王，万邦信赖。'像这样何必还要有法律？人民知道了争端的依据，将会抛弃礼仪而征引法律条文，一字一句都要争辩明白。那么，触犯法律的案件就会更多，贿赂到处流行。这样一来，至多到你去世，郑国就将衰败了吧？我听说：‘国家将要灭亡，必然会订立更多法律。’说的就是这种情况吧！”

复书曰：“若吾子之言[①]，侨不才，不能及子孙，吾以救世也[②]。既不承命，敢忘大惠[③]！”

【注释】

①若吾子之言：这句话没说完，意思是如果按照你的说法，我不能。若，顺。

②吾以救世也：挽救当世要紧。

③既不承命，敢忘大惠：子产表示，虽不能接受叔向的话，但不会忘记箴诫之言。

【译文】

子产复信说：“若按照您所说的那样——我才干不足，不能考虑到子孙，我只是考虑如何救世。虽然不能接受您的教导，但哪里敢忘您的大恩大德！”

士文伯曰：“火见[①]，郑其火乎？火未出，而作火以铸刑器，藏争辟焉[②]。火如象之，不火何为[③]？”

【注释】

①火：大火星。

②火未出，而作火以铸刑器，藏争辟焉：大火星应在周历五月出现，这时才三月，大火星未出现，却用火铸刑鼎，铸有引起争端的法

律文字。刑器，指刑鼎。

③火如象之，不火何为：火未出现而用火，其征兆必有火灾。按，晋国大夫士文伯也反对铸刑书。

【译文】

士文伯说："大火星出现，郑国该发生火灾吧？大火星还没有出来，就用火来铸刑鼎，铸上包含引起争议的法律条文。大火星要是象征这个，怎么可能不发生火灾呢？"

6.4 夏，季孙宿如晋，拜莒田也[①]。晋侯享之，有加笾[②]。武子退，使行人告曰："小国之事大国也，苟免于讨，不敢求贶[③]。得贶不过三献[④]。今豆有加[⑤]，下臣弗堪，无乃戾也[⑥]。"韩宣子曰："寡君以为欢也。"对曰："寡君犹未敢，况下臣，君之隶也，敢闻加贶？"固请彻加，而后卒事。晋人以为知礼，重其好货。

【注释】

①季孙宿如晋，拜莒田也：去年夏，莒国牟夷逃奔鲁国，鲁得防、兹二地，莒人诉于晋，晋国并未讨伐鲁国，因此季孙宿来晋国拜谢。

②有加笾：宴请季孙，比常礼增加菜肴。笾，宴会、祭祀时用于盛干食品的竹器。

③小国之事大国也，苟免于讨，不敢求贶：晋国不讨伐鲁国，已经满足，不敢奢求赏赐。季孙宿表示谦让。贶，赏赐。

④得贶不过三献：小国朝大国，得赏赐不超过三献。

⑤今豆有加：依例，有加笾必有加豆。豆盛湿物，笾盛干食。豆，高足盘。

⑥下臣弗堪，无乃戾也：不敢当此厚赐，恐怕由此获罪。

【译文】

夏，季孙宿到晋国去，拜谢晋国不追究鲁国接受莒田之事。晋平公设享礼款待，有额外的加菜。季孙宿退席，让行人报告说：“小国事奉大国，如果免于被讨伐已经很满足了，不敢奢求赏赐。即便接受，也不能超过三献。现在菜肴有增加，下臣不敢当，这样岂不是罪过。”韩起说：“我们国君是以此表达相见的欢悦。”季孙宿回答说：“我们国君尚且不敢接受这样的赏赐，何况下臣只是贵国国君的奴仆，怎敢听闻额外赏赐的事？”坚决请求撤去加菜，然后完成享宴。晋国人认为他懂礼，送给他厚重的礼物。

6.5 宋寺人柳有宠[①]，大子佐恶之。华合比曰：“我杀之[②]。”柳闻之，乃坎、用牲、埋书[③]，而告公曰：“合比将纳亡人之族[④]，既盟于北郭矣。”公使视之，有焉，遂逐华合比。合比奔卫。于是华亥欲代右师[⑤]，乃与寺人柳比[⑥]，从为之征[⑦]，曰“闻之久矣。”公使代之。见于左师[⑧]，左师曰：“女夫也[⑨]，必亡。女丧而宗室[⑩]，于人何有？人亦于女何有[⑪]？《诗》曰：‘宗子维城，毋俾城坏，毋独斯畏[⑫]。’女其畏哉[⑬]！”

【注释】

①宋寺人柳有宠：寺人柳有宠于宋平公。寺人，宦官。

②我杀之：华合比时为右师，欲杀寺人柳以取悦于太子。

③乃坎、用牲、埋书：杀牲、挖坑、置盟书于牲之上，以此伪造结盟现场。

④亡人之族：指襄公十七年出奔陈的华臣。

⑤于是华亥欲代右师：华亥是华合比弟，华合比没出逃前他就想要

取华合比而代之任右师。

⑥比：勾结。

⑦征：证明。

⑧左师：即向戌。

⑨女夫：蔑视人的称呼，指华亥。女，你。

⑩宗室：犹言宗子、宗主。

⑪于人何有？人亦于女何有：华亥的行为，于别人无益，别人也必轻贱之。

⑫宗子维城，毋俾城坏，毋独斯畏：引《诗》见《诗经·大雅·板》，意思是宗族如城垣，不要使城垣毁坏，使自己孤独而害怕。这里把华合比比做华氏的宗子，即华族的城垣。宗子，群宗之子，这里指宗族。

⑬女其畏哉：华亥陷害族兄，日后必有惩罚。按，此为昭公二十年华亥出奔做伏笔。

【译文】

宋国宦官柳受到宋平公的宠爱，太子佐厌恶他。华合比说："我来杀掉他。"柳听说了，便去挖了个坑、杀了牺牲、埋进盟书，而后来报告平公说："合比准备接纳逃亡在外的人，已经在北城外结盟了。"平公派人去查看，果然有这回事，便放逐了华合比。合比出逃卫国。当时华亥想代华合比任右师，便和寺人柳勾结，跟随柳去为他作证，说："听说这事已经很久了。"平公就让他取代华合比的职务。华亥去见左师向戌，向戌说："你这么个人，必定不免于逃亡的下场。你毁坏自己的宗室，对别人又有什么好处？人家又给了你什么？《诗》说：'宗族就像是城墙，不要让城墙毁坏，不要使自己孤独而害怕。'你会害怕的！"

6.6 六月丙戌[①]，郑灾。

【注释】

①丙戌：初七。

【译文】

六月初七，郑国发生火灾。

6.7 楚公子弃疾如晋，报韩子也[①]。过郑，郑罕虎、公孙侨、游吉从郑伯以劳诸柤[②]，辞不敢见。固请，见之。见如见王[③]。以其乘马八匹私面[④]。见子皮如上卿[⑤]，以马六匹；见子产以马四匹；见子大叔以马二匹。禁刍牧采樵[⑥]，不入田，不樵树，不采艺[⑦]，不抽屋[⑧]，不强丐[⑨]。誓曰："有犯命者，君子废，小人降[⑩]。"舍不为暴，主不慁宾[⑪]。往来如是，郑三卿皆知其将为王也。

【注释】

①楚公子弃疾如晋，报韩子也：回报去年韩起送亲来楚国之事。

②柤(zhā)：郑地。近郑都。

③见如见王：弃疾表示恭敬，见郑简公如见楚王。

④私面：外国使臣以私人身份见国君。

⑤见子皮如上卿：见子皮如见楚国上卿。子皮，罕虎。

⑥刍(chú)：割草。

⑦不采艺：不采所种菜果。

⑧不抽屋：不拆房屋。

⑨不强丐：不强行讨取。

⑩有犯命者，君子废，小人降：有违犯者，有官职的撤职，是皂、舆、隶的降级。君子，指有官职者。小人，指皂、舆、隶等杂役。降，降级。小人亦有等级，如七年《传》称"皂臣舆，舆臣隶，隶臣僚，

僚臣仆，仆臣台”。按，以上是弃疾过郑国时所制定的纪律，有违犯者，将受处分。

⑪舍不为暴，主不慁(hùn)宾：寄住于东道国没有暴行，也不使东道主担心。慁，患。

【译文】

楚国公子弃疾到晋国，是回报韩起送亲来楚国。路过郑国，郑国子皮、子产、子太叔随从郑简公在柤地慰劳他，弃疾辞谢不敢劳动国君接见。再三要求，才见。见郑简公如见楚王。把自己驾车的八匹马作为私人进见的礼物。见子皮如同见楚国上卿，送马六匹做礼物；见子产时送了四匹马；见子太叔时送了两匹马。禁止手下割草放牧采摘砍柴，不准进入农田，不准砍树，不准采摘果蔬，不准拆毁民居，不准强行索要。发誓说：“有触犯命令的，有职务的撤职，奴仆降级。”寄宿宾馆不作暴行，主人不受宾客打扰。他往来都是如此，郑国三位卿都看出弃疾将当楚王。

韩宣子之适楚也，楚人弗逆[①]。公子弃疾及晋竟，晋侯将亦弗逆。叔向曰：“楚辟，我衷[②]，若何效辟？《诗》曰：‘尔之教矣，民胥效矣[③]。’从我而已[④]，焉用效人之辟？《书》曰：‘圣作则[⑤]。’无宁以善人为则，而则人之辟乎？匹夫为善，民犹则之，况国君乎？”晋侯说，乃逆之。

【注释】

①楚人弗逆：不郊迎韩起。

②楚辟，我衷：楚国邪恶我们正派。辟，邪，不正派。衷，正派。

③尔之教矣，民胥效矣：引《诗》见《诗经·小雅·角弓》，意思是上以所行教民，民都仿效。胥，都。

④从我而已：根据自己的准则。

⑤圣作则：所引书为逸书，《古文尚书》取入《说命》。意思是圣人做出准则。

【译文】

韩起到楚国去，楚国没有派人郊迎。公子弃疾到晋国边境，晋平公也想不派人郊迎。叔向说："楚国邪恶我国正派，为什么要去效仿邪恶？《诗》说：'你的教导，人民都会仿效。'只按照我们的老规矩办就是了，哪里用得着去效仿别人的邪恶？《书》说：'圣人作出榜样。'宁可以善人为学习的榜样，怎能去学别人的邪恶呢？普通人做了善事，人民还以他作为榜样，何况国君呢？"晋平公听了很高兴，便郊迎弃疾。

6.8　秋九月，大雩，旱也①。

【译文】

秋九月，举行盛大的求雨雩祭，因为发生了旱灾。

6.9　徐仪楚聘于楚①，楚子执之，逃归。惧其叛也，使薳泄伐徐②。吴人救之。令尹子荡帅师伐吴，师于豫章③，而次于乾溪④。吴人败其师于房钟⑤，获宫厩尹弃疾⑥。子荡归罪于薳泄而杀之。

【注释】

①仪楚：徐国太子。徐国本在今江苏泗洪南，昭公三十年被吴所灭，楚迁之于城父，在今安徽亳州东南。

②薳泄：楚国大夫。

③豫章：古地名。指从今安徽霍邱至河南光山一带地域。

④乾溪:古地名。在今安徽亳州东南。

⑤房钟:古地名。在今安徽蒙城西南。

⑥弃疾:斗韦龟之父。

【译文】

徐仪楚到楚国聘问,楚灵王逮捕了他,他逃了回去。楚灵王怕他背叛楚国,派薳泄进攻徐国。吴国出兵救援。令尹子荡领兵讨伐吴国,军队从豫章出发,驻扎在乾溪。吴国人在房钟击败楚军,擒获宫厩尹弃疾。子荡归罪于薳泄,把他杀了。

6.10 冬,叔弓如楚聘,且吊败也[①]。

【注释】

①吊败:慰问被吴国打败。

【译文】

冬,叔弓到楚国聘问,同时对楚国战败表示慰问。

6.11 十一月,齐侯如晋,请伐北燕也[①]。士匄相士鞅逆诸河,礼也[②]。晋侯许之。十二月,齐侯遂伐北燕,将纳简公[③]。晏子曰:“不入[④]。燕有君矣,民不贰。吾君贿,左右谄谀,作大事不以信,未尝可也。”

【注释】

①齐侯如晋,请伐北燕也:晋国是盟主,齐国请求同意伐燕。

②士匄:晋国大夫士文伯。

③简公:指北燕伯,昭公三年逃奔到齐国。

④不入:简公送不回去。

【译文】

十一月，齐景公去晋国，请求讨伐北燕。士匄辅佐士鞅，到黄河边迎接，这是合于礼的。晋平公同意了齐国的请求。十二月，齐景公便出兵攻北燕，想要把燕简公送回国。晏婴说："他不可能回去。北燕已经有国君了，人民不会背叛他。我国国君贪财，身边臣子谄媚阿谀，做大事不讲信用，办不成这事。"

七年

【经】

7.1　七年春王正月[①]，暨齐平[②]。

7.2　三月，公如楚[③]。

7.3　叔孙婼如齐莅盟[④]。

7.4　夏四月甲辰朔，日有食之[⑤]。

7.5　秋八月戊辰[⑥]，卫侯恶卒[⑦]。

7.6　九月，公至自楚。

7.7　冬十有一月癸未[⑧]，季孙宿卒。

7.8　十有二月癸亥[⑨]，葬卫襄公。

【注释】

①七年：鲁昭公七年当周景王十年，前535。

②暨齐平：北燕与齐国讲和。

③公如楚：鲁昭公赴楚贺章华台落成。

④叔孙婼如齐莅盟：鲁昭公将赴楚，所以叔孙婼赴齐结盟。

⑤夏四月甲辰朔，日有食之：此即前535年3月18日的日全食。甲辰朔，初一。

⑥戊辰：二十六日。

⑦卫侯恶卒：卫襄公恶去世。

⑧癸未：十三日。

⑨癸亥：二十三日。

【译文】

鲁昭公七年春周历正月，北燕和齐国讲和。

三月，鲁昭公赴楚国。

叔孙婼到齐国参加盟会。

夏四月初一，发生日食。

秋八月二十六日，卫襄公恶去世。

九月，鲁昭公由楚国回来。

冬十一月十三日，季孙宿去世。

十二月二十三日，安葬卫襄公。

【传】

7.1　七年春王正月，暨齐平，齐求之也[①]。癸巳[②]，齐侯次于虢[③]。燕人行成，曰："敝邑知罪，敢不听命？先君之敝器请以谢罪[④]。"公孙晳曰[⑤]："受服而退，俟衅而动，可也[⑥]。"二月戊午[⑦]，盟于濡上[⑧]。燕人归燕姬[⑨]，赂以瑶瓮、玉椟、斝耳，不克而还[⑩]。

【注释】

①暨齐平，齐求之也：这里应和上年《传》末章连读，即齐伐燕，燕人贿赂齐国，齐反而求和。

②癸巳：十八日。

③齐侯次于虢：虢在燕境内，在今河北任丘西北。

④先君之敝器请以谢罪：以先君之敝器谢罪。敝器，谦辞，指下文

所说的瑶瓮、玉椟、斝(jiǎ)耳等物。

⑤公孙皙：齐国大夫。

⑥受服而退，俟衅而动，可也：先接受燕的归服，有机会时再动兵。衅，缝隙，这里指机会。

⑦戊午：十四日。

⑧濡上：古地名。在今河北任丘西北。当离齐军驻扎处不远。

⑨燕人归燕姬：嫁燕姬给齐国君。

⑩赂以瑶瓮、玉椟、斝耳，不克而还：燕国送瑶瓮、玉椟、斝耳给齐国，齐国没能送回燕简公。瑶，玉。椟，柜。斝耳，酒器。

【译文】

鲁昭公七年春周历正月，北燕与齐国讲和，是齐国要求讲和。十八日，齐景公住在虢地。燕国人前来讲和，说："敝国知道罪过，岂敢不听从命令？谨用先君的陈旧器物来谢罪。"公孙皙说："接受了他们的顺服而退兵，等有机会时再出兵，这是可行的。"二月十四日，在濡水边结盟。燕国把燕姬嫁给齐景公，并送上瑶瓮、玉椟、斝耳，齐国没有送回燕简公，就这么回兵了。

7.2　楚子之为令尹也，为王旌以田[①]。芋尹无宇断之[②]，曰："一国两君，其谁堪之？"及即位，为章华之宫[③]，纳亡人以实之[④]。无宇之阍入焉[⑤]。无宇执之，有司弗与[⑥]，曰："执人于王宫，其罪大矣。"执而谒诸王[⑦]。王将饮酒，无宇辞曰[⑧]："天子经略，诸侯正封[⑨]，古之制也。封略之内，何非君土？食土之毛[⑩]，谁非君臣？故《诗》曰：'普天之下，莫非王土。率土之滨，莫非王臣[⑪]。'天有十日，人有十等[⑫]，下所以事上，上所以共神也[⑬]。故王臣公，公臣大夫，大夫臣士，士臣皂，皂臣舆，舆臣隶，隶臣僚，僚臣仆，仆臣台[⑭]。马有圉，牛有牧[⑮]，以待百事。今有司曰:'女胡执人于王宫?'将焉执之?周文王之法曰,'有亡,荒阅'⑯,所以得天下也。吾先君文王⑰,作仆区之法⑱,曰'盗所隐器⑲,与盗同罪',所以封汝也⑳。若从有司,是无所执逃臣也。逃而舍之,是无陪台也㉑。王事无乃阙乎?昔武王数纣之罪,以告诸侯曰:'纣为天下逋逃主,萃渊薮㉒。'故夫致死焉㉓。君王始求诸侯而则纣,无乃不可乎?若以二文之法取之㉔,盗有所在矣㉕。"王曰:"取而臣以往㉖。盗有宠,未可得也㉗。"遂赦之。

【注释】

①楚子之为令尹也,为王旌以田:当楚灵王还是令尹时,便用国君的旌旗,早有夺位野心。旌,旗的一种,上有飘带,称为旒(liú)。《周礼·夏官·节服氏·疏》引《礼纬·含文嘉》,天子之旗,十二旒,长九仞,诸侯旌九旒七仞,卿大夫旌七旒五仞。

②芋尹:楚国官名。断之:斩断其旌旒。

③章华之宫:在今湖北监利西北离湖上。

④亡人:逃亡者。

⑤无宇之阍入焉:无宇的守门人有罪逃入章华宫。

⑥有司:章华宫的管理人员。

⑦执而谒诸王:把无宇抓去见楚王。

⑧辞:陈述。

⑨天子经略,诸侯正封:周王治理天下,诸侯管理自己的国土。经、正,同义词,治理。略、封,同义词,指国土。

⑩毛:草,这里指生于地上的物产。

⑪普天之下,莫非王土。率土之滨,莫非王臣:引《诗》见《诗经·小雅·北山》。普,遍。率,沿着。

⑫天有十日，人有十等：即昭公五年《传》所谓“日之数十，故有十时，亦当十位”，古代记日，十日为一旬。一日又分为十时，人分为十个等级。

⑬共：通“供”。

⑭“故王臣公”九句：自王至台共为十个等级，皂以下为各级奴隶。臣，统治。或曰，士为卫士长，皂为无爵之卫士，相当于皂役，舆为众人，隶为罪人，僚为苦刑犯，仆为三代奴戮，台指罪人为奴者。

⑮马有圉，牛有牧：圉、牧比台更下贱。圉，养马者。牧，养牛者。

⑯荒阅：大搜查。

⑰吾先君文王：指楚文王。

⑱作仆区(ōu)之法：指处理逃亡窝藏的规定。仆区，窝藏。

⑲盗所隐器：收藏赃物。

⑳封汝：因执法严，使楚国边界直达汝水一带。

㉑陪台：奴隶。

㉒纣为天下逋逃主，萃渊薮(sǒu)：纣是天下逃亡者的窝主。逋逃主，逃亡者投奔的主人。萃，集聚。渊薮，鱼与兽类聚居地。

㉓故夫致死焉：人人卖命地讨纣。夫，人。

㉔二文：指周文王和楚文王。

㉕盗有所在矣：暗指楚灵王也是窝主。

㉖而：你。臣：指逃亡之阍。往：去。

㉗盗有宠，未可得也：灵王戏称自己这个盗还居于尊位，未能抓到。盗，灵王自称。

【译文】

楚灵王当令尹的时候，举着楚王用的旌旗去打猎。芋尹无宇斩断旌旗的流苏，说：“一国有两个国君，谁能受得了？”等到即位为楚王，建造章华宫，接纳逃亡的人住在宫内。无宇的守门人也逃到里面。无宇去抓捕，管理宫殿的官员不给，说："在王宫里抓人，是很大的罪过了。"就把无宇抓去见楚灵王。灵王正要喝酒，无宇解释说："周王治理天下，诸侯管理自己的国土，这是自古以来的制度。疆界以内，什么地方不是国君的土地？吃着地上出产之物的人，谁不是国君的臣子？所以《诗》说：'普天下无论哪里，没有不是君王的领土。四海之内，没有谁不是君王的臣子。'天上有十个太阳，人分为十个等级，在下者事奉在上者，在上者供奉神明。所以王统治公，公统治大夫，大夫统治士，士统治皂，皂统治舆，舆统治隶，隶统治僚，僚统治仆，仆统治台。养马有围，放牛有牧，各有专司以管理各种事务。现在管宫殿的却说：'你怎么在王宫抓人？'请问我该在哪里抓他？周文王的法令说，'有逃亡者，就进行大搜捕'，所以能得到天下。我国先君文王制订了惩罚窝藏的法令，说'收藏了盗贼的赃物，和盗贼同罪'，所以得到了直达汝水的封地。要是按宫殿管理人的做法，这就无从去抓逃亡的奴隶了。逃亡而放弃搜捕，就会没有陪台了。这样一来国家的工作不就有欠缺了吗？往昔周武王声讨纣的罪行，通告天下诸侯说：'纣是普天下逃亡者的窝主，逃亡者聚集的渊薮。'所以众人下死力攻打他。君王现在希望求得诸侯的拥护却效仿纣，不是行不通吗？如果依照二位文王的法令来捕捉盗贼，盗贼是有地方捕获的。"灵王说："把你的守门人带走吧。至于我这个盗贼现在正受上天宠爱，你还不能抓他。"于是赦免了无宇。

7.3　楚子成章华之台，愿与诸侯落之[①]。大宰薳启彊曰："臣能得鲁侯。"薳启彊来召公，辞曰："昔先君成公命我先大夫婴齐曰：'吾不忘先君之好，将使衡父照临楚国，镇抚其社稷，以辑宁尔民'。婴齐受命于蜀[②]。奉承以来，弗敢失陨，而致诸宗祧[③]。日我先君共王引领北望[④]，日月以冀。传序相授，于今四王矣[⑤]。嘉惠未至，唯襄公之辱临我丧[⑥]。孤与其二三臣悼心失图[⑦]，社稷之不皇[⑧]，况能怀思君德[⑨]？今君若步玉趾，辱见寡君，宠灵楚国[⑩]，以信蜀之役[⑪]，致君之嘉惠，是寡君既受贶矣，何蜀之敢望[⑫]？其先君鬼神实嘉赖之，岂唯寡君？君若不来，使臣请问行期[⑬]，寡君将承质币而见于蜀，以请先君之贶[⑭]。”

【注释】

①落之：举行落成典礼。

②“昔先君成公命我先大夫婴齐曰”六句：以上事见成公二年《经》、《传》。此年楚公子婴齐侵卫，同时侵鲁于蜀。鲁国求和，以衡父（公衡）为质于楚，后来衡父逃回。辑宁，安宁。

③致诸宗祧：婴齐回楚后，以鲁成公之语祭告于宗庙。

④日我先君共王引领北望：盼望鲁国朝楚。

⑤四王：指共王、康王、郏敖及灵王。

⑥唯襄公之辱临我丧：襄公于二十八年赴楚国参加康王丧礼。杨伯峻指出，襄公临康王之丧，实际上是在郏敖即位之初，而后灵王杀郏敖自立，薳启彊故意诡言不能怀襄公到楚之德，以应上文“于今四王矣”。

⑦孤：即郏敖，康王之子。悼心失图：心中摇摆不定，没了主意。悼，通“掉”。

⑧不皇：不暇。

⑨怀思君德：怀思襄公的恩德。

⑩宠灵：赐宠赐福。灵，福。

⑪以信蜀之役：继续蜀之盟的友好。信，通“伸”。

⑫何蜀之敢望：不敢希望如蜀之盟那样再有人质。

⑬问行期：问鲁国被伐之期，这是以兵相威胁。

⑭寡君将承质币而见于蜀，以请先君之贶：蜀之盟实为楚侵鲁，因鲁送财礼求和而结盟。薳启彊的意思是，昭公如果不来，就只有被伐或送礼求和一条路了。质币，财礼。请，问。

【译文】

楚灵王建成章华台，想和诸侯一起举行落成典礼。太宰薳启彊说："下臣能让鲁国国君来。"薳启彊来鲁国召唤昭公，致辞说："往日贵国的先君成公命令我国先大夫婴齐说：'我没忘记先君的友好关系，将让衡父前往楚国，以使国家安定，百姓安宁。'婴齐在蜀地接受命令。从奉命以来，不敢有所怠慢失礼，而祭告于宗庙。往日我先君共王伸长脖子向北眺望，天天盼望贵国国君前来。世代相传，到现在已经历四位君王了。但给我国的恩惠始终没有到来，唯有襄公曾经屈尊光临我国康王的丧礼。孤儿郏敖和身边臣子当时因为丧事正心绪不宁，国家都无暇顾及，又哪有可能去感怀贵国国君的恩德呢？现在国君如果能移步前来，屈尊和我们国君见面，就会使楚国得到恩宠福泽，来重申蜀地的盟约，送来国君的恩惠，我们国君就受到恩宠了，又岂敢想有蜀地盟会那样的做法？先君的鬼神也会嘉许和依赖它，岂止我们国君得到恩惠？国君如果不来，使臣请问出兵的日期，我们国君将带着进见的礼物在蜀地与国君相见，以要求得到当年成公许诺的恩赐。"

公将往，梦襄公祖①。梓慎曰："君不果行②。襄公之适楚也，梦周公祖而行。今襄公实祖，君其不行③。"子服惠伯曰："行！先君未尝适楚，故周公祖以道之④。襄公适楚矣，而祖以道君，不行，何之⑤？"

【注释】

①梦襄公祖：昭公梦见襄公为他祭路神。祖，祭路神。

②君不果行：梓慎认为昭公终究去不了。梓慎，鲁国大夫。

③君其不行：梓慎反对昭公赴楚。

④周公祖以道之：《逸周书·作雒篇》谓“武王崩，周公立，相成王，二年作师旅，凡所征熊、盈族十有七国”，盈为淮夷之姓，熊为楚人之氏。则周公或曾适楚。道，引导。

⑤不行，何之：惠伯主张昭公应赴楚。

【译文】

昭公准备前往楚国，梦见襄公为自己祭路神。梓慎说：“国君最终去不了。当初襄公去楚国的时候，梦见周公为自己祭路神而前往。现在襄公祭路神，国君还是不要去。”子服惠伯说：“要去！先君没有去过楚国，所以周公祭路神为他引路。襄公到过楚国，又祭路神来引导国君，不去的话，又去哪里？”

三月，公如楚，郑伯劳于师之梁[①]。孟僖子为介，不能相仪[②]。及楚，不能答郊劳[③]。

【注释】

①师之梁：郑城门。

②孟僖子为介，不能相仪：孟僖子担任副手，却不能相礼。孟僖子，鲁国大夫仲孙貜。

③及楚，不能答郊劳：到楚国，孟僖子不能对楚国之郊劳进行答礼。据下文所知，孟僖子不通礼仪。

【译文】

三月，昭公前往楚国，郑简公在师之梁慰劳昭公。孟僖子是副手，不能相礼。到了楚国，不能在对方行郊劳之礼时答礼。

7.4　夏四月甲辰朔，日有食之。晋侯问于士文伯曰："谁将当日食[①]？"对曰："鲁、卫恶之。卫大，鲁小。"公曰："何故？"对曰："去卫地，如鲁地。于是有灾，鲁实受之[②]。其大咎其卫君乎？鲁将上卿[③]。"公曰："《诗》所谓'彼日而食，于何不臧'者[④]，何也？"对曰："不善政之谓也。国无政，不用善，则自取谪于日月之灾。故政不可不慎也。务三而已：一曰择人[⑤]，二曰因民[⑥]，三曰从时[⑦]。"

【注释】

①谁将当日食：古人认为，天上日食，地上必有人受其祸，因此问谁将承受此祸。

②"去卫地"四句：士文伯认为，此次日食开始于卫之分野，至鲁国分野才复圆所以灾大发于卫国，而鲁受其余祸。

③其大咎其卫君乎？鲁将上卿：卫丧其君，鲁丧上卿。据《经》，八月，卫襄公死。十一月，季孙宿死。

④彼日而食，于何不臧：引《诗》见《诗经·小雅·十月之交》，意思是天上日食，地上必有不善。

⑤择人：择贤人。

⑥因民：依靠百姓。

⑦从时：顺从时令。按，士文伯是在以天象劝诫人事。

【译文】

夏四月初一，发生日食。晋平公向士文伯询问说："谁将应验日食降示的灾祸？"士文伯回答说："鲁、卫两国将受祸。不过卫国祸大，鲁国祸小。"平公问："为什么？"士文伯回答说："日食离开卫国分野，达到鲁国分野。这种情况下发生灾祸，鲁国会承受部分灾祸。而大灾难将会落到卫国国君的头上吧？鲁国将会应在上卿身上。"平公说："《诗》所说的'那个太阳发生日食，什么地方做得不对了'，是什么意思？"士文伯回答说："这说的是不行善政。国家没有善政，不用善人，便会在日月之灾中自取其咎。所以政事是不能不谨慎的。只要致力于做好下面三件事就可以了：一是选拔贤人，二是依靠人民，三是顺从天时。"

7.5　晋人来治杞田，季孙将以成与之[①]。谢息为孟孙守[②]，不可。曰："人有言曰：'虽有挈瓶之知，守不假器[③]，礼也。'夫子从君[④]，而守臣丧邑[⑤]，虽吾子亦有猜焉[⑥]。"季孙曰："君之在楚，于晋罪也。又不听晋，鲁罪重矣。晋师必至，吾无以待之[⑦]，不如与之，间晋而取诸杞[⑧]。吾与子桃[⑨]，成反，谁敢有之？是得二成也[⑩]。鲁无忧，而孟孙益邑，子何病焉[⑪]？"辞以无山，与之莱、柞[⑫]，乃迁于桃[⑬]。晋人为杞取成[⑭]。

【注释】

①晋人来治杞田，季孙将以成与之：昭公赴楚，晋国不满，于是以划定杞之田界，为杞取成地，威压鲁国。成，即郕，本是杞田，后为孟孙氏邑。

②谢息：成地宰。

③虽有挈(qiè)瓶之知，守不假器：虽小智之人，守着器物也不借与人。挈瓶之知，指小智小慧。挈瓶，汲水瓶器。知，同"智"。

④夫子：指孟僖子，随同昭公赴楚。

⑤守臣：谢息自指。

⑥虽吾子亦有猜焉：即便季孙也将猜疑我。猜，猜疑。

⑦待：抵御。

⑧间晋而取诸杞：等晋国有机可乘时再伐杞取田。

⑨桃：古地名。在今山东汶上东北。

⑩成反，谁敢有之？是得二成也：成地一旦夺回，别人不敢占有，孟氏等于是得到两个成地。

⑪鲁无忧，而孟孙益邑，子何病焉：晋军不来讨伐，鲁国无忧，孟氏得邑，两全其美，你有什么可担忧的呢？病，担心，忧心。

⑫辞以无山，与之莱、柞：谢息以桃地无山为由推辞，季孙又给予莱、柞二山。莱、柞，在今山东莱芜的二座山。

⑬乃迁于桃：谢息迁于桃地。

⑭晋人为杞取成：成地归杞。

【译文】

晋国来划定杞国的田界，季孙准备把成地还给杞国。谢息是孟孙管理成邑的守臣，表示不同意，说："人们有话说：'虽然只有小智慧，也知道守着器物不出借，这是合于礼的。'我家主人跟随国君外出，我作为守臣却丢失了他的封邑，即便是您也会猜疑的。"季孙说："国君在楚国，对晋国来说已是罪过。又不听从晋国，鲁国的罪过更重了。晋国军队一定会到来，我们无法抵御他们，不如给了他们，等晋国有机可乘时再从杞国夺回。我给你桃地，成地一旦再夺回，谁敢占有它？这是等于得到两个成地了。鲁国无忧，而孟孙增加城邑，你又担心什么呢？"谢息以桃地无山为由推辞，季孙又给他莱、柞二山，谢息才迁到桃地。晋国为杞国取得成地。

7.6　楚子享公于新台①，使长鬣者相②。好以大屈③。既而悔之。薳启彊闻之，见公。公语之，拜贺。公曰："何贺？"对曰："齐与晋、越欲此久矣。寡君无适与也，而传诸君，君其备御三邻④，慎守宝矣，敢不贺乎？"公惧，乃反之。

【注释】

①新台：章华台。

②长鬣(liè)者：这里指高大健壮的人。

③好以大屈：赠鲁昭公大屈弓。大屈，弓名。

④君其备御三邻：指齐、晋、越将为夺弓而伐鲁。

【译文】

楚灵王在章华台设享礼款待鲁昭公，选派长须大汉任相礼。并把名弓大屈送给昭公。过后又后悔了。薳启彊知道了，就来见昭公。昭公和他谈起这事，薳启彊下拜庆贺。昭公说："为什么拜贺？"薳启彊回答说："齐国和晋国、越国都想得到这张弓很久了。我们国君都没有给别人而给了国君您，您要做好抵御三个邻国进兵的防备，谨慎地守卫这件宝物，下臣岂敢不拜贺？"昭公害怕了，就把大屈归还楚灵王。

7.7　郑子产聘于晋。晋侯有疾，韩宣子逆客，私焉，曰："寡君寝疾，于今三月矣，并走群望[①]，有加而无瘳[②]。今梦黄熊入于寝门，其何厉鬼也？"对曰："以君之明，子为大政[③]，其何厉之有[④]？昔尧殛鲧于羽山[⑤]，其神化为黄熊，以入于羽渊[⑥]，实为夏郊[⑦]，三代祀之[⑧]。晋为盟主，其或者未之祀也乎[⑨]？"韩子祀夏郊，晋侯有间，赐子产莒之二方鼎。

【注释】

①并走群望：遍祭本国名山大川。并，遍。望，祭祀名。

②有加而无瘳(chōu)：病情不见好反而加重。瘳，病愈。

③大政：指正卿。

④厉：也是鬼，厉鬼即恶鬼。

⑤昔尧殛鲧(gǔn)于羽山：传说鲧窃帝之息壤以堙洪水，被杀于羽

山。殛，诛杀。

⑥羽渊：羽山水流汇合处。

⑦夏郊：孔《疏》云："《祭法》云'夏后氏禘黄帝而郊鲧'，言郊祭天而以鲧配，是夏家郊祭之也。"郊，郊祭。

⑧三代祀之：夏、商、周三代都郊祭鲧。

⑨晋为盟主，其或者未之祀也乎：晋国既为盟主，应辅佐天子祭群神。

【译文】

郑国子产到晋国聘问。晋平公有病，韩起迎接客人，私下对子产说："我们国君卧病，至今已经三个月了，把名山大川都祭祀过了，病却有增无减。如今梦见黄熊进入寝宫大门，这究竟是什么恶鬼呢?"子产回答说："凭着贵国国君的贤明，您又主持国政，哪能有什么恶鬼？昔日尧将鲧诛杀在羽山，他的神灵变成黄熊，进入羽渊，成为受夏朝郊祭的神，夏、商、周三代都祭祀他。晋国是盟主，也许是没有祭祀他吧?"韩起便祭祀鲧，晋平公病逐渐痊愈，赐给子产莒国进贡的两只方鼎。

7.8　子产为丰施归州田于韩宣子[①]，曰："日君以夫公孙段为能任其事，而赐之州田，今无禄早世[②]，不获久享君德。其子弗敢有，不敢以闻于君，私致诸子[③]。"宣子辞。子产曰："古人有言曰：'其父析薪，其子弗克负荷[④]。'施将惧不能任其先人之禄[⑤]，其况能任大国之赐？纵吾子为政而可，后之人若属有疆埸之言[⑥]，敝邑获戾，而丰氏受其大讨。吾子取州，是免敝邑于戾，而建置丰氏也[⑦]。敢以为请。"宣子受之，以告晋侯。晋侯以与宣子。宣子为初言，病有之[⑧]，以易原县于乐大心[⑨]。

【注释】

①子产为丰施归州田于韩宣子：昭公三年晋国将州田赐予公孙段。丰施，郑国公孙段之子。

②今无禄早世：不幸早死。公孙段死于这年正月。

③私致诸子：私下通过韩起送还州田。

④其父析薪，其子弗克负荷：比喻父亲勤劳创立家业，其子不能继承。析薪，劈柴。

⑤任：承受。

⑥属：副词，会适，碰巧。疆埸之言：指对晋国送州田给郑国有闲话。

⑦建置：扶持。

⑧宣子为初言，病有之：回想当初不取州田之言，今若取之，自感惭愧。初言，指当初与赵文子争州田时的话。

⑨以易原县于乐大心：韩起以州田向乐大心换原县。乐大心，宋国大夫。原县本是晋邑，赐给了乐大心。

【译文】

子产替丰施把州田归还给韩起，说："往日贵国国君因为公孙段能够承担事务，从而赐给他州田，现在他不幸早死，不能够长久享受贵国国君的恩德。公孙段的儿子不敢拥有，又不敢向贵国国君说，所以私下送给您。"韩起辞谢。子产说："古人有话说：'他的父亲砍柴，儿子无法把柴背走。'丰施害怕不能承继其先人的禄位，更何况接受大国的恩赐？即便您执政时没人敢说什么，后来的人要是有关于边界的闲话，敝国获罪，丰氏则将获重罪。您取得州田，这是使敝国免除罪过，而扶持了丰氏啊。冒昧地谨以此向您请求。"韩起便接受了州田，并把这事报告了晋平公。晋平公把它赐给韩起。韩起因为当初说过的话，占有州田感到惭愧，就用它换了乐大心的原县。

7.9　郑人相惊以伯有，曰："伯有至矣！"则皆走，不知所往①。铸刑书之岁二月②，或梦伯有介而行③，曰："壬子④，余将杀带也⑤。明年壬寅⑥，余又将杀段也⑦。"及壬子，驷带卒，国人益惧。齐、燕平之月⑧，壬寅⑨，公孙段卒，国人愈惧。其明月⑩，子产立公孙泄及良止以抚之⑪，乃止。子大叔问其故，子产曰："鬼有所归，乃不为厉，吾为之归也⑫。"大叔曰："公孙泄何为⑬？"子产曰："说也⑭。为身无义而图说⑮，从政有所反之，以取媚也⑯。不媚，不信⑰。不信，民不从也。"

【注释】

①"郑人相惊以伯有"四句：伯有于襄公三十年作乱被杀，现在有人传言伯有化为厉鬼而来，众人都逃散。

②铸刑书之岁二月：去年二月。

③介：披甲。

④壬子：去年三月初二。

⑤带：即驷带，伯有仇家，曾助子皙杀伯有，见襄公三十年《传》。

⑥明年壬寅：今年壬寅日。

⑦段：即公孙段，也曾攻打伯有。

⑧齐、燕平之月：今年正月。

⑨壬寅：二十七日。

⑩其明月：今年二月。

⑪子产立公孙泄及良止以抚之：立二人为大夫，以安抚伯有鬼魂。公孙泄，子孔之子。良止，伯有之子。

⑫鬼有所归，乃不为厉，吾为之归也：鬼、归同韵，声近，此指鬼魂有所归宿，才不变为厉鬼。

⑬公孙泄何为：子孔于襄公十九年被杀，死后并未为厉鬼，太叔问

何以也要立公孙洩。

⑭说：向百姓解释。

⑮为身无义而图说：意思是伯有无义，本不应立后，因并立两人，可以认为是从继绝世出发，使之有人祭祀，并非惧怕伯有为厉。为身无义，指伯有。

⑯从政有所反之，以取媚也：既为执政，应依当时礼义而行。伯有、子孔为恶被杀，本应无祀，今立二人儿子，是逆当时礼义而行，但又是为了取悦百姓。

⑰不媚，不信：不得百姓欢心，就不能使之信服。

【译文】

郑国人因为伯有鬼魂而受惊扰，说："伯有来了！"都逃跑，慌不择路。铸刑鼎的那年二月，有人梦见伯有身披铠甲走路，说："三月初二，我将杀死驷带。明年正月二十七日，我又要杀公孙段。"到去年三月初二，驷带死去，国人更加害怕。齐、燕两国媾和那一月二十七日，公孙段去世，国人更加害怕。到第二个月，子产立了公孙洩和良止来安抚伯有的鬼魂，国人才安定下来。子太叔问起子产这样做的原因，子产说："鬼魂有了依归，才不会再当恶鬼，我是在为他找归宿。"太叔说："那为什么要立公孙洩呢？"子产说："是为了向民众解释。立身没有道义而希图高兴，执政官对礼仪有所违背，是要取悦于鬼魂从而取悦于百姓。不取得民众的欢心，民众就不信服。不信服，民众就不会顺从。"

及子产适晋，赵景子问焉①，曰："伯有犹能为鬼乎？"子产曰："能。人生始化曰魄②，既生魄，阳曰魂③。用物精多④，则魂魄强，是以有精爽至于神明⑤。匹夫匹妇强死⑥，其魂魄犹能冯依于人，以为淫厉⑦。况良霄⑧，我先君穆公之胄⑨，子良之孙⑩，子耳之子⑪，敝邑之卿，从政三世矣。郑虽无腆[12],抑谚曰'蕞尔国'[13],而三世执其政柄,其用物也弘矣[14],其取精也多矣。其族又大,所冯厚矣[15]。而强死,能为鬼,不亦宜乎!"

【注释】

①赵景子:赵成,晋国中军佐。

②始化:刚死。化,死。

③阳曰魂:阳气叫做魂。

④物:养生之物。精多:精美丰富。

⑤是以有精爽至于神明:魂魄强有力,其现形的能力一直达到神化。

⑥强死:无病横死,不得善终。

⑦淫厉:惑乱肆虐。

⑧良霄:即伯有。

⑨胄:后代。

⑩子良:公子去疾。

⑪子耳:公孙辄。

⑫无腆:不厚。这里意为小国。

⑬蕞(zuì):很小的样子。

⑭弘:多,丰富。

⑮其族又大,所冯厚矣:良氏为大族,势力雄厚。冯,同"凭"。

【译文】

子产去晋国时,赵景子问起这事,说:"伯有还能变成鬼吗?"子产说:"能。人刚死叫做魄,产生了魄,阳气是魂。生时衣食精美丰富,魂魄就强健,所以有现形的能力,一直达到神化。普通男女不得好死,他的魂魄还能依附在人的身上,成为肆虐的厉鬼。何况伯有是我国先君穆公的后裔,子良的孙子,子耳的儿子,敝国的卿,执政已经三代了。郑国虽说不富有，或者正如谚语所说的‘蕞尔小国’，但伯有家族三代执掌国政，享用的物品很多，从其中汲取的精粹也很多。他的家族又大，所凭依的势力雄厚。可又不得善终，他能变成鬼，不也是很自然的吗！”

7.10　子皮之族饮酒无度，故马师氏与子皮氏有恶[①]。齐师还自燕之月[②]，罕朔杀罕魋[③]。罕朔奔晋。韩宣子问其位于子产[④]。子产曰：“君之羁臣[⑤]，苟得容以逃死，何位之敢择？卿违，从大夫之位[⑥]；罪人以其罪降[⑦]，古之制也。朔于敝邑，亚大夫也，其官，马师也，获戾而逃，唯执政所置之。得免其死，为惠大矣，又敢求位？”宣子为子产之敏也[⑧]，使从嬖大夫[⑨]。

【注释】

①马师氏：公孙钼之子罕朔，与子皮本为同族。襄公三十年马师颉出奔，公孙钼代为马师。

②齐师还自燕之月：今年二月。

③罕朔杀罕魋(tuí)：罕朔与罕魋为堂兄弟。

④韩宣子问其位于子产：此时子产正在晋国，因此问他可安排什么官位。

⑤羁臣：寄居之臣。

⑥卿违，从大夫之位：依礼应降位一等。违，离开本国。

⑦罪人以其罪降：有罪逃离本国，收容国应依其罪降其位。

⑧子产之敏：子产言语恰当。敏，审，恰当。

⑨使从嬖大夫：让罕朔只降一等，随下大夫之位次，而不以罪降级。

【译文】

子皮的族人饮酒无度，因此马师氏与子皮氏关系紧张。齐军从燕国撤回的那月，罕朔杀了罕魋。罕朔逃到晋国。韩宣子向子产咨询该给罕朔什么官位。子产说：“他是贵国国君的寄居之臣，能够免死就很好了，哪里敢挑选什么官位？卿离开他的国家，就随从大夫的班位；有罪的人根据他的罪行降级，这是古来的制度。罕朔在敝国是亚大夫，他的官职是马师，获罪而逃亡，就听凭您的安排。能够免他一死，恩德就很大了，哪里敢要求官位？”韩起认为子产的应答很恰当，便让罕朔随下大夫的班次。

7.11 秋八月，卫襄公卒。晋大夫言于范献子曰：“卫事晋为睦，晋不礼焉，庇其贼人而取其地，故诸侯贰①。《诗》曰：‘鹏鸰在原，兄弟急难②。’又曰：‘死丧之威，兄弟孔怀③。’兄弟之不睦，于是乎不弔④，况远人，谁敢归之？今又不礼于卫之嗣⑤，卫必叛我，是绝诸侯也。”献子以告韩宣子。宣子说，使献子如卫吊，且反戚田。

【注释】

①庇其贼人而取其地，故诸侯贰：襄公二十六年，卫国甯喜杀其君剽，孙林父奔晋献戚邑。卫献公复位，晋又疆戚田，并取卫西境懿氏六十邑送给孙林父，诸侯对此颇有不满。贼人，指孙林父。

②鹏鸰（jí líng）在原，兄弟急难：引《诗》见《诗经·小雅·常棣》。鹏鸰原为水鸟，今落在平原，比喻遇难兄弟应互相救援。鹏鸰，又作鹡（jí）鸰，水鸟。

③死丧之威，兄弟孔怀：引《诗》也见《诗经·小雅·常棣》，是说死丧是可怕的，兄弟应互相关怀。按，二处引诗都是意在说明兄弟之国应友爱关怀。

④不弔（dì）：不相亲善。

⑤今又不礼于卫之嗣：又对嗣君不礼貌。晋不往吊，是不礼于嗣君。

【译文】

秋八月，卫襄公去世。晋国大夫对范献子说："卫国事奉晋国恭敬亲近，晋国却不加礼遇，包庇卫国叛贼而占取他们的土地，所以诸侯有二心。《诗》说：'鹏鸰落在原野，遇到急难兄弟互相救援。'又说：'死亡那么可怕，兄弟要互相关怀。'兄弟不和睦，就不相亲善，何况远方的人，谁敢来归顺？现在又对卫国的嗣君不给予礼遇，卫国必然背叛我国，这是断绝诸侯与我国的关系。"范献子把这话告诉韩起。韩起认为说得很对，就派范献子到卫国吊唁，并归还戚地给卫国。

卫齐恶告丧于周，且请命[①]。王使郕简公如卫吊，且追命襄公曰："叔父陟恪[②]，在我先王之左右，以佐事上帝，余敢忘高圉、亚圉[③]？"

【注释】

①请命：诸侯死后请求赐命。

②陟恪：升天。

③在我先王之左右，以佐事上帝，余敢忘高圉、亚圉：周的先王曾受商王追命，故不敢忘恩而不追命卫襄公。高圉、亚圉，二人都是周的先代，殷时贤诸侯，曾受殷王追命。亚圉，高圉儿子。

【译文】

卫国齐恶向周王报告丧事，并请求赐予恩命。周景王派郕简公到卫国吊唁，并且追命襄公说："叔父升天，在我先王的左右，以辅佐事奉上帝，我哪敢忘了高圉、亚圉？"

7.12　九月，公至自楚。孟僖子病不能相礼[①]，乃讲学之，苟能礼者从之。及其将死也[②]，召其大夫曰："礼，人之干也。无礼，无以立。吾闻将有达者曰孔丘，圣人之后也[③]，而灭于宋[④]。其祖弗父何以有宋而授厉公[⑤]。及正考父，佐戴、武、宣，三命兹益共[⑥]，故其鼎铭云[⑦]：'一命而偻，再命而伛，三命而俯[⑧]。循墙而走，亦莫余敢侮[⑨]。饘于是，鬻于是，以糊余口[⑩]。'其共也如是。臧孙纥有言曰[⑪]：'圣人有明德者，若不当世，其后必有达人[⑫]。'今其将在孔丘乎？我若获没，必属说与何忌于夫子[⑬]，使事之，而学礼焉，以定其位[⑭]。"故孟懿子与南宫敬叔师事仲尼[⑮]。仲尼曰："能补过者，君子也。《诗》曰：'君子是则是效[⑯]。'孟僖子可则效已矣。"

【注释】

①病不能相礼：因不能相礼而惭愧。

②及其将死也：孟僖子死于昭公二十四年。这里是预叙。

③吾闻将有达者曰孔丘，圣人之后也：孟僖子死时，孔子三十四岁。圣人，指弗父何与正考父。

④而灭于宋：孔子六代祖孔父嘉为宋国华督所杀，其子奔鲁。事在桓公二年。

⑤弗父何：孔父嘉高祖，宋湣公太子，宋厉公兄，让位于宋厉公。

⑥及正考父，佐戴、武、宣，三命兹益共：正考父辅佐戴公、武公、宣公，做了上卿后益加恭敬。正考父，弗父何曾孙，孔父嘉之父。三命，受三命为上卿。兹益，兹，同"滋"。同义词连用。共，通"恭"。

⑦鼎：指考父庙之鼎。

⑧一命而偻(lǚ)，再命而伛(yǔ)，三命而俯：一次比一次恭敬。偻、

伛、俯，都是弯腰恭敬的样子。

⑨循墙而走，亦莫余敢侮：沿着墙快步走，不敢昂首阔步，以示地位愈高愈谦恭。虽如此，人也不敢欺侮。

⑩饘(zhān)于是，鬻(zhōu)于是，以糊余口：用此鼎煮饘粥，表示俭朴。饘，米糊，厚粥。鬻，粥。厚曰饘，稀曰粥。

⑪臧孙纥：即武仲。

⑫圣人有明德者，若不当世，其后必有达人：圣人在世不能居大位，其后代必有显贵的。

⑬我若获没，必属说与何忌于夫子：我如果能够善终，一定把说和何忌嘱托给孔子。没，指善终。说，南宫敬叔。何忌，孟懿子。二人都是孟僖子儿子。夫子，指孔子。

⑭使事之，而学礼焉，以定其位：学礼知礼，才能安定其地位。按，这是孟僖子临终遗命。

⑮故孟懿子与南宫敬叔师事仲尼：二人师事孔子应在昭公二十四年以后。

⑯君子是则是效：引《诗》见《诗经·小雅·鹿鸣》。则，效法。效，仿效。

【译文】

九月，昭公从楚国回来。孟僖子因自己不精通礼仪而感到羞愧，于是学习礼仪，如果有精通礼仪的就跟他学。到他快要死的时候，召唤属下大夫说："礼是人的主干。无礼就无法立身。我听说将要闻名于世的人名叫孔丘，是圣人的后代，家族在宋国灭亡了。他的先祖弗父何可以当宋国国君而把君位让给了厉公。到正考父，辅佐戴公、武公、宣公，三命后当了上卿而更加恭敬，所以他的鼎上铭文说：'一命低头，二命躬身，三命深深弯腰。沿着墙快步走，也没人敢把我欺侮。稠粥在这鼎里煮，稀粥也在这鼎里煮，用来糊口填饱肚子。'他是这样地恭敬。臧孙纥有话说：'圣人里有贤明德行的人，如果不当国君，后代必有闻名于世的人。'现在将要应在孔丘身上了吧？我如果能够善终，一定要把说与何忌托付给孔丘，让他们师事孔丘，向他学礼，以稳定他们的地位。"因此孟懿子与南宫敬叔师事孔丘。孔子说："能弥补过错的，就是君子。《诗》说：'学习仿效君子。'孟僖子可以学习仿效了。"

7.13 单献公弃亲用羁[①]。冬十月辛酉[②]，襄、顷之族杀献公而立成公[③]。

【注释】

①单献公：周王卿士，单靖公儿子。

②辛酉：二十日。

③襄：即襄公，顷公父亲。成公：献公弟弟。

【译文】

单献公不用亲族而用外来的逃臣。冬十月二十日，襄公、顷公的族人杀死献公立了成公。

7.14 十一月，季武子卒[①]。晋侯谓伯瑕曰[②]："吾所问日食，从矣，可常乎[③]？"对曰："不可。六物不同[④]，民心不壹，事序不类[⑤]，官职不则[⑥]，同始异终，胡可常也？《诗》曰：'或燕燕居息，或憔悴事国[⑦]。'其异终也如是。"公曰："何谓六物？"对曰："岁、时、日、月、星、辰，是谓也[⑧]。"公曰："多语寡人辰而莫同，何谓辰[⑨]？"对曰："日月之会是谓辰，故以配日[⑩]。"

【注释】

①季武子卒：季孙宿死。

②伯瑕：即士文伯。

③吾所问日食，从矣，可常乎：季孙宿死，晋平公认为所问日食之言应验，于是又问可否经常如此占验。按，问日食事见上文。

④六物不同：六物各异时。

⑤事序：事之轻重。

⑥不则：不等。

⑦或燕燕居息，或憔悴事国：引《诗》见《诗经·小雅·北山》，意思是有人安然地休息，有人筋疲力尽地为国操劳。燕燕，安居的样子。

⑧岁：一曰木星，一曰即年。时：四时，四季。日：一曰即十天干，自甲至癸。月，一曰为十二月。星：当时天空能见到的星星。

⑨何谓辰：当时对辰有多种概念，所以问辰。概括来说主要有北辰—北极说、大辰—心宿说，三辰—日、月、星说，浃辰—从子至亥十二辰说，以及下文日月之会说等。

⑩日月之会是谓辰，故以配日：这是士文伯对辰的解释，指以天干配地支组成六十干支来记日。

【译文】

十一月，季孙宿去世。晋平公对伯瑕说：“我所询问的日食一事，应验了，可以经常这样占验吗？”伯瑕回答说：“不能。六种事物各异于时。民心不一致，事物的轻重不相类，官员的好坏不一样，开始相同结果却不同，怎么可以经常这么看待？《诗》说：‘有人悠闲地在家安居休息，有人筋疲力尽地为国事操劳奔命。’他们的结果是这样地不同。”平公说：“什么是六物？”伯瑕回答说：“是说岁、时、日、月、星、辰六种。”平公说：“很多人跟我说辰而没有一致的解释，那么什么叫做辰？”伯瑕回答说：“日月交会叫做辰，所以用来和日相配。”

7.15　卫襄公夫人姜氏无子[①]，嬖人婤始生孟絷[②]。孔成子梦康叔谓己[③]：“立元[④]，余使羁之孙圉与史苟相之[⑤]。”史朝亦梦康叔谓己:“余将命而子苟与孔烝鉏之曾孙圉相元。”史朝见成子,告之梦,梦协[⑥]。晋韩宣子为政聘于诸侯之岁[⑦],婤姶生子,名之曰元。孟絷之足不良能行[⑧]。孔成子以《周易》筮之,曰:“元尚享卫国,主其社稷[⑨]。”遇《屯》䷂[⑩]。又曰:“余尚立絷[⑪],尚克嘉之[⑫]。”遇《屯》䷂之《比》䷇[⑬]。以示史朝。史朝曰:“‘元亨’,又何疑焉[⑭]?”成子曰:“非长之谓乎[⑮]?”对曰:“康叔名之,可谓长矣[⑯]。孟非人也,将不列于宗,不可谓长[⑰]。且其繇曰:‘利建侯’。嗣吉,何建?建非嗣也[⑱]。二卦皆云[⑲],子其建之!康叔命之,二卦告之,筮袭于梦[⑳],武王所用也[㉑],弗从何为?弱足者居[㉒]。侯主社稷,临祭祀,奉民人,事鬼神,从会朝,又焉得居?各以所利,不亦可乎[㉓]?”故孔成子立灵公[㉔]。十二月癸亥,葬卫襄公。

【注释】

①姜氏:即宣姜。

②婤姶(zhōu è):襄公宠姬。

③孔成子:名烝鉏,孔达之孙,卫国卿。康叔:卫国始祖。

④元:孟絷之弟,孔成子梦时还没出生。

⑤羁:孔成子之子。圉:又叫仲叔圉、孔文子。史苟:亦作史狗,史朝之子。

⑥梦协:二人梦相合。

⑦晋韩宣子为政聘于诸侯之岁:昭公二年。

⑧孟絷之足不良能行:孟絷跛足。良,善。

⑨元尚享卫国,主其社稷:襄公死,是立元还是立絷,孔成子不能决定,于是占筮,这是命筮之辞,是说元希望享有卫国,主持国政。尚,希望。

⑩遇《屯》䷂：卦名，《震》下《坎》上。

⑪尚：还要。

⑫尚克嘉之：希望得吉兆。尚，希望。嘉，善。按，这是筮立孟絷之辞。

⑬《屯》䷂之《比》䷇：《比》，卦名，《坤》下《坎》上，《屯》初九爻由阳变阴，即由《屯》变为《比》。

⑭"元亨"，又何疑焉：《屯》卦卦辞有"元亨"二字，史朝将元联系到人名，解"亨"为"享"，所以说元应享有卫国，立为卫君。

⑮非长之谓乎：孔成子认为"元亨"之"元"指年长，应立长子孟絷。

⑯康叔名之，可谓长矣：康叔为他命名，就是为长。

⑰孟非人也，将不列于宗，不可谓长：孟絷跛足，不是全人，不能列为宗主，不可为长。非人，非其人。

⑱"且其繇曰"五句：《屯》卦卦辞有"利建侯"句，意思是建国封侯吉利。若立孟絷，只是嗣立，不是建侯，这样，"利建侯"则无所指了。这是利用爻辞说明应立元。

⑲二卦皆云：指两次占卜结果皆云"元亨"。

⑳筮袭于梦：占筮和梦境相合。

㉑武王所用也：《国语·周语下》引《大誓》曰："朕梦协朕卜，袭于休祥，戎商必克。"则武王曾有卜与梦相协之事，武王从之。

㉒弱足者居：跛足者只有待在家里。此用《屯·初九·爻辞》"盘桓利居"，盘桓即蹒跚，跛行的样子。

㉓各以所利，不亦可乎：跛者利于居家，元则利于建侯，各有其长。史朝再次强调应立元。

㉔故孔成子立灵公：按，以上记述立灵公的经过。灵公，即元。

【译文】

卫襄公夫人姜氏没生儿子，宠姬婤姶生了孟絷。孔成子梦见康叔对自己说："立元，我让羁的孙子圉与史苟辅佐他。"史朝也梦见康叔对自己说:“我将命令你的儿子苟与孔烝钼曾孙圉辅佐元。”史朝见孔成子,告诉他梦里的事,两梦相合。晋国韩起执政往诸侯国聘问那一年,婤姶又生下一子,名叫元。孟絷脚跛行走不便。孔成子用《周易》来占筮,说:“元希望享有卫国,主持国政。”得到《屯》卦。又说:“我也想立絷,希望得到允许。”得到《屯》卦变成《比》卦。把卦象给史朝看。史朝说:‘元享有’,还有什么可怀疑的呢?”孔成子说:“那卦象难道不是‘长’的意思吗?”史朝回答说:“康叔为他取名,就可以说是‘长’了。孟絷不是完人,不能列在宗主里,不能叫做‘长’。而且那繇辞说:‘利建侯’。如果嗣位吉利,还建什么侯?建不是指嗣位。二卦卦象都那么说,您还是立他吧!康叔命名,二卦又告诉了我们,占筮和梦境相合,这是武王采用过的,为什么不依从?腿脚有毛病者适宜居家。国君要主持国家,亲临祭祀,奉养人民,事奉鬼神,参与会见朝聘,又怎么能够待在家中?他们各做有利于自己的事,不是很好吗?”因此孔成子立了灵公。十二月二十三日,安葬卫襄公。

八年

【经】

8.1 八年春①,陈侯之弟招杀陈世子偃师。

8.2 夏四月辛丑②,陈侯溺卒③。

8.3 叔弓如晋④。

8.4 楚人执陈行人干徵师杀之⑤。

8.5 陈公子留出奔郑。

8.6 秋,蒐于红⑥。

8.7 陈人杀其大夫公子过。

8.8 大雩。

8.9 冬十月壬午⑦,楚师灭陈。执陈公子招,放之于越。杀陈孔奂[8]。

8.10　葬陈哀公。

【注释】

①八年：鲁昭公八年当周景王十一年，前534。

②辛丑：初三。

③陈侯溺卒：陈哀公去世。

④叔弓如晋：叔弓赴晋贺虒(sī)祁宫落成。

⑤干徵师：陈国大夫。

⑥蒐于红：鲁国在此检阅军队。红，古地名。在今山东泰安。

⑦壬午：十七日。

⑧孔奂：公子招同党。

【译文】

鲁昭公八年春，陈哀公的弟弟招杀了陈国太子偃师。

夏四月初三，陈哀公溺去世。

叔弓到晋国去。

楚国抓了陈国行人干徵师并杀害。

陈国公子留逃往郑国。

秋，鲁国在红地举行阅兵。

陈国杀了本国大夫公子过。

举行求雨大祭。

冬十月十七日，楚军灭亡陈国。逮捕陈国公子招，把他放逐到越国。杀掉陈国孔奂。

安葬陈哀公。

【传】

8.1　八年春，石言于晋魏榆[①]。晋侯问于师旷曰："石何故言？"对曰："石不能言，或冯焉[②]。不然，民听滥也[③]。抑臣又闻之曰：'作事不时，怨讟动于民[④]，则有非言之物而言。'今宫室崇侈，民力凋尽[⑤]，怨讟并作，莫保其性[⑥]，石言，不亦宜乎[⑦]？"于是晋侯方筑虒祁之宫[⑧]。叔向曰："子野之言君子哉[⑨]！君子之言，信而有征，故怨远于其身[⑩]。小人之言，僭而无征[⑪]，故怨咎及之。《诗》曰：'哀哉不能言，匪舌是出，唯躬是瘁。哿矣能言，巧言如流，俾躬处休[⑫]。'其是之谓乎[⑬]！是宫也成，诸侯必叛，君必有咎，夫子知之矣[⑭]。"

【注释】

①石言：石头说话。魏榆：古地名。在今山西榆次西北。

②冯：依凭。

③滥：失实。

④怨讟(dú)：诽谤，怨言。

⑤民力凋尽：凋，凋敝。尽，财力竭尽。

⑥莫保其性：不能确保自己的基本生活。性，生命，生活。

⑦石言，不亦宜乎：按，以上师旷借石言，对晋平公大兴宫室提出了批评。

⑧虒(sī)祁之宫：宫名，在今山西侯马附近。

⑨子野：师旷的字。

⑩信而有征，故怨远于其身：诚实而有证验，怨恨远离其身，不至于招祸。征，证验。

⑪僭：不信。

⑫哀哉不能言，匪舌是出，唯躬是瘁。哿(gě)矣能言，巧言如流，俾

躬处休：引《诗》见《诗经·小雅·雨无正》，意思是不会说话使人伤心，话从舌上出来，只能劳累他自己。会说话者可真好，漂亮的话如流水，又会使他安居休息。哿，可，嘉，表称许的意思。俾，使。

⑬其是之谓乎：师旷由论石言而归于谏国君，好似巧言如流，叔向引诗称赞他。

⑭君必有咎，夫子知之矣：按，此为昭公十年晋平公死伏笔。夫子，指师旷。

【译文】

鲁昭公八年春，晋地魏榆石头开口说话。晋平公向师旷询问说："石头为什么开口说话？"师旷回答说："石头并不能开口说话，可能是其他东西凭附在上面了。不然的话，就是百姓听错了。不过下臣又听说：'做事不合时宜，激起民众的怨恨诽谤，便有不会说话的物体开口说话。'现在宫殿高大奢侈，人民财力耗尽，怨声载道，不能确保自己的基本生活，石头开口说话，不也是很自然的吗？"当时晋平公正在兴建虒祁宫。叔向说："师旷的话真是君子之言啊！君子的话，诚实而有根据，所以怨言远离其身。小人的话，虚假而没有根据，所以怨言灾祸降临其身。《诗》说：'不会说话多可悲。话从舌上出来，只能劳累他自己。会说话可真好，漂亮的话如流水，又会使他安居休息。'说的就是这种情况吧！这座宫殿建成，诸侯必定背叛我国，国君一定会有灾祸，师旷已经预见到了。"

8.2　陈哀公元妃郑姬生悼大子偃师①，二妃生公子留，下妃生公子胜。二妃嬖，留有宠，属诸司徒招与公子过②。哀公有废疾③。三月甲申④，公子招、公子过杀悼大子偃师而立公子留。夏四月辛亥⑤，哀公缢⑥。干徵师赴于楚，且告有立君[7]。公子胜诉之于楚，楚人执而杀之[8]。公子留奔郑。书曰“陈侯之弟招杀陈世子偃师”，罪在招也[9]；“楚人执陈行人干徵师杀之”，罪不在行人也[10]。

【注释】

①元妃：嫡夫人。悼：太子偃师的谥号。

②司徒招、公子过：二人都是陈哀公的弟弟。

③废疾：不治之症。谓有残疾而不能做事。

④甲申：十六日。

⑤辛亥：十三日。《经》文记作“辛丑”，《传》纠正了。

⑥哀公缢：哀公忧愤自杀。

⑦且告有立君：告知又立公子留。

⑧公子胜诉之于楚，楚人执而杀之：以公子招、公子过杀偃师向楚国起诉，楚人杀掉干徵师。

⑨书曰“陈侯之弟招杀陈世子偃师”，罪在招也：《经》文如此记载，意在归罪于公子招。

⑩“楚人执陈行人干徵师杀之”，罪不在行人也：《经》文的意思是干徵师乃无辜被杀。

【译文】

陈哀公夫人郑姬生了悼太子偃师，次妃生了公子留，下妃生了公子胜。次妃得宠，公子留也受宠爱，哀公把他托付给司徒公子招与公子过。哀公患有不治之症。三月十六日，公子招、公子过杀了悼大子偃师而立公子留。夏四月十三日，哀公上吊自杀。干徵师到楚国，并告知立公子留为国君。公子胜向楚国控诉，楚国抓了干徵师并杀掉。公子留逃往郑国。《春秋》记载“陈哀公的弟弟招杀死陈国太子偃师”，是把罪责归于招；“楚国抓了陈国行人干徵师并杀掉”，是说罪不在行人干徵师。

8.3 叔弓如晋，贺虒祁也。游吉相郑伯以如晋，亦贺虒祁也。史赵见子大叔[①]，曰："甚哉，其相蒙也[②]！可吊也，而又贺之[③]。"子大叔曰："若何吊也？其非唯我贺，将天下实贺。"

【注释】

①子大叔：即游吉。

②相蒙：相欺骗。

③可吊也，而又贺之：上文师旷论石言，叔向预言"是宫也成，诸侯必叛，君必有咎"，这本是可吊之事，现在都来贺。

【译文】

叔弓到晋国去，是祝贺虒祁宫建成。游吉相礼郑简公去晋国，也是祝贺虒祁宫建成。史赵去见子太叔，说："太过分了！你们这样互相欺骗！本来是可堪哀悼的事情，你们反而来祝贺。"子太叔说："为什么要哀悼？不仅仅我国前来祝贺，各国也都会来祝贺。"

8.4 秋，大蒐于红，自根牟至于商、卫[①]，革车千乘。

【注释】

①大蒐于红，自根牟至于商、卫：鲁国此次阅兵，自东而西，规模很大。根牟，鲁国东境，在今山东莒县西南。至于商、卫，到达宋国、卫国边境。商，宋。按，鲁国西南与宋国毗邻，西北与卫国接壤。

【译文】

秋，在红地举行盛大阅兵，从根牟直到宋、卫两国边境，共出动了革车千辆。

8.5 七月甲戌[①]，齐子尾卒。子旗欲治其室[②]。丁丑[③]，杀梁婴[4]。八月庚戌[5]，逐子成、子工、子车，皆来奔[6]，而立子良氏之宰[7]。其臣曰："孺子长矣，而相吾室，欲兼我也[8]。"授甲，将攻之[9]。陈桓子善于子尾，亦授甲，将助之[10]。或告子旗，子旗不信。则数人告。将往[11]，又数人告于道，遂如陈氏[12]。桓子将出矣，闻之而还，游服而逆之[13]。请命[14]。对曰："闻强氏授甲将攻子[15]，子闻诸？"曰："弗闻。""子盍亦授甲？无宇请从[16]。"子旗曰："子胡然[17]？彼孺子也，吾诲之，犹惧其不济，吾又宠秩之[18]，其若先人何[19]？子盍谓之[20]？《周书》曰：'惠不惠，茂不茂[21]。'康叔所以服弘大也[22]。"桓子稽颡[23]，曰："顷、灵福子[24]，吾犹有望[25]。"遂和之如初[26]。

【注释】

①甲戌：初八。

②子旗欲治其室：子旗想要控制兼并子尾家政。子旗，栾施。

③丁丑：十一日。

④梁婴：子尾家宰。

⑤庚戌：十四日。

⑥逐子成、子工、子车，皆来奔：三人都是齐国大夫，子尾同党，被逐，都逃奔鲁国。

⑦而立子良氏之宰：子旗为子良氏立家宰。子良，子尾儿子高强。

⑧孺子长矣，而相吾室，欲兼我也：孩子已经长大了，子旗要治我家政，是想兼并我们。孺子，小孩子，指子良。

⑨授甲，将攻之：准备先下手攻子旗。

⑩陈桓子善于子尾，亦授甲，将助之：陈桓子准备助子良家臣攻打子旗。

⑪将往：子旗准备去子良家。

⑫遂如陈氏：子旗始信，不敢去子良家，改去陈氏家。

⑬游服而逆之：脱去戎服，改穿便服见子旗。游服，闲居时的便服。

⑭请命：子旗问陈桓子有何想法。

⑮强氏：高强，即子良。

⑯子盍亦授甲？无宇请从：按，这是陈桓子（无宇）试探子旗的话。

⑰胡然：何故如此。

⑱宠秩：给予高官厚禄，实指为之立宰。

⑲其若先人何：若再出兵攻打，如何面对先人？按，此句上面有省略的话。

⑳子盍谓之：请陈桓子告诉子良不要攻自己。

㉑惠不惠，茂不茂：出自《尚书·康诰》，意思是施惠于不惠者，劝勉不受劝勉的人。茂，劝勉。

㉒康叔所以服弘大也：正因为如此，所以康叔做事宽宏大量。言外之意是自己不与子良计较。

㉓桓子稽颡（sǎng）：稽颡，磕响头，本是凶礼中最重的礼节，陈桓子用此表示于心有愧。

㉔顷、灵福子：灵公是顷公之子，灵公和子雅、子尾是堂兄弟，都是齐惠公的孙子。那么，子雅之子栾施（子旗）和子尾之子高强（子良）也是堂兄弟。子旗既提到先人，所以说顷、灵二公将会保佑你。

㉕吾犹有望：希望子旗施惠于己。

㉖遂和之如初：使栾、高两家和好如初。

【译文】

七月初八，齐国子尾去世。子旗想控制子尾的家。十一日，子旗杀了梁婴。八月十四日，放逐子成、子工、子车，三人都逃来鲁国，子旗立了子良氏的家宰。子良家臣说：“子良已经成年了，他却要帮助管理我们的家政，是想要兼并我们。”于是发放武器衣甲，准备攻打子旗。陈桓子和子尾交好,也发放武器衣甲,准备帮助子良家。有人告诉了子旗,子旗不相信。接连有几个人来报告。子旗准备去子良家,又有几个人在途中告诉了他,子旗便到陈氏家去。陈桓子正要领着人马出发,听说子旗来了,就转身回内室,换上家居便服出来迎接子旗。子旗问陈桓子有何用意。陈桓子回答说:"听说子良家发放武器衣甲,准备攻打你,你听说了吗?"子旗说:"没听说。""你何不也发放武器衣甲?请让我跟你去。"子旗说:"你为什么要这样说?他只是个孩子,我教导他,还担心他不能成功,所以我又为他立了家宰,再出兵攻打又如何向先人交代?你何不去跟他说说?《周书》说:'施惠给不感恩的人,勉励不受勉励的人。'这正是康叔做事宽宏大量的缘故。"陈桓子磕着响头,说:"顷公、灵公会赐福给你,我还希望得到你的恩赐。"于是使两家和好如初。

8.6　陈公子招归罪于公子过而杀之。九月,楚公子弃疾帅师奉孙吴围陈①,宋戴恶会之②。冬十一月壬午③,灭陈。舆嬖袁克杀马毁玉以葬④。楚人将杀之,请置之⑤。既又请私⑥,私于幄,加绖于颡而逃⑦。

【注释】

①吴:陈惠公,偃师之子。杨伯峻指出,孙吴犹言太孙吴。

②宋戴恶会之:戴恶领兵与楚师会合。戴恶,宋国大夫。

③十一月壬午:《经》为十月壬午,《传》误记。

④舆嬖袁克杀马毁玉以葬:袁克以马、玉殉葬陈哀公。舆嬖,为国君掌乘之宠臣。

⑤请置之:袁克请楚人赦免自己。置,赦免。

⑥私:小便。

⑦加绖于颡而逃:借小便而逃脱。加绖于颡,为哀公服丧。绖,麻

带。颡，额。

【译文】

陈国公子招把一切归罪于公子过而杀掉他。九月，楚国公子弃疾率兵打着陈国悼太子的儿子吴的旗号包围陈国，宋国戴恶带兵和他会合。冬十一月十七日，灭亡陈国。为国君掌乘的宠臣袁克杀了马匹弄坏玉器给陈哀公殉葬。楚国人要杀他，他请求放了自己。接着又要求小便，在帐篷里小便时，把麻带缠在头上逃跑了。

使穿封戌为陈公[①]，曰："城麇之役，不谄[②]。"侍饮酒于王，王曰："城麇之役，女知寡人之及此，女其辟寡人乎[③]？"对曰："若知君之及此，臣必致死礼以息楚[④]。"

【注释】

①使穿封戌为陈公：楚灭陈国后改为楚县，让穿封戌为陈县之长。穿封戌，楚国大夫。

②城麇之役，不谄：指襄公二十六年楚郑战于城麇，穿封戌囚郑皇颉，还是公子的楚灵王与穿封戌争俘一事。

③女其辟寡人乎：你会避让我吗？辟，避让。

④若知君之及此，臣必致死礼以息楚：穿封戌说，如果知道你会弑君自立，当初必定会冒死杀死你，以安定楚国。

【译文】

楚灵王让穿封戌当陈公，说："你在城麇战役时不讨好我。"穿封戌侍候楚灵王饮酒，灵王说："城麇战役时，你要是想到寡人会有今天的话，你大概会对寡人避让的吧？"穿封戌回答说："如果想到您会有今天，下臣一定拼死杀了您来安定楚国。"

晋侯问于史赵曰:“陈其遂亡乎?”对曰:“未也。”公曰:“何故?”对曰:“陈,颛顼之族也[①]。岁在鹑火,是以卒灭[②]。陈将如之[③]。今在析木之津,犹将复由[④]。且陈氏得政于齐而后陈卒亡[⑤]。自幕至于瞽瞍无违命[⑥],舜重之以明德,置德于遂[⑦]。遂世守之。及胡公不淫,故周赐之姓,使祀虞帝[⑧]。臣闻盛德必百世祀。虞之世数未也。继守将在齐,其兆既存矣[⑨]。”

【注释】

①陈,颛顼之族也:陈之祖为舜,舜出于颛顼帝,所以陈也是颛顼的后代。

②岁在鹑火,是以卒灭:颛顼灭时,岁星在鹑火。鹑火,十二星次之一。

③陈将如之:陈为颛顼之后,也将是岁在鹑火时被灭。

④今在析木之津,犹将复由:岁星只运行于银河间,陈国还不会灭绝。析木之津,在箕宿、斗宿之间的银河。复由,复生。

⑤且陈氏得政于齐而后陈卒亡:预言只有陈氏代齐之后,陈国才会灭亡。

⑥自幕至于瞽瞍无违命:这一族从幕到瞽瞍,没有因违背天命而被灭绝的。幕,舜的祖先。瞽瞍,舜的父亲。

⑦舜重之以明德,置德于遂:舜有明德,其德一直流传到遂。遂,舜的后代。

⑧及胡公不淫,故周赐之姓,使祀虞帝:舜姓姚氏,胡公满曾事奉周武王,被封于陈,赐姓妫,祭祀虞舜。胡公不淫,即胡公满,陈开国君主。

⑨继守将在齐,其兆既存矣:指出陈氏代齐,早已有预兆。庄公二

十二年《传》述懿氏卜妻敬仲，言“八世之后，莫之与京”；昭公三年《传》又述晏婴言“齐其为陈氏矣”，都是预兆。

【译文】

晋平公询问史赵说：“陈国这就灭亡了吗？”史赵回答说：“没有。”平公问：“什么缘故？”史赵回答说：“陈是颛顼氏的后代。岁星处在鹑火时，颛顼氏由此而最终灭亡。陈也将是这样。岁星现在还在银河之间，所以还会复兴。而且要到陈氏在齐国执掌国政以后陈国才会最终灭亡。从幕到瞽瞍都没有违背天命，舜又增加了美德，并且德行一直落到遂的身上。遂的后人世代保持它。到胡公不淫，所以周朝赐给他姓，让他祭祀虞帝。下臣听说有盛德者享有百代的祭祀。虞的世代还没到这数目。继续保持对虞祭祀的将在齐国，它的预兆已经在那里了。”

九年

【经】

9.1 九年春[①]，叔弓会楚子于陈。

9.2 许迁于夷[②]。

9.3 夏四月，陈灾。

9.4 秋，仲孙貜如齐[③]。

9.5 冬，筑郎囿[④]。

【注释】

①九年：鲁昭公九年当周景王十二年，前533。

②许迁于夷：成公十五年许曾迁于叶，现在又由叶迁于夷。夷，古地名。在今安徽亳州东南的城父。

③仲孙貜(jué)：即孟僖子。

④郎：古地名。在今山东鱼台东北。囿：园林。

【译文】

鲁昭公九年春，叔弓和楚灵王在陈地相会。

许国迁移到夷地。

夏四月，陈国火灾。

秋，孟僖子前往齐国。

冬，修建郎囿。

【传】

9.1 九年春，叔弓、宋华亥、郑游吉、卫赵黡会楚子于陈[①]。

【注释】

①叔弓、宋华亥、郑游吉、卫赵黡会楚子于陈：楚改陈为县，四国畏楚，于是各派大夫前往会见楚灵王。

【译文】

鲁昭公九年春，叔弓、宋国华亥、郑国游吉、卫国赵黡和楚灵王在陈地相会。

9.2 二月庚申[①]，楚公子弃疾迁许于夷，实城父，取州来、淮北之田以益之[②]，伍举授许男田。然丹迁城父人于陈，以夷濮西田益之[③]。迁方城外人于许[④]。

【注释】

①庚申：二月无庚申，当是记日有误。

②取州来、淮北之田以益之：用州来、淮北两地之田补给许国。州来，古地名。在今安徽凤台淮水以北。

③以夷濮西田益之：将濮水西边的夷田补给城父人。

④迁方城外人于许：许由叶迁于夷，迁后叶地空虚，又迁方城外的人来充实。按，楚灭陈后，许表示对楚国亲附，自请迁于夷。楚国派人主持其事，但一举而动三地百姓，使百姓不得安宁。

【译文】

二月庚申，楚国公子弃疾把许迁到夷地，其实就是城父，取了州来、淮北的田地增补给许，伍举举行仪式授给许悼公田地。然丹把城父人迁到陈地，把夷濮以西的田地增补给城父人。又把方城外人迁到原许国。

9.3　周甘人与晋阎嘉争阎田[①]。晋梁丙、张趯率阴戎伐颍[②]。王使詹桓伯辞于晋曰[③]："我自夏以后稷，魏、骀、芮、岐、毕，吾西土也[④]。及武王克商，蒲姑、商奄，吾东土也[⑤]；巴、濮、楚、邓，吾南土也[⑥]；肃慎、燕、亳，吾北土也[⑦]。吾何迩封之有[⑧]？文、武、成、康之建母弟，以蕃屏周，亦其废队是为[⑨]，岂如弁髦[⑩]，而因以敝之？先王居梼杌于四裔，以御魑魅[⑪]，故允姓之奸居于瓜州[⑫]。伯父惠公归自秦，而诱以来[⑬]，使逼我诸姬，入我郊甸，则戎焉取之[⑭]。戎有中国，谁之咎也[⑮]？后稷封殖天下[⑯]，今戎制之，不亦难乎！伯父图之[⑰]！我在伯父，犹衣服之有冠冕，木水之有本原，民人之有谋主也[⑱]。伯父若裂冠毁冕，拔本塞原，专弃谋主，虽戎狄，其何有余一人[⑲]？"叔向谓宣子曰："文之伯也，岂能改物[⑳]？翼戴天子[㉑]，而加之以共。自文以来，世有衰德，而暴灭宗周[㉒]，以宣示其侈[㉓]，诸侯之贰，不亦宜乎！且王辞直[㉔]，子其图之。"宣子说。王有姻丧[㉕]，使赵成如周吊，且致阎田与襚，反颍俘[㉖]。王亦使宾滑执甘大夫襄以说于晋[㉗]，晋人礼而归之[28]。

【注释】

①甘人:指甘大夫襄。阎嘉:晋国阎县大夫。阎田:周、晋边界地。

②阴戎:即陆浑之戎。颍:周邑,在今河南登封。

③詹桓伯:周大夫。辞:责备。

④我自夏以后稷,魏、骀(tái)、芮(ruì)、岐、毕,吾西土也:周在夏代因后稷之功受封,魏、骀、芮、岐、毕五国是其西部领土。骀,即邰。按,魏、骀等五国在今山西、陕西一带。

⑤蒲姑:在今山东博兴。商奄:在今山东曲阜。

⑥巴:在今重庆。濮:在今湖北石首一带。楚:在今湖北江陵。邓:在今河南邓州。

⑦肃慎、燕、亳,吾北土也:北部达于今河北、辽宁、黑龙江。肃慎,或说在今黑龙江。按,以上是说周领土的四至。

⑧吾何迩封之有:周领土甚广,没有近的界线,诸侯怎么能与周争地?

⑨文、武、成、康之建母弟,以蕃屏周,亦其废队是为:封同母兄弟以土建国,这是为了护卫周室,以防止它废坏坠落。蕃屏,护卫。队,同"坠"。

⑩弁髦:少年时初戴的帽子,成年行冠礼后就抛弃不再用。

⑪先王居梼杌(táo wù)于四裔,以御魑(chī)魅:先王把梼杌迁移到四方边远地方,以抗御山林中的精怪。梼杌,传说是尧时四凶之一。四裔,四方边远地区。魑魅,鬼怪。

⑫允姓之奸:指阴戎的祖先。阴戎本为四凶的后裔。瓜州:古地名。在今甘肃敦煌等边远地区。

⑬伯父惠公归自秦,而诱以来:晋惠公于僖公十五年自秦归晋,僖公二十二年春,晋国始迁陆浑之戎。伯父惠公,对晋惠公的尊

称。伯父，天子对于同姓诸侯，无论生死，都称伯父、叔父。

⑭使逼我诸姬，入我郊甸，则戎焉取之：自此以后，戎人入侵，取周郊甸之地。郊甸，邑外为郊，郊外为甸。焉，于是。

⑮戎有中国，谁之咎也：言外之意是罪在晋国。

⑯封殖：缔造。

⑰伯父：这里指晋平公。

⑱民人之有谋主：周王为天下之共主。

⑲虽戎狄，其何有余一人：晋国本应保护周室，如果连晋都不尊重周王，阴戎更目无周王了。余一人，周王自称。

⑳文之伯也，岂能改物：文公称霸尚且不能改正朔，易服色。文，指晋文公。伯，霸。改物，改变服色、正朔等。

㉑翼戴：辅佐拥戴。

㉒暴灭：损害和轻视。宗周：指周天子。

㉓侈：骄横。

㉔直：有理。

㉕王有姻丧：周王又外戚之丧。

㉖且致阎田与襚，反颖俘：送还阎田送去襚，遣返伐颖时俘获的周人。襚，殉葬衣服。

㉗宾滑：周大夫。

㉘晋人礼而归之：晋国放回襄，纠纷和解。

【译文】

周朝甘邑大夫和晋国阎嘉争夺阎地的田地。晋国梁丙、张趯率领阴戎攻打颍地。周景王派詹桓伯责备晋国说："我们在夏朝因为后稷的功劳，封地直到魏、骀、芮、岐、毕，都是我们的西部领土。到武王战胜商朝，蒲姑、商奄，都是我们的东部领土；巴、濮、楚、邓，这是我们的南部领土；肃慎、燕、亳，这是我们的北部领土。我们在近处哪里有与别人交界的领土？文王、武王、成王、康王分封同母弟建国，是用来护卫周朝，也是为了防止周室的毁坏坠落，哪里会像缁布冠那样用过就丢掉？先王让梼杌居住在四方边远地区，用以抵御山林精怪，所以允姓中的坏人住在瓜州。伯父惠公从秦国归来，就引诱他们前来，让他们威逼我们姬姓国家，侵入我们的郊甸，戎人借此占据了这里。戎人占有中原地区，这是谁的过错？后稷缔造了天下，现在却被戎人控制，不是让人难以接受吗！伯父好好想一想吧！我对于伯父，就像衣服有冠冕，木水有根源，人民有谋主。伯父如果撕裂毁坏冠冕，拔掉树根堵塞泉源，专断并抛弃谋主，即便是戎狄，他们心里又哪里会有我这样一个人？"叔向对韩起说："文公即使领袖诸侯，也哪里能改易礼制？他辅佐拥戴周天子，而且十分恭敬。从文公以来，晋国一代代德行衰减，损害轻视周室，来表现自己的骄奢，诸侯背叛我们，不就是很自然的吗！而且周王说得有理，你好好想想。"韩起认为他说得对。正好周景王有姻亲之丧，韩起便派赵成到京师吊唁，并归还阎田，送去襚服，遣返伐颍时的俘虏。周景王也派宾滑逮捕甘邑大夫襄以取悦于晋国，晋国对襄给予礼遇并放他回去。

9.4 夏四月，陈灾。郑裨灶曰："五年陈将复封，封五十二年而遂亡①。"子产问其故。对曰："陈，水属也②，火，水妃也③，而楚所相也④。今火出而火陈，逐楚而建陈也⑤。妃以五成，故曰五年⑥。岁五及鹑火，而后陈卒亡，楚克有之，天之道也，故曰五十二年⑦。"

【注释】

①五年陈将复封，封五十二年而遂亡：预言陈将重新受封复国。

②陈，水属也：颛顼水德，陈为颛顼之后，所以隶属于水。

③火，水妃也：水火相辅相成。妃，匹配。

④而楚所相也：楚之祖先祝融，为高辛氏火正，专治火事。相，治理。

⑤今火出而火陈，逐楚而建陈也：今大火星出现而陈国发生火灾，预兆将逐楚复陈。火出，大火星出现。

⑥妃以五成，故曰五年：以五行来说，阴阳五行与五相配，所以说五年将复陈。

⑦"岁五及鹑火"五句：此年岁星在星纪，五年运行到大梁，此时陈复国。自大梁始，岁星第五次到鹑火，正好历五十二年。岁五及鹑火，岁星五次经过鹑火。按，陈复国于鲁昭公十三年，到鲁哀公十七年灭亡，共五十二年。

【译文】

夏四月，陈国发生火灾。郑国裨灶说："五年后陈将恢复封邑，封五十二年后被灭亡。"子产问其中的缘故。裨灶回答说："陈国隶属于水，火是水的配偶，楚国是主治火的。现在大火星出现而陈国发生了火灾，这是驱逐楚国而建陈国的预兆。阴阳五行以五相配，所以说要五年。岁星五次经过鹑火，然后陈国才灭亡，楚国战胜并占有它，这是天道，所以说五十二年。"

9.5　晋荀盈如齐逆女，还，六月，卒于戏阳[①]。殡于绛，未葬。晋侯饮酒，乐[②]。膳宰屠蒯趋入[③]，请佐公使尊[④]，许之。而遂酌以饮工[⑤]，曰："女为君耳，将司聪也[⑥]。辰在子卯，谓之疾日[⑦]，君彻宴乐，学人舍业，为疾故也[⑧]。君之卿佐，是谓股肱。股肱或亏，何痛如之[⑨]？女弗闻而乐[⑩]，是不聪也。"又饮外嬖嬖叔[⑪]，曰："女为君目，将司明也。服以旌礼[⑫]，礼以行事，事有其物，物有其容[⑬]。今君之容，非其物也[⑭]，而女不见，是不明也。"亦自饮也，曰："味以行气[⑮]，气以实志[⑯]，志以定言，言以出令[17]。臣实司味[18]，二御失官[19]，而君弗命[20]，臣之罪也[21]。”公说，彻酒。初，公欲废知氏而立其外嬖[22]，为是悛而止[23]。秋八月，使荀跞佐下军以说焉[24]。

【注释】

①戏阳：古地名。在今河南内黄北。

②晋侯饮酒，乐：荀盈死，晋平公照样饮酒作乐，毫无悲哀的神态。乐，奏乐。

③屠蒯：膳宰名。

④请佐公使尊：请求帮着为平公斟酒。尊，酒杯。

⑤而遂酌以饮工：让乐工喝酒。工，乐工。

⑥女为君耳，将司聪也：古人认为音乐可以聪耳，所以乐工等于君的耳朵。

⑦辰在子卯，谓之疾日：甲子为商纣灭亡之日，乙卯为夏桀灭亡之日，当时人以甲子、乙卯为忌日。辰，日。疾日，忌日。

⑧君彻宴乐，学人舍业，为疾故也：忌日，国君罢宴乐，学乐者停止学音乐。

⑨股肱或亏，何痛如之：股肱之臣死去，应比忌日更痛心。股肱或亏，指荀盈死。

⑩女弗闻而乐：不闻此理而奏乐。

⑪嬖叔：宠臣。

⑫服以旌礼：服饰用来表示礼仪。旌，显示。

⑬事有其物，物有其容：事情各有类别，每一类别各有其外貌。物，类。容，容貌。

⑭今君之容，非其物也：卿大夫死亡，应有哀戚之容，现在国君仍然宴饮作乐，所以说非其类。

⑮味以行气：口味使气血流通。

⑯气以实志：气血可充实意志。

⑰志以定言，言以出令：意志充实则言语确定，便可发布命令。

⑱臣实司味：屠蒯为厨工之长，负责调和口味。

⑲二御失官：乐工和嬖叔都失职了。

⑳弗命：不下令治罪。

㉑臣之罪也：屠蒯用责乐工、嬖叔及自己失职来谏劝平公。

㉒知氏：即荀氏，荀盈即知盈。

㉓悛：悔改，停止。

㉔使荀跞佐下军以说焉：平公让荀跞代父为下军佐，以表明自己不废知氏之意。荀跞，荀盈之子知文子。

【译文】

晋国荀盈到齐国迎亲，回国途中，六月，在戏阳去世。停棺在绛地，还没下葬。晋平公喝酒，奏乐。膳宰屠蒯快步入宫，请求帮助平公斟酒，平公同意了。屠蒯就斟了酒给乐工喝，说："你是国君的耳朵，是要使它听力灵敏。在子或卯的日子，称为忌日，国君要撤除宴乐，学乐的人停止演习，这是为了避忌的缘故。国君的卿佐，这是股肱。股肱如果有折损，还有比这更痛心的吗？你不闻此理而奏乐，这是你耳朵不聪。"又让宠臣嬖叔喝酒，说："你是国君的眼睛，是要使国君眼睛明亮。服饰用来表示礼仪，礼仪用来指导行为，凡事都有类别，各类事物通过外貌表达。现在国君的外貌，不是他应有的那种，而你却看不到，这是眼睛不明。"自己也喝了酒，说："滋味是用来使气血流通，气血用来使意志充实，意志用来确定言语，言语用来发布命令。下臣的职责是调和滋味，两个侍御国君的人失职，而国君没下令治罪，是下臣的罪责。"平公觉得他说得对，就撤掉酒席。起初，平公打算废掉荀盈家族而立他的宠臣，由于屠蒯这番谏劝而改变想法。秋八月，任命荀跞辅佐下军，以表明自己的态度。

9.6 孟僖子如齐殷聘[①]，礼也。

【注释】

①殷聘：盛大的聘问。鲁自叔老聘齐，至此二十年，两国之间聘问停止已久，故此聘特为丰盛。

【译文】

孟僖子到齐国进行盛大的聘问，这是合于礼的。

9.7 冬，筑郎囿，书，时也[①]。季平子欲其速成也[②]，叔孙昭子曰："《诗》曰：'经始勿亟，庶民子来[③]。'焉用速成，其以剿民也[④]？无囿犹可，无民，其可乎[⑤]？"

【注释】

①时也：不误农时。

②季平子：即季孙意如，季武子之孙。季武子死后，平子嗣位。

③经始勿亟，庶民子来：引《诗》见《诗经·大雅·灵台》。本指文王造灵台，下令不必急成，结果百姓如同儿子，踊跃而来。昭子借此劝季平子不必急于求成。亟，急。

④剿：劳。

⑤无囿犹可，无民，其可乎：劝季平子应以民为上。

【译文】

冬，修筑郎囿，《春秋》加以记载，是因为合乎时令。季平子想让它快点建成，叔孙昭子说："《诗》说：'开始建造不着急，百姓如同儿子自动来。'哪里用得着速成，以使百姓受累呢？没有园林关系不大，没有人民行吗？"

十年

【经】

10.1　十年春王正月[①]。

10.2　夏，齐栾施来奔。

10.3　秋七月，季孙意如、叔弓、仲孙貜帅师伐莒。

10.4　戊子[②]，晋侯彪卒[③]。

10.5　九月，叔孙婼如晋，葬晋平公[④]。

10.6　十有二月甲子[⑤]，宋公成卒[⑥]。

【注释】

①十年：鲁昭公十年当周景王十三年，前532。

②戊子：初三。

③晋侯彪卒：晋平公去世。

④叔孙婼如晋，葬晋平公：叔孙婼赴晋送葬。

⑤甲子：初二。

⑥宋公成卒：宋平公去世。

【译文】

鲁昭公十年春周历正月。

夏，齐国子旗逃来鲁国。

秋七月，季孙意如、叔弓、仲孙貜率领军队攻打莒国。

七月初三，晋平公彪去世。

九月，叔孙婼到晋国，参加晋平公的葬礼。

十二月初二，宋平公成去世。

【传】

10.1 十年春王正月，有星出于婺女①。郑裨灶言于子产曰："七月戊子，晋君将死。今兹岁在颛顼之虚②，姜氏、任氏实守其地③，居其维首④，而有妖星焉，告邑姜也⑤。邑姜，晋之妣也。天以七纪⑥，戊子，逢公以登，星斯于是乎出⑦，吾是以讥之⑧。"

【注释】

①有星出于婺女：有客星出现在婺女宿。婺女，二十八宿中的女宿。

②今兹：今年。岁：岁星。颛顼之虚：指十二星次中的玄枵。

③姜氏、任氏实守其地：姜，指齐姜。任，指薛姓。齐、薛二国为玄枵的分野。

④居其维首：玄枵包括二十八宿中的女、虚、危三宿，女宿（婺女）为玄枵三宿之首。维，星次。

⑤而有妖星焉，告邑姜也：客星出现，这是预告灾祸将归于邑姜。妖星，指客星。邑姜，齐太公女儿，晋始祖唐叔母亲。

⑥天以七纪：二十八宿分布四方，每方七宿，所以以七记数。

⑦戊子，逢公以登，星斯于是乎出：当年逢公是戊子日死去，其时客星出现于婺女宿。逢公，殷商时诸侯，居于齐地。登，登天，死去。

⑧吾是以讥之：由逢公之死而占卜得知晋平公死的日期，这是预言晋平公将死。讥，同"乩"。占卜。

【译文】

鲁昭公十年春周历正月，有客星出现在婺女宿。郑国裨灶对子产说："七月初三，晋国国君将死。今年岁星在玄枵，姜氏、任氏据有玄枵的分野，婺女星是玄枵三宿的首位，而有客星出现，这是预告灾祸将归于邑姜。邑姜是晋国始封君的母亲。上天用七来记数，七月初三逢公去世，客星在那时候出现，我所以根据它而预知。”

10.2　齐惠栾、高氏皆耆酒[①]，信内多怨[②]，强于陈、鲍氏而恶之[③]。夏，有告陈桓子曰：“子旗、子良将攻陈、鲍。”亦告鲍氏。桓子授甲而如鲍氏[④]，遭子良醉而骋，遂见文子[⑤]，则亦授甲矣[⑥]。使视二子[⑦]，则皆从饮酒。桓子曰：“彼虽不信[⑧]，闻我授甲，则必逐我[⑨]。及其饮酒也，先伐诸[⑩]？”陈、鲍方睦，遂伐栾、高氏。子良曰：“先得公，陈、鲍焉往[⑪]？”遂伐虎门[⑫]。

【注释】

①齐惠栾、高氏皆耆酒：栾、高氏即栾施、高强，二人都是齐惠公曾孙。耆，同“嗜”。

②信内多怨：听信女人之言，积怨甚多。

③强于陈、鲍氏而恶之：栾、高氏势强于陈、鲍且厌恶陈、鲍。

④桓子授甲而如鲍氏：陈桓子一面准备迎战，一面亲往鲍氏处。

⑤遭子良醉而骋，遂见文子：途中遇见子良喝醉酒驾车狂奔，陈桓子于是往见鲍文子。

⑥则亦授甲矣：鲍氏也已准备作战。

⑦二子：指栾施、高强。

⑧彼虽不信：因见二子仍在饮酒作乐，毫无作战准备，陈桓子以为传言可能失实。不信，不确实。

⑨闻我授甲，则必逐我：事已至此，栾、高必将驱逐陈、鲍氏。

⑩及其饮酒也，先伐诸：陈桓子建议先发制人。

⑪先得公，陈、鲍焉往：先控制国君，以制服陈、鲍。

⑫遂伐虎门：齐景公路寝南门。

【译文】

齐国惠公的孙子栾施、高强都嗜酒，听信女人之言，积怨甚多，势力强过陈氏、鲍氏并厌恶陈氏、鲍氏。夏，有人报告陈桓子说："栾施、高强将攻打陈氏、鲍氏。"也报告了鲍氏。陈桓子发放武器衣甲给手下然后去鲍氏处，正赶上子良醉酒驾车狂奔，就去见鲍文子，鲍氏也发放武器衣甲给手下了。派人去窥探栾施、高强，则正准备喝酒。陈桓子说："传言虽不确实，但听说我们发放了武器衣甲，必定要放逐我们。乘他们在喝酒，先去攻他们吧？"陈氏、鲍氏这时正和睦，就去攻打栾氏、高氏。高强说："先控制国君，陈、鲍两家还能跑到哪里去？"于是攻打虎门。

晏平仲端委立于虎门之外①，四族召之，无所往②。其徒曰："助陈、鲍乎？"曰："何善焉③？""助栾、高乎？"曰："庸愈乎④？""然则归乎？"曰："君伐⑤，焉归？"公召之，而后入。公卜使王黑以灵姑銔率，吉⑥，请断三尺焉而用之⑦。五月庚辰⑧，战于稷⑨，栾、高败，又败诸庄⑩。国人追之，又败诸鹿门⑪。栾施、高强来奔。陈、鲍分其室。

【注释】

①端委：朝服，这里做动词。

②四族召之，无所往：四族都召晏婴，晏婴不介入任何一族。四族，栾、高、陈、鲍。

③何善焉：陈、鲍没有值得帮助的。

④庸愈乎：栾、高不比陈、鲍好。庸，岂。愈，胜过。

⑤君伐：国君被围攻。

⑥公卜使王黑以灵姑銔（pī）率，吉：要让王黑举着齐景公的旗帜率

兵反击，占卜吉利。王黑，齐国大夫。灵姑钘，齐景公的旗帜。

⑦请断三尺焉而用之：诸侯之旗比大夫之旗要长，王黑为表恭敬，将旗截断三尺。

⑧五月庚辰：五月无庚辰，当是记日有误。

⑨稷：齐城门。在今山东淄博临淄西。

⑩栾、高败，又败诸庄：栾、高一败再败。庄，临淄城内大街。

⑪鹿门：齐都城门，或曰是东南门。

【译文】

晏婴穿着朝服站在虎门外面，四族都召请他，他哪一边也不去。手下人说："帮助陈氏、鲍氏吗？"晏婴说："他们有什么值得帮助的？""那么帮助栾氏、高氏吗？"晏婴说："他们难道比陈氏、鲍氏好吗？""那么回去吧？"晏婴说："国君遭到进攻，回哪里去？"齐景公召见他，晏婴才进宫。景公为派王黑用自己的旗帜领兵而占卜，吉利，王黑请求将旗截断三尺后再使用。五月庚辰，在稷门交战，栾、高被打败，又在庄街被打败。国人追击他们，又在鹿门打败他们。栾施、高强逃到鲁国。陈、鲍瓜分了两家的资产。

晏子谓桓子："必致诸公[①]！让，德之主也。让之谓懿德[②]。凡有血气，皆有争心，故利不可强，思义为愈[③]。义，利之本也。蕴利生孽[④]。姑使无蕴乎！可以滋长。"桓子尽致诸公，而请老于莒[⑤]。

【注释】

①必致诸公：将所取栾、高的财产交齐景公。

②让之谓懿德：能谦让是美德。

③故利不可强，思义为愈：利益不可强取，应多想到道义。愈，胜。

④蕴利生孽：聚积利益就会生出妖孽。蕴，积聚。

⑤请老于莒：陈桓子告老退休住到莒邑。莒，齐邑。

【译文】

晏婴对陈桓子说："一定要把所取两家财产交给国君！谦让是德行的主干，谦让称为美德。凡有血气的人，都有争竞之心，所以利益不可强取，想到道义才是更胜一筹。道义是利益的根本。蓄积利益会生妖孽。姑且不要让它积聚吧！可以让它慢慢地增长。"陈桓子把从两家得来的财产尽数上交给景公，并请求退休到莒地养老。

桓子召子山[①]，私具幄幕、器用、从者之衣屦，而反棘焉[②]。子商亦如之，而反其邑。子周亦如之，而与之夫于[③]。反子城、子公、公孙捷[④]，而皆益其禄。凡公子、公孙之无禄者，私分之邑[⑤]。国之贫约孤寡者，私与之粟[⑥]。曰："《诗》云：'陈锡载周[⑦]。'能施也。桓公是以霸[⑧]。"公与桓子莒之旁邑，辞。穆孟姬为之请高唐[⑨]，陈氏始大[⑩]。

【注释】

①子山：与下文的子商、子周都是齐公子，襄公三十一年被子尾所逐。

②私具幄幕、器用、从者之衣屦，而反棘焉：陈桓子私自送子山器物及其随从者衣服鞋子，将棘邑归还子山。棘，子山原来的采邑。

③夫于：古地名。今山东长山。

④子城、子公、公孙捷：即昭公八年子旗所逐之子成、子工、子车三人。

⑤私分之邑：将私邑分给他们。

⑥国之贫约孤寡者，私与之粟：将自家的粮食分给贫困孤寡之人。

⑦陈锡载周：引《诗》见《诗经·大雅·文王》，意思是文王将得到的赏赐拿出来分给人，于是创建了周朝。

⑧桓公是以霸：齐桓公因善施而称霸。按，陈桓子这些行为，是为了收买人心。

⑨穆孟姬：齐景公母亲。高唐：古地名。今山东高唐东。

⑩陈氏始大：栾、高外逃，陈氏收买人心，又得高唐之地，自此力量更加强大。

【译文】

陈桓子召见子山，私下准备了帐幕、器物、随从的衣服鞋子，并归还棘地。对子商也是如此处理，归还原先的封邑。对子周也是如此处理，并给他夫于。召回子城、子公、公孙捷，都增加了他们的俸禄。凡是公子、公孙中没有俸禄的，私下将自己的封邑分给他们。国内贫困孤寡者，都私下周济粮食。他说："《诗》说：'文王将得到的赏赐拿出来分给人，于是创建了周朝。'这就是能施舍的缘故。桓公因为这样而成为霸主。"景公赐给陈桓子莒的近邑，陈桓子辞谢了。穆孟姬为他请封高唐，陈氏开始强大。

10.3　秋七月，平子伐莒，取郠①。献俘，始用人于亳社②。臧武仲在齐，闻之，曰："周公其不飨鲁祭乎！周公飨义，鲁无义③。《诗》曰：'德音孔昭，视民不佻④。'佻之谓甚矣⑤，而壹用之⑥，将谁福哉？"

【注释】

①郠(gěng)：莒邑，在今山东沂水。

②始用人于亳社：献俘于殷社时用人做牺牲。亳社，殷社。

③鲁无义：杀人以祭，无义。

④德音孔昭,视民不佻(tiāo):引《诗》见《诗经·小雅·鹿鸣》,意思是先王德教分明,使百姓不轻薄于礼义。孔,很。昭,明。佻,浇薄,不厚道。

⑤佻之谓甚矣:以人为牺牲,将人比于牛羊,可谓轻薄随便得太过分了。

⑥壹:专门。

【译文】

秋七月,季平子进攻莒国,占领郠地。献上俘虏,开始在亳社用人做牺牲。臧武仲在齐国,听说了,说:"周公将会不再享用鲁国的祭祀了吧!周公享用合乎道义的祭祀,鲁国不讲道义。《诗》说:'先王德教分明,使百姓不轻薄于礼义。'鲁国的做法太轻薄了,而又专门这样做,上天将会降福给谁呢?"

10.4 戊子,晋平公卒。郑伯如晋,及河,晋人辞之[①]。游吉遂如晋。九月,叔孙婼、齐国弱、宋华定、卫北宫喜、郑罕虎、许人、曹人、莒人、邾人、滕人、薛人、杞人、小邾人如晋,葬平公也[②]。

【注释】

①郑伯如晋,及河,晋人辞之:诸侯死,不必别国诸侯亲吊,所以晋国辞谢。

②叔孙婼、齐国弱、宋华定、卫北宫喜、郑罕虎、许人、曹人、莒人、邾人、滕人、薛人、杞人、小邾人如晋,葬平公也:盟主死,诸侯派大夫会葬。

【译文】

七月初三,晋平公去世。郑简公去晋国,到黄河边,晋国辞谢。游吉便到晋国去。九月,叔孙婼、齐国国弱、宋国华定、卫国北宫喜、郑国罕虎、许国人、曹国人、莒国人、邾国人、滕国人、薛国人、杞国人、小邾国人去晋国,参加平公的葬礼。

郑子皮将以币行[①]。子产曰:“丧焉用币?用币必百两[②],百两必千人,千人至,将不行[③]。不行,必尽用之。几千人而国不亡?”子皮固请以行。

【注释】

①币:指见新君的礼物。

②用币必百两:用一百辆车载物。

③千人至,将不行:千人随行,一时不会返回。不行,不还。

【译文】

郑国罕虎要带上礼品前往。子产说:“丧事哪里要用礼品?而且带礼品必定要用一百辆车,一百辆车就要动用千人,千人前往,一时将无法返回。回不来,就会把财物都用光。几次派千人送礼,国家有不灭亡的吗?”罕虎坚持请求这样做了。

既葬,诸侯之大夫欲因见新君[①]。叔孙昭子曰:“非礼也。”弗听[②]。叔向辞之[③],曰:“大夫之事毕矣[④],而又命孤[⑤],孤斩焉在衰绖之中[⑥],其以嘉服见[⑦],则丧礼未毕。其以丧服见,是重受吊也。大夫将若之何[⑧]?”皆无辞以见。

【注释】

①新君:平公死,子昭公夷立。

②弗听:众大夫不听。

③辞:婉言谢绝。

④事:指送葬之事。

⑤命孤:使我与诸国大夫相见。孤,新君昭公自称。这是叔向代晋昭公说话。

⑥孤斩焉在衰绖之中:昭公正在丧期中。斩焉,哀痛的样子。斩,悲痛。

⑦嘉服:喜庆的服饰。

⑧大夫将若之何:按,此言无论以嘉服或以丧服见,均不合适。

【译文】

安葬完毕,诸侯国大夫们希望借此拜见新国君。叔孙昭子说:"这是不合礼的。"大家不听。叔向婉言谢绝,说:"大夫们吊丧的事务已经完成了,又命令要见国君的孤儿,孤儿正哀痛地处在服丧期间,用吉服见各位,却又是丧礼未完;用丧服见,便是重新接受大家的吊唁。大夫们打算怎么办?"众人都没理由再请见了。

子皮尽用其币,归,谓子羽曰:"非知之实难,将在行之[①]。夫子知之矣,我则不足[②]。《书》曰:'欲败度,纵败礼[③]。'我之谓矣。夫子知度与礼矣,我实纵欲,而不能自克也[④]。"

【注释】

①非知之实难,将在行之:知理不难,难在实行。

②夫子知之矣,我则不足:因币用尽,后悔当初不听子产的告诫。夫子,指子产。

③欲败度,纵败礼:此为逸《书》,《古文尚书》取入《太甲·中篇》。意思是逞私欲将败坏法度,纵欲则败坏礼义。度,法度。纵,随

心所欲而行。

④我实纵欲，而不能自克也：子皮善做自我批评。克，克制。

【译文】

罕虎把财礼全部用完，回到国内，对子羽说："不是知道困难，而是实行很难。子产懂得这一点，我却懂得不够。《书》说：'欲望败坏法度，纵欲败坏礼法。'这是说的我了。子产知道法度和礼仪，我实在是纵容自己的欲望而不能自我克制。"

昭子至自晋，大夫皆见。高强见而退①。昭子语诸大夫曰："为人子不可不慎也哉！昔庆封亡，子尾多受邑，而稍致诸君②，君以为忠，而甚宠之。将死，疾于公宫，辇而归，君亲推之③。其子不能任④，是以在此。忠为令德，其子弗能任，罪犹及之，难不慎也⑤？丧夫人之力⑥，弃德、旷宗⑦，以及其身，不亦害乎？《诗》曰：'不自我先，不自我后⑧。'其是之谓乎！"

【注释】

①高强见而退：子良不敢见昭子。高强，即齐国子良。

②昔庆封亡，子尾多受邑，而稍致诸君：襄公二十八年，庆封逃亡后，赐给子尾很多城邑，他接受后又把城邑全部送还国君。稍，尽。

③疾于公宫，辇而归，君亲推之：子尾死前在公宫得病，国君亲自推车送他。

④任：谓继承其父之志。

⑤难不慎也：怎么能不谨慎呢？难，"奈何"的合音。

⑥夫人：指子尾。力：功劳。

⑦旷宗：使宗庙空废无人祭祀。

⑧不自我先，不自我后：引《诗》见《诗经·小雅·正月》，意思是祸乱不在他人，而在己身。这里指高强是自取其祸。

【译文】

叔孙昭子从晋国回来，大夫们都来进见。高强进见后就退出去了。叔孙昭子对大夫们说："作为人子不能不谨慎啊！从前庆封逃亡，子尾得到很多城邑，他接受后又把城邑全部送还国君，国君以为他忠诚，很宠爱他。快死的时候，在国君宫中得病，用车送他回去，国君还亲自推送。其子不能继承，才在这里。忠是美德，其子不能继承，罪过尚且降临，怎么能不谨慎呢？丧失了先人的功劳，丢弃德行，宗庙空置而得不到祭祀，罪过延及自身，不也是祸害吗？《诗》说：'祸乱不在他人，而在己身。'说的就是这个吧！"

10.5　冬十二月，宋平公卒。初，元公恶寺人柳[①]，欲杀之。及丧，柳炽炭于位[②]，将至，则去之。比葬，又有宠[③]。

【注释】

①元公：宋平公太子佐。

②及丧，柳炽炭于位：天气寒冷，寺人柳用炭将丧位烧暖，以便于元公坐。位，指太子佐丧位。

③比葬，又有宠：葬后，寺人柳又得到元公的宠信。按，寺人柳善于逢迎，宋元公好恶无常。

【译文】

冬十二月，宋平公去世。起初，元公厌恶寺人柳，想杀了他。到平公丧事时，柳在佐的丧位烧炭烤暖，元公将要来了，就撤去炭炉。到安葬平公后，寺人柳又受到元公的宠爱。

十一年

【经】

11.1 十有一年春王二月[①],叔弓如宋。

11.2 葬宋平公。

11.3 夏四月丁巳[②],楚子虔诱蔡侯般杀之于申[③]。

11.4 楚公子弃疾帅师围蔡。

11.5 五月甲申[④],夫人归氏薨[⑤]。

11.6 大蒐于比蒲[⑥]。

11.7 仲孙貜会邾子,盟于祲祥[⑦]。

11.8 秋,季孙意如会晋韩起、齐国弱、宋华亥、卫北宫佗、郑罕虎、曹人、杞人于厥慭[⑧]。

11.9 九月己亥[⑨],葬我小君齐归。

11.10 冬十有一月丁酉[⑩],楚师灭蔡,执蔡世子有以归,用之[⑪]。

【注释】

①十有一年:鲁昭公十一年当周景王十四年,前531。

②丁巳:初七。

③楚子虔:即楚灵王,即位后改名虔。蔡侯般:蔡灵侯。

④甲申:初四。

⑤夫人归氏:鲁昭公母亲,胡女,归姓,襄公嫡夫人敬归之妹齐归。

⑥大蒐于比蒲:鲁在比蒲举行盛大阅兵。比蒲,古地名。具体地点不详。

⑦祲祥:古地名。或说在今山东曲阜。

⑧厥慭(yín):又作“屈银”,古地名。或说在今河南新乡。

⑨己亥:二十一日。

⑩丁酉:二十日。

⑪执蔡世子有以归,用之:杀蔡太子有,作为牺牲。

【译文】

鲁昭公十一年春周历二月,叔弓去宋国。

安葬宋平公。

夏四月初七,楚灵王虔诱骗蔡灵侯般前来并在申地把他杀死。

楚国公子弃疾领兵包围蔡国。

五月初四,夫人齐归去世。

在比蒲举行盛大阅兵。

孟僖子与邾庄公相会,在祲祥结盟。

秋,季孙意如与晋国韩起、齐国国弱、宋国华亥、卫国北宫佗、郑国罕虎、曹国人、杞国人在厥慭会面。

九月二十一日,安葬我国夫人齐归。

冬十一月二十日,楚国军队灭亡蔡国,抓了蔡国太子有回国,用他做牺牲。

【传】

11.1 十一年春王二月,叔弓如宋,葬平公也。

【译文】

鲁昭公十一年春周历二月,叔弓去宋国,是去参加平公的葬礼。

11.2 景王问于苌弘曰①:“今兹诸侯何实吉?何实凶?”对曰:“蔡凶。此蔡侯般弑其君之岁也,岁在豕韦②,弗过此矣③。

楚将有之,然壅也[4]。岁及大梁,蔡复,楚凶,天之道也[5]。"

【注释】

①苌弘:周大夫。

②此蔡侯般弑其君之岁也,岁在豕(shǐ)韦:襄公三十年即岁星行至豕韦那年,般弑君自立,现在岁星又到豕韦,正好一周期。豕韦,星宿名,二十八宿之室宿的别名。

③弗过此矣:蔡凶过不了此年。

④楚将有之,然壅也:预言楚将灭蔡,但楚也将因此聚积其恶行。壅,聚积。

⑤岁及大梁,蔡复,楚凶,天之道也:楚灵王弑君之年,岁星行至大梁,苌弘预言到岁星再行至大梁时,蔡复国,楚将有凶。大梁,十二星次之一。按昭公十三年,岁星再行至大梁,楚灵王亡。

【译文】

周景王问苌弘说:"现今诸侯中哪个吉利?哪个不吉利?"苌弘回答说:"蔡国不吉利。今年是蔡灵侯般杀死其国君的年份,岁星在豕韦,他过不去今年了。楚国将占有蔡国,但楚是在积聚自己的罪恶。岁星到大梁时,蔡将复国,楚国不吉利,这是天道。"

楚子在申,召蔡灵侯。灵侯将往,蔡大夫曰:"王贪而无信,唯蔡于感[1],今币重而言甘,诱我也,不如无往。"蔡侯不可。三月丙申[2],楚子伏甲而飨蔡侯于申,醉而执之。夏四月丁巳,杀之。刑其士七十人。公子弃疾帅师围蔡。

【注释】

①唯蔡于感:蔡为近楚之国,楚常恨蔡不顺服。感,通"憾",恨。

②丙申：十五日。

【译文】

楚灵王在申地，召见蔡灵侯。灵侯准备前往，蔡国大夫说："楚王贪婪而不讲信用，对蔡国只有怨恨，现在送的财物多话语甜蜜，这是诱骗我们，不如不要去。"蔡灵侯不肯。三月十五日，楚灵王在申地先埋伏甲兵后设享礼款待蔡灵侯，乘他酒醉抓了他。夏四月初七，杀死蔡灵侯。同时杀死他的士七十人。公子弃疾带兵包围了蔡国。

韩宣子问于叔向曰："楚其克乎？"对曰："克哉！蔡侯获罪于其君[①]，而不能其民[②]，天将假手于楚以毙之，何故不克？然肸闻之，不信以幸，不可再也[③]。楚王奉孙吴以讨于陈，曰：'将定而国。'陈人听命，而遂县之[④]。今又诱蔡而杀其君，以围其国，虽幸而克，必受其咎，弗能久矣。桀克有缗，以丧其国[⑤]。纣克东夷，而陨其身。楚小位下，而亟暴于二王，能无咎乎[⑥]？天之假助不善，非祚之也，厚其凶恶而降之罚也[⑦]。且譬之如天其有五材而将用之，力尽而敝之[⑧]，是以无拯，不可没振[⑨]。"

【注释】

①蔡侯获罪于其君：指弑父自立。

②不能：得不到。

③不信以幸，不可再也：意思是楚国不讲信用，虽侥幸而得利，也只有一而不可再了。

④陈人听命，而遂县之：事见昭公八年。这是楚王无信之一。

⑤桀克有缗，以丧其国：按，昭公四年《传》曰"夏桀为仍之会，有缗叛之"，其亡因宠有施国女妹喜。叔向此言不知何据。

⑥楚小位下，而亟暴于二王，能无咎乎：楚灵王比之于桀、纣，国更小，位更卑，但暴虐超过了桀、纣，所以灾祸必将不免。亟，屡次。

⑦天之假助不善，非祚之也，厚其凶恶而降之罚也：天借不善的楚君之手伐蔡，不是赐福于楚，而是积楚恶而罚之。假，借。祚，赐福。

⑧且譬之如天其有五材而将用之，力尽而敝之：人用五材，材力尽则丢弃。五材，指金、木、水、火、土。敝，丢弃。

⑨不可没振：如五材尽其用而弃之，楚国不能复兴。没，最终。振，兴。

【译文】

韩宣子向叔向询问说："楚国能成功吗？"叔向回答说："一定能！蔡侯得罪于他的国君，又得不到人民的拥护，上天将借楚国之手处死他，为什么不能成功？不过我听说，不讲信用而得利，可一不可二。楚王打着陈国太孙吴的旗号讨伐陈国，说：'将要安定你们的国家。'陈国人听从了他的命令，结果却是废国为县。现在又诱骗蔡国而杀了他们的国君，包围蔡国，虽然侥幸成功，必将受到它的祸害，不会很久了。桀战胜有缗而丢掉了他的国家。纣战胜东夷而丧失了自身的生命。楚国国小位卑，但他的屡次残暴超过桀、纣二王，能没有灾祸吗？上天借助坏人，不是赐福给他，是要增加他的凶恶后降罚给他。而且譬如上天有金、木、水、火、土五种材料而人加以使用，材力用尽就丢弃了，所以楚国已经无法拯救，最终不可能兴盛。"

11.3　五月，齐归薨，大蒐于比蒲，非礼也[①]。

【注释】

①非礼也：蒐一般在春季举行，今已入夏，有碍农时，又在齐归丧期，所以说非礼。

【译文】

五月，齐归去世，在比蒲举行盛大阅兵，这是非礼的行为。

11.4 孟僖子会邾庄公，盟于祲祥，修好，礼也。

【译文】

孟僖子和邾庄公相会，在祲祥结盟，修复友好，这是合于礼的。

泉丘人有女[①]，梦以其帷幕孟氏之庙[②]，遂奔僖子，其僚从之[③]。盟于清丘之社[④]，曰："有子，无相弃也。"僖子使助薳氏之簉[⑤]。反自祲祥，宿于薳氏，生懿子及南宫敬叔于泉丘人[⑥]。其僚无子，使字敬叔[⑦]。

【注释】

①泉丘：鲁邑，在今山东宁阳、泗水间。

②梦以其帷幕孟氏之庙：梦以帷幕覆盖孟氏祖庙。

③其僚从之：她的同伴和她一起私奔孟僖子。

④盟于清丘之社：二女与孟僖子盟誓。清丘，离泉丘不远。社，土地庙。

⑤僖子使助薳氏之簉(zào)：以二女为妾，住在薳氏。薳氏，孟僖子别邑。簉，妾。

⑥生懿子及南宫敬叔于泉丘人：孟僖子和泉丘女生了懿子和南宫敬叔。

⑦字：抚养。

【译文】

泉丘人有个女儿，梦见用自己的帷幕覆盖孟氏宗庙，于是私奔到孟僖子处，她的女伴跟着她。她们和孟僖子在清丘的土地庙盟誓，说："如果有了儿子，不要抛弃我。"孟僖子让她们住在薳氏为妾。孟僖子从祲祥回来，住在薳氏，与泉丘女生了懿子和南宫敬叔两个儿子。女伴没生儿子，让她抚养敬叔。

11.5　楚师在蔡，晋荀吴谓韩宣子曰："不能救陈，又不能救蔡，物以无亲[①]。晋之不能，亦可知也已！为盟主而不恤亡国，将焉用之[②]？"秋，会于厥慭，谋救蔡也。郑子皮将行，子产曰："行不远。不能救蔡也[③]。蔡小而不顺，楚大而不德，天将弃蔡以壅楚，盈而罚之[④]。蔡必亡矣。且丧君而能守者鲜矣[⑤]。三年，王其有咎乎！美恶周必复，王恶周矣[⑥]。"晋人使狐父请蔡于楚，弗许[⑦]。

【注释】

①物以无亲：别人不会来亲附晋国。物，别人。

②为盟主而不恤亡国，将焉用之：按，这时晋霸日衰，畏惧楚国，面对陈、蔡被楚所灭，晋已无可奈何了。

③行不远。不能救蔡也：救蔡无希望，子皮行而不远。

④天将弃蔡以壅楚，盈而罚之：让楚恶贯满盈，再加以惩罚。

⑤且丧君而能守者鲜矣：丧失国君而能守住国家的很少。鲜，少。

⑥美恶周必复，王恶周矣：或美或恶，或吉或凶，岁星运行一周后必有报应，楚灵王也是如此。复，报应。参见前文苌弘答景王问注解。

⑦晋人使狐父请蔡于楚，弗许：按，救蔡果不成功。狐父，晋国大夫。

【译文】

楚国军队在蔡国，晋国荀吴对韩起说："不能救陈国，又不能救蔡国,别人不会来亲附晋国了。晋国的无能,也由此可见了!作为盟主而不为灭亡的国家忧虑,那还用得着这个盟主吗?”秋,诸侯在厥慭相会,讨论援救蔡国的办法。郑国子皮准备参加,子产说:“你走不远。不可能挽救蔡国。蔡国小而不顺服,楚国大而不行德,上天将抛弃蔡国来让楚国蓄积罪恶,满盈时就惩罚它。蔡国一定会亡国了。况且丧失国君而能守住国家的事很少。过三年,楚王就将有灾祸了吧!美和恶在岁星运行一周后必然会有报应,楚王作恶马上要到岁星一周的时间了。”晋国派狐父到楚国为蔡国求情,楚国没有答应。

11.6 单子会韩宣子于戚①,视下言徐②。叔向曰:“单子其将死乎!朝有著定③,会有表④,衣有襘,带有结⑤。会朝之言必闻于表著之位,所以昭事序也⑥。视不过结襘之中,所以道容貌也⑦。言以命之,容貌以明之,失则有阙⑧。今单子为王官伯⑨,而命事于会⑩,视不登带,言不过步⑪,貌不道容,而言不昭矣⑫。不道,不共⑬;不昭,不从⑭。无守气矣⑮。”

【注释】

①单子:单成公。

②视下言徐:目光向下,说话迟缓。

③朝有著定:朝见有固定的位置。

④会有表:会见时诸侯大夫依次设位,作为标记。表,标志。

⑤衣有襘(guì),带有结:服饰穿戴有一定的礼制。襘,衣衿交结处。带有结,衣带系于腰间。

⑥会朝之言必闻于表著之位,所以昭事序也:说话应使在座者都能听见,有条不紊。事序,事理。

⑦视不过结襘之中，所以道容貌也：目光不低于结襘之间，使仪容端正。

⑧言以命之，容貌以明之，失则有阙：言语发布命令，仪容表明态度，否则便是有缺失。

⑨王官伯：王官之长。

⑩而命事于会：单子此次来，是要在厥慭之会上宣布王命。

⑪视不登带，言不过步：即上面所说"视下言徐"。言不过步，声音细小，走过一步就听不到。

⑫貌不道容，而言不昭矣：视下言徐是单成公的失职。貌，外貌。容，威仪。昭，明白。

⑬不道，不共：仪容不端正，是不恭敬。

⑭不昭，不从：言语不明白，别人就不顺从。

⑮无守气矣：不能保住身体之气，即将死的意思。按，单成公死于本年十二月。这里是预言。

【译文】

单成公和韩起在戚地相会，目光向下，说话迟缓。叔向说："单子快要死了吧！朝见有规定的位置，会见有标志，衣服有交结，带子有结。会见朝见时说的话一定要让在位的人都听到，用它来表明事情有条不紊。目光不低于结襘之中，用它来端正仪容外貌。言语用来发布命令，仪容外貌用来表明态度，没做到就是有缺失。现在单子身为百官之长，要在会议上宣布周王的命令，却目光低于衣带，声音超过一步远的地方就听不见，仪容不端正，言语就不能让人明白了。不端正就不恭敬，言语不明白，别人就不顺从。他已经没有养生之气了。"

11.7　九月，葬齐归，公不戚[①]。晋士之送葬者归以语史赵[②]。史赵曰："必为鲁郊[③]。"侍者曰："何故？"曰："归姓也，不思亲，祖不归也[④]。"

【注释】

①葬齐归，公不戚：昭公母葬而不哀痛。

②晋士之送葬者：据昭公三年《传》记载“夫人丧，士吊，大夫送葬”，这次晋国也派士参加送葬。

③必为鲁郊：意思是昭公必出奔于国外。

④归姓也，不思亲，祖不归也：昭公为归氏之子，母死不悲哀，其祖必不会保佑他。归，依附。

【译文】

九月，安葬齐归，昭公不悲伤。晋国来参加送葬的士，回国后把这事告给了史赵。史赵说：“鲁公必将寄居鲁国郊外。”侍者说：“为什么？”史赵说：“他是归氏所生，不思念亲人，祖先不会保佑他的。”

叔向曰：“鲁公室其卑乎？君有大丧，国不废蒐[①]；有三年之丧，而无一日之戚。国不恤丧，不忌君也[②]。君无戚容，不顾亲也[③]。国不忌君，君不顾亲，能无卑乎？殆其失国[④]。”

【注释】

①君有大丧，国不废蒐：五月大蒐于比蒲。

②国不恤丧，不忌君也：国有丧事而不悲哀，人们将不怕国君。恤，悲哀。忌，敬畏。

③君无戚容，不顾亲也：不思亲不顾亲，是抛弃亲人。

④殆其失国：此为二十五年昭公被逐伏笔。

【译文】

叔向说：“鲁国公室将要没落了吧？国君有重大丧事，国家却不废止阅兵；有三年的服丧期，却一天也没表现出哀戚。国家没有因丧事而悲伤，人民将不敬畏国君。国君没有哀戚之容，是不顾念亲人。国家不敬畏国君，国君不顾念亲人，能够不没落吗？他大概要失去他的国家。”

11.8　冬十一月，楚子灭蔡，用隐大子于冈山[①]。申无宇曰：“不祥。五牲不相为用[②]，况用诸侯乎[③]？王必悔之。”

【注释】

①用隐大子于冈山：杀太子以祭冈山。隐，太子谥号。

②五牲不相为用：五种牺牲不能替代使用。五牲，指牛、羊、豕、犬、鸡。不相为用，如祭牛之祖不可用牛。

③况用诸侯乎：何况用诸侯呢。诸侯，指蔡太子。杨伯峻曰：“隐太子虽未即蔡君之位，以太子帅国人以抗楚，可以诸侯待之也。”

【译文】

冬十一月，楚灵王灭亡蔡国，用隐太子做牺牲祭祀冈山。申无宇说：“这不吉祥。五种牺牲不能相互替代，何况用诸侯呢？楚王一定要后悔的。”

11.9　十二月，单成公卒。

【译文】

十二月，单成公去世。

11.10　楚子城陈、蔡、不羹[①]。使弃疾为蔡公。王问于申无宇曰：“弃疾在蔡，何如[②]？”对曰：“择子莫如父，择臣莫如君。郑庄公城栎而置子元焉，使昭公不立[③]。齐桓公城谷而置管仲焉[④]，至于今赖之。臣闻五大不在边[⑤]，五细不在庭[⑥]。亲不在外[⑦]，羁不在内[⑧]。今弃疾在外，郑丹在内，君其少戒[⑨]！”王曰：“国有大城，何如[⑩]？”对曰：“郑京、栎实杀曼伯[⑪]，宋萧、亳实杀子游[⑫]，齐渠丘实杀无知[⑬]，卫蒲、戚实出献公[14]。若由是观之,则害于国[15]。末大必折,尾大不掉[16],君所知也[17]。”

【注释】

①不羹:有二城,东城在今河南舞阳北,西城在今河南襄城东南。

②弃疾在蔡,何如:就让弃疾为蔡公一事征询申无宇。

③郑庄公城栎而置子元焉,使昭公不立:郑庄公将子元安置于栎,后来子元与郑昭公争位,便以栎为根据地而取得君位。栎,古地名。今河南禹县。子元,厉公,郑庄公儿子。

④谷:即小谷,古地名。在今山东东阿。

⑤臣闻五大不在边:五大不宜任封疆大臣。五大,太子、母弟、贵宠公子、公孙、累世上卿。

⑥五细不在庭:五小不宜在朝廷任职。五小,贱者、年少者、疏远者、新人、弱小者。

⑦亲不在外:亲贵大臣不宜出任地方官。

⑧羁不在内:寄居之臣不宜在朝内任要职。羁,寄居之臣。按,以上四句为申无宇所述任官的原则,否则将危及君位。

⑨今弃疾在外,郑丹在内,君其少戒:弃疾为灵王幼弟,是“大”是“亲”;郑丹是郑国亡臣子革,是“羁”,任楚国右尹。

⑩国有大城,何如:国内有超大的城邑,怎么样。

⑪郑京、栎实杀曼伯:指“郑伯因栎人杀檀伯(曼伯)”,见桓公十五年《传》。

⑫宋萧、亳实杀子游:庄公十二年,宋南宫长万弑宋闵公而立子游,冬,萧叔大心及戴、武、宣、穆、庄之族以曹师伐之。杀南宫牛于师,杀子游于宋,立桓公。

⑬齐渠丘实杀无知:齐公孙无知弑齐襄公自立,而虐葵丘大夫雍廪,庄公九年被雍廪杀。渠丘,即葵丘。

⑭卫蒲、戚实出献公：襄公十四年甯殖、孙林父出卫献公。蒲，甯殖采邑。戚，孙林父采邑。

⑮若由是观之，则害于国：以上诸事，都是据大城叛乱的例子。

⑯末大必折，尾大不掉：本细而末大，本将折断；尾大则不能摇摆，比喻臣属势力膨胀，将无法控制。

⑰君所知也：按，昭公十三年，弃疾等凭借陈、蔡叛乱，这里为之伏笔。

【译文】

楚灵王修筑陈、蔡、不羹的城墙。任命弃疾为蔡公。楚灵王向申无宇询问说："让弃疾在蔡地，怎么样？"申无宇回答说："选择儿子没有人比得上父亲，选择臣子没有人比得上国君。郑庄公修筑栎城安置子元，使得昭公不能立为国君。齐桓公修筑谷城安置管仲，齐国至今受其好处。下臣听说五种大人物不安置在边境，五种小人物不安排在朝廷。亲近的人不任外职，寄居的人不任内官。现在弃疾在外，郑丹在内，君王恐怕要稍加戒备了！"灵王说："国内有超大的城邑，怎么样？"申无宇回答说："郑国的京地、栎地导致杀死曼伯，宋国的萧地、亳地导致杀死子游，齐国的渠丘导致杀死无知，卫国的蒲地、戚地导致放逐献公。由此来看的话，那是有害于国家的。本细而末大，本将折断，尾大则不能摇摆，是君王所清楚的。"

十二年

【经】

12.1　十有二年春①，齐高偃帅师纳北燕伯于阳②。

12.2　三月壬申③，郑伯嘉卒④。

12.3　夏，宋公使华定来聘⑤。

12.4　公如晋，至河乃复⑥。

12.5 五月，葬郑简公。

12.6 楚杀其大夫成熊。

12.7 秋七月。

12.8 冬十月，公子憖出奔齐。

12.9 楚子伐徐。

12.10 晋伐鲜虞[⑦]。

【注释】

①十有二年：鲁昭公十二年当周景王十五年，前530。

②高偃：即襄公二十九年之高酀，齐国大夫，敬仲玄孙。阳：即唐，古地名。在今河北顺平西。

③壬申：二十七日。

④郑伯嘉卒：郑简公去世。

⑤华定：华椒之孙。

⑥公如晋，至河乃复：晋国拒绝昭公朝晋，昭公到黄河返回。

⑦鲜虞：白狄之一族，在今河北正定以北一带，战国时为中山国。

【译文】

鲁昭公十二年春，齐国高偃领兵把北燕伯款护送到阳地。

三月二十七日，郑简公嘉去世。

夏，宋元公派华定来鲁国聘问。

昭公去晋国，到黄河边便返回。

五月，安葬郑简公。

楚国杀了本国大夫成熊。

秋七月。

冬十月，公子憖出逃到齐国。

楚灵王讨伐徐国。

晋国攻打鲜虞国。

【传】

12.1　十二年春，齐高偃纳北燕伯款于唐，因其众也①。

【注释】

①齐高偃纳北燕伯款于唐，因其众也：北燕伯在昭公三年逃到齐国，昭公六年，齐国讨伐北燕，想将北燕伯款送回，未成。这次因唐地民众欢迎北燕伯款，高偃率军把他送到唐地，没有进入燕都。

【译文】

鲁昭公十二年春，齐国高偃把北燕伯款护送到唐地，这是因为唐地民众愿意接纳他。

12.2　三月，郑简公卒，将为葬除①。及游氏之庙，将毁焉②。子大叔使其除徒执用以立，而无庸毁③，曰："子产过女，而问何故不毁，乃曰：'不忍庙也！诺，将毁矣④！'"既如是，子产乃使辟之⑤。司墓之室有当道者⑥，毁之，则朝而塴⑦；弗毁，则日中而塴⑧。子大叔请毁之，曰："无若诸侯之宾何？"子产曰："诸侯之宾，能来会吾丧，岂惮日中？无损于宾，而民不害，何故不为？"遂弗毁，日中而葬。君子谓："子产于是乎知礼。礼，无毁人以自成也⑨。"

【注释】

①为葬除：为安葬而清除道路。

②及游氏之庙，将毁焉：想拆除游氏祖庙以通丧车。游氏，子太

叔族。

③子大叔使其除徒执用以立，而无庸毁：按，子太叔让清除道路的人做出样子好像准备拆庙，其实并不想拆。除徒，清除道路的人。用，拆庙工具。

④不忍庙也！诺，将毁矣：这是子太叔教大家的回答。不忍庙也，因是祖庙，不忍心拆。诺，答应声。将毁矣，既然要拆，也只好拆了。

⑤子产乃使辟之：另择其他路径，避开游氏祖庙。辟，避开。

⑥司墓：管理坟墓的官。

⑦塴(bèng)：下葬。

⑧弗毁，则日中而塴：不拆，丧车要绕道，只好到中午下葬。日中，正午。

⑨礼，无毁人以自成也：礼应以不毁坏别人来成全自己为原则。

【译文】

三月，郑简公去世，准备为下葬而清道。到达游氏祖庙，准备拆毁它。子太叔让手下清道的役夫手持工具站在那儿，而不动手拆庙，说："子产经过你们这儿，问为何不拆掉，就告诉他：'不忍心拆祖庙啊！好吧，就要拆了！'"这样一来，子产就让大家避开游氏的祖庙。司墓的房屋有挡道的，要是拆毁了，早上就可以下葬；不拆毁，就要到正午才能下葬。子太叔提出拆了它，说："不这样对各诸侯国来宾怎么办？"子产说："诸侯来宾能来参加我国的丧礼，哪里会害怕等到中午？不拆，既对来宾没损害，人民又不受害，为什么不去做呢？"就不拆毁房屋，绕道而行，到中午才下葬。君子说："子产在这件事上是知礼的。礼要求不去毁坏别人来成全自己。"

12.3　夏，宋华定来聘，通嗣君也①。享之，为赋《蓼萧》②，弗知，又不答赋③。昭子曰："必亡④。宴语之不怀⑤，宠光之不宣[⑥],令德之不知[⑦],同福之不受[⑧],将何以在[⑨]?”

【注释】

①宋华定来聘,通嗣君也:宋元公新即位,华定来为新君通好。

②《蓼(lù)萧》:《诗经·小雅》篇名,是歌咏燕饮诸侯之诗。

③弗知,又不答赋:春秋时期,外交场合常赋诗答对。华定不懂得这首诗,又不赋诗作答,是无知和失礼的表现。

④必亡:预言将逃亡。

⑤宴语之不怀:对诗中所诵的宴会中笑语,不知思念。宴语,《蓼萧》有句云:“燕笑语兮,是以有誉处兮。”怀,思念。

⑥宠光之不宣:对主人谦称又受宠爱又增光,他不知宣扬。《蓼萧》有句云:“为龙为光。”龙即宠。

⑦令德之不知:对称颂兄弟美德,他全然不知。《蓼萧》有句云:“宜兄宜弟,令德寿凯(恺)。”

⑧同福之不受:对诗中所诵的同享万福,他也不知酬答。《蓼萧》有句云:“万福攸同。”华定不答赋,是不受也。

⑨将何以在:按,昭公二十年,华定出逃。

【译文】

夏,宋国华定来鲁国聘问,是为新君通好。设享礼款待他,为他赋《蓼萧》,华定不知诗意,又不赋诗回答。昭子说:“他必将逃亡。对诗中所述宴会的笑语不知怀念,对主人谦称受宠和增光不知宣扬,赞诵兄弟的美德全然不知,对诗中所说同享万福也不知道酬答,怎么能在这职位呆得长久?”

12.4 齐侯、卫侯、郑伯如晋,朝嗣君也[①]。公如晋,至河,乃复。取郠之役[②],莒人诉于晋,晋有平公之丧,未之治也,故辞公。公子慭遂如晋[③]。

【注释】

①朝嗣君也：晋昭公新即位。

②取郠之役：昭公十年，鲁国攻打莒国，夺取郠地。

③公子慭遂如晋：改派公子慭到晋国。

【译文】

齐景公、卫灵公、郑定公去晋国，是朝见新即位的晋昭公。鲁昭公去晋国，到黄河边便返回。占领郠地的战役后，莒国向晋国控诉，晋国因为有平公的丧事，没有追究，所以这次拒绝鲁昭公。便改派公子慭到晋国去。

晋侯享诸侯，子产相郑伯，辞于享，请免丧而后听命[①]。晋人许之，礼也。

【注释】

①请免丧而后听命：郑简公刚死，还在丧期中，因此子产请求不参加享礼，待丧期满后再听吩咐。

【译文】

晋昭公设享礼招待各国诸侯，子产相礼郑定公，没有参加享礼，请求待丧期满后再听取命令。晋国同意了，这是合于礼的。

晋侯以齐侯宴[①]，中行穆子相[②]。投壶，晋侯先[③]。穆子曰："有酒如淮，有肉如坻[④]。寡君中此，为诸侯师[⑤]。"中之。齐侯举矢，曰："有酒如渑[⑥]，有肉如陵。寡人中此，与君代兴[⑦]。"亦中之。伯瑕谓穆子曰[⑧]："子失辞[⑨]。吾固师诸侯矣，壶何为焉，其以中俊也[10]？齐君弱吾君，归弗来矣[11]！”穆子曰：“吾军帅强御[12]，卒乘竞劝[13]，今犹古也，齐将何事？”公孙傁趋进[14]，曰：“日旰君勤[15]，可以出矣！”以齐侯出[16]。

【注释】

①晋侯以齐侯宴：与齐景公宴饮。以，同“与”。

②中行穆子：即荀吴。

③投壶，晋侯先：晋昭公先投壶。投壶，宴会中的礼制，用来娱乐。它以盛酒的壶口作为目标，用箭投入，中多者胜，负者饮酒。

④有酒如淮，有肉如坻：以称赞酒肉之多兴起。坻，水中高地。

⑤寡君中此，为诸侯师：如果射中，将为诸侯之长。按，杨伯峻指出，淮、坻、师三字古韵部相同，押韵。

⑥渑(shéng)：渑水，出今山东淄博西北古齐城外，西北流，经博兴入时水。

⑦与君代兴：齐将代晋而强盛。

⑧伯瑕：即士文伯。

⑨子失辞：认为穆子言辞不当。

⑩吾固师诸侯矣，壶何为焉，其以中俊也：晋国本来就是诸侯之长，穆子却以投壶卜算晋将统帅诸侯，投中有什么稀奇？投壶胜又有什么用？

⑪齐君弱吾君，归弗来矣：齐景公说“与君代兴”，是以为晋君弱，回去以后不会再来晋国了。

⑫强御：强有力。

⑬竞劝：作战时争相勉励。

⑭公孙傁(sǒu)：齐国大夫。趋进：快步前进。

⑮日旰(gàn)：日晚。勤：疲劳。

⑯以齐侯出：齐国君臣的话，暴露了齐国争霸的野心，引起了晋国

的不满。公孙傁听到这里,怕发生事变,急忙引齐景公退席。

【译文】

晋昭公和齐景公宴饮,荀吴相礼。席中投壶,晋昭公先投。穆子说:"有酒似淮水,有肉如高丘。我们国君投中了,将为诸侯长。"果然投中了。齐景公举起箭,说:"有酒似渑水,有肉如山陵。寡人投中了,代君而兴盛。"也投中了。士文伯对穆子说:"你说错话了。我国本来就是诸侯长了,还投壶做什么,投中又有什么用?齐景公看不起我们国君,他回去就不会再来了!"穆子说:"我们军队的统帅坚强有力,士卒争相勉励,现在还跟以前一样,齐国能做什么事?"公孙傁快步进前,说:"天晚了,国君已累,可以出去了!"就和齐景公退了出来。

12.5 楚子谓成虎,若敖之余也,遂杀之[①]。或谮成虎于楚子,成虎知之,而不能行。书曰:"楚杀其大夫成虎。"怀宠也[②]。

【注释】

①楚子谓成虎,若敖之余也,遂杀之:成虎与斗氏同为若敖氏后裔。宣公四年,斗椒作乱,秋七月,楚庄王和若敖氏战于皋浒,灭若敖氏,现在又以若敖氏余党杀成虎。成虎,即成熊,令尹子玉之孙。

【译文】

楚灵王认为成虎是若敖氏的余孽,就把他杀了。有人在楚灵王那里诬陷成虎,成虎知道了,却不能下决心出逃。《春秋》说:"楚国杀了本国大夫成虎。"是说成虎留恋优宠的生活,以至被杀。

12.6 六月,葬郑简公[①]。

【注释】

①六月,葬郑简公:《经》记为五月,《传》加以纠正。

【译文】

六月,安葬郑简公。

12.7　晋荀吴伪会齐师者,假道于鲜虞,遂入昔阳[1]。秋八月壬午[2],灭肥[3],以肥子绵皋归[4]。

【注释】

①昔阳:古地名。在今河北晋州西。或曰昔阳即鼓国都城。此云“入”,是入而未灭之。

②壬午:初十。

③肥:鲜虞属国。

④绵皋:肥国国君名。

【译文】

晋国荀吴假装要去和齐军相会,向鲜虞借路经过,乘机占领了昔阳。秋八月初十,灭亡肥国,把肥国国君绵皋抓回晋国。

12.8　周原伯绞虐,其舆臣使曹逃[1]。冬十月壬申朔[2],原舆人逐绞,而立公子跪寻[3]。绞奔郊[4]。

【注释】

①周原伯绞虐,其舆臣使曹逃:原公暴虐,众臣成群逃亡。原伯,周大夫原公。舆,众。曹,成群。

②壬申朔:初一。

③跪寻:伯绞弟弟。

④郊：周地。

【译文】

周原伯绞暴虐，他的臣子们成群逃跑。冬十月初一，原地民众赶走伯绞，而立公子跪寻。伯绞逃到郊地。

12.9 甘简公无子[①]，立其弟过。过将去成、景之族[②]，成、景之族赂刘献公[③]，丙申[④]，杀甘悼公[⑤]，而立成公之孙鳅[⑥]。丁酉[⑦]，杀献太子之傅庾皮之子过[⑧]，杀瑕辛于市，及宫嬖绰、王孙没、刘州鸠、阴忌、老阳子[⑨]。

【注释】

①甘简公：周卿士。

②成、景：过的先君。

③刘献公：周卿士，刘定公之子。

④丙申：二十五日。

⑤甘悼公：即过。

⑥鳅(qiū)：甘成公。

⑦丁酉：二十六日。

⑧庾皮之子过：庾皮的儿子庾过。

⑨杀瑕辛于市，及宫嬖绰、王孙没、刘州鸠、阴忌、老阳子：瑕辛等六人都是周大夫，和庾过都是甘悼公党羽。

【译文】

甘简公没有儿子，立他弟弟过做国君。过准备除掉成、景两族的人，成、景两族人贿赂刘献公，二十五日，杀了甘悼公，而立成公的孙子鳅。二十六日，杀献太子师傅庾皮的儿子庾过，并在市上杀死瑕辛，又杀了宫嬖绰、王孙没、刘州鸠、阴忌、老阳子。

12.10 季平子立,而不礼于南蒯[①]。南蒯谓子仲[②]:"吾出季氏,而归其室于公,子更其位[③]。我以费为公臣[④]。"子仲许之。南蒯语叔仲穆子[⑤],且告之故[⑥]。

【注释】

①南蒯(kuǎi):季氏家臣南遗儿子,季氏费邑宰。

②子仲:公子慭。

③子更其位:让子仲取代季氏为卿。更,取代。

④我以费为公臣:变家臣为公臣。

⑤叔仲穆子:叔仲带之子叔仲小。

⑥且告之故:告知赶走季氏的原因。即季平子不礼。

【译文】

季平子立,对南蒯不加礼遇。南蒯对公子慭说:"我赶走季氏,把他的家产归公,您取代他的职位。我带着费邑做国君的臣子。"公子慭答应了。南蒯告诉了叔仲穆子,并且告知这样做的原因。

季悼子之卒也,叔孙昭子以再命为卿[①]。及平子伐莒克之,更受三命[②]。叔仲子欲构二家[③],谓平子曰:"三命逾父兄,非礼也[④]。"平子曰:"然。"故使昭子[⑤]。昭子曰:"叔孙氏有家祸[⑥],杀適立庶,故婼也及此。若因祸以毙之,则闻命矣[⑦]。若不废君命,则固有著矣[⑧]。"昭子朝,而命吏曰:"婼将与季氏讼,书辞无颇[⑨]。"季孙惧,而归罪于叔仲子。故叔仲小、南蒯、公子慭谋季氏。慭告公,而遂从公如晋。南蒯惧不克,以费叛如齐[⑩]。子仲还,及卫,闻乱,逃介而先[⑪]。及郊,闻费叛,遂奔齐。

【注释】

①季悼子之卒也,叔孙昭子以再命为卿:季悼子,季武子之子,季平子之父。悼子之卒,《经》未书,《论语·季氏》"自大夫出,五世希不失矣",注家俱指季友、文子、武子、平子、桓子,而不数悼子,疑未嗣位为卿。季武子死于七年冬,疑平子以孙继祖。叔孙昭子,叔孙婼。

②及平子伐莒克之,更受三命:据十年《经》,鲁之季孙意如、叔弓、仲孙貜皆率师伐莒,不过季平子为主帅而已。昭子虽未与师,其四分公室所得之师必出,或由叔弓率之,故亦以功受三命。

③叔仲子:即叔仲小。构:挑拨离间。

④三命逾父兄,非礼也:卿以三命为最高等级,叔仲子认为昭子并未参加伐莒,而受三命,超过了父兄辈,这是无功受禄,以此离间季氏和叔孙昭子。父兄,父辈兄辈。

⑤故使昭子:要让昭子自行降职一级。

⑥叔孙氏有家祸:指昭公四年、五年竖牛之乱。

⑦若因祸以毙之,则闻命矣:叔孙昭子为竖牛所立,如果因此来讨伐,昭子表示俯首听命。

⑧若不废君命,则固有著矣:如果承认君命,则所得位次是应当的。著,位次。

⑨婼将与季氏讼,书辞无颇:叔孙昭子要和季氏争个是非曲直,令官吏写讼词不要偏袒。

⑩南蒯惧不克,以费叛如齐:公子慭赴晋,有求晋国支援除掉季氏的意图。因晋国拒绝昭公入晋,南蒯担心难以成事,于是先发制人,以费邑叛乱,并投奔齐国。

⑪逃介而先:公子慭丢下副使先逃回国。介,副手。

【译文】

季悼子去世时,叔孙昭子受了再命而当了卿。到季平子攻打莒国并且取得胜利，叔孙昭子又改受三命。叔仲子想挑拨离间二家，就对季平子说："叔孙昭子受三命，超过他的父兄辈了，是不合于礼的。"季平子说："不错。"于是让叔孙昭子自行降级。昭子说："叔孙氏发生过家难，杀死嫡子而立了庶子，所以我才到这位置。如果因家祸而来讨伐我，那就遵命。如果不废除国君的命令，那么本来我就应该有这样的位置。"昭子朝见，命令官吏说："我要和季氏争讼曲直，你记录讼辞时不要偏袒。"季平子害怕了，就把罪责推到叔仲小身上。所以叔仲小、南蒯和公子慭合谋要赶走季平子。公子慭告诉昭公，于是跟随昭公到晋国去。南蒯怕事情不能成功，就带着费邑叛逃到齐国。公子慭回国，到达卫国，听说叛乱发生，就丢下副手先逃回国。到了郊外，听到费邑叛变，就逃往齐国。

南蒯之将叛也，其乡人或知之，过之而叹，且言曰："恤恤乎，湫乎攸乎[①]！深思而浅谋[②]，迩身而远志[③]，家臣而君图[④]，有人矣哉[⑤]！"南蒯枚筮之[⑥]，遇《坤》䷁之《比》䷇[⑦]，曰："黄裳元吉[⑧]。"以为大吉也，示子服惠伯，曰："即欲有事，何如[⑨]？"惠伯曰："吾尝学此矣[⑩]，忠信之事则可，不然，必败[⑪]。外强内温，忠也[⑫]；和以率贞，信也[⑬]。故曰'黄裳元吉'[⑭]。黄，中之色也[⑮]；裳，下之饰也[⑯]；元，善之长也。中不忠，不得其色[⑰]；下不共，不得其饰[⑱]；事不善，不得其极[⑲]。外内倡和为忠[⑳]，率事以信为共[㉑]，供养三德为善[㉒]，非此三者弗当。且夫《易》，不可以占险，将何事也[㉓]？且可饰乎[㉔]？中美能黄，上美为元，下美则裳，参成可筮[㉕]。犹有阙也，筮虽吉，未也[㉖]。"

【注释】

①恤恤乎，湫乎攸乎：此句是反复咏叹忧愁。恤，忧愁。湫，借为

“愁”。攸,借为“悠”,忧思。

②深思而浅谋:想除去强大的季氏是深思,但想借晋国的力量则是浅谋。

③迩身而远志:身为季氏家臣,却想除去季氏,是身近志远。

④家臣而君图:南蒯说“以费为公臣”,是身为家臣却图谋君事。

⑤有人矣哉:意思是如果要这样,须大有为之人,但南蒯不是这样的人。人,人才。

⑥枚筮:不先说所筮的事情进行的占筮。

⑦遇《坤》☷之《比》☵:由《坤》卦变为《比》卦,即六五爻由阴变阳。《坤》,卦名,《坤》下《坤》上。《比》,卦名,《坤》下《坎》上。

⑧黄裳元吉:这是《坤》卦六五爻爻辞。黄裳,染成黄色的下裳。元吉,大吉。

⑨即欲有事,何如:南蒯不明说自己的意思,而是请惠伯解释。即,假如。

⑩吾尝学此矣:曾学《易》。

⑪忠信之事则可,不然,必败:筮得此爻,做忠信恭善的事就吉利,否则不吉。按,这是针对南蒯“即欲有事,何如”而回答的话。

⑫外强内温,忠也:以卦来说,《比》外卦为《坎》,坎,险的意思,所以说强。内卦为《坤》,完,顺的意思,所以温。强于外而温于内,是忠。

⑬和以率贞,信也:和,和顺。率,实行。贞,占卜。以和顺来占卜,是信。

⑭故曰“黄裳元吉”:言外之意是只有忠信之人得此爻辞才能大吉。

⑮黄,中之色也:黄是内衣的颜色。中,同“衷”,内衣。

⑯裳,下之饰也:古代男子着裳,裳就是今天的裙子。

⑰中不忠,不得其色:占卜者内心不忠,就当不起黄的美色。中,指心中。

⑱下不共，不得其饰：在下者不恭敬，就受不起黄裳的衣饰。下，在下位者。共，通“恭”。

⑲事不善，不得其极：做事不善，就不合准则，也不符合元的含义、准则。按，以上用黄、裳、元三字来论断吉凶。

⑳倡和：和谐一致，不想背离。

㉑率事：行事。

㉒三德：指忠、信、极。

㉓且夫《易》，不可以占险，将何事也：前面南蒯只说“有事”，惠伯明知故问，你有什么事？《易》是不可以用来占验冒险之事的。

㉔且可饰乎：恭敬者得其饰，就看你是否恭敬了。

㉕参成可筮：只有三美具备，才可以合于卦辞的预测。参，通“三”，指三美，即中美（忠）、上美（善）、下美（恭）。

㉖犹有阙也，筮虽吉，未也：三美不齐备，虽得吉卦，事也不成。这是惠伯借此反对南蒯反叛季氏。犹，假如。有阙，三美不齐备。

【译文】

南蒯将要背叛季氏的时候，他的同乡有人知道了，经过南蒯家门而叹气，并且说道：“忧愁啊，愁啊忧啊！想做大事却智谋浅薄，身为近臣却又志向远大，作为家臣却要为国君谋划，他是这样的人吗！”南蒯不说明何事而占筮，得到《坤》卦变成《比》卦，爻辞说：“黄裳元吉。”他认为是大吉，把它拿给子服惠伯看，说：“如果要做事，是否吉利？”惠伯说：“我曾经学过《易》，如果是占卜忠信的事就可以，不然的话必败。这卦象外面强盛内里温和，是忠诚；用和顺来占卜，这是信。所以说‘黄裳元吉’。黄是内衣的颜色，裳是下部的服装，元是善的首位。心中不忠诚，就和颜色不相配；在下而不恭敬，就与服装不相配；做事不善，就和准则不相配。外面和内部和谐就是忠，办事讲信用就是恭，做到上述三种德行就是善，不是这三种德行就当不起爻辞。况且《易》不能够用来占卜冒险之事，你到底要做什么事？并且能否在下位而做到了恭敬？内心美就能配黄，做事善就能配元，在下而恭敬就能配裳，这三者齐全了才可以合于卦辞的预测。如果有欠缺，卦辞虽然吉利，还是不行的。”

将适费，饮乡人酒①。乡人或歌之曰：“我有圃，生之杞乎②！从我者子乎③，去我者鄙乎④，倍其邻者耻乎⑤！已乎已乎⑥，非吾党之士乎⑦！”

【注释】

①将适费，饮乡人酒：南蒯将去费地，请乡人喝酒。

②我有圃，生之杞乎：杞柳本应生于水旁，现在却生在菜地里，圃不长蔬菜而生杞柳，比喻事所不宜。

③从我者子乎：顺从我的人不失为男子汉。子，男子的美称。

④去我者鄙乎：违背我的人是鄙陋之人。鄙，鄙陋的人。

⑤倍其邻者耻乎：背弃亲人可耻。倍，通“背”。邻，亲人。

⑥已乎：罢了。

⑦非吾党之士乎：不是我们的同伙人。按，乡人用歌谣反对南蒯举事。

【译文】

南蒯准备到费邑去，请乡里的人喝酒。有乡人歌唱说：“我有菜园子，却长满了杞柳！跟随我的是男子汉啊，离开我的是鄙陋者，背弃亲人的人可耻啊！罢了罢了，他不是我们的同伙人啊！”

平子欲使昭子逐叔仲小。小闻之，不敢朝。昭子命吏谓小待政于朝①，曰：“吾不为怨府②。”

【注释】

①待政于朝：仍然上朝等待办公。

②吾不为怨府：昭子不愿为季氏逐叔仲小而结怨于人。怨府，怨恨所聚集之人。

【译文】

季平子想让叔孙昭子驱逐叔仲小。叔仲小听说了，不敢入朝。叔孙昭子派官吏告诉叔仲小到朝廷来准备办公，说："我不想做怨恨积聚的人。"

12.11　楚子狩于州来[①]，次于颍尾[②]，使荡侯、潘子、司马督、嚣尹午、陵尹喜帅师围徐以惧吴[③]。楚子次于乾溪[④]，以为之援。雨雪，王皮冠，秦复陶[⑤]，翠被[⑥]，豹舄[⑦]，执鞭以出，仆析父从[⑧]。右尹子革夕[⑨]，王见之，去冠、被，舍鞭[⑩]，与之语曰："昔我先王熊绎与吕伋、王孙牟、燮父、禽父并事康王[⑪]，四国皆有分[⑫]，我独无有。今吾使人于周，求鼎以为分，王其与我乎[⑬]？"对曰[⑭]："与君王哉！昔我先王熊绎，辟在荆山[⑮]，筚路蓝缕，以处草莽[⑯]。跋涉山林，以事天子，唯是桃弧、棘矢以共御王事[⑰]。齐，王舅也[⑱]；晋及鲁、卫，王母弟也[⑲]。楚是以无分，而彼皆有。今周与四国服事君王，将唯命是从，岂其爱鼎[⑳]？"王曰："昔我皇祖伯父昆吾，旧许是宅[㉑]。今郑人贪赖其田，而不我与[㉒]。我若求之，其与我乎？"对曰："与君王哉！周不爱鼎，郑敢爱田？"王曰："昔诸侯远我而畏晋，今我大城陈、蔡、不羹，赋皆千乘，子与有劳焉[㉓]。诸侯其畏我乎？"对曰："畏君王哉！是四国者，专足畏也[㉔]。又加之以楚，敢不畏君王哉！"工尹路请曰[㉕]："君王命剥圭以为鏚柲，敢请命[26]。”王入视之。析父谓子革："吾子，楚国之望也。今与王言如响，国其若之何[27]？”子革曰："摩厉以须[28]，王出，吾刃将斩矣[29]。”王出，复语。左史倚相趋过[30]。王曰："是良史也，子善视之。是能读《三坟》、《五典》、《八索》、《九丘》[31]。”对曰："臣尝问焉。昔穆王欲肆其心[32]，周行天下，将皆必有车辙马迹焉[33]。祭公谋父作《祈招》之诗以止王心[34]，王是以获没于祗宫[35]。臣问其诗而不知也。若问远焉，其焉能知之[36]？”王曰："子能乎？”对曰："能。其诗曰：'祈招之愔愔，式昭德音[37]。思我王度，式如玉，式如金[38]。形民之力，而无醉饱之心[39]。'”王揖而入，馈不食，寝不寐[40]，数日，不能自克，以及于难[41]。仲尼曰："古也有志[42]：'克己复礼，仁也。'信善哉[43]！楚灵王若能如是，岂其辱于乾溪？”

【注释】

①狩：冬猎。州来：今安徽凤台。

②颍尾：古地名。颍水下游入淮河处，即今安徽颍上的西正阳镇。

③使荡侯、潘子、司马督、嚣尹午、陵尹喜帅师围徐以惧吴：徐国为吴的盟国，所以围徐以威胁吴国。荡侯等五人都是楚国大夫。

④乾溪：古地名。在今安徽亳州东南。

⑤秦复陶：秦国所送羽衣。

⑥翠被（pī）：翠羽披肩。

⑦豹舄（xì）：豹皮鞋子。

⑧仆：太仆。析父：人名。

⑨右尹子革：子革，即郑丹，又称然丹，郑国大夫子然儿子，襄公十九年逃往楚国。夕：晚上朝见楚王。

⑩王见之，去冠、被，舍鞭：表示对子革的尊重。

⑪熊绎：楚国始封君。吕伋(jí)：齐太公姜尚之子。王孙牟：卫国始封君康叔之子，又称康伯。燮父：晋国唐叔儿之。禽父：即伯禽，周公旦之子，鲁国始封君。康王：即周康王。

⑫四国皆有分(fèn)：五国同事康王，四国都得到周王的宝器。四国，指齐国、晋国、鲁国、卫国。分，珍宝之器。

⑬求鼎以为分，王其与我乎：九鼎为王权的象征，楚灵王问周鼎，显示出他的野心。鼎，九鼎，周室的国宝。

⑭对曰：这是子革答对。

⑮昔我先王熊绎，辟在荆山：楚国熊绎都于丹阳，即今湖北秭归，荆山在其北。荆山，楚国的发祥地，在今湖北南漳，熊绎分封在这里。

⑯筚路蓝缕，以处草莽：即宣公十二年《传》所谓"筚路蓝缕以启山林"。筚路，用竹木编成的车。筚，以荆柴编物。路，大车。蓝缕，同"褴褛"，破旧的衣服。

⑰唯是桃弧、棘矢以共御王事：楚地贫瘠，只能进贡桃弧、棘矢给周王，以祛除不祥。共，通"供"。供御，贡献。

⑱齐，王舅也：周成王母亲为姜太公女儿，所以齐国国君是周王舅舅。

⑲晋及鲁、卫，王母弟也：周公旦、卫康叔为周武王母弟，唐叔为成王母弟。

⑳今周与四国服事君王，将唯命是从，岂其爱鼎：意思是楚国已经强大，周与四周诸侯都来事奉楚王，为什么舍不得九鼎？按，子革的话实际含有讽喻。

㉑昔我皇祖伯父昆吾，旧许是宅：我的皇祖伯父原来居住在旧许。昆吾是楚国远祖的哥哥，所以称皇祖伯父。旧许，在今河南许昌，后因迁于叶、夷，原国土为郑所得，所以称旧许。旧许是宅，即"宅旧许"，旧许是从前昆吾所居之地。

㉒今郑人贪赖其田,而不我与:郑国仍占着旧许。

㉓子与有劳焉:修筑城墙,子革也有功劳。

㉔是四国者,专足畏也:仅此四国的兵力,已足使诸侯畏惧。四国,指陈、蔡、二不羹四城。

㉕工尹:官名。路:工尹名。

㉖君王命剥圭以为鏚(qī)柲(bí),敢请命:要剖开圭玉来装饰斧柄,工尹路请楚灵王指示样式。剥圭,剖开玉。鏚,斧。柲,柄。

㉗今与王言如响,国其若之何:析父认为,子革回答楚灵王之问一味随声附和,顺王之心,是纵容他的野心。响,回声。

㉘摩厉以须:子革将自己的话比做刀刃,意思是刀已磨利,只等机会。厉,同"砺"。须,等待。

㉙王出,吾刃将斩矣:待楚王出来,我的刀刃将要对准要害砍去。言外之意是要劝阻楚灵王不要好大喜功,害民生事。

㉚左史倚相:左史,楚国官名,名倚相。趋过:小跑经过王前,表示恭敬。

㉛《三坟》、《五典》、《八索》、《九丘》:四部书都是古书,已失传,内容不详。

㉜穆王:周穆王。肆其心:放纵其野心。

㉝将皆必有车辙马迹焉:想使自己的车辙马迹无处不有。

㉞祭(zhāi)公谋父:周公之孙,武公之子,名谋父,是周王卿士。

㉟王是以获没于祗宫:谋父做诗以谏穆王,打消了穆王的意图,穆王筑祗宫,并善终于祗宫。祗宫,穆王的别宫,在今陕西华县。

㊱臣问其诗而不知也。若问远焉,其焉能知之:问倚相,他连《祈招》的诗都不知道,更不必说久远之事了。

㊲祈招之愔愔(yīn),式昭德音:祈招性情平和,不滥用武力,因此显示了周天子的好名声。愔愔,安和的样子。式,语首助词,无义。

㊳思我王度,式如玉,式如金:周王的举止,如金似玉一般坚重而完

美。度，仪度，举止。

㊴形民之力，而无醉饱之心：使用民力财力，适度而已，不可放纵无度。按，子革用此诗劝灵王应量力而行，适可而止，如放纵其野心，后果将不堪设想。形，衡量。醉饱之心，比喻放纵过度。

㊵王揖而入，馈不食，寝不寐：楚灵王已经领悟了子革讽谏的意思，因此吃不下睡不着。

㊶数日，不能自克，以及于难：思量好几天，灵王仍不能克制自己的野心，终于有明年的乾溪之难。克，克制。

㊷志：记载。

㊸"克己复礼，仁也。"信善哉：克制自己，使自己遵循先王的礼法，才是真正的仁人。信，确实。

【译文】

楚灵王在州来打猎，驻扎在颍尾，派荡侯、潘子、司马督、嚣尹午、陵尹喜率领军队包围徐国以威胁吴国。灵王驻扎在乾溪，作为后援。下着雪，灵王戴着皮帽，穿上秦国的复陶羽衣，披着翠羽披风，脚着豹皮靴，手持鞭子出去，仆从析父跟着他。右尹子革晚上朝见，灵王看见他，去掉帽子、披风，放下鞭子，对他说："往昔我们先王熊绎和吕伋、王孙牟、燮父、禽父一起事奉康王，四国都得到了宝器，唯独我国没有。现在我要是派人出使到宗周，请求赐给九鼎作为宝器，周王会给我吗？"子革回答说："会给君王的！当年我们先王熊绎居住在偏僻的荆山，筚路蓝缕以开辟荒野，跋涉山林以事奉天子，只能把桃弧、棘矢作为给天子的贡品。齐国是周王的舅舅，晋和鲁、卫是周王的同母弟弟。楚国所以无宝器，而他们都有。现在周和四国都服事君王，将会唯命是从，怎么会舍不得鼎呢？"灵王说："往昔我皇祖伯父昆吾居住在旧许地。现在郑国贪图那里的田地，不肯还给我们。我如果要求他们归还，会给我吗？"子革回答说："会给君王的！周王不吝惜鼎，郑国敢舍不得田地？"灵王说："当年诸侯疏远我国而畏惧晋国，现在我们在陈、蔡、不羹这些大城，兵车都有千辆，你是有功劳的。诸侯会畏惧我吗?”子革回答说:“会畏惧君王的！单是这四座城，就足够他们害怕的了。再加上楚国全国的力量，怎敢不畏惧君王呢!”工尹路请示说:“君王命令剖玉来装饰斧柄，谨请下令怎么做。”灵王进去察看。析父对子革说:“您是楚国有名望的人，如今和君王说话却随声附和，国家将会怎么样?”子革说:“我已磨好刀等着，君王出来，我的刀就要砍下去了。”灵王出来，又和子革说话。左史倚相快步经过。灵王说:“这是个好史官，你要好好对待他。他能读《三坟》、《五典》、《八索》、《九丘》。”子革回答说:“下臣曾经问过他事情。当初周穆王想要放纵自己的欲望，周游天下，打算到处留下自己的车辙和马迹。祭公谋父作《祈招》一诗来劝阻穆王的欲望，穆王因此得以善终于祗宫。下臣问他这首诗他却不知道。如果问起更久远的事，他哪里能知道?”灵王说:“你能知道吗?”子革回答说:“能。那诗说:‘祈招和悦安闲，德音宏大深远。想起我们君王的风度，如玉如金般温润坚强。他谋求保存人民的力量，而没有醉饱之心。’”灵王向子革作个揖就进去了，吃饭吃不下，睡觉睡不着，过了好几天，还是不能自我克制，所以遭到祸难。孔子说:“古时候有句话:‘克制自己回到礼，就是仁。’这话说得真好啊！楚灵王如果能做到这一点，哪里会在乾溪受辱?”

12.12　晋伐鲜虞，因肥之役也[1]。

【注释】

①晋伐鲜虞，因肥之役也:六月晋军假道鲜虞灭肥，回师乘机伐鲜虞。

【译文】

晋国假道鲜虞灭亡肥国，回师时乘机攻占鲜虞。

十三年

【经】

13.1　十有三年春[1]，叔弓帅师围费。

13.2　夏四月，楚公子比自晋归于楚[2]，弑其君虔于乾溪[3]。

13.3　楚公子弃疾杀公子比。

13.4　秋，公会刘子、晋侯、齐侯、宋公、卫侯、郑伯、曹伯、莒子、邾子、滕子、薛伯、杞伯、小邾子于平丘[4]。

13.5　八月甲戌[5]，同盟于平丘。公不与盟[6]。

13.6　晋人执季孙意如以归。

13.7　公至自会。

13.8　蔡侯庐归于蔡。陈侯吴归于陈[7]。

13.9　冬十月，葬蔡灵公。

13.10　公如晋，至河乃复。

13.11　吴灭州来[8]。

【注释】

①十有三年：鲁昭公十三年当周景王十六年，前529。

②公子比：即子干。

③其君虔：即楚灵王。

④刘子：刘献公，周卿士。平丘：古地名。在今河南长垣南。

⑤甲戌：初七。

⑥公不与盟：晋国拒绝昭公参加盟会。

⑦蔡侯庐归于蔡。陈侯吴归于陈：蔡、陈二国复国。

⑧吴灭州来：州来本是楚邑，现在被吴国攻占。

【译文】

鲁昭公十三年春，叔弓带兵包围了费地。

夏四月，楚国公子比从晋国回到楚国，在乾溪杀死国君虔。

楚国公子弃疾杀了公子比。

秋，鲁昭公同刘献公、晋昭公、齐景公、宋元公、卫灵公、郑定公、曹武公、莒著丘公、邾庄公、滕悼公、薛伯、杞平公、小邾穆公在平丘相会。

八月初七，诸侯在平丘结盟。昭公没参加结盟。

晋国抓了季平子回国。

昭公从平丘之会回国。

蔡平侯庐回到蔡国。陈惠公吴回到陈国。

冬十月，安葬蔡灵公。

昭公到晋国去，到达黄河便返回。

吴国灭了州来。

【传】

13.1 十三年春，叔弓围费，弗克，败焉。平子怒，令见费人执之[①]，以为囚俘。冶区夫曰[②]：“非也。若见费人，寒者衣之，饥者食之，为之令主[③]，而共其乏困[④]。费来如归，南氏亡矣[⑤]。民将叛之，谁与居邑[⑥]？若惮之以威，惧之以怒，民疾而叛，为之聚也[⑦]。若诸侯皆然，费人无归，不亲南氏，将焉入矣？”平子从之，费人叛南氏[⑧]。

【注释】

①令见费人执之：季平子下令见到费人就抓。

②冶区夫：鲁国大夫。

③令主：好主人。

④共：通"供"。

⑤费来如归，南氏亡矣：费邑人来投奔季氏，如同回家一样，南氏就只能灭亡。按，冶区夫建议争取费邑民众，孤立南蒯。

⑥谁与居邑：谁会与他住在围城中。按，费人如果叛南蒯，费邑将不攻自破。

⑦"若惮之以威"四句：如果威吓暴虐费人，他们必然嫉恨季氏，背叛季氏，反而为南蒯赢得百姓。

⑧费人叛南氏：季平子采纳冶区夫的建议，果然争取了费人，明年，费人叛南蒯。

【译文】

鲁昭公十三年春，叔弓包围费地，没有攻下，反被打败。季平子大怒，下令见到费地人就抓，作为囚犯。冶区夫说："不能这样做。要是见到费地人，寒冷的给他衣服穿，饥饿的给他食物吃，当他们的好主人，供给他们缺乏的东西。费地的人就会像回到家一样归顺，那么南氏也就完了。人民如果背叛了他，还有谁和他住在一起？如果以威势来使他们害怕，用愤怒让他们畏惧，人民因憎恨而背叛你，恰恰是为南氏积聚势力。要是诸侯也都这样做了，费地人没有地方可去，不亲近南氏的话，还能到哪儿去呢？"季平子听从了，结果费地人背叛了南氏。

13.2 楚子之为令尹也，杀大司马薳掩，而取其室①。及即位，夺薳居田②；迁许而质许围③。蔡洧有宠于王，王之灭蔡也，其父死焉④，王使与于守而行⑤。申之会，越大夫戮焉⑥。王夺斗韦龟中犨⑦，又夺成然邑⑧，而使为郊尹⑨。蔓成然故事蔡公⑩，故薳氏之族及薳居、许围、蔡洧、蔓成然，皆王所不礼也⑪。因群丧职之族⑫，启越大夫常寿过作乱⑬，围固城，克息舟，城而居之⑭。

【注释】

①杀大司马薳掩，而取其室：襄公三十年，楚灵王杀薳掩。

②薳居：薳掩族人。

③迁许而质许围：扣留许围为人质。迁许事在昭公九年。许围，许大夫。

④蔡洧（wěi）有宠于王，王之灭蔡也，其父死焉：蔡洧，蔡国人，楚灭蔡后，洧在楚国为官。楚灭蔡时，蔡洧父亲被楚王所杀。

⑤王使与于守而行：让蔡洧留守国内，楚灵王自己前往乾溪。

⑥越大夫戮焉：昭公四年申之会，越国大夫常寿过被楚灵王侮辱。戮，羞辱。

⑦斗韦龟：令尹子文玄孙。中犨（chōu）：邑名。今地不详。

⑧成然：斗韦龟之子，食邑于蔓，又称蔓成然。

⑨郊尹：治理郊区的官。

⑩故：从前。事：事奉。蔡公：指公子弃疾，楚灵王在昭公十一年灭蔡后封他为蔡公。

⑪故薳氏之族及薳居、许围、蔡洧、蔓成然，皆王所不礼也：按，楚灵王多行不义，树敌颇多。

⑫因：凭借。群丧职之族：楚灵王时许多丧失职位的亲族。

⑬启越大夫常寿过作乱：启，诱导。按，上述诸人都怨恨楚灵王，于是内外勾结作乱。

⑭围固城，克息舟，城而居之：作乱者包围固城，攻克息舟，并筑息舟之城而据守。固城、息舟，楚国二邑。

【译文】

楚灵王当令尹的时候，杀死大司马薳掩，并夺取他的家产。即位以后，又夺取薳居的田地；把许国迁走而扣留许围为人质。蔡洧得到楚灵王的宠爱，灵王灭蔡国时，蔡洧父亲死于这次战争，灵王派蔡洧留守都城自己离城出征。申地会盟时，越国大夫常寿过遭到楚灵王的羞辱。

灵王夺走斗韦龟的中犫邑，又夺去成然封邑，而让他担任郊尹。蔓成然原来事奉蔡公弃疾，所以薳氏家族及薳居、许围、蔡洧、蔓成然，都是灵王不加礼遇的人。他们借助那些丧失职位的家族，诱使越国大夫常寿过作乱，包围固城，攻克息舟，并在这里修筑城墙据守。

观起之死也①，其子从在蔡，事朝吴②，曰："今不封蔡，蔡不封矣③。我请试之④。"以蔡公之命召子干、子皙⑤，及郊，而告之情⑥，强与之盟，入袭蔡。蔡公将食，见之而逃⑦。观从使子干食⑧，坎，用牲，加书，而速行⑨。己徇于蔡⑩，曰："蔡公召二子，将纳之，与之盟而遣之矣，将师而从之⑪。"蔡人聚，将执之⑫。辞曰："失贼成军，而杀余，何益⑬？"乃释之。朝吴曰："二三子若能死亡，则如违之，以待所济⑭。若求安定，则如与之，以济所欲⑮。且违上，何适而可⑯？"众曰："与之。"乃奉蔡公，召二子而盟于邓⑰，依陈、蔡人以国⑱。楚公子比、公子黑肱、公子弃疾、蔓成然、蔡朝吴帅陈、蔡、不羹、许、叶之师，因四族之徒⑲，以入楚。及郊，陈、蔡欲为名，故请为武军⑳。蔡公知之，曰："欲速。且役病矣㉑，请藩而已㉒。"乃藩为军。蔡公使须务牟与史猈先入㉓，因正仆人杀大子禄及公子罢敌㉔。公子比为王，公子黑肱为令尹，次于鱼陂㉕。公子弃疾为司马，先除王宫㉖。使观从从师于乾溪，而遂告之㉗，且曰："先归复所，后者劓㉘。"师及訾梁而溃㉙。

【注释】

①观起之死：襄公二十二年，楚杀观起。

②朝吴：蔡国大夫声子之子，楚灭蔡后，依附楚国公子弃疾。

③今不封蔡，蔡不封矣：现在如果不恢复蔡国，蔡国就没希望了。

④我请试之：观从准备响应作乱以图谋恢复蔡国。

⑤以蔡公之命召子干、子皙：观从假托公子弃疾的名义召二人返回楚国。子干，公子比。子皙，公子黑肱。按，二人都是楚灵王弟弟，昭公元年，子干奔晋，子皙奔郑。

⑥及郊，而告之情：二人到达蔡郊，观从告诉他们真情。

⑦蔡公将食，见之而逃：弃疾起先不知何故，所以吓跑了。

⑧观从使子干食：让子干吃弃疾没吃的食物。

⑨坎，用牲，加书，而速行：观从挖坑杀牲，置盟书于牲之上，伪造公子弃疾和子干结盟的迹象，并迅速公布于众。

⑩己：观从自己。徇：公开宣布。

⑪与之盟而遣之矣，将师而从之：观从假说弃疾与二公子结盟，并将率军援助二人入楚。

⑫蔡人聚，将执之：蔡人不信观从的话，准备逮捕他。

⑬失贼成军，而杀余，何益：贼人已走，蔡公军队已组成，杀我无益。贼，指子干、子皙。

⑭二三子若能死亡，则如违之，以待所济：如果效忠楚灵王，能为他而死，就应违背蔡公，以观事情的成败，再做决断。如，应当。之，指蔡公。

⑮若求安定，则如与之，以济所欲：求安定就应当襄助蔡公，以求复国。与之，助蔡公。所欲，恢复祖国。

⑯且违上，何适而可：如果违背蔡公，将会无所适从。上，指蔡公弃疾。

⑰邓：古地名。在蔡旧都上蔡，即今河南漯河东南。

⑱依陈、蔡人以国：陈、蔡人都有复国的愿望，所以用复国的许诺来发动陈、蔡人。依，依赖。

⑲四族：薳氏、许围、蔡洧、蔓成然。

⑳陈、蔡欲为名，故请为武军：陈、蔡为了播扬诛除无道和复国的名声，想大筑营垒，树起陈、蔡军旗。武军，显示军功的军垒。

㉑役病：修营垒，士卒将疲弊。

㉒藩：藩篱，暂时用篱笆编成工事以驻军。

㉓须务牟、史猈(pí)：楚国大夫，蔡公同党。

㉔正仆人：仆人之长。大子禄、公子罢(pí)敌：都是楚灵王之子。

㉕鱼陂(pí)：古地名。在今湖北天门西北。

㉖公子弃疾为司马，先除王宫：除王宫，清理王宫，驱除灵王亲信。按，弃疾一入国都，先清理王宫，可见其野心。

㉗使观从从师于乾溪，而遂告之：楚灵王在乾溪，为伐徐之师作后援。观从赴乾溪，告知子干等起兵叛王。

㉘先归复所，后者劓(yì)：观从号召众人背叛灵王。复所，恢复其禄位、居室和田产。劓，割鼻刑罚。

㉙师及訾(zī)梁而溃：灵王回师，到訾梁全军溃散。訾梁，訾水上的桥梁，在今河南信阳。

【译文】

观起死的时候，其子观从在蔡地事奉朝吴，说："现在不重建蔡国，蔡国就没有机会复国了。让我来试试看吧。"他假传蔡公弃疾的命令召回子干、子皙，二人到达城郊，观从才告知真情，强行和他们结盟，进兵攻蔡邑。蔡公正要吃饭，见到他们进来便逃走了。观从让子干吃了那些食物，挖了坑，杀了牺牲，把盟书放在上面，而后要他们快走。自己则在蔡地宣布，说："蔡公召回二人，准备送回楚国，已经和他们结盟并送他们走了，即将率军队跟随出发。"蔡地人聚集而来，要抓观从。观从辩解说："已经放走了贼人，组成了军队，把我杀了又有什么用?"蔡地人便放了他。朝吴说："各位如果能为楚王而死，那就违背蔡公，以等待最后的结果。如果希望得到安定，那就应该支持蔡公，以实现共同的愿望。况且违抗在上者，那么又何所适从呢?"大家都说："支持蔡公。"便事奉蔡公，召见子干、子皙二人在邓地盟誓，用复国的许诺利用陈、蔡两地人的力量。楚国公子比、公子黑肱、公子弃疾、蔓成然、蔡国朝吴带领陈、蔡、不羹、许、叶等地的军队，依靠薳氏等四族的族人，进入楚国。到达国都郊外，陈、蔡二地的人想宣扬自己的名声，便请求修筑城堡。蔡公知道了，说："这次行动要快。而且役夫已经很疲惫了，用篱笆隔离就行了。"于是编篱笆作为军营。蔡公派须务牟和史猈先进入都城，通过正仆人杀死太子禄和公子罢敌。公子比立为楚王，公子黑肱为令尹，驻扎在鱼陂。公子弃疾任司马，先去清除王宫。派观从前往乾溪军中，把情况告诉他们，并且说："先回去的保留所有待遇，后回去的将受割鼻刑罚。"楚军到达訾梁便溃散了。

王闻群公子之死也，自投于车下①，曰："人之爱其子也，亦如余乎？"侍者曰："甚焉②。小人老而无子，知挤于沟壑矣③。"王曰："余杀人子多矣，能无及此乎④？"右尹子革曰："请待于郊，以听国人⑤。"王曰："众怒不可犯也。"曰："若入于大都，而乞师于诸侯⑥。"王曰："皆叛矣。"曰："若亡于诸侯，以听大国之图君也⑦。"王曰："大福不再，只取辱焉⑧。"然丹乃归于楚⑨。王沿夏⑩，将欲入鄢⑪。芋尹无宇之子申亥曰⑫："吾父再奸王命⑬，王弗诛，惠孰大焉？君不可忍⑭，惠不可弃，吾其从王。"乃求王，遇诸棘围以归⑮。夏五月癸亥⑯，王缢于芋尹申亥氏。申亥以其二女殉而葬之。

【注释】

①自投于车下：摔到车下。

②甚焉：爱子之心更甚于楚灵王。

③小人老而无子，知挤于沟壑矣：小人老而无子，一旦身死，就必被

抛弃于沟壑之中。暗讽灵王自己也将死于非命,何必还眷恋儿子被杀。小人,侍者自称。

④余杀人子多矣,能无及此乎:杀别人之子太多,才有今日的报应。

⑤请待于郊,以听国人:劝灵王至郢郊听凭国人的处置。

⑥若入于大都,而乞师于诸侯:建议先入大的都邑,再请求诸侯出兵。若,或者。

⑦若亡于诸侯,以听大国之图君也:由大国出面为楚灵王进行干预。

⑧大福不再,只取辱焉:灵王知道大国也不会支持。大福,指当国君的好运。

⑨然丹乃归于楚:子革也离开灵王归楚。然丹,子革。

⑩夏:汉水的别名。

⑪鄢:楚国别都,在今河北宜城。

⑫芋尹无宇:即申无宇。

⑬吾父再奸王命:指昭公七年申无宇斩断王旌及入章华宫追捕逃犯二事。奸,触犯。

⑭君不可忍:灵王有难,我不可狠心不救。忍,狠心。

⑮乃求王,遇诸棘围以归:申亥遇灵王,和他一起回来。棘围,楚国棘邑之门。

⑯癸亥:二十五日。

【译文】

楚灵王听到儿子们的死讯,不由自主地摔到了车下,说:"别人疼爱儿子,也像我一样吗?"侍者说:"还有过之。小人年老而没有儿子,自己知道将来会落得掉进沟壑而死的下场。"灵王说:"我杀死别人的儿子太多了,怎能不落到这一地步呢?"右尹子革说:"请您等在郊外,由国人来处置。"灵王说:"众怒不可犯啊。"子革说:"或者进入大都城,再向诸侯求救兵。"灵王说:"诸侯都背叛了。"子革说:"要不逃亡到诸侯国去,听凭大国为君王做主。”灵王说：“大的福分不可能再有，只会自取羞辱。”子革便自己回到楚国。楚灵王沿汉水而下，打算进入鄢都。芋尹无宇的儿子申亥说：“我父亲两次触犯王命，灵王没杀他，还有比这更大的恩惠吗？对国君不能忍心不救，恩惠不能背弃，我要跟从灵王。”便去寻找灵王，在棘门相遇，便一起回来了。夏五月二十五日，灵王在芋尹申亥家上吊自杀。申亥用他两个女儿殉死安葬了灵王。

观从谓子干曰：“不杀弃疾，虽得国，犹受祸也[①]。”子干曰：“余不忍也。”子玉曰[②]：“人将忍子[③]，吾不忍俟也。”乃行。国每夜骇曰：“王入矣[④]！”乙卯夜[⑤]，弃疾使周走而呼曰[⑥]：“王至矣！”国人大惊。使蔓成然走告子干、子皙曰：“王至矣，国人杀君司马[⑦]，将来矣！君若早自图也[⑧]，可以无辱。众怒如水火焉，不可为谋[⑨]。”又有呼而走至者，曰：“众至矣！”二子皆自杀。丙辰[⑩]，弃疾即位，名曰熊居[⑪]。葬子干于訾，实訾敖[⑫]。杀囚，衣之王服，而流诸汉，乃取而葬之，以靖国人。使子旗为令尹[⑬]。

【注释】

①不杀弃疾，虽得国，犹受祸也：按，观从看出弃疾有夺位的野心。

②子玉：即观从。

③人将忍子：别人将忍心伤害你。

④王入矣：当时不知道灵王的生死，所以国都里的人常常夜里以灵王回国而相互惊扰。

⑤乙卯：十七日。

⑥使周走：让人走遍各处。

⑦国人杀君司马：杀司马弃疾。

⑧早自图：为自己打算。

⑨众怒如水火焉，不可为谋：蔓成然逼二人下台。

⑩丙辰：十八日。

⑪弃疾即位，名曰熊居：弃疾为国君，即楚平王。按，楚国国君之名多用“熊”字，弃疾即位后也更名熊居。

⑫葬子干于訾，实訾敖：楚国君死后无谥号，多以葬地冠“敖”字，如前面的郏敖和这里的訾敖。实，就是。

⑬子旗：即蔓成然。

【译文】

观从对子干说：“不杀掉弃疾，即便得到国家，还是要受到祸难。”子干说：“我不忍心。”观从说：“人家将会狠心地对待您，我不忍心这样的结果出现。”便出走了。国内民众经常在夜里大呼：“灵王进城了！”十七日夜，弃疾派人四处奔走大喊说：“灵王来了！”国人十分惊恐。又派蔓成然跑去告诉子干、子皙说：“灵王来了，国人杀了司马弃疾，马上就要过来了！君王如果及早拿定主意，可以免于受辱。众人的怒火就像水火一样厉害，已无计可施了。”又有人高叫着跑来，说：“大伙儿来了！”子干、子皙都自杀了。十八日，弃疾即位为楚王，改名为熊居。安葬子干在訾地，就是訾敖。又杀了个囚犯，穿上灵王的服装，让尸体在汉水漂流，然后捞上来下葬，用来安定人心。任命蔓成然为令尹。

楚师还自徐①，吴人败诸豫章②，获其五帅③。

【注释】

①楚师还自徐：去年围徐的部队返回。

②豫章：古地名。指从今安徽霍邱至河南光山一带地域。

③五帅：指领兵伐徐的荡侯等五人。

【译文】

楚国军队从徐国回来，吴国在豫章击败楚军，俘获了楚军五名将领。

平王封陈、蔡[①]，复迁邑[②]，致群赂[③]，施舍、宽民[④]，宥罪、举职[⑤]。召观从，王曰："唯尔所欲[⑥]。"对曰："臣之先佐开卜[⑦]。"乃使为卜尹[⑧]。使枝如子躬聘于郑[⑨]，且致犨、栎之田[⑩]。事毕弗致[⑪]。郑人请曰："闻诸道路[⑫]，将命寡君以犨、栎，敢请命[⑬]。"对曰："臣未闻命[⑭]。"既复，王问犨、栎，降服而对[⑮]，曰："臣过失命[⑯]，未之致也。"王执其手，曰："子毋勤[⑰]。姑归，不穀有事，其告子也[⑱]。"

【注释】

①平王封陈、蔡：复陈、蔡二国，立陈惠公（吴）于陈，立蔡平公（庐）于蔡（今河南新蔡）。

②复迁邑：灵王时被迁徙的都返回原来的居处。

③致群赂：初起事时答应的赏赐，现在都兑现。

④施舍、宽民：布施恩惠，与民休息。

⑤宥罪、举职：赦免罪臣，举拔贤才。

⑥唯尔所欲：虽然观从曾劝子干杀自己，但平王不计前嫌，答应他所有的要求。

⑦佐开卜：担任卜人的助手。

⑧卜尹：卜师。

⑨枝如子躬：楚国大夫。枝如为复姓。

⑩且致犨、栎之田：犨、栎本是郑国之邑，被楚国夺去。平王即位，准备将它们归还郑国，以敦睦邦交。

⑪弗致：子躬并没有把二邑归还郑国。

⑫闻诸道路：道听途说。

⑬将命寡君以犨、栎，敢请命：郑国得知平王的意思，要向子躬讨还二邑。

⑭臣未闻命：枝如子躬诡称没得到平王此令。

⑮降服：脱去上衣，表示请罪。

⑯过：罪过。一说，过，犹故，故意。

⑰子毋勤：平王用好话劝慰子躬，不要这样自苦。勤，劳苦。一说，勤，犹辱，指降服。

⑱姑归，不穀有事，其告子也：劝慰子躬，以后有事，仍要用他。

【译文】

楚平王重新恢复陈国、蔡国，使被迁徙的人返回迁出的城邑，赏赐有功者，布施恩惠、宽政待民，赦免罪人、举荐贤才。召回观从，平王说："你要求什么都可以满足。"观从回答说："下臣先人是卜尹的助手。"平王便让他担任卜尹。派枝如子躬到郑国聘问，并且归还犨、栎的田地。但聘问完毕枝如子躬并没把犨、栎二邑交还郑国。郑国人请示说："道路传言说将命我们国君治理犨、栎二地，谨此请命。"枝如子躬回答说："我没听说有这命令。"回到楚国后，平王问起犨、栎二地的事，枝如子躬脱去上衣回复说："下臣有罪，没有遵命归还二地给郑国。"平王拉着他的手，说："你不要这样自苦。先回去吧，以后寡人有事还会告诉你。"

他年，芋尹申亥以王柩告，乃改葬之。

【译文】

过了几年，芋尹申亥把楚灵王的灵柩所在告诉平王，于是将他改葬。

初，灵王卜曰："余尚得天下[①]！"不吉。投龟，诟天而呼曰[②]："是区区者而不余畀[③]，余必自取之。"民患王之无厌也[④]，故从乱如归[⑤]。

【注释】

①尚：或许，可能。

②诟：责骂。

③区区：指小小的楚国。畀(bì)：给予。

④王之无厌：灵王野心很大，贪得无厌。

⑤故从乱如归：按，此段补叙楚灵王失败的原因。

【译文】

起初，灵王占卜说："我也许得到天下！"结果并不吉利。他把龟扔到地下，责骂上天并呼喊道："不过区区小国都不给我，我一定要自己夺取。"楚国民众对灵王贪得无厌很不满，所以跟随作乱如同百川归海。

初，共王无冢適[①]，有宠子五人，无適立焉[②]。乃大有事于群望[③]，而祈曰："请神择于五人者，使主社稷。"乃遍以璧见于群望，曰："当璧而拜者[④]，神所立也，谁敢违之？"既[⑤]，乃与巴姬密埋璧于大室之庭[⑥]，使五人齐[⑦]，而长入拜[⑧]。康王跨之[⑨]，灵王肘加焉[⑩]，子干、子皙皆远之[⑪]。平王弱，抱而入，再拜，皆厌纽[⑫]。斗韦龟属成然焉[⑬]，且曰："弃礼违命，楚其危哉[⑭]！"

【注释】

①冢適：嫡长子。適，同"嫡"。

②有宠子五人，无適立焉：五人都是宠妾所生，不知立谁为太子合

适。五人，指康王、灵王、子干、子皙和平王。

③大有事：遍祭。群望：名山大川之神。

④当璧：面对玉璧。

⑤既：望祭完毕。

⑥巴姬：共王宠妾。大室：祖庙。

⑦齐：同“斋”，斋戒。

⑧长入拜：按长幼次序而入拜神。

⑨康王跨之：两脚各跨璧的一边。

⑩灵王肘加焉：肘放于璧上。

⑪子干、子皙皆远之：子干、子皙更远离玉璧。

⑫平王弱，抱而入，再拜，皆厌纽：平王年幼，被人抱进来，两次下拜，都压在玉璧的璧纽上。平王位置正好当璧。弱，幼小。厌，压。纽，璧上穿绳子的鼻子。

⑬斗韦龟属成然焉：斗韦龟知道平王必将为楚国国君，所以将成然托付给平王。

⑭弃礼违命，楚其危哉：康王、灵王都曾为王，共王违背立长之礼，又违背“当璧”之命，是弃礼违命，所以楚国必定危险。

【译文】

当初，楚共王没有嫡子，但宠爱的儿子有五个，拿不定主意该立谁。就遍祭山川，祝祷说：“请神明在这五人中选择，让他主持国政。”就将玉璧向所有的山川神灵展示，说：“正对玉璧下拜的，就是神所立的人，谁敢违背？”事后和巴姬秘密地将玉璧埋在祖庙的庭院里，让五个儿子斋戒，然后按长幼次序入拜。康王两脚跨在玉璧上，灵王的胳膊压在玉璧上，子干、子皙都离玉璧很远。平王年幼，被人抱进来，两次下拜，都压在玉璧的璧纽上。斗韦龟把成然托付给平王，并说：“抛弃礼仪违背神灵的命令，楚国恐怕危险了！”

子干归[①]，韩宣子问于叔向曰："子干其济乎！"对曰："难。"宣子曰："同恶相求，如市贾焉，何难[②]？"对曰："无与同好，谁与同恶[③]？取国有五难：有宠而无人[④]，一也；有人而无主[⑤]，二也；有主而无谋[⑥]，三也；有谋而无民[⑦]，四也；有民而无德[⑧]，五也。子干在晋，十三年矣[⑨]。晋、楚之从，不闻达者[⑩]，可谓无人。族尽亲叛[⑪]，可谓无主。无衅而动[⑫]，可谓无谋。为羁终世，可谓无民[⑬]。亡无爱征[⑭]，可谓无德。王虐而不忌[⑮]，楚君子干，涉五难以弑旧君，谁能济之[⑯]？有楚国者，其弃疾乎！君陈、蔡，城外属焉[⑰]。苛慝不作[⑱]，盗贼伏隐[⑲]，私欲不违[⑳]，民无怨心[㉑]。先神命之[㉒]，国民信之。芈姓有乱，必季实立，楚之常也[㉓]。获神[㉔]，一也；有民，二也；令德，三也；宠贵，四也；居常[㉕]，五也。有五利以去五难，谁能害之[㉖]？子干之官，则右尹也[㉗]。数其贵宠，则庶子也[㉘]。以神所命，则又远之。其贵亡矣，其宠弃矣，民无怀焉，国无与焉[㉙]，将何以立？"宣子曰："齐桓、晋文，不亦是乎[㉚]？"对曰："齐桓，卫姬之子也，有宠于僖[㉛]。有鲍叔牙、宾须无、隰朋以为辅佐[㉜]，有莒、卫以为外主[㉝]，有国、高以为内主[㉞]。从善如流，下善齐肃[㉟]，不藏贿[㊱]，不从欲[㊲]，施舍不倦，求善不厌[㊳]。是以有国，不亦宜乎？我先君文公，狐季姬之子也，有宠于献[㊴]；好学而不贰[㊵]，生十七年，有士五人[㊶]。有先大夫子馀、子犯以为腹心[㊷]，有魏犨、贾佗以为股肱，有齐、宋、秦、楚以为外主[㊸]，有栾、郤、狐、先以为内主[㊹]。亡十九年，守志弥笃[㊺]。惠、怀弃民，民从而与之[㊻]。献无异亲[㊼]，民无异望[㊽]，天方相晋，将何以代文[㊾]？此二君者，异于子干。共有宠子[50],国有奥主[51]。无施于民,无援于外;去晋而不送[52],归楚而不逆[53],何以冀国[54]?”

【注释】

①子干归:子干由晋国回到楚国。

②同恶相求,如市贾焉,何难:都憎恶楚灵王,那么起事当如商贾那样各求所欲,容易成功。同恶,共同憎恶楚灵王无道。

③无与同好,谁与同恶:他人并不和子干一条心,所以也不可能同恶。

④有宠而无人:地位显贵,但没贤人辅佐。

⑤有人而无主:即便有贤人,但缺乏有实力的人为他撑腰做主,做他的支援或内应。主,指有势力的人。

⑥谋:谋略。

⑦无民:没有百姓支持。

⑧无德:不修德,不修仁政。

⑨子干在晋,十三年矣:子干在昭公元年逃亡晋国,至今十三年。

⑩晋、楚之从,不闻达者:晋楚两国中追随子干的人都不是贤人。

⑪族尽亲叛:子干已无亲族在楚国。

⑫无衅而动:无可乘之机,即仓促起事。

⑬为羁终世,可谓无民:子干长年流亡于晋国,缺乏国内百姓的支持。

⑭亡无爱征:子干长年逃亡在外,国内却没有人怀念他。

⑮王虐而不忌:灵王虽然暴虐,但不忌刻,也有宽容的时候。

⑯楚君子干,涉五难以弑旧君,谁能济之:子干夺位,存在上述五难,没人能使他成功。君子干,以子干为国君。

⑰君陈、蔡,城外属焉:弃疾据有陈、蔡,方城以外的地方也归属他。城,指方城。

⑱苛：苛刻的政令。慝：邪恶的行为。

⑲盗贼伏隐：弃疾统治的区域里盗贼销声匿迹。

⑳私欲不违：弃疾不以私欲违背礼法。

㉑民无怨心：弃疾政治清明，得到百姓拥护。

㉒先神命之：指“再拜，皆厌纽”。

㉓芈(mǐ)姓有乱，必季实立，楚之常也：楚国有乱，常立小儿子为国君，这是叔向认为弃疾将被立为王时所做的分析。芈，楚王族之姓。季，少子。常，常例。

㉔获神：即上文的“当璧而拜”。

㉕居常：弃疾最幼小，立少合于常例。

㉖有五利以去五难，谁能害之：弃疾有五利，必被立为国君。

㉗子干之官，则右尹也：子干官不过右尹，地位不如弃疾。

㉘数其贵宠，则庶子也：贵宠不如弃疾。

㉙民无怀焉，国无与焉：百姓不怀念子干，国内也没有同情他的人。

㉚齐桓、晋文，不亦是乎：二人也是庶出，也逃亡在外。

㉛齐桓，卫姬之子也，有宠于僖：齐桓公得到僖公的宠爱。卫姬，齐僖公妾。僖，齐僖公。

㉜有鲍叔牙、宾须无、隰朋以为辅佐：齐桓公有贤人辅佐。

㉝有莒、卫以为外主：齐桓公流亡到莒国，卫国是他的舅家，有两国为外援。

㉞有国、高以为内主：国氏、高氏可以为内应。

㉟下善：见人有善，就以身下之。齐肃：有斋戒之事，律己甚严。齐，同“斋”。

㊱不藏贿：不贪财货。

㊲从：同“纵”。

㊳施舍不倦，求善不厌：这就是有德、有民。

㊴献：指晋献公。

㊵不贰：专心致志。

㊶有士五人：指狐偃、赵衰、颠颉、魏武子、司空季子，他们都是贤人。

㊷子馀：即赵衰。子犯：即狐偃。

㊸有齐、宋、秦、楚以为外主：杜预《春秋左传注》："齐妻以女，宋赠以马，楚王享之，秦伯纳之。"四国支持文公，见僖公二十三年《传》。

㊹有栾、郤、狐、先以为内主：栾枝、郤縠、狐突、先轸都支持文公返国。

㊺志：返国之志。

㊻惠、怀弃民，民从而与之：二君都弃民，民归附文公。惠、怀，晋惠公、怀公。

㊼献无异亲：晋献公有九个儿子，只存文公。

㊽民无异望：百姓再没有可寄托希望的人。

㊾天方相晋，将何以代文：文公获神、有民、令德、宠贵诸利皆备，所以能立为国君。

㊿共有宠子：楚共王有宠子弃疾，子干无宠。共，即楚共王。

51国有奥主：子干回国时灵王尚在王位。奥主，指国君。

52去晋而不送：子干离开晋国时没人送行。

53归楚而不逆：回来时楚国也没有人迎接他。

54何以冀国：子干宠贵、令德、有主、有民无一具备，所以没希望享有楚国。

【译文】

子干回到楚国，韩起向叔向询问说："子干应该能成功吧！"叔向回答说："很难。"韩起说："他们有共同的憎恨者而互相需要，犹如市场上的商贾，有什么难的？"叔向回答说："没人和子干有相同的喜好，谁又和他有共同的憎恶？夺取国家有五难：得到宠爱而无贤人相助，这是第一；有贤人而缺乏有力者的支持，这是第二；有人做主而缺少谋略，这是第三；有谋略而没有人民的支持，这是第四；有人民拥护而自己没有德行，这是第五。子干在晋国已经十三年了。晋、楚两国中追随他的人，没听说有贤达者，可说是没贤人。族人被灭尽，亲戚也都背叛了他，可说是缺乏有力者。楚国内部没有空子可钻却轻举妄动，可说是缺少谋略。终生在外流亡，可说没有人民的拥护。逃亡在外而没人怀念，可称得上没有德行。楚王暴虐但不忌刻，楚国要拥立子干为国君，有这五难而且要杀死旧国君，谁能办得到？能得到楚国的，恐怕是弃疾吧！他统治着陈、蔡二地，方城外也属他管辖。没有烦苛的政令和邪恶的事情，盗贼潜伏不敢胡来，有私欲但不违背礼法，人民没有怨恨情绪。原先已得到神灵的命令，国民信任他，而且芈姓有乱，总是立小的为国君，这是楚国的常规。他得到神灵保佑，这是第一；有人民的拥护，这是第二；有好的德行，这是第三；受到爱宠地位尊贵，这是第四；合乎立为国君的常规，这是第五。他有五利而远离五难，谁又能够危害他？子干的官职，不过是右尹。论起他的尊贵与受宠程度，则只是庶子。说到神灵的敕命，他可是远离玉璧。他的显贵已经丧失，爱宠已经没有，人民并不怀念，国内没有亲附他的，凭什么可以立为国君？”韩起说：“齐桓公、晋文公不也是庶子吗？”叔向回答说：“齐桓公是卫姬儿子，得到僖公的宠爱。有鲍叔牙、宾须无、隰朋作为辅佐，有莒国、卫国作为外援，有国氏、高氏作为内应。他从善如流，日常行为严肃庄重，不贪财，不纵欲，施舍财物不知疲倦，追求善行从不满足。所以他享有国家，不也是很自然的吗？我国先君文公，是狐季姬之子，得到献公的宠爱；好学而专心一致，才十七岁，就有贤士五人辅佐他。有先大夫子馀、子犯作为心腹，有魏犨、贾佗作为左膀右臂，有齐国、宋国、秦国、楚国作为外援，有栾枝、郤縠、狐突、先轸作为内应。流亡十九年，坚守回国志向愈加坚定。惠公、怀公抛弃人民，人民因而追随文公并支持他。献公没有其他的亲人，人民没有别的希望，上天正保佑晋国，又将有谁能代替文公？这两位国君，和子干不相同。楚共王有宠爱的儿子，国内还有国君在。子干又没有施惠给人民，而且外部没有援助；他离开晋国时没人送行，回到楚国也没人迎接，他凭什么希望享有楚国？”

13.3　晋成虒祁[①]，诸侯朝而归者皆有贰心。为取郠故[②]，晋将以诸侯来讨。叔向曰：“诸侯不可以不示威[③]。”乃并征会[④]，告于吴。秋，晋侯会吴子于良[⑤]，水道不可，吴子辞，乃还[⑥]。

【注释】

①晋成虒祁：虒祁宫落成在昭公八年。

②为取郠故：鲁国占取莒之郠地在昭公十年。

③诸侯不可以不示威：楚灵王与晋争霸，晋不敢与之竞争；楚灭陈灭蔡，晋也不能救；子产谓“晋政多门，贰偷之不暇”，所以晋国想以此向诸侯显示一下威力。

④乃并征会：召集全体诸侯。征，召。

⑤晋侯会吴子于良：晋昭公准备会见吴王。良，古地名。在今江苏邳州。

⑥水道不可，吴子辞，乃还：吴都在今江苏苏州，因水道不通，吴王辞谢不来，晋昭公返回国内。

【译文】

晋国虒祁宫落成，诸侯前往朝见归来后都产生了二心。因为夺取郠地的缘故，晋国准备率领诸侯军队前来讨伐鲁国。叔向说：“诸侯有离心倾向不能不显示一下我们的威力。”便召集诸侯来会见，并告知吴国。秋，晋昭公要和吴王夷末在良地见面，因为水路不通，吴王推辞不来，昭公便回国了。

七月丙寅[①]，治兵于邾南[②]，甲车四千乘[③]，羊舌鲋摄司马[④]，遂合诸侯于平丘。子产、子大叔相郑伯以会，子产以幄、幕九张行[⑤]，子大叔以四十[⑥]，既而悔之，每舍，损焉[⑦]。及会，亦如之[⑧]。

【注释】

①丙寅：二十九日。

②邾南：邾国南境。

③甲车四千乘：按，晋国大规模阅兵，即所谓"示威于诸侯"。

④羊舌鲋：叔向弟弟。摄：代理。

⑤子产以幄、幕九张行：子产带幄、幕各九张供住宿。幄、幕，军队的营帐。

⑥子大叔以四十：幄、幕各四十张。

⑦每舍，损焉：每住宿一次，就减少幄、幕一次。

⑧及会，亦如之：到达平丘，子太叔也只剩幄、幕各九张。

【译文】

七月二十九日，在邾国南境阅兵，有甲车四千辆，羊舌鲋代理司马职务，于是在平丘会合诸侯。子产、子太叔辅佐郑定公赴会，子产带了幄、幕各九张，子太叔带了幄、幕各四十张，随即后悔了，每次宿营，就减少一些幄、幕。到达盟会地，也就跟子产的数量一样了。

次于卫地，叔鲋求货于卫，淫刍荛者[①]。卫人使屠伯馈叔向羹与一箧锦[②]，曰："诸侯事晋，未敢携贰[③]，况卫在君之宇下[④]，而敢有异志？刍荛者异于他日[⑤]，敢请之。"叔向受羹反锦[⑥]，曰："晋有羊舌鲋者，渎货无厌[⑦]，亦将及矣[⑧]。为此役也，子若以君命赐之，其已[⑨]。"客从之[⑩]，未退而禁之[⑪]。

【注释】

①淫刍荛者：放纵晋军砍柴草的人胡作非为。淫，纵。

②箧(qiè)：小箱子。

③携贰：叛离。

④宇下：屋檐下。比喻卫国和晋国相隔很近，受到晋国的庇护。

⑤刍荛者异于他日：对刍荛者胡作非为的委婉说法。

⑥叔向受羹反锦：羹汤非财礼，叔向接受，以示领情；退回锦，以示不受贿。

⑦渎货：贪求财物。渎，通“黩”。

⑧亦将及矣：将有灾祸。

⑨子若以君命赐之，其已：以卫国国君之命赐叔鲋箧锦，事情就可了结。

⑩客：指屠伯。

⑪未退而禁之：屠伯还没走，叔鲋已下令禁止刍荛者。

【译文】

叔鲋在卫地驻扎，向卫国索取财物，放纵打草砍柴的人。卫国人派屠伯送给叔向羹汤和一箱锦，说：“诸侯事奉晋国，不敢有二心，何况卫国就在国君的屋宇下，哪敢有别的想法？这次打草砍柴者的表现和往日不一样，敢请您过问一下。”叔向接受羹汤而退回了锦，说：“晋国有个叫羊舌鲋的人，他贪得无厌，祸难也就要降临了。对于这次的事情，你如果以国君的名义赐给他财物，事情应该就会了结了。”屠伯听从了他的话，还没走，禁止乱砍柴草的命令就下达了。

晋人将寻盟，齐人不可①。晋侯使叔向告刘献公曰②：“抑齐人不盟③，若之何？”对曰：“盟以底信④。君苟有信，诸侯不贰，何患焉？告之以文辞，董之以武师，虽齐不许，君庸多矣⑤。天子之老请帅王赋⑥，‘元戎十乘，以先启行’⑦，迟速唯君[8]。”叔向告于齐，曰：“诸侯求盟，已在此矣[9]。今君弗利[10]，寡君以为请[11]。”对曰：“诸侯讨贰，则有寻盟[12]。若皆用命，何盟之寻[13]？”叔向曰：“国家之败，有事而无业，事则不经[14]。有业而无礼，经则不序[15]；有礼而无威，序则不共[16]；有威而不昭，共则不明[17]。不明弃共，百事不终，所由倾覆也[18]。是故明王之制，使诸侯岁聘以志业[19]，间朝以讲礼[20]，再朝而会以示威[21]，再会而盟以显昭明[22]。志业于好[23]，讲礼于等[24]，示威于众[25]，昭明于神[26]。自古以来，未之或失也[27]。存亡之道，恒由是兴。晋礼主盟[28]，惧有不治[29]。奉承齐牺，而布诸君，求终事也[30]。君曰：‘余必废之’，何齐之有[31]？唯君图之，寡君闻命矣[32]！”齐人惧，对曰：“小国言之[33]，大国制之[34]，敢不听从？既闻命矣，敬共以往，迟速唯君[35]。”叔向曰：“诸侯有间矣[36]，不可以不示众[37]。”八月辛未[38]，治兵[39]，建而不旆[40]。壬申[41]，复旆之[42]。诸侯畏之[43]。

【注释】

①晋人将寻盟，齐人不可：按，齐国已有二心。

②刘献公：周王卿士。

③抑：语首助词，无义。

④厎(zhǐ)信：取得信用。厎，招致。

⑤“告之以文辞”四句：齐国既不同意寻盟，那么先礼后兵，加以讨伐，晋国可以成功。董，监督。庸，利功。

⑥天子之老：天子之卿，是刘献公自称。王赋：周王的军队。

⑦元戎十乘，以先启行：引《诗》见《诗经·小雅·六月》，意思是愿率兵先导。

⑧迟速唯君：表示愿佐晋国讨伐齐国。

⑨诸侯求盟，已在此矣：已会诸侯于平丘。

⑩弗利：不以会盟为利，即不参加盟会。

⑪寡君以为请：按，叔向再次请齐国参加盟会。

⑫诸侯讨贰，则有寻盟：诸侯有二心，才需要重温盟约以巩固友好关系。

⑬若皆用命，何盟之寻：齐国以诸侯并无二心为由拒绝寻盟。用命，效命。

⑭有事而无业，事则不经：有事情而没有贡赋，事情就不能正常办理。业，贡赋。

⑮有业而无礼，经则不序：虽有贡赋，而无礼节，则失高下之序。

⑯有礼而无威，序则不共：虽有礼节，而无威严，能分别高下之序而没有恭敬。

⑰有威而不昭，共则不明：有威严而不昭告神灵，有恭敬也没有明显的信义。

⑱不明弃共，百事不终，所由倾覆也：信义不明则弃威严，无威严则弃礼仪，无礼无经，无经无业，所以百事不成，国家倾覆。而盟以取信，会盟乃理所当然。不终，无结果。倾覆，指国家败亡。

⑲使诸侯岁聘以志业：诸侯每年朝聘，以记住自己的职责。业，职责。

⑳间朝：每隔两年朝觐一次。

㉑再朝而会：六年诸侯会见一次。

㉒再会而盟以显昭明：十二年一盟，以显示信义。

㉓志业于好：在聘问的友好关系中记住自己的职责。

㉔讲礼于等：在朝觐中以等级次序来演习礼仪。

㉕示威于众：在会见时向众人显示威严。

㉖昭明于神：结盟时向神灵显示信义。

㉗自古以来，未之或失也：聘、朝、会、盟，古制如此，从未缺失。

㉘晋礼主盟：按照旧礼，晋国本应主盟诸侯。

㉙惧有不治：担心事情办不好。

㉚奉承齐牺，而布诸君，求终事也：晋国主盟，谨奉斋牺以布陈于各位诸侯面前，以求好于诸侯，使事情完满结束。齐牺，盟会时的牺牲。齐，同"斋"。布，陈列。

㉛何齐之有：何盟之有。齐，同"斋"。盟会也称斋会。

㉜唯君图之，寡君闻命矣：这就是叔向先"告之以文辞"。闻命，晋国国君听着，等待齐国的答复。

㉝言之：指上面"何盟之有"的话。

㉞制：裁夺。

㉟既闻命矣，敬共以往，迟速唯君：按，齐国害怕，表示愿前往会盟。

㊱诸侯有间矣：从齐国之举看出诸侯与晋国有离心。间，嫌隙。

㊲不可以不示众：需炫耀兵力以巩固盟主的地位。

㊳辛未：初四。

㊴治兵：军事演习。

㊵建：建立旌旗。旆(pèi)：旌旗的飘带。不旆，将飘带缠起来。

㊶壬申：初五。

㊷复旆之：又将飘带放开。按，古代兵法，将战则飘带飘扬。

㊸诸侯畏之：诸侯见此，以为晋国将用兵，都畏惧晋国。

【译文】

晋国打算重修旧盟，齐国不同意。晋昭公派叔向禀告刘献公说："要是齐国不肯结盟，怎么办?"刘献公回答说："结盟是用来取得信用的。国君如果有信用，诸侯不三心二意，有什么好忧虑的呢？可以对齐国用文辞告知，用武力督促，即便齐国不同意，国君的功劳就很多了。我作为天子的卿士请求率领天子军队，'大型战车十辆，在前面为您开路'，时间迟早一凭国君决定。"叔向告知齐国，说："诸侯请求结盟，已经等在这里了。现在贵国国君不以会盟为利,我们国君请您明示理由。”齐国回复说:“诸侯讨伐叛离者,才有重修旧盟的举动。要是全都服从命令,何必再修旧盟呢?”叔向说:“国家的败亡,在于有了事情而无贡赋,事情就不能正常进行。有了贡赋而没有礼仪,规矩就没有秩序;有礼仪而没有威严,虽有秩序也显不出恭敬;有威严而不显扬,有恭敬也不能昭告神灵。不明白显示又抛弃恭敬,所有的事情都不会有结果,这是国家倾覆的根源。因此贤明君主订立制度,让诸侯每年聘问一次以记住自己的职责,每隔二年朝见一次以讲习礼仪,六年会见一次以昭示威仪,十二年盟会一次以显示信义。在友好中记住职责,用等级次序讲习礼仪,向百姓显示威严,向神灵昭明信义。自古以来都没有缺失。存亡之道总由此而发生。晋国按照礼仪而主持盟会,唯恐不能办好。谨奉结盟的牺牲展布在诸位国君之前,以求得事情的圆满结束。国君则说:‘我一定要废除它’,那还用得着什么结盟呢?请贵国国君好好考虑,我们国君听凭您的命令!”齐国害怕了,回答说:“小国说出想法,由大国来裁定,怎敢不听从?我们已经听到命令了,会恭敬地前往,时间迟早听凭国君的吩咐。”叔向说:“诸侯对晋国有嫌隙了,不能不向他们展示一下实力。”八月初四,检阅军队,树起旌旗但不舒展斾带。初五,才放开斾带。诸侯害怕了。

邾人、莒人诉于晋曰:“鲁朝夕伐我,几亡矣。我之不共,鲁故之以[①]。”晋侯不见公,使叔向来辞曰:“诸侯将以甲戌盟,寡君知不得事君矣[②],请君无勤[③]。”子服惠伯对曰:“君信蛮夷之诉[④],以绝兄弟之国,弃周公之后,亦唯君。寡君闻命矣[⑤]。”叔向曰:“寡君有甲车四千乘在,虽以无道行之[⑥],必可畏也,况其率道[⑦],其何敌之有[⑧]?牛虽瘠,偾于豚上,其畏不死[⑨]?南蒯、子仲之忧[⑩],其庸可弃乎[⑪]?若奉晋之众，用诸侯之师，因邾、莒、杞、鄫之怒[⑫]，以讨鲁罪，间其二忧[⑬]，何求而弗克[⑭]？”鲁人惧，听命[⑮]。

【注释】

①我之不共，鲁故之以：二国诉苦，说不能向盟主进贡财物，是因鲁国经常侵犯。共，通“供”。

②不得事君：不能事奉您。这是拒绝鲁君的委婉的外交辞令。

③无勤：不必劳驾。

④蛮夷：指邾、莒二国。

⑤寡君闻命矣：表示对于晋国的告诫并不服气。

⑥无道：不以常道办事。

⑦率道：遵循常道。

⑧其何敌之有：按，以上用兵力威胁。

⑨牛虽瘠，偾(fèn)于豚(tún)上，其畏不死：牛虽瘦，仆倒压在小猪的身上，猪必死无疑。这是比喻晋霸虽衰，但加兵于鲁，不由鲁国不服。偾，仆倒。豚，小猪。

⑩南蒯、子仲之忧：昭公十二年，南蒯、子仲欲出季平子，不克，南蒯以费叛如齐，子仲亦奔齐。

⑪其庸：岂。弃：忘记。

⑫因邾、莒、杞、鄫之怒：四小国靠近鲁国，常受鲁国欺凌。因，依靠。

⑬间：间隙，动词，利用这间隙。二忧：即南蒯、子仲之忧。

⑭何求而弗克：按，叔向用鲁国外有晋与诸侯之兵，内有南蒯、子仲之乱恐吓鲁国。

⑮鲁人惧，听命：鲁昭公终于不敢前往结盟。

【译文】

邾国、莒国向晋国控诉说：“鲁国不断攻打我们，我们快要被灭亡了。我们不能贡献财物，都是鲁国造成的。”晋昭公不见鲁昭公，派叔向来辞谢说:“诸侯将在初七结盟,我们国君知道不能够事奉国君了,请国君不必劳动大驾了。”子服惠伯回答说:“贵君听信蛮夷的话,断绝兄弟国家,丢弃周公的后代,也只好听凭贵君了。我们国君听到命令了。”叔向说:“我们国君有甲车四千辆在这里,即便不按常规行事,也肯定是可畏的了,何况是遵循常规办理,还有谁能抵敌?牛虽瘦,压到小猪身上,还怕压不死它?南蒯、子仲的忧患,难道可以忘却吗?如果以晋国的众多人马,动用诸侯的军队,依靠邾国、莒国、杞国、鄫国的愤怒,来讨伐鲁国的罪行,利用贵国南蒯、子仲的忧患,要什么而得不到?”鲁国害怕了,听从了晋国的命令。

甲戌,同盟于平丘,齐服也①。令诸侯日中造于除②。癸酉③,退朝④。子产命外仆速张于除⑤,子大叔止之,使待明日。及夕,子产闻其未张也,使速往,乃无所张矣⑥。

【注释】

①甲戌,同盟于平丘,齐服也:齐国顺服,于是结盟。

②造:到达。除:除去杂草筑土为坛,即盟会之处。

③癸酉:初六。

④退朝:初七结盟,初六诸侯先朝晋,朝见后退出。

⑤外仆:主管营舍的官。张:搭帐篷。

⑥子产闻其未张也,使速往,乃无所张矣:让外仆赶快前去搭,会盟处已经无处可搭帐篷了。按,由此可见子产办事干练,有预见。

【译文】

初七,诸侯在平丘结盟,因为齐国已经顺服了。命令诸侯中午到达盟会地。初六,朝见晋国完毕。子产命外仆赶快去盟会地搭帐篷,子太叔拦住了,让等到明天再搭。晚上,子产听说还没去搭,让赶紧去,已经没有可搭的地方了。

及盟，子产争承[①]，曰："昔天子班贡[②]，轻重以列[③]，列尊贡重，周之制也。卑而贡重者，甸服也[④]。郑伯，男也，而使从公侯之贡[⑤]，惧弗给也[⑥]，敢以为请。诸侯靖兵[⑦]，好以为事[⑧]。行理之命无月不至[⑨]，贡之无艺[⑩]，小国有阙，所以得罪也。诸侯修盟，存小国也。贡献无极，亡可待也[⑪]。存亡之制，将在今矣。"自日中以争，至于昏，晋人许之。既盟，子大叔咎之曰[⑫]："诸侯若讨，其可渎乎[⑬]？"子产曰："晋政多门，贰偷之不暇，何暇讨[⑭]？国不竞亦陵，何国之为[⑮]？"

【注释】

①承：贡赋轻重等级。

②班贡：定贡赋的等级次序。班，次序。

③轻重以列：贡赋多少依爵位高低而定。

④甸服：古代王畿外围的地方，以五百里为标准，按照距离的远近分为五等，叫五服，依次为侯服、甸服、男服、采服、卫服。

⑤郑伯，男也，而使从公侯之贡：郑国在甸服之外，为男服，不应出公侯的贡赋。

⑥弗给(jǐ)：不能如数供给。给，足够。

⑦靖兵：息兵。

⑧好以为事：以友好为事。

⑨行理：行旅、使者，这里是催问贡赋的使者。

⑩无艺：无极，无限度。

⑪贡献无极，亡可待也：大国对小国勒索无度，小国危亡将至。

⑫咎：责怪。

⑬诸侯若讨，其可渎乎：意思是现在得罪于晋国，如果晋国来讨伐，无法轻易对付。渎，轻易。

⑭晋政多门，贰偷之不暇，何暇讨：晋国大夫大多各自为政，自身不能同心同德，苟安都还来不及，哪有可能来讨伐。贰，分歧。偷，苟安。

⑮国不竞亦陵，何国之为：不竞亦陵，不竞争则遭受欺凌。按，晋国不断增加诸侯贡赋，子产为反对强权，捍卫郑国的利益而斗争，并取得胜利。

【译文】

结盟时，子产争论进贡物品的轻重等级，说："往昔天子确定贡献的等级次序，轻重是根据地位来决定的，地位尊贵贡赋就重，这是周朝的制度。位置低下而贡赋重的，是甸服。郑伯是男爵，让我国按公侯的标准纳贡，恐怕无法如数交纳，冒昧地请求酌减。诸侯间没有战事，以友好为事。使者传达的命令没有一月没有，贡赋没有限度，小国无法满足，因此而多有得罪。诸侯重温旧盟，是为了保存小国。贡献礼物没有限度，灭亡的日子就指日可待了。决定存亡的制度，就在今天了。"从中午一直争论到傍晚，晋国终于同意了。缔结盟约后，子太叔责备子产说："诸侯如果来讨伐郑国，我们可以轻易地应付吗？"子产说："晋国政出多门，他们苟且偷安还来不及，哪有闲暇来讨伐？不和他们争竞国家也将被欺凌，那还成个什么国家？"

公不与盟。晋人执季孙意如[①]，以幕蒙之[②]，使狄人守之。司铎射怀锦，奉壶饮冰，以蒲伏焉[③]。守者御之[④]，乃与之锦而入。晋人以平子归，子服湫从[⑤]。

【注释】

①晋人执季孙意如：鲁国攻打郝、莒时，季孙执掌鲁国之政，晋国于是拘捕季孙，以示惩罚。

②以幕蒙之：用幕布把季平子遮盖起来。姚鼐《左传补注》云："盖

晋以在行无牢狱，故以幕蒙闭之以为狱，不必裹之也。”

③司铎射怀锦，奉壶饮冰，以蒲伏焉：司铎射怀里藏锦，以壶盛冰水，爬进去送给季平子。司铎射，鲁国大夫。蒲伏，匍匐，爬行。怕被人看见受阻止。

④御：阻止。

⑤子服湫：子服惠伯，曾跟随季平子去晋国。

【译文】

鲁昭公不参加盟会。晋国抓了季平子，用幕布蒙罩着，派狄人看守。司铎射怀里藏了锦，捧着装冰的壶，偷爬了进去。看守人挡住他，司铎射把锦送给看守，才得以进入。晋人押着季平子回国，子服惠伯跟去晋国。

子产归，未至，闻子皮卒，哭，且曰：“吾已①！无为为善矣②，唯夫子知我。”

【注释】

①已：完了。

②无为为善矣：无人助我为善。

【译文】

子产回国，还没到，听说子皮去世，哭了起来，并说：“我完了！再也没有人帮助我做好事了，只有他老人家了解我。”

仲尼谓：“子产于是行也，足以为国基矣①。《诗》曰：‘乐只君子，邦家之基②。’子产，君子之求乐者也。”且曰：“合诸侯，艺贡事③，礼也。”

【注释】

①子产于是行也,足以为国基矣:意思是子产在平丘盟会上对晋国所做的斗争,足见他是郑国的柱石。基,基石。

②乐只君子,邦家之基:引诗见《诗经·小雅·南山有台》,意思是君子所以乐,因其能成为国家的基石。只,语助词,无义。

③艺贡事:制定贡赋的极限。

【译文】

孔子说:“子产在这次盟会中的表现,足以为国家的基石了。《诗》说:‘君子多快乐,因为他是国家和家族的基石。’子产是君子中追求快乐的人。”又说:“会合诸侯,确定贡赋的限度,这就是礼啊。”

13.4 鲜虞人闻晋师之悉起也[①],而不警边,且不修备[②]。晋荀吴自著雍以上军侵鲜虞[③],及中人[④],驱冲竞[⑤],大获而归。

【注释】

①悉起:全部出动,指参加平丘之盟前的演习。

②而不警边,且不修备:鲜虞人麻痹,不警戒边境,也不加强武备。

③著雍:晋地名。

④中人:古地名。在今河北唐县西北。

⑤驱冲竞:驱动冲车与鲜虞人争逐。冲,冲车,用以冲锋陷阵的车。竞,和鲜虞人争逐。

【译文】

鲜虞人听说晋军全部出动,就没有警戒边境,而且不整治武备。晋国荀吴从著雍率领上军侵袭鲜虞,到达中人,驱动冲车和鲜虞人作战,得到许多战利品归去。

13.5　楚之灭蔡也，灵王迁许、胡、沈、道、房、申于荆焉[①]。平王即位，既封陈、蔡，而皆复之[②]，礼也。隐大子之子庐归于蔡[③]，礼也。悼大子之子吴归于陈[④]，礼也。

【注释】

①许、胡、沈：都是小国。许，昭公九年迁于夷。胡，妫姓，在今安徽阜阳市和阜阳县境。沈，姬姓，在今安徽阜阳西北。道、房、申：诸侯国，楚国将它们灭亡后改为邑。道，在今河南确山北。房，在今河南遂平。申，姜姓，在今河南南阳。荆，楚。

②平王即位，既封陈、蔡，而皆复之：让六国全部迁回原地。按，平王一反灵王所为，恢复被迁的小国，以收揽人心。

③隐大子：太子有。庐：蔡平侯。

④悼大子：即偃师。吴：即陈惠公。

【译文】

楚国灭亡蔡国以后，楚灵王把许、胡、沈、道、房、申各国人都迁到楚国境内。楚平王即位后，分封陈、蔡二国，又将各国迁回原处，这是合于礼的。让隐太子的儿子庐回到蔡国，这也是合于礼的。悼太子的儿子吴回到陈国，同样是合于礼的。

13.6　冬十月，葬蔡灵公[①]，礼也。

【注释】

①葬蔡灵公：蔡复国，安葬蔡灵公。

【译文】

冬十月，安葬蔡灵公，这是合于礼的。

13.7　公如晋[①]。荀吴谓韩宣子曰："诸侯相朝，讲旧好也[②]。执其卿而朝其君，有不好焉[③]，不如辞之。"乃使士景伯辞公于河[④]。

【注释】

①公如晋：鲁昭公朝晋，真正目的是请求放回季孙。

②讲旧好：重温过去的友好。

③执其卿而朝其君，有不好焉：拘捕季孙又让昭公来朝，不是友好的表示。

④士景伯：士文伯儿子弥牟。

【译文】

鲁昭公去晋国。荀吴对韩起说："诸侯互相朝见，是为了重修旧好。现在拘捕了他们的卿而让国君来朝见，这是不友好的，不如辞谢不见。"于是派士景伯在黄河边谢绝鲁昭公前来。

13.8　吴灭州来。令尹子期请伐吴，王弗许，曰："吾未抚民人，未事鬼神，未修守备，未定国家，而用民力，败不可悔。州来在吴，犹在楚也。子姑待之[①]。"

【注释】

①子姑待之：按，鉴于楚灵王滥用民力，频繁对外用兵，终致失国杀身，平王先从休养人民、安定国家做起，不肯轻易出兵。

【译文】

吴国灭亡州来。令尹子期请求讨伐吴国，楚平王没同意，说："我还没有安抚人民，没有祭祀鬼神，没有修治防守设备，没有安定国家，却使用民力，失败了后悔莫及。州来在吴国，就像在楚国一样。你暂且忍耐一下吧。”

13.9　季孙犹在晋，子服惠伯私于中行穆子曰：“鲁事晋，何以不如夷之小国[①]？鲁，兄弟也，土地犹大，所命能具[②]。若为夷弃之，使事齐、楚，其何瘳于晋[③]？亲亲、与大[④]，赏共、罚否[⑤]，所以为盟主也。子其图之。谚曰：‘臣一主二[⑥]。’吾岂无大国[⑦]？”穆子告韩宣子，且曰：“楚灭陈、蔡，不能救[⑧]，而为夷执亲，将焉用之？”乃归季孙。惠伯曰：“寡君未知其罪，合诸侯而执其老[⑨]。若犹有罪，死命可也[⑩]。若曰无罪而惠免之，诸侯不闻，是逃命也，何免之为[⑪]？请从君惠于会[⑫]。”宣子患之[⑬]，谓叔向曰：“子能归季孙乎[⑭]？”对曰：“不能。鲋也能。”乃使叔鱼[⑮]。叔鱼见季孙曰：“昔鲋也得罪于晋君，自归于鲁君[⑯]，微武子之赐[⑰]，不至于今。虽获归骨于晋，犹子则肉之，敢不尽情[⑱]？归子而不归[⑲]，鲋也闻诸吏，将为子除馆于西河[⑳]，其若之何[㉑]？”且泣[㉒]。平子惧，先归[㉓]。惠伯待礼[㉔]。

【注释】

①夷之小国：指邾、莒二国。

②所命能具：晋国所命贡赋都能具备。

③使事齐、楚，其何瘳（chōu）于晋：晋国如果丢弃鲁国，鲁国就事齐、楚，对晋国无益。

④亲亲、与大：亲善兄弟的国家，赞助地大的国家。

⑤共：通“供”。否：不供。

⑥臣一主二：道不相合，将去事奉他国，所以一臣必有二主。

⑦吾岂无大国：晋国如果不讲情面，鲁国将去事奉他国。

⑧楚灭陈、蔡，不能救：当时晋国怕楚国，不敢救陈、蔡二国。

⑨老：诸侯之卿，这里指季孙。

⑩死命可也：可奉命而死。

⑪“若曰无罪而惠免之”四句：意谓不在诸侯中公开赦免，不算是赦免。

⑫请从君惠于会：意思是要和晋国公开结盟后才离开。

⑬宣子患之：如果和鲁国结盟之后放回季孙，等于承认当初拘捕季孙是错的，所以韩起感到为难。

⑭归季孙：想个妥善的办法让季孙归鲁。

⑮叔鱼：即叔鲋。

⑯昔鲋也得罪于晋君，自归于鲁君：指襄公二十一年叔虎与栾氏同党而得罪。

⑰微：如果没有。武子：季平子祖父季武子。

⑱虽获归骨于晋，犹子则肉之，敢不尽情：虽是季武子使自己归晋，由祖恩感及子孙，就如同季平子使自己再生一样。

⑲归子而不归：指季平子不返回鲁国。

⑳除：修筑。西河：在今陕西大荔、华阴一带，在黄河以西，离鲁国甚远。

㉑其若之何：暗示晋国将长期监禁季平子。

㉒且泣：叔鱼哭泣，季平子信以为真。

㉓平子惧，先归：不要求结盟便返回鲁国。

㉔惠伯待礼：惠伯不走，等待晋国以礼相送。

【译文】

季平子还在晋国，子服惠伯私下对中行穆子说：“鲁国事奉晋国，怎么就不如夷人小国？鲁国是晋国的兄弟之国，土地也广大，你们所规定的贡赋都能交纳。要是为了夷人而抛弃鲁国，让它去事奉齐、楚二国，对晋国又有什么好处呢？亲近关系亲密的国家，支持大国，奖赏能贡献财物的国家，惩罚不贡献物品的国家，这才是作为盟主应该做的。您好好想想吧。谚语说：'一个臣子可以选择两个主人。'我们难道没有大国可以投靠？"中行穆子告诉了韩起，并说："楚国灭亡陈国、蔡国，我国不能救援，却为了夷人拘捕亲近国家的人，这又有什么用？"便决定放季平子回国。子服惠伯说："我们国君不知有什么罪，会合诸侯却抓走我们的卿。要是有罪，就请下达处死的命令吧。如果没罪而加恩赦免，可诸侯并不知晓，这是逃避命令，怎么能算赦免呢？谨请国君赐恩公开结盟。"韩起感到为难，对叔向说："你能让季平子回去吗？"叔向回答说："我不能。但叔鲋能做到。"于是派叔鲋前去。叔鲋进见季平子说："以前我得罪了晋君，自己前往归顺鲁君，要是没有季武子的恩赐，我到不了今天。虽然让我这把老骨头回到晋国，但就如同是你使我获得新生，怎敢不为你尽力？让你回国你却不回去，我从官吏那儿听说，将为你在西河修筑馆舍，那时该怎么办？"说着就哭起来。季平子害怕了，就先回国去。子服惠伯在晋国等待以礼遣送。

十四年

【经】

14.1　十有四年春[①]，意如至自晋[②]。

14.2　三月，曹伯滕卒[③]。

14.3　夏四月。

14.4　秋，葬曹武公。

14.5　八月，莒子去疾卒[④]。

14.6　冬，莒杀其公子意恢。

【注释】

①十有四年春：鲁昭公十四年当周景王十七年，前528。

②意如至自晋：季平子由晋回国。

③曹伯滕卒：曹武公去世。

④莒子去疾卒：莒著丘公死。他在位十四年，儿子郊公继位。

【译文】

鲁昭公十四年春，季平子由晋回国。

三月，曹武公滕去世。

夏四月。

秋，安葬曹武公。

八月，莒著丘公去疾去世。

冬，莒国杀死本国公子意恢。

【传】

14.1　十四年春，意如至自晋，尊晋、罪己也[①]。尊晋、罪己，礼也。

【注释】

①意如至自晋，尊晋、罪己也：季平子获赦免回国，《经》文不称族氏季孙只称意如，是尊重晋国而归罪自己。

【译文】

鲁昭公十四年春天，意如从晋国回来，《春秋》只称他意如，是尊重晋国而归罪自己。尊重晋国，归罪自己，这是合于礼的。

14.2　南蒯之将叛也，盟费人[①]。司徒老祁、虑癸伪废疾[②]，使请于南蒯曰："臣愿受盟而疾兴，若以君灵不死，请待间而盟[③]。”许之。二子因民之欲叛也,请朝众而盟[④]。遂劫南蒯曰:“群臣不忘其君[⑤],畏子以及今,三年听命矣。子若弗图[⑥],费人不忍其君[⑦],将不能畏子矣[⑧]。子何所不逞欲[⑨]?请送子[⑩]。”请期五日[⑪]。遂奔齐[⑫]。侍饮酒于景公。公曰:“叛夫[⑬]!”对曰:“臣欲张公室也[⑭]。”子韩皙曰[⑮]:“家臣而欲张公室,罪莫大焉。”司徒老祁、虑癸来归费[⑯],齐侯使鲍文子致之[⑰]。

【注释】

①南蒯之将叛也,盟费人:与费人盟誓,同心反季氏。南蒯以费叛在昭公十二年。

②司徒老祁、虑癸:季氏家臣。伪废疾:假装发病。废,通“发”。

③请待间而盟:二人装病推迟盟期。间,指病稍稍痊愈。

④二子因民之欲叛也,请朝众而盟:二人依靠百姓想要背叛南蒯的愿望,要求集合他们一起结盟。因,依靠。按,此当是今年之事。

⑤君:指季氏。

⑥子若弗图:不考虑百姓对你的怨恨。

⑦费人不忍其君:不能对季氏忍心。忍,狠心。

⑧将不能畏子矣:不再怕你,指将叛南蒯。

⑨子何所不逞欲:何处不能快意,不必一定在费。

⑩请送子:指将驱逐南蒯。

⑪请期五日:南蒯请求等待五天。

⑫遂奔齐:按,昭公十二年南蒯以费叛如齐,大约是去了齐国后又回到费邑,此年离开费邑只身逃奔齐国。

⑬叛夫:叛徒。这是景公对南蒯的戏称。

⑭臣欲张公室也:自己本意是要削弱季氏,强大鲁国公室。这是南

蒯自我掩饰的话。

⑮子韩皙：齐国大夫。

⑯司徒老祁、虑癸来归费：二人将费地收回鲁国。

⑰齐侯使鲍文子致之：当初南蒯叛，带着费地到齐国，所以齐景公为了讨好鲁国，派鲍文子送还费地。鲍文子，齐国大夫。

【译文】

南蒯将要叛变时，和费邑官吏结盟。司徒老祁、虑癸假装得病，派人向南蒯请求说："臣愿意接受盟约但疾病发作，如果托您的福而不死，请允许病稍好些再结盟。"南蒯答应了。二人依靠百姓想要背叛南蒯的愿望，就集聚众人一起结盟。于是劫持南蒯说："臣子们不能忘记自己的君主，因为害怕你而一直拖到今天，已经服从你的命令三年了。你如果不另想办法，费地人不忍心对君主这样，将不再害怕你了。你去什么地方不能满足自己的欲望呢？请让我们送走你。"南蒯请求等待五天。于是出逃到齐国。南蒯一次陪侍齐景公饮酒。景公说："叛徒！"南蒯回答说："臣是想使公室强大。"子韩皙说："作为家臣而想使公室强大，没有比这更大的罪行了。"司徒老祁、虑癸前来要求归还费地，齐景公派鲍文子去交还费邑。

14.3　夏，楚子使然丹简上国之兵于宗丘①，且抚其民。分贫②，振穷③；长孤幼④，养老疾，收介特⑤，救灾患，宥孤寡⑥，赦罪戾；诘奸慝，举淹滞⑦；礼新，叙旧⑧；禄勋，合亲⑨；任良，物官⑩。使屈罢简东国之兵于召陵⑪，亦如之⑫。好于边疆⑬，息民五年，而后用师，礼也⑭。

【注释】

①简：选拔，检阅。上国：楚国西部。西方居上流，故谓之上国。

兵:包括一切武备与卒乘。宗丘:古地名。在今湖北秭归。

②分:给予,施舍。

③振:救济。

④长:抚育。

⑤收介特:收容单身汉。介特,单身汉。

⑥宥:宽免,这里指宽免赋税。

⑦诘奸慝,举淹滞:禁治奸邪,举拔沉滞在下的人才。

⑧礼新,叙旧:外人新来,以礼待之;旧有之人,有才者任用之。

⑨禄勋,合亲:奖赏有功者,使宗族和睦。

⑩任良,物官:任用贤良,量才授官。

⑪东国:东部地区。召陵:古地名。在今河南郾城。

⑫亦如之:做法跟然丹简上国之兵一样。

⑬好于边疆:与四方邻国结好。

⑭息民五年,而后用师,礼也:杨伯峻曰:"十七年长岸之役,非平王本意。至十九年,楚始主动出兵伐濮,城州来,则息民五年矣。"按,楚平王整顿国政,休养生息,结好邻国,以巩固自己的君位和楚国的地位。

【译文】

夏,楚平王派然丹在宗丘选拔检阅西部的军队和装备,并安抚当地民众。令他施舍贫苦,赈济穷人;抚育年幼的孤儿,赡养年老有病的人,收容单身流民,救济受灾的人,宽免孤儿寡妇的赋税,赦免有罪的人;究治奸邪,举拔被埋没的人才;礼遇新来者,抚慰旧有的居民;赏赐有功的人,和睦亲族;任用贤良,物色官吏。又派屈罢在召陵选拔检阅东部的军队和装备,也像然丹的做法一样。和四方邻国交好,让百姓休养生息五年,然后才用兵,这是合于礼的。

14.4　秋八月,莒著丘公卒,郊公不戚①。国人弗顺②,欲立著丘公之弟庚舆[3]。蒲馀侯恶公子意恢[4]，而善于庚舆，郊公恶公子铎，而善于意恢。公子铎因蒲馀侯而与之谋[5]，曰："尔杀意恢，我出君而纳庚舆[6]。"许之。

【注释】

①郊公不戚：父亲死儿子却不哀痛。郊公，著丘公之子。

②弗顺：不服从郊公。

③庚舆：即莒共公。

④蒲馀侯：莒国大夫兹夫。意恢：莒国公子。

⑤因：依靠。之：指蒲馀侯。

⑥出君：驱逐郊公。

【译文】

秋八月，莒著丘公去世，郊公一点也不哀戚。国人都不服从郊公，想立著丘公弟弟庚舆。蒲馀侯厌恶公子意恢，和庚舆友好，郊公厌恶公子铎，和意恢友善。公子铎依靠蒲馀侯而和他商议，说："你杀了意恢，我赶走国君接纳庚舆。"蒲馀侯答应了。

14.5　楚令尹子旗有德于王[1]，不知度[2]。与养氏比[3]，而求无厌。王患之。九月甲午[4]，楚子杀斗成然，而灭养氏之族。使斗辛居郧[5]，以无忘旧勋[6]。

【注释】

①楚令尹子旗有德于王：子旗有佐平王夺位之功。见去年《传》。子旗，即下文之斗成然，也称蔓成然。

②不知度：恃功而不知节制。

③养氏：养由基后代。比：勾结。

④甲午：初三。

⑤斗辛：子旗儿子郧公辛。郧：诸侯国名，在今湖北安陆。此时已为楚邑。

⑥旧勋：不仅指子旗佐立之功，也包括思令尹子文斗穀於菟之功。

【译文】

楚国令尹子旗对楚平王有恩德，却不知节制。他和养氏相勾结，并且贪得无厌。平王感到不安。九月初三，楚平王杀死斗成然，灭掉养氏家族。让斗辛住在郧地，表示不忘记过去的功勋。

14.6 冬十二月，蒲馀侯兹夫杀莒公子意恢，郊公奔齐。公子铎逆庚舆于齐，齐隰党、公子钼送之，有赂田①。

【注释】

①公子铎逆庚舆于齐，齐隰党、公子钼送之，有赂田：莒国以田贿赂齐国，齐国便支持庚舆返回莒国。

【译文】

冬十二月，蒲馀侯兹夫杀死莒公子意恢，郊公逃往齐国。公子铎从齐国迎接庚舆，齐国隰党、公子钼送行，莒国送给他们田地。

14.7 晋邢侯与雍子争鄐田①，久而无成②。士景伯如楚，叔鱼摄理③，韩宣子命断旧狱，罪在雍子。雍子纳其女于叔鱼，叔鱼蔽罪邢侯④。邢侯怒，杀叔鱼与雍子于朝。宣子问其罪于叔向。叔向曰："三人同罪，施生戮死可也⑤。雍子自知其罪而赂以买直⑥，鲋也鬻狱⑦，刑侯专杀⑧，其罪一也。己恶而掠美为昏⑨，贪以败官为墨⑩，杀人不忌为贼⑪。《夏书》曰：'昏、墨、贼，杀⑫。'皋陶之刑也⑬。请从之。"乃施邢侯而尸雍子与叔鱼于市[14]。

【注释】

①晋邢侯与雍子争鄐田：襄公二十六年《传》，声子曰雍子奔晋，晋人与之鄐。《说文》曰："鄐，晋邢侯邑。"则雍子、邢侯共有鄐田，故二人争田界。邢侯，楚申公巫臣儿子。雍子，也是逃奔到晋的楚国人。

②久而无成：争持很久，调解不成功。

③士景伯如楚，叔鱼摄理：士景伯是晋国的狱官，他赴楚后职务由叔鱼代理。

④蔽：判决。

⑤施生：杀死活着的人。戮死：已死者暴尸。

⑥买直：指以女嫁叔鱼而取得胜诉。

⑦鲋：叔鱼。鬻狱：受贿而枉断狱讼，出卖法律。鬻，卖。

⑧专杀：擅自杀人。

⑨已恶而掠美为昏：自己有罪而掠取别人的美名，是昏乱。这里指雍子。

⑩贪以败官为墨：指叔鱼败坏职责，不廉洁。败官，败坏职责。墨，不廉洁。

⑪不忌：无所顾忌，指邢侯。

⑫昏、墨、贼，杀：昏、墨、贼都是死罪。

⑬皋陶之刑也：指犯三罪者处死刑，古已有之。

⑭施：先杀后陈尸。尸：陈尸，暴尸。

【译文】

晋国邢侯和雍子争夺鄐地的田地，很久没有定论。士景伯到楚国去，叔鱼代理他的狱官职务，韩起命令叔鱼审理旧案件，罪在雍子。雍子把女儿嫁给叔鱼，叔鱼便枉断邢侯有罪。邢侯大怒，在朝廷上杀死了叔鱼和雍子。韩起向叔向询问如何定罪。叔向说:“三人同罪,处死活的人并对已死的暴尸。雍子知道自己的罪过而通过贿赂来胜诉,叔鱼出卖法律,刑侯擅自杀人,他们的罪行是一样的。自己有罪恶却掠取别人的美名就是昏,贪婪而败坏职责就是墨,杀人毫无顾忌就是贼。《夏书》说:‘犯昏、墨、贼三种罪行的,处死。’这是皋陶的刑法。请照此办理。”于是杀死邢侯而陈尸,把雍子和叔鱼的尸首陈列在市上。

仲尼曰:“叔向,古之遗直也①。治国制刑,不隐于亲②。三数叔鱼之恶,不为末减③。曰义也夫④。可谓直矣!平丘之会,数其贿也⑤,以宽卫国,晋不为暴⑥。归鲁季孙,称其诈也,以宽鲁国,晋不为虐⑦。邢侯之狱,言其贪也,以正刑书,晋不为颇⑧。三言而除三恶,加三利⑨。杀亲益荣⑩,犹义也夫⑪!”

【注释】

①叔向,古之遗直也:叔向的正直,有古代的遗风。

②治国制刑,不隐于亲:判定罪刑,不因为是亲属而包庇隐藏。

③末减:减轻。

④曰义也夫:由义行义。曰,应作“由”。

⑤平丘之会,数其贿也:指上年叔鱼求货于卫国,叔向批评他“渎货无厌”。

⑥以宽卫国,晋不为暴:因叔向批评,叔鱼收敛,才未侵暴卫国。

⑦“归鲁季孙”四句:指上年叔鱼诈称将囚禁季平子,使季平子返回鲁国。

⑧“邢侯之狱”四句:以上就是三数叔鱼之罪。刑书,刑法。颇,偏斜。

⑨三言而除三恶，加三利：除掉三恶，等于得三利。三恶，指暴、虐、颇。

⑩杀亲：指叔鱼是叔向弟弟。益荣：名声更加显著。

⑪犹义：行义。犹，通“由”。

【译文】

孔子说：“叔向有古人正直的遗风。治理国家制定刑法，不包庇自己的亲人。三次责备叔鱼的罪恶，不为他减轻开脱。这是符合道义的，他可以称得上正直了！平丘盟会，责备叔鱼贪财，从而宽免卫国，使晋国不侵暴。让鲁国季平子回国，称道他的奸诈，以此宽免鲁国，使晋国避免暴虐。邢侯之案，数说叔鱼贪婪，维护法律的正义，使晋国不产生偏差。三次数说叔鱼并除掉三种罪恶，从而增加了三利。杀了亲族使名声更加彰显，这是合乎道义的啊！”

十五年

【经】

15.1 十有五年春王正月①，吴子夷末卒②。

15.2 二月癸酉③，有事于武宫④。籥入，叔弓卒⑤。去乐，卒事⑥。

15.3 夏，蔡朝吴出奔郑。

15.4 六月丁巳朔，日有食之⑦。

15.5 秋，晋荀吴帅师伐鲜虞。

15.6 冬，公如晋。

【注释】

①十有五年：鲁昭公十五年当周景王十八年，前527。

②吴子夷末卒：吴王夷末去世。

③癸酉：十五日。

④有事：指祭祀。武宫：鲁武公（伯禽玄孙）之庙。《礼记·明堂位》："鲁公之庙，文世室也；武公之庙，武世室也。"郑玄《注》："此二庙象周有文王、武王之庙也。世室者，不毁之名。鲁公，伯禽也；武公，伯禽之玄孙也，名敖。"

⑤籥（yuè）入，叔弓卒：当奏籥的人进入时，叔弓暴卒。籥，古代管乐器。按，祭祀时必有乐物，其中文舞执羽籥。

⑥去乐，卒事：撤去音乐，继续祭祀完毕。

⑦六月丁巳朔，日有食之：这是前527年4月18日的日环食。

【译文】

鲁昭公十五年春周历正月，吴王夷末去世。

二月十五日，在武宫举行祭祀。舞籥的乐队进来，叔弓去世。于是撤去音乐，继续完成祭祀。

夏，蔡国朝吴逃往郑国。

六月丁巳朔，发生日食。

秋，晋国荀吴率领军队进攻鲜虞。

冬，鲁昭公到晋国去。

【传】

15.1 十五年春，将禘于武公[①]，戒百官[②]。梓慎曰："禘之日其有咎乎！吾见赤黑之祲[③]，非祭祥也，丧氛也[④]。其在莅事乎[⑤]？"二月癸酉，禘，叔弓莅事，籥入而卒。去乐，卒事，礼也[⑥]。

【注释】

①禘：大祭祀。

②戒：斋戒。

③吾见赤黑之祲(jìn)：赤黑色的妖气出现于宗庙之上。祲，妖恶之气。

④丧氛也：妖气出现是丧事的迷雾。

⑤莅事：主持祭礼的人。

⑥去乐，卒事，礼也：大臣死，撤去音乐以示哀悼。

【译文】

鲁昭公十五年春，将对武公进行禘祭，让百官斋戒。梓慎说："禘祭那天，将会有灾祸发生吧！我望见有赤黑色的妖气，这可不是祭祀的祥瑞，而是丧事的凶气。或许要应验在主祭官身上吧？"二月十五日，举行禘祭，叔弓主祭，舞籥的乐队进来，他却突然去世。于是撤除音乐，继续完成祭祀，这是合乎礼的。

15.2　楚费无极害朝吴之在蔡也，欲去之①。乃谓之曰："王唯信子，故处子于蔡。子亦长矣②，而在下位，辱。必求之，吾助子请③。"又谓其上之人曰④："王唯信吴，故处诸蔡，二三子莫之如也⑤。而在其上，不亦难乎？弗图，必及于难⑥。"夏，蔡人逐朝吴。朝吴出奔郑。王怒，曰："余唯信吴，故置诸蔡。且微吴，吾不及此⑦。女何故去之⑧？"无极对曰："臣岂不欲吴？然而前知其为人之异也⑨。吴在蔡，蔡必速飞。去吴，所以翦其翼也⑩。"

【注释】

①楚费无极害朝吴之在蔡也，欲去之：朝吴本是蔡国大夫，又有功于楚平王，费无极怕他有宠，嫉妒并要除掉他。

②长：年纪已大。

③必求之,吾助子请:为朝吴请求上位。

④其上之人:位在朝吴之上的蔡人。

⑤莫之如:没有能和他比的。

⑥弗图,必及于难:挑唆蔡人对朝吴采取措施。

⑦且微吴,吾不及此:平王夺位,朝吴有功。按,昭公十三年,朝吴先是说服蔡人叛灵王而拥戴平王,又亲帅军入楚。

⑧女何故去之:平王得知朝吴逃亡郑国,责难无极。

⑨前:早。异:有异心。

⑩"吴在蔡"四句:以鸟作为比喻,驱逐朝吴,就像剪除鸟的翅膀,使蔡无法离开楚国而去。

【译文】

楚国费无极嫉妒朝吴在蔡国,想要除去他。便对朝吴说:"楚王只信任你,所以把你安排在蔡国。你年纪也已经不小了,却处在下位,这是耻辱。一定要求得提升,我会帮你提出请求。"又对位处朝吴之上的人说:"君王只信任朝吴,所以把他安排在蔡国,你们都不如他,却位在他之上,不也很难长久吗?不做打算,必将蒙受祸难。"夏,蔡国人驱逐朝吴。朝吴逃到郑国。楚平王发怒,说:"我只信任朝吴,所以把他安置在蔡国。而且要是没有朝吴,我不会有今天。你为什么要赶走他?"无极回复说:"下臣哪里不想要朝吴?但是我早就知道他已经有异心了。朝吴在蔡国,蔡国必然会很快飞走。赶走朝吴,就是为了剪去蔡国的羽翼啊。"

15.3　六月乙丑①,王大子寿卒②。

【注释】

①乙丑:初九。

②大子寿:周景王太子。

【译文】

六月初九，周景王太子寿去世。

15.4　秋八月戊寅[1]，王穆后崩[2]。

【注释】

①戊寅：二十二日。

②穆后：太子寿母亲。

【译文】

秋八月二十二日，周景王穆后去世。

15.5　晋荀吴帅师伐鲜虞，围鼓[1]。鼓人或请以城叛[2]，穆子弗许。左右曰："师徒不勤，而可以获城[3]，何故不为？"穆子曰："吾闻诸叔向曰：'好恶不愆[4]，民知所适[5]，事无不济。'或以吾城叛，吾所甚恶也[6]。人以城来，吾独何好焉？赏所甚恶，若所好何？若其弗赏，是失信也，何以庇民[7]？力能则进，否则退，量力而行[8]。吾不可以欲城而迩奸，所丧滋多[9]。"使鼓人杀叛人而缮守备[10]。围鼓三月，鼓人或请降，使其民见，曰："犹有食色[11]，姑修而城[12]。"军吏曰："获城而弗取，勤民而顿兵[13]，何以事君？"穆子曰："吾以事君也[14]。获一邑而教民怠，将焉用邑？邑以贾怠，不如完旧[15]，贾怠无卒[16]，弃旧不祥。鼓人能事其君，我亦能事吾君。率义不爽[17]，好恶不愆，城可获而民知义所[18]，有死命而无二心[19]，不亦可乎！"鼓人告食竭力尽，而后取之。克鼓而反，不戮一人，以鼓子载鞮归[20]。

【注释】

①鼓:姬姓国,白狄一族,当时附属鲜虞,其地在今河北晋州。

②鼓人或请以城叛:鼓人请求带城里人献城投降。

③师徒不勤,而可以获城:不劳军队而得城。

④不愆:不过分。

⑤适:归向。

⑥或以吾城叛,吾所甚恶也:假设句,意谓如果有人带着我的城邑背叛,我一定很厌恶他。

⑦若其弗赏,是失信也,何以庇民:人既以城来,不赏又不行,否则是失信。

⑧力能则进,否则退,量力而行:围鼓地应衡量自己的力量而行。

⑨吾不可以欲城而迩奸,所丧滋多:为得城邑而接近奸邪,是得不偿失。奸,指"赏所恶"和"弗赏,失信",二者都是奸邪行为。

⑩缮守备:准备应战。

⑪犹有食色:从脸上看出鼓人能吃饱,没有饥荒。

⑫姑修而城:可以修城再战。

⑬勤民:劳民。顿兵:损毁武器。

⑭吾以事君也:以此事君。

⑮邑以贾怠,不如完旧:得邑而买个斗志懈怠,宁可不得邑而保持斗志。旧,指不怠的斗志。

⑯无卒:不会有好结果。

⑰率义:遵循道义行事。不爽:不差。

⑱城可获而民知义所:城可不战而取却不取,是为使民众知道道义的所在。

⑲有死命而无二心:这样一来就能拼命而没二心。

⑳鼓子鸢(yuān)鞮(dī):鼓国国君。鸢,同"鸢"。

【译文】

晋国荀吴率领军队进攻鲜虞，包围了鼓城。鼓地有人来请求叛变交出鼓城，荀吴没有答应。左右的人说："军队不劳累，又可以得到鼓城，为什么不肯呢？"荀吴说："我从叔向那儿听说：'喜爱、厌恶都不过分，人民知道该怎么做，事情就没有办不成的。'有人带着我们的城邑叛变，是我们十分憎恶的。别人带着城邑来，我们为什么偏偏喜欢呢？奖赏自己所憎恶的，对所喜爱的又该怎么办？如果不奖赏，又是失信，那么凭什么来庇护人民？有力量就前进，否则就后退，要量力而行。我们不可以因为想得到城邑而接近奸邪，那样所丧失的会更多。"让鼓城人杀掉想叛变者而修缮防御设备。包围鼓城三个月，鼓城有人请求投降，荀吴让鼓城人来见自己，说道："从脸色上看还吃得饱饭，还是去修缮你们的城墙吧。"军吏说："可以得到城邑而不取，劳累人民并损毁兵器，用什么来事奉国君？"荀吴说："我就用这办法来事奉国君。获得一座城邑而使人民懈怠，要城邑何用？得到城邑而换来懈怠，还不如保持原先的状态，换来懈怠不会有好结果，抛弃原先所有不吉祥。鼓城人能事奉他的国君，我也能事奉我的国君。遵循道义而不偏离，喜爱、厌恶不过分，城邑可以获得而人民知道道义的所在，有拼命精神而没有背叛的念头，不也是可以的吗！"鼓城人报告粮食吃完力量用尽，然后占领了它。攻克鼓城而班师，不杀一人，带着鼓国国君戴鞮回国。

15.6　冬，公如晋，平丘之会故也①。

【注释】

①公如晋，平丘之会故也：平丘之会后，季平子被赦放回鲁国，于是昭公赴晋答谢。

【译文】

冬，鲁昭公到晋国去，是由于平丘盟会的缘故。

15.7 十二月，晋荀跞如周，葬穆后，籍谈为介[①]。既葬，除丧[②]，以文伯宴[③]，樽以鲁壶[④]。王曰："伯氏[⑤]，诸侯皆有以镇抚王室[⑥]，晋独无有，何也？"文伯揖籍谈[⑦]。对曰："诸侯之封也，皆受明器于王室[⑧]，以镇抚其社稷，故能荐彝器于王[⑨]。晋居深山，戎狄之与邻，而远于王室，王灵不及[⑩]，拜戎不暇[⑪]，其何以献器？"王曰："叔氏，而忘诸乎[⑫]？叔父唐叔[⑬]，成王之母弟也，其反无分乎[⑭]？密须之鼓与其大路，文所以大蒐也[⑮]。阙巩之甲，武所以克商也[⑯]。唐叔受之[⑰]，以处参虚[⑱]，匡有戎狄[⑲]。其后襄之二路[⑳]，鏚钺、秬鬯[㉑]，彤弓、虎贲，文公受之[㉒]，以有南阳之田，抚征东夏[㉓]，非分而何？夫有勋而不废[㉔]，有绩而载[㉕]，奉之以土田[㉖]，抚之以彝器，旌之以车服[㉗]，明之以文章[㉘]，子孙不忘，所谓福也[㉙]。福祚之不登，叔父焉在[㉚]？且昔而高祖孙伯黡司晋之典籍[㉛]，以为大政[㉜]，故曰籍氏[㉝]。及辛有之二子董之晋[㉞]，于是乎有董史[㉟]。女，司典之后也[㊱]，何故忘之？"籍谈不能对。宾出[㊲]，王曰："籍父其无后乎！数典而忘其祖[㊳]。"

【注释】

①晋荀跞如周，葬穆后，籍谈为介：晋国派荀跞参加穆后葬礼，籍谈为副使。

②除丧：减轻丧服。

③以文伯宴：周景王与荀跞宴饮。以，与。文伯，荀跞。

④樽以鲁壶：用鲁国所献的酒杯。

⑤伯氏：伯父，这里是对荀跞的尊称。下文叔氏即叔父，是对籍谈的尊称，因为荀跞、籍谈和周王都是姬姓后代。

⑥镇抚王室：指贡献财物给周王室。

⑦揖籍谈：揖让籍谈，让他来回答。

⑧明器：重器宝物。

⑨荐：进献。彝器：礼器和食用之器的总称。

⑩王灵：周王的福祐。

⑪拜戎：对付戎狄入侵。

⑫而：你。

⑬叔父唐叔：周王对同姓诸侯，无论行辈，都称伯父、叔父。

⑭其：岂。分：封赐的器物。

⑮密须之鼓与其大路，文所以大蒐也：周文王讨伐密须，获得鼓和大辂，就用来检阅军队。密须，姞姓国，在今甘肃灵台西。

⑯阙巩之甲，武所以克商也：阙巩国出产的铠甲，周武王曾经用来战胜商朝。阙巩，周初小国。周武王灭之，为周族卿之采邑。

⑰唐叔受之：上述宝物，都赐给唐叔，唐叔带回了晋国。

⑱参虚：指晋国，因为晋国为参星分野。

⑲匡：正，统治。

⑳其后襄之二路：周襄王赐给晋文公大辂、戎辂。

㉑鏚钺：斧钺。秬鬯（chàng）：黑黍酿造的酒。秬，黑黍。鬯，香酒。

㉒文公受之：文公所收之赐，参见僖公二十八年《传》。

㉓东夏：晋文公称霸，征服齐、鲁、郑、宋等国，它们都在晋国东边，所以称东夏。

㉔不废：加以重赏。

㉕载：记载于史册。

㉖奉之以土田：指南阳的田地。

㉗旌：表彰。车服：指襄公赐的二路。

㉘明之以文章：赐给旌旗使之显耀。文章，指旌旗。

㉙子孙不忘，所谓福也：意思是晋国不但得到周王之“分”，也得周

王之“福”。

㉚福祚之不登,叔父焉在:杨伯峻引顾炎武《日知录》记载,意思是说忘记了彝器,是“福祚之不登”,哪里配称为叔父?

㉛孙伯黡:籍谈远祖。

㉜大政:孙伯黡任晋国正卿,而正卿主持国家大政。

㉝籍氏:因世代管理典籍,所以以官为氏。

㉞辛有:周朝大夫。二子:次子。董:人名。

㉟于是乎有董史:董入晋,和籍氏共同主管晋国典籍。

㊱司典:指孙伯黡。

㊲宾:指荀跞、籍谈等人。

㊳数典而忘其祖:籍谈既要列举典故,却忘了自己的祖宗。

【译文】

十二月,晋国荀跞去周朝,参加穆后的葬礼,籍谈任副使。安葬后,减换丧服,周景王与荀跞宴饮,用鲁国进献的壶做酒杯。景王说:“伯父,诸侯都有器具进贡以镇抚王室,唯独晋国没有,是什么缘故呢?”荀跞揖让给籍谈来答复。籍谈回答说:“诸侯受封的时候,都从王室这里得到宝器,用以镇抚自己的国家,所以能把彝器贡献给周王。晋国居处深山之中,戎狄和我国为邻,又远离王室,天子的威福不能得到,对付戎人都还来不及,怎么能进献宝器?”景王说:“叔父,你难道忘记了吗?叔父唐叔是成王的同母弟弟,难道反而没有得到赏赐的宝器吗?密须国的鼓和它的大路,文王得到后因此而举行盛大的阅兵。阙巩国的皮甲,武王得到了因而战胜商朝。唐叔接受了这些,而居住在参星的分野,统治着戎狄人。以后襄王赐给文公二路,鏚钺、黑黍酒,红色弓、勇士,文公都接受了,保有南阳的田地,安抚征伐东部诸侯,不是宝器又是什么呢?有了功勋而不废弃,有了功绩而记载在册,用田地来奉养,用彝器来镇抚,用车服来表彰,用旌旗来显耀,子孙不忘记,这就是福啊。这种福祚都没记住,叔父的心思在哪儿呢?而且往昔你的远祖孙伯黡,管理晋国的典籍，以主持国家大政，所以称为籍氏。到了辛有的次子董到晋国，在这时就有了董姓的史官。你是管理典籍者的后代，为何忘记了这些？”籍谈无法回答。宾客退出后，周景王说：“籍父的后代恐怕不能再享有禄位了吧！他历数典故却忘了自己的祖宗。”

籍谈归，以告叔向。叔向曰：“王其不终乎①！吾闻之：‘所乐必卒焉②。’今王乐忧③，若卒以忧，不可谓终④。王一岁而有三年之丧二焉⑤，于是乎以丧宾宴，又求彝器，乐忧甚矣，且非礼也⑥。彝器之来，嘉功之由，非由丧也⑦。三年之丧，虽贵遂服，礼也⑧。王虽弗遂，宴乐以早⑨，亦非礼也。礼，王之大经也⑩。一动而失二礼⑪，无大经矣。言以考典⑫，典以志经⑬。忘经而多言⑭，举典，将焉用之⑮？”

【注释】

①王其不终乎：周景王将不得善终。

②所乐必卒焉：所乐何事，必以何事死。

③乐忧：以忧为乐。周景王有丧事，是忧。

④终：寿终，善终。

⑤王一岁而有三年之丧二焉：本年有太子寿和穆后两件丧事，景王都该服丧三年。

⑥“于是乎以丧宾宴”四句：在丧期中又宴宾客又求彝器，以忧为乐，太过分了。以，与。丧宾，吊丧的客人。

⑦彝器之来，嘉功之由，非由丧也：嘉奖功勋才求彝器，因丧事而求彝器，不合适。

⑧三年之丧，虽贵遂服，礼也：虽贵为天子，也应守丧满期。遂服，守丧礼满期。

⑨以早:太早。

⑩大经:根本准则。

⑪失二礼:指求彝器和太早宴乐。

⑫考典:说话要稽考可以为法之典。

⑬志:记载。

⑭忘经:失二礼就是忘经,即忘记准则、规范。多言:即下文的举典,多举典籍。

⑮举典,将焉用之:这是驳景王,认为他是"举典而忘经"。

【译文】

籍谈回国后,把情况告诉了叔向。叔向说:"周景王将不得善终吧!我听说:'对什么事感到喜乐就将因此而死。'现在景王以忧为乐,如果因为忧愁而死,就不能称为善终。景王一年内有二次服丧三年的丧事,在这种情况下还因为丧事而和来宾宴饮,又要求取彝器,把忧愁当欢乐也太过分了,再说这也不合于礼。诸侯贡献彝器,是由于嘉奖功劳,不是由于丧事。要服丧三年的丧事,即便贵为天子,也是要服满丧期,这是合于礼的。周王即使不能服满丧期,但宴乐过早,也不合于礼。礼是天子的根本规范。做一件事而违反了两项礼仪,他就没了根本准则了。言语用来稽考典故,典籍用来记载规范。忘了规范却说了许多话,列举典故,又有什么用?"

十六年

【经】

16.1 十有六年春①,齐侯伐徐②。

16.2 楚子诱戎蛮子杀之③。

16.3 夏,公至自晋④。

16.4 秋八月己亥⑤,晋侯夷卒⑥。

16.5　九月，大雩。

16.6　季孙意如如晋[7]。

16.7　冬十月，葬晋昭公。

【注释】

①十有六年：鲁昭公十六年当周景王十九年，前526。

②齐侯伐徐：齐景公攻打徐国。

③戎蛮子：蛮氏部落首领嘉。戎蛮，在今河南汝南。

④公至自晋：鲁昭公从晋国回来。

⑤己亥：二十日。

⑥晋侯夷卒：晋昭公夷去世。晋昭公，前531年即位，共在位六年。

⑦季孙意如如晋：季平子到晋国参加昭公葬礼。

【译文】

鲁昭公十六年春，齐景公攻打徐国。

楚平王诱使戎蛮国君嘉前来，并把他杀了。

夏，鲁昭公从晋国回来。

秋八月二十日，晋昭公夷去世。

九月，举行盛大的求雨雩祭。

季平子到晋国去。

冬十月，安葬晋昭公。

【传】

16.1　十六年春王正月，公在晋，晋人止公[1]。不书，讳之也。

【注释】

①晋人止公：仍然因为鲁国攻打莒国夺取郠地事，晋国扣留鲁

昭公。

【译文】

鲁昭公十六年春周历正月，鲁昭公在晋国，晋国扣留鲁昭公。《春秋》没有记载，是为了隐讳这件事。

16.2 齐侯伐徐。

【注释】

①齐侯伐徐：此条当置于“二月丙申”下。

【译文】

齐景公攻打徐国。

楚子闻蛮氏之乱也与蛮子之无质也[①]，使然丹诱戎蛮子嘉杀之，遂取蛮氏。既而复立其子焉，礼也[②]。

【注释】

①蛮氏：即戎蛮，居住于今河南一带的少数民族部落。无质：无信，不讲信用。

②既而复立其子焉，礼也：又立蛮子嘉儿子，复蛮氏。按，杨伯峻指出，楚平王杀戎蛮子嘉及复立其子事，应另是一《传》，当置于下段“其是之谓乎”后，但错简已久，所以不复移订。

【译文】

楚平王听说蛮氏发生动乱，而且蛮国国君没有信用，就派然丹诱骗戎蛮国君嘉前来并杀了他，于是占领了蛮氏。不久又立嘉的儿子为戎蛮国君，这是合于礼的。

二月丙申[①]，齐师至于蒲隧[②]。徐人行成[③]。徐子及郯人、莒人会齐侯，盟于蒲隧，赂以甲父之鼎[④]。叔孙昭子曰："诸侯之无伯，害哉[⑤]！齐君之无道也，兴师而伐远方，会之，有成而还，莫之亢也[⑥]，无伯也夫[⑦]！《诗》曰：'宗周既灭，靡所止戾。正大夫离居，莫知我肄[⑧]。'其是之谓乎[⑨]！"

【注释】

①丙申：十四日。

②蒲隧：古地名。在今江苏睢宁西南。

③行成：求和。按，此段本应与"齐侯伐徐"相衔接。

④甲父：古国名，在今山东金乡。

⑤诸侯之无伯，害哉：诸侯没有盟主，是小国的祸害。伯，盟主，霸主。害，成为小国之害。

⑥"齐君之无道也"五句：晋霸衰落，齐国侵犯小国，和三国相会，并盟于蒲隧，没有谁敢于抗御。会之，和三国相会。有成而还，盟于蒲隧。亢，同"抗"，抵抗，抗御。

⑦无伯也夫：这是由于没有霸主的缘故。

⑧宗周既灭，靡所止戾。正大夫离居，莫知我肄：引《诗》见《诗经·小雅·雨无正》，意思是周朝已趋向衰亡，纷乱不止，没有可以栖身处。执政大夫都逃散，有谁知我（百姓）辛劳。宗周，今本作"周宗"。戾，安。肄，劳。

⑨其是之谓乎：意思是晋霸衰落，诸侯无霸，就如宗周被灭的时候一样。

【译文】

二月十四日，齐国军队到达蒲隧。徐国请求讲和。徐国国君和郯国人、莒国人一起和齐景公相会，在蒲隧结盟，送上甲父之鼎作为礼物。

叔孙昭子说:“诸侯没有盟主,危害太大了!齐君无道,兴师攻打远方国家,相会并订立盟约后回国,没有谁能和他抗御的,这都是由于没有盟主的缘故啊!《诗》说:‘周朝已趋向衰亡,没有可以栖身处。执政大夫都逃散,有谁知我百姓辛劳。’说的就是这种情况啊!”

16.3 三月,晋韩起聘于郑,郑伯享之。子产戒曰:“苟有位于朝,无有不共恪①。”孔张后至②,立于客间③,执政御之④;适客后,又御之;适县间⑤。客从而笑之。事毕,富子谏曰⑥:“夫大国之人,不可不慎也,几为之笑⑦,而不陵我⑧?我皆有礼,夫犹鄙我⑨。国而无礼,何以求荣?孔张失位,吾子之耻也。”子产怒曰:“发命之不衷⑩,出令之不信,刑之颇类⑪,狱之放纷⑫,会朝之不敬,使命之不听⑬,取陵于大国,罢民而无功⑭,罪及而弗知,侨之耻也⑮。孔张,君之昆孙子孔之后也⑯,执政之嗣也⑰。为嗣大夫,承命以使,周于诸侯,国人所尊,诸侯所知。立于朝而祀于家⑱,有禄于国,有赋于军⑲,丧、祭有职⑳,受脤、归脤㉑,其祭在庙,已有著位㉒,在位数世,世守其业,而忘其所㉓,侨焉得耻之㉔?辟邪之人而皆及执政,是先王无刑罚也㉕。子宁以他规我㉖。”

【注释】

①苟有位于朝,无有不共恪(kè):凡参加享礼者,不要发生不恭敬之事。共恪,恭敬。

②孔张后至:主宾都到齐后,孔张才到。孔张,即公孙申,字子张,子孔孙子。

③立于客间:此以晋韩起为主客,其随从为一般宾客。子张为郑

臣,应就其原有之位。

④执政:主持享宴典礼者。御:阻止。

⑤县:钟磬等悬乐器。

⑥富子:郑国大夫。

⑦几:同“岂”。

⑧而不陵我:怎么会不被欺凌。陵,欺凌。

⑨夫:代词,指韩起等晋人。鄙我:贱视我。

⑩衷:恰当。

⑪颇类:偏颇不顺。

⑫放纷:放纵纷乱。

⑬使命之不听:下不服从上命。

⑭罢:使疲惫。

⑮侨之耻也:如有上述事情发生,是我子产的责任。

⑯昆:兄。按,孔张的祖父子孔是郑襄公的哥哥。

⑰执政之嗣也:子孔曾为郑国执政。

⑱立于朝:在朝中有官爵。祀于家:家有祖庙,所以说“祀于家”。

⑲有禄于国,有赋于军:得到国家的爵禄封邑,战争时负担国家的军赋。赋,指大夫采邑所应出的军赋,即战士、军器等。

⑳有职:有自己的职责。

㉑受脤(shèn):国君祭祀,将祭肉赐予大夫。脤,祭肉。归脤:大夫家祭,献祭肉给国君。

㉒其祭在庙,已有著位:辅佐国君在宗庙里祭祀,已有规定的位置。

㉓忘其所:忘记自己应处的位子。

㉔侨焉得耻之:子产认为孔张失位,是自取其辱,不是自己的责任。

㉕辟邪之人而皆及执政,是先王无刑罚也:子产意谓辟邪之人自应用刑罚,不应都由执政负责。

㉖宁:宁可。他:其他的事。规:纠正。

【译文】

三月，晋国韩起到郑国聘问，郑定公设享宴招待他。子产告诫说："只要在朝廷上有位子的官员，都不要做出不恭敬的事来。"孔张后到，站立在宾客中间，主持典礼者加以制止；又站到宾客后面，又阻止他；他便站到悬挂的钟磬间。宾客由此而嘲笑他。享礼完毕后，富子谏劝子产说："对大国的人，不可不谨慎，哪有被他们嘲笑而不欺凌我们的？我们都对他们有礼，尚且鄙视我们。国家如果无礼，凭什么求得光荣？孔张没站到他应站的位置，是您的耻辱啊。"子产发怒道："发出命令不适当，命令发出而不能执行，刑罚偏颇不顺，案件放纵纷乱，会朝不恭敬，使命没人听从，从而被大国所欺凌，让人民疲惫而无功，罪过上身而不知道，这才是我的耻辱。孔张是国君兄长的孙子，子孔的后代，执政大夫的继承人。他接任为大夫，奉命出使，遍历诸侯各国，也受到国人的尊敬，是诸侯们所熟知的。他在朝中有职务，在家中主持祭祀，得到国家的俸禄封邑，分担国家的军赋，丧事与祭祀中有一定的职务，接受祭肉也奉献祭肉，辅佐国君在宗庙祭祀，已有规定的位子，在这位子上已经几代，世代保守着他们的家业，现在却忘了自己的位子，我为什么要为他感到耻辱？别人行为不规范都归罪于执政，这样先王没有刑罚了。你还是用别的事来规劝我吧。"

宣子有环[①]，其一在郑商[②]。宣子谒诸郑伯[③]，子产弗与，曰："非官府之守器也，寡君不知[④]。"子大叔、子羽谓子产曰："韩子亦无几求[⑤]，晋国亦未可以贰[⑥]。晋国、韩子，不可偷也[⑦]。若属有谗人交斗其间[⑧]，鬼神而助之，以兴其凶怒，悔之何及？吾子何爱于一环，其以取憎于大国也，盍求而与之[⑨]？"子产曰："吾非偷晋而有二心，将终事之，是以弗与，忠信故也[⑩]。侨闻君子非无贿之难，立而无令名之患[⑪]。侨闻为国非不能事大字小之难，无礼以定其位之患[12]。夫大国之人令于小国，而皆获其求，将何以给之[13]？一共一否，为罪滋大[14]。大国之求，无礼以斥之[15]，何餍之有[16]？吾且为鄙邑，则失位矣[17]。若韩子奉命以使，而求玉焉，贪淫甚矣[18]，独非罪乎[19]？出一玉以起二罪，吾又失位，韩子成贪，将焉用之？且吾以玉贾罪，不亦锐乎[20]？”

【注释】

①环：玉环。

②其一在郑商：玉环一双两只，一只在韩起手里，另外一只在郑国商人手里。按，王国维《观堂集林·说环玦》云：“余读《春秋左氏传》‘宣子有环，其一在郑商’，知环非一玉所成。岁在己未，见上虞罗氏所藏古玉一，共三片，每片上侈下敛，合三而成规。片之两边各有一孔，古盖以物系之，余谓此即古之环也。环者，完也；对玦而言，阙其一则为玦。玦者，缺也。以此读《左氏》，乃得其解。后世日趋简易，环与玦皆以一玉为之，遂失其制。”则所谓“其一在郑商”指组右玉环的三片玉中的一片在郑商手中。

③谒：请。这里指请求玉环。

④非官府之守器也，寡君不知：子产以玉环不是官中之物，郑定公不知道为由，拒绝了韩起。

⑤几求：所求不多。

⑥晋国亦未可以贰：不可以二心待晋国。

⑦偷：简慢。

⑧属：恰巧。交斗：挑拨离间。

⑨盍求而与之：子太叔和子羽二人认为，不要为一玉环而得罪晋国。盍，何不。

⑩“吾非偷晋而有二心”四句：子产正因为要始终事晋，才不给，这也是为了忠实与守信用。

⑪侨闻君子非无贿之难，立而无令名之患：君子立于朝，不患无财物，只患为官没有好名声。贿，财富。难，患。

⑫侨闻为国非不能事大字小之难，无礼以定其位之患：治国不患不能服事大国，抚养小国，只患无礼仪以安定其位。字，抚养。

⑬“夫大国之人令于小国”三句：对大国有求必应，拿什么不断满足他们。给，满足。

⑭一共一否，为罪滋大：大国欲壑难填，求而不止。今天给了，明天不给，得罪更大。共，通“供”。

⑮无礼以斥之：如不依礼驳斥。

⑯餍：满足。

⑰吾且为鄙邑，则失位矣：不能大国要什么就给什么，否则郑国将沦为晋国的边地，丧失了独立国的地位。且，将。为鄙邑，成为晋国边鄙之地。

⑱贪淫甚矣：贪婪邪恶太过分了。

⑲独：岂。

⑳锐：细小。

【译文】

韩起有只玉环，配对的另一只在郑国的商人手里。韩起请求郑定公帮助，子产不肯给，说：“这不是公家所有的器物，我们国君不知道。”子太叔、子羽对子产说：“韩起也并没有别的要求，对晋国也不能有二心。晋国和韩起都不能怠慢。要是恰巧有奸邪小人从中挑拨离间，再有鬼神助力，惹得晋国和韩起都生气，那时候悔之何及？您何必舍不得一只玉环，让大国憎恨呢，何不设法找到那只玉环给他？”子产说：“我并非怠慢晋国而有三心二意，相反是要始终事奉晋国，不给玉环，正是我对他们忠心诚信的缘故啊。我听说君子不怕没有财富，是怕立身却没有好名声。我听说治理国家并不难于事奉大国扶持小国，难的是不能按礼仪来安定职位。如果大国的人对小国发号施令，都能满足要求，小国如何供给？一次给了一次不能供给，罪过就更大了。大国的要求，如不依礼加以驳回，他们何厌之有？我国将变成他们边境的一座城邑，可就失去地位了。如果韩起奉命出使，却索求玉环，那就是过分贪婪了，难道不是罪过吗？给一只玉环而造成二项罪责，我国又将失去地位，也使韩起成为贪婪的人，哪能这样做呢？而且我们因为玉环而获罪，不是太不值吗？"

韩子买诸贾人，既成贾矣①，商人曰："必告君大夫②。"韩子请诸子产曰："日起请夫环③，执政弗义④，弗敢复也⑤。今买诸商人，商人曰，必以闻，敢以为请。"子产对曰："昔我先君桓公与商人皆出自周⑥，庸次比耦以艾杀此地⑦，斩之蓬蒿藜藋⑧，而共处之。世有盟誓，以相信也，曰：'尔无我叛，我无强贾，毋或丐夺⑨。尔有利市宝贿，我勿与知⑩。'恃此质誓⑪，故能相保以至于今。今吾子以好来辱⑫，而谓敝邑强夺商人⑬，是教敝邑背盟誓也，毋乃不可乎！吾子得玉，而失诸侯，必不为也。若大国令，而共无艺⑭，郑，鄙邑也⑮，亦弗为也。侨若献玉，不知所成⑯。敢私布之⑰。"韩子辞玉⑱，曰："起不敏，敢求玉以徼二罪⑲？敢辞之。"

【注释】

①既成贾矣：已经成交。

②君大夫：国君和大夫。

③日：往日。起：韩起自称。夫：代词，那个，指玉环。

④弗义：以为不合宜。

⑤弗敢复也：不敢再请求。

⑥昔我先君桓公与商人皆出自周：郑封邑本在西周王畿之内（即在今陕西渭南华州区），郑桓公时始东迁立国。东迁时，商人一同前往。桓公，郑国始封君，周厉王少子。

⑦庸次比耦：共同合作。艾杀：清除开发。

⑧之：其。蓬蒿藜藋（huò）：各种野草。

⑨尔无我叛，我无强贾，毋或丐夺：商人不背叛官府，官府不强买东西，不乞求，不掠夺。

⑩尔有利市宝贿，我勿与知：政府不干涉商人的交易。利市，好买卖。宝贿，珍贵财宝。

⑪质誓：守信的盟誓。

⑫今吾子以好来辱：以聘问修好光临郑国。

⑬而谓敝邑强夺商人：要我强迫商人卖给你。

⑭共无艺：供给无度。无艺，无度。

⑮郑，鄙邑也：是将郑国等同于晋国的边邑。

⑯不知所成：不知有何道理和好处。

⑰布：告诉。

⑱辞玉：退回玉环。

⑲徼：求取。

【译文】

韩起从商人那里买到玉环，已经成交了，商人说："一定要告知国君和大夫。"韩起向子产请求说："前些日子我请求得到那只玉环，执政认为不合道义，我就不敢再提起。现在从商人那里买到，商人说一定要让您知道，谨此请求您允许。"子产回答说："往昔敝国先君桓公和商人都是从周迁徙出来，一起并肩整治这块土地，砍去所有杂草，在这里和睦相处。我们世代设有盟誓，以此互相信赖，说：'你不背叛我，我不强买你的货物，不乞求，不掠夺。你有丰厚的利润和珍贵财宝，我也不过问。'倚仗这种盟誓,所以能互相保全,直到今天。现在承蒙您带着友好情谊辱临敝国,却要敝国强夺商人,是教弊国背弃盟誓,不是不可以的吗！您得到玉环却失去诸侯,您一定不肯这么做。如果大国下达命令,却无限制地要我们供应,那就是把郑国当成晋国的边境城邑了,我们也不会同意的。我要是献上玉环,不知道会有什么好处,谨此私下向您陈述。"韩起退回玉环,说:"是我考虑不周,怎敢因求玉环而获得两项罪过？谨请把玉环退还。"

夏四月,郑六卿饯宣子于郊①。宣子曰:"二三君子请皆赋②,起亦以知郑志③。"子齹赋《野有蔓草》④。宣子曰:"孺子善哉⑤！吾有望矣。"子产赋郑之《羔裘》⑥。宣子曰:"起不堪也⑦。"子大叔赋《褰裳》⑧。宣子曰:"起在此,敢勤子至于他人乎⑨？"子大叔拜。宣子曰:"善哉,子之言是⑩！不有是事,其能终乎⑪？"子游赋《风雨》⑫,子旗赋《有女同车》⑬,子柳赋《萚兮》⑭。宣子喜曰:"郑其庶乎⑮！二三君子以君命贶起,赋不出郑志⑯,皆昵燕好也⑰。二三君子,数世之主也⑱,可以无惧矣⑲。"宣子皆献马焉,而赋《我将》⑳。子产拜,使五卿皆拜,曰:"吾子靖乱,敢不拜德？"

【注释】

①六卿:即子齹、子产、子太叔、子游、子旗、子柳。饯:送行饮酒。

②二三君子:诸位大臣。赋:赋诗,即指定诗篇,命乐工奏乐。

③起亦以知郑志:诗以言志,韩起希望以此见郑国之志。

④子齹(cuó):子皮儿子婴齐。《野有蔓草》:《诗经·国风·郑风》篇名。子齹赋此诗,取其"邂逅相遇,适我愿兮"表示和韩起相见很高兴。

⑤孺子:指子齹,因为子皮死于昭公十三年,子齹服丧未满三年,故称孺子。

⑥郑之《羔裘》:《诗经·国风·郑风》篇名。诗中有"彼其之子,舍命不渝"、"彼其之子,邦之司直"、"彼其之子,邦之彦兮"等句,子产以此赞美韩起。

⑦不堪:不敢当。

⑧《褰裳》:《诗经·国风·郑风》篇名。诗中有"子惠思我,褰裳涉溱。子不我思,岂无他人"之句,本是表现男女爱情的诗歌,这里借以喻指郑、晋两国关系,意思是晋国如果亲近郑国,郑国也必定亲近晋国;晋国不亲近郑国,郑国将亲近他国。

⑨起在此,敢勤子至于他人乎:有我韩起在此,不敢有劳你去亲近他人。

⑩是:此,指《褰裳》一诗。

⑪不有是事,其能终乎:感谢子太叔以此诗告诫,使两国能善始善终友好下去。

⑫子游:驷带儿子驷偃。《风雨》:《诗经·国风·郑风》篇名。这里取其"既见君子,云胡不夷"之句,言风雨之中,既见所爱之人,获得安慰的意思。

⑬子旗:公孙段儿子丰施。《有女同车》:《诗经·国风·郑风》篇名。这里取其"洵美且都"句以美好且有风度称赞韩起。

⑭子柳:印段儿子印癸。《萚(tuò)兮》:《诗经·国风·郑风》篇名。这里取其"倡予和女"句以表示韩起倡,我将和之,比喻晋、郑两国关系和洽。

⑮庶:差不多要强盛了。

⑯赋不出郑志:六人所赋诗都出自《诗经·国风·郑风》。郑志,指郑国诗歌。

⑰皆昵(nì)燕好也:是友好的表示。昵,亲近。燕好,快乐友好。

⑱数世之主:可以传位几代。

⑲可以无惧矣:郑国将无所畏惧。

⑳《我将》:《诗经·周颂》篇名。这里取其"日靖四方,我其夙夜,畏天之威"几句表示晋国将敬畏天威,志在靖乱,保护小国。

【译文】

夏四月,郑国六卿在郊外给韩起饯行。韩起说:"请各位都赋一首诗,让我也可以借此知道郑国的志向。"子齹赋《野有蔓草》。韩起说:"孺子说得好啊!我看到了希望。"子产赋郑风中的《羔裘》。韩起说:"我可不敢当啊。"子太叔赋《褰裳》。韩起说:"有我在这里,岂敢劳动你去事奉他人呢?"子太叔拜谢。韩起说:"好啊,你说到了这一点!如果没有这回事,也许不能始终保持友好关系吧?"子游赋《风雨》,子旗赋《有女同车》,子柳赋《萚兮》。韩起高兴地说:"郑国应该要强盛了吧!各位以国君的名义赏赐我,赋的诗又不出郑诗之外,都是表示亲热友好的。各位都是可传数世的人,郑国可以无忧了。"韩起向各人献上马匹,并赋《我将》一诗。子产拜谢,让其他五卿也都拜谢,说:"有您安定动乱,我们岂敢不拜谢大德?"

宣子私觐于子产以玉与马①,曰:"子命起舍夫玉,是赐我玉而免吾死也,敢不藉手以拜②?"

【注释】

①私觐:私下见面。以玉与马:以二物作为进见的礼物。

②子命起舍夫玉,是赐我玉而免吾死也,敢不藉手以拜:按,子产用不给韩起玉环,借以规劝韩起不要假公济私,贪求无度,损害郑国的独立地位,韩起表示感激。藉手,借玉和马拜谢。

【译文】

韩起私下拜会子产并送给玉和马匹,说:"您让我放弃那玉环,这是赐我玉环并免除我的死罪,怎敢不借此薄礼以拜谢?”

16.4 公至自晋[①]。子服昭伯语季平子曰[②]:“晋之公室其将遂卑矣。君幼弱,六卿强而奢傲,将因是以习,习实为常,能无卑乎?”平子曰:“尔幼,恶识国?”

【注释】

①公至自晋:晋国释放鲁昭公回国。

②子服昭伯:子服惠伯儿子子服回。

【译文】

鲁昭公从晋国回来。子服昭伯对季平子说:“晋国的公室将要卑弱了。国君年幼势弱,六卿强大而奢侈骄傲,将由此而习以为常,习惯成了自然,能不卑弱吗?”季平子说:“你还年幼,哪里懂得治国之事?”

16.5 秋八月,晋昭公卒[①]。

【注释】

①晋昭公卒:晋昭公去世。

【译文】

秋八月,晋昭公去世。

16.6 九月,大雩,旱也[①]。

【译文】

九月,举行盛大的求雨雩祭,是因为天旱。

郑大旱，使屠击、祝款、竖柎有事于桑山[①]。斩其木[②]，不雨。子产曰："有事于山，艺山林也[③]，而斩其木，其罪大矣[④]。"夺之官邑[⑤]。

【注释】

①屠击、祝款、竖柎：三人都是郑国大夫。有事：祭祀。

②斩其木：砍去山上的树木。

③艺：培育，繁殖。

④而斩其木，其罪大矣：向山求雨，本应保护山林，现在反而破坏山林，所以罪更大。

⑤夺之官邑：夺三人的官爵和封邑。

【译文】

郑国大旱，派屠击、祝款、竖柎去桑山祭祀。三人砍伐山上的树木，仍然不下雨。子产说："祭祀山神，应该养护山林，却去砍伐树木，那罪过就更大了。"于是免去他们的官职，收回采邑。

16.7　冬十月，季平子如晋葬昭公。平子曰："子服回之言犹信[①]，子服氏有子哉[②]！"

【注释】

①子服回之言犹信：因为亲自前往晋国，季平子才相信子服回"晋公室将卑"的话。

②子服氏有子哉：称赞子服回，认为子服氏有贤子。

【译文】

冬十月，季平子到晋国参加昭公的葬礼。季平子说："子服昭伯的话可信，子服氏可有了个好儿子！"

十七年

【经】

17.1 十有七年春①,小邾子来朝②。

17.2 夏六月甲戌朔③,日有食之。

17.3 秋,郯子来朝。

17.4 八月,晋荀吴帅师灭陆浑之戎④。

17.5 冬,有星孛于大辰⑤。

17.6 楚人及吴战于长岸⑥。

【注释】

①十有七年:鲁昭公十七年当周景王二十年,前525。

②小邾子来朝:小邾国穆公朝鲁。

③甲戌朔:初一。

④陆浑之戎:僖公二十二年,秦、晋迁陆浑之戎于伊川。

⑤有星孛于大辰:彗星出现于大火星旁。孛,彗星。大辰,大火星。

⑥楚人及吴战于长岸:宋陈傅良《春秋后传》云:"于是始书'战',则以吴、楚敌言之也。"长岸,古地名。在今长江裕溪口一带。

【译文】

鲁昭公十七年春,小邾穆公来鲁国朝见。

夏六月初一,发生日食。

秋,郯国国君前来朝见。

八月,晋国荀吴带兵灭了陆浑的戎人。

冬,有彗星在大辰星边出现。

楚国和吴国在长岸交战。

【传】

17.1 十七年春，小邾穆公来朝，公与之燕。季平子赋《采叔》[①]，穆公赋《菁菁者莪》[②]。昭子曰："不有以国，其能久乎[③]？"

【注释】

①《采叔》：现在作《采菽》，《诗经·小雅》篇名。季平子赋此诗取其"君子来朝，何锡与之"，是以穆公比君子，表示欢迎。

②《菁菁者莪》：也是《诗经·小雅》篇名。穆公以此诗作答，取其"既见君子，乐且有仪"表示朝见鲁国国君，心里高兴。

③不有以国，其能久乎：不有，如果没有。以国，治国，这里指治国人才。按，季平子赞穆公贤能，能答赋，能久有国。

【译文】

鲁昭公十七年春，小邾穆公来朝见，昭公与他宴饮。季平子赋《采菽》，穆公赋《菁菁者莪》。昭子说："要是没有这种治理国家的人才，国家能长久吗？"

17.2 夏六月甲戌朔，日有食之。祝史请所用币[①]。昭子曰："日有食之，天子不举[②]，伐鼓于社[③]；诸侯用币于社[④]，伐鼓于朝，礼也[⑤]。"平子御之[⑥]，曰："止也。唯正月朔，慝未作，日有食之，于是乎有伐鼓用币，礼也[⑦]。其余则否。"大史曰："在此月也[⑧]。日过分而未至[⑨]，三辰有灾[⑩]，于是乎百官降物[⑪]，君不举，辟移时[⑫]，乐奏鼓[⑬]，祝用币，史用辞[⑭]。故《夏书》曰：'辰不集于房[⑮]，瞽奏鼓[⑯]，啬夫驰[⑰]，庶人走。'此月朔之谓也[⑱]。当夏四月，是谓孟夏[⑲]。"平子弗从。昭子退，曰：

"夫子将有异志,不君君矣[20]。"

【注释】

①祝史请所用币:依礼,日食应祈祷于社,所以祝史请求祈祷所用的祭品。币,指祭品。

②不举:不用丰盛的菜肴。

③伐鼓于社:在土地庙里击鼓。

④用币于社:祭于社。

⑤伐鼓于朝,礼也:古人以为日食是君主有难的征兆,所以要击鼓祈祷祭祀,以示援救,祛除灾难。

⑥御:禁止。

⑦"唯正月朔"五句:季平子认为只有在正(zhēng)月时有日食,才用币。慝,阴气。

⑧在此月也:正月是指正阳之月,即周历六月、夏历四月。季平子错以正(zhèng)月为年初正(zhēng)月,所以太史纠正他。

⑨日过分而未至:太阳过了春分而没到夏至。

⑩三辰:日、月、星。

⑪降物:穿上素服。

⑫君不举,辟移时:避开正寝躲过日食。辟,避开。

⑬乐奏鼓:乐工击鼓。

⑭用辞:宣读文辞。按,古人认为日食是上天所显示的谴责,因此用文辞自责。

⑮辰不集于房:指日食时日月交会不在正常的位置上。按,古人不知日食的原因,以为是日月不安其舍。辰,日月交会。集,安居。房,房舍。

⑯瞽:乐师。

⑰啬夫:乡邑之官。

⑱此月朔之谓也：据《夏书》，月初一日食，乐师应击鼓，啬夫应驾车奔驰，百姓应奔跑，以此消灾。

⑲当夏四月，是谓孟夏：孟夏时，阴气消尽，是正阳之月，即正月。

⑳夫子将有异志，不君君矣：季平子不同意发币祭社，是乐于见到国君受灾的表现，所以说他有异志。不君君，不以国君为国君。

【译文】

夏六月初一，发生日食。祝史请示祭祀所用的祭品。昭子说："发生日食，天子不进丰盛的饮食，在土地庙击鼓；诸侯用祭品在土地庙祭祀，在朝廷击鼓，这是礼制。"季平子加以阻止，说："不能这样做。只有正月初一，阴气还没有发作，发生日食，才击鼓用祭品，这是合于礼的。其他时候则不这样。"太史说："就是在这一月。太阳过了春分而没到夏至，日、月、星有了灾殃。这时百官穿上素服，国君减少膳食，离开正寝躲过日食的时辰，乐工击鼓，祝史用玉帛祭祀，太史用辞令祝祷。所以《夏书》说：'日月交会不在正常的位置上，瞽师击鼓，啬夫驾车，百姓奔跑。'就是说的这个月初一的情景。正当夏正的四月，所以称为孟夏。"季平子不采纳。昭子退出说："他有不正当的念头，将不把国君当国君了。"

17.3　秋，郯子来朝，公与之宴。昭子问焉，曰："少皞氏鸟名官，何故也[①]？"郯子曰："吾祖也[②]，我知之。昔者黄帝氏以云纪，故为云师而云名[③]；炎帝氏以火纪，故为火师而火名[④]；共工氏以水纪[⑤]，故为水师而水名；大皞氏以龙纪[⑥]，故为龙师而龙名。我高祖少皞挚之立也，凤鸟适至[⑦]，故纪于鸟，为鸟师而鸟名：凤鸟氏，历正也[⑧]；玄鸟氏，司分者也[⑨]；伯赵氏，司至者也[⑩]；青鸟氏，司启者也[⑪]；丹鸟氏，司闭者也[⑫]。祝鸠氏，司徒也[⑬]；鴡鸠氏，司马也[⑭]；鳲鸠氏，司空也[⑮]；爽鸠氏，司寇也[16];鹘鸠氏,司事也[17]。五鸠,鸠民者也[18]。五雉为五工正[19],利器用、正度量,夷民者也[20]。九扈为九农正[21],扈民无淫者也[22]。自颛顼以来,不能纪远,乃纪于近[23],为民师而命以民事,则不能故也[24]。"仲尼闻之,见于郯子而学之。既而告人曰:"吾闻之,'天子失官,学在四夷'[25],犹信。"

【注释】

①少皞(hào)氏鸟名官,何故也:据定公四年《传》,鲁封于少皞之墟,郯子又为少皞之后,所以昭子问少皞氏何以用鸟名作为官名。少皞氏,传说中的古代帝王,己姓的祖先。

②祖:这里指高祖。

③昔者黄帝氏以云纪,故为云师而云名:黄帝为姬姓之祖,用云纪事,所以设置长官都用云命名。《史记·五帝本纪·集解》引应劭曰:"黄帝受命有云瑞,故以云纪事也。春官为青云,夏官为缙云,秋官为白云,冬官为黑云,中官为黄云。"这大概是传说。师,长。

④炎帝氏以火纪,故为火师而火名:炎帝氏,即神农氏,为姜姓之祖。火师而火名,孔《疏》引服虔云:"炎帝以火名官,春官为大火,夏官为鹑火,秋官为西火,冬官为北火,中官为中火。"此说并无实据,仅备一说。

⑤共工氏:传说为古代诸侯的霸主。

⑥大皞氏:即伏牺氏,为风姓之祖。

⑦我高祖少皞挚之立也,凤鸟适至:挚即位时凤鸟正好来到。挚,少皞氏之名。

⑧凤鸟氏,历正也:凤鸟氏是主历法的官。

⑨玄鸟氏,司分者也:玄鸟氏掌管春分、秋分。玄鸟,燕子。分,指

春分、秋分。

⑩伯赵氏，司至者也：伯赵氏掌管夏至、冬至。伯赵，伯劳。至，夏至、冬至。

⑪青鸟氏，司启者也：青鸟氏掌管立春、立夏。青鸟，或曰即仓庚鸟，俗称黄莺。启，立春、立夏。

⑫丹鸟氏，司闭者也：丹鸟氏掌管立秋、立冬。丹鸟，今名锦鸡。闭，立秋、立冬。按，以上四鸟是凤鸟氏的属官。

⑬祝鸠氏，司徒也：祝鸠氏是主教民之官。祝鸠，鹁鸪鸟。司徒，官名，主教民。

⑭鴡(jū)鸠氏，司马也：鴡鸠氏是主法制之官。鴡鸠，王鴡。司马，官名，主法制。

⑮鸤(shī)鸠氏，司空也：鸤鸠氏是主管水土治理之官。鸤鸠，即布谷鸟。司空，官名，主管水土治理之事。

⑯爽鸠氏，司寇也：爽鸠氏是主捕捉盗贼之官。爽鸠，鹰鸷。司寇，官名，主管捕捉盗贼之事。

⑰鹘(gǔ)鸠氏，司事也：鹘鸠氏是主管农事之官。鹘鸠，鹛鸠。司事，官名，主管农事。

⑱鸠民：聚合百姓。鸠，聚集，集合。

⑲五工正：五工之长。五工指木工、陶工、金工、皮工和染工。

⑳利器用、正度量，夷民者也：五工正的职责是改善器物用具，统一度量衡，使百姓得到均平。

㉑扈：或作鹗、扈，也是鸟名。九农：指九种农事，如耕耘、收获等。

㉒扈民无淫者也：防止百姓放纵。扈，防止。

㉓不能纪远，乃纪于近：不能记述远古之事，就从近古开始记述。远，指民事以外的云、鸟等。近，指民事。

㉔为民师而命以民事，则不能故也：颛顼继少皞为帝，不再用龙、鸟为官名，以就近之民事为官名了。不能故，不能照过去办理。

㉕天子失官，学在四夷：意思是周、鲁衰弱，典章缺失，而远方小国仍知前古官名之沿革，保存古代官学，保存先代典制。

【译文】

秋，郯国国君前来朝见，昭公和他宴饮。昭子向他请教，说："少皞氏用鸟名作官名，这是什么缘故呢？"郯国国君说："他是我的祖先，所以我知道。往昔黄帝氏以云记事，所以各部门官长都用云来命名；炎帝氏以火记事，所以各部门官长都用火来命名；共工氏以水记事，所以各部门官长都用水来命名；大皞氏以龙记事，所以各部门官长都用龙来命名。我高祖少皞氏挚即位的时候，凤鸟刚好飞来，所以用鸟记事，各部门官长都用鸟来命名。凤鸟氏就是历正，玄鸟氏掌管春分、秋分，伯赵氏掌管夏至、冬至，青鸟氏掌管立春、立夏，丹鸟氏掌管立秋、立冬。祝鸠氏是司徒，鴡鸠氏是司马，鸤鸠氏是司空，爽鸠氏是司寇，鹘鸠氏是司事。这五鸠是聚集百姓的官。五雉是管五种工艺的官，负责改善生活用具，统一度量，让百姓得到均平。九扈是管九项农事的官，制约百姓不让放纵。自从颛顼以来，不能记述久远的事，便从近代开始记述，做百姓的官长而用百姓的事来命名，那就不能按过去的情况来办理了。"孔子听说了，就去拜见郯国国君并向他问学。后来告诉别人说："我听说：'天子的百官失职，学问就保存在四方边远的小国。'这还是可以相信的。"

17.4 晋侯使屠蒯如周[①]，请有事于雒与三涂[②]。苌弘谓刘子曰[③]："客容猛，非祭也，其伐戎乎[④]！陆浑氏甚睦于楚，必是故也[⑤]。君其备之！"乃警戎备[⑥]。九月丁卯[⑦]，晋荀吴帅师涉自棘津[⑧]，使祭史先用牲于雒[⑨]。陆浑人弗知，师从之[⑩]。庚午[⑪]，遂灭陆浑，数之以其贰于楚也[⑫]。陆浑子奔楚，其众奔甘鹿[⑬]。周大获[⑭]。宣子梦文公携荀吴而授之陆浑，故使穆子帅师[15]，献俘于文宫[16]。

【注释】

①晋侯：晋顷公。屠蒯：晋国膳宰。见昭公九年《传》。

②请有事于雒与三涂：请求在洛水和三涂山祭祀。雒，同"洛"，即洛水。三涂，三涂山，山名，在今河南嵩县西南，伊水之北。雒与三涂皆在周，故请于周。

③苌弘：刘子的属官。

④客容猛，非祭也，其伐戎乎：屠蒯脸色凶猛，大概不是为祭祀，而是要讨伐戎人。容，脸色。

⑤陆浑氏甚睦于楚，必是故也：陆浑之戎和楚国友好，晋国一定要攻讨。

⑥乃警戎备：加强对戎人的防备。

⑦丁卯：二十四日。

⑧棘津：即孟津。

⑨使祭史先用牲于雒：先用牺牲祭洛水。

⑩陆浑人弗知，师从之：戎人毫无防备，晋军乘机攻过去。

⑪庚午：二十七日。

⑫数之以其贰于楚也：宣布陆浑氏之罪，乃是与楚国有勾结。

⑬甘鹿：古地名。在今河南嵩县西北。

⑭周大获：刘子因先有戒备，所以俘获大批陆浑人。

⑮宣子梦文公携荀吴而授之陆浑，故使穆子帅师：出师前韩起梦见晋文公拉着荀吴将陆浑交给他，以为大吉，所以让荀吴率军出征。

⑯献俘于文宫：为答谢吉梦，在晋文公庙里奉献俘虏。

【译文】

晋顷公派屠蒯前往宗周，请求祭祀洛水和三涂山。苌弘对刘子说："来客容貌凶猛，不是为了祭祀，该是要攻打戎人吧？陆浑氏和楚国关系密切，一定是为了攻打他们。您还是做好防备吧！”于是对戎人加强戒备。九月二十四日，晋国荀吴率领军队从棘津涉水而过，事先派祭史用牺牲祭祀雒水。陆浑人不知道，晋军就乘机攻过去。二十七日，就灭了陆浑，责备他们和楚国相勾结。陆浑国君逃往楚国，部众出逃甘鹿。周朝俘获了大批陆浑人。韩起梦见晋文公拉着荀吴把陆浑交给他，所以派荀吴带兵出征，而后在文公庙献俘。

17.5 冬，有星孛于大辰[①]，西及汉[②]。申须曰[③]：“彗所以除旧布新也[④]。天事恒象[⑤]，今除于火[⑥]，火出必布焉，诸侯其有火灾乎[⑦]！”梓慎曰：“往年吾见之，是其征也[⑧]。火出而见，今兹火出而章[⑨]，必火入而伏[⑩]。其居火也久矣，其与不然乎[⑪]？火出，于夏为三月，于商为四月，于周为五月[⑫]。夏数得天[⑬]，若火作，其四国当之[⑭]，在宋、卫、陈、郑乎？宋，大辰之虚也[⑮]；陈，大皞之虚也[⑯]；郑，祝融之虚也[⑰]；皆火房也[⑱]。星孛及汉，汉，水祥也[⑲]。卫，颛顼之虚也，故为帝丘[⑳]，其星为大水[㉑]，水，火之牡也[㉒]。其以丙子若壬午作乎！水火所以合也[㉓]。若火入而伏，必以壬午，不过其见之月[㉔]。”

【注释】

①孛：彗星，俗称扫帚星。

②西及汉：扫帚星尾巴的光芒向西射到银河。汉，银河。

③申须：鲁国大夫。

④彗所以除旧布新也：扫帚是除旧布新的工具。

⑤天事恒象：天上发生的事常象征吉凶。按，古人常以天象论人事，又以人事命天象。恒，常。

⑥今除于火：现在大火星不见。火，大火星。

⑦火出必布焉，诸侯其有火灾乎：现在彗星过大辰而及银河，是扫帚将大火星扫出了它的位置，而火星被扫出，必散布开来，它重新出现时，这些星宿的分野之国必然发生火灾。

⑧往年吾见之，是其征也：去年也见彗星，是其征兆。

⑨火出而见，今兹火出而章：去年大火星出现时已见彗星，今年彗星更加明亮。章，明亮。

⑩必火入而伏：大火星秋季始没，彗星必随之潜伏。

⑪其居火也久矣，其与不然乎：彗星与大火星相处已久，必然发生火灾。其，岂。与，句中语气词，无义。

⑫"火出"四句：夏历三月即商历四月、周历五月，此时黄昏可见大火星。

⑬夏数得天：夏历以立春之月为正月，所以夏历和自然气象适应。

⑭若火作，其四国当之：四国将有火灾。

⑮宋，大辰之虚也：宋国为大火星的分野。

⑯陈，大皞之虚也：大皞氏旧居于陈。

⑰郑，祝融之虚也：祝融为高辛氏火正，旧居于郑。

⑱皆火房也：三国都属于大火星的分野。房，舍。

⑲星孛及汉，汉，水祥也：彗星扫到天河，天河是水。

⑳卫，颛顼之虚也，故为帝丘：卫国原都帝丘，因过去颛顼帝曾居住，所以称为帝丘。

㉑其星为大水：卫国的分野星是大水。

㉒水，火之牡也：水火相配。牡，雄性。这里以火比做雌，以水为雄。

㉓其以丙子若壬午作乎！水火所以合也：丙子日或壬午日水火相合，这时必有火灾。若，或者。作，有火灾。

㉔见之月：即火见之月，周历五月。按，申须、梓慎以天象人事互解。

【译文】

冬，有彗星在大辰星边出现，往西直到银河。申须说："扫帚星是用来除旧布新的。天上发生的事常常显示吉凶，现在扫除大火星，它再次出现时必定布散灾祸。诸侯中也许将有火灾吧？"梓慎说："去年我也见到彗星，这就是它的征兆了。大火星出现时见到它，现在大火星出现时它更加明亮，一定在大火星消失时隐伏。它在大火星的位置已经很久了，难道不是这样的吗？大火星出现，在夏历是三月，在商历是四月，在周历是五月。夏历的气数与天象相应，如果发生火灾，应该是四个国家承受，会是在宋、卫、陈、郑四国吧？宋国是大辰星的分野，陈国是大皞氏居住的地方，郑国是祝融氏居住的地方，都是大火星所居之处。彗星到达银河，银河是水。卫国是颛顼氏居住的地方，所以称为帝丘，他的星是大水，水是火的配偶。可能将在丙子或者壬午日发作吧？那是水火相配合的日子。如果大火星消失而彗星隐伏，就一定在壬午日，不会超过它出现的那个月。"

郑裨灶言于子产曰："宋、卫、陈、郑将同日火。若我用瓘斝玉瓒，郑必不火①。"子产弗与②。

【注释】

①若我用瓘(guàn)斝(jiǎ)玉瓒，郑必不火：裨灶请求以玉器祭神，禳除火灾。瓘斝，玉酒尊。玉瓒，玉勺子。

②子产弗与：子产不同意这样做。

【译文】

郑国裨灶对子产说："宋、卫、陈、郑四国将同日发生火灾。要是我们用瓘斝、玉瓒祭祀，郑国一定不会有火灾。"子产不同意。

17.6　吴伐楚。阳匄为令尹[1]，卜战，不吉。司马子鱼曰[2]："我得上流[3]，何故不吉？且楚故[4]，司马令龟[5]，我请改卜。"令曰："鲂也以其属死之，楚师继之，尚大克之[6]！"吉。战于长岸。子鱼先死，楚师继之，大败吴师，获其乘舟馀皇[7]。使随人与后至者守之[8]，环而堑之，及泉[9]，盈其隧炭，陈以待命[10]。吴公子光请于其众[11]，曰："丧先王之乘舟，岂唯光之罪，众亦有焉。请藉取之以救死[12]。"众许之。使长鬣者三人潜伏于舟侧[13]，曰："我呼馀皇，则对[14]。"师夜从之，三呼，皆迭对[15]。楚人从而杀之[16]，楚师乱，吴人大败之，取馀皇以归。

【注释】

①阳匄：楚国令尹子瑕，穆王曾孙。

②司马子鱼：公子鲂。

③我得上流：楚国占据上游，顺江而下，易于取胜。

④故：传统。

⑤令龟：命龟，占卜前先告以所卜之事。

⑥鲂也以其属死之，楚师继之，尚大克之：这是子鱼命龟之辞。其属，指公子鲂的部属。尚，希望。

⑦馀皇：舟名。据后文，知为吴先王之乘舟。

⑧随人：当时随国是楚的盟国。

⑨环而堑之，及泉：楚军守着馀皇船，并环船挖深沟，直到见泉水。

⑩盈其隧炭，陈以待命：道上布满炭，并布好阵势，以防吴军劫船。

⑪吴公子光：吴王夷末儿子阖庐。

⑫藉取之：借众人之力夺回馀皇。救死：免除失去馀皇的死罪。

⑬长鬣者：强壮的人。

⑭我呼馀皇，则对：按，此是公子光与潜伏在舟侧的长鬣者约定以

暗号对答。

⑮迭对：交替回答。

⑯楚人从而杀之：楚军杀死潜伏的吴兵。

【译文】

吴国攻打楚国。阳匄任令尹，为迎战而占卜，显示不吉利。司马子鱼说："我们地处上游，为什么不吉利？况且按照楚国惯例，由司马祝告，我请求重新占卜。"子鱼祝告说："我率领私卒死战，楚军跟上，希望大胜敌军。"显示吉利。在长岸交战，子鱼先战死，楚军跟上，大败吴兵，缴获吴军所乘坐的馀皇船。派随国人和后到的看守它，拖到岸上环绕船四周挖了深沟，直到泉水涌出，在道上填满炭，排好阵势等待命令。吴国公子光与手下人商量，说："丢失先王的乘船，岂止仅是我的罪过，大家也都难逃罪责。希望能依靠大家的力量夺回来，用以救赎死罪。"众人答应了。公子光派了三个强壮的人，潜伏在船旁，说："我呼叫馀皇，你们就回应。"军队夜间迫近船边叫了三次，潜伏的人交替回应。楚军把三人杀了，结果楚军大乱，吴军大败楚军，夺取馀皇船回国而去。

十八年

【经】

18.1 十有八年春王三月①，曹伯须卒②。

18.2 夏五月壬午③，宋、卫、陈、郑灾④。

18.3 六月，邾人入鄅⑤。

18.4 秋，葬曹平公。

18.5 冬，许迁于白羽⑥。

【注释】

①十有八年：鲁昭公十八年当周景王二十一年，前524。

②曹伯须卒：曹平公去世。

③壬午：十三日。

④宋、卫、陈、郑灾：这四国发生火灾。

⑤鄅(yǔ)：妘(yún)姓国，在今山东临沂北。

⑥许迁于白羽：鲁成公十五年，许迁于叶，此后便以叶为都。昭公九年，自叶迁于夷，十一年迁于楚国境内，十三年楚平王复许，仍都于叶，到这时又由叶迁于白羽。白羽，古地名。在今河南西峡。

【译文】

鲁昭公十八年春周历三月，曹平公须去世。

夏五月十三日，宋、卫、陈、郑四国发生火灾。

六月，郑国人进入鄅国。

秋，安葬曹平公。

冬，许国迁移到白羽。

【传】

18.1　十八年春王二月乙卯①，周毛得杀毛伯过而代之②。苌弘曰："毛得必亡，是昆吾稔之日也③，侈故之以④。而毛得以济侈于王都⑤，不亡，何待⑥？"

【注释】

①乙卯：十五日。

②毛得：毛伯过族人。毛伯过：周大夫。

③是昆吾稔(rěn)之日也：乙卯是昆吾恶贯满盈的日子。昆吾，人名，祝融之孙。初封于帝丘，后其国、国君亦称昆吾。稔，指恶贯满盈。

④侈故之以：即“以侈之故”。侈，骄横。

⑤以济侈：即“以侈济”，以骄横成事。

⑥不亡，何待：按，昭公二十六年，毛得逃往楚国，这里为之伏笔。

【译文】

鲁昭公十八年春周历二月十五日，周毛得杀毛伯过而取代他的职位。苌弘说：“毛得必定要逃亡，这天正好是昆吾恶贯满盈的日子，这是由于骄横的缘故。毛得在天子的都城以骄横成事，不逃亡又怎么可能！”

18.2　三月，曹平公卒。

【译文】

三月，曹平公去世。

18.3　夏五月，火始昏见[①]。丙子[②]，风[③]。梓慎曰：“是谓融风[④]，火之始也[⑤]。七日[⑥]，其火作乎！”戊寅[⑦]，风甚[⑧]。壬午[⑨]，大甚[⑩]。宋、卫、陈、郑皆火。梓慎登大庭氏之库以望之[⑪]，曰：“宋、卫、陈、郑也。”数日，皆来告火。

【注释】

①火始昏见：大火星开始在黄昏出现。见，同“现”，出现。

②丙子：初七。

③风：刮风。

④融风：东北风。《淮南子·地形训》曰：“东北曰炎风。”高诱曰：“艮气所生也，一曰融风。”张晏曰：“融风，立春木风也，火之母也，火所始生也。”

⑤火之始也：火灾将开始。

⑥七日：七天以后。

⑦戊寅：初九。

⑧风甚：风很猛烈。

⑨壬午：十三日。

⑩大甚：风更猛。

⑪大庭氏：古国名，在鲁国都城内，其上有库房，地势较高。梓慎登上以观天象。

【译文】

夏五月，大火星开始在黄昏时出现。初七，刮风。梓慎说："这就是所谓的融风，是火灾的开始。七天以后，火灾恐怕就要发作了吧！"初九，风刮得很厉害。十三日，风更大了。宋、卫、陈、郑四国都发生火灾。梓慎登上大庭氏的库房眺望，说："是宋、卫、陈、郑四国起火。"几天以后都来告知火灾。

裨灶曰："不用吾言①，郑又将火。"郑人请用之，子产不可。子大叔曰："宝以保民也②，若有火，国几亡。可以救亡，子何爱焉③？"子产曰："天道远，人道迩，非所及也，何以知之④？灶焉知天道？是亦多言矣⑤，岂不或信⑥？"遂不与，亦不复火。

【注释】

①不用吾言：去年裨灶请求用玉器祭神禳除火灾，子产不同意。

②宝：即裨灶所请用的瓘斝玉瓒。

③可以救亡，子何爱焉：子太叔以为子产是因为舍不得这些宝器而不同意裨灶的请求。

④“天道远”四句：天道幽远，人道切近，怎么能由天道而知人道？

⑤是：此人，指裨灶。

⑥岂不或信：意思是裨灶话说多了，只是偶尔说中罢了。

【译文】

裨灶说：“不听我的话，郑国将要再次发生火灾。”郑国人请求按裨灶的话去做，子产不同意。子太叔说：“宝物是用来保护人民的，如果再有火灾，国家差不多要灭亡。可以挽救危亡，您又何必吝惜呢？”子产说：“天道远，人道近，两者并不相关，怎么能由天道而知人道？裨灶怎能知晓天道？这人话说多了，难道就没有偶尔说中的？”于是不举行祭祀，也没再发生火灾。

郑之未灾也，里析告子产曰①：“将有大祥②，民震动，国几亡。吾身泯焉，弗良及也③。国迁，其可乎④？”子产曰：“虽可，吾不足以定迁矣⑤。”及火，里析死矣，未葬，子产使舆三十人迁其柩⑥。

【注释】

①里析：郑国大夫。

②祥：变异。

③吾身泯焉，弗良及也：我将死，来不及了。泯，灭，死。良，能。

④国迁，其可乎：里析建议迁都，或可免于火灾。

⑤虽可，吾不足以定迁矣：迁都乃大事，一个人不足以决定。按，子产不信灾异，以此为托辞。

⑥子产使舆三十人迁其柩：因里析预见有火灾，建议迁都，所以死后迁走其灵柩。

【译文】

郑国还没发生火灾的时候，里析告诉子产说："将要发生大的变异，百姓震动，国家几乎要灭亡。那时我已经死了，看不到了。把国都迁到别的地方去，可以吗？"子产说："虽然可以，但我一个人无法决定迁都的事。"到火灾发生时，里析已经死了，还没下葬，子产派了三十个役夫把他的灵柩迁走。

火作，子产辞晋公子、公孙于东门①。使司寇出新客②，禁旧客勿出于宫③。使子宽、子上巡群屏摄，至于大宫④。使公孙登徙大龟⑤。使祝史徙主祏于周庙，告于先君⑥。使府人、库人各儆其事⑦。商成公儆司宫⑧，出旧宫人⑨，置诸火所不及。司马、司寇列居火道，行火所焮⑩。城下之人伍列登城⑪。明日，使野司寇各保其征⑫，郊人助祝史⑬，除于国北⑭，禳火于玄冥、回禄，祈于四鄘⑮。书焚室而宽其征，与之材⑯。三日哭，国不市⑰。使行人告于诸侯⑱。宋、卫皆如是。陈不救火，许不吊灾，君子是以知陈、许之先亡也⑲。

【注释】

①子产辞晋公子、公孙于东门：晋人刚来，子产派人辞谢，不让他们入城。杨伯峻指出，晋国在郑国西边，这里却是"辞晋公子、公孙于东门"，是因为东门是郑国的繁华市区。

②出新客：把新来的晋人送出去。

③禁旧客勿出于宫：防止火灾混乱，旧客不得离开客馆。旧客，已来的诸侯大夫。

④使子宽、子上巡群屏摄，至于大宫：巡行宗庙，不让火烧近。子宽、子上，都是郑国大夫。子宽是游吉之子游速。屏摄，诸庙牌

位。大宫,郑国祖庙。

⑤使公孙登徙大龟:按,用以占卜的大龟,古人视为国宝,所以搬走不让烧着。

⑥使祝史徙主祏(shí)于周庙,告于先君:将主祏搬走并集中于周厉王庙,以便抢救,并将此事祭告祖先。主祏,神主石函。

⑦使府人、库人各儆其事:让各府、库管理人员警惕,随时准备救火。儆,戒备。

⑧商成公:郑国大夫。司宫:管理宫殿之官。

⑨旧宫人:先公的宫女。

⑩司马、司寇列居火道,行火所焮(xìn):司马、司寇巡行于火道,一边救火,一边防盗贼趁火打劫。行,巡视。火所焮,火所烧着之处。

⑪伍列登城:列队登城,以防奸人作乱。

⑫野司寇:掌管乡邑刑狱之官。保其征:管好所征发服役的人。

⑬郊人:乡人。

⑭除于国北:在都城北面整地筑祭坛。

⑮禳火于玄冥、回禄,祈于四鄘:向火神、水神祈祷消除火灾,又在四城祈祷,以求消灭余火。玄冥,水神。回禄,火神。鄘,城。

⑯书焚室而宽其征,与之材:登记被烧的房舍,减免其赋税,发给建筑材料。

⑰国不市:市场停止交易,以示悲戚。

⑱使行人告于诸侯:派使者向诸侯各国报告。行人,使者。按,以上是记叙子产救火及灾后优抚工作井井有条。

⑲陈不救火,许不吊灾,君子是以知陈、许之先亡也:意思是陈、许二国不行义,不抚民,所以先亡。按,哀公十年,楚灭陈;定公六年,郑灭许。

【译文】

火灾发生后,子产在东门送走了晋国的公子、公孙。又派司寇把新来的宾客送走，阻止在郑国的旧客不要离开宾馆。派子宽、子上巡视所有祭祀的宗庙，直到祖庙。派公孙登搬走大龟。派祝史把宗庙中的神主石函迁入周庙，并向先君报告。令府人、库人各自戒备自己的管辖区域。商成公督促司宫戒备，转移先公的宫女，安顿到火烧不到的地方。司马、司寇都到火道上，一边救火，一边防盗贼趁火打劫。城下的人排列队伍登城。第二天，命令野司寇各自管好自己所征发的役夫。郊人帮助祝史在都城北面清理地面建祭坛，向玄冥、回禄祭祷请求灭火，又在四城祈祷。登记被烧毁的人家，宽免其赋税，发给建筑材料。号哭三日，国内市场停业不开。派行人向诸侯通报。宋国、卫国也都是这样做。陈国不救火，许国不慰问灾情，君子由此知道陈、许二国将先灭亡。

18.4 六月，鄅人藉稻[①]。邾人袭鄅，鄅人将闭门，邾人羊罗摄其首焉[②]，遂入之，尽俘以归[③]。鄅子曰："余无归矣。"从帑于邾[④]。邾庄公反鄅夫人[⑤]，而舍其女[⑥]。

【注释】

①鄅人：这里指鄅国国君。藉稻：巡行踏勘农田。

②邾人羊罗摄其首焉：羊罗砍下鄅守门者脑袋，手持其头冲入。摄，持。

③尽俘以归：把鄅人全部抓走。鄅国小人少，故能尽俘。

④从帑于邾：鄅国国君虽没被抓，但百姓与其妻室已全部被抓，无家国可归，便也到邾国去。

⑤鄅夫人：据明年《传》，鄅夫人是宋国向戌的女儿。

⑥舍其女：留下鄅国国君的女儿。

【译文】

六月，鄅国国君出城巡察踏勘农田。邾国偷袭鄅国，鄅国人将要关闭城门，邾国人羊罗砍下看门人的脑袋，于是进城，把鄅国人全部俘获回去。鄅国国君说:“我已无处可去了。”就随同妻小到邾国。邾庄公遣返鄅夫人,而留下他的女儿。

18.5 秋,葬曹平公。往者见周原伯鲁焉①,与之语,不说学②。归以语闵子马。闵子马曰:“周其乱乎?夫必多有是说,而后及其大人③。大人患失而惑④。又曰:‘可以无学,无学不害。’不害而不学,则苟而可⑤。于是乎下陵上替⑥,能无乱乎?夫学,殖也⑦。不学将落⑧,原氏其亡乎⑨!”

【注释】

①往者:鲁国前往参加曹平公葬礼的人。原伯鲁:周大夫。

②不说学:不爱学习,这里指学礼。说,同“悦”。

③夫必多有是说,而后及其大人:不好学之说多了,必影响其执政者。是说,不好学之说。大人,执政者。

④大人患失而惑:执政者患失其位,不好学,则不明事理。

⑤不害而不学,则苟而可:不学将无知,又认为无害,于是得过且过,苟且因循,不求真理。

⑥于是乎下陵上替:在下者凌驾于上,在上者政务废弛。陵,凌驾。替,废,弛。

⑦夫学,殖也:学习如同种植。殖,种植。

⑧不学将落:不学则才智日退,如同草木衰落。

⑨原氏其亡乎:原伯鲁不好学,必因此而亡。

【译文】

秋,安葬曹平公。去参加葬礼的鲁国使者见到周原伯鲁,和他交谈,发现他不爱学习。回国后告诉了闵子马。闵子马说:“周朝恐怕要发生动乱吧?一定是先流行了这种观念,然后影响到在位的大夫们。

大夫们害怕丢失官位而不明事理。又说：'可以不用学习，不学习没有坏处。'认为没坏处而不学习，就会得过且过。因此在下者欺凌在上者，在上的政务废弛，能不发生动乱吗？学习就如同种植，不学习就要堕落，原氏恐怕要被灭亡了吧！"

18.6　七月，郑子产为火故，大为社[①]，祓禳于四方[②]，振除火灾[③]，礼也。乃简兵大蒐[④]，将为蒐除[⑤]。子大叔之庙在道南，其寝在道北[⑥]，其庭小，过期三日[⑦]，使除徒陈于道南庙北[⑧]，曰："子产过女，而命速除，乃毁于而乡[⑨]。"子产朝，过而怒之[⑩]。除者南毁[⑪]。子产及冲[⑫]，使从者止之，曰："毁于北方[⑬]。"

【注释】

①大为社：大筑社庙。

②祓禳于四方：祭四方之神以解除灾患。

③振除：救治。

④简兵大蒐：精选兵卒，准备大阅兵。

⑤将为蒐除：为阅兵清理场地。

⑥寝：指子太叔的住家。

⑦其庭小，过期三日：子太叔庙、寝之庭小，必须拆除庙或寝，三日期限已过，还没拆除。

⑧除徒：子太叔所派清理场地的士卒。

⑨乃毁于而乡：指拆毁子太叔之庙。乡，通"向"。

⑩过而怒之：怒其不清理场地。

⑪除者南毁：拆庙。

⑫冲：交叉路口。

⑬毁于北方：不让其毁庙而拆其寝室。

【译文】

七月，郑国子产因为火灾的缘故，大规模建造社庙，祭祀祈祷四方神灵，救治火灾，这是合于礼的。于是精选兵卒准备大检阅，将要为此而清理场地。子太叔的家庙在道南，他的家在道北，那儿庭院狭小。清理场地的限期已经超过三天，子太叔让他手下清除场地的徒卒排列在路南庙北，说："子产经过要是命令你们快些清理，你们就朝面对的方向动手。"子产上朝经过这里，发现没清场而发怒，役卒就往南边拆除。子产走到路口，派随从去制止他们，说："拆毁北边的。"

火之作也，子产授兵登陴①。子大叔曰："晋无乃讨乎②？"子产曰："吾闻之，小国忘守则危，况有灾乎③？国之不可小④，有备故也。"既⑤，晋之边吏让郑，曰："郑国有灾，晋君、大夫不敢宁居，卜筮走望⑥，不爱牲玉⑦。郑之有灾，寡君之忧也。今执事撊然授兵登陴⑧，将以谁罪？边人恐惧，不敢不告。"子产对曰："若吾子之言，敝邑之灾，君之忧也。敝邑失政，天降之灾，又惧谗慝之间谋之⑨，以启贪人，荐为敝邑不利⑩，以重君之忧。幸而不亡，犹可说也⑪；不幸而亡，君虽忧之，亦无及也。郑有他竟，望走在晋⑫。既事晋矣，其敢有二心？"

【注释】

①子产授兵登陴（pí）：分发武器，派人登上城墙，加强警戒。陴，城上矮墙。

②晋无乃讨乎：先前辞晋公子、公孙，现在又授兵，怕晋国误会为叛晋，会前来责问。

③小国忘守则危，况有灾乎：小国忘记防备就有危险，要是有灾患，更容易受到大国的入侵。

④国之不可小：国家不可被人轻视。

⑤既：事后。

⑥卜筮走望：占卜占筮，四处祭祀名山大川，为郑国祈求消灾。

⑦不爱牲玉：晋国并不吝惜祭品。牲玉，祭祀所用祭品。

⑧撊（jiǎn）然：忿忿然。

⑨间谋：指谗奸者乘机进行阴谋活动，打郑国的主意。

⑩荐：再次。

⑪幸而不亡，犹可说也：郑国不被灭亡，还可将事情解释清楚。说，解释。

⑫郑有他竟，望走在晋：郑国虽然和其他国家接壤为邻，但所指望奔走的仍然是晋国。

【译文】

火灾发生的时候，子产给兵卒发武器让他们登上城墙守卫。子太叔说："晋国怕要来讨伐吧？"子产说："我听说，小国忘了守备就很危险，何况有火灾呢？国家不被轻视，就是因为有防备的缘故。"事后，晋国边境官员责备郑国说："郑国发生火灾，晋国国君、大夫都不敢安居，占卜占筮，四处祭祀名山大川，不吝惜牺牲玉帛。郑国有灾难，也是我们国君所忧虑的。现在你们忿忿然分发兵器登上城墙，是要向谁问罪？边境的人心存恐惧，不敢不报告。"子产回答说："正如您所说，敝国的灾难，就是贵国国君的忧患。敝国政事失修，上天降下灾难，又怕奸邪小人乘机算计我们，并引诱贪婪恶人，再次对敝国不利，加重国君的忧虑。有幸而不灭亡，还可以解释清楚；不幸而被灭亡了，国君即便担忧，也来不及了。郑国虽然有其他接壤的邻国，但有难时只希望投奔晋国。已经奉事晋国了，岂敢有二心？"

18.7 楚左尹王子胜言于楚子曰："许于郑，仇敌也，而居楚地，以不礼于郑[①]。晋、郑方睦，郑若伐许，而晋助之，楚丧地矣[②]。君盍迁许？许不专于楚[③]，郑方有令政[④]，许曰：'余旧国也[⑤]。'郑曰：'余俘邑也[⑥]。'叶在楚国，方城外之蔽也[⑦]。土不可易，国不可小[⑧]，许不可俘，仇不可启，君其图之[⑨]！"楚子说。冬，楚子使王子胜迁许于析，实白羽[⑩]。

【注释】

①"许于郑"四句：楚平王复许，许国居于叶地。许国与郑国本有宿怨，现在更因恃楚而不事郑国。

②楚丧地矣：叶本为楚地。

③许不专于楚：许国如果迁出楚境，则不为楚国所专有。

④令政：善政。

⑤旧国：许国旧都许昌，后来被郑国占有。

⑥余俘邑也：隐公十一年郑庄公灭许而复存之，许迁之后，仍占有其地。俘邑，战胜而得的城邑。

⑦叶在楚国，方城外之蔽也：对楚国来说，叶是方城外的屏障。蔽，屏障。

⑧国不可小：意谓郑国不可轻视。

⑨君其图之：按，叶是方城外的屏障，许、郑有怨，此时郑、晋结好，如果郑、晋伐许，将会引起楚国的战祸，所以王子胜建议将许迁离叶地。

⑩实白羽：析即白羽。

【译文】

楚左尹王子胜对楚平王说："许国对于郑国而言，是仇敌，却居住在楚国境内，并恃楚而对郑国无礼。晋、郑二国关系正当和睦之际，郑国要是攻打许国,而晋国帮助郑国,楚国就要丢失国土了。君王何不把许国迁走?许国不为楚国专有,郑国正行善政。许国说:'那儿是我们的旧国都。'郑国说:'那是我国攻下的城邑。'叶对于楚国是方城外的屏障。土地不能轻易给人,国家不能小觑,许国不能作为俘虏,仇隙不能重新挑起,君王还是考虑一下吧。"楚平王很高兴。冬,楚平王派王子胜把许迁到析,就是白羽。

十九年

【经】

19.1　十有九年春[①],宋公伐邾[②]。

19.2　夏五月戊辰[③],许世子止弑其君买[④]。

19.3　己卯[⑤],地震。

19.4　秋,齐高发帅师伐莒[⑥]。

19.5　冬,葬许悼公。

【注释】

①十有九年:鲁昭公十九年当周景王二十二年,前523。

②宋公伐邾:由于邾国侵入鄅国,因此伐邾。

③戊辰:初五。

④买:许悼公名。许悼公,前546年即位,在位二十四年。

⑤己卯:十六日。

⑥高发:齐国大夫。

【译文】

鲁昭公十九年春,宋元公攻打邾国。

夏五月初五,许国太子止杀死许悼公买。

十六日,发生地震。

秋，齐国高发带兵攻打莒国。

冬，安葬许悼公。

【传】

19.1 十九年春，楚工尹赤迁阴于下阴[①]，令尹子瑕城郏[②]。叔孙昭子曰："楚不在诸侯矣，其仅自完也，以持其世而已[③]。"

【注释】

①阴：这里指阴地的戎人。下阴：古地名。在今湖北光化西，汉水北岸。

②郏：古地名。在今河南三门峡，本是郑国之地，后来属楚国。

③楚不在诸侯矣，其仅自完也，以持其世而已：楚国虽迁阴城郏，其意不在欺凌诸侯，仅是防御性地保护自己。言外之意是楚平王之政已衰。自完，保护自己。持，维持。

【译文】

鲁昭公十九年春，楚国工尹赤把阴地的戎人迁移到下阴，令尹子瑕在郏地筑城。叔孙昭子说："楚国的意图不在于诸侯了，它仅仅是求自保，以维持它的世代传承罢了。"

19.2 楚子之在蔡也[①]，郹阳封人之女奔之[②]，生大子建。及即位，使伍奢为之师[③]，费无极为少师[④]，无宠焉[⑤]，欲谮诸王[⑥]，曰："建可室矣[⑦]。"王为之聘于秦，无极与逆[⑧]，劝王取之[⑨]。正月，楚夫人嬴氏至自秦[⑩]。

【注释】

①楚子之在蔡也：指楚平王任大夫时曾往蔡聘问。

②郹(jú)阳：蔡国邑名，在今河南新蔡。封人：管理土地边界之官。奔之：与之姘居。

③伍奢：伍举之子，伍员之父。

④少师：也是太子的师傅，位次于太师。

⑤无宠焉：太子建不喜欢费无极。

⑥欲谮诸王：费无极准备陷害太子建。

⑦可室：可以娶妻。

⑧无极与逆：费无极同往迎亲。

⑨劝王取之：本为太子建娶妻，费无极却劝平王自己娶此女。按，这是费无极陷害太子建所设的圈套之一。

⑩楚夫人嬴氏至自秦：即本为太子建所娶的秦女，成了楚平王的夫人。

【译文】

楚平王在蔡国时，郹阳封人的女儿私奔到他那里，生下太子建。到平王即位，派伍奢担任太子建的师傅，费无极任少师，但不得太子建的宠信，费无极想要在平王面前陷害他，说："太子建应该娶妻了。"平王为他聘秦国女，派费无极同往迎亲，费无极劝平王自己娶秦女。正月，楚平王夫人嬴氏从秦国来到楚国。

19.3 鄅夫人，宋向戌之女也，故向宁请师[①]。二月，宋公伐邾，围虫[②]。三月，取之。乃尽归鄅俘[③]。

【注释】

①故向宁请师：向宁请宋元公出兵伐邾，为鄅国报仇。向宁，向戌之子。

②虫:邾国邑名,在今山东济宁。

③乃尽归鄅俘:被邾国所俘虏的鄅人全部放回。

【译文】

鄅夫人是宋国向戌的女儿,所以向宁请求出兵攻打邾国。二月,宋元公讨伐邾国,包围了虫邑。三月,占领虫邑。于是全部遣返鄅国被俘者。

19.4 夏,许悼公疟[①]。五月戊辰,饮大子止之药卒。大子奔晋。书曰:"弑其君。"君子曰:"尽心力以事君,舍药物可也[②]。"

【注释】

①疟:患疟疾。

②尽心力以事君,舍药物可也:这是解释《经》文的意思。太子止虽然不是有意毒杀许悼公,但私自进药,同样是未尽心尽力事君,所以仍然说他"弑其君"。

【译文】

夏,许悼公患疟疾。五月初五,喝下太子止的药而去世。太子止逃往晋国。《春秋》记载说:"止杀死他的国君。"君子说:"尽心尽力地事奉国君,不必进药物也是可以的。"

19.5 邾人、郳人、徐人会宋公。乙亥[①],同盟于虫[②]。

【注释】

①乙亥:十二日。

②同盟于虫:邾国被伐之后,四国结盟。

【译文】

郏国人、郳国人、徐国人和宋元公见面。五月十二日，在虫邑结成同盟。

19.6 楚子为舟师以伐濮[①]。费无极言于楚子曰："晋之伯也[②]，迩于诸夏[③]，而楚辟陋，故弗能与争。若大城城父，而置大子焉，以通北方，王收南方，是得天下也[④]。"王说，从之。故大子建居于城父。

【注释】

①舟师：水师。濮：即南夷。

②伯：通"霸"。

③诸夏：指中原地区诸国。

④"若大城城父"五句：按，费无极其意在将太子建调离楚都。城父，有两处，这里指楚国城邑，在今河南宝丰东。

【译文】

楚平王用水军攻打濮。费无极对楚平王说："晋国之称霸诸侯，是由于与中原诸国接近，而楚国处在偏僻之地，所以不能和它相争。要是大规模修筑城父城墙，派太子驻守那里，用来和北方通好，君王收服南方，就可以获得天下。"平王认为他说得对，就听从了。所以太子建就住到城父。

令尹子瑕聘于秦，拜夫人也。

【译文】

令尹子瑕到秦国聘问，是为了拜谢秦夫人嫁到楚国。

19.7 秋,齐高发帅师伐莒[①],莒子奔纪鄣[②]。使孙书伐之[③]。初,莒有妇人,莒子杀其夫,已为嫠妇[④]。及老,托于纪鄣[⑤],纺焉以度而去之[⑥]。及师至,则投诸外。或献诸子占,子占使师夜缒而登。登者六十人,缒绝[⑦]。师鼓噪[⑧],城上之人亦噪。莒共公惧,启西门而出。七月丙子[⑨],齐师入纪[⑩]。

【注释】

①齐高发帅师伐莒:莒国不事奉齐国,所以讨伐。

②纪鄣:在今江苏赣榆北,或在今柘汪与海头之间。

③使孙书伐之:孙书再伐纪鄣。孙书,陈无宇之子,即下文的子占。

④嫠妇:寡妇。

⑤托:寄居。

⑥纺焉以度而去之:老妇纺线搓绳子,绳子之长足与城墙比高,然后藏起来,以待有人外攻时用,为自己报仇。去,藏。

⑦缒:指所垂之绳。

⑧噪:呐喊。

⑨丙子:十四日。

⑩纪:即纪鄣。

【译文】

秋,齐国高发带兵攻打莒国,莒国国君逃往纪鄣。再派孙书攻纪鄣。起初,莒国有个妇女,国君杀了她的丈夫而守寡。到年老后,寄居在纪鄣,纺线编绳达到城墙的高度后收藏起来。待齐国兵到,便把它垂到城外。有人把绳子献给孙书,孙书就派兵在夜里攀绳登城。六十人登城后,绳子便断了。齐军击鼓呐喊,城上齐兵也大喊。莒共公害怕了,打开西门出逃。七月十四日,齐军进入纪鄣。

19.8　是岁也，郑驷偃卒[①]。子游娶于晋大夫，生丝，弱[②]，其父兄立子瑕[③]。子产憎其为人也，且以为不顺[④]，弗许，亦弗止[⑤]。驷氏耸[⑥]。他日，丝以告其舅[⑦]。冬，晋人使以币如郑，问驷乞之立故。驷氏惧，驷乞欲逃，子产弗遣[⑧]。请龟以卜，亦弗予[⑨]。大夫谋对[⑩]，子产不待而对客曰[⑪]："郑国不天[⑫]，寡君之二三臣札瘥夭昏[⑬]，今又丧我先大夫偃。其子幼弱，其一二父兄惧队宗主[⑭]，私族于谋，而立长亲[⑮]。寡君与其二三老曰[⑯]：'抑天实剥乱是，吾何知焉[⑰]？'谚曰：'无过乱门[⑱]。'民有乱兵，犹惮过之，而况敢知天之所乱？今大夫将问其故，抑寡君实不敢知，其谁实知之[⑲]？平丘之会[⑳]，君寻旧盟曰[㉑]：'无或失职。'若寡君之二三臣，其即世者，晋大夫而专制其位，是晋之县鄙也，何国之为[㉒]？"辞客币而报其使[㉓]，晋人舍之[㉔]。

【注释】

①驷偃：子游。

②弱：年幼。

③其父兄立子瑕：众人立子瑕为驷氏继承人。子瑕，驷乞。按，子游、子瑕是兄弟，子瑕是丝的叔叔。

④子产憎其为人也，且以为不顺：子产厌恶子瑕的为人，并且认为不立子而立弟，不合常理。

⑤弗许，亦弗止：子产不表态，保持中立。表示不干预大夫家政。

⑥耸：恐惧。

⑦其舅：即晋国大夫。

⑧弗遣：不让驷乞走。

⑨请龟以卜，亦弗予：驷氏请求以龟甲占卜，子产也不给。

⑩大夫谋对:商量如何答复晋人。

⑪子产不待而对客:不等大夫商量好就回答晋使。

⑫不天:不被天所保佑。

⑬札:得瘟疫而死。瘥(cuó):病死。夭:短命而死。昏:通“泯”,泯没。

⑭队:同“坠”。宗主:大夫继承者,为一宗之主。

⑮私族于谋,而立长亲:指立驷乞是族人私自商议,立成年亲属。

⑯二三老:诸位大夫。老,卿大夫。

⑰抑天实剥乱是,吾何知焉:意思是天要搅乱此继承法,立驷乞,我也无可奈何。抑,转折连词,而。剥,乱。

⑱无过乱门:不经过动乱人家的门口,意思是不参与其乱。

⑲今大夫将问其故,抑寡君实不敢知,其谁实知之:郑君不敢与知,他人更不敢过问。意即晋人不应过问。抑,转折词,而。

⑳平丘之会:事在昭公十三年。

㉑寻:重申。

㉒“若寡君之二三臣”五句:如果郑国大臣去世,其继承人还要晋国来干涉,那么郑国还算什么国家?这样郑国就只是晋国的边境城邑。按,子产虽然厌恶驷乞,但坚决反对晋国干涉内政。即世,去世。专制,专断。其位,指继承人。

㉓辞客币:退回礼物,以示拒绝晋人的责问。报其使:回报使者,以示不失礼。

㉔晋人舍之:不敢再追究此事。

【译文】

这一年,郑国驷偃去世。他娶晋国大夫女儿为妻,生下儿子丝,丝还年幼,族人便立了子瑕为继承人。子产憎恶子瑕的为人,并且认为这样做不符合继承顺序,不表态,也不制止。驷氏感到害怕。过了些日子,丝把情况告知他的舅舅。冬,晋国派人带着礼物来郑国,责问立驷乞的理由。驷氏害怕了，驷乞想出逃，子产不让走。请求用龟占卜，也不给。大夫们商量对策，子产不等商量结果就答复来人说："郑国不得上天保佑，我们国君的几个臣子不幸患病早死，现在又失去我国先大夫驷偃。他的儿子还年幼，家族中有父兄辈担心断绝宗主，便私下和族人商议，立了嫡系中年长的人。我们国君和几位卿大夫说：'或者是上天有意搅乱继承顺序，我能过问什么？'谚语说：'不经过动乱者的家门。'百姓动武作乱，人们还害怕经过那里，何况敢过问上天所降的动乱？如今大夫要问它的缘故，连我们国君也确实不敢过问，还会有谁过问？平丘盟会时，国君重温过去的盟约说：'不要有人失职。'如果我们国君的臣下中有人去世，晋国大夫要专权擅定他们的继承人，就是把郑国视为晋国的边境城邑了，那还成什么国家？"辞退了带来的礼物而回报他的使者，晋国人也没敢再过问。

19.9　楚人城州来。沈尹戌曰①："楚人必败。昔吴灭州来②，子旗请伐之。王曰：'吾未抚吾民。'今亦如之③，而城州来以挑吴，能无败乎？"侍者曰："王施舍不倦，息民五年，可谓抚之矣。"戌曰："吾闻抚民者，节用于内，而树德于外，民乐其性，而无寇仇④。今宫室无量，民人日骇，劳罢死转，忘寝与食，非抚之也⑤。"

【注释】

①沈尹戌：楚庄王曾孙，叶公诸梁之父。

②昔吴灭州来：事在昭公十三年。

③今亦如之：指如今仍未抚民。

④民乐其性，而无寇仇：百姓安居乐业，没有战争，没有外来干涉侵略。性，生命。

⑤“今宫室无量”五句：沈尹戌认为，平王之政衰败，王室奢侈无度，百姓疲劳转死，寝食不安，而向吴国挑衅，必然失败。日骇，每天惊惧不安。罢，疲惫。转，死后尸体被抛弃。

【译文】

楚国在州来筑城。沈尹戌说：“楚国必败。往昔吴国灭亡州来，子旗请求攻打吴国。楚王说：‘我还没有安抚我的人民。’现在仍然如此，却在州来筑城来挑动吴国，能不失败吗？”侍者说：“君王施舍不知疲倦，让百姓休养生息五年，可以说是安抚他们了。”沈尹戌说：“我听说安抚人民的人，在国内节约开支费用，在国外树立德行，人民对生活感到安乐，而没有仇敌。现今宫室的规模无限量增加，人民整天担惊受怕，劳苦疲倦到死还没人收葬，愁苦得连睡觉、饮食都忘记了，这不是安抚他们。”

19.10 郑大水，龙斗于时门之外洧渊①，国人请为禜焉②，子产弗许，曰：“我斗，龙不我觌也③；龙斗，我独何觌焉？禳之，则彼其室也④。吾无求于龙，龙亦无求于我。”乃止也。

【注释】

①时门：郑城南门。洧渊：洧水发源于今河南登封，经过新郑，有潭，就是洧渊。

②禜(yǒng)：禳灾之祭。

③觌(dí)：相见。

④禳之，则彼其室也：洧渊本是龙所居之室，即使设祭请它离开，也不可能。

【译文】

郑国发生大水灾，龙在时门外的洧渊争斗，国人请求举行禜祭，子产不同意，说：“我们人争斗，龙不看我们；龙争斗，我们为何要去管它们？祭祷祓除它们，可那里本来就是龙的住所啊。我们无求于龙，龙也无求于我们。”于是没有祭祀。

19.11 令尹子瑕言蹶由于楚子[①]，曰：“彼何罪？谚所谓‘室于怒市于色’者，楚之谓矣[②]。舍前之忿可也[③]。”乃归蹶由。

【注释】

①令尹子瑕言蹶由于楚子：为蹶由向楚平王进言。蹶由，吴王弟，昭公五年楚伐吴，蹶由犒师，被楚灵王扣留。

②谚所谓“室于怒市于色”者，楚之谓矣：这就是所谓“生家里人的气却到街上给别人脸色看”。指灵王生吴王的气，却迁怒于其弟。

③前之忿：过去灵王对吴的忿恨。

【译文】

令尹子瑕为蹶由向楚平王进言，说：“他有什么罪？谚语所谓的‘在家发怒却到街上给人脸色’，说的就是楚国了。该抛弃前嫌了。”楚国于是放蹶由回国。

二十年

【经】

20.1 二十年春王正月[①]。

20.2 夏，曹公孙会自鄸出奔宋[②]。

20.3 秋，盗杀卫侯之兄絷[③]。

20.4 冬十月，宋华亥、向宁、华定出奔陈。

20.5 十有一月辛卯[④]，蔡侯卢卒[⑤]。

【注释】

①二十年：鲁昭公二十年当周景王二十三年，前522。

②曹公孙会自鄸出奔宋：公孙会叛曹，从鄸逃往宋国。公孙会，曹宣公之孙，子威之子。鄸，曹邑，在今山东菏泽西北。

③盗杀卫侯之兄絷：卫国齐豹杀死公孟絷。盗，指齐豹，卫国司寇，齐恶之子。昭公三十一年《传》曰："齐豹为卫司寇，守嗣大夫，作而不义，其书为'盗'。"卫侯之兄絷，卫灵公兄，字公孟，名絷。

④辛卯：初七。

⑤蔡侯卢卒：蔡平公去世。

【译文】

鲁昭公二十年春周历正月。

夏，曹国公孙会从鄸地出逃到宋国。

秋，盗贼齐豹杀死卫灵公的哥哥絷。

冬十月，宋国华亥、向宁、华定逃往陈国。

十一月初七，蔡平公卢去世。

【传】

20.1 二十年春王二月己丑[①]，日南至[②]。梓慎望氛[③]，曰："今兹宋有乱，国几亡，三年而后弭[④]。蔡有大丧[⑤]。"叔孙昭子曰："然则戴、桓也[⑥]。汏侈，无礼已甚，乱所在也[⑦]。"

【注释】

①己丑：初一。

②日南至：即冬至。按，本应记为周历正月己丑朔日冬至，因为去年十二月后应置闰，史官失记，所以变为周历二月初一冬至。

③梓慎：鲁国日官。望氛：望气以觇吉凶。

④弭：平定。

⑤蔡有大丧：预言蔡平公死。

⑥然则戴、桓也：预言华、向二氏将为乱。戴，戴族，宋戴公后裔，华氏。桓，桓族，宋桓公后裔，向氏。

⑦汏侈，无礼已甚，乱所在也：二氏骄纵奢侈，无礼至极，必为乱。

【译文】

鲁昭公二十年春周历二月初一，冬至。梓慎望气后说："今年宋国将有动乱，国家几乎灭亡，三年后才会安定。蔡国有大丧事。"叔孙昭子说："那么就会落到戴、桓两族头上了。他们骄纵奢侈，无礼到极点，动乱就发生在他们那儿。"

20.2　费无极言于楚子曰："建与伍奢将以方城之外叛[①]，自以为犹宋、郑也[②]，齐、晋又交辅之[③]，将以害楚，其事集矣[④]。"王信之，问伍奢。伍奢对曰："君一过多矣[⑤]，何信于谗？"王执伍奢。使城父司马奋扬杀大子[⑥]。未至，而使遣之[⑦]。三月，大子建奔宋。王召奋扬，奋扬使城父人执己以至[⑧]。王曰："言出于余口，入于尔耳，谁告建也？"对曰："臣告之。君王命臣曰：'事建如事余。'臣不佞[⑨]，不能苟贰[⑩]。奉初以还，不忍后命[⑪]，故遣之。既而悔之，亦无及已。"王曰："而敢来[⑫]，何也？"对曰："使而失命[⑬]，召而不来，是再奸也[⑭]。逃无所入[⑮]。"王曰："归，从政如他日[⑯]。"

【注释】

①建与伍奢将以方城之外叛：去年费无极建议令太子建居于城父，现在费无极诬蔑他将据守以叛。

②自以为犹宋、郑也：将割据自成一国，像宋、郑那样。

③交:俱,一同。

④集:成功。

⑤一过:指平王夺太子建之妻。多:严重。

⑥奋扬:奋是氏,扬是名。

⑦未至,而使遣之:奋扬知道太子建被陷害,自己还没到城父,先派人通知太子建逃走。

⑧城父人:城父大夫。执己以至:把自己逮捕押回郢都,以示服罪。

⑨不佞:不才。

⑩苟贰:苟且而怀二心。

⑪奉初以还,不忍后命:既奉王之初命必须好生事奉太子,就不忍再执行后来杀太子的命令。

⑫而:你。

⑬失命:没完成使命。

⑭再奸:二次违犯命令。

⑮逃无所入:无处可逃。

⑯归,从政如他日:楚平王不惩治奋扬,让他回城父,仍为城父司马。

【译文】

费无极对楚平王说:“太子建将和伍奢领着方城以外地区的人叛乱,自认为如同宋国、郑国一样,齐国、晋国又一起辅助他们,将会危害楚国,这事要成功了。”平王相信了,就质问伍奢。伍奢回答说:“君王有了一次过错已经很严重了,为何要听信谗言?”平王逮捕了伍奢,派城父司马奋扬去杀太子建。奋扬还没到达,先派人通知太子逃走。三月,太子建逃往宋国。平王召回奋扬,奋扬让城父大夫把自己押到郢都。平王说:“话出自我的口,进入你的耳,是谁告给太子建的?”奋扬回答说:“是下臣告诉的。君王命令下臣说:‘事奉太子建要如同事奉我一样。’下臣不才,不能苟且违背。奉了起初的命令,就不忍心执行后来的命令，所以让他逃走了。事后又感到后悔，但也来不及了。”平王说：“你敢回来，究竟因为什么？”奋扬回答说：“接受使命而没有完成，召我再不回来，是再次违背命令，而且也无处可逃。”平王说：“你回去吧，还跟以往那样履行政务。”

无极曰：“奢之子材[①]，若在吴，必忧楚国，盍以免其父召之[②]。彼仁，必来。不然，将为患。”王使召之，曰：“来，吾免而父。”棠君尚谓其弟员曰[③]：“尔适吴，我将归死。吾知不逮[④]，我能死，尔能报[⑤]。闻免父之命，不可以莫之奔也[⑥]；亲戚为戮，不可以莫之报也[⑦]。奔死免父，孝也；度功而行，仁也[⑧]；择任而往，知也[⑨]；知死不辟[⑩]，勇也。父不可弃，名不可废[⑪]，尔其勉之！相从为愈[⑫]。”伍尚归。奢闻员不来，曰：“楚君、大夫其旰食乎[⑬]！”楚人皆杀之[⑭]。

【注释】

①奢之子材：伍奢儿子有才能。材，有才能。

②盍以免其父召之：何不以免伍奢死罪来召其子。

③棠君尚谓其弟员(yún)：伍尚时为棠邑大夫，所以称为棠君。员，字子胥，二人都是伍奢儿子。棠地在今河南遂平西北。

④吾知不逮：我的才智不及你。

⑤我能死，尔能报：我归郢都，与父同死；你逃吴，报仇雪恨。

⑥闻免父之命，不可以莫之奔也：楚王既以免父死之命来召，不可无人前往。

⑦亲戚为戮，不可以莫之报也：父兄被杀，仇不可不报。

⑧度功而行，仁也：估计能成功而去做，是仁。

⑨择任而往，知也：知道伍员才干比自己强，让他逃吴，是明智之

举。知,同“智”。

⑩知死不辟:回去必死,但不躲避。

⑪父不可弃,名不可废:兄弟都出逃是弃父,兄弟都死,无人报仇,是废名。

⑫相从为愈:希望伍员听自己的话。

⑬楚君、大夫其旰食乎:伍奢知道伍员必来报仇,楚国君臣连吃饭都不得安稳了。旰食,晚食。

⑭楚人皆杀之:杀伍奢、伍尚父子。

【译文】

费无极说:“伍奢的儿子都有才能,要是到吴国,必定成为楚国的忧患,何不用赦免其父的名义召回他们。他们仁爱,一定会来。不然的话,将成为祸患。”平王派人召他们,说:“回来吧,我赦免你们的父亲。”棠邑大夫伍尚对弟弟伍员说:“你去吴国吧,我打算回去受死。我的才智不如你,我能受死,你能报仇。听到赦免父亲的命令,不能没人回去;亲人被杀戮,不能没人报仇。奔向死亡而使父亲免死,是孝;估计功效而后行动,是仁;选择合适的任务而前往,是明智;明知死而不逃避,是勇敢。父亲不可抛弃,名誉不可废弃,你好好努力吧!希望你听从我的话。”伍尚回去了。伍奢听说伍员不回来,说:“楚国的国君、大夫将要吃不好饭了!”楚国把伍奢父子都杀了。

员如吴,言伐楚之利于州于①。公子光曰:“是宗为戮,而欲反其仇,不可从也②。”员曰:“彼将有他志③。余姑为之求士,而鄙以待之④。”乃见鱄设诸焉⑤,而耕于鄙⑥。

【注释】

①州于:吴王僚。

②是宗为戮,而欲反其仇,不可从也:认为伍员只为报私仇而利用

吴国，不可依从。反其仇，报仇。

③彼：公子光。他志：别有用心，指夺位之心。

④余姑为之求士，而鄙以待之：伍员知道公子光不用自己，于是准备为之物色勇士以助成其事，自己退居郊外等待时机。

⑤见：引见。鱄（zhuān）设诸：即鱄诸。

⑥而耕于鄙：伍员自己耕于边鄙之处。按，昭公二十七年，公子光杀吴王僚。

【译文】

伍员逃到吴国，向州于陈说攻打楚国的好处。公子光说："这个人的家族被杀戮，他是想报仇，不能听从他。"伍员说："公子光将有异志。我姑且替他寻求勇士，住在郊外等待机会。"于是向他推荐了鱄设诸，自己则在郊外耕地，等待时机。

20.3　宋元公无信多私[①]，而恶华、向。华定、华亥与向宁谋曰："亡愈于死，先诸[②]？"华亥伪有疾，以诱群公子。公子问之[③]，则执之。夏六月丙申[④]，杀公子寅、公子御戎、公子朱、公子固、公孙援、公孙丁，拘向胜、向行于其廪[⑤]。公如华氏请焉，弗许，遂劫之[⑥]。癸卯[⑦]，取大子栾与母弟辰、公子地以为质[⑧]。公亦取华亥之子无戚、向宁之子罗、华定之子启，与华氏盟，以为质[⑨]。

【注释】

①多私：多私心。

②亡愈于死，先诸：亡，逃亡。先，先下手。按，三人怕元公杀自己，准备先作乱。

③问之：探视疾病。

④丙申：初九。

⑤杀公子寅、公子御戎、公子朱、公子固、公孙援、公孙丁，拘向胜、向行于其廪：廪，谷仓。按，以上八人都是元公同党。

⑥公如华氏请焉，弗许，遂劫之：元公前往请求放人，自己反而被华氏劫持。

⑦癸卯：十六日。

⑧大子栾：即后来的宋景公。辰、公子地：都是元公之子。

⑨与华氏盟，以为质：按，双方互换人质，矛盾暂时缓和。

【译文】

宋元公没有信用而且私心重，还讨厌华氏、向氏。华定、华亥和向宁商量说："逃亡强过死，先下手吗？"华亥假装有病，以诱骗公子们来探视。公子们来探问，被抓了起来。夏六月初九，杀了公子寅、公子御戎、公子朱、公子固、公孙援、公孙丁，在谷仓逮住向胜、向行。宋元公到华氏那里求情，不答应，反而乘机劫持了元公。十六日，得到太子栾和同母弟辰、公子地作为人质。元公也将华亥之子无戚、向宁之子罗、华定之子启扣下，和华氏订盟，双方互换人质。

20.4　卫公孟絷狎齐豹[①]，夺之司寇与鄄[②]。有役则反之，无则取之[③]。公孟恶北宫喜、褚师圃，欲去之。公子朝通于襄夫人宣姜[④]，惧，而欲以作乱。故齐豹、北宫喜、褚师圃、公子朝作乱。

【注释】

①狎：轻慢。

②夺之司寇与鄄：夺齐豹的官爵和采邑。鄄，齐豹之邑，在今山东鄄城西北。

③有役则反之，无则取之：公孟絷跛足，所以有劳役之事，就将官、邑还给齐豹，让他服役，没有劳役便又夺之。

④通：私通。襄夫人宣姜：卫灵公生母。

【译文】

卫国公孟絷轻慢齐豹，夺去他的司寇官职与采邑鄄。有劳役就把它们归还齐豹，没有劳役便又夺走。公孟絷讨厌北宫喜、褚师圃，想把他们赶走。公子朝和襄公夫人宣姜私通，心中害怕，便想发动叛乱。所以齐豹、北宫喜、褚师圃、公子朝发动了叛乱。

初，齐豹见宗鲁于公孟，为骖乘焉[①]。将作乱，而谓之曰："公孟之不善，子所知也，勿与乘[②]，吾将杀之。"对曰："吾由子事公孟，子假吾名焉[③]，故不吾远也[④]。虽其不善，吾亦知之。抑以利故，不能去，是吾过也[⑤]。今闻难而逃，是僭子也[⑥]。子行事乎，吾将死之，以周事子[⑦]，而归死于公孟，其可也[⑧]。"

【注释】

①齐豹见（xiàn）宗鲁于公孟，为骖乘焉：宗鲁是卫国武士，齐豹将他推荐给公孟絷当骖乘。见，推荐。

②勿与乘：不要和公孟絷同车。

③假吾名：借我以善名，即替我吹嘘，使公孟絷用我。

④不吾远：即"不远吾"，亲近我。

⑤抑以利故，不能去，是吾过也：如果自己为图私利而不愿离开公孟絷，这是不对的。抑，但是。

⑥今闻难而逃，是僭（jiàn）子也：僭，失信，使齐豹之言失信。按，宗鲁不愿临难而逃。

⑦子行事乎，吾将死之，以周事子：请齐豹照旧行事，自己将以死助其成功。周，最终。

⑧而归死于公孟，其可也：既然临危逃命是不守信用，宗鲁表示将为公孟絷而死。

【译文】

起初，齐豹把宗鲁推荐给公孟絷，做了骖乘。将要叛乱时，告诉宗鲁说："公孟絷不是好人，这是你所清楚的，不要和他同乘一车，我准备杀他。"宗鲁回答说："我因您而得事奉公孟絷，是您替我吹嘘，所以公孟絷亲近我。虽然他不好，这我也知道。但是我因为对自己有好处，不能离开他，这是我的过错。现在听说有祸难而逃离，这却是让您失去信用了。您就做您的事吧，我准备为此而死，以完成对您的事奉，并最终为公孟絷殉身，也许这样做好。"

丙辰[①]，卫侯在平寿[②]，公孟有事于盖获之门外[③]，齐子氏帷于门外，而伏甲焉[④]。使祝蛙置戈于车薪以当门[⑤]，使一乘从公孟以出[⑥]。使华齐御公孟，宗鲁骖乘。及闳中[⑦]，齐氏用戈击公孟，宗鲁以背蔽之，断肱[⑧]，以中公孟之肩。皆杀之[⑨]。

【注释】

①丙辰：二十九日。

②卫侯在平寿：卫灵公不在都城。平寿，卫邑。

③有事：祭祀。盖获之门：卫国城门。

④齐子氏帷于门外，而伏甲焉：齐子氏，齐豹家人。帷，设帷帐。按，准备伏击公孟絷。

⑤当门：挡住城门。

⑥使一乘从公孟以出：派一部车跟在公孟縶后面，以断其后。

⑦闳中：曲门中。按，祝蛙以薪车挡门，公孟縶从曲门出。

⑧断肱：折断胳膊。

⑨皆杀之：杀宗鲁和公孟縶。

【译文】

六月二十九日，卫灵公在平寿，公孟縶到盖获门外祭祀，齐子氏在门外张起帷帐，里边埋伏了甲兵。派祝蛙把戈藏在车上柴薪里挡住城门，派一辆车跟在公孟縶后面出来。派华齐驾着公孟縶的车，宗鲁为骖乘。到达曲门中，齐氏用戈袭击公孟縶，宗鲁用背部遮挡，被打断胳膊，也击中公孟縶的肩膀。齐氏把他们都杀了。

公闻乱，乘，驱自阅门入①。庆比御公，公南楚骖乘，使华寅乘贰车②。及公宫，鸿駵魋驷乘于公③，公载宝以出④。褚师子申遇公于马路之衢，遂从⑤。过齐氏，使华寅肉袒⑥，执盖以当其阙⑦。齐氏射公，中南楚之背，公遂出。寅闭郭门，逾而从公⑧。公如死鸟⑨，析朱钼宵从窦出，徒行从公⑩。

【注释】

①公闻乱，乘，驱自阅门入：卫灵公闻乱急返都城。

②贰车：卫灵公的副车。

③鸿駵(liú)魋驷乘于公：鸿駵魋加入卫灵公的车，一车四人。

④公载宝以出：卫灵公运载宝物出逃。

⑤褚师子申遇公于马路之衢，遂从：褚师子申随卫灵公出逃。

⑥肉袒：光着上身，表示不与齐氏争。

⑦执盖以当其阙：华寅以车盖遮蔽空当，掩护卫灵公。盖，车盖。

⑧寅闭郭门，逾而从公：华寅关闭城门，使追兵无法出城，自己跳墙

而出，跟上卫灵公。

⑨死鸟：卫地名。

⑩析朱鉏宵从窦出，徒行从公：析朱鉏夜里从下水洞逃出，徒步跟随卫灵公。

【译文】

卫灵公听说发生叛乱，坐上车子，从阅门进入国都。庆比驾车，公南楚为骖乘，派华寅乘坐副车。到达公宫，鸿骊魋也坐上灵公的车，灵公载运宝物出城。褚师子申在十字路口遇见灵公，便跟从灵公出走。经过齐氏处，让华寅光着上身，手持车盖遮挡空当。齐氏用箭射灵公，射中南楚的后背，灵公得以逃出国都。华寅关闭城门，跳出城墙跟从灵公。灵公来到死鸟，析朱鉏夜里从城墙的下水洞逃出，徒步跟随灵公。

齐侯使公孙青聘于卫[①]。既出[②]，闻卫乱，使请所聘[③]。公曰："犹在竟内，则卫君也[④]。"乃将事焉[⑤]，遂从诸死鸟。请将事。辞曰[⑥]："亡人不佞，失守社稷，越在草莽，吾子无所辱君命[⑦]。"宾曰："寡君命下臣于朝曰：'阿下执事[⑧]。'臣不敢贰[⑨]。"主人曰："君若惠顾先君之好，昭临敝邑，镇抚其社稷，则有宗祧在[⑩]。"乃止[⑪]。卫侯固请见之[⑫]，不获命[⑬]，以其良马见[⑭]，为未致使故也[⑮]。卫侯以为乘马[⑯]。宾将掫[⑰]，主人辞曰："亡人之忧，不可以及吾子；草莽之中，不足以辱从者[⑱]。敢辞。"宾曰："寡君之下臣，君之牧圉也[⑲]。若不获扞外役，是不有寡君也[⑳]。臣惧不免于戾，请以除死[㉑]。"亲执铎，终夕与于燎[㉒]。

【注释】

①公孙青：齐顷公之孙，字子石。

②既出：已走出齐境。

③使请所聘：因得知卫乱，所以派人请示是否仍然前往聘问。

④犹在竟内，则卫君也：卫灵公未离国境，仍是国君，意思是继续聘问。

⑤乃将事焉：仍行聘问。

⑥辞曰：卫灵公辞谢。

⑦“亡人不佞”四句：卫灵公的意思是逃亡在外，不敢接受齐国聘问。

⑧阿下执事：命令自己等同于卫灵公臣下。阿，比，等同。

⑨贰：违命。

⑩则有宗祧在：受聘应在宗庙，而这是郊野，不合适。宗祧，宗庙。

⑪乃止：公孙青停止聘问。

⑫卫侯固请见之：要见公孙青。

⑬不获命：本要辞谢，不被同意。

⑭以其良马见：不得已，以良马作为礼物见卫灵公。

⑮未致使：未完成行聘礼之使命。

⑯卫侯以为乘马：以公孙青所赠之马为驾车之马。

⑰掫(zōu)：夜里警戒巡逻。

⑱草莽之中，不足以辱从者：不敢劳齐国使者巡夜警卫。从者，指公孙青。

⑲寡君之下臣，君之牧圉也：公孙青自谦之辞，意思是自己是齐侯的下臣，也是您卫君所使唤的人。牧圉，养马牛者。

⑳若不获捍外役，是不有寡君也：不让巡守，是心目中无齐君。

㉑臣惧不免于戾，请以除死：请答应请求，以免除死罪。

㉒亲执铎，终夕与于燎：公孙青亲自拿着大铃，和卫国人一起巡夜。铎，大铃。

【译文】

齐景公派公孙青到卫国聘问。走出国境,听到卫国动乱,派人请示关于聘问的事。景公说:"卫公还在国内,仍是卫国国君。"于是奉命行事,跟到了死鸟。请求按照命令行聘礼。卫灵公辞谢说:"逃亡的人无能,失守了国家,流落在草莽,无法让您完成国君的命令。"公孙青说:"我们国君在朝廷命令下臣说:'等同于卫君臣下。'下臣不敢违命。"卫灵公说:"国君如果惠顾先君的友好关系,光照敝国,镇抚我们的国家,那么有宗庙在那里。"公孙青于是停止了聘问。卫灵公坚决要求见公孙青,公孙青不得已,用好马作为进见礼物,这是因为还没有执行使命的缘故。卫灵公把送来的马用以驾车。公孙青准备在夜里警戒巡逻,卫灵公辞谢说:"逃亡者的忧虑,不能落到您的肩上;处在草莽之中,不敢劳动您。谨此辞谢。"公孙青说:"作为我们国君的下臣,就是国君的牧牛放马人。如果不能担任在外警戒的差使,这就是心目中没有我们国君了。下臣惧怕不能免罪,请求以此免死。"公孙青亲自拿着大铃,整夜和卫国的巡夜人一起守夜。

齐氏之宰渠子召北宫子①。北宫氏之宰不与闻②,谋杀渠子,遂伐齐氏,灭之③。丁巳晦④,公入,与北宫喜盟于彭水之上⑤。秋七月戊午朔⑥,遂盟国人。八月辛亥⑦,公子朝、褚师圃、子玉霄、子高鲂出奔晋⑧。闰月戊辰⑨,杀宣姜⑩。卫侯赐北宫喜谥曰贞子⑪,赐析朱钽谥曰成子⑫,而以齐氏之墓予之⑬。

【注释】

①齐氏之宰渠子召北宫子:北宫子,北宫喜。按,齐氏想和北宫喜结党。

②北宫氏之宰不与闻：不让北宫喜知道。

③谋杀渠子，遂伐齐氏，灭之：按，北宫氏反而先灭齐氏。

④丁巳晦：三十日。

⑤公入，与北宫喜盟于彭水之上：北宫氏本与齐氏同盟，现在反灭齐氏，所以卫灵公返国后先和北宫氏盟誓。

⑥戊午朔：初一。

⑦辛亥：二十五日。

⑧公子朝、褚师圃、子玉霄、子高鲂出奔晋：这些人都是齐氏同党。

⑨闰月戊辰：闰八月十二日。

⑩杀宣姜：因为宣姜和公子朝私通。

⑪卫侯赐北宫喜谥曰贞子：北宫喜最后反而灭齐氏，所以死后谥为贞子。

⑫赐析朱鉏谥曰成子：析朱鉏徒步随卫灵公出逃，所以死后谥为成子。

⑬而以齐氏之墓予之：把齐氏的墓地赐二人。

【译文】

齐氏家宰渠子召见北宫喜。北宫喜家宰不让北宫喜知道，密谋杀死了渠子，并攻打齐氏，灭掉他们。六月三十日，卫灵公进入国都，和北宫喜在彭水边上结盟。秋七月初一，又和国内人结盟。八月二十五日，公子朝、褚师圃、子玉霄、子高鲂逃往晋国。闰八月十二日，杀死宣姜。卫灵公赐北宫喜谥号叫贞子，赐析朱鉏谥号叫成子，而且把齐氏的墓地赐给他们。

卫侯告宁于齐①，且言子石②。齐侯将饮酒，遍赐大夫曰：“二三子之教也③。”苑何忌辞④，曰：“与于青之赏，必及于其罚⑤。在《康诰》曰：‘父子兄弟，罪不相及⑥。’况在群臣？臣敢贪君赐以干先王⑦？”

【注释】

①告宁：报告平定齐豹之乱。

②且言子石：言子石有礼。子石，公孙青。

③二三子之教也：意思是子石有礼，乃是诸位的教导。

④苑何忌：齐国大夫。辞：不受赐酒。

⑤与于青之赏，必及于其罚：今日因公孙青受赏，他日如果公孙青有罪，也必然一起受罚。

⑥父子兄弟，罪不相及：意思是虽然是父子兄弟，有罪互不牵连。

⑦臣敢贪君赐以干先王：贪君赏赐，日后必与公孙青共同受罚，这是违反了先王“不相及”的训诫。何忌以此作为不受赐酒的理由。先王，指周成王。成王时封康叔为卫始封君，《康诰》是为训诫康叔所作。

【译文】

卫灵公向齐国报告国内安定，同时赞扬公孙青有礼。齐景公将要饮酒，就遍赐大夫们，说：“这都是诸位教导的啊。”苑何忌辞谢不喝，说：“既然因公孙青而受赏，也必将与他一起受罚。《康诰》上说：‘父子兄弟的罪过互不相干。’何况在群臣之间？下臣岂敢贪图国君的赏赐而冒犯先王？”

琴张闻宗鲁死[①]，将往吊之。仲尼曰：“齐豹之盗，而孟縶之贼，女何吊焉[②]？君子不食奸[③]，不受乱[④]，不为利疚于回[⑤]，不以回待人[⑥]，不盖不义[⑦]，不犯非礼[⑧]。”

【注释】

①琴张：此琴张是孔子同时代人。孔子有学生亦名琴张，二人有别。

②齐豹之盗，而孟縶之贼，女何吊焉：孔子反对琴张吊宗鲁，认为齐

豹之所以成为坏人，公孟絷之所以被杀，都由于宗鲁。女，同“汝”。

③不食奸：不食奸人之禄。既然公孟絷不善，宗鲁受其禄，便是食奸。

④不受乱：宗鲁知道齐豹要作乱却加以默许，就是受乱。

⑤不为利疚于回：不因为贪利委身于奸邪之人而痛苦。疚，心中痛苦。回，奸邪。

⑥不以回待人：宗鲁既事齐豹，又为公孟絷而死，对于双方，都是以奸邪待人。

⑦不盖不义：齐豹杀公孟絷，宗鲁知道而不告发，并说“以周事子”，是掩盖不义。盖，掩盖。

⑧不犯非礼：不做非礼之事。宗鲁以二心事奉公孟絷，是非礼。按，孔子认为宗鲁在齐豹和公孟絷之间都不是忠臣，不值得吊唁。

【译文】

琴张听到宗鲁的死讯，想前去吊唁。孔子说：“齐豹所以成为盗贼，公孟絷所以被杀，都是由于他，你有什么可吊唁的呢？君子不吃坏人的俸禄，不牵入动乱，不为了私利而受到邪恶的侵蚀，不以邪恶待人，不掩盖不义的事情，不做非礼的事。”

20.5　宋华、向之乱，公子城、公孙忌、乐舍、司马强、向宜、向郑、楚建、郳甲出奔郑①。其徒与华氏战于鬼阎②，败子城。子城适晋。

【注释】

①公子城、公孙忌、乐舍、司马强、向宜、向郑、楚建、郳(ní)甲：这八人都是宋元公同党，避华、向之乱而外逃。楚建，楚平王太子建，

当时逃亡在宋国。郳甲，小邾穆公之子。

②其徒：八人的党羽。鬼阎：宋国地名，在今河南西华东北。

【译文】

因为宋国华、向的动乱，公子城、公孙忌、乐舍、司马强、向宜、向郑、楚建、郳甲逃往郑国。他们的党羽和华氏在鬼阎交战，公子城被打败。公子城逃往晋国。

华亥与其妻，必盥而食所质公子者而后食[①]。公与夫人每日必适华氏，食公子而后归[②]。华亥患之，欲归公子[③]。向宁曰："唯不信[④]，故质其子。若又归之，死无日矣。"公请于华费遂[⑤]，将攻华氏。对曰："臣不敢爱死，无乃求去忧而滋长乎[⑥]！臣是以惧，敢不听命？"公曰："子死亡有命[⑦]，余不忍其诟[⑧]。"冬十月，公杀华、向之质而攻之。戊辰[⑨]，华、向奔陈，华登奔吴[⑩]。向宁欲杀大子，华亥曰："干君而出[⑪]，又杀其子，其谁纳我？且归之有庸[⑫]。"使少司寇牼以归[⑬]，曰："子之齿长矣，不能事人[⑭]，以三公子为质，必免[⑮]。"公子既入，华牼将自门行[⑯]。公遽见之，执其手，曰："余知而无罪也，入，复而所[⑰]。"

【注释】

①华亥与其妻，必盥而食所质公子者而后食：由于太子栾等群公子在华氏处当人质，华亥与其妻每天必侍候群公子食后自己才得食。

②公与夫人每日必适华氏，食公子而后归：元公和夫人也每天要到华氏家中照应群公子，等他们食后才回去。

③华亥患之，欲归公子：华亥以此为苦，想送回群公子。

④不信：宋元公不守信。

⑤华费遂：宋国大司马。

⑥无乃求去忧而滋长乎：如攻华氏，华氏将杀太子，忧虑更重。

⑦子死亡有命：认为人质或死或亡，命中注定了。子，太子栾等人质。

⑧诟(gòu)：耻辱。

⑨戊辰：十三日。

⑩华登奔吴：因其父华费遂不听从元公攻华氏之命，于是逃往吴国。

⑪干：触犯。

⑫且归之有庸：放回太子，日后或许有功劳。庸，功劳。

⑬使少司寇牼以归：由牼送回群公子。牼，华亥庶兄。

⑭子之齿长矣，不能事人：指华牼已年长，无法逃到其他国家。

⑮以三公子为质，必免：送群公子回去可证明其不叛。质，信。

⑯华牼将自门行：准备从公门出去。

⑰复而所：恢复华牼官职。

【译文】

华亥和妻子一定要盥洗干净、伺候作为人质的公子们吃完饭自己才吃饭。宋元公和夫人每天必定要到华氏那里，照应公子们吃完饭才回去。华亥以此为苦，想要把公子们送回去。向宁说："正因为国君不讲信用，才把他的儿子抓来当人质。如果又把他们送回，死期就不远了。"元公向华费遂求助，准备攻打华氏。华费遂回答说："下臣不敢爱惜一死，但这样做恐怕是想去掉忧虑却反而使忧虑滋长吧！下臣因此担心，但岂敢不听从命令？"元公说："儿子们或死或亡，命中注定了，我不能忍受华氏的耻辱。"冬十月，元公杀华、向的人质并进攻他们。十三日，华氏、向氏逃往陈国，华登逃往吴国。向宁想杀太子，华亥说："触犯国君而出逃，又杀他儿子，还会有谁接纳我们？还是把他们送回日后或许有功劳。”便让少司寇华牼送他们回去，说：“你的年纪大了，不能再事奉别人，有三位公子作为见证，一定可以免罪。”公子们进入公宫后，华牼准备从公门出去。元公急忙召见，拉着华牼的手，说：“我知道你没罪，进来吧，恢复你的官职。”

20.6 齐侯疥，遂痁[1]，期而不瘳[2]。诸侯之宾问疾者多在[3]。梁丘据与裔款言于公曰[4]：“吾事鬼神丰，于先君有加矣。今君疾病，为诸侯忧，是祝、史之罪也。诸侯不知，其谓我不敬[5]。君盍诛于祝固、史嚚以辞宾[6]？”公说[7]，告晏子。晏子曰：“日宋之盟[8]，屈建问范会之德于赵武[9]。赵武曰：‘夫子之家事治[10]；言于晋国，竭情无私[11]。其祝、史祭祀，陈信不愧[12]；其家事无猜[13]，其祝、史不祈[14]。’建以语康王[15]。康王曰：‘神人无怨，宜夫子之光辅五君以为诸侯主也[16]。’”公曰：“据与款谓寡人能事鬼神，故欲诛于祝、史，子称是语，何故[17]？”对曰：“若有德之君，外内不废[18]，上下无怨，动无违事[19]，其祝、史荐信，无愧心矣[20]。是以鬼神用飨[21]，国受其福，祝、史与焉[22]。其所以蕃祉老寿者[23]，为信君使也[24]，其言忠信于鬼神。其适遇淫君，外内颇邪[25]，上下怨疾[26]，动作辟违[27]，从欲厌私[28]。高台深池，撞钟舞女[29]，斩刈民力[30]，输掠其聚[31]，以成其违，不恤后人[32]。暴虐淫从[33]，肆行非度，无所还忌[34]，不思谤讟[35]，不惮鬼神。神怒民痛，无悛于心[36]。其祝、史荐信，是言罪也[37]。其盖失数美，是矫诬也[38]。进退无辞，则虚以求媚[39]。是以鬼神不飨其国以祸之，祝、史与焉[40]。所以夭昏孤疾者，为暴君使也，其言僭嫚于鬼神[41]。”公曰：“然则若之何[42]？”对曰：“不可为也：山林之木，衡鹿守之[43]；泽之萑蒲[44]，舟鲛守之[45]；薮之薪蒸[46]，虞候守之[47]。海之盐蜃，祈望守之[48]。县鄙之人，入从其政，逼介之关，暴征其私[49]。承嗣大夫，强易其贿[50]。布常无艺[51]，征敛无度；宫室日更，淫乐不违[52]。内宠之妾，肆夺于市[53]；外宠之臣，僭令于鄙[54]。私欲养求[55]，不给则应[56]。民人苦病，夫妇皆诅[57]。祝有益也，诅亦有损。聊、摄以东[58]，姑、尤以西[59]，其为人也多矣[60]。虽其善祝，岂能胜亿兆人之诅[61]？君若欲诛于祝、史，修德而后可[62]。"公说，使有司宽政，毁关，去禁，薄敛，已责[63]。

【注释】

①齐侯疥（jiè），遂痁（shān）：齐景公一身二病。疥，生疥癣。痁，疟疾。

②期：一年。瘳：痊愈。

③诸侯之宾问疾者多在：在齐国有很多诸侯派来探病的客人。

④梁丘据与裔款：二人都是齐景公的宠臣。

⑤不敬：不敬鬼神。

⑥君盍诛于祝固、史嚚以辞宾：归罪于祝固、史嚚二人，准备杀他们以向诸侯宾客解释。

⑦公说：准备采纳二人的意见。说，同"悦"。

⑧日：往日。宋之盟：襄公二十七年弭兵之会。

⑨屈建：楚国大夫。范会：晋国士会。

⑩夫子之家事治：家事治理得好。

⑪言于晋国，竭情无私：对于国事，敢于讲话，竭尽心力而不求私利。

⑫陈信不愧：陈说实情，心不惭愧。

⑬无猜：无可猜疑。

⑭不祈：无求于鬼神。

⑮建以语康王：告诉楚康王。

⑯五君：士会曾辅佐晋国文、襄、灵、成、景五公。

⑰“据与款谓寡人能事鬼神”四句：晏婴提赵武、康王之事，是希望景公正直，不要听信妄言，一味迷信，枉杀祝、史。景公不解其意，以为晏婴答非所问，所以再问。

⑱外：国事。内：宫中之事。不废：不荒废。

⑲违事：违礼之事。

⑳其祝、史荐信，无愧心矣：君有功德，祝、史陈述实情无诬妄，也就无愧于心了。

㉑是以鬼神用飨：因此享其祭品。用，因。

㉒国受其福，祝、史与焉：得鬼神之福，祝、史也有一份。

㉓蕃祉：多福。

㉔信君：诚信之君。

㉕颇邪：偏颇歪曲。

㉖怨疾：怨恨。

㉗辟违：邪僻背礼。

㉘从欲厌私：放纵侈心，满足私欲。从，同“纵”。

㉙高台深池，撞钟舞女：筑高台，挖深池，奏乐歌舞。指生活奢侈腐化。

㉚斩刈(yì)：暴虐。

㉛输：掠。其聚：百姓的积蓄。

㉜以成其违，不恤后人：淫君多行不义，连后代也不顾恤了。

㉝从：同“纵”。放纵。

㉞还忌：顾忌。

㉟谤讟：怨恨。

㊱悛：悔改。

㊲其祝、史荐信，是言罪也：祝、史以实告神，是报告国君的罪过。

㊳其盖失数美，是矫诬也：掩饰过失，数说美德，是虚诈欺骗。

㊴进退无辞，则虚以求媚：不陈述实情，只好作虚词以欺骗鬼神。

㊵是以鬼神不飨其国以祸之，祝、史与焉：鬼神祸其国，祝、史也有一份。

㊶所以夭昏孤疾者，为暴君使也，其言僭嫚于鬼神：祝、史欺诈鬼神，成为暴君之使者，必然夭折患病，为鬼神所惩罚。僭嫚，欺诈轻侮。

㊷然则若之何：按，晏婴的话，已经使景公稍微悟到自己政治上的过失，因此征询晏婴有何办法。

㊸衡鹿：管山林的官。

㊹萑(huán)蒲：芦苇，可葺屋编席。

㊺舟鲛(jiāo)：管水泽的官。

㊻薪蒸：木柴。

㊼虞候：管柴薪的官。

㊽海之盐蜃，祈望守之：国君垄断山川海泽之利，百姓无法取用。蜃，大蛤。祈望，管海产的官。

㊾“县鄙之人”四句：县鄙之人入都服劳役，一些关卡还对他们横征暴敛。逼介之关，迫近国都的关卡。

㊿承嗣大夫，强易其贿：世袭大夫强买货物。贿，财物。

51布常：公布政令。无艺：无准则。

52不违：不离开。

53肆夺：肆意掠夺。

54外宠之臣，僭令于鄙：宠臣在边邑上假传君令。

55养求：食物玩好。

56应：以判罪作为报复。

57民人苦病，夫妇皆诅：百姓痛苦，怨声载道。

(58)聊、摄：齐国西界，在今山东聊城一带。

(59)姑、尤：齐国东界。姑，大姑河。尤，小姑河。

(60)其为人也多矣：这一地带人口众多。

(61)虽其善祝，岂能胜亿兆人之诅：虽有一些人善于祝祷，也敌不过千万张嘴的诅咒。

(62)君若欲诛于祝、史，修德而后可：诛祝、史并不管用，国君修德才是根本。

(63)"公说"六句：景公纳谏，采取宽民政策。去禁，撤销对山海物产的禁令。已责，豁免未偿清的赋税。责，同"债"。

【译文】

齐景公得了疥疮和疟疾，过了一年还没痊愈。诸侯派宾客来问候的很多。梁丘据和裔款对景公说："我们事奉鬼神很丰厚，比先君时还有增多。现在国君病重，成为诸侯的忧虑，这是祝、史的罪过。诸侯不知道，还认为是我们对鬼神不敬。国君何不杀掉祝固、史嚚来向诸侯的来宾做解释？"景公认为他们说得对，就告诉晏婴。晏婴说："往日在宋国的盟会，屈建向赵武了解范会的德行。赵武说：'他老人家的家事治理得很好，在晋国说话坦诚而没有私心。他的祝、史祭祀时陈说实情，并无愧疚；他的家族中没有让人猜疑之事，所以他的祝、史不用向鬼神祈祷。'屈建把这话告给楚康王。康王说：'神和人都没有怨言，难怪他老人家能辅佐五位国君而成为诸侯的领袖。'"齐景公说："梁丘据和裔款认为寡人能够事奉鬼神，所以想杀死祝、史，您说这些话，是什么意思？"晏婴回答说："如果是有德的国君，国家和宫里都没有荒废，上下没有怨言，行动没有违礼之事，他的祝、史就会向鬼神陈说实情，心中也无愧了。所以鬼神享用祭品，国家受到鬼神的福佑，祝、史都有份。他们所以繁衍有福，健康长寿，是因为他们乃诚信国君的使者，他的话对鬼神忠信。他们要是不巧遇上放纵淫佚的国君，国家和宫内的事情偏颇邪恶，上下怨声载道，行动邪僻背礼，放纵欲望私心。构筑高台深池，奏乐歌舞，任意耗用民力，掠夺人民的财产，以铸成过错，不能为后人着想。暴虐放纵，胡作非为，没有顾忌，不顾人民的诅咒，不怕鬼神。神怒民恨，而无悔改之心。他的祝、史说实话，就只是报告国君的罪过。掩盖过错虚夸好事，这是虚伪欺诈。真假都没法说，就只能说些空话来讨好鬼神。所以鬼神不享用国家的祭品反而降祸给他们，祝、史也跟着倒霉。他们所以会夭折患病，是因为他们是暴虐国君的使者，他们的话是对鬼神的欺诈轻侮。”景公说：“那该怎么办呢？”晏婴回答说：“没办法了：山林的树木，都由衡鹿守着；洼地的芦苇蒲草，都被舟鲛守住；草野的柴火，都被虞候管着。海中的盐蛤，都被祈望看守。偏僻地方的人，都要来服劳役，靠近国都的地方还设关卡，横征暴敛。世袭大夫，强买财货。任意发布命令，征收赋税没有节制；宫室经常更新，沉湎淫乐不肯离开。宫内宠妾，任意掠夺；在外的宠臣，在边远地区假传旨令。私人欲望、衣食玩好，不能满足供给就治罪。人民痛苦困乏，夫妇都在诅咒。祝祷有好处，但诅咒也有损害。聊、摄以东以及姑、尤以西地区咒骂的人极多。即便祝、史善于祝祷，又哪能超过这么多人的诅咒？国君如果要杀祝、史，只有修明德行以后才可以。”景公听了很高兴，便让官府放宽政令，拆掉关卡，废除禁令，减轻赋税，豁免拖欠的租税。

20.7　十二月，齐侯田于沛[①]，招虞人以弓，不进[②]。公使执之。辞曰：“昔我先君之田也，旃以招大夫，弓以招士，皮冠以招虞人。臣不见皮冠，故不敢进[③]。”乃舍之[④]。仲尼曰：“守道不如守官[⑤]。”君子韪之[⑥]。

【注释】

①齐侯田于沛：齐景公病愈，外出打猎。沛，大泽名。

②招虞人以弓，不进：齐景公以弓招虞人，虞人不理睬。

③臣不见皮冠,故不敢进:意思是齐景公不以等级招他。

④乃舍之:释放虞人。

⑤守道不如守官:国君召唤,本应前往,现在虞人不进,是恪守官道而弃常道。

⑥君子韪之:君子肯定了此话。

【译文】

十二月,齐景公到沛打猎,用弓召唤虞人前来,虞人不肯上前。景公派人把他抓来。虞人辩解说:"当初我们先君打猎的时候,是用红旗召唤大夫,用弓召唤士,用皮冠召唤虞人。下臣没看到皮冠,所以不敢前进。"景公便放了他。孔子说:"坚守道义不如坚守官职。"君子肯定了这话。

20.8 齐侯至自田,晏子侍于遄台①,子犹驰而造焉②。公曰:"唯据与我和夫③!"晏子对曰:"据亦同也,焉得为和④?"公曰:"和与同异乎?"对曰:"异。和如羹焉,水、火、醯、醢、盐、梅⑤,以烹鱼肉,燀之以薪⑥,宰夫和之⑦,齐之以味,济其不及,以泄其过⑧。君子食之,以平其心⑨。君臣亦然⑩。君所谓可而有否焉⑪,臣献其否以成其可⑫;君所谓否而有可焉,臣献其可以去其否⑬。是以政平而不干⑭,民无争心。故《诗》曰:'亦有和羹,既戒既平。鬷嘏无言,时靡有争⑮。'先王之济五味、和五声也⑯,以平其心,成其政也。声亦如味,一气⑰,二体⑱,三类⑲,四物⑳,五声,六律㉑,七音㉒,八风㉓,九歌㉔,以相成也;清浊、小大,短长、疾徐,哀乐、刚柔,迟速、高下,出入、周疏,以相济也㉕。君子听之,以平其心。心平,德和。故《诗》曰:'德音不瑕㉖。'今据不然。君所谓可,据亦曰可;君所谓否,据亦曰否[27]。若以水济水,谁能食之?若琴瑟之专一,谁能听之[28]?同之不可也如是[29]。"

【注释】

①遄(chuán)台:古地名。在今山东临淄附近。

②子犹:梁丘据。造:来到。

③和:和谐。

④据亦同也,焉得为和:梁丘据和你,只能称为相同,不能称为和谐。同,相同。

⑤醯(xī):醋。醢(hǎi):肉酱。梅:味酸,调味也用梅汁。

⑥燀(chǎn):炊煮。

⑦宰夫和之:厨师调和其味。宰夫,厨师。

⑧齐之以味,济其不及,以泄其过:味道太重或太淡,都由厨师加以调和。齐,同"剂",调剂。济,增加。泄,减少。

⑨君子食之,以平其心:五味和谐,君子食之,可使内心平静。君子,指有德行的人。

⑩君臣亦然:君臣关系要达到和谐,也应如此。

⑪君所谓可而有否焉:可行之中有不正确的。可,可行,正确的。否,不可行,不正确的。

⑫臣献其否以成其可:臣下应指出其不正确的而使可行的更完善。

⑬君所谓否而有可焉,臣献其可以去其否:国君认为不可行而其中却不乏正确之处,臣下应肯定其正确之处而去其不可行处。按,以上意谓臣下对于国君所认为的可行与不可行,不应苟同。

⑭不干:不违礼制。

⑮亦有和羹,既戒既平。鬷(zōng)嘏无言,时靡有争:引《诗》见《诗经·商颂·烈祖》。意思是调和的羹汤已准备完毕,神灵来享用而无所指责,上下都没有争心。和羹,五味调和的羹汤。戒,备。

平,成。鬷嘏,同“奏假”,招请神灵到来。

⑯五味:辛、酸、咸、苦、甘。五声:宫、商、角、徵、羽。

⑰气:声音由气来发动。

⑱体:奏乐有刚柔阴阳之体。

⑲三类:有《风》、《雅》、《颂》三类。

⑳四物:用四方之物以制成乐器。

㉑六律:审定音乐高低清浊的六种标准,即黄钟、大蔟、姑洗、蕤(ruí)宾、夷则、无射(yì)。

㉒七音:五音再加上变宫、变徵。

㉓八风:八方之风。

㉔九歌:歌九功之德。九功,古谓六府三事为九功。水、火、金、木、土、谷,谓之六府。正德、利用、厚生,谓之三事。

㉕“清浊、小大”六句:音乐以气、体等组成,由清浊、小大等调剂。

㉖德音不瑕:引《诗》见《诗经·国风·豳风·狼跋》。意思是有德之声没有瑕疵。

㉗“今据不然”五句:梁丘据对国君只会随声附和。

㉘“若以水济水”四句:梁丘据如此,如同以水调水,索然无味;如琴瑟只弹一音,无人爱听。

㉙同之不可也如是:所以不应该仅是相同。按,晏婴以此劝景公政治上应允许发表不同意见,不求绝对的统一。

【译文】

齐景公从打猎的地方回来,晏婴在遄台随侍,梁丘据驱车前来。景公说:“只有梁丘据和我和谐啊!”晏婴回答说:“梁丘据也只是同罢了,怎么能算是和?”景公说:“和与同有不同吗?”晏婴回答说:“不相同。和就像羹汤,用水、火、醋、醢、盐、梅来烹调鱼肉,用柴火来煮,厨师加以调和,使味道适中,太淡就加调料,太咸就冲淡,君子吃后,内心平和。君臣之间也是这样。国君认为可行其实也有不可行之处,臣子就指出不可行之处而使之更加完善；国君认为不可行其实也有可行之处，臣子就肯定其可行的而去掉不可行的部分。因此政事平和而不违背礼制，人民就没有争竞之心。所以《诗》说：‘调和的羹汤已准备完毕，神灵来享用而无所指责，上下都没有争心。’先王调匀五味、和谐五声，是用来平静内心，助成政事的。声音也跟味道一样，是由一气、二体、三类、四物、五声、六律、七音、八风、九歌相互组成的；是用清浊、小大，短长、疾徐，哀乐、刚柔，迟速、高下，出入、疏密相互调剂的。君子听后，内心宁静。心平就会德和。所以《诗》说：‘德音没有瑕疵。’现在梁丘据却不是这样。国君认为行的，他也说行；国君认为不行的，梁丘据也说不行。如果用水去调剂水，谁能吃得下去？如果琴瑟只有一个音调，谁能听得下去？不应该相同的道理也如同这样。”

饮酒乐①。公曰：“古而无死②，其乐若何？”晏子对曰：“古而无死，则古之乐也，君何得焉③？昔爽鸠氏始居此地④，季萴因之⑤，有逢伯陵因之⑥，蒲姑氏因之⑦，而后大公因之⑧。古者无死，爽鸠氏之乐，非君所愿也⑨。”

【注释】

①饮酒乐：齐景公饮酒很高兴。

②而：如果。

③古而无死，则古之乐也，君何得焉：自古以来如果没有死，则现在的欢乐就仍是古人的欢乐，国君您能得到什么呢？

④爽鸠氏：传说为少皞氏司寇，最早在齐地居住。

⑤季萴(cè)：传说为虞、夏时诸侯。因之：继承下来。

⑥有逢伯陵：殷时诸侯。姜姓。

⑦蒲姑氏：商、周之际诸侯。

⑧大公：姜太公。

⑨古者无死，爽鸠氏之乐，非君所愿也：如果自古以来人都不死，那么始居齐地的爽鸠氏当长享安乐至今，齐地不归你齐景公所有了。按，齐景公向往神仙方士之说，晏婴稽古以驳之。

【译文】

景公饮酒很快乐。景公说："从古以来要都没有死，那该有多么快乐啊？"晏婴回答说："从古以来要都没有人死，那么就只有古人的快乐了，国君哪能得到快乐？往昔爽鸠氏最初居住在这地方，季荝沿袭下来，又由有逢伯陵沿袭，再由蒲姑氏沿袭，然后太公沿袭居住。古人没死去，就只有爽鸠氏的快乐，这并不是国君所希望的。"

20.9 郑子产有疾，谓子大叔曰："我死，子必为政。唯有德者能以宽服民[①]，其次莫如猛[②]。夫火烈，民望而畏之，故鲜死焉；水懦弱，民狎而玩之[③]，则多死焉。故宽难[④]。"疾数月而卒[⑤]。大叔为政，不忍猛而宽。郑国多盗，取人于萑苻之泽[⑥]。大叔悔之，曰："吾早从夫子，不及此。"兴徒兵以攻萑苻之盗，尽杀之，盗少止[⑦]。

【注释】

①宽：宽大的政策。

②猛：严厉的政策。

③狎：轻视。

④故宽难：按，这里以水、火比宽、猛之政，说明实行宽政更难。

⑤疾数月而卒：子产自襄公三十年执政，至此已二十一年有余。

⑥取：同"聚"。萑苻(pú)之泽：又叫圃田泽，在今河南中牟。

⑦尽杀之，盗少止：太叔实行猛政，盗贼稍稍收敛。

【译文】

郑国子产有病，对子太叔说：“我死了，你必定执政。只有有德的人能够用宽大来使百姓服从，其次就不如用严厉的政策。火猛烈，人民望而生畏，所以少有死于火的；水柔弱，人民轻慢而玩弄它，却有很多死于它。因此实行宽政很难。”子产病了几月就死了。太叔执政，不忍行严厉之政而行宽政。郑国盗贼很多，聚集在萑苻泽里。太叔很后悔，说：“我早听从子产的话，就不会到今天这地步。”派步兵攻打萑苻泽的盗贼，全部杀掉，盗贼才稍有收敛。

仲尼曰：“善哉！政宽则民慢①，慢则纠之以猛。猛则民残②，残则施之以宽。宽以济猛，猛以济宽，政是以和。《诗》曰：‘民亦劳止，汔可小康；惠此中国，以绥四方③。’施之以宽也。‘毋从诡随，以谨无良；式遏寇虐，惨不畏明④。’纠之以猛也。‘柔远能迩，以定我王⑤。’平之以和也。又曰：‘不竞不絿，不刚不柔，布政优优，百禄是遒⑥。’和之至也⑦。”及子产卒，仲尼闻之，出涕曰：“古之遗爱也⑧。”

【注释】

①慢：怠慢，无视法纪。

②残：伤残。

③民亦劳止，汔(qì)可小康；惠此中国，以绥四方：引《诗》见《诗经·大雅·民劳》。意思是实行宽政，以抚慰百姓，可使天下安定。止，语尾助词，无义。汔，庶几。

④毋从诡随，以谨无良；式遏寇虐，惨不畏明：引《诗》见《诗经·大雅·民劳》。意思是不要放纵小恶，以警戒不善，镇压暴乱者，因为他们不明法律。诡随，小恶。式，助词。遏，止。惨，乃，曾。

⑤柔远能迩，以定我王：引《诗》见《诗经·大雅·民劳》。意思是政事正常，才能怀柔远方，亲如一家，安定王室。能，同“如”。迩，近。

⑥不竞不绿，不刚不柔，布政优优，百禄是遒(qiú)：引《诗》见《诗经·商颂·长发》。意思是政治不急不缓，不刚不柔，从容不迫，一切福禄都能得到。竞，争。绿，急。遒，聚集。

⑦和之至也：宽猛结合，政事和谐，可达于顶点。

⑧古之遗爱也：称赞子产如古代圣贤，子产之仁爱，有古人之遗风。

【译文】

孔子说：“子产的话讲得真好啊！政策宽和了人民就会怠慢，怠慢了就用严厉来纠正。政策严厉会使人民受残害，受到残害又要用宽政来对待。用宽大调剂严厉，用严厉调剂宽大，政事因此调和。《诗》说：‘人民已很辛劳，大概应该稍让安康；赐惠中原各国，用以安定四方。’这是说施行宽和的政策。‘不要放纵小恶，以约束不良的人；应当制止侵夺暴虐，他们从来不怕法度。’这是说用严厉来纠正。‘安抚边远柔服近处，来安定我王。’这是说用和来使国家安定。又说：‘不急不缓，不刚不柔，施行政令多宽和，各种福禄就到来。’这时候和谐达到了顶峰。”子产去世后，孔子听说了，流泪说道：“他具有古人仁爱的遗风啊。”

二十一年

【经】

21.1　二十有一年春王三月①，葬蔡平公。

21.2　夏，晋侯使士鞅来聘②。

21.3　宋华亥、向宁、华定自陈入于宋南里以叛③。

21.4　秋七月壬午朔，日有食之④。

21.5　八月乙亥⑤，叔辄卒⑥。

21.6　冬，蔡侯朱出奔楚。

21.7　公如晋，至河乃复。

【注释】

①二十有一年：鲁昭公二十一年当周景王二十四年，前521。

②晋侯使士鞅来聘：晋顷公即位后，遣使赴鲁国通好。

③南里：在宋国都城内。

④秋七月壬午朔，日有食之：这是前521年6月10日之日全食。

⑤乙亥：二十五日。

⑥叔辄：叔弓之子伯张。

【译文】

鲁昭公二十一年春周历三月，安葬蔡平公。

夏，晋顷公派士鞅来鲁国聘问。

宋国华亥、向宁、华定由陈国进入宋国南里发动叛乱。

秋七月初一，日全食。

八月二十五日，叔辄去世。

冬，蔡侯朱出逃楚国。

鲁昭公去晋国，到黄河边便返回。

【传】

21.1　二十一年春，天王将铸无射[①]。泠州鸠曰[②]："王其以心疾死乎[③]！夫乐，天子之职也[④]。夫音，乐之舆也[⑤]；而钟，音之器也[⑥]。天子省风以作乐[⑦]，器以钟之[⑧]，舆以行之[⑨]。小者不窕，大者不槬[⑩]，则和于物[⑪]，物和则嘉成[⑫]。故和声入于耳而藏于心，心亿则乐[⑬]。窕则不咸，槬则不容[⑭]，心是以感[⑮]，感实生疾。今钟槬矣[⑯]，王心弗堪，其能久乎[⑰]？"

【注释】

①天王：指周景王。无射：大钟名，以律中无射而得名。

②泠：乐官。州鸠：乐官名。

③王其以心疾死乎：预言周景王将死于心病。

④夫乐，天子之职也：音乐为天子所主管。

⑤夫音，乐之舆也：这是以车为比喻，声音是音乐的车子，音乐靠声音而行。

⑥而钟，音之器也：音由乐器发出。

⑦天子省风以作乐：天子考察风俗以作乐曲。省，观察。

⑧器以钟之：各种乐器发声，具备各种乐音。钟，汇聚。

⑨舆以行之：乐音具备，音乐因此而成。

⑩小者不窕（tiǎo），大者不槬（huà）：乐器小而音不一定细小，乐器大不一定洪大粗犷。窕，音细小。槬，宽大。按，泠州鸠不赞成天子铸大钟，认为钟过大而音不一定能和，只有适中，才能和谐。

⑪物：泛指人物、事物、器物。

⑫嘉成：美好的音乐产生。

⑬亿：安定。乐：快乐。

⑭窕则不咸，槬则不容：音纤细则不能四处听到，音太响则难以入耳。咸，遍。

⑮感：通“憾”，不安。

⑯今钟槬矣：钟声洪大。

⑰王心弗堪，其能久乎：按，明年，周景王死。

【译文】

鲁昭公二十一年春，周景王打算铸造无射大钟。泠州鸠说：“天子也许要由于心病而死吧！音乐是天子主管的。声音是音乐的车子；而钟是声音的器具。天子考察风俗而制作音乐，各种乐器具备各种乐音，用声音来表达。乐器小而音不一定细小，乐器大而音不一定洪大粗犷，能使万物和谐,万物和谐就产生美妙的音乐。所以和谐的声音进入耳朵而藏在心中,心中安宁就快乐。声音细小就不能传遍四方,过分洪亮又不能忍受,内心因此不安,不安就会生病。现在的钟声过于洪亮,天子内心难以承受,他还能活长久吗?”

21.2　三月,葬蔡平公。蔡大子朱失位①,位在卑②。大夫送葬者归③,见昭子④。昭子问蔡故⑤,以告。昭子叹曰:“蔡其亡乎!若不亡,是君也必不终⑥。《诗》曰:‘不解于位,民之攸塈⑦。’今蔡侯始即位,而适卑,身将从之⑧。”

【注释】

①失位:葬礼中太子朱没有站在嫡子应站的位置上。

②位在卑:太子朱按长幼排列,处于下位。

③大夫:指鲁国大夫。

④昭子:鲁国叔孙婼。

⑤故:事情,情况。

⑥是君也必不终:其为君必不得善终。

⑦不解于位,民之攸塈(jì):引《诗》见《诗经·大雅·假乐》。意思是不懈怠于职守,百姓才得休息。解,通“懈”。塈,休息。

⑧今蔡侯始即位,而适卑,身将从之:蔡悼公(即原太子朱)刚刚即位,即处于下位,是不祥之兆,其君位也不能长久。按,本年冬,蔡悼公出奔楚国,这里是预言。

【译文】

三月,安葬蔡平公。蔡国太子朱没有站在应站的位置,他的位次在下位。鲁国大夫送葬完毕回国,进见昭子。昭子询问蔡国的情况,他就以实情相告。昭子叹息说:“蔡国要灭亡了吧!如果不灭亡,这位国君也一定不得善终。《诗》说:‘在位不懈怠,百姓就能得休息。’现在蔡侯刚即位,就站在下位,他自身也将失去位子的。”

21.3　夏,晋士鞅来聘,叔孙为政[①]。季孙欲恶诸晋[②],使有司以齐鲍国归费之礼为士鞅[③]。士鞅怒,曰:“鲍国之位下,其国小,而使鞅从其牢礼[④],是卑敝邑也。将复诸寡君。”鲁人恐,加四牢焉,为十一牢[⑤]。

【注释】

①为政:主持接待士鞅。

②恶诸晋:存心得罪晋国,以难为叔孙。

③使有司以齐鲍国归费之礼为士鞅:昭公十四年,齐鲍国来鲁国归还费地,鲁国待之以卑礼,现在仍然用这礼节接待士鞅,有意激怒他。

④从其牢礼:当时接待鲍国是七牢的礼节。

⑤鲁人恐,加四牢焉,为十一牢:士鞅发怒以后改用十一牢。

【译文】

夏,晋国士鞅来鲁国聘问,叔孙昭子负责接待。季孙存心要得罪晋国,让官吏用接待齐国鲍国归还费地的礼节接待士鞅。士鞅发怒,说:“鲍国的地位卑下,他的国家小,你们让我跟从他所用的七牢礼节,这是轻视敝国。我将向我们国君报告。”鲁国人害怕了,又加上四牢,使用了十一牢。

21.4　宋华费遂生华貙、华多僚、华登[①]。貙为少司马,多僚为御士[②],与貙相恶,乃谮诸公曰:“貙将纳亡人[③]。”亟言之[④]。公曰:“司马以吾故[⑤],亡其良子[⑥]。死亡有命,吾不可以再亡之[7]。”对曰：“君若爱司马，则如亡。死如可逃，何远之有[8]？”公惧，使侍人召司马之侍人宜僚，饮之酒，而使告司马[9]。司马叹曰：“必多僚也[10]。吾有谗子，而弗能杀[11]，吾又不死。抑君有命，可若何[12]？”乃与公谋逐华貙，将使田孟诸而遣之[13]。公饮之酒，厚酬之[14]，赐及从者[15]。司马亦如之[16]。张匄尤之[17]，曰：“必有故。”使子皮承宜僚以剑而讯之[18]。宜僚尽以告[19]。张匄欲杀多僚。子皮曰：“司马老矣，登之谓甚[20]，吾又重之，不如亡也[21]。”五月丙申[22]，子皮将见司马而行，则遇多僚御司马而朝。张匄不胜其怒，遂与子皮、臼任、郑翩杀多僚[23]，劫司马以叛，而召亡人。壬寅[24]，华、向入。乐大心、丰愆、华牼御诸横[25]。华氏居卢门[26]，以南里叛。六月庚午[27]，宋城旧鄘及桑林之门而守之[28]。

【注释】

①貙：音 chū。

②御士：为宋元公御士。

③亡人：指逃亡的华亥等。

④亟：多次。

⑤司马：指华费遂，时任大司马。

⑥良子：指上年逃往吴国的华登。

⑦死亡有命，吾不可以再亡之：宋元公听信多僚的谗言，但又不愿再伤华费遂的心而驱逐华貙。

⑧“君若爱司马”四句：您如果爱大司马，就应该让华貙逃亡。华貙不逃将死，逃亡可以免死，再远也无妨。按，多僚仍然唆使宋元公驱逐华貙。

⑨使侍人召司马之侍人宜僚，饮之酒，而使告司马：让宜僚告诉华

费遂将驱逐华貙。

⑩必多僚也：必是多僚为祟。

⑪吾有谗子，而弗能杀：因为宋元公正宠信多僚。

⑫吾又不死。抑君有命，可若何：自己已年老，无可奈何，只有执行君命。

⑬将使田孟诸而遣之：准备在孟诸打猎时让华貙走。

⑭公饮之酒，厚酬之：宋元公请华貙饮酒，并送给厚礼。酬之，饮酒时送劝酒客人礼物。

⑮赐及从者：手下人也得到赏赐。

⑯司马亦如之：因要驱逐华貙，华费遂也赏赐他们。

⑰张匄：华貙家臣。尤：感到奇怪。

⑱子皮：即华貙。承宜僚以剑：把剑架在宜僚的脖子上。讯：问。

⑲宜僚尽以告：全部坦白。把从多僚之谮至公与费遂谋逐华貙全部说出。

⑳登之谓甚：华登逃亡，伤大司马之心已甚。

㉑吾又重之，不如亡也：杀多僚将再伤大司马的心，不如自己逃亡。

㉒丙申：十四日。

㉓白任、郑翩：都是华貙的家臣。

㉔壬寅：二十日。

㉕横：古地名。在今河南商丘横城。

㉖卢门：宋国东城南门。

㉗庚午：十九日。

㉘宋城旧鄘及桑林之门而守之：修缮旧城及桑林之门据守，以抵御华氏。旧鄘，旧城。桑林之门，城门名。

【译文】

宋国华费遂生下华貙、华多僚、华登。华貙任少司马，多僚当御士，他和华貙关系紧张，便在元公面前说坏话："华貙打算接纳逃亡的人。"说了多次。元公说:“司马因为我的缘故,已经失去他的好儿子。死或逃亡是命中注定,我不能再让他的儿子逃亡。”多僚回答道:“国君要是爱司马,那就应当让华貙逃亡。如果能够逃避一死,还计较什么远不远的呢?”元公害怕了,派侍者召来司马的侍者宜僚,给他酒喝,让他告知司马要驱逐华貙。司马叹气说:“一定是多僚干的。我有一个进谗言的儿子,却不能杀他,我又不死。国君又有命令,该怎么办?”便和元公商议驱逐华貙,打算让他到孟诸打猎而打发他走。元公让华貙喝酒,送他厚礼,并且赏赐到跟从的人。司马也这样做。张匄感到奇怪,说:“一定有什么缘故。”让华貙把剑架在宜僚脖子上讯问他。宜僚把内情全部告知。张匄想杀多僚。华貙说:“司马老了,华登的逃亡已经很伤他的心了,我再加重,还不如逃亡吧。”五月十四日,华貙想进见司马以后就出走,刚好遇见多僚驾车载着司马上朝。张匄控制不住愤怒,就和华貙、臼任、郑翩杀了多僚,劫持司马发动叛乱,并召集逃亡的人。二十日,华氏、向氏回国。乐大心、丰愆、华牼在横地抵御他们。华氏住在卢门,带领南里的人反叛。六月十九日,宋国修缮旧城和桑林之门来防守。

21.5 秋七月壬午朔,日有食之。公问于梓慎曰:“是何物也[①]?祸福何为[②]?”对曰:“二至、二分[③],日有食之,不为灾。日月之行也,分,同道也[④];至,相过也[⑤]。其他月则为灾[⑥],阳不克也,故常为水[⑦]。”于是叔辄哭日食[⑧]。昭子曰:“子叔将死,非所哭也[⑨]。”八月,叔辄卒。

【注释】

①何物:怎么回事。

②祸福何为:日食的祸福如何。

③二至：冬至、夏至。二分：春分、秋分。

④日月之行也，分，同道也：日月运行，春分、秋分时，黄道和赤道相交点同。

⑤至，相过也：夏至、冬至时，相交点远。

⑥其他月：除二至、二分之外。

⑦阳不克也，故常为水：梓慎认为日食是阴侵阳，阳不胜阴，所以常为水灾。

⑧于是叔辄哭日食：因忧虑灾祸而哭。

⑨非所哭也：不应该哭而哭。

【译文】

秋七月初一，发生日食。昭公问梓慎道："这是怎么回事？是什么样的祸福？"梓慎回答说："冬至、夏至、春分、秋分时发生日食，不会成为灾殃。日月的运行，在春分、秋分时，黄道和赤道交点相同；夏至、冬至时，交点相远。其他月份则要发生灾害，是由于阳不胜阴，所以常常发生水灾。"这时叔辄为日食而号哭。叔孙昭子说："叔辄将要死了，不应该哭而哭。"八月，叔辄去世。

21.6　冬十月，华登以吴师救华氏。齐乌枝鸣戍宋[①]。厨人濮曰[②]："《军志》有之：'先人有夺人之心[③]，后人有待其衰[④]。'盍及其劳且未定也伐诸[⑤]。若入而固，则华氏众矣，悔无及也[⑥]。"从之。丙寅[⑦]，齐师、宋师败吴师于鸿口，获其二帅公子苦雂、偃州员[⑧]。华登帅其余以败宋师。公欲出[⑨]，厨人濮曰："吾小人，可藉死而不能送亡[⑩]，君请待之[⑪]。"乃徇曰："扬徽者[⑫]，公徒也。"众从之[⑬]。公自扬门见之，下而巡之[⑭]，曰："国亡君死，二三子之耻也，岂专孤之罪也？"齐乌枝鸣曰："用少莫如齐致死[⑮]，齐致死莫如去备[⑯]。彼多兵矣，请皆用剑[17]。”从之。华氏北[18]，复即之[19]。厨人濮以裳裹首而荷以走，曰：“得华登矣[20]！”遂败华氏于新里[21]。翟偻新居于新里，既战，说甲于公而归[22]。华姪居于公里，亦如之[23]。

【注释】

①乌枝鸣：齐国大夫。

②厨人濮：宋国厨邑大夫，名濮。

③先人：先发制人。

④后人有待其衰：后发制人，则待敌衰再攻。

⑤盍及其劳且未定也伐诸：华登与吴师远道而来，疲劳而未安定，应趁早攻之。

⑥若入而固，则华氏众矣，悔无及也：如果华登率军进入南里，军心已定，阵势已列，且与华氏会合，就难以攻破。

⑦丙寅：十七日。

⑧齐师、宋师败吴师于鸿口，获其二帅公子苦雂（qín）、偃州员：齐国支持宋元公，派乌枝鸣联合宋军打败吴军，抓获吴军二帅。鸿口，古地名。在今河南虞城西北。

⑨公欲出：宋元公要出逃。

⑩可藉死而不能送亡：可为国君死难而不能护送国君逃亡。

⑪君请待之：待决一胜负。

⑫徽：标志，这里指旌旗。

⑬众从之：众人挥动旌旗，表示支持宋元公。

⑭公自扬门见之，下而巡之：元公见众人扬徽，下城巡视。扬门，旧注认为是睢阳（今河南商丘）正东门。

⑮少：少量兵力。致死：拼死。

⑯去备：撤去长兵器。

⑰彼多兵矣，请皆用剑：以短兵相接。按，用短兵于战阵始见于此。

⑱北：败。

⑲即：就，追击。

⑳"厨人濮以裳裹首而荷以走"三句：用裳裙包裹着砍下的头，扛于肩上，伪称华登被杀，以乱华氏军心。

㉑新里：华氏所占之邑。

㉒翟偻新居于新里，既战，说甲于公而归：翟偻新不助华氏，脱下盔甲归附宋元公。说，通"脱"。

㉓华妵（tǒu）居于公里，亦如之：华妵本是华氏，也不战而归附宋元公。

【译文】

冬十月，华登率领着吴国军队来救华氏。齐国乌枝鸣在宋国戍守。厨邑大夫濮说："《军志》有这样的话：'先发制人能够摧毁敌人士气，后发制人则要等待敌人士气衰弱。'何不在他们疲劳而且还没安定的时机进攻。如果让他们进来而且稳住以后，那么华氏人马众多，将悔之不及了。"他的话被接受了。十七日，齐军、宋军在鸿口打败吴军，俘获吴军两名将领公子苦雂、偃州员。华登带领其余人马打败宋军。元公想出逃，厨邑大夫濮说："我是小人，可为国君死而不能送国君逃亡，国君请再等一下。"于是巡行全军说："挥舞旗帜的，是国君的战士。"众人按他的话挥舞旗帜。元公从扬门上看到，就下来巡视，说："国家灭亡国君死难，是诸位的耻辱啊，哪里仅仅是我一人的罪过呢？"齐国乌枝鸣说："使用少量的兵力不如一起拼命，一起拼命就不如撤去防备。对方兵器很多，请都用剑吧。"他的建议被采纳。华氏被打败，宋军、齐军又追上去。厨邑大夫濮用裳裙包裹着一个人头扛在肩上说："已经杀掉华登了！"于是在新里击败华氏。翟偻新住在新里，开战后，脱下盔甲归附元公。华妵住在公里，也像翟偻新那样做了。

十一月癸未[①]，公子城以晋师至[②]。曹翰胡会晋荀吴、齐苑何忌、卫公子朝救宋[③]。丙戌[④]，与华氏战于赭丘[⑤]。郑翩愿为鹳，其御愿为鹅[⑥]。子禄御公子城[⑦]，庄堇为右。干犨御吕封人华豹[⑧]，张匄为右。相遇，城还。华豹曰："城也！"城怒而反之[⑨]。将注，豹则关矣[⑩]。曰："平公之灵，尚辅相余[⑪]。"豹射，出其间[⑫]。将注，则又关矣[⑬]。曰："不狎，鄙[⑭]！"抽矢[⑮]，城射之，殪[⑯]。张匄抽殳而下[⑰]，射之，折股[⑱]。扶伏而击之，折轸[⑲]。又射之，死[⑳]。干犨请一矢[㉑]，城曰："余言汝于君[㉒]。"对曰："不死伍乘，军之大刑也[㉓]。干刑而从子，君焉用之？子速诸！"乃射之，殪[㉔]。大败华氏，围诸南里。华亥搏膺而呼[㉕]，见华貙，曰："吾为栾氏矣[㉖]！"貙曰："子无我迋，不幸而后亡[㉗]。"使华登如楚乞师，华貙以车十五乘、徒七十人，犯师而出[㉘]，食于睢上[㉙]，哭而送之，乃复入[㉚]。楚薳越帅师将逆华氏，大宰犯谏曰[㉛]："诸侯唯宋事其君[㉜]。今又争国，释君而臣是助[㉝]，无乃不可乎！"王曰："而告我也后，既许之矣[㉞]。"

【注释】

①癸未：初四。

②公子城以晋师至：公子城去年逃往晋国。今还救宋。

③曹翰胡会晋荀吴、齐苑何忌、卫公子朝救宋：晋、齐、曹、卫四国都支持宋元公。卫公子朝去年奔晋，此时已回卫国。

④丙戌：初七。

⑤赭(zhě)丘：宋国地名，有说在河南西华，不确。

⑥郑翩愿为鹳，其御愿为鹅：郑翩，华氏同党。鹳、鹅都是战阵名。

⑦子禄：向宜。

⑧吕封人华豹：也是华氏同党。吕，宋城邑，在今江苏徐州北。封人，地方长官。

⑨华豹曰："城也！"城怒而反之：华豹直呼公子城的名字，公子城怒其直呼己名，返身交战。

⑩将注，豹则关矣：注，箭上弦。关，引满弓将射。按，华豹的射箭动作比公子城快。

⑪平公之灵，尚辅相余：临战前公子城祈祷平公之灵保佑。平公，公子城父亲。

⑫豹射，出其间：华豹的箭从公子城和子禄之间穿过。

⑬将注，则又关矣：华豹又将射。

⑭不狎，鄙：公子城说华豹不让自己还手，卑鄙。狎，更换。

⑮抽矢：华豹取下箭，让公子城射。

⑯城射之，殪：一箭射死华豹。

⑰殳(shū)：兵器，长丈二。

⑱射之，折股：公子城射断张匄腿。

⑲扶伏而击之，折轸：张匄击公子城，断其车轸。扶伏，同"匍匐"。轸，车厢底的横木。

⑳又射之，死：张匄被射死。

㉑干犨请一矢：干犨求死。

㉒余言汝于君：公子城想救干犨，使他免死。

㉓不死伍乘，军之大刑也：不能战死，是犯军中大法。

㉔乃射之，殪：干犨被射死。

㉕搏膺：捶胸。

㉖吾为栾氏矣：襄公二十三年，晋国栾盈作乱而死，华亥说华氏也将败亡。

㉗子无我迋(guàng)，不幸而后亡：意思是今日之事，是否败亡还说不定。迋，恐吓。

㉘华貙以车十五乘、徒七十人，犯师而出：突围而出，送华登。

㉙睢上：睢水岸边，在今河南商丘。

㉚复入：再次冲进南里。

㉛犯：大宰名。

㉜唯宋事其君：当时诸侯多数政权下移，唯有宋国臣民仍然事奉其国君。

㉝今又争国，释君而臣是助：华氏争夺国政，楚国不助宋国国君而助其臣下。

㉞既许之矣：已答应接纳华氏了。

【译文】

十一月初四，公子城带领晋军到来。曹国翰胡会合晋国荀吴、齐国苑何忌、卫国公子朝救援宋国。初七，与华氏在赭丘交战。郑翩希望摆成鹳阵，他的御者希望摆成鹅阵。子禄为公子城驾车，庄堇为车右。干犨为吕地封人华豹驾车，张匄为车右。两车相遇，公子城退了回去。华豹叫："城啊！"公子城发怒而返身。他刚搭上箭，华豹却已经拉开弓了。公子城说："愿平公的威灵保佑我。"华豹射出箭，从公子城和子禄之间穿过。公子城刚搭箭，华豹又拉开弓了。公子城说："不让我还手，真卑鄙！"华豹便从弓上抽下箭，公子城一箭射去，华豹被射死。张匄抽出殳下车来，公子城又射一箭，射断张匄的腿。张匄爬过来，用殳击折公子城的车轸。公子城又向他射箭，张匄也被射死。干犨请求给他一箭，公子城说："我替你向国君求情。"干犨回答说："不和战友同死，是犯军中大法的。犯了法而跟随你，国君怎么用得着我？你快射吧！"公子城便射出箭，干犨也死了。各国联军大败华氏，包围住南里。华亥捶打着胸脯大喊大叫，见到华貙，说："我们成了晋国的栾氏了！"华貙说："你别吓我，是否失败还说不定。"让华登到楚国求援兵，华貙用十五辆战车、七十名步兵突围而出，在睢水岸边吃好饭，哭着送走华登，又冲入南里。楚国薳越率军要接华氏，太宰犯谏劝说："诸侯中唯有宋国的臣子事奉其国君。现在又争夺国政,不管国君而帮助臣子,恐怕不行吧!”楚平王说:“你对我说得迟了,我已经答应他们了。”

21.7 蔡侯朱出奔楚。费无极取货于东国[①],而谓蔡人曰:“朱不用命于楚,君王将立东国[②]。若不先从王欲,楚必围蔡[③]。”蔡人惧,出朱而立东国。朱诉于楚,楚子将讨蔡。无极曰:“平侯与楚有盟,故封[④]。其子有二心[⑤],故废之。灵王杀隐大子,其子与君同恶,德君必甚[⑥]。又使立之,不亦可乎!且废置在君,蔡无他矣[⑦]。”

【注释】

①取货:求取货物。东国:蔡国隐太子之子,蔡平侯庐之弟,蔡侯朱叔父。

②朱不用命于楚,君王将立东国:朱不听命于楚国,楚国将废朱立东国。

③若不先从王欲,楚必围蔡:这是费无极恐吓蔡人的话。

④平侯与楚有盟,故封:昭公十三年,复蔡时蔡平侯和楚国盟于邓。

⑤其子:指蔡侯朱。

⑥灵王杀隐大子,其子与君同恶,德君必甚:灵王杀东国之父隐太子,平王又杀灵王,东国必与平王同恶灵王而十分感谢平王。

⑦且废置在君,蔡无他矣:废立之权操纵在楚王手里,蔡不敢有他心。按,这是费无极诡言阻止平王讨蔡。

【译文】

蔡侯朱出逃到楚国。费无极得到东国的财物,对蔡国人说:“朱不听从楚国的话,君王将要立东国为君。如果不先顺从楚王的意愿,楚国必定包围蔡国。”蔡国人怕了,驱逐朱而立了东国。朱向楚国控诉,楚平王准备讨伐蔡国。费无极说："蔡平侯和楚国有盟约，所以封他。他的儿子有二心，所以废掉他。灵王杀了隐太子，隐太子的儿子和君王有共同的仇人，一定非常感激君王。现在又立他为国君，不是很好吗！况且废立大权在君王手里，蔡国不敢有他心了。"

21.8　公如晋，及河，鼓叛晋①。晋将伐鲜虞，故辞公。

【注释】

①鼓叛晋：鼓地叛晋，归附鲜虞。

【译文】

鲁昭公去晋国，刚到黄河边，鼓国背叛晋国。晋国准备攻打鲜虞，所以辞谢了昭公。

二十二年

【经】

22.1　二十有二年春①，齐侯伐莒。

22.2　宋华亥、向宁、华定自宋南里出奔楚。

22.3　大蒐于昌间②。

22.4　夏四月乙丑③，天王崩④。

22.5　六月，叔鞅如京师⑤，葬景王。

22.6　王室乱⑥。

22.7　刘子、单子以王猛居于皇⑦。

22.8　秋，刘子、单子以王猛入于王城⑧。

22.9　冬十月，王子猛卒⑨。

22.10　十有二月癸酉朔，日有食之⑩。

【注释】

①二十有二年：鲁昭公二十二年当周景王二十五年，前520。

②大蒐于昌间：鲁国在昌间举行春猎。昌间，或曰在今山东泗水县。

③乙丑：十八日。

④天王崩：周景王去世。

⑤叔鞅：鲁国叔弓之子。

⑥王室乱：周王室内乱。

⑦刘子、单子以王猛居于皇：避乱居于皇。猛，王子猛。皇，地名，在今河南洛阳东、巩义西南。

⑧王城：东周都城，在今河南洛阳。

⑨王子猛卒：王子猛死，周人谥为悼王。

⑩十有二月癸酉朔，日有食之：此为前520年11月23日的日全食。

【译文】

鲁昭公二十二年春，齐景公攻打莒国。

宋国华亥、向宁、华定从宋国南里出逃到楚国。

在昌间举行大规模阅兵式。

夏四月十八日，周景王去世。

六月，叔鞅到京师，参加周景王的葬礼。

周王室内乱。

刘蚠、单穆公奉悼王猛居住在皇地。

秋，刘蚠、单穆公奉悼王猛进入王城。

冬十月，悼王猛去世。

十二月初一，发生日食。

【传】

22.1　二十二年春王二月甲子[①]，齐北郭启帅师伐莒[②]。莒子将战，苑羊牧之谏曰[3]："齐帅贱，其求不多，不如下之[4]。大国不可怒也。"弗听，败齐师于寿余[5]。齐侯伐莒[6]，莒子行成。司马灶如莒莅盟[7]，莒子如齐莅盟，盟于稷门之外[8]。莒于是乎大恶其君[9]。

【注释】

①甲子：十六日。

②北郭启：齐国大夫。

③苑羊牧之：莒国大夫。苑氏，名牧之，字羊。

④齐帅贱，其求不多，不如下之：齐帅级别低，虽然伐莒，但要求不高，不如妥协以满足他们。

⑤寿余：古地名。在今山东安丘。

⑥齐侯伐莒：齐景公发怒，率军亲征。

⑦司马灶：齐国大夫。

⑧盟于稷门之外：齐使莅盟，不于城内，而于城外，是有意辱之。稷门，齐国城门。

⑨莒于是乎大恶其君：莒国国君好战，结果辱国求和，莒国大夫于是讨厌他。

【译文】

鲁昭公二十二年春周历二月十六日，齐国北郭启领兵攻打莒国。莒君庚舆准备迎战，苑羊牧之谏阻说："齐国统帅级别低，他的要求不多，不如对他表示顺服。大国不要去触怒。"莒君庚舆不听，在寿余击败齐军。齐景公讨伐莒国，莒君庚舆求和。司马灶到莒国参加结盟，莒君庚舆到齐国参加结盟，在稷门外盟誓。莒国人由此对其国君大为不满。

22.2　楚薳越使告于宋曰："寡君闻君有不令之臣为君忧，

无宁以为宗羞[①]？寡君请受而戮之[②]。”对曰：“孤不佞，不能媚于父兄[③]，以为君忧，拜命之辱。抑君臣日战，君曰‘余必臣是助’，亦唯命[④]。人有言曰：‘唯乱门之无过[⑤]。’君若惠保敝邑，无亢不衷，以奖乱人[⑥]，孤之望也。唯君图之[⑦]！”楚人患之。诸侯之戍谋曰[⑧]：“若华氏知困而致死，楚耻无功而疾战[⑨]，非吾利也。不如出之，以为楚功[⑩]，其亦无能为也已[⑪]。救宋而除其害，又何求[⑫]？”乃固请出之，宋人从之[⑬]。己巳[⑭]，宋华亥、向宁、华定、华貙、华登、皇奄伤、省臧、士平出奔楚。宋公使公孙忌为大司马[⑮]，边卬为大司徒[⑯]，乐祁为司城[⑰]，仲几为左师[⑱]，乐大心为右师[⑲]，乐輓为大司寇[⑳]，以靖国人。

【注释】

①无宁以为宗羞：华氏作乱，是宋国宗庙之羞。无宁，无乃，恐怕。

②寡君请受而戮之：意谓楚国愿意接纳华氏，请宋国放走华氏。

③媚：取悦。父兄：指华氏、向氏。二氏皆是公族。

④君曰“余必臣是助”，亦唯命：楚国如果帮助华、向作战，宋国只好听命。

⑤唯乱门之无过：即昭公十九年《传》所曰“无过乱门”。

⑥无亢不衷，以奖乱人：不保护不善之臣，不奖励作乱者。亢，保护。不衷，不善。

⑦唯君图之：按，宋国不同意楚国之请，以委婉外交辞令拒绝。

⑧诸侯之戍：戍守宋国的诸侯。

⑨若华氏知困而致死，楚耻无功而疾战：华氏将作困兽之斗，拼死一战，楚国耻于不能救华氏，必急派兵作战。

⑩不如出之，以为楚功：不如放华氏、向氏去楚国，满足楚国的请求。

⑪其亦无能为也已：认为华氏再也不能成为宋患。其，指华氏。

⑫救宋而除其害，又何求：戍宋本为救宋，华氏如能离开宋国，那么目的就已达到。

⑬宋人从之：让华、向离开宋国。

⑭己巳：二十一日。

⑮宋公使公孙忌为大司马：代替华费遂。

⑯边卬为大司徒：代替华定。边卬，宋平公曾孙。

⑰乐祁：即乐祁犁，子罕之孙。

⑱仲几为左师：代替向宁。仲几，仲江之孙。

⑲乐大心为右师：代替华亥。

⑳乐輓：子罕之孙。

【译文】

楚国薳越派人告知宋国说："我们国君听说贵国国君有不肯臣服的臣子造成国君的忧虑，这岂不成为宗庙的羞耻？我们国君请求接走他们而加以诛戮。"宋元公答复说："寡人不才，不能取悦于父兄，给君王带来了忧虑，劳动君王下达命令。但君臣之间每天作战，如果君王说'我一定要帮助臣子'，也只能唯命是听。前人有句话说：'不要经过动乱的门前。'君王要是赐恩保护敝国，不以庇护不忠之人来奖励叛乱者，这是我的愿望。请君王好好考虑一下！"楚国感到忧虑。诸侯派在宋国戍守的大夫商议说："如果华氏明白没有退路而拼死作战，楚国因无法成就此事感到耻辱而迅速出兵参战，这对我们不利。不如让他们出去，以成全楚国的功绩，华氏他们对宋国已经无能为力了。挽救宋国而除掉他们的祸害，还求什么呢？"于是坚持请求放走华氏，宋国人同意了。二月二十一日，宋国华亥、向宁、华定、华貙、华登、皇奄伤、省臧、士平逃往楚国。宋元公任命公孙忌为大司马，边卬任大司徒，乐祁任司城，仲几任左师，乐大心任右师，乐輓任大司寇，以安定国人。

22.3 王子朝、宾起有宠于景王[①]，王与宾孟说之，欲立之[②]。刘献公之庶子伯蚠事单穆公[③]，恶宾孟之为人也，愿杀之。又恶王子朝之言，以为乱，愿去之[④]。宾孟适郊，见雄鸡自断其尾。问之，侍者曰："自惮其牺也[⑤]。"遽归告王，且曰："鸡其惮为人用乎[⑥]！人异于是[⑦]。牺者实用人[⑧]，人牺实难，己牺何害[⑨]？"王弗应[⑩]。夏四月，王田北山，使公卿皆从，将杀单子、刘子[⑪]。王有心疾，乙丑，崩于荣锜氏[⑫]。戊辰[⑬]，刘子挚卒，无子，单子立刘蚠[⑭]。五月庚辰[⑮]，见王[⑯]，遂攻宾起，杀之，盟群王子于单氏[⑰]。

【注释】

①王子朝：周景王庶长子。宾起：即宾孟，王子朝师傅。

②欲立之：想立王子朝为太子。

③刘献公：周卿士。伯蚠(fén)：即刘狄。单穆公：也是周卿士。

④又恶王子朝之言，以为乱，愿去之：王子朝有要继位的话语，伯蚠讨厌他，准备除掉他。乱，不合礼制。

⑤自惮其牺也：牺牲要用毛羽完美的牲畜，所以侍者回答说，雄鸡怕被用作牺牲，所以自断其尾。

⑥用：用为祭品。

⑦人异于是：鸡毛完美为人所宠爱，但必被作为牺牲而杀掉，人则不同，被宠者必贵盛。

⑧实用人：实用于人。

⑨人牺实难，己牺何害：宾孟有感于鸡自断其尾，以鸡为喻，牺牲只是为人使用而已，你既宠爱王子朝，就应早立之，有何妨害？人牺，为人宠爱而被任用。己牺，为己宠爱而任用之。

⑩王弗应：昭公十五年太子寿死后，曾要立王子猛，现在宾孟提议

立王子朝，景王心里同意，但因王子猛的缘故而不置可否。

⑪王田北山，使公卿皆从，将杀单子、刘子：景王知道单、刘二人拥护王子猛，想借打猎机会杀单、刘二人。北山，今河南洛阳北邙山。

⑫崩于荣锜氏：还没下手，景王因心脏病发作而死。荣锜，周大夫。氏，家。

⑬戊辰：二十二日。

⑭刘子挚卒，无子，单子立刘蚠：刘献公挚也死，立刘蚠，即伯蚠。

⑮庚辰：初四。

⑯王：指王猛。景王死后，在刘、单的支持下，猛继位。

⑰盟群王子于单氏：怕诸王子有异议，所以在单穆公家结盟。

【译文】

王子朝、宾起得到周景王的宠信，景王和宾起都喜欢王子朝，想立他为太子。刘献公的庶子伯蚠事奉单穆公，讨厌宾起的为人，想去杀了他。又讨厌王子朝的话，认为违背了礼制，想除掉他。宾起到郊外，看见一只公鸡自己弄断尾部羽毛。就问为什么，侍者说："它这是害怕成为牺牲。"宾起报告景王，并且说："鸡大概是怕被人用作牺牲吧！人则和它不一样。牺牲是被人利用的，为人宠爱而被用作牺牲很难，但被自己用作牺牲有什么不好？"景王没应答。夏四月，景王到北山打猎，让公卿们都跟去，准备杀掉单穆公、刘献公。景王有心脏病，十八日，死在荣锜家。二十二日，刘献公挚去世，没有嫡子，单穆公立了刘蚠。五月初四，进见周天子，于是进攻宾起，杀了他，与王子们在单氏家结盟。

22.4　晋之取鼓也①，既献而反鼓子焉②。又叛于鲜虞③。六月，荀吴略东阳④，使师伪籴者⑤，负甲以息于昔阳之门外⑥，遂袭鼓，灭之⑦，以鼓子鸢鞮归，使涉佗守之⑧。

【注释】

①晋之取鼓也:事在昭公十五年。

②既献而反鼓子焉:在宗庙献俘之后,又让鼓子归国为君。

③又叛于鲜虞:鼓国本属鲜虞,鼓子归国,又叛晋而归于鲜虞。

④略:巡视。东阳:太行山以东,河南北部、河北南部属于晋国的地方。

⑤籴(dí):买粮。

⑥昔阳:古地名。在今河北晋州西。

⑦遂袭鼓,灭之:晋国设计袭击并灭掉鼓国。

⑧涉佗:晋国大夫。守之:镇守鼓地。

【译文】

晋国占领鼓国,向宗庙献捷后又让鼓国国君回去。鼓国又背叛晋国而归属鲜虞。六月,荀吴巡视东阳,派军队装作买粮的,背着铠甲在昔阳城门外休息,乘机袭击鼓国,灭了鼓,逮住鼓国国君鸢鞮回国,派涉佗镇守鼓地。

22.5 丁巳[①],葬景王。王子朝因旧官、百工之丧职秩者与灵、景之族以作乱[②]。帅郊、要、饯之甲[③],以逐刘子[④]。壬戌[⑤],刘子奔扬[⑥]。单子逆悼王于庄宫以归[⑦]。王子还夜取王以如庄宫[⑧]。癸亥[⑨],单子出[⑩]。王子还与召庄公谋[⑪],曰:"不杀单旗,不捷[⑫]。与之重盟[⑬],必来。背盟而克者多矣[⑭]。"从之。樊顷子曰[⑮]:"非言也[⑯],必不克。"遂奉王以追单子[⑰]。及领[⑱],大盟而复,杀挚荒以说[⑲]。刘子如刘[⑳],单子亡,乙丑[㉑],奔于平畤[㉒]。群王子追之,单子杀还、姑、发、弱、鬷、延、定、稠,子朝奔京[㉓]。丙寅[㉔],伐之[㉕]。京人奔山[㉖]。刘子入于王城。辛未[㉗],巩简公败绩于京。乙亥[㉘],甘平公亦败焉[29]。

【注释】

①丁巳:十一日。

②百工:百官。灵、景之族:周灵王、景王子孙。

③郊、要、饯:都是周城邑。

④刘子:伯蚠。

⑤壬戌:十六日。

⑥扬:本为戎人城邑。当距今河南偃师不远。

⑦单子逆悼王于庄宫以归:单子将周悼王接回自己的家。单子,单穆公单旗。悼王,王子猛。庄宫,周庄王庙。在王城。

⑧王子还夜取王以如庄宫:王子还又将悼王劫回庄宫。王子还,王子朝同党。

⑨癸亥:十七日。

⑩单子出:单子因为失去悼王,所以出逃。

⑪召庄公:召伯奂,王子朝同党。

⑫不捷:事情不会成功。

⑬重盟:再次结盟,因前已盟群王子。

⑭背盟:现在以再盟召单子,是要乘机杀死他,所以说背盟。

⑮樊顷子:樊齐,单、刘同党。

⑯非言:指王子还的话非善言。

⑰遂奉王以追单子:王子还奉悼王令追单子。

⑱领:崿岭,一名轘辕山。

⑲杀挚荒以说:王子还与单子盟,并将劫悼王一事归罪于挚荒,杀挚荒以作解释。

⑳刘子如刘:刘蚠自扬回到自己的采邑。刘,古地名。在今河南偃师西南。

㉑乙丑：十九日。

㉒奔于平畤：单子知道王子还之谋，又奔平畤。平畤，古地名。在今河南洛阳不远处。

㉓单子杀还、姑、发、弱、鬷、延、定、稠，子朝奔京：八人皆王子朝党羽，被杀，王子朝奔京。按，还等八人都是王子，即灵、景之族。京，古地名。在今河南洛阳西南、伊水南。

㉔丙寅：二十日。

㉕伐之：单子伐京。

㉖山：邙山。

㉗辛未：二十五日。

㉘乙亥：二十九日。

㉙甘平公：巩、甘都是周王卿士，都为王子朝所败。

【译文】

六月十一日，安葬周景王。王子朝凭借旧官和百工中被免职的人，与灵王、景王的族人一起发动叛乱。率领郊、要、饯的甲士，驱逐刘蚠。十六日，刘蚠逃往扬地。单穆公到庄宫迎接悼王到自己家。王子还夜里又将悼王接回庄宫。十七日，单穆公出逃。王子还和召庄公商量，说："不杀掉单旗，不能算胜利。再和他结盟，他一定会来。违背盟约而取得胜利的事情是很多的。"召庄公同意了。樊顷子说："这不像话，必定不能成功。"王子还便奉悼王令去追赶单穆公。到达领地，举行盛大的结盟仪式后返回，杀死挚荒以向单穆公解释。刘蚠由扬到刘，单穆公逃亡，十九日，逃到平畤。王子们去追赶他，单穆公杀了公子还、姑、发、弱、鬷、延、定、稠，王子朝逃到京地。二十日，单穆公伐京。京地人逃往山中。刘蚠进入王城。二十五日，巩简公在京地大败。二十九日，甘平公也战败。

叔鞅至自京师①，言王室之乱也。闵马父曰②："子朝必不克。其所与者，天所废也[3]。”

【注释】

①叔鞅至自京师：安葬周景王之后返回鲁国。

②闵马父：即闵子马，鲁国大夫。

③天所废：指“百工之丧职秩者”，本为上天所弃，王子朝依靠他们，必败。

【译文】

叔鞅从京师回国，说起王室的动乱。闵马父说：“王子朝肯定不会成功。他所依靠的人，都是上天所抛弃的。”

单子欲告急于晋。秋七月戊寅[1]，以王如平畤，遂如圃车，次于皇[2]。刘子如刘。单子使王子处守于王城[3]。盟百工于平宫[4]。辛卯[5]，鄩肸伐皇[6]。大败，获鄩肸。壬辰[7]，焚诸王城之市[8]。八月辛酉[9]，司徒丑以王师败绩于前城[10]。百工叛。己巳[11]，伐单氏之宫，败焉[12]。庚午[13]，反伐之。辛未[14]，伐东圉[15]。冬十月丁巳[16]，晋籍谈、荀跞帅九州之戎及焦、瑕、温、原之师，以纳王于王城[17]。庚申[18]，单子、刘盆以王师败绩于郊[19]，前城人败陆浑于社[20]。十一月乙酉[21]，王子猛卒[22]，不成丧也[23]。己丑[24]，敬王即位[25]，馆于子旅氏[26]。十二月庚戌[27]，晋籍谈、荀跞、贾辛、司马督帅师军于阴，于侯氏，于溪泉，次于社[28]。王师军于汜，于解，次于任人[29]。闰月，晋箕遗、乐徵、右行诡济师取前城[30]，军其东南。王师军于京楚[31]。辛丑[32]，伐京，毁其西南[33]。

【注释】

①戊寅:初三。

②以王如平畤,遂如圃车,次于皇:让悼王离开王城,以示危急。圃车,周地,离皇不远。皇,在今河南巩县西。

③单子使王子处守于王城:守王城以抵御王子朝。王子处,悼王同党。

④平宫:平王庙。

⑤辛卯:十六日。

⑥鄩肸:王子朝同党。

⑦壬辰:十七日。

⑧焚诸王城之市:在王城之市烧死鄩肸。

⑨辛酉:十六日。

⑩丑:悼王司徒。前城:古地名。王子朝所得之邑,在今河南洛阳东南,伊水东岸。

⑪己巳:二十四日。

⑫伐单氏之宫,败焉:因为司徒丑败,百工叛,攻单氏,反为单氏所败。

⑬庚午:二十五日。

⑭辛未:二十六日。

⑮东圉:古地名。在今河南偃师西南。

⑯丁巳:十三日。

⑰晋籍谈、荀跞帅九州之戎及焦、瑕、温、原之师,以纳王于王城:单、刘向晋国告急,晋国出兵,护送悼王回王城。九州之戎,陆浑之戎。

⑱庚申:十六日。

⑲单子、刘蚠以王师败绩于郊:为王子朝同党所败。

⑳前城人败陆浑于社:陆浑戎也被王子朝之众所败。前城人,王子

朝之众。社，周邑。

㉑乙酉：十二日。

㉒王子猛卒：王子猛死，周人谥为悼王。《经》记做“冬十月”，《传》纠正为“十一月”。

㉓不成丧也：《经》不称王“崩”，因为王子猛没有正式即位，所以未行天子丧葬之礼。

㉔己丑：十六日。

㉕敬王：王子猛母弟王子丐。

㉖子旅氏：周大夫。

㉗庚戌：初七。

㉘晋籍谈、荀跞、贾辛、司马督帅师军于阴，于侯氏，于溪泉，次于社：籍谈驻军于阴，荀跞驻军于侯氏，贾辛驻军于溪泉，司马督驻军于社。阴，即平阴，古地名。在今河南孟津北、黄河南岸。侯氏，古地名。即今缑氏镇。溪泉，古地名。在今河南洛阳。

㉙王师军于氾，于解，次于任人：王师分驻三地。氾、解、任人，都在今河南洛阳附近。

㉚箕遗、乐徵、右行诡：都是晋国大夫。济师：部队渡洛水、伊水。

㉛京楚：古地名。在今河南洛阳附近。

㉜辛丑：二十九日。

㉝伐京，毁其西南：王子朝在京，所以伐京，毁京之西南部。

【译文】

单穆公想向晋国告急。秋七月初三，他带着周悼王到平畤，又去往圃车，住在皇地。刘蚠去刘邑。单穆公派王子处守在王城。与百工在平王庙中结盟。十六日，鄩肸攻打皇地。大败，鄩肸被俘虏。十七日，把鄩肸烧死在王城的市上。八月十六日，司徒丑率领周悼王的军队在前城大败。百工叛变。二十四日，攻打单穆公的住宅，被打败。二十五日，单穆公反来进攻。二十六日，单穆公进攻东围。冬十月十三日，晋国籍谈、荀跞率领九州的戎人和焦、瑕、温、原等地的军队，把周悼王送回王城。十六日，单穆公、刘蚠所带周悼王的军队在郊地被打败，前城人在社地打败陆浑。十一月十二日，王子猛去世，没有举行天子的丧葬仪式。十六日，周敬王即位，住在子旅氏家。十二月初七，晋国籍谈、荀跞、贾辛、司马督分别率军队驻扎在阴、侯氏、溪泉和社地。周王军队驻扎在氾地、解地和任人。闰十二月，晋国箕遗、乐徵、右行诡统领军队渡过雒水、伊水占领前城，驻扎在前城东南。周王军队驻扎在京楚。二十九日，攻打京地，破坏了它的西南部。

二十三年

【经】

23.1　二十有三年春王正月[①]，叔孙婼如晋[②]。

23.2　癸丑[③]，叔鞅卒。

23.3　晋人执我行人叔孙婼[④]。

23.4　晋人围郊[⑤]。

23.5　夏六月，蔡侯东国卒于楚[⑥]。

23.6　秋七月，莒子庚舆来奔[⑦]。

23.7　戊辰[⑧]，吴败顿、胡、沈、蔡、陈、许之师于鸡父[⑨]，胡子髡、沈子逞灭[⑩]，获陈夏啮[⑪]。

23.8　天王居于狄泉[⑫]。尹氏立王子朝[⑬]。

23.9　八月乙未[⑭]，地震。

23.10　冬，公如晋，至河，有疾，乃复。

【注释】

①二十有三年春王正月：鲁昭公二十三年当周敬王元年，前519。

②叔孙婼如晋：鲁国武城人伏击邾军，晋国问罪，叔孙婼赴晋解说。

③癸丑：十二日。

④晋人执我行人叔孙婼：晋国扣留叔孙婼。

⑤晋人围郊：围郊讨伐王子朝。郊，周邑。

⑥蔡侯：蔡悼侯，在位共三年。

⑦莒子庚舆来奔：莒共公被逐，逃奔鲁国。莒子庚舆，莒共公，莒著丘公之弟。

⑧戊辰：二十九日。

⑨胡：妫姓国，在今安徽阜阳。鸡父：楚国地名，在今河南固始东南。

⑩胡子髡、沈子逞灭：胡、沈二国国君被杀。

⑪获：杀死。夏啮（niè）：夏徵舒曾孙。

⑫天王居于狄泉：周敬王为避王子朝，居于狄泉。狄泉，即《传》文中的泽邑，在今河南洛阳城内大仓西南池水。

⑬尹氏立王子朝：尹氏，周世卿之族。按，书尹氏立子朝，明非周人所欲立。

⑭乙未：二十六日。

【译文】

鲁昭公二十三年春周历正月，叔孙婼到晋国去。

十二日，叔鞅去世。

晋国扣留鲁国使者叔孙婼。

晋国包围郊邑。

夏六月，蔡悼公东国在楚国去世。

秋七月，莒国国君庚舆逃来鲁国。

二十九日，吴国在鸡父打败顿、胡、沈、蔡、陈、许六国军队，胡子髡、沈子逞被杀，杀死陈国夏啮。

周敬王居住在狄泉。尹氏立王子朝为王。

八月二十六日，发生地震。

冬，昭公去晋国，到黄河，因生病，便回国。

【传】

23.1 二十三年春王正月壬寅朔，二师围郊①。癸卯②，郊、鄩溃③。丁未④，晋师在平阴⑤，王师在泽邑⑥。王使告间⑦，庚戌⑧，还⑨。

【注释】

①二师围郊：由于王子朝据于郊，所以王师和晋师联合讨伐。二师，指周王军队和晋国军队。按，此《传》文应与上年《传》文"伐京，毁其西南"连读。

②癸卯：初二。

③郊、鄩溃：郊、鄩二邑都被王子朝占据。鄩，也是周邑，在今河南巩县。

④丁未：初六。

⑤平阴：即上年《传》文中的阴。

⑥王师在泽邑：周敬王随军在泽邑。泽邑，即狄泉。

⑦王使告间：王师自己可以抵御，晋军可以回师。间，本指病好转，这里指王子朝之乱稍平。

⑧庚戌：初九。

⑨还：晋军回国。

【译文】

鲁昭公二十三年春周历正月初一，周天子军队和晋国军队包围郊邑。初二，郊、鄩溃败。初六，晋军在平阴，周天子的军队在泽邑。周天子派人向晋军告知局势好转，初九，晋军回国。

23.2 邾人城翼[①]，还，将自离姑[②]。公孙钼曰[③]："鲁将御我[④]。"欲自武城还，循山而南[⑤]。徐钼、丘弱、茅地曰[⑥]："道下，遇雨，将不出[⑦]，是不归也。"遂自离姑[⑧]。武城人塞其前，断其后之木而弗殊，邾师过之，乃推而蹶之[⑨]，遂取邾师，获钼、弱、地。邾人诉于晋，晋人来讨。叔孙婼如晋，晋人执之。书曰："晋人执我行人叔孙婼。"言使人也[⑩]。晋人使与邾大夫坐[⑪]。叔孙曰："列国之卿，当小国之君，固周制也。邾又夷也。寡君之命介子服回在[⑫]，请使当之，不敢废周制故也。"乃不果坐。

【注释】

①翼：邾国地名，在今山东费县西南。

②还，将自离姑：从翼经离姑回国。按，从此路回国，必经过鲁国武城。离姑，邾国地名，在翼北。

③公孙钼：邾国大夫。

④鲁将御我：经过邻国之境必须借道，现在不借道而经过武城，武城人必然抗御。

⑤欲自武城还，循山而南：公孙钼提议不经过武城，依沂蒙山南行。

⑥徐钼、丘弱、茅地：三人都是邾国大夫。

⑦道下，遇雨，将不出：山道低下，遇雨将走不出去。

⑧遂自离姑：仍然取道武城，经离姑回国。

⑨"武城人塞其前"四句：武城人前面以兵挡路，后面砍树而不砍断，等邾国军队经过，推断树以伏击之。殊，断。蹶，倒。

⑩书曰："晋人执我行人叔孙婼。"言使人也：即使诸侯有罪，盟主也不宜逮捕使臣。《经》文称"行人叔孙婼"，就是批评晋国随便逮捕使臣。

⑪坐:古代诉讼双方互相辩论曰坐。

⑫介:副使。子服回:鲁国大夫,当时是叔孙婼副使。

【译文】

邾国在翼地筑城,返程准备取道离姑。公孙钼说:"鲁国将会抗击我们。"想从武城折返,沿山往南走。徐钼、丘弱、茅地说:"山道低下,遇上雨将出不去,这就不能回去了。"于是还是从离姑走。武城人把前面的道路堵住了,砍后面路旁的树木而不让它断倒,邾国军队经过时,武城人推倒树木断其后路,便消灭了邾军,俘获徐钼、丘弱、茅地。邾国向晋国控诉,晋国前来问罪。叔孙婼到晋国,晋国把他逮捕。《春秋》记载说:"晋国扣留我国使者叔孙婼。"是说他们逮捕使臣是违法的。晋国让叔孙婼和邾国大夫辩论。叔孙婼说:"各国的卿,相当于小国的国君,本是周朝的制度。邾国还是夷人。我们国君所任命的副使子服回在,请让他和邾国大夫辩论,我这是由于不敢废弃周朝的制度。"叔孙婼终于没和邾国大夫辩论。

韩宣子使邾人聚其众,将以叔孙与之[①]。叔孙闻之,去众与兵而朝[②]。士弥牟谓韩宣子曰[③]:"子弗良图[④],而以叔孙与其仇,叔孙必死之。鲁亡叔孙,必亡邾。邾君亡国,将焉归[⑤]?子虽悔之,何及[⑥]?所谓盟主,讨违命也[⑦]。若皆相执[⑧],焉用盟主?"乃弗与[⑨]。使各居一馆[⑩]。士伯听其辞,而诉诸宣子,乃皆执之[⑪]。士伯御叔孙,从者四人,过邾馆以如吏[⑫]。先归邾子。士伯曰:"以刍荛之难,从者之病,将馆子于都[⑬]。"叔孙旦而立,期焉[⑭]。乃馆诸箕[⑮]。舍子服昭伯于他邑[⑯]。

【注释】

①将以叔孙与之:准备把叔孙婼交给邾国众人。

②叔孙闻之,去众与兵而朝:按,叔孙婼不带随从武器只身朝见晋国国君,以示赴死。

③士弥牟:即士景伯。

④子弗良图:计谋不善。

⑤邾君亡国,将焉归:当时邾君在晋国,要是鲁国灭亡邾国,邾君无所归,反而增加晋国麻烦。

⑥子虽悔之,何及:到时将后悔不及。

⑦所谓盟主,讨违命也:盟主的职责,乃是讨伐违命之国。

⑧若皆相执:鲁国抓了邾国三位大夫,晋国又使邾人抓叔孙婼。

⑨乃弗与:不将叔孙婼交给邾国人。

⑩使各居一馆:让叔孙婼和子服回各住一客馆。

⑪士伯听其辞,而诉诸宣子,乃皆执之:叔孙婼二人极力辩解,士景伯听后,报告韩起,将叔孙婼和子服回都抓了起来。

⑫士伯御叔孙,从者四人,过邾馆以如吏:士伯故意载着叔孙婼经过邾人居住之馆,以羞辱叔孙婼。

⑬以刍荛之难,从者之病,将馆子于都:晋国以柴草不足,随从人员劳苦为借口,准备将叔孙婼囚禁于别处。都,别邑。

⑭叔孙旦而立,期焉:叔孙婼立以待命。期,待。

⑮箕:古地名。在今山西蒲县东北。

⑯舍子服昭伯于他邑:子服回被软禁于别的地方。

【译文】

韩起让邾国聚集手下人,准备把叔孙婼交给他们。叔孙婼闻讯,屏去随从没带武器前往朝见晋顷公。士弥牟对韩起说:"您的计谋不周全,要把叔孙婼交给他的仇敌,叔孙婼必然因此而死。鲁国失去叔孙婼,必定灭亡邾国。邾国国君没了国家,将会到哪里去?到那时您即便懊悔,又哪里来得及?所谓盟主,职责是讨伐违背命令的诸侯。如果都互相抓人,又哪里用得着盟主?”韩起便没把叔孙婼交给邾国人,让他和子服回各住一所宾馆。士弥牟听取他们的辩解后,把情况告诉了韩起,于是把他们都抓起来。士弥牟驾车载着叔孙婼,随从的有四个人,经过邾国人的宾馆而到官吏那里去。先让邾国国君回国。士弥牟说:“因为柴草困乏,随从人员太辛苦,准备把你安排到别的城邑。”叔孙婼一早就站在那里等待动身。于是让他住到箕邑。把子服回安排到另外的城邑。

范献子求货于叔孙,使请冠焉[①]。取其冠法,而与之两冠[②],曰:“尽矣。”为叔孙故,申丰以货如晋[③]。叔孙曰:“见我,吾告女所行货[④]。”见而不出[⑤]。吏人之与叔孙居于箕者[⑥],请其吠狗,弗与[⑦]。及将归,杀而与之食之[⑧]。叔孙所馆者,虽一日,必葺其墙屋[⑨],去之如始至。

【注释】

①范献子求货于叔孙,使请冠焉:范献子以求冠为借口,向叔孙婼索取贿赂。

②取其冠法,而与之两冠:叔孙婼明知范献子之意,故意让人取范献子的冠做样子,然后送回两顶相同的冠,以塞范献子的口。

③为叔孙故,申丰以货如晋:鲁国想用财物求得晋国赦免叔孙婼。

④所行货:财物送到哪里。

⑤见而不出:叔孙婼让申丰来见自己,即留住他不让出去,拒绝以贿赂求赦免。

⑥吏人:看守叔孙婼的人。

⑦请其吠狗,弗与:叔孙婼不给吠狗,表示连小吏也不贿赂。吠狗,

叔孙婼所养善吠之狗。

⑧及将归，杀而与之食之：叔孙婼杀吠狗与吏人吃，表示先前并非吝惜不给。

⑨叔孙所馆者，虽一日，必葺其墙屋：所居之处，即便仅仅一天，叔孙婼也必修缮一新。葺，修缮。

【译文】

范献子向叔孙婼索求财货，派人向他讨要帽子。叔孙婼弄来范献子帽子的样子，照着做了两顶送给他，说："都在这里了。"因为叔孙婼被扣留的缘故，申丰带着财物到晋国来。叔孙婼说："来见我，我告诉你要把财物送到哪里。"申丰入见后叔孙婼不让他出来。在箕地和叔孙婼住在一起的吏人向叔孙婼讨要一只善吠的狗，叔孙婼不给。到将回国时，叔孙婼把狗杀了和吏人一起吃。叔孙婼所住的地方，即便只住一天，也一定要修整墙屋，离开的时候就跟刚来时一样。

23.3　夏四月乙酉[①]，单子取訾，刘子取墙人、直人[②]。六月壬午[③]，王子朝入于尹[④]。癸未[⑤]，尹圉诱刘佗杀之[⑥]。丙戌[⑦]，单子从阪道[⑧]，刘子从尹道伐尹[⑨]。单子先至而败，刘子还[⑩]。己丑[⑪]，召伯奂、南宫极以成周人戍尹[⑫]。庚寅[⑬]，单子、刘子、樊齐以王如刘[⑭]。甲午[⑮]，王子朝入于王城，次于左巷[⑯]。秋七月戊申[⑰]，鄩罗纳诸庄宫[⑱]。尹辛败刘师于唐[⑲]。丙辰[⑳]，又败诸鄩。甲子[㉑]，尹辛取西闱[㉒]。丙寅[㉓]，攻蒯，蒯溃[㉔]。

【注释】

①乙酉：十四日。

②单子取訾，刘子取墙人、直人：三邑本为王子朝所占据。訾，有东

訾、西訾之分,都在今河南巩县西南。墙、直,二邑名,在今河南新安。

③壬午:十二日。

④王子朝入于尹:自京入尹氏之邑。尹,在今河南洛宁。

⑤癸未:十三日。

⑥尹圉:尹文公。刘佗:刘蚠族人,周敬王同党。

⑦丙戌:十六日。

⑧阪道:偏僻山道。

⑨尹道:入尹之道。

⑩单子先至而败,刘子还:因单子败,刘子返回。

⑪己丑:十九日。

⑫召伯奂、南宫极以成周人戍尹:召、南二人为周卿士,戍尹以支持王子朝。

⑬庚寅:二十日。

⑭单子、刘子、樊齐以王如刘:为避王子朝,奉周敬王出居于刘子之邑。

⑮甲午:二十四日。

⑯左巷:近东城之地。

⑰戊申:初九。

⑱鄩罗:周大夫,鄩肸之子。

⑲尹辛:尹氏族人。唐:周地名,在今河南洛阳东。

⑳丙辰:十七日。

㉑甲子:二十五日。

㉒西闱:周地,在今河南洛阳西南。

㉓丙寅:二十七日。

㉔攻蒯,蒯溃:尹氏攻蒯,刘师又败。蒯,古地名。在今河南洛阳。按,此时周敬王居刘,王子朝入王城,二王并存。

【译文】

夏四月十四日，单子占取訾地，刘子占取墙人、直人。六月十二日，王子朝进入尹邑。十三日，尹围诱骗刘佗并杀死他。十六日，单子从偏僻山道、刘子从入尹之道讨伐尹邑。单子先到而被打败，刘子便回兵。十九日，召伯奂、南宫极带领成周军队戍守尹邑。二十日，单子、刘子、樊齐奉周敬王到刘邑。二十四日，王子朝进入王城，住在左巷。秋七月初九，鄩罗把王子朝送到庄宫。尹辛在唐邑打败刘军。十七日，又在鄩地打败他。二十五日，尹辛占领西闱。二十七日，进攻蒯地，蒯地人溃败。

23.4　莒子庚舆虐而好剑[①]，苟铸剑，必试诸人[②]。国人患之。又将叛齐[③]。乌存帅国人以逐之[④]。庚舆将出，闻乌存执殳而立于道左，惧将止死[⑤]。苑羊牧之曰[⑥]："君过之[⑦]！乌存以力闻可矣，何必以弑君成名[⑧]？"遂来奔。齐人纳郊公[⑨]。

【注释】

①莒子庚舆：犁比公之子，著丘公之弟。

②苟铸剑，必试诸人：用杀人来试剑的利钝。

③又将叛齐：去年与齐结盟，现在想叛齐。

④乌存：莒国大夫。

⑤庚舆将出，闻乌存执殳而立于道左，惧将止死：莒子庚舆怕被乌存拦住杀死。

⑥苑羊牧之：莒国大夫。

⑦君过之：要莒子庚舆尽管过去。

⑧乌存以力闻可矣，何必以弑君成名：苑羊牧之估计乌存不至于杀

国君。以力闻，以勇力闻名。

⑨齐人纳郊公：齐国送郊公回莒国去即位。郊公，著丘公之子，昭公十四年奔齐。

【译文】

莒子庚舆暴虐而爱剑，要是铸了剑，必定用人来试剑。国人都怨恨。他又打算背叛齐国。乌存率领国人赶走他。庚舆将出逃，听说乌存持殳站立道左，害怕会把自己截住杀死。苑羊牧之说："国君尽管过去！乌存以勇力闻名就行了，何必靠杀死国君来成名？"莒子就逃来鲁国。齐国把郊公送回莒国即位。

23.5　吴人伐州来①，楚薳越帅师及诸侯之师奔命救州来②。吴人御诸钟离③。子瑕卒，楚师熸④。吴公子光曰："诸侯从于楚者众，而皆小国也，畏楚而不获已⑤，是以来。吾闻之曰：'作事威克其爱，虽小，必济⑥。'胡、沈之君幼而狂⑦，陈大夫啮壮而顽⑧，顿与许、蔡疾楚政⑨。楚令尹死，其师熸。帅贱、多宠，政令不壹。七国同役而不同心⑩，帅贱而不能整，无大威命⑪，楚可败也。若分师先以犯胡、沈与陈，必先奔。三国败，诸侯之师乃摇心矣⑫。诸侯乖乱⑬，楚必大奔。请先者去备薄威⑭，后者敦陈整旅⑮。"吴子从之。戊辰晦⑯，战于鸡父⑰。吴子以罪人三千先犯胡、沈与陈⑱，三国争之⑲。吴为三军以系于后：中军从王⑳，光帅右，掩馀帅左㉑。吴之罪人或奔或止，三国乱㉒。吴师击之，三国败，获胡、沈之君及陈大夫。舍胡、沈之囚使奔许与蔡、顿㉓，曰："吾君死矣！"师噪而从之㉔，三国奔㉕，楚师大奔。书曰："胡子髡、沈子逞灭，获陈夏啮。"君臣之辞也㉖。不言战，楚未陈也㉗。

【注释】

①吴人伐州来：昭公十三年，州来属吴，昭公十九年楚国曾城州来，大概后来又取之。

②楚薳越帅师及诸侯之师奔命救州来：此时令尹子瑕有病，虽在军中，但由司马薳越代行其事。奔命，奉楚王之命带兵参战。

③钟离：古地名。在今安徽凤阳稍北。

④熸(jiān)：火熄灭，这里比喻士气低落。

⑤不获已：不得已。

⑥作事威克其爱，虽小，必济：带兵其威严若胜过感情，兵虽少，也必胜。克，胜过。

⑦狂：浮躁。

⑧顽：顽钝不化。

⑨疾：憎恨。

⑩七国：楚、顿、胡、沈、蔡、陈、许。

⑪帅贱而不能整，无大威命：薳越地位较低，不能整齐号令，没有高的威信。

⑫摇心：军心动摇。

⑬乖乱：混乱。

⑭请先者去备薄威：先头部队放松警戒，减少军威以诱敌。

⑮后者敦陈整旅：后面的部队巩固军阵，整顿师旅以应战。

⑯戊辰晦：七月二十九日。按，晦日忌战，吴军则出其不意攻击楚军。

⑰鸡父：楚国地名，在今河南固始东南。

⑱吴子以罪人三千先犯胡、沈与陈：罪犯囚徒不习作战，用此就是“去备薄威”以诱敌。

⑲三国争之：三国不知是计，争抓俘虏。

⑳中军从王：吴王率中军。

㉑掩馀：吴王寿梦之子。

㉒吴之罪人或奔或止，三国乱：为捉俘虏，军阵不整。

㉓舍胡、沈之囚使奔许与蔡、顿：让胡、沈俘虏逃回，以动摇许、蔡、顿军心。

㉔师噪而从之：吴军乘机攻击许、蔡、顿三国军队。噪，鼓噪。

㉕三国奔：许、蔡、顿三国兵士败逃。

㉖书曰："胡子髡、沈子逞灭，获陈夏啮。"君臣之辞也：胡子、沈子都是国君，君亡等于国灭，所以书二君灭；夏啮为大夫，臣位轻，虽被杀，只称获。

㉗不言战，楚未陈也：楚军未摆开阵势，所以《经》文不说"战"。

【译文】

吴国攻打州来，楚国薳越率军和诸侯军队奉楚平王之命援救州来。吴国在钟离抵御他们。子瑕去世，楚军士气低落。吴国公子光说："诸侯跟从楚国的很多，但都是小国，是畏惧楚国而不得已，所以前来。我听说：'做事要是威严胜过感情，虽然弱小，也一定能成。'胡、沈二国国君年轻而浮躁，陈国大夫啮年富力强但顽钝，顿与许、蔡三国憎恨楚国政令。楚国令尹死了，军队的士气低落。统帅地位低下军内多宠臣，政令不专一。七国同时出兵而不同心，统帅地位低而不能整肃号令，没有高的威信，楚国是可以打败的。如果分兵先攻胡、沈与陈三国军队，他们必然率先逃走。三国被打败，诸侯就军心动摇了。诸侯混乱，楚国军队必然大败。请让先头部队放松戒备收敛威势，后续部队加强军阵整顿军旅。"吴王听从了。七月二十九日，在鸡父交战。吴王用三千名罪囚先攻胡、沈与陈国的军队，三国军队争抢着去抓捕他们。吴国组成三军随后出击：中军随从吴王，公子光带领右军，掩馀率领左军。吴国的罪人有的奔逃，有的停步，三国军队乱了阵脚。吴军进攻，三国军队失败，俘获胡、沈国君和陈国大夫。吴国释放胡、沈二国的俘虏，让他们逃往许和蔡、顿三国，说："我们的国君死了！"吴军擂鼓呐喊着跟在后面，许和蔡、顿三国军队奔逃，楚军大败。《春秋》记载说："胡子髡、沈子逞灭，获陈国夏啮。"这是对国君和臣下所使用的不同文辞。不说"战"，是因为楚方还没摆开阵势。

23.6　八月丁酉[①]，南宫极震[②]。苌弘谓刘文公曰[③]："君其勉之！先君之力可济也[④]。周之亡也，其三川震[⑤]。今西王之大臣亦震[⑥]，天弃之矣！东王必大克[⑦]。"

【注释】

①丁酉：二十七日。

②南宫极震：周地地震，南宫极被压死。

③刘文公：刘蚠。

④先君之力可济也：地震而南宫极死，预兆你父亲刘献公想立王子猛的意愿可以成功。

⑤周之亡也，其三川震：周幽王时，有泾、渭、洛三川都震的预兆。

⑥西王：指王子朝，因在王城。大臣：指南宫极。

⑦东王必大克：敬王居刘邑，在王城之东，所以称东王。按，苌弘以地震预言王子朝和周敬王的成败。

【译文】

八月二十七日，南宫极死于地震。苌弘对刘文公说："您请努力吧！先君所致力的事可以成功了。周室灭亡的时候，三川发生地震。现在西王的大臣也遇地震而死，是上天抛弃他！东王必将大获全胜。"

23.7　楚大子建之母在郹，召吴人而启之[①]。冬十月甲申[②]，吴大子诸樊入郹[③]，取楚夫人与其宝器以归。楚司马薳越追之，不及。将死[④]，众曰："请遂伐吴以徼之[⑤]。"薳越曰："再败君师[6],死且有罪。亡君夫人,不可以莫之死也[7]。”乃缢于薳澨[8]。

【注释】

①楚大子建之母在郹,召吴人而启之:楚平王娶秦女,废太子建,建之母归家住于郹,现在其母开启郹城门以招纳吴人。

②甲申:十六日。

③吴大子诸樊:吴王僚太子。

④将死:薳越准备自杀。

⑤请遂伐吴以徼之:乘机攻打吴国以侥幸取胜。徼,同“侥”,侥幸。

⑥再败:救州来已是一败,这次如果再败,是两次失败。

⑦亡君夫人,不可以莫之死也:已失国君夫人,不可不为之而死。

⑧薳澨:古地名。在今湖北京山西,汉水东岸。

【译文】

楚国太子建的母亲住在郹地,召来吴国人为他们打开城门。冬十月十六日,吴国太子诸樊进入郹地,带着楚夫人和她的宝器回国了。楚国司马薳越追赶吴军,但没追上。他准备自杀,大家说:“请就此攻打吴国,也许侥幸能取胜。”薳越说:“再次使国君的军队吃败仗,死有余辜。丢了国君的夫人,不能不为此而死。”便在薳澨上吊自杀。

23.8 公为叔孙故如晋[1],及河,有疾,而复。

【注释】

①公为叔孙故如晋:求晋国释放叔孙婼。

【译文】

鲁昭公因为叔孙婼的事前往晋国,到达黄河,生病,便返回国去。

23.9　楚囊瓦为令尹[①]，城郢[②]。沈尹戌曰："子常必亡郢。苟不能卫，城无益也。古者，天子守在四夷[③]；天子卑，守在诸侯[④]。诸侯守在四邻[⑤]。诸侯卑，守在四竟[⑥]。慎其四竟，结其四援[⑦]，民狎其野[⑧]，三务成功[⑨]，民无内忧，而又无外惧，国焉用城[⑩]？今吴是惧[⑪]，而城于郢，守已小矣[⑫]。卑之不获[⑬]，能无亡乎？昔梁伯沟其公宫而民溃[⑭]，民弃其上，不亡，何待？夫正其疆埸，修其土田，险其走集[⑮]，亲其民人，明其伍候[⑯]，信其邻国，慎其官守，守其交礼[⑰]，不僭不贪[⑱]，不懦不耆[⑲]，完其守备，以待不虞[⑳]，又何畏矣[㉑]？《诗》曰：'无念尔祖，聿修厥德[㉒]。'无亦监乎若敖、蚡冒至于武、文[㉓]？土不过同[㉔]，慎其四竟，犹不城郢。今土数圻，而郢是城，不亦难乎[㉕]？"

【注释】

①囊瓦：子常，楚国子囊之孙，代子瑕为令尹。

②城郢：因惧怕吴国，故再增修郢都城。

③天子守在四夷：天子有德，德及于远方，四夷之国都为王朝守卫。

④天子卑，守在诸侯：天子地位降低，此时以诸侯抵御四夷之侵。卑，指地位降低。

⑤诸侯守在四邻：诸侯亲善邻国，四邻安静，如同为之守卫。

⑥诸侯卑，守在四竟：诸侯地位下降，此时仅守四境以自保全。竟，通"境"。

⑦结其四援：结好四邻，以为援助。

⑧狎其野：安习农事。

⑨三务：春、夏、秋三季耕作之事。

⑩民无内忧，而又无外惧，国焉用城：国无内忧外患，则不必修城以

增强武备。

⑪今吴是惧:现在惧怕吴国。

⑫而城于郢,守已小矣:城于郢,说明守卫范围连四境都没达到,所以说小。

⑬卑之不获:诸侯卑时守在四境,现在则连四境也不能守了。

⑭昔梁伯沟其公宫而民溃:僖公十九年,梁伯好土功,沟公宫,或曰秦来袭,民惧而溃,秦遂取梁。

⑮险:巩固。走集:边境的堡垒。

⑯明其伍候:民有部伍,轮流瞭望侦察。

⑰交礼:交邻的礼节。

⑱不僭不贪:外交上无差失,不贪婪。

⑲不懦不耆:不显得懦弱,也不强横欺人。

⑳不虞:意外事件。

㉑又何畏矣:按,沈尹戌认为,城郢无益,修明政治,安抚百姓,结好邻国才是上策。

㉒无念尔祖,聿修厥德:引《诗》见《诗经·大雅·文王》,意思是思念祖先,发扬祖德。无、聿,发语词,无义。

㉓监:通“鉴”。若敖、蚡冒、武、文:四人都是楚国先代贤君。

㉔同:方百里。

㉕今土数圻(qí),而郢是城,不亦难乎:现在国土虽大,如果不修德,即便城郢也没用。圻,方千里。

【译文】

楚国囊瓦担任令尹,在郢都增修城墙。沈尹戌说:“囊瓦肯定要丢掉郢都。如果不能守卫,修城是没有好处的。古时候,天子的守卫在四夷;天子地位降低,守卫在诸侯。诸侯的守卫在四方邻国。诸侯的地位降低,守卫在四方边境。谨守四方边境,结交四方援兵,人民就可以安心在野外耕作,春、夏、秋三时的农事得到收获,人民既无内忧,又无外患，国都哪里用得着增修城墙？现在害怕吴国，而在郢都增修城墙，守卫的地方已经很小了。地位降低以后的那种守卫都办不到，能够不灭亡吗？往昔梁伯在公宫边挖沟而百姓溃散，人民抛弃在上位者，不灭亡还等什么？如果划定疆界，整修田地，巩固边境堡垒，亲近人民，加强瞭望，取信邻国，慎守官吏职责，保持外交礼节，不差失不贪婪，不懦弱不强横，修整防卫设施，以应付意外事件，又有什么可害怕的呢？《诗》说：‘思念你的祖先，发扬他们的美德。’难道没看到若敖、蚡冒到武王、文王的先例？他们国土不超过百里见方，警惕四方边境，尚且不在郢都筑城。现在国土超过几千里见方，反而在郢都增修城墙，不也是很成问题吗？”

二十四年

【经】

24.1 二十有四年春王二月丙戌①，仲孙貜卒②。

24.2 婼至自晋③。

24.3 夏五月乙未朔，日有食之④。

24.4 秋八月，大雩。

24.5 丁酉⑤，杞伯郁釐卒⑥。

24.6 冬，吴灭巢⑦。

24.7 葬杞平公。

【注释】

①二十有四年：鲁昭公二十四年当周敬王二年，前518。丙戌：二十五日。

②仲孙貜卒：鲁国孟僖子死。

③婼至自晋：叔孙婼被晋国释放，返回鲁国。

④夏五月乙未朔，日有食之：此即前518年4月9日的日环食。乙未朔，初一。

⑤丁酉：初五。

⑥杞伯郁釐卒：杞平公死。

⑦巢：国名，偃姓，今安徽巢湖东北有居巢古城址，即古巢国。

【译文】

二十四年春周历二月二十五日，鲁国孟僖子去世。

叔孙婼从晋国回来。

夏五月初一，发生日环食。

秋八月，举行盛大的求雨雩祭。

九月初五，杞平公郁釐去世。

冬，吴国灭亡了巢国。

安葬杞平公。

【传】

24.1　二十四年春王正月辛丑[①]，召简公、南宫嚚以甘桓公见王子朝[②]。刘子谓苌弘曰："甘氏又往矣[③]。"对曰："何害？同德度义[④]。《大誓》曰：'纣有亿兆夷人，亦有离德；余有乱臣十人，同心同德[⑤]。'此周所以兴也。君其务德，无患无人。"戊午[⑥]，王子朝入于邬[⑦]。

【注释】

①辛丑：初五。

②召简公：即召伯盈，召庄公之子。南宫嚚(yín)：南宫极之子。以：带着。甘桓公：甘平公之子。

③甘氏又往矣：忧虑甘氏又归附王子朝。

④同德度义：同心同德在于合乎道义。度，在。

⑤纣有亿兆夷人，亦有离德；余有乱臣十人，同心同德：意谓不在于人多，而在于有德。夷，语中助词，无义。余，我，指周武王。乱臣，治臣。

⑥戊午：二十二日。

⑦鄩：古地名。在今河南偃师南。

【译文】

二十四年春周历正月初五，召简公、南宫嚚带着甘桓公进见王子朝。刘子对苌弘说："甘氏又去了。"苌弘回答说："这有什么妨害？同德在于合乎正义。《太誓》说：'纣有亿兆人，但离心离德；我有治世之臣十人，却能同心同德。'这是周所以兴起的原因。君王还是致力于德行，不要担心没有人。"二十二日，王子朝进入鄩地。

24.2　晋士弥牟逆叔孙于箕。叔孙使梁其胫待于门内[①]，曰："余左顾而欬，乃杀之[②]。右顾而笑，乃止。"叔孙见士伯，士伯曰："寡君以为盟主之故，是以久子[③]。不腆敝邑之礼，将致诸从者[④]。使弥牟逆吾子。"叔孙受礼而归。二月，"婼至自晋"，尊晋也[⑤]。

【注释】

①梁其胫：叔孙婼家臣。

②余左顾而欬(kài)，乃杀之：叔孙以为士弥牟是来杀自己，所以让梁其胫先杀士弥牟。欬，同"咳"，咳嗽。

③久子：久留叔孙婼。

④不腆敝邑之礼，将致诸从者：意谓要释放叔孙婼，临行赠礼饯行。

⑤二月，"婼至自晋"，尊晋也：《经》文如此记载，表示尊重晋国。

【译文】

晋国士弥牟到箕地迎接叔孙婼。叔孙婼让梁其胫埋伏在门内，说："我向左看并咳嗽，你就把他杀了。向右看而发笑，就不要动手。"叔孙婼接见士弥牟，士弥牟说："我们国君因为是盟主的缘故，所以让你长久留在敝国。备了菲薄的敝国礼物，将要送给您的随从。派我来接您。"叔孙婼接受礼物回国了。二月，《春秋》记载"婼从晋国回国"，是尊重晋国。

24.3　三月庚戌[①]，晋侯使士景伯莅问周故[②]。士伯立于乾祭[③]，而问于介众[④]。晋人乃辞王子朝，不纳其使[⑤]。

【注释】

①庚戌：十五日。

②晋侯使士景伯莅问周故：晋侯派士景伯到王城了解王室之乱。

③乾祭：王城北面。

④介众：大众。

⑤晋人乃辞王子朝，不纳其使：众人都说王子朝之非，所以晋国辞谢王子朝的使者。

【译文】

三月十五日，晋顷公派士弥牟到王城了解周王室之乱。士弥牟站在乾门北面，向众人询问。晋国于是辞谢王子朝，不接纳他的使者。

24.4　夏五月乙未朔，日有食之。梓慎曰："将水[①]。"昭子曰："旱也。日过分而阳犹不克，克必甚，能无旱乎[②]？阳不克莫[③]，将积聚也[④]。"

【注释】

①将水:梓慎认为日食是阴胜阳,所以将有水灾。

②日过分而阳犹不克,克必甚,能无旱乎:昭子认为,日已过春分,而阳气还不能胜阴气,此时阳气积聚,一待日食复圆,阳气迸发,必为旱。

③阳不克莫:即日已过春分而阳不胜阴。莫,同“暮”,即已过其时。

④将积聚也:阳气必然积聚。

【译文】

夏五月初一,日食。梓慎说:“将有水灾。”昭子说:“是旱灾。太阳过了春分而阳气依然不胜阴气,一旦胜过阴气,阳气一定猛烈,能不旱吗?阳气不胜阴气,这是正在积聚阳气。”

24.5　六月壬申[①],王子朝之师攻瑕及杏[②],皆溃。

【注释】

①壬申:初八。

②瑕及杏:二地都是周敬王之邑。瑕,今地不详。杏,在今河南禹州北。

【译文】

六月初八,王子朝的军队进攻瑕和杏二邑,两地军队都被打败。

24.6　郑伯如晋,子大叔相[①],见范献子。献子曰:“若王室何[②]?”对曰:“老夫其国家不能恤,敢及王室[③]?抑人亦有言曰:‘嫠不恤其纬,而忧宗周之陨,为将及焉[④]。’今王室实蠢蠢焉[⑤],吾小国惧矣。然大国之忧也,吾侪何知焉?吾子其早图之[⑥]!《诗》曰:‘瓶之罄矣,惟罍之耻[⑦]。’王室之不宁,晋之耻也[8]。”献子惧，而与宣子图之。乃征会于诸侯，期以明年[9]。

【注释】

①子大叔：即游吉。

②若王室何：问对王室之乱的看法。

③老夫其国家不能恤，敢及王室：子大叔表示自顾不暇，不敢过问王室之事。老夫，子太叔自称。

④嫠(lí)不恤其纬，而忧宗周之陨，为将及焉：寡妇不操心织事，而忧虑宗周陨落，是因为祸患也将及己。这里用比喻表达郑国之忧。嫠，寡妇。纬，织布时的纬线。

⑤蠢蠢：动乱的样子。

⑥吾子其早图之：言外之意是晋国作为盟主，对王室之乱不应袖手旁观。

⑦瓶之罄矣，惟罍(léi)之耻：引《诗》见《诗经·小雅·蓼莪》，意思是瓶中空空无酒，是酒坛子的耻辱。瓶，小酒瓶。罍，大酒坛子。瓶中酒空，表示罍中酒不注入瓶，故曰耻。

⑧王室之不宁，晋之耻也：子太叔引《诗》以瓶子喻王室，以酒坛喻晋国，王室之乱，也是晋国的耻辱。

⑨乃征会于诸侯，期以明年：晋召集诸侯，定于明年商量如何安定王室。按，明年诸侯会于黄父。

【译文】

郑定公去晋国，子太叔相礼，进见范献子。范献子说：“对王室该怎么办？”子太叔回答说：“老夫对自己的国家和家族都不能照顾好，哪敢关心王室之事？况且人们有句话说：‘寡妇不操心纺织，却担心宗周的削弱，是害怕灾祸会降临到自己。’现在王室的确动乱不安，我们小国害怕了。但是，这是大国的忧虑，我辈又哪里知道呢？您还是早做打算吧！《诗》说："酒瓶空空，是酒坛子的耻辱。"王室的不安宁，是晋国的耻辱。"范献子害怕了，与韩起商量。于是召集诸侯举行会议，时间定在明年。

24.7　秋八月，大雩，旱也[①]。

【注释】

①秋八月，大雩，旱也：秋八月即夏历六月，正是农作物需雨时节，却大旱，所以举行雩祭求雨。

【译文】

秋八月，举行盛大的求雨雩祭，是因为天旱。

24.8　冬十月癸酉[①]，王子朝用成周之宝珪沉于河[②]。甲戌[③]，津人得诸河上[④]。阴不佞以温人南侵[⑤]，拘得玉者，取其玉，将卖之，则为石。王定而献之，与之东訾[⑥]。

【注释】

①癸酉：十一日。

②王子朝用成周之宝珪沉于河：按，王子朝以此向河神祈求福佑。

③甲戌：十二日。

④津人得诸河上：船工拾得此宝珪。按，以津人得之，则宝珪当沉于成周东北之盟津。

⑤阴不佞以温人南侵：晋国以温地之兵助敬王，袭击王子朝。阴不佞，周敬王大夫。

⑥王定而献之，与之东訾：王室安定以后，阴不佞即将此石献与周敬王，敬王给他东訾之地。东訾，今河南巩义东。

【译文】

冬十月十一日，王子朝用成周的宝珪沉入黄河以祈福。十二日，渡口的船工在河边拾到。阴不佞领着温地人往南进击王子朝，拘捕了得到珪玉的人，夺走他的玉，准备卖掉，玉变成了石头。王室安定以后，阴不佞把珪玉献给周天子，周天子把东訾赏赐给他。

24.9 楚子为舟师以略吴疆[①]。沈尹戌曰："此行也，楚必亡邑。不抚民而劳之，吴不动而速之[②]，吴踵楚[③]，而疆埸无备，邑，能无亡乎[④]？"越大夫胥犴劳王于豫章之汭[⑤]，越公子仓归王乘舟[⑥]。仓及寿梦帅师从王[⑦]，王及圉阳而还[⑧]。吴人踵楚，而边人不备，遂灭巢及钟离而还[⑨]。沈尹戌曰："亡郢之始，于此在矣。王一动而亡二姓之帅[⑩]，几如是而不及郢[⑪]？《诗》曰：'谁生厉阶，至今为梗[⑫]？'其王之谓乎？"

【注释】

①楚子为舟师以略吴疆：楚王派水师巡于吴国边界，准备偷袭。略，巡行。

②吴不动而速之：楚平王此举，是使吴国加速出兵。

③踵：追逐。

④而疆埸无备，邑，能无亡乎：楚平王挑衅吴国，而边境没有防备，只能是劳民失邑。

⑤胥犴(àn)：越大夫之名。豫章：古地名。指从今安徽霍邱至河南光山一带地域。汭(ruì)：水的弯曲处。

⑥越公子仓归(kuì)王乘舟：将座船送给楚平王。归，赠送。

⑦寿梦：越国大夫。

⑧圉阳：楚国地名，在今安徽巢湖。

⑨钟离：古地名。在今安徽凤阳东稍北。

⑩二姓之帅：指守巢与钟离的大夫。

⑪几如是而不及郢：平王轻举妄动，如此几次，必然兵临郢都城下。

⑫谁生厉阶，至今为梗：引《诗》见《诗经·大雅·桑柔》，这里引用来指平王开了这个祸端，为害无穷，郢都将不保。厉阶，恶之根源。梗，害人。

【译文】

楚平王组织水军巡行吴国边疆。沈尹戌说："这次行动，楚国必将丢失城邑。不安抚百姓反而使他们疲惫，吴国没有动静却去招惹它，吴国如果紧追楚国，而边境又没有防备，城邑能不丢失吗？"越国大夫胥犴在豫章水边慰劳楚平王，越国公子仓送给平王座船。公子仓和寿梦带兵随从平王，平王到达圉阳就回去了。吴军紧追楚军，而边境守军没有防备，吴军灭掉巢和钟离后回去。沈尹戌说："丢掉郢都的开端就在这里了。君王一动而失去两地的统帅，照这样来几次，怎么会不使兵临郢都城下？《诗》说：'谁生出了祸端，至今还在祸害？'恐怕说的就是君王吧？"

二十五年

【经】

25.1　二十有五年春[①]，叔孙婼如宋。

25.2　夏，叔诣会晋赵鞅、宋乐大心、卫北宫喜、郑游吉、曹人、邾人、滕人、薛人、小邾人于黄父[②]。

25.3　有鸲鹆来巢[③]。

25.4　秋七月上辛[④]，大雩；季辛[⑤]，又雩。

25.5　九月己亥[⑥]，公孙于齐，次于阳州[⑦]。齐侯唁公于野井[⑧]。

25.6 冬十月戊辰[9],叔孙婼卒。

25.7 十有一月己亥[10],宋公佐卒于曲棘[11]。

25.8 十有二月,齐侯取郓[12]。

【注释】

①二十五年:鲁昭公二十五年当周敬王三年,前517。

②叔诣:鲁国大夫。黄父:古地名。在今山西沁水西北、翼城东北。

③有鸲鹆(qú yù)来巢:八哥鸟来鲁国筑巢,时以为怪异。《春秋》记此,以为昭公出走之先兆,盖古代迷信。鸲鹆,八哥鸟。

④上辛:上旬的辛日,即辛卯,七月初三。

⑤季辛:下旬的辛日,即辛亥,七月二十三日。

⑥己亥:十二日。

⑦公孙于齐,次于阳州:鲁昭公被逐逃往齐国。孙,逃亡。阳州,本是鲁邑,后为齐国所有,在今山东东平。

⑧唁:慰问。野井:古地名。在今山东齐河东南。

⑨戊辰:十一日。

⑩己亥:十三日。

⑪宋公佐卒于曲棘:宋元公死于曲棘。曲棘,古地名。在今河南兰考东南、民权西北。

⑫齐侯取郓:据《传》文,今年围郓,明年正月取郓。

【译文】

二十五年春,叔孙婼去宋国。

夏,叔诣在黄父与晋国赵鞅、宋国乐大心、卫国北宫喜、郑国游吉、曹国人、邾国人、滕国人、薛国人、小邾国人相会。

有鸲鹆来鲁国筑巢。

秋七月初三,举行盛大的雩祭;二十三日,再次举行雩祭。

九月十二日,昭公逃亡到齐国,住在阳州。齐景公到野井慰问昭公。

冬十月十一日，叔孙婼去世。

十一月十三日，宋元公佐在曲棘去世。

十二月，齐景公占领郓邑。

【传】

25.1 二十五年春，叔孙婼聘于宋，桐门右师见之[①]。语，卑宋大夫而贱司城氏[②]。昭子告其人曰："右师其亡乎！君子贵其身，而后能及人[③]，是以有礼。今夫子卑其大夫而贱其宗，是贱其身也[④]，能有礼乎？无礼，必亡。"

【注释】

①桐门右师：即乐大心，官为右师，居桐门。桐门即宋北门。

②卑宋大夫而贱司城氏：交谈中，乐大心对宋国大夫及司城氏不尊重。卑、贱，鄙视，不尊重。

③君子贵其身，而后能及人：自身尊贵，然后能尊重他人，而不是"卑贱"他人。

④今夫子卑其大夫而贱其宗，是贱其身也：在他国人面前不尊重本国大夫和自己的宗族，也是不尊重自己。贱其宗，司城氏是乐氏大宗，乐大心贱之即贱其宗。

【译文】

鲁昭公二十五年春，叔孙婼到宋国聘问，乐大心去拜访他。交谈中，乐大心看不起宋国大夫，也不尊重司城氏。叔孙婼对随从说："乐大心怕要逃亡了吧！君子尊重自己，然后才能尊重他人，这就是有礼。现在他鄙视本国大夫而又不尊重自己的宗族，这是不尊重自己，能算有礼吗？无礼，必然逃亡。"

宋公享昭子，赋《新宫》[①]。昭子赋《车辖》[②]。明日宴，饮酒，乐。宋公使昭子右坐[③]，语相泣也[④]。乐祁佐[⑤]，退而告人曰："今兹君与叔孙其皆死乎？吾闻之：'哀乐而乐哀[⑥]，皆丧心也。'心之精爽[⑦]，是谓魂魄。魂魄去之，何以能久[⑧]？"

【注释】

①《新宫》：这是逸诗。

②《车辖》：今作《车舝（xiá）》，《诗经·小雅》篇名，是新婚燕饮之诗，歌颂得贤女以配君子。昭子将为季孙迎娶宋元公女，所以赋此诗。

③宋公使昭子右坐：古代宴礼设座，主人坐于堂前东阶，面向西；宾客坐于西阶，面向南。现在为了交谈，让昭子移坐于东阶，坐在宋元公右边。

④语相泣也：交谈中二人都掉泪。

⑤佐：辅佐主持宴会。

⑥哀乐而乐哀：可乐而哀，应哀而乐。

⑦心之精爽：心的精华神明。

⑧何以能久：本年冬，叔孙婼、宋元公都死了。

【译文】

宋元公设享礼招待叔孙婼，赋了《新宫》一诗。叔孙婼赋《车辖》。第二天举行宴会，一起喝酒，很快乐。宋元公让叔孙婼坐在自己的右边，两人说着都哭了。乐祁辅佐主持宴会，宴席散后告诉别人说："近期国君和叔孙婼怕都要死了吧？我听说：'该高兴时却悲哀，应悲哀时却高兴，都是丧失心志。'心的精华神明，就叫魂魄。魂魄散失了，怎么可能活得久？"

25.2 季公若之姊为小邾夫人[①],生宋元夫人,生子[②],以妻季平子。昭子如宋聘,且逆之[③]。公若从[④],谓曹氏勿与,鲁将逐之[⑤]。曹氏告公,公告乐祁。乐祁曰:"与之。如是[⑥],鲁君必出。政在季氏三世矣[⑦]。鲁君丧政四公矣[⑧]。无民而能逞其志者,未之有也[⑨],国君是以镇抚其民。《诗》曰:'人之云亡,心之忧矣[⑩]。'鲁君失民矣,焉得逞其志[⑪]?靖以待命犹可[⑫],动必忧。"

【注释】

①季公若之姊为小邾夫人:小邾夫人为季平子庶姑,和公若同母,所以称为公若姊。季公若,鲁国宗室。

②生子:宋元夫人生了女儿。子,指女儿。

③昭子如宋聘,且逆之:季平子不亲往迎娶,让叔孙婼代替。

④公若从:季公若随同叔孙婼聘娶。

⑤谓曹氏勿与,鲁将逐之:告诉曹氏,鲁国将驱逐季平子,不要答应这门亲事。曹氏,即宋元夫人,因小邾国君为曹姓。宋元夫人称季公若为舅。

⑥如是:如果鲁国驱逐季平子。

⑦政在季氏三世矣:季文子、季武子、季平子三世专权。

⑧鲁君丧政四公矣:鲁国宣公、成公、襄公、昭公都没有实权。

⑨无民而能逞其志者,未之有也:没有人民做基础而能行使君权,从来是不可能的。

⑩人之云亡,心之忧矣:引《诗》见《诗经·大雅·瞻卬》,意思是丧失了百姓,是心头的忧虑。人,这里指百姓。云,语中助词,无义。

⑪鲁君失民矣,焉得逞其志:季氏势力强大,要驱逐季平子是不可能的。

⑫靖：安静不动。待命：等待天命。

【译文】

季公若的姐姐是小邾国国君夫人，生下宋元公夫人，宋元公夫人生了女儿，要嫁给季平子。叔孙婼到宋国聘问，并且代为迎亲。季公若随从叔孙婼前往，劝宋元公夫人不要将女儿嫁给季平子，告诉她鲁国正要驱逐季平子。夫人把这话告诉了宋元公，元公告诉乐祁。乐祁说："嫁给他吧。要真是这样，鲁国国君必将出亡。国政在季氏手里已经三代了。鲁国国君丧失权力已经历四公。没有民众拥护而能实现志向的，还从来没有过，国君因此才镇抚人民。《诗》说：'丧失了百姓，是心头的忧虑。'鲁君失掉了人民，怎么可能实现自己的愿望？安心等待上天的安排还好，有所举动必将自找麻烦。"

25.3 夏，会于黄父，谋王室也[①]。赵简子令诸侯之大夫输王粟、具戍人[②]，曰："明年将纳王[③]。"

【注释】

①谋王室也：商量平定王子朝之乱。

②赵简子：晋国赵鞅。输王粟：送粮食给周天子。具戍人：准备好戍守周敬王王朝的将士。

③明年将纳王：送周敬王回王城。

【译文】

夏，诸侯国在黄父相会，是要商量如何平定王子朝之乱。赵简子下令各诸侯大夫向周王室输送粮食、准备戍守的将士，说："明年要送周王回王都。"

子大叔见赵简子，简子问揖让、周旋之礼焉[①]。对曰：

“是仪也，非礼也。”简子曰：“敢问何谓礼？”对曰：“吉也闻诸先大夫子产曰：‘夫礼，天之经也，地之义也，民之行也②。’天地之经，而民实则之③。则天之明④，因地之性⑤，生其六气⑥，用其五行⑦。气为五味，发为五色，章为五声⑧。淫则昏乱，民失其性⑨。是故为礼以奉之⑩：为六畜、五牲、三牺⑪，以奉五味；为九文、六采、五章⑫，以奉五色；为九歌、八风、七音、六律，以奉五声⑬；为君臣上下，以则地义⑭；为夫妇外内，以经二物⑮；为父子、兄弟、姑姊、甥舅、昏媾、姻亚，以象天明⑯；为政事、庸力、行务，以从四时⑰；为刑罚威狱，使民畏忌，以类其震曜杀戮⑱；为温慈惠和，以效天之生殖长育。民有好恶、喜怒、哀乐，生于六气。是故审则宜类，以制六志⑲。哀有哭泣，乐有歌舞，喜有施舍，怒有战斗；喜生于好，怒生于恶⑳。是故审行信令㉑，祸福赏罚，以制死生。生，好物也；死，恶物也㉒；好物，乐也；恶物，哀也。哀乐不失㉓，乃能协于天地之性，是以长久㉔。”简子曰：“甚哉，礼之大也！”对曰：“礼，上下之纪，天地之经纬也㉕，民之所以生也，是以先王尚之㉖。故人之能自曲直以赴礼者，谓之成人㉗。大，不亦宜乎㉘？”简子曰：“鞅也请终身守此言也。”

【注释】

①周旋：应对。

②夫礼，天之经也，地之义也，民之行也：礼为上天的规范，大地的规则，百姓行动的依据。经，规范。

③则：效法。

④天之明：指日、月、星辰，其运行与排列都有规则。

⑤因地之性:地有高下刚柔,是它的本性。因,依循。

⑥六气:阴、阳、风、雨、晦、明。

⑦五行:金、木、水、火、土。

⑧气为五味,发为五色,章为五声:气形成五种味道,表现出五种颜色,显示为五种声音。

⑨淫则昏乱,民失其性:百姓要是纵情声色气味,便失去本性。

⑩是故为礼以奉之:制定礼来保持本性。

⑪六畜:马、牛、羊、鸡、犬、豕。五牲:牛、羊、豕、犬、鸡。三牺:用以祭天地、宗庙的牛、羊、豕。

⑫九文:九种纹饰。龙、山、华(花)虫、火、宗彝五者皆绣于衣;藻(水草)、粉米(白米)、黼、黻四者绣于裳。六采:青与白、赤与黑、玄与黄。五章:杜预《春秋左传注》:"青与赤谓之文,赤与白谓之章,白与黑谓之黻,黑与青谓之黼,五色备谓之绣。"

⑬九歌:歌九功之德。九功,古谓六府三事为九功。水、火、金、木、土、谷,谓之六府。正德、利用、厚生,谓之三事。八风:八方之风。七音:五音再加上变宫、变徵。六律:审定音乐高低清浊的六种标准,即黄钟、大蔟、姑洗、蕤(ruí)宾、夷则、无射(yì)。

⑭为君臣上下,以则地义:地有高下,因此效法地以制定君臣上下关系。

⑮为夫妇外内,以经二物:物有阴阳之分,也用它分夫妇。外内,夫妇。二物,指阴阳。

⑯为父子、兄弟、姑姊、甥舅、昏媾、姻亚,以象天明:上天星月绕日,因此效法它以制定父子亲属关系。昏媾,婚姻关系。姻亚,翁婿、连襟关系。亚,同"娅"。

⑰为政事、庸力、行务,以从四时:由天地四时之变而制定各种政策措施。庸力,指农工管理。行,指日常工作。务,一时的措施。

⑱为刑罚威狱,使民畏忌,以类其震曜(yào)杀戮:古人认为,天以

震曜杀伤万物，因此制定刑狱以惩罚百姓。震，雷震。曜，电闪。

⑲是故审则宜类，以制六志：六志秉承六气而生，所以要制礼以制约六志，不使过度。审则宜类，审慎地效法，适当地模仿。六志，好、恶、喜、怒、哀、乐。

⑳喜生于好，怒生于恶：高兴由爱好而生，愤怒因厌恶而来。

㉑审行信令：行动审慎，出令有信。

㉒生，好物也；死，恶物也：生为人所好，死为人所厌恶。

㉓哀乐不失：或哀或乐，都应不失于礼。

㉔乃能协于天地之性，是以长久：按，子太叔论礼，认为礼不应只是一套盲目遵循的外在仪节、形式，而应有其自身本质的特点和作用。

㉕礼，上下之纪，天地之经纬也：礼为维系上下的纲纪，天地的准则。

㉖是以先王尚之：先王以礼为第一等大事。

㉗故人之能自曲直以赴礼者，谓之成人：人或本其情性以达到礼，或改变其情性以达到礼，能如此的，就叫成人。

㉘大，不亦宜乎：礼的作用如此，所以宏大无比。

【译文】

子太叔拜见赵简子，赵简子向他请教揖让、周旋之礼。子太叔回答说："这是仪式，不是礼。"赵简子说："请问什么是礼？"子太叔回答说："我听先大夫子产说：'所谓礼，是上天的规范，大地的准则，人民的行动依据。'天地的规范，民众就加以效法。效法天上明亮的星体，依凭大地本性，生出六气，使用地的五行。气是五种味道，表现为五种颜色，显示为五种声音。过头了就昏乱，民众会失去本性。因此要通过礼来奉行：制订六畜、五牲、三牺，来使五味有所遵循；制订九文、六采、五章，来使五色有所遵循；制订九歌、八风、七音、六律，来使五声有所遵循；制订君臣上下的规范，以效法大地的准则；制订夫妇内外的规矩，以规范阴阳二物;制订父子、兄弟、姑姊、甥舅、婚姻、翁婿的关系,以象征天象星辰;制订国家政令、农工管理、行为规范,以随顺四时;制订刑罚、威狱,让人民害怕,来模仿雷电的杀戮;制订温和慈祥的举措,以效法上天的生长繁育。百姓有好恶、喜怒、哀乐,他们从六气生出。所以要审慎地效法、恰当地模仿,以制约六志。哀伤便有哭泣,欢乐便有歌舞,高兴便有施舍,愤怒便有战斗;高兴从喜好生出,愤怒从厌恶生出。所以要使行动审慎,政令有信用,用祸福赏罚来制约死生。生是人们喜好的,死是人们厌恶的;喜好的给人带来欢乐;厌恶的使人产生哀伤。哀伤欢乐不失于礼,才能够和天地本性协和,所以能长久。"赵简子说:"礼的宏大真是到了极点!"子太叔回答说:"礼是上下的纲纪,天地准则,人民据以生存,所以先王尊崇它。因此人们能够委屈自己或率由本性以到达礼,就称为成人。它的宏大不就是当然的了吗?"赵简子说:"我将终身谨守这些话。"

宋乐大心曰:"我不输粟[①]。我于周为客[②],若之何使客[③]?"晋士伯曰:"自践土以来[④],宋何役之不会,而何盟之不同?曰'同恤王室',子焉得辟之?子奉君命,以会大事[⑤],而宋背盟,无乃不可乎?"右师不敢对[⑥],受牒而退[⑦]。士伯告简子曰:"宋右师必亡。奉君命以使,而欲背盟以干盟主,无不祥大焉[⑧]。"

【注释】

①我不输粟:上文黄父之会,令诸侯输王粟。

②为客:指周王以宾客之礼待之。宋为商后,周待之如宾客。

③使:指使,分派。

④践土:指僖公二十八年践土之盟。

⑤大事：指救周王室。

⑥右师不敢对：按，乐大心自知理亏。

⑦牒：写明输粟具戍任务的文书。

⑧无不祥大焉：再没有比这更大的不吉利。

【译文】

宋国乐大心说："我们不给天子供给粮食。我国对周来说是宾客，怎么可以役使宾客呢？"晋国士伯说："自从践土会盟以来，宋国有哪一次战事没参加，哪一次盟会没到来？盟誓说'共同为王室操心'，你们怎么能推辞？你奉了国君的命令，前来会商大事，而宋国要背弃盟约，岂不是不可以的吗？"乐大心不敢回答，接受了文书就退出。士伯告诉赵简子说："宋国乐大心必将逃亡。奉了国君命令出使，却想背弃盟约以触犯盟主，没有比这更大的不祥了。"

25.4 "有鸲鹆来巢"，书所无也①。师己曰②："异哉！吾闻文、成之世③，童谣有之，曰：'鸲之鹆之④，公出辱之⑤。鸲鹆之羽，公在外野，往馈之马⑥。鸲鹆跦跦⑦，公在乾侯⑧，征褰与襦⑨。鸲鹆之巢，远哉遥遥，稠父丧劳，宋父以骄⑩。鸲鹆鸲鹆，往歌来哭⑪。'童谣有是，今鸲鹆来巢，其将及乎⑫！"

【注释】

①书所无也：鲁国没有这种鸟，现在此鸟来筑巢，以为异事，所以《经》文加以记载。

②师己：鲁国大夫。

③文、成之世：指鲁文公至成公之世。

④鸲之鹆之：以鸲鹆起兴。

⑤公出辱之：国君出国，受到羞辱。按，鹆、辱古音押韵。

⑥鸲鹆之羽，公在外野，往馈之马：君在外野，有臣下为之送马。外野，远郊。按，羽、野、马古音押韵。

⑦跦跦：蹦蹦跳跳。

⑧乾侯：古地名。在今河北成安东南。

⑨征：求取。褰(qiān)：裤子。襦(rú)：短袄。按，跦、侯、襦古音押韵。

⑩裯父丧劳，宋父以骄：昭公将死于外，所以说丧于辛劳；宋父代昭公即位，所以说以此骄傲。裯父，昭公。宋父，定公。按，巢、遥、劳古音押韵。

⑪鸲鹆鸲鹆，往歌来哭：昭公生时歌唱，死后号哭。按，鹆、哭押韵。

⑫今鸲鹆来巢，其将及乎：古人迷信，以鸲鹆来巢为昭公出走之先兆。又童谣所唱馈马、征褰与襦及公在乾侯，以后皆有其事。

【译文】

《春秋》记载"有鸲鹆来筑巢"，是记下以前所没有的事。师己说："怪事啊！我听说文公、成公的时候，童谣这么唱道：'鸲鹆啊鸲鹆，国君出国受羞辱。鸲鹆的羽毛，国君在郊野，臣下送马到。鸲鹆蹦蹦跳跳，国君在乾侯，讨要裤子和短袄。鸲鹆的老巢，迢迢而路远，裯父死于劳，宋父为此骄。鸲鹆啊鸲鹆，去时歌唱归来哭。'童谣这么唱，现在鸲鹆来筑巢，祸难就要降临了吧！"

25.5 秋，书再雩，旱甚也①。

【注释】

①秋，书再雩，旱甚也：《经》文记两次雩祭，因为极旱。按，周历七月为夏历五月，正值芒种节气，农事急需雨水。

【译文】

秋，《春秋》记载两次举行雩祭，是因为旱得厉害。

25.6　初,季公鸟娶妻于齐鲍文子[1],生甲[2]。公鸟死,季公亥与公思展与公鸟之臣申夜姑相其室[3]。及季姒与饔人檀通[4],而惧,乃使其妾抶己[5],以示秦遄之妻[6],曰:“公若欲使余[7],余不可而抶余。”又诉于公甫[8],曰:“展与夜姑将要余[9]。”秦姬以告公之[10],公之与公甫告平子,平子拘展于卞[11],而执夜姑,将杀之。公若泣而哀之,曰:“杀是,是杀余也[12]。”将为之请[13],平子使竖勿内[14],日中不得请。有司逆命[15],公之使速杀之。故公若怨平子[16]。

【注释】

①季公鸟:季公若的哥哥,季平子庶叔父。

②甲:某甲,其名已佚。

③季公亥:即季公若。公思展:季氏族人。相其室:经管季公鸟的家务。

④季姒:即鲍文子之女,季公鸟妻子。饔人檀:季氏家臣。饔人,管饮食的官。

⑤抶(chì):鞭打。

⑥以示秦遄之妻:秦遄,鲁国大夫,其妻秦姬为公鸟的妹妹。

⑦使余:让我侍寝。

⑧公甫:季孙纥之子,季平子的弟弟。

⑨展与夜姑将要余:同样为诬陷公思展与申夜姑之辞。要余,要挟胁迫我与公若通奸。

⑩公之:名鞅。亦季孙纥之子,季平子的弟弟。

⑪卞:古地名。在今山东泗水县东。

⑫杀是,是杀余也:如杀夜姑,是承认季姒的诬告为事实,不仅夜姑被冤枉,自己也被冤枉。

⑬之：指申夜姑。

⑭竖：左右小臣。勿内：不让公若入内，不见他。

⑮逆命：已接受杀夜姑之命。

⑯故公若怨平子：季公若因此和季平子结怨。

【译文】

起初，季公鸟娶齐国鲍文子女儿为妻，生下甲。公鸟死后，季公若和公思展、公鸟家臣申夜姑共同管理季公鸟的家政。后来季姒和饔人檀通奸，怕人知道，便让自己的侍妾打伤自己，跑去让秦遄妻子看伤痕，说："公若想让我侍寝，我没答应便打我。"又告诉公甫，说道："公思展和申夜姑要挟我。"秦遄妻子告给了公之，公之和公甫告诉了季平子，季平子把公思展拘禁在卞，并逮住夜姑，准备杀死他。公若哭着哀求，说："杀他就是杀我。"想为申夜姑求情，季平子吩咐小吏不放他进来，直到中午都没能请求。执行官去领受命令，公之让他快杀了申夜姑。因此季公若怨恨季平子。

季、郈之鸡斗①。季氏介其鸡②，郈氏为之金距③。平子怒④，益宫于郈氏⑤，且让之。故郈昭伯亦怨平子。

【注释】

①郈(hòu)：鲁国大夫氏。

②介：给鸡头戴上铠甲。

③金距：鸡爪子装上金属套子。距，雄鸡脚后面突出像脚趾的部分。

④平子怒：因斗鸡败而怒。

⑤益宫于郈氏：侵犯郈氏的房屋来扩大自己的宫室。

【译文】

季氏、郈氏玩斗鸡。季氏给鸡套上铠甲，郈氏给鸡爪子安上金属套。季平子因斗鸡失败而发怒，在郈氏住处扩建房屋，并且责备他们。所以郈昭伯也怨恨季平子。

臧昭伯之从弟会为谗于臧氏[1]，而逃于季氏。臧氏执旃[2]。平子怒，拘臧氏老[3]。将禘于襄公，万者二人，其众万于季氏[4]。臧孙曰："此之谓不能庸先君之庙[5]。"大夫遂怨平子[6]。

【注释】

①臧昭伯：臧孙赐。会：臧会。为谗：诬陷别人。

②旃(zhān)："之焉"的合音字。

③老：家臣。

④将禘于襄公，万者二人，其众万于季氏：公室要禘祭襄公，举行万舞本应三十六人，结果只来了二人，其余都被季氏要去举行万舞了。

⑤此之谓不能庸先君之庙：不能使昭公祭祀其父襄公以酬谢先君。庸，功。

⑥大夫遂怨平子：礼，君祭孟月，臣祭仲月。季氏与君同日祭，又矫用乐舞，以私废公，所以大夫怨恨他。按，季氏四处树敌，成了众矢之的。

【译文】

臧昭伯的堂弟臧会在臧昭伯那里诬陷别人，事发后逃到季氏处。臧昭伯从他那儿抓回臧会。季平子发怒，抓了臧氏家臣。将要在襄公庙举行禘祭，跳万舞的只有二人，其余的人都到季氏那里跳万舞了。臧昭伯说："这叫做使国君不能在先君庙中祭祀以酬谢先君。"大夫们便都怨恨季平子。

公若献弓于公为[1]，且与之出射于外，而谋去季氏。公为告公果、公贲[2]。公果、公贲使侍人僚柤告公[3]。公寝[4]，将以戈击之，乃走[5]。公曰："执之。"亦无命也[6]。惧而不出，数月不见[7]，公不怒。又使言，公执戈以惧之[8]，乃走。又使言，公曰："非小人之所及也[9]。"公果自言，公以告臧孙，臧孙以难[10]。告郈孙，郈孙以可，劝[11]。告子家懿伯[12]，懿伯曰："谗人以君侥幸[13]，事若不克，君受其名[14]，不可为也。舍民数世[15]，以求克事，不可必也[16]。且政在焉[17]，其难图也。"公退之[18]。辞曰："臣与闻命矣，言若泄，臣不获死[19]。"乃馆于公宫[20]。

【注释】

①公为：昭公之子务人。

②公果、公贲：都是公为的弟弟。

③公果、公贲使侍人僚柤告公：告诉昭公公若将除掉季氏。僚柤，昭公侍者。

④公寝：僚柤怕泄密，待昭公就寝时报告此事。

⑤将以戈击之，乃走：昭公以戈击僚柤，僚柤跑走。戈，寝戈，就寝时用之以防万一。

⑥亦无命也：昭公口说抓住僚柤，却没正式下命令。

⑦惧而不出，数月不见：僚柤害怕，数月不出见昭公。

⑧公执戈惧之：昭公仅仅是吓唬一下僚柤，不是真的要杀他。

⑨非小人之所及也：昭公认为，谋去季氏乃大事，不是僚柤这样的小人所管得着的。按，鲁国公室与三家势不两立，由来已久，昭公同意去季氏，但认为僚柤不能有所作为，几次发怒，只是佯怒而已。

⑩公以告臧孙，臧孙以难：臧孙与季氏有矛盾，但认为难以成功。

⑪郈孙以可，劝：郈孙以为可行，怂恿昭公行事。

⑫子家懿伯：即子家羁，鲁贤臣，庄公玄孙。

⑬谗人以君侥幸：想让昭公侥幸行事以求成功。谗人，指季公若、郈孙等人。

⑭君受其名：昭公担当恶名。

⑮舍民数世：上文乐祁说“鲁君丧政四公矣”，表明鲁几代以来国政在三家，公室失政，百姓几乎忘记了有个国君。

⑯不可必也：难以成功。

⑰且政在焉：政在季氏。

⑱公退之：昭公不同意子家羁的意见，让他辞出。

⑲不获死：不得好死。

⑳乃馆于公宫：子家羁说既已得知此事，愿意留在公宫以证明自己没有泄密。

【译文】

公若把弓献给公为，并和他一起出外射箭，商议除去季氏之事。公为告知公果、公贲。公果、公贲派侍人僚柤禀告昭公。昭公已睡下，要用戈击刺僚柤，僚柤便跑走了。昭公喊：“抓住他。”但也不下达命令。僚柤害怕不敢露面，几月不去见昭公，昭公也不发怒。又派僚柤去说，昭公拿起戈恐吓，僚柤又跑了。再让僚柤去说，昭公说：“这不是你小人物所过问的事。”公果自己去说，昭公告诉了臧孙，臧孙感到为难。告诉郈孙，郈孙认为可行，怂恿昭公行事。昭公告诉子家羁，子家羁说：“谗邪小人让国君做侥幸的事，要是办不成，国君要蒙受坏名声，这是不能做的。鲁国国君已经几代失去人民的拥戴了，想要成功，没有保证。况且大权在季氏手里，恐怕难以做到。”昭公让他退出。子家羁回答说：“下臣已经知道了这事，消息如果泄漏出去，下臣会不得好死。”于是就住在公宫。

叔孙昭子如阚[①]，公居于长府[②]。九月戊戌[③]，伐季氏，杀公之于门[④]，遂入之[⑤]。平子登台而请曰："君不察臣之罪，使有司讨臣以干戈，臣请待于沂上以察罪[⑥]。"弗许。请囚于费[⑦]，弗许。请以五乘亡[⑧]，弗许。子家子曰："君其许之[⑨]！政自之出久矣，隐民多取食焉[⑩]，为之徒者众矣[⑪]，日入慝作，弗可知也[⑫]。众怒不可蓄也，蓄而弗治，将蕰[⑬]。蕰畜，民将生心[⑭]。生心，同求将合[⑮]。君必悔之！"弗听[⑯]。郈孙曰："必杀之[⑰]。"

【注释】

①阚：鲁国地名，在山东汶上西。

②长府：藏财货的府库。

③戊戌：十一日。

④公之：季平子的弟弟。

⑤遂入之：进入季平子住宅。

⑥不察臣之罪，使有司讨臣以干戈，臣请待于沂上以察罪：希望昭公调查清楚再作处理。沂，沂水，源出山东邹城，往西流经曲阜。

⑦费：季氏采邑。

⑧请以五乘亡：只带五辆车子出逃国外。

⑨君其许之：允许季氏流亡。季氏亡，其余党可以逐渐收拾，这是子家羁的策略。

⑩隐民多取食焉：贫困百姓多取食于季氏。隐民，贫困百姓。

⑪为之徒者众矣：许多人得了季氏的好处，成了他的徒众。

⑫日入慝作，弗可知也：一旦奸人叛乱助季氏，后果难以预料。日入慝作，日暮奸人将起。慝，奸恶之人。

⑬众怒不可蓄也，蓄而弗治，将蕰(yùn)：众怒不平息，会聚积得越

来越厉害。蕰,聚积。

⑭生心:生叛乱之心。

⑮生心,同求将合:生叛心之民与季氏之叛君者必定纠合在一起。

⑯弗听:昭公不听。

⑰必杀之:郈昭伯一定要杀掉季平子。

【译文】

叔孙婼到阚邑,昭公住在长府。九月十一日,攻打季氏,在大门口杀死公之,就进入季氏家。季平子登上高台请求道:“国君不察勘下臣的罪过,便派官员用武力讨伐下臣,下臣请求待在沂水边上等候国君调查下臣的罪过。”昭公不答应。季平子请求把自己囚禁于费地,也不答应。请求带上五辆车逃亡,还是不答应。子家羁说:“国君还是答应了吧!政令已经很久都由他发布了,贫民大多靠他生存,做他同伙的很多,太阳落山后奸人会不会发动进攻,还难以预料。众怒不能蓄积,蓄积了而不加以疏导,将会越来越严重。怨怒蓄积,民众将生出反叛之心。一旦生出叛心,将会合一起。国君必将后悔的!”昭公不听。郈孙说:“一定要杀了季平子。”

公使郈孙逆孟懿子①。叔孙氏之司马鬷戾言于其众曰②:“若之何?”莫对。又曰:“我,家臣也,不敢知国③。凡有季氏与无④,于我孰利?”皆曰:“无季氏,是无叔孙氏也。”鬷戾曰:“然则救诸!”帅徒以往,陷西北隅以入。公徒释甲执冰而踞⑤。遂逐之⑥。孟氏使登西北隅,以望季氏⑦。见叔孙氏之旌,以告⑧。孟氏执郈昭伯,杀之于南门之西,遂伐公徒⑨。子家子曰:“诸臣伪劫君者,而负罪以出,君止⑩。意如之事君也,不敢不改⑪。”公曰:“余不忍也⑫。”与臧孙如墓谋,遂行⑬。

【注释】

①公使郈孙逆孟懿子：昭公还想联络孟孙、叔孙二家。孟懿子，仲孙何忌。

②言：问。

③不敢知国：不敢考虑国家大事。

④凡：大概。

⑤公徒释甲执冰而踞：昭公亲兵毫无斗志，都解甲蹲着饮水休息。冰，箭筒的盖子，临时用以取水。

⑥遂逐之：鬷戾之兵驱逐公徒。

⑦孟氏使登西北隅，以望季氏：孟氏派人登上自家西北角，观望季氏形势。

⑧见叔孙氏之旌，以告：知道叔孙已援救季氏。

⑨孟氏执郈昭伯，杀之于南门之西，遂伐公徒：孟孙氏也捕杀郈氏，进攻昭公。按，孟懿子此时年仅十四，或许是其家臣所为。

⑩诸臣伪劫君者，而负罪以出，君止：子家羁建议，让臣下假装是劫持昭公不成出逃，这样可以显示昭公是被人所迫，仍留下来。负罪，背负罪名。

⑪意如之事君也，不敢不改：意如，季平子。按，子家是主张与三家和解，争取季氏改变态度。

⑫余不忍也：不能忍受三家如此欺君。

⑬遂行：昭公逃亡。

【译文】

昭公派郈孙去迎接孟懿子。叔孙氏司马鬷戾问身边众人：“怎么办？”没人能答得上。他又说：“我只是家臣，不敢参与国家大事。有季氏和没有季氏，哪一种对我们有利？”大家都说：“没有了季氏，也就没有了叔孙氏。”鬷戾说：“那么就去救季氏吧！”便率领徒众前往，攻破西北角进入季氏家。昭公的军队正脱了衣甲，手拿箭筒盖喝水。于是把他们赶走。孟氏派人登上西北角，瞭望季氏家的情况。望见叔孙氏的旌旗，便报告了孟氏。孟氏逮住郈昭伯，在南门的西边杀死他，并攻打昭公的人马。子家羁说："臣下们装做劫持国君的样子，蒙受罪名出逃，国君留下。季平子对国君就不敢不改变态度。"昭公说："我无法忍受。"昭公和臧孙到墓地商量后，就离开了都城。

己亥，公孙于齐，次于阳州。齐侯将唁公于平阴①，公先至于野井②。齐侯曰："寡人之罪也。使有司待于平阴，为近故也③。"书曰："公孙于齐，次于阳州，齐侯唁公于野井。"礼也。将求于人，则先下之，礼之善物也④。齐侯曰："自莒疆以西，请致千社，以待君命⑤。寡人将帅敝赋以从执事⑥，唯命是听。君之忧，寡人之忧也。"公喜。子家子曰："天禄不再⑦。天若胙君，不过周公。以鲁足矣⑧。失鲁而以千社为臣，谁与之立⑨？且齐君无信，不如早之晋。"弗从⑩。

【注释】

①平阴：古地名。在今山东平阴东北。

②公先至于野井：昭公越过平阴到野井迎齐景公。

③使有司待于平阴，为近故也：因为平阴距阳州近。按，这是齐景公致歉之辞。

④将求于人，则先下之，礼之善物也：昭公有求于人，先迎齐景公，是有礼的表现。物，事。

⑤自莒疆以西，请致千社，以待君命：齐侯以千社赠昭公，以待昭公讨伐季氏之命。社，二十五家为一社。

⑥敝赋：指齐国军队。

⑦天禄不再：天之禄命不会有两次。意谓既得千社，不能再回

鲁国。

⑧天若胙君,不过周公。以鲁足矣:意思是不能安于得千社,应积极准备返鲁。胙,福佑。周公,指鲁国。

⑨失鲁而以千社为臣,谁与之立:得齐国千社,等于是人家的臣子,谁还为昭公复位?

⑩弗从:昭公不同意。

【译文】

十一月十三日,昭公逃往齐国,在阳州停留。齐景公准备在平阴慰问昭公,昭公便先到达野井。齐景公说:“是寡人的过错。让官员在平阴等待,是为了就近的缘故。”《春秋》记载说:“昭公逃亡到齐国,住在阳州,齐景公在野井慰问昭公。”这是合于礼的。将要有求于人,就先自我谦卑,这是合乎礼的好事。齐景公说:“从莒国疆界以西,请送上一千社,等待国君的命令。寡人将率领敝国军队跟随执事,唯命是听。国君的忧患就是寡人的忧患啊。”昭公很高兴。子家羁说:“上天不会两次赐给禄福。上天要保佑国君,那也不能超过周公。给鲁国就足够了。失去鲁国而得千社成为别人的臣子,谁会再扶立国君?而且齐国国君没信用,不如早点到晋国去。”昭公没听从。

臧昭伯率从者将盟①,载书曰:“戮力壹心,好恶同之。信罪之有无②,缱绻从公,无通外内③。”以公命示子家子。子家子曰:“如此,吾不可以盟。羁也不佞,不能与二三子同心,而以为皆有罪④。或欲通外内,且欲去君⑤。二三子好亡而恶定,焉可同也⑥?陷君于难,罪孰大焉⑦?通外内而去君,君将速入⑧,弗通何为?而何守焉⑨?”乃不与盟⑩。

【注释】

①臧昭伯率从者将盟：与跟随昭公的人盟誓，表示坚决跟随昭公。

②信罪之有无：从公者无罪，居留者有罪。信，明确。

③缱绻(qiǎn quǎn)从公，无通外内：臧昭伯的意思是，凡是随昭公出亡的人都要坚决追随昭公，不能和留居国内的人来往沟通。缱绻，坚决。

④而以为皆有罪：子家认为从者、留者都有罪。

⑤或欲通外内，且欲去君：指自己将与国内外联系，取得支持，争取昭公回国，因此要离开昭公奔走。或，或者。

⑥二三子好亡而恶定，焉可同也：臧氏一帮人好逃亡而恶安定君位，我则相反，所以不可能同好恶。

⑦陷君于难，罪孰大焉：好逃亡是陷国君于危难，其罪更大。

⑧君将速入：赶快回国。

⑨弗通何为？而何守焉：死守此地，有何作为？

⑩乃不与盟：子家羁和臧昭伯等人意见分歧故不参加结盟。

【译文】

臧昭伯率领随从昭公的人准备结盟，盟书说："合力齐心，好恶相同。明确有罪无罪，坚决跟从国君，不与内外交通。"用昭公的名义把盟书给子家羁看。子家羁说："这样的话，我不能结盟。我不才，不能和诸位同心，而认为从者留者都有罪。我想和国内通气，并且想离开国君。各位愿意流亡而不喜欢安定君位，我怎么能和各位同行呢？让国君陷于危难，罪过还有比这更大的吗？要是交通内外而离开国君，使国君能快些返国，为什么不去交流沟通呢？为什么要死守这里呢？"子家羁便没有参加盟誓。

昭子自阚归，见平子。平子稽颡[①]，曰："子若我何[②]？"昭子曰："人谁不死？子以逐君成名，子孙不忘，不亦伤乎[③]？

将若子何?”平子曰:“苟使意如得改事君[4],所谓生死而肉骨也[5]。”昭子从公于齐,与公言[6]。子家子命适公馆者执之[7]。公与昭子言于幄内,曰:“将安众而纳公[8]。”公徒将杀昭子,伏诸道[9]。左师展告公[10]。公使昭子自铸归[11]。平子有异志[12]。冬十月辛酉[13],昭子齐于其寝,使祝宗祈死[14]。戊辰[15],卒。左师展将以公乘马而归,公徒执之[16]。

【注释】

①稽颡:磕头到地,是凶拜,季平子以此表示对逐昭公的自责。

②子若我何:要我怎么办?

③子以逐君成名,子孙不忘,不亦伤乎:以逐君成名,是为可悲。

④苟使意如得改事君:改变态度以事奉昭公。

⑤所谓生死而肉骨也:季平子表示改悔,愿请昭公回国;叔孙婼如能帮助自己,是使自己再生。生死,使死者复生。肉骨,使枯骨长肉。

⑥昭子从公于齐,与公言:转达季平子的意思。

⑦子家子命适公馆者执之:不让他人进入公馆,以防泄密。

⑧将安众而纳公:昭子表示先归鲁,安定大众再接昭公回国。

⑨公徒将杀昭子,伏诸道:公徒不想让昭公回国,伏兵于道旁,将杀叔孙婼。公徒,昭公的随从。

⑩左师展:鲁国大夫。

⑪公使昭子自铸归:让昭子绕道回鲁国。铸,古地名。在今山东肥城南。

⑫平子有异志:季平子改变主意,不想接纳昭公。

⑬辛酉:初四。

⑭昭子齐于其寝,使祝宗祈死:叔孙婼知道季平子并非真心接纳昭

公,只是假装悔过罢了,因耻为季平子所骗,所以自杀。齐,同“斋”,斋戒。祈死,求死。

⑮戊辰:十一日。

⑯左师展将以公乘马而归,公徒执之:左师展想以一乘马车与昭公返回鲁国,被昭公随从逮住,未能如愿。

【译文】

叔孙婼从阚地回来,进见季平子。季平子下拜叩头到地,说:“你要我怎么办?”叔孙婼说:“人谁不死?你由于驱逐国君成名,子子孙孙无法忘怀,不是太可悲了吗?我能把你怎么样?”季平子说:“如果能让我改过重新去事奉国君,就是让死人复生白骨长肉的大恩啊。”叔孙婼跟随昭公到齐国,向昭公说了季平子的话。子家羁命令把凡是到昭公公馆的人都逮起来。昭公和叔孙婼在帐幕里说话,叔孙婼说:“将安定众人而接纳国君。”昭公身边的人准备杀死叔孙婼,埋伏在半道。左师展报告了昭公。昭公让叔孙婼取道铸地回国。季平子改变了原来的主意。冬十月初四,叔孙婼在寝室斋戒,让祝宗为自己祈祷求死。十一日,叔孙婼去世。左师展打算带着昭公同坐一辆马车回去,昭公的随从逮住了他。

25.7　壬申①,尹文公涉于巩,焚东訾,弗克②。

【注释】

①壬申:十五日。

②尹文公涉于巩,焚东訾,弗克:尹文公由巩渡洛水而焚东訾。尹文公,王子朝同党。东訾,周敬王的城邑。

【译文】

十月十五日,尹文公从巩邑渡过洛水,放火焚烧东訾,但没能攻克。

25.8 十一月，宋元公将为公故如晋[①]，梦大子栾即位于庙，己与平公服而相之[②]。旦，召六卿[③]。公曰："寡人不佞，不能事父兄[④]，以为二三子忧，寡人之罪也。若以群子之灵[⑤]，获保首领以殁，唯是楄柎所以藉干者，请无及先君[⑥]。"仲几对曰[⑦]："君若以社稷之故，私降昵宴，群臣弗敢知[⑧]。若夫宋国之法，死生之度[⑨]，先君有命矣[⑩]。群臣以死守之，弗敢失队[⑪]。臣之失职，常刑不赦。臣不忍其死[⑫]，君命只辱[⑬]。"宋公遂行。己亥，卒于曲棘。

【注释】

①宋元公将为公故如晋：到晋国商量接纳昭公之事。

②平公：元公父亲。服而相之：穿着朝服辅佐太子栾。

③召六卿：临行前召六卿交代后事。

④寡人不佞，不能事父兄：指华、向作乱。父兄，指华、向。

⑤群子：诸位。

⑥唯是楄柎(pián fù)所以藉干者，请无及先君：楄柎，棺中垫尸体的木板。藉，身卧其上。干，身体。按，元公要求一切葬具从简，不超过先君体制。

⑦仲几：宋国左师。

⑧君若以社稷之故，私降昵宴，群臣弗敢知：元公如果自己减损饮宴声色的供奉，群臣不敢过问。昵宴，指亲近声色饮食之事。昵，亲近。

⑨度：制度。

⑩有命：已有成文规定。

⑪弗敢失队：不敢违背。队，同"坠"。

⑫臣不忍其死：不能因失职而受刑。

⑬君命只辱：表示不能执行元公之命。

【译文】

十一月，宋元公准备为鲁昭公之事到晋国去，梦见太子栾在宗庙中即位，自己和宋平公穿着朝服辅佐他。早上，他召见六卿。元公说："寡人不才，不能事奉好父兄辈，给各位带来忧患，是寡人的罪过。如果得到各位的庇佑，能够善终，那些用来装盛我骸骨的葬具，请不要和先君的一样。"仲几回答说："国君如果由于国家的缘故，自己降低饮宴声色的供奉，下臣们不敢与闻。至于宋国的法度，关于死与生的规定，先君已有成命。下臣们用生命来守护，不敢失职。下臣失职，法律是不能赦免的。下臣不愿这样死去，只好不奉行国君的命令了。"宋元公就出发了。十三日，死在曲棘。

25.9　十二月庚辰[①]，齐侯围郓[②]。

【注释】

①庚辰：二十四日。

②齐侯围郓：齐国想要夺取郓邑以安置昭公。

【译文】

十二月二十四日，齐景公包围郓邑。

25.10　初，臧昭伯如晋，臧会窃其宝龟偻句[①]，以卜为信与僭[②]，僭吉。臧氏老将如晋问[③]，会请往[④]。昭伯问家故，尽对[⑤]。及内子与母弟叔孙，则不对[⑥]。再三问，不对。归，及郊[⑦]，会逆。问，又如初。至，次于外而察之，皆无之[⑧]。执而戮之[⑨]，逸，奔郈[⑩]。郈鲂假使为贾正焉[⑪]。计于季氏[⑫]。臧氏使五人以戈楯伏诸桐汝之闾[⑬]。会出，逐之[⑭]，反奔[⑮]，执诸季氏中门之外。平子怒,曰:“何故以兵入吾门?”拘臧氏老。季、臧有恶[16]。及昭伯从公,平子立臧会[17]。会曰:“偻句不余欺也[18]。”

【注释】

①臧会窃其宝龟偻句:窃宝龟占卜。偻句,宝龟名。

②信:诚实。僭:不信,不诚实。

③臧氏老将如晋问:将赴晋问候昭伯。

④会请往:臧会请代家臣而行。

⑤昭伯问家故,尽对:问家事,臧会据实回答。故,事。

⑥及内子与母弟叔孙,则不对:昭伯问妻子和母弟,臧会故意吞吞吐吐不答,似有难言之隐。内子,妻子。

⑦及郊:昭伯返鲁到达郊外。

⑧次于外而察之,皆无之:昭伯有疑心,居于城外查访妻子与母弟,都没有可疑之处。

⑨执而戮之:抓住臧会准备杀掉。

⑩逸,奔郈:臧会逃往郈。逸,逃走。郈,地名。在今山东东平东南。

⑪郈鲂假:郈邑大夫。贾正:掌管物价的官员。

⑫计于季氏:贾正为司徒属官,据昭四年《传》,季武子为司徒,季氏当世袭此职,故臧会送其账本于季氏。计,动词,送账簿。臧会为贾正,这是他的职务。

⑬桐汝:里名。闾:里门。

⑭会出,逐之:待臧会从季氏家出来,追之。

⑮反奔:臧会想逃回季氏家去。

⑯季、臧有恶:按,以上详细补叙季、臧结怨的缘由。

⑰平子立臧会:立臧会为臧氏继承人。

⑱偻句不余欺也：臧会自喜以僭得立。

【译文】

当初，臧昭伯去晋国，臧会偷了他的宝龟偻句，用来占卜应该诚实还是不诚实，结果不诚实吉利。臧氏家臣将到晋国问候臧昭伯，臧会请求派他前往。臧昭伯问起家里的情况，臧会全都一一回答。及问到妻子和同母弟叔孙时，就不回答。再三询问，依然不回答。臧昭伯归来，到郊外，臧会去迎接他。又问起家里的事，还是原先的态度。臧昭伯到了国都，住在外面查访，妻子、弟弟都没有什么不端。臧昭伯抓了臧会要杀他，臧会逃出，跑到郈地。郈鲂假让他做了贾正。一次臧会到季氏家送账本。臧昭伯派了五个人带着戈楯埋伏在桐汝的门里。臧会出来，就上前去追，臧会转身奔逃，在季氏家中门外被抓住。季平子发怒，说："凭什么带着兵器进入我的家门?"就拘禁了臧昭伯的家臣。于是季、臧二家交恶。到臧昭伯随从昭公出逃，季平子就立臧会为臧氏的继承人。臧会说："偻句没有欺骗我啊。"

25.11 楚子使薳射城州屈，复茄人焉①。城丘皇，迁訾人焉②。使熊相禖郭巢③，季然郭卷④。子大叔闻之，曰："楚王将死矣。使民不安其土，民必忧。忧将及王⑤，弗能久矣⑥。"

【注释】

①楚子使薳射城州屈，复茄(jiā)人焉：让茄人回州屈居住。州屈，古地名。在今安徽凤阳西。茄，古地名。近淮水的小邑。

②城丘皇，迁訾人焉：迁訾人于丘皇。丘皇，古地名。在今河南信阳南。

③熊相禖(méi)：楚国大夫。郭：外城，这里做动词，筑外城。

④季然：也是楚国大夫。卷(quān)：在今河南叶县西南。

⑤忧将及王：民忧则君亦忧。

⑥弗能久矣：按，明年，楚平王死。

【译文】

楚平王派薳射修筑州屈城，让茄人回去居住。在丘皇筑城，把訾人迁去住。派熊相禖在巢筑城，季然在卷筑城。子太叔听说了，说："楚平王将要死了。让人民不能在原来的地方安居，人民必定忧患。这忧患将会波及君王，他不会活很久了。"

二十六年

【经】

26.1　二十有六年春王正月[①]，葬宋元公。

26.2　三月，公至自齐，居于郓。

26.3　夏，公围成[②]。

26.4　秋，公会齐侯、莒子、邾子、杞伯，盟于鄟陵[③]。

26.5　公至自会，居于郓。

26.6　九月庚申[④]，楚子居卒[⑤]。

26.7　冬十月，天王入于成周[⑥]。尹氏、召伯、毛伯以王子朝奔楚[⑦]。

【注释】

①二十有六年：鲁昭公二十六年当周敬王四年，前516。

②公围成：齐军与昭公军队围攻鲁国成邑。

③鄟陵：今地不详。

④庚申：初九。

⑤楚子居卒：楚平王去世。楚子居，熊居，楚平王。

⑥天王入于成周：晋国出兵送周敬王入王城。

⑦尹氏、召伯、毛伯以王子朝奔楚：王子朝及其党羽出逃楚国。

【译文】

鲁昭公二十六年春周历正月，安葬宋元公。

三月，昭公从齐国回来，居住在郓地。

夏，昭公围攻成邑。

秋，昭公与齐景公、莒郊公、邾庄公、杞悼公相会，在鄟陵结盟。

昭公从鄟陵之会回来，住在郓邑。

九月初九，楚平王居去世。

冬十月，周敬王进入成周。尹氏、召伯、毛伯奉王子朝逃往楚国。

【传】

26.1　二十六年春王正月庚申①，齐侯取郓。

【注释】

①庚申：初五。

【译文】

鲁昭公二十六年春周历正月初五，齐景公占领郓邑。

26.2　葬宋元公，如先君，礼也①。

【注释】

①葬宋元公，如先君，礼也：上年《传》，宋元公曾遗嘱丧礼从简，低于先君，现在仍用先君之礼安葬。

【译文】

安葬宋元公，规格跟先君一样，这是合于礼的。

26.3　三月，公至自齐，处于郓，言鲁地也①。

【注释】

①公至自齐，处于郓，言鲁地也：这是解释《经》文的意思。说“至自”、“处”，是因为郓本是鲁地，昭公虽未入国都，但已返鲁境，所以用此措辞。

【译文】

三月，昭公从齐国回来，住在郓邑，这是在强调郓是鲁地。

26.4　夏，齐侯将纳公，命无受鲁货[①]。申丰从女贾[②]，以币锦二两[③]，缚一如瑱[④]，适齐师。谓子犹之人高齮[⑤]："能货子犹，为高氏后，粟五千庾[⑥]。"高齮以锦示子犹，子犹欲之[⑦]。齮曰："鲁人买之，百两一布[⑧]，以道之不通，先入币财[⑨]。"子犹受之，言于齐侯曰："群臣不尽力于鲁君者，非不能事君也[⑩]，然据有异焉[⑪]。宋元公为鲁君如晋，卒于曲棘；叔孙昭子求纳其君，无疾而死。不知天之弃鲁耶，抑鲁君有罪于鬼神，故及此也[⑫]？君若待于曲棘，使群臣从鲁君以卜焉[⑬]。若可，师有济也[⑭]，君而继之[⑮]，兹无敌矣[⑯]。若其无成，君无辱焉[⑰]。"齐侯从之，使公子鉏帅师从公[⑱]。

【注释】

①命无受鲁货：齐国打算以兵送昭公回国，命令不得接受鲁国礼物。

②申丰、女贾：二人都是季氏家臣。

③两：量词。古代布帛以二丈为一端，二端为一两，二两类似今之二匹。

④缚一如瑱（zhèn）：二人以织锦为币（礼物），为便于藏带，将织锦捆成如瑱圭形状。瑱，也作“镇”，镇圭，长方形玉。

⑤子犹:梁丘据。高齮(yǐ):梁丘据家臣。

⑥能货子犹,为高氏后,粟五千庾:申丰、女贾二人想通过高齮贿赂齐景公宠臣梁丘据,使不纳昭公,并答应事后立高齮为高氏继承人,赠送粮食五千庾。庾,古时二斗四升为一庾。

⑦子犹欲之:梁丘据贪财,想要织锦。

⑧百两一布:百两一堆,意指织锦还多。布,列,堆。

⑨以道之不通,先入币财:古代送礼,先送轻礼,后送重礼。这里暗示鲁国还有重礼相赠。

⑩群臣不尽力于鲁君者,非不能事君也:齐国群臣并非不想尽力送昭公归鲁。

⑪异:感到奇怪。

⑫不知天之弃鲁邪,抑鲁君有罪于鬼神,故及此也:意思是宋元公及叔孙婼为鲁昭公奔走,都暴卒,所以纳昭公恐怕违背天意,不可为。

⑬使群臣从鲁君以卜焉:让群臣先随从昭公去伐鲁,以验吉凶。

⑭师有济也:战斗胜利。

⑮而:乃。

⑯兹:因此。敌:抵抗。

⑰若其无成,君无辱焉:如果出师不利,齐景公就不必亲往。梁丘据以此阻拦送昭公回国。

⑱使公子钽帅师从公:率兵随昭公先伐鲁。公子钽,齐国大夫。

【译文】

夏,齐景公准备送昭公回国,命令不要接受鲁国的礼物。申丰跟着女贾,用两匹锦做礼品,把它捆扎成瑱的样子,到齐军来。对梁丘据家臣高齮说:“如果你能买通梁丘据,就立你为高氏继承人,并送你五千庾粮食。”高齮把锦拿给梁丘据看,梁丘据想要。高齮说:“这是鲁国人买的,一百匹一堆,由于道路不通,先把这作为礼物的样品。”梁丘据收下它，对齐景公说："臣下们对鲁国国君不愿尽力，并非不能奉行君命，只是感到不解。宋元公为鲁君事前往晋国，死在曲棘；叔孙婼谋求让其国君回国，也无疾而死。不知道是上天要抛弃鲁国呢，还是鲁君得罪了鬼神，所以到这地步？国君要是待在曲棘，就派臣下们跟随鲁君向鲁国开战以作试探。如果行，军队获胜，国君便继续前进，就不会有人抵抗了。如果不成功，就不用劳动国君了。"齐景公听从了，派公子鉏领兵随从昭公。

成大夫公孙朝谓平子曰①："有都，以卫国也②，请我受师③。"许之。请纳质④，弗许，曰："信女，足矣⑤。"告于齐师曰："孟氏，鲁之敝室也⑥。用成已甚，弗能忍也⑦，请息肩于齐⑧。"齐师围成。成人伐齐师之饮马于淄者⑨，曰："将以厌众⑩。"鲁成备而后告曰："不胜众⑪。"

【注释】

①成：本为孟氏邑，在今山东宁阳北。谓平子：此役以季氏为主，且孟懿子年幼，故公孙朝与季平子商议。

②有都，以卫国也：都城用来保卫国家。

③请我受师：请以成邑抵御齐军。

④请纳质：公孙朝为孟氏家臣，怕季氏疑心，提出送上人质以取信。

⑤信女，足矣：季平子表示相信公孙朝，不必纳人质。

⑥敝室：破败宗族。

⑦用成已甚，弗能忍也：孟氏奴役成邑太过分，成邑人无法忍受。

⑧请息肩于齐：诈称成邑不堪忍受孟氏奴役，愿降齐，请齐军攻成。息肩，免除劳役负担。

⑨淄：小汶河，源于山东新泰，至泰安入大汶河。

⑩将以厌众：公孙朝骗齐军，为了不使季氏知道自己已降，故意攻打饮马者以做样子。厌众，满足众人心理。

⑪不胜众：待鲁国准备充分后，公孙朝又告诉齐国说，众人不想投降，拧不过大家，于是不降齐。

【译文】

成邑大夫公孙朝对季平子说："设立都邑，是用来保卫国家的，请让我们抵御敌军。"季平子答应了。公孙朝请求奉上人质，季平子不同意，说："信任你就足够了。"公孙朝告诉齐军说："孟氏是鲁国的破败宗族。使用成邑的人力物力太多了，我们无法忍受，请求归降齐国以得到休息。"齐兵包围了成。成邑人攻讨在淄水饮马的齐军，说："这是做给众人看的。"鲁国准备充分以后，他又告诉齐军说："我们无法说服众人。"

师及齐师战于炊鼻[①]。齐子渊捷从泄声子[②]，射之，中楯瓦[③]，繇朐汰辀，匕入者三寸[④]。声子射其马，斩鞅，殪[⑤]。改驾[⑥]，人以为鬷戾也，而助之[⑦]。子车曰："齐人也[⑧]。"将击子车，子车射之，殪。其御曰："又之[⑨]。"子车曰："众可惧也，而不可怒也[⑩]。"子囊带从野泄[⑪]，叱之。泄曰："军无私怒，报乃私也，将亢子[⑫]。"又叱之[⑬]，亦叱之[⑭]。冉竖射陈武子[⑮]，中手，失弓而骂[⑯]。以告平子，曰："有君子白皙[⑰]，鬒须眉[⑱]，甚口[⑲]。"平子曰："必子强也，无乃亢诸？"对曰："谓之君子，何敢亢之？"林雍羞为颜鸣右，下[⑳]。苑何忌取其耳[㉑]，颜鸣去之[㉒]。苑子之御曰："视下！"顾[㉓]。苑子刜林雍[㉔]，断其足。鑋而乘于他车以归[㉕]。颜鸣三入齐师，呼曰："林雍乘[㉖]！"

【注释】

①炊鼻：古地名。在今山东宁阳。

②子渊捷:字子车,齐顷公孙子。从:追逐。泄声子:鲁国大夫。

③楯瓦:盾中脊背。

④繇朐(qú)汰辀(zhōu),匕(bǐ)入者三寸:子渊捷弓强力猛,射泄声子,箭由轲而上,穿过车辕,射入泄声子的盾脊三寸。繇,同"由"。朐,通"轲",车轭下面夹马颈的部分。汰,箭激起而过。辀,车辕。匕,箭镞。

⑤斩鞅,殪:泄声子射断子渊捷的马鞅,马也死了。鞅,马颈皮带。

⑥改驾:子渊捷改乘别的车而战。

⑦人以为鬷戾也,而助之:鲁国人误将子渊捷当成鲁国的鬷戾,便来助战。鬷戾,叔孙氏司马。

⑧齐人也:子渊捷声明自己是齐国人。

⑨又之:御者叫子渊捷再射。

⑩众可惧也,而不可怒也:吓走鲁人就行了,不可激怒他们。子渊捷因此不再射。按,齐国人并不力战。

⑪子囊带:齐国大夫。野泄:泄声子。

⑫军无私怒,报乃私也,将亢子:泄声子不为报私怨而回骂子囊带,准备与之交战。亢,同"抗",抵挡。

⑬又叱之:子囊带又叱骂泄声子。

⑭亦叱之:泄声子也叱骂子囊带。按,双方都无心交战,只是相骂。

⑮冉竖:季氏家臣。陈武子:齐国陈无宇之子,字子强。

⑯失弓:陈武子手中箭受伤,弓掉落地上。

⑰白皙:皮肤白皙。

⑱鬒(zhěn)须眉:胡子眉毛黑且密。鬒,黑发,一说是稠发。

⑲甚口:善骂。

⑳林雍羞为颜鸣右,下:林雍羞为车右,下车。林雍、颜鸣都是鲁国大夫。

㉑苑何忌取其耳:割下林雍耳朵以羞辱他。苑何忌,齐国大夫。

㉒颜鸣去之：颜鸣离开。

㉓苑子之御曰："视下！"顾：御者告诉苑何忌注意下边，又看着林雍的脚。

㉔剕(fú)：砍。

㉕鏊(qīng)：一只脚走路。

㉖林雍乘：颜鸣入齐师，高呼以救林雍。杜预《春秋左传注》："言鲁人皆致力于季氏，不以私怨而相弃。"

【译文】

鲁军和齐军在炊鼻交战。齐国子渊捷碰上了洩声子，就发箭射他，射中楯脊，箭镞从横木穿过车辕，箭头嵌入盾牌三寸。洩声子射对方的马，射断马颈的皮带，把马射死。子渊捷改乘别的车，鲁国人误认成是鬷戾，就去帮他。子渊捷说："我是齐国人。"鲁兵准备攻击子渊捷，子渊捷射他，射死了。子渊捷的御者说："再射。"子渊捷说："众人只可恐吓一下，但不可激怒他们。"子囊带碰到洩声子，叱骂他。洩声子说："战斗中没有个人间的愤怒，我要回骂就是为我个人了，我将和你对抗。"子囊带又叱骂洩声子，洩声子也回骂他。冉竖箭射陈武子，陈武子被射中手，弓掉地上而大骂。冉竖告诉季平子，说："有一个君子皮肤白皙，须眉黑而密，很会骂人。"季平子说："一定是子强，莫非你和他对抗？"冉竖回答说："称他为君子，哪敢与他交战？"林雍耻于当颜鸣的车右，下车了。苑何忌割了他的耳朵，颜鸣驾车跑了。苑何忌的御者说："看着下面！"眼睛盯着林雍的脚。苑何忌去砍林雍，砍断一只脚。林雍用一只脚跳着，搭上别人的战车跑回来。颜鸣三次冲进齐军，大喊道："林雍来坐车！"

26.5 四月，单子如晋告急。五月戊午①，刘人败王城之师于尸氏②。戊辰③，王城人、刘人战于施谷④，刘师败绩。

【注释】

①戊午：初五。

②王城之师：指王子朝的军队。尸氏：古地名。在今河南偃师西。

③戊辰：十五日。

④施谷：周地。在今河南洛阳东。杨伯峻引高士奇《地名考略》曰，一谓施谷、萑谷皆大谷之支径。大谷在洛阳东，连亘至于今颍阳废县，长九十里。

【译文】

四月，单子到晋国告急。五月初五，刘地军队在尸氏打败王城的军队。十五日，王城人、刘地人在施谷交战，刘地军队被打败。

26.6 秋，盟于鄟陵，谋纳公也①。

【注释】

①盟于鄟陵，谋纳公也：由齐景公发起，商量送回昭公。

【译文】

秋，在鄟陵结盟，商议送昭公回国之事。

26.7 七月己巳①，刘子以王出②。庚午③，次于渠④。王城人焚刘。丙子⑤，王宿于褚氏⑥。丁丑⑦，王次于萑谷⑧。庚辰⑨，王入于胥靡⑩。辛巳⑪，王次于滑⑫。晋知跞、赵鞅帅师纳王，使女宽守阙塞⑬。

【注释】

①己巳：十七日。

②刘子以王出：因刘军败于施谷，于是奉周敬王由刘邑出逃。

③庚午：十八日。

④渠：古地名。在今河南洛阳。

⑤丙子：二十四日。

⑥褚氏：古地名。也在今河南洛阳东。

⑦丁丑：二十五日。

⑧萑(huán)谷：古地名。在今河南洛阳东。

⑨庚辰：二十八日。

⑩胥靡：古地名。在今河南偃师东。

⑪辛巳：二十九日。

⑫滑：古地名。在今河南偃师南之缑氏镇。

⑬女宽：又称叔宽，女齐之子。阙塞：即伊阙，今河南洛阳龙门。

【译文】

七月十七日，刘文公奉周敬王逃离刘邑。十八日，驻扎在渠地。王城军队焚毁刘邑。二十四日，周敬王住在褚氏。二十五日，周敬王住在萑谷。二十八日，周敬王进入胥靡。二十九日，周敬王住在滑地。晋国知跞、赵鞅领兵接纳周敬王，派女宽镇守阙塞。

26.8　九月，楚平王卒。令尹子常欲立子西[①]，曰："大子壬弱[②]，其母非適也[③]，王子建实聘之[④]。子西长而好善。立长则顺，建善则治。王顺、国治，可不务乎[⑤]？"子西怒曰："是乱国而恶君王也[⑥]。国有外援[⑦]，不可渎也[⑧]。王有適嗣，不可乱也[⑨]。败亲、速仇、乱嗣[⑩]，不祥，我受其名。赂吾以天下，吾滋不从也，楚国何为[⑪]？必杀令尹！"令尹惧，乃立昭王[⑫]。

【注释】

①子西：楚平王庶长子宜申。

②大子壬弱：太子壬当时不过七八岁。

③適：同“嫡”。

④王子建实聘之：太子之母秦女本子建所聘，平王听费无极之言而自娶之。事见昭公十九年《传》。

⑤务：必如此行事。

⑥是乱国而恶君王也：太子壬是平王夺媳所生，如果立子西不立壬，是乱国家而暴露君王之丑。

⑦国有外援：指秦国，因为太子壬母亲是秦女。

⑧渎：轻慢。

⑨王有適嗣，不可乱也：太子壬是嫡子，废嫡而立庶，是乱。

⑩败亲：恶君王。速仇：指秦国可能来讨伐。

⑪赂吾以天下，吾滋不从也，楚国何为：子西坚决不受王位。

⑫昭王：即太子壬。

【译文】

九月，楚平王去世。令尹子常想立子西，说：“太子壬年幼，其母不是嫡夫人，本是太子建所聘的。子西年长而好善。立年长的顺于情理，立善良的人国家就太平。君王顺理、国家太平，能不这么办吗？”子西发怒道：“这是使国家混乱而张扬君王的恶行。国家有外援，不能轻慢。君王有嫡出的继承人，不能混乱。败坏亲情、招致仇敌、扰乱继承人，这不吉利，我会蒙受恶名。即使用天下来收买我，我也不会去做的，区区楚国又算得了什么？我一定要杀了令尹！”令尹害怕，就立了昭王。

26.9　冬十月丙申[①]，王起师于滑[②]。辛丑[③]，在郊[④]，遂次于尸[⑤]。十一月辛酉[⑥]，晋师克巩。召伯盈逐王子朝[⑦]。王子朝及召氏之族、毛伯得、尹氏固、南宫嚚奉周之典籍以奔楚。阴忌奔莒以叛[⑧]。召伯逆王于尸，及刘子、单子盟。遂军圉泽[9],次于堤上[10]。癸酉[11],王入于成周。甲戌[12],盟于襄宫[13]。晋师使成公般戍周而还[14]。十二月癸未[15],王入于庄宫[16]。

【注释】

①丙申:十六日。

②王起师于滑:周敬王起兵。

③辛丑:二十一日。

④郊:王子朝之邑。

⑤尸:即上文的尸氏。

⑥辛酉:十一日。

⑦召伯盈逐王子朝:召伯盈本是王子朝同党,因见晋国军队攻占巩地,于是倒戈迎敬王。召伯盈,召简公。

⑧阴忌:也是王子朝同党。莒:周邑。叛:反对敬王。

⑨圉泽:周地,在今河南洛阳。

⑩堤上:也是周地,在今河南洛阳。

⑪癸酉:二十三日。

⑫甲戌:二十四日。

⑬盟于襄宫:在襄王庙盟誓。

⑭晋师使成公般戍周而还:留成公般戍守成周,其余的军队回晋国。成公般,晋国大夫。

⑮癸未:初四。

⑯庄宫:在王城中。

【译文】

冬十月十六日,周敬王在滑地起兵。二十一日,在郊地,就驻扎在尸地。十一月十一日,晋军攻克巩地。召伯盈驱逐王子朝。王子朝与召氏家族、毛伯得、尹氏固、南宫嚚带着周朝典籍出奔楚国。阴忌逃到莒地叛变。召伯到尸地迎接周敬王,与刘子、单子结盟。就驻扎在圉泽，住在堤上。二十三日，周敬王进入成周。二十四日，在襄王庙盟誓。晋军派成公般戍守成周，然后班师。十二月初四，周敬王进入庄宫。

王子朝使告于诸侯曰："昔武王克殷，成王靖四方[①]，康王息民，并建母弟，以蕃屏周[②]，亦曰：'吾无专享文、武之功，且为后人之迷败倾覆而溺入于难，则振救之[③]。'至于夷王[④]，王愆于厥身[⑤]，诸侯莫不并走其望，以祈王身[⑥]。至于厉王，王心戾虐，万民弗忍，居王于彘[⑦]。诸侯释位，以间王政[⑧]。宣王有志，而后效官[⑨]。至于幽王，天不吊周，王昏不若，用愆厥位[⑩]。携王奸命，诸侯替之，而建王嗣[⑪]，用迁郏鄏[⑫]。则是兄弟之能用力于王室也[⑬]。至于惠王，天不靖周，生颓祸心，施于叔带，惠、襄辟难，越去王都[⑭]。则有晋、郑咸黜不端，以绥定王家[⑮]。则是兄弟之能率先王之命也。在定王六年[⑯]，秦人降妖[⑰]，曰：'周其有髭王，亦克能修其职，诸侯服享，二世共职[⑱]。王室其有间王位，诸侯不图，而受其乱灾[⑲]。'至于灵王[⑳]，生而有髭。王甚神圣，无恶于诸侯。灵王、景王克终其世[㉑]。

【注释】

①昔武王克殷，成王靖四方：指平定武庚、管叔、蔡叔的叛乱。

②康王息民，并建母弟，以蕃屏周：成王、康王分封同母兄弟，以保卫周室。

③吾无专享文、武之功，且为后人之迷败倾覆而溺入于难，则振救之：不敢专有文、武之功劳，于是分封母弟，且后代一旦荒淫败

坏,陷于危难,则可拯救。按,成王、康王之际,天下安宁,号称成康之治。

④夷王:周厉王父亲。

⑤王愆于厥身:身染恶疾。愆,恶疾。

⑥诸侯莫不并走其望,以祈王身:诸侯各祭其名山大川,为夷王祈福。

⑦"至于厉王"四句:周厉王暴虐,人民不堪忍受,将厉王流放于彘。彘(zhì),古地名。在今山西霍州。

⑧诸侯释位,以间王政:指周厉王被逐之后,共伯和受诸侯拥戴,代行王政。周厉王死后,始归政于周宣王。释位,离开国内的职位。间,参与。

⑨效官:归政于周宣王。

⑩"至于幽王"四句:幽王昏乱,为犬戎所杀,西周灭亡。幽王,宣王之子。不弔,不保佑。不若,不顺。用,因此。愆,失去。

⑪携王奸命,诸侯替之,而建王嗣:幽王死后,虢公翰拥立王子馀臣为王,至周平王二十一年被晋文侯杀死。王嗣,指周平王,本为太子,幽王死后,为鲁、郑等国拥立,东迁洛阳。携王,王子馀臣。

⑫郏鄏:古地名。今河南洛阳。

⑬兄弟:指分封的诸侯。

⑭"至于惠王"六句:周惠王时发生王子颓之乱,见庄公十六年、十九年《传》。周襄王时发生王子带之乱,见僖公二十四年《传》。二王子作乱时,惠王、襄王出奔。惠王,平王六世孙。颓,王子颓,惠王叔叔。施(yì),延及。叔带,王子带,襄王弟。

⑮则有晋、郑咸黜不端,以绥定王家:郑国支持惠王回国,攻灭王子颓;晋国支持襄王回国,攻灭王子带。咸,都。

⑯在定王六年:定王六年为鲁宣公八年。

⑰秦人降妖:秦国出现妖言。

⑱“周其有髭(zī)王”四句:意思是周朝有一长胡子的天子,能尽其职分,使诸侯顺服,其后两代天子都能谨守自己的职分。髭,嘴上的胡须。

⑲王室其有间王位,诸侯不图,而受其乱灾:这是王子朝借妖言为自己造舆论,说有人觊觎王位,诸侯却不起来铲除。间王位,乘隙干求王位,指王子猛与敬王。

⑳灵王:定王孙子。

㉑灵王、景王克终其世:二王能善始善终。景王,灵王儿子。

【译文】

王子朝遣使报告诸侯说:“昔日武王战胜殷商,成王安定四方,康王与民休养生息,一起分封同母兄弟,以作为周朝的屏障,还说:‘我不能单独安享文王、武王的功业,同时还为了后代一旦荒淫败乱,陷入危难时,可以得到救援。’到了夷王,他恶疾缠身,诸侯无不奔走遍祭境内名山大川,为他的健康祈祷。到厉王时,他的内心乖张暴虐,百姓无法忍受,就让他住到彘地。诸侯离开其君位,来参与王朝的政事。宣王富有智慧,诸侯就把王位奉还给他。到了幽王,上天不保佑周朝,天子昏聩不贤,因此失去王位。携王违背天命,诸侯废黜了他,另立王位继承人,并由此迁都郏鄏。这就是由于兄弟们能为王室效力的缘故啊。到了惠王,上天不让周朝安定,使颓生出祸心,延及于叔带,惠王、襄王出逃避难,离开了国都。这时候便有晋国、郑国都来消灭那些作乱者,以平定王室。这是因为兄弟们能奉行先王的命令。定王六年时,秦国流传妖言,说:‘周朝会有个长胡子的天子,也还能够修明自己的职责,诸侯顺服而享有国家,两代都恭敬地谨守本职。王室中有人觊觎王位,诸侯不为王室出谋出力,结果蒙受动乱和灾祸。’到了灵王,生下就有胡子。灵王十分神敏圣明,对诸侯没有做什么错事。灵王、景王都能善终。

“今王室乱，单旗、刘狄剥乱天下[①]。壹行不若[②]，谓：‘先王何常之有？唯余心所命，其谁敢讨之[③]？’帅群不吊之人[④]，以行乱于王室。侵欲无厌，规求无度[⑤]，贯渎鬼神[⑥]，慢弃刑法[⑦]，倍奸齐盟[⑧]，傲很威仪[⑨]，矫诬先王[⑩]。晋为不道，是摄是赞[⑪]，思肆其罔极[⑫]。兹不穀震荡播越，窜在荆蛮，未有攸底[⑬]。若我一二兄弟甥舅奖顺天法[⑭]，无助狡猾[⑮]，以从先王之命，毋速天罚，赦图不穀，则所愿也[⑯]。敢尽布其腹心及先王之经[⑰]，而诸侯实深图之。

【注释】

①剥：乱。

②壹行不若：专门倒行逆施。壹，专。

③唯余心所命，其谁敢讨之：意思是立谁为王，本无成法，唯我所立，谁敢干涉。这是王子朝转述单、刘的意思。

④不吊：不善。

⑤侵欲无厌，规求无度：侵吞无厌，贪求无度。

⑥贯：通“惯”，惯于。

⑦慢：轻慢，无视。

⑧倍：通“背”。齐盟：斋盟。

⑨傲很威仪：蔑视威仪。

⑩矫诬先王：意思是先王本要立自己，立敬王是违背景王本意。先王，指景王。

⑪摄、赞：都是赞助之意。

⑫思肆其罔极：指晋国支持、放纵单、刘的无道无厌。肆，放肆。罔极，无限度。

⑬兹不穀震荡播越，窜在荆蛮，未有攸底：说自己动荡流离，逃窜在

外，无所归宿。不穀，王子朝自称。未有攸厎，未有所至。攸，所。厎，至。

⑭兄弟：指同姓诸侯。甥舅：指异姓诸侯。

⑮狡猾：指单、刘及敬王等人。

⑯毋速天罚，赦图不穀，则所愿也：赦，为自己除去忧愁。图，为自己解难。按，王子朝希望诸侯弃敬王而拥戴自己。

⑰先王之经：先王之命。

【译文】

"现在王室动乱，单旗、刘狄搅乱天下，专门倒行逆施，认为：'先王即位有什么常规？我想立谁就立谁，有谁敢来声讨？'带领一群不轨之徒，在王室中制造混乱。他们贪心不足，贪求无度，一贯亵渎鬼神，轻慢蔑弃刑法，违背盟约，蔑视礼仪，违背先王。晋国无道，对他们支持赞助，想要放纵其永不满足的欲望。现在不穀动荡流离，逃窜在荆蛮，没有归宿。如果我的一二兄弟甥舅能顺从上天的法度，不帮助不轨之徒，而听从先王的命令，不招致上天的惩罚，除去不穀的忧患，那正是不穀所希望的。谨此尽情披露内心所想和先王的命令，希望诸侯们深思熟虑。

"昔先王之命曰：'王后无適[①]，则择立长。年钧以德，德钧以卜[②]。'王不立爱[③]，公卿无私，古之制也。穆后及大子寿早夭即世[④]，单、刘赞私立少[⑤]，以间先王[⑥]，亦唯伯仲叔季图之[⑦]！"

【注释】

①適：同"嫡"。

②年钧以德，德钧以卜：年龄相同则立有德者，德相当则由占卜

而定。

③不立爱：不因偏爱而立之。

④穆后及大子寿早夭即世：昭公十五年穆后与太子寿同年去世。

⑤赞私立少：己意偏私而立敬王。

⑥间：违背。

⑦亦唯伯仲叔季图之：王子朝以天子自居，指责敬王篡位，希望诸侯拥立自己。伯仲叔季，泛指诸侯。

【译文】

“往昔先王的命令说：‘王后没有嫡子，就选择立长子。年纪相当就根据其德行，德行相当就由占卜确定。’天子不立偏爱的人，公卿没有私心，这是古代的制度。穆后和太子寿早年去世，单、刘二人偏私立了年幼者，违反了先王的命令，也请诸侯们好好思虑一番！”

闵马父闻子朝之辞，曰：“文辞以行礼也。子朝干景之命[①]，远晋之大[②]，以专其志[③]，无礼甚矣，文辞何为？”

【注释】

①干景之命：违反景王遗命。景王虽爱王子朝，但前已立王子猛为太子。

②远晋之大：疏远晋国这样的大国。

③专其志：指其一心想做天子。

【译文】

闵马父听到王子朝这番说辞，说道：“文辞是用来实行礼的。王子朝违背景王的命令，疏远晋国这个大国，一心想做天子，真是无礼到了极点，文辞又会有什么用？”

26.10　齐有彗星，齐侯使禳之[①]。晏子曰："无益也，只取诬焉[②]。天道不谄，不贰其命[③]，若之何禳之？且天之有彗也，以除秽也[④]。君无秽德，又何禳焉[⑤]？若德之秽，禳之何损[⑥]？《诗》曰：'惟此文王，小心翼翼。昭事上帝，聿怀多福。厥德不回，以受方国[⑦]。'君无违德，方国将至，何患于彗？《诗》曰：'我无所监，夏后及商。用乱之故，民卒流亡[⑧]。'若德回乱，民将流亡，祝史之为，无能补也[⑨]。"公说，乃止。

【注释】

①齐有彗星，齐侯使禳之：齐侯以为彗星出现有灾，派人祭祷消灾。

②取诬：禳灾只是骗人的做法。诬，欺骗。

③天道不谄，不贰其命：天道不可怀疑，不能使它有所差错。谄，同"慆(tāo)"，疑。贰，当作"忒(tè)"，差。

④且天之有彗也，以除秽也：彗星俗称扫帚星，用扫帚来消除天上的污秽。彗，彗星。

⑤君无秽德，又何禳焉：德无污秽，不必怕扫帚。

⑥若德之秽，禳之何损：祭祷也不能减少秽德。

⑦"惟此文王"六句：引《诗》见《诗经·大雅·大明》，意思是文王恭事天帝，以求百福。文王之德，不违天意，因此四方之国归之。翼翼，恭敬的样子。聿，语首助词，无义。不回，不违天意。

⑧我无所监，夏后及商。用乱之故，民卒流亡：此为逸诗，意思是借鉴夏商，都因乱而亡。监，通"鉴"，借鉴。

⑨若德回乱，民将流亡，祝史之为，无能补也：德若不善，祭祷也没用。按，晏婴不信天示，而重人德。

【译文】

齐国出现彗星，齐景公派人祭祷消灾。晏婴说："没用处，只能招来欺罔。天道不可怀疑,不能使它改变运行,为什么要禳祭?况且天上出现彗星,是用来扫除污秽的。国君没有污秽的德行,又何必禳祭呢?要是德行污秽,禳祭又能减轻什么?《诗》说:‘就是这位周文王,小心翼翼真善良。光明正大事上帝,求取福禄无限量。他的德行顺天命,各国归附民所望。’国君没有违背上天的恶德,四方国家将会前来归顺,对彗星又有什么可害怕的呢?有《诗》说:‘我没什么可作借鉴,要有就是夏后和商。因为政事混乱,百姓终致流亡。’如果德行违背天命而混乱,人民将要流亡,祝史的作为也无法补救。”齐景公认为他说得对,就停止祭祷。

26.11　齐侯与晏子坐于路寝[①]。公叹曰:“美哉室!其谁有此乎[②]?”晏子曰:“敢问,何谓也?”公曰:“吾以为在德[③]。”对曰:“如君之言,其陈氏乎[④]!陈氏虽无大德,而有施于民。豆、区、釜、钟之数[⑤],其取之公也薄[⑥],其施之民也厚[⑦]。公厚敛焉,陈氏厚施焉,民归之矣。《诗》曰:‘虽无德与女,式歌且舞[⑧]。’陈氏之施,民歌舞之矣。后世若少惰[⑨],陈氏而不亡[⑩],则国其国也已[⑪]。”公曰:“善哉!是可若何?”对曰:“唯礼可以已之[⑫]。在礼,家施不及国[⑬],民不迁,农不移,工贾不变,士不滥,官不滔,大夫不收公利[⑭]。”公曰:“善哉!我不能矣。吾今而后知礼之可以为国也。”对曰:“礼之可以为国也久矣,与天地并[⑮]。君令臣共[⑯],父慈子孝,兄爱弟敬,夫和妻柔,姑慈妇听[⑰],礼也。君令而不违,臣共而不贰;父慈而教,子孝而箴[⑱];兄爱而友[⑲],弟敬而顺;夫和而义[⑳],妻柔而正[㉑];姑慈而从[㉒],妇听而婉[㉓]:礼之善物也。”公曰:“善哉!寡人今而后闻此礼之上也[㉔]。”对曰:“先王所禀于天地,以为其民也，是以先王上之㉕。"

【注释】

①路寝：齐景公正厅。

②美哉室！其谁有此乎：齐景公直到晚年未立太子，因此叹惜宫室虽美，不知死后为谁所有。

③吾以为在德：有德者将据有此宫室。

④如君之言，其陈氏乎：陈氏将代为齐君。

⑤豆、区、釜、钟：都是古代量器。

⑥取之公：在采邑中收取赋税。采邑为公所赐，谦言取之公。薄：谓以公量收税。

⑦其施之民也厚：指陈氏以公量收，以私量贷。陈氏私量比公量大，参见昭公三年《传》。

⑧虽无德与女，式歌且舞：引《诗》见《诗经·小雅·车辖》，意思是虽无大德与人，也当博得人们的歌颂。式，当。

⑨后世：指齐君的后代。

⑩而：如果。

⑪国其国：即齐国将为陈氏所有。

⑫已之：阻止陈氏代齐。

⑬在礼，家施不及国：家族的施舍不能扩大到国内。这是针对陈氏的遍施于民而言。

⑭"民不迁"六句：百姓安居乐业，臣子慎守其职，不贪财作福。不变，不变其业。不滥，不失职。不滔，不怠慢。公利，公家之利。

⑮礼之可以为国也久矣，与天地并：礼存在长久，有天地则有礼。

⑯共：通"恭"。

⑰姑：婆婆。妇：媳妇。

⑱箴(zhēn)：谏诫。

⑲友：友善。

⑳义：通“宜”，合理。

㉑正：正直。

㉒从：听从规劝。

㉓婉：委婉陈词。

㉔上：崇尚。

㉕先王所禀于天地，以为其民也，是以先王上之：礼可以治理国家，与天地并，所以先王崇尚它，从天地那里继承了礼，以治理百姓。禀，承受。

【译文】

齐景公和晏婴坐在正厅中。景公感叹道：“多美丽的宫室啊！谁将会拥有它呢？”晏婴说：“敢问国君的意思是什么？”景公说：“我认为它将转入有德者的手里。”晏婴回答说：“要按国君所说的，恐怕是陈氏吧！陈氏虽然没有大的德行，但对百姓有所施与。豆、区、釜、钟的容量，陈氏从公田中征税时用小的，施与民众时用大的。公室征税多，陈氏施与多，人民都归向他了。《诗》说：‘虽然没有美德给予你，也应唱歌又跳舞。’陈氏的施与，人民已经为之载歌载舞了。您的后代如果稍有怠惰，陈氏又不灭亡，那么国家就变为他的国家了。”景公说：“说得好啊！那该怎么办？”晏婴回答说：“唯有礼可以制止这事发生。要是合于礼，家族的施与就不能扩大到国内，民众不迁移，农夫不搬迁，商贾不改行，士人不失职，官员不怠慢，大夫不占取公家的利益。”景公说：“说得对！但我不能做到了。我现在知道礼可以用来治理国家了。”晏婴回答说：“礼可以用来治理国家已经很久，它和天地同样长久。国君发令臣下恭从，父亲慈爱儿子孝顺，哥哥仁爱弟弟恭敬，丈夫和顺妻子温柔，婆婆仁慈媳妇听话，这是礼。国君发令而没有违背，臣下恭敬而无二心；父亲慈爱而能教诲，儿子孝顺而能箴劝；哥哥仁爱而友善，弟弟恭敬而顺服；丈夫和蔼而合理，妻子温柔而正派；婆婆仁慈而听从规劝，媳妇听话而委婉陈辞：这是礼中的上乘。”景公说：“好啊！寡人现在知道礼应该加以崇尚了。”晏婴回答说：“先王从天地那里继承了礼，以治理百姓，所以先王崇尚它。”

二十七年

【经】

27.1 二十有七年春①，公如齐②。

27.2 公至自齐，居于郓。

27.3 夏四月，吴弑其君僚③。

27.4 楚杀其大夫郤宛。

27.5 秋，晋士鞅、宋乐祁犁、卫北宫喜、曹人、邾人、滕人会于扈④。

27.6 冬十月，曹伯午卒⑤。

27.7 邾快来奔⑥。

27.8 公如齐。

27.9 公至自齐，居于郓。

【注释】

①二十有七年：鲁昭公二十七年当周敬王五年，前515。

②公如齐：昭公自郓前往齐国。

③吴弑其君僚：吴公子光刺杀吴王僚。

④晋士鞅、宋乐祁犁、卫北宫喜、曹人、邾人、滕人会于扈：诸侯商量戍守成周与纳昭公之事。扈，郑国地名，在今河南原阳西。

⑤曹伯午卒：曹悼公去世。

⑥邾快：邾国大夫。

【译文】

鲁昭公二十七年春，昭公到齐国去。

昭公从齐国回来，住在郓地。

夏四月，吴国杀死本国国君僚。

楚国杀死本国大夫郤宛。

秋，晋国士鞅、宋国乐祁犁、卫国北宫喜、曹国人、邾国人、滕国人在扈地相会。

冬十月，曹悼公午去世。

邾快逃来鲁国。

昭公再去齐国。

昭公从齐国回来，还住在郓。

【传】

27.1　二十七年春，公如齐。公至自齐，处于郓，言在外也[①]。

【注释】

①言在外也：这是解释《经》文的意思。郓地去年为齐所占，昭公虽然住在这里，但已属齐地，"言在外"即指昭公住在国都以外。

【译文】

鲁昭公二十七年春，昭公去齐国。昭公从齐国回来住在郓地，是说他住在国都以外。

27.2　吴子欲因楚丧而伐之[①]，使公子掩馀、公子烛庸帅师围潜[②]。使延州来季子聘于上国[③]，遂聘于晋，以观诸侯[④]。楚莠尹然、王尹麇帅师救潜[⑤]，左司马沈尹戌帅都君子与王马之属以济师[6],与吴师遇于穷[7]。令尹子常以舟师及沙汭而还[8]。左尹郤宛、工尹寿帅师至于潜,吴师不能退[9]。

【注释】

①吴子欲因楚丧而伐之:去年楚平王死。

②掩馀、烛庸:都是吴王僚同母弟弟。潜:古地名。在今安徽霍山东北。

③延州来季子:即季札,本封延陵,后又封州来,故称延州来。上国:吴对中原各国的尊称。

④遂聘于晋,以观诸侯:与晋国结好,以为援助,并观察诸侯的强弱与态度。

⑤莠尹、王尹:楚国官名。然、麇:二人名。

⑥都君子:居于下边都邑的贵族子弟。王马之属:楚王养马官属。按,二者本不服兵役,因事急而征发他们。济师:增援。

⑦穷:古地名。在今安徽霍邱西南。

⑧沙汭:沙水入淮口,在今安徽怀远东北。

⑨吴师不能退:楚国穷之师在前阻挡,到达潜的军队断了吴军的后路,前后夹攻,吴军进退维谷。

【译文】

吴王想借楚国丧事的机会讨伐它,派公子掩馀、公子烛庸领兵包围潜邑。派延州来季子到中原各国聘问,先去晋国聘问,借此观察诸侯的情况。楚国莠尹然、王尹麇率兵救援潜邑,左司马沈尹戌带领都邑的贵族子弟组成的亲兵和王马的部属去增援,与吴军在穷地相遇。令尹子常带着水军到沙汭后就回师。左尹郤宛、工尹寿带兵到达潜,吴军被阻不能退却。

吴公子光曰:"此时也[1],弗可失也。"告鱄设诸曰:"上国有言曰‘不索，何获’②。我，王嗣也，吾欲求之③。事若克，季子虽至，不吾废也④。”鲊设诸曰：“王可弑也。母老、子弱，是无若我何⑤？”光曰：“我，尔身也⑥。”

【注释】

①时：夺取王位的时机。此时吴国大军在外，国内空虚。

②不索，何获：现在不求取，更待何时？

③我，王嗣也，吾欲求之：吴王寿梦生四个儿子：诸樊、馀祭、夷昧、季札，兄弟相约兄终弟继，轮到季札时，季札不受，夷昧庶兄僚继父而立。公子光为夷昧之子，认为季札不受，当由自己嗣立。

④季子虽至，不吾废也：即便季札聘晋归来，也无妨害。

⑤母老、子弱，是无若我何：母老子弱，无法处理，就把他们托付给公子光。

⑥我，尔身也：我身即你身。公子光表示接受托付。

【译文】

吴国公子光说：“现在是机会，不能失去。”告诉鲊设诸说：“中原国家有句话说‘不去寻求，怎能得到’。我是王位的继承者，我想得到它。事情要是成功，季札即便回来，也不可能废掉我。”鲊设诸说：“吴王可以杀掉。但我母亲年老儿子幼小，要是我死了他们怎么办？”公子光说：“我就是你。”

夏四月，光伏甲于堀室而享王①。王使甲坐于道及其门②。门、阶、户、席，皆王亲也③，夹之以铍④。羞者献体改服于门外⑤。执羞者坐行而入⑥，执铍者夹承之，及体，以相授也⑦。光伪足疾，入于堀室⑧。鲊设诸置剑于鱼中以进⑨，抽剑刺王，铍交于胸⑩，遂弑王。阖庐以其子为卿⑪。

【注释】

①甲:武士。堀室:地下室。

②王使甲坐于道及其门:吴王僚布置甲士待在道路两旁一直到公子光门口。以此备非常之变。坐,待。

③门、阶、户、席,皆王亲也:由门至阶,由阶至户内之席,都是吴王僚的亲兵。

④夹之以铍(pī):以剑夹着。铍,剑。吴王僚防备森严。

⑤羞者献体改服于门外:进食者在门外解衣检查,更换衣服,才能入内。羞者,进食的人。献体,露体更衣。

⑥执羞者:进食者。坐行:膝行。

⑦执铍者夹承之,及体,以相授也:吴王僚亲兵用剑夹着进食者,剑刃几乎碰到进食者的身体,然后才将菜递给吴王僚身旁侍者,由侍者献上。

⑧光伪足疾,入于堀室:公子光怕事发被吴王僚亲兵所杀,先避入地下室。

⑨置剑于鱼中:藏剑于全鱼腹中。

⑩铍交于胸:鱄设诸刺王,同时自己也被杀。

⑪阖庐以其子为卿:阖庐任命鱄设诸的儿子为卿。这是公子光继位后的事。阖庐,即公子光。公子光即位后改名阖庐。

【译文】

夏四月,公子光在地下室埋伏甲士而设享礼宴请吴王。吴王派甲士遍布道路两边直到公子光家门口。大门、台阶、内室门、酒席边,都是吴王的亲兵,都持剑而立。上菜的人要在门外脱光衣服改换另外的衣服。端菜的人膝行而入,持剑甲士夹着他,剑尖都快要顶到身体,然后递上菜给侍者。公子光假装脚疾,躲进地下室。鱄设诸把剑藏在鱼腹中端进去,抽出剑猛刺吴王,自己也被两旁的剑交叉刺入胸部,结果还是刺死吴王。阖庐任命鱄设诸的儿子为卿。

季子至,曰:“苟先君无废祀[①],民人无废主[②],社稷有奉,国家无倾,乃吾君也,吾谁敢怨[③]?哀死事生[④],以待天命。非我生乱,立者从之[⑤],先人之道也。”复命哭墓[⑥],复位而待[⑦]。吴公子掩馀奔徐,公子烛庸奔钟吾[⑧]。楚师闻吴乱而还[⑨]。

【注释】

①先君无废祀:不废弃先君的祭祀。

②民人无废主:百姓不废弃国君。

③“社稷有奉”四句:阖庐杀君自立,既成事实,季札只有承认。

④死:指王僚。生:指阖庐。

⑤立者从之:谁立为君,就服从谁。

⑥复命哭墓:聘晋为吴王僚所遣,所以到吴王僚墓前报告使命。

⑦复位而待:回到原来的位子,等待阖庐之命。

⑧吴公子掩馀奔徐,公子烛庸奔钟吾:徐、钟吾都是小国。钟吾,古地名。在今江苏宿迁东北。昭公三十年,因接纳吴公子,二国为吴国所灭。

⑨楚师闻吴乱而还:吴乱,楚国径自撤兵。

【译文】

季札回到国内,说:“如果先君的祭祀不被废除,民众不废弃君主,社稷之神有人供奉,国家不会倾覆,那么他就是我的国君,我又敢怨恨谁呢?我将哀悼死者事奉生者,以待天命。不是我发起动乱,谁做国君我就服从谁,这是祖先的常规。”于是到吴王僚墓前复命哭泣,回到自己的职位等待命令。吴国公子掩馀逃往徐国,公子烛庸出逃钟吾国。楚军得知吴国内乱便撤军。

27.3　郤宛直而和[①]，国人说之[②]。鄢将师为右领[③]，与费无极比而恶之[④]。令尹子常贿而信谗，无极谮郤宛焉[⑤]，谓子常曰："子恶欲饮子酒[⑥]。"又谓子恶："令尹欲饮酒于子氏。"子恶曰："我，贱人也，不足以辱令尹[⑦]。令尹将必来辱，为惠已甚[⑧]。吾无以酬之[⑨]，若何？"无极曰："令尹好甲兵，子出之，吾择焉[⑩]。"取五甲五兵[⑪]，曰："置诸门，令尹至，必观之，而从以酬之[⑫]。"及飨日，帷诸门左[⑬]。无极谓令尹曰："吾几祸子。子恶将为子不利，甲在门矣，子必无往[⑭]！且此役也[⑮]，吴可以得志[⑯]，子恶取赂焉而还，又误群帅，使退其师，曰'乘乱不祥'[⑰]，吴乘我丧，我乘其乱，不亦可乎？"令尹使视郤氏，则有甲焉[⑱]。不往，召鄢将师而告之[⑲]。将师退，遂令攻郤氏，且爇之[⑳]。子恶闻之，遂自杀也。国人弗爇[㉑]，令曰："不爇郤氏，与之同罪。"或取一编菅焉，或取一秉秆焉[㉒]，国人投之，遂弗爇也[㉓]。令尹炮之[㉔]，尽灭郤氏之族党，杀阳令终与其弟完及佗，与晋陈及其子弟[㉕]。晋陈之族呼于国曰："鄢氏、费氏自以为王[㉖]，专祸楚国，弱寡王室，蒙王与令尹以自利也[㉗]。令尹尽信之矣，国将如何？"令尹病之[㉘]。

【注释】

①直而和：正直而温和。

②说：同"悦"。

③右领：楚国官名。

④比(bǐ)：勾结。

⑤令尹子常贿而信谗，无极谮郤宛焉：费无极勾结鄢将师，设圈套挑拨子常与郤宛的关系。贿，贪求贿赂。

⑥子恶欲饮子酒：说郤宛打算请子常喝酒。子恶，即郤宛，也即子氏。

⑦辱：让令尹屈尊前来。

⑧令尹将必来辱，为惠已甚：令尹光临，恩惠极大。

⑨酬：奉献礼物以为报答。

⑩令尹好甲兵，子出之，吾择焉：为郤宛挑选好的甲兵，以备献给子常。

⑪五兵：五种兵器。

⑫置诸门，令尹至，必观之，而从以酬之：这是费无极告诉郤宛如何做。

⑬帷诸门左：郤宛按费无极所教的办，将五甲五兵放在门边帷帐里。

⑭子必无往：暗示郤宛将谋杀子常。

⑮且此役也：指前文楚国救潜抗吴之役。

⑯吴可以得志：楚国本可战胜吴国。

⑰“子恶取赂焉而还”四句：意思是指郤宛退兵，是受了吴人的贿赂，而假意说是吴有内乱，不要乘人之危。

⑱令尹使视郤氏，则有甲焉：子常信谗，相信了费无极的话。

⑲召鄢将师而告之：告诉鄢将师郤宛要害自己。

⑳爇(ruò)：焚烧。

㉑国人弗爇：郤宛得到国人的拥护，国人不焚烧其家。

㉒或取一编菅(jiān)焉，或取一秉秆焉：编菅和秆都是用来烧郤宛的。编菅，盖屋的茅草。菅，茅草。一秉，一把。秆，禾茎。

㉓国人投之，遂弗爇也：国人夺走编菅和秆，不让烧郤宛家。

㉔炮之：焚烧郤宛家。

㉕杀阳令终与其弟完及佗，与晋陈及其子弟：以上诸人都是郤宛的同党。阳令终，令尹子瑕阳匄的儿子。晋陈，楚国大夫。

㉖鄢氏、费氏自以为王:当时楚昭王年幼,二人横行无忌,以君王自居。

㉗蒙:欺骗,蒙蔽。

㉘令尹病之:费无极的倒行逆施,已引起众怒,令尹子常感到担心。

【译文】

郤宛为人正直而温和,国人很喜欢他。鄢将师任右领,与费无极朋比为奸而憎恨郤宛。令尹子常贪财而听信谗言,费无极就进谗诬陷郤宛,对子常说:"郤宛打算请您喝酒。"又对郤宛说:"令尹想到你家喝酒。"郤宛说:"我是地位低贱的人,不配令尹屈尊前来。令尹一定要屈尊光临,对我的恩惠实在太大。我没什么可以回报,怎么办?"费无极说:"令尹喜好皮甲兵器,你拿出来,我帮你挑选。"郤宛取出五副皮甲、五件兵器,费无极说:"把它们放在门口,令尹来了,一定会观看,就乘机送给他。"到了请客的日子,郤宛把甲兵放在门左边的帷幕里。无极对令尹说:"我差一点儿害了您。郤宛准备对您下毒手,皮甲都安放在门边了,您千万不要去!况且这次潜地的战役,我国本来可以得胜,但因郤宛接受了贿赂而撤军,又误导各位将领,让他们退兵,说:'乘别人有动乱而进击是不吉祥的。'其实吴国乘我们有丧事,我们乘其动乱,不也是可行的吗?"令尹派人去郤宛家察看,果然有皮甲在。就不去,并召来鄢将师告知情况。鄢将师退出后,就下令进攻郤宛,并且放火烧房。郤宛得知消息,就自杀了。民众不肯放火烧房,鄢将师下令说:"不烧郤宛家的,和郤宛一同治罪。"有的人拿来一张盖屋的茅草,有的人拿来一把稻草,民众都把它扔掉了,因此没有烧起来。令尹派人烧了郤宛家,把郤氏族人全都杀掉,还杀了阳令终与他的弟弟完、佗,以及晋陈和他的子弟。晋陈的族人在国都大喊:"鄢氏、费氏以君王自居,专权而祸乱楚国,削弱孤立王室,蒙骗楚王和令尹来为自己谋利。令尹已完全相信他们了,国家将要怎么办?"令尹听了很担心。

27.4　秋，会于扈，令戍周，且谋纳公也。宋、卫皆利纳公，固请之。范献子取货于季孙，谓司城子梁与北宫贞子曰[①]：“季孙未知其罪，而君伐之[②]。请囚、请亡，于是乎不获，君又弗克，而自出也。夫岂无备而能出君乎[③]？季氏之复[④]，天救之也。休公徒之怒，而启叔孙氏之心[⑤]。不然，岂其伐人而说甲执冰以游[⑥]？叔孙氏惧祸之滥[⑦]，而自同于季氏，天之道也[⑧]。鲁君守齐，三年而无成。季氏甚得其民，淮夷与之，有十年之备[⑨]，有齐、楚之援[⑩]，有天之赞，有民之助，有坚守之心，有列国之权[⑪]，而弗敢宣也，事君如在国[⑫]。故鞅以为难[⑬]。二子皆图国者也[⑭]，而欲纳鲁君，鞅之愿也，请从二子以围鲁。无成，死之[⑮]。”二子惧，皆辞。乃辞小国，而以难复[⑯]。

【注释】

①司城子梁：宋国乐祁。北宫贞子：卫国北宫喜。

②季孙未知其罪，而君伐之：言外之意是无罪被伐。

③夫岂无备而能出君乎：如果昭公是季氏赶走，季氏必然是早有准备，现在季氏无备，说明不是季氏逐君，是昭公自己出走。

④季氏之复：季氏被伐、请囚、请亡，都没有失去权势和地位。

⑤休公徒之怒，而启叔孙氏之心：止住了昭公亲兵之怒，却启发了叔孙氏之心。休，平息。

⑥岂其伐人而说甲执冰以游：指叔孙氏救季氏时，昭公之兵毫无斗志。

⑦祸之滥：指祸延及自己。

⑧而自同于季氏，天之道也：以上事见昭公二十五年《传》。

⑨淮夷与之，有十年之备：淮夷支持季氏，可打十年。淮夷，鲁国东部夷人。

⑩有齐、楚之援:昭公虽在齐国,但齐国并不真心支持昭公,季氏反而得齐、楚之援。

⑪有列国之权:季氏的权势有如列国诸侯。

⑫而弗敢宣也,事君如在国:昭公虽出逃,但季氏不敢另立国君,仍然事奉昭公。宣,用。

⑬鞅:范鞅,范献子。

⑭图国者:能为国打算的人。

⑮无成,死之:围鲁失败,就得死难。按,晋国正值卿大夫专权,也正在取代公室,形势与鲁国相似,执政的范献子又得了季氏的贿赂,所以用危言恐吓宋、卫二国,阻拦护送昭公回国。

⑯乃辞小国,而以难复:以事情难办报告晋顷公。

【译文】

秋,诸侯在扈地相会,下令戍守成周,并且商议送回昭公。宋国、卫国都认为送回昭公对自己有利,坚决请求这样做。范献子从季孙那里得到财礼,对司城子梁和北宫贞子说:"季孙并不知道有什么罪,国君却攻打他。季孙自请囚禁、逃亡,当时都没有获准,国君又没能战胜他,而是自己出走了。难道没有防备而能赶走国君吗?季氏恢复原位,是上天救了他。平息了昭公亲兵的愤怒,而启发叔孙氏的心意。不然的话,为什么那些人攻打别人反而脱下皮甲手拿箭筒在那里游荡?叔孙氏害怕祸难波及自己,因而自愿站在季氏一边,是上天的意志。鲁国国君请求齐国帮助,三年没有成功。季氏很受民众拥护,淮夷亲附他,已做好十年的准备,有齐国、楚国的后援,有上天的帮助,有民众的支持,有坚守的决心,有列国一般的权势,而不敢专权,事奉国君就如同国君还在国都那样,所以我认为这事很难办。二位都是为国家着想的人,把鲁国国君送回国也是我的愿望,请求随从二位去包围鲁国。要是不成功,就死在那儿。"二人害怕了,都辞谢了。于是辞退小国,而以事情难办回复晋顷公。

27.5　孟懿子、阳虎伐郓[①]。郓人将战，子家子曰："天命不慆久矣[②]，使君亡者，必此众也[③]。天既祸之，而自福也，不亦难乎[④]！犹有鬼神，此必败也。呜呼！为无望也夫！其死于此乎！"公使子家子如晋，公徒败于且知[⑤]。

【注释】

①孟懿子、阳虎伐郓：昭公居郓，二人伐郓，准备抢夺昭公。阳虎，即阳货，季氏家臣。杨伯峻曰："据昭十一年《传》，孟懿子生，则此年尚不足十六岁，盖阳虎为主，孟懿子以卿位为名耳。疑季氏闻扈之会，谋纳昭公，而昭公居郓，故先伐之。"

②不慆：无可怀疑，指天助季氏。慆、谄二字通用，疑。

③使君亡者，必此众也：料定迎战必败，昭公连郓也保不住。此众，指将迎战的一伙人。

④天既祸之，而自福也，不亦难乎：天不助昭公，而想迎战侥幸求福，实不可能。按，杨伯峻指出，子家羁以昭公之出归于天命，实则当时的形势是，昭公其人实处劣势，其人又不足以有为，看他十九岁仍有童心，并且屡次不采纳子家羁的建议，就可以知道了。

⑤公徒败于且知：昭公属下不听子家羁的劝告，迎战阳虎，果然失败。且知，古地名。在郓地附近。

【译文】

孟懿子、阳虎攻打郓邑。郓邑人准备出战，子家羁说："天命无可怀疑已经很久了，让国君逃亡的，一定是这些人。上天已经降祸给国君，而要自求其福，不也很难吗！要是有鬼神，这一战必然失败。天哪！没有希望了吧！也许要死在这里了！"昭公派子家羁去晋国，昭公的亲兵在且知被打败。

27.6 楚郤宛之难，国言未已[①]，进胙者莫不谤令尹[②]。沈尹戌言于子常曰："夫左尹与中厩尹[③]，莫知其罪，而子杀之[④]，以兴谤讟[⑤]，至于今不已。戌也惑之：仁者杀人以掩谤[⑥]，犹弗为也。今吾子杀人以兴谤而弗图，不亦异乎[⑦]？夫无极，楚之谗人也，民莫不知。去朝吴[⑧]，出蔡侯朱[⑨]，丧大子建，杀连尹奢[⑩]，屏王之耳目[⑪]，使不聪明[⑫]。不然，平王之温惠共俭，有过成、庄，无不及焉[⑬]，所以不获诸侯，迩无极也[⑭]。今又杀三不辜[⑮]，以兴大谤，几及子矣。子而不图，将焉用之[⑯]？夫鄢将师矫子之命[⑰]，以灭三族。三族，国之良也，而不愆位[⑱]。吴新有君，疆埸日骇[⑲]，楚国若有大事[⑳]，子其危哉！知者除谗以自安也，今子爱谗以自危也，甚矣，其惑也[㉑]！"子常曰："是瓦之罪[㉒]，敢不良图[㉓]！"九月己未[㉔]，子常杀费无极与鄢将师，尽灭其族，以说于国。谤言乃止。

【注释】

①国言未已：国内怨言不息。

②进胙(zuò)者莫不谤令尹：有资格分得胙肉者都指责令尹子常。胙，祭肉。诸侯祭祀，祭后必分祭肉给卿大夫。

③左尹：郤宛。中厩尹：阳令终。

④莫知其罪，而子杀之：指二人无辜被杀。莫，无人。

⑤谤讟(dú)：怨言。

⑥掩谤：掩盖谤怨。

⑦今吾子杀人以兴谤而弗图，不亦异乎：杀人兴谤，却不考虑补救办法，实在奇怪。

⑧去朝吴：朝吴本是蔡国大夫，又有功于楚平王，费无极怕他有宠，

昭公十五年设计使蔡人逐朝吴。

⑨出蔡侯朱：昭公二十一年，费无极收受蔡侯朱的叔父东国的贿赂，恐吓蔡人，使之出朱而立东国。

⑩杀连尹奢：昭公二十年，费无极诬陷伍奢与太子建将以方城之外叛而杀伍奢与其子伍尚。连尹奢，即伍奢。

⑪屏：遮挡。

⑫聪明：耳听得清为聪，眼看得清为明。

⑬平王之温惠共俭，有过成、庄，无不及焉：平王温和仁慈恭敬节俭超过成王、庄王。

⑭所以不获诸侯，迩无极也：不能称霸，因为亲近费无极。迩，接近。

⑮三不辜：指郤氏、阳氏、晋陈氏。

⑯焉用之：何必用令尹。

⑰矫：假传。

⑱不愆(qiān)位：在位没过错。

⑲疆埸日骇：楚、吴二国边境日益紧张。骇，惊惧。

⑳大事：指战争。

㉑今子爱谗以自危也，甚矣，其惑也：按，沈尹戌历数费无极的罪状，请杀掉费无极和鄢将师。

㉓瓦：囊瓦，字子常。

㉓良图：好好考虑。

㉔己未：十四日。

【译文】

楚国郤宛的祸难，国内怨言不断，凡有资格分胙肉的人没有不指责令尹的。沈尹戌对令尹子常说：“左尹和中厩尹无人知晓其罪，而你却杀了他们，招致怨言，直到现在还没止息。我感到很困惑：仁爱者用杀人来掩盖指责，尚且不可这样做。现在您杀了人而招致指责，却不考虑补救，这不奇怪吗？况且费无极是楚国的谗佞小人，民众无人不知。他除掉朝吴，赶走蔡侯朱，丧失太子建，杀了连尹奢，蒙蔽君王的耳目，让他耳不聪眼不明。不然的话，平王的温和恭俭，超过了成王、庄王，而没有不及之处，他所以得不到诸侯的拥护，就是因为亲近费无极。现在又杀了三个无辜者，引起极大不满，几乎要拖累您了。您如果不考虑解决，还用您这位令尹干什么？鄢将师假传您的命令，灭了三族。这三族是国家的良材，在位并没有过错。吴国刚刚立了新君，边境日益紧张，楚国如果发生战事，您可就危险了！聪明人去除谗佞者以使自己安全，现在您却喜爱进谗者而使自己危险，您也太过昏聩糊涂了！”子常说：“的确是我的罪过，怎敢不好好考虑！”九月十四日，子常杀了费无极和鄢将师，灭绝其宗族，以取悦于国人，指责的言论才平息下来。

27.7　冬，公如齐，齐侯请飨之[①]。子家子曰：“朝夕立于其朝，又何飨焉？其饮酒也[②]。”乃饮酒，使宰献[③]，而请安[④]。子仲之子曰重[⑤]，为齐侯夫人，曰：“请使重见。”子家子乃以君出[⑥]。

【注释】

①公如齐，齐侯请飨之：昭公属下败于且知，昭公又回到齐国。

②朝夕立于其朝，又何飨焉？其饮酒也：古代飨礼最隆重，只在诸侯聘问时使用，现在昭公在齐，如同寓公，常在齐国朝廷，所以子家羁认为不必用飨礼，改用宴礼饮酒为好。

③使宰献：诸侯相饮，应该互相酌酒饮客，现在让宰臣向昭公敬酒，是将昭公当臣子看待。

④请安：齐景公请求退席离开，也是对昭公不尊重。

⑤子仲：鲁国公子慭，昭公十二年谋逐季氏失败而逃亡齐国。重，

子仲女儿。

⑥子家子乃以君出：齐景公想让夫人见昭公，也是不恭敬，所以子家羁带着昭公出去，避而不见。

【译文】

冬，昭公前往齐国，齐景公准备设飨礼招待他。子家羁说："每天早晚都在齐国的朝廷上，又设飨礼做什么？还是喝酒吧。"于是喝酒，景公让宰臣给昭公献酒，自己则请求退席。子仲的女儿名重，是齐景公夫人，说："请允许重出来见您。"子家羁就带着昭公退席了。

27.8　十二月，晋籍秦致诸侯之戍于周，鲁人辞以难[①]。

【注释】

①晋籍秦致诸侯之戍于周，鲁人辞以难：晋国送戍卒到成周，鲁国以国难为由拒绝派戍卒。籍秦，晋国大夫籍谈之子。

【译文】

十二月，晋国籍秦命令诸侯把戍卒送往成周，鲁国托言有祸难而推辞派兵。

二十八年

【经】

28.1　二十有八年春王三月[①]，葬曹悼公。

28.2　公如晋，次于乾侯[②]。

28.3　夏四月丙戌[③]，郑伯宁卒[④]。

28.4　六月，葬郑定公。

28.5　秋七月癸巳[⑤]，滕子宁卒[⑥]。

28.6　冬，葬滕悼公。

【注释】

①二十有八年：鲁昭公二十八年当周敬王六年，前514。

②公如晋，次于乾(gān)侯：昭公到晋国，请求回到鲁国，晋国让他住在乾侯。乾侯，古地名。在今河北成安东南。

③丙戌：十四日。

④郑伯宁卒：郑定公去世。

⑤癸巳：二十三日。

⑥滕子宁卒：滕悼公去世。

【译文】

鲁昭公二十八年春周历三月，安葬曹悼公。

昭公到晋国去，在乾侯停留。

夏四月十四日，郑定公宁去世。

六月，安葬郑定公。

秋七月二十三日，滕悼公宁去世。

冬，安葬滕悼公。

【传】

28.1 二十八年春，公如晋，将如乾侯[①]。子家子曰："有求于人，而即其安[②]，人孰矜之[③]？其造于竟[④]。"弗听，使请逆于晋[⑤]。晋人曰："天祸鲁国，君淹恤在外。君亦不使一个辱在寡人[⑥]，而即安于甥舅，其亦使逆君[⑦]？"使公复于竟，而后逆之[⑧]。

【注释】

①将如乾侯：昭公在齐国受辱，所以赴晋国，准备先往乾侯。

②即其安：安养于齐国。

③人孰矜之：既有求于晋，又安居于齐，不会得到人家的同情。矜，怜惜，同情。

④其造于竟：子家羁建议先到边境上等着。造，往。竟，通“境”。

⑤使请逆于晋：昭公要晋国派人迎接自己到晋都。

⑥一个：指使者。在：问候。

⑦而即安于甥舅，其亦使逆君：晋国责怪昭公，既然安于齐，应当让齐人相迎，何必让晋人迎接？甥舅，这里指齐国。因为齐、鲁常为婚姻，所以互为甥舅。

⑧使公复于竟，而后逆之：晋国让昭公回到鲁境，然后派人迎至乾侯，并未至晋都。

【译文】

鲁昭公二十八年春，昭公前往晋国，将要到达乾侯。子家羁说：“有求于人，却心安理得地住在其他国家，有谁会来同情你？还是在边境等待为好。”昭公不听，派人请求晋国来迎接。晋国人说：“上天祸降鲁国，国君淹留在外。国君也不派一个使者屈尊来问候寡人，而是安稳地住在有甥舅之亲的齐国，难道还要派人去齐国迎接国君吗？”让昭公回到鲁国边境上，再派人迎接。

28.2　晋祁胜与邬臧通室[①]。祁盈将执之，访于司马叔游[②]。叔游曰：“《郑书》有之：‘恶直丑正，实蕃有徒[③]。’无道立矣，子惧不免[④]。《诗》曰：‘民之多辟，无自立辟[⑤]。’姑已，若何[⑥]？”盈曰：“祁氏私有讨，国何有焉[⑦]？”遂执之[⑧]。祁胜赂荀跞，荀跞为之言于晋侯。晋侯执祁盈。祁盈之臣曰：“钧将皆死[⑨]，慭使吾君闻胜与臧之死也以为快[⑩]。”乃杀之。夏六月，晋杀祁盈及杨食我[⑪]。食我，祁盈之党也，而助乱，故杀之。遂灭祁氏、羊舌氏[⑫]。

【注释】

①晋祁胜与邬臧通室：祁胜和邬臧互相与对方妻子通奸。祁胜、邬臧，都是祁盈家臣。

②访：征求意见。司马叔游：女叔齐之子。

③恶直丑正，实蕃有徒：意思是嫉恶正直的人多得是。丑、恶，同义词。蕃，众多。徒，同类。

④无道立矣，子惧不免：世道衰乱，谗人得势，只怕不免于祸。

⑤民之多辟，无自立辟：引《诗》见《诗经·大雅·板》，意思是民众已多邪恶，不要自己再陷于邪恶。辟，邪恶。

⑥姑已，若何：叔游劝祁盈不要干涉此事。

⑦祁氏私有讨，国何有焉：讨伐自己的家臣，与国事无关。

⑧遂执之：逮捕祁胜、邬臧。

⑨钧将皆死：指杀祁胜与否，都将被杀。钧，同样。

⑩慭(yìn)使吾君闻胜与臧之死也以为快：祁盈手下人认为晋顷公处理此事不公，将杀祁胜、邬臧。慭，宁肯。吾君，指祁盈。

⑪杨食我：叔向儿子伯石。杨，叔向的采邑。

⑫羊舌氏：杨氏。

【译文】

晋国祁胜和邬臧互相和对方妻子通奸。祁盈准备把他们抓起来，向司马叔游征询意见。叔游说："《郑书》有这样的话：'厌恶刚直丑化正派，这类人实在多得很。'如今无道者在位，你恐怕不免于祸患。《诗》说：'民众之中多邪恶，当心自己别陷入。'姑且缓一缓，怎么样？"祁盈说："祁氏以私家的名义讨伐，这与国家有什么关系？"便把他们抓了起来。祁胜买通荀跞，荀跞为他在晋顷公跟前说好话。晋顷公抓了祁盈。祁盈家臣说："同样是一死，宁可让我们的主人听到祁胜和邬臧的死讯快意一下。"就杀了二人。夏六月，晋国杀祁盈和杨食我。杨食我是祁盈同党，帮助祁盈为乱，所以杀了他。于是灭掉祁氏、羊舌氏。

初，叔向欲娶于申公巫臣氏[①]，其母欲娶其党[②]。叔向曰："吾母多而庶鲜，吾惩舅氏矣[③]。"其母曰："子灵之妻杀三夫、一君、一子[④]，而亡一国、两卿矣[⑤]，可无惩乎[⑥]？吾闻之，'甚美必有甚恶'[⑦]，是郑穆少妃姚子之子，子貉之妹也[⑧]。子貉早死，无后，而天钟美于是[⑨]，将必以是大有败也[⑩]。昔有仍氏生女[⑪]，黰黑而甚美，光可以鉴，名曰玄妻[⑫]。乐正后夔取之，生伯封，实有豕心[⑬]，贪婪无餍，忿纇无期[⑭]，谓之封豕[⑮]。有穷后羿灭之，夔是以不祀[⑯]。且三代之亡、共子之废，皆是物也[⑰]。女何以为哉[⑱]？夫有尤物[⑲]，足以移人[⑳]。苟非德义，则必有祸[㉑]。"叔向惧，不敢取。平公强使取之，生伯石[㉒]。伯石始生，子容之母走谒诸姑[㉓]，曰："长叔姒生男[㉔]。"姑视之，及堂，闻其声而还[㉕]，曰："是豺狼之声也。狼子野心，非是，莫丧羊舌氏矣。"遂弗视[㉖]。

【注释】

①叔向欲娶于申公巫臣氏：娶申公巫臣与夏姬所生的女儿。

②娶其党：娶其娘家女儿。按，羊舌氏本是晋国公族，叔向母亲也是姬姓女，所以叔向父亲是与同姓通婚。

③吾母多而庶鲜，吾惩舅氏矣：叔向父亲妻妾多而庶子少，娶舅家女儿不易生子，所以叔向反对。惩，以为鉴戒。

④子灵之妻：夏姬。子灵，申公巫臣。杀三夫：子蛮、夏徵舒之父御叔、连尹襄老。一君：陈灵公。一子：夏徵舒。

⑤一国：指陈国。两卿：孔宁、仪行父。

⑥可无惩乎：夏姬之恶，足以鉴戒。

⑦甚美必有甚恶：貌甚美，其行必甚恶。

⑧子貉：郑灵公。灵公于鲁宣四年立，即为公子归生所杀。

⑨钟：汇集。是：指夏姬。

⑩将必以是大有败也：即“甚美必有甚恶”。

⑪有仍氏：古代诸侯。

⑫黰（zhěn）黑而甚美，光可以鉴，名曰玄妻：因为头发黑亮，光可照人，所以称之为玄妻。黰黑，头发密而黑。黰，即“鬒”，黑发。

⑬实有豕心：心地如猪。

⑭忿纇（lèi）：暴躁乖戾。纇，通“戾”。无期：无极。

⑮封豕：大猪。

⑯夔是以不祀：夔因为娶了有仍氏女儿而灭亡。

⑰且三代之亡、共子之废，皆是物也：夏桀、殷纣、周幽王都因美色而亡，太子申生也因骊姬而废。共子，晋国太子申生，谥共。是物，指美色。

⑱何以为：为何再娶夏姬女儿。

⑲尤物：极美的女人。

⑳移人：改变人的心志。

㉑苟非德义，则必有祸：若非有德之人，娶尤物必有祸殃。按，叔向母亲认为女色为害，反对叔向娶夏姬女儿。

㉒伯石：杨食我。

㉓子容之母：伯华之妻，叔向的嫂子。谒：告诉。姑：叔向母亲。

㉔长叔：指叔向。因为叔向为伯华长弟，嫂子称他为长叔。姒：指叔向的妻子，即夏姬女。按，兄弟之妻，年长者称为姒，年幼者称为娣。长叔姒，即大弟媳妇。

㉕及堂，闻其声而还：未见婴儿，只闻其声。

㉖遂弗视：按，以上补叙杨食我出生的情况。

【译文】

起初，叔向想娶申公巫臣的女儿为妻，他母亲想让他娶自己的族亲。叔向说：“我母亲很多而庶兄弟少，娶舅家女儿不易生子，我引以为戒。”他母亲说：“巫臣的妻子杀死了三个丈夫、一个国君、一个儿子，使一个国家灭亡、两名卿逃亡，能不作为鉴戒吗？我听说，‘特别漂亮者必然有特别丑恶的行径’，夏姬这个女人是郑穆公少妃姚子的女儿，子貉的妹妹。子貉早死，没有后嗣，而上天把美丽汇集在她身上，必然是要用她来狠狠地败坏别人。往昔有仍氏生下一女，头发稠密乌黑，非常美丽，光彩照人，名为玄妻。乐正后夔娶了她，生下伯封，心地和猪一样，贪婪无餍，暴躁乖戾无比，被称为大猪。有穷后羿灭亡了他，夔因此不能得到祭祀。而且三代的灭亡、共子的被废，都是由于美色。你为什么要娶那个女人呢？具有特别姿色的女人，足以使人改变心性。如果不是极有道德正义的人，娶了这样的女人必然有祸患。”叔向怕了，不敢娶那个女人。晋平公强行让他娶了，生下杨食我。杨食我刚生下时，子容的母亲跑去报告婆婆，说：“大弟媳生了个男孩子。”婆婆前往探视，走到堂前，听到孩子的哭声就转身而去，说：“这是豺狼的声音。豺狼般的孩子必然有野心，不是这个人，没有谁能毁掉羊舌氏。”就不去看视。

28.3　秋，晋韩宣子卒，魏献子为政①。分祁氏之田以为七县②，分羊舌氏之田以为三县③。司马弥牟为邬大夫④，贾辛为祁大夫，司马乌为平陵大夫，魏戊为梗阳大夫⑤，知徐吾为涂水大夫，韩固为马首大夫⑥，孟丙为盂大夫，乐霄为铜鞮大夫，赵朝为平阳大夫，僚安为杨氏大夫⑦。谓贾辛、司马乌为有力于王室⑧，故举之；谓知徐吾、赵朝、韩固、魏戊，余子之不失职能守业者也⑨；其四人者，皆受县而后见于魏子，以贤举也⑩。

【注释】

①晋韩宣子卒，魏献子为政：韩起死，魏舒执政。

②七县：邬（在今山西介休东北）、祁（在今山西祁县东南）、平陵（在今山西文水东北）、梗阳（在今山西清徐）、涂水（在今山西榆次）、马首（在今山西平定东南）、盂（在今山西盂县）。

③三县：铜鞮（在今山西沁县南）、平阳（在今山西临汾）、杨氏（在今山西洪洞东南）。

④大夫：县邑长官。

⑤魏戊：魏舒庶子。

⑥韩固：韩起之孙。

⑦僚安为杨氏大夫：按，以上，魏舒将祁氏、杨氏土地分为十个县，由国家直接派官吏管理，把贵族的采邑变成了国家行政区域，实际上是废除分封制，建立郡县制。

⑧谓贾辛、司马乌为有力于王室：昭公二十二年二人率师助敬王。司马乌，司马督。

⑨谓知徐吾、赵朝、韩固、魏戊，余子之不失职能守业者也：以上四人都是庶子。余子，卿的庶子。

⑩其四人者，皆受县而后见于魏子，以贤举也：魏舒任用县大夫，选贤任能，不徇私情。四人，司马弥牟、孟丙、乐霄、僚安。

【译文】

秋，晋国韩宣子去世，魏献子执政。他把祁氏封地分为七个县，把羊舌氏封地分为三个县。任命司马弥牟为邬大夫，贾辛为祁大夫，司马乌为平陵大夫，魏戊为梗阳大夫，知徐吾为涂水大夫，韩固为马首大夫，孟丙为盂大夫，乐霄为铜鞮大夫，赵朝为平阳大夫，僚安为杨氏大夫。认为贾辛、司马乌曾为周王室效力，所以举拔他们；认为知徐吾、赵朝、韩固、魏戊是庶子中能不失职、可保守家业的人；其余四人，都先接受职务而后拜见魏献子，因为他们是由于贤能而被举荐的。

魏子谓成鱄[①]："吾与戊也县，人其以我为党乎[②]？"对曰：

“何也！戊之为人也，远不忘君，近不逼同[3]，居利思义，在约思纯[4]，有守心而无淫行[5]。虽与之县，不亦可乎！昔武王克商，光有天下[6]，其兄弟之国者十有五人，姬姓之国者四十人，皆举亲也[7]。夫举无他，唯善所在，亲疏一也[8]。《诗》曰：‘唯此文王，帝度其心[9]。莫其德音，其德克明[10]。克明克类[11]，克长克君[12]。王此大国，克顺克比[13]。比于文王，其德靡悔[14]。既受帝祉，施于孙子[15]。’心能制义曰度[16]，德正应和曰莫[17]，照临四方曰明[18]，勤施无私曰类[19]，教诲不倦曰长，赏庆刑威曰君[20]，慈和遍服曰顺[21]，择善而从之曰比，经纬天地曰文[22]。九德不愆[23]，作事无悔，故袭天禄[24]，子孙赖之。主之举也，近文德矣，所及其远哉[25]！”

【注释】

①成鱄：晋国大夫。

②吾与戊也县，人其以我为党乎：让魏戊任梗阳大夫，怕有人批评自己“任人唯亲”。

③近不逼同：不以势威逼同事。

④在约思纯：在困穷之中思想纯正，保持操守。约，穷困。

⑤守：指保持礼义。淫行：犯礼行为。

⑥光：通“广”。

⑦其兄弟之国者十有五人，姬姓之国者四十人，皆举亲也：武王分封诸侯，不避亲属。

⑧夫举无他，唯善所在，亲疏一也：举荐人才，唯善是举，不分亲疏。

⑨帝度其心：上帝能知其心。

⑩莫其德音，其德克明：意思是政令清静，便能宣扬其德行。莫，今作“貊”，静。克明，能区分是非。

⑪克类：能区分同类。

⑫克长：能教诲不倦。克君：赏罚严明，人人敬畏。

⑬克顺克比：文王为君，能使四方顺从归附。比，顺从。

⑭比于文王，其德靡悔：归顺文王，其德行无悔恨。

⑮既受帝祉，施于孙子：文王承受上天之福，延及子孙。祉，福。按，从“唯此文王”至“施于孙子”十二句出自《诗经·大雅·皇矣》，是赞美文王德行纯正，能王大国，赐福子孙。

⑯心能制义：内心能制约于道义。

⑰德正应和：德行端正，反应和谐。

⑱照临四方：德能光照四方。

⑲勤施无私：勤于施舍而无私心。

⑳赏庆刑威：赏不僭，故人以为庆；刑不滥，故人以为威。

㉑慈和遍服：慈祥和顺，别人归服。

㉒经纬天地曰文：经纬相错，织成文彩。

㉓九德：即上文“度”、“莫”等九种德行。不愆：无过失。

㉔袭：承受。

㉕主之举也，近文德矣，所及其远哉：所举拔魏戊等人，量才选用无私心；司马弥牟等四人，择善而从。魏舒用人，已接近文德，影响深远，成鱄因此请魏舒不必担心“任人唯亲”之讥。

【译文】

魏献子问成鱄说：“我任命魏戊为县大夫，人们会认为我有偏心吗？”成鱄回答说：“哪里会！魏戊的为人，远不忘记国君，近不逼迫同事，处在有利的地位能想到道义，处在困境时保持操守，有守业的心志而没有放荡的行为。让他管理一个县，不也是可以的吗！昔日武王战胜商朝，广有天下，他的兄弟中得到封国的有十五人，姬姓中得到封国的有四十人，都是举拔的亲属。举拔没有别的要求，只要是善的所在，亲疏都是一样的。《诗》说：‘正是这一位文王，上天使他内心合于道义。道德高尚政清静，四方宣扬其德行。光明公正施政佳，堪称师长好国君。在此大国当君王，能使四方亲顺服。亲附爱戴周文王，德行高尚不悔怨。接受上天赐福祉，恩惠延及子孙长。'内心能受道义的制约叫度，德行端正反应和谐叫莫，光照四方叫明，勤于施舍而无私心叫类，诲人不倦叫长，赏罚严明叫君，慈祥和顺使人一致归服叫顺，选择善人而跟从叫比，经纬天地叫文。这九种德行不出差错，做事情就没有悔恨，所以承袭上天的福禄，子孙得到荫庇。现在您的举荐，已经接近文德了，影响会很深远的啊！"

贾辛将适其县，见于魏子。魏子曰："辛，来！昔叔向适郑，鬷蔑恶①。欲观叔向，从使之收器者，而往②，立于堂下，一言而善③。叔向将饮酒，闻之，曰：'必鬷明也④。'下，执其手以上，曰：'昔贾大夫恶⑤，娶妻而美，三年不言不笑。御以如皋⑥，射雉，获之，其妻始笑而言⑦。贾大夫曰："才之不可以已⑧。我不能射，女遂不言不笑夫！"今子少不扬，子若无言，吾几失子矣⑨。言不可以已也如是⑩！'遂如故知⑪。今女有力于王室，吾是以举女⑫。行乎！敬之哉！毋堕乃力⑬！"

【注释】

①鬷(zōng)蔑：即下文的"鬷明"，又叫然明。恶：面貌丑。

②从使之收器者，而往：鬷蔑随着收拾器具的人前去，想看看叔向。收器者，收拾器具的人。

③立于堂下，一言而善：鬷蔑只说了一句话，却说得很好。

④必鬷明也：叔向早已闻知鬷蔑之贤，现在闻声而知其人。

⑤贾大夫：贾国大夫。恶：貌丑。

⑥御以如皋：贾大夫为妻子驾车前往皋。皋，沼泽地。

⑦射雉，获之，其妻始笑而言：虽然貌丑，但有才，其妻因此开口笑而说话。

⑧才之不可以已：不可无才。

⑨今子少不扬，子若无言，吾几失子矣：鬷蔑其貌不扬，如果再不说话，我二人将失之交臂了。

⑩言不可以已也如是：以上都是叔向的话。

⑪遂如故知：叔向、鬷蔑二人如旧交。

⑫今女有力于王室，吾是以举女：因其有功，才举荐他，意思是人不可无能无才。

⑬行乎，敬之哉！毋堕乃力：勉励贾辛恭敬执行职守，不要出差错，毁了自己的功劳。

【译文】

贾辛将要到祁县上任，拜见魏献子。魏献子说：“贾辛，你过来！昔日叔向到郑国去，鬷蔑长得丑，他想观察叔向，便跟随收拾器皿的人前往，站在堂下，他说了一句话，说得很好。叔向正要喝酒，听到他的话，说：‘这一定是鬷蔑。’就走下堂来，拉着鬷蔑的手让他上堂，说：‘当年贾大夫长得丑，娶的妻却很美丽，三年不说不笑。贾大夫为她驾车去沼泽地，射野雉，射中了，他的妻子才开始笑着说话。贾大夫说：“才能真是不能缺少的，我要是不善射，你就不说不笑了！”现在你相貌不扬，你要是不说话，我差一点儿就错过你了。话语就像这样不能缺少！’于是两人一见如故。现在你为王室出了力，我所以举拔你。去吧！善保恭敬吧！不要毁掉你的功劳！”

仲尼闻魏子之举也，以为义[①]，曰：“近不失亲[②]，远不失举[③]，可谓义矣。”又闻其命贾辛也，以为忠：“《诗》曰‘永言配命，自求多福’，忠也[④]。魏子之举也义，其命也忠，其长有后于晋国乎[⑤]！"

【注释】

①以为义：合于道义。

②近不失亲：魏戊是魏舒的儿子，是亲。

③远不失举：贤者当举而举，是不失举。

④《诗》曰"永言配命，自求多福"，忠也：引《诗》见《诗经·大雅·文王》，意思是永远合于天命，以求取各种福禄，只有忠诚之人才能做到。言，语助词，无义。配命，合于天命。

⑤其长有后于晋国乎：魏舒后代在晋国将长享禄位。

【译文】

孔子听说魏献子举拔贤才的事，认为合乎道义，说："近的不失去亲属，远的不失去应当举拔的人，可以算得上合乎道义了。"又听到他命令贾辛的话，认为体现了忠诚："《诗》说'永远合乎天命，自己求取多种福禄'，只有忠诚之人才能做到。魏献子的举拔合乎道义，他对贾辛的命令体现忠诚，大概他的后代在晋国将会长享禄位的吧！"

28.4　冬，梗阳人有狱[①]，魏戊不能断，以狱上[②]。其大宗赂以女乐[③]，魏子将受之。魏戊谓阎没、女宽曰[④]："主以不贿闻于诸侯[⑤]，若受梗阳人，贿莫甚焉。吾子必谏[⑥]！"皆许诺。退朝，待于庭[⑦]。馈入，召之[⑧]。比置[⑨]，三叹。既食，使坐。魏子曰："吾闻诸伯叔，谚曰：'唯食忘忧。'吾子置食之间三叹，何也？"同辞而对[⑩]，曰："或赐二小人酒，不夕食[⑪]。馈之始至，恐其不足，是以叹[⑫]。中置[⑬]，自咎曰：'岂将军食之而有不足[⑭]？'是以再叹。及馈之毕，愿以小人之腹为君子之心，属厌而已[⑮]。"献子辞梗阳人[⑯]。

【注释】

①狱:诉讼。

②魏戊不能断,以狱上:诉讼一方是强宗大族,魏戊不能审理,上报魏舒。

③其大宗赂以女乐:以女乐贿赂魏舒。大宗,即诉讼一方。

④阎没、女宽:二人都是晋国大夫。

⑤不贿:不受贿赂,不贪财。

⑥吾子必谏:魏戊请二人谏其父。

⑦退朝,待于庭:魏舒退朝,二人待于魏舒庭中。

⑧馈入,召之:饭菜送来,魏舒请二人吃饭。

⑨比置:饭菜摆上时。比,及。

⑩同辞而对:二人异口同声。

⑪或赐二小人酒,不夕食:有人赐我们二人酒,因酒醉,昨天未吃晚饭,现正饿着。

⑫馈之始至,恐其不足,是以叹:怕饭菜不够吃而叹。

⑬中置:菜上到一半。

⑭岂将军食之而有不足:岂有将军请吃饭而不让吃饱之理?将军,指魏舒,其时将中军。杨伯峻曰:"疑'将军'于春秋虽非一定武职之官名,然独将一军者,俗称为'将军'。"

⑮愿以小人之腹为君子之心,属厌而已:指愿君子之心也能像小人之腹,知道满足而不贪贿。君子,暗指魏舒。属厌而已,只需饱足就够了。属,只需。厌,饱足。

⑯献子辞梗阳人:魏舒知道二人在批评自己,于是不受贿赂。

【译文】

冬,梗阳人有诉讼,魏戊不能断案,就把案件上报给魏献子。诉讼一方的大宗送女乐给魏献子,他准备接受。魏戊对阎没、女宽说:"主君以不受贿赂闻名于诸侯,要是接受了梗阳人的礼物,就没有比这更大的贿赂了。您二位一定要加以劝谏！”二人都答应了。退朝以后，他们等在魏献子的庭院里。饭菜送来，魏献子招呼他们一起吃。饭菜摆上时，二人三次叹气。吃完后，让他们坐下。魏献子说：“我从我长辈那儿听说，谚语称：‘吃饭的时候要忘掉忧愁。’二位在摆上饭菜时三次叹气，这是为什么？”二人异口同声地回答，说：“有人赐酒给我们两个人，因而昨天没吃晚饭。饭菜刚送到时，我们担心不够吃，所以叹息。吃到一半，就自责说：‘难道将军让我们吃饭会不够吃？’所以再次叹息。吃完以后，希望以我辈小人的肚腹作为君子的内心，刚好满足就行了。”魏献子便辞退了梗阳人的礼物。

二十九年

【经】

29.1　二十有九年春①，公至自乾侯，居于郓②。齐侯使高张来唁公③。

29.2　公如晋，次于乾侯④。

29.3　夏四月庚子⑤，叔诣卒⑥。

29.4　秋七月。

29.5　冬十月，郓溃⑦。

【注释】

①二十有九年：鲁昭公二十九年当周敬王七年，前513。

②公至自乾侯，居于郓：晋国不欢迎昭公，他只好重回郓。

③齐侯使高张来唁公：昭公在晋国碰壁，齐景公派人慰问。高张，齐国高偃的儿子。

④公如晋，次于乾侯：在齐国又受辱，昭公再返回乾侯。

⑤庚子：初五。

⑥叔诣:鲁国大夫。

⑦郓溃:郓邑民众反叛昭公。

【译文】

鲁昭公二十九年春,昭公从乾侯回来,住在郓地。齐景公派高张来慰问昭公。

昭公前往晋国,在乾侯停留。

夏四月初五,叔诣去世。

秋七月。

冬十月,郓邑民众反叛昭公。

【传】

29.1 二十九年春,公至自乾侯,处于郓。齐侯使高张来唁公,称主君[①]。子家子曰:"齐卑君矣[②],君只辱焉[③]。"公如乾侯[④]。

【注释】

①齐侯使高张来唁公,称主君:齐景公派高张来慰问,有讥讽昭公不受晋国欢迎的意思,现在又称昭公为主君,是将昭公比为大夫,有意羞辱他。主君,卿大夫家臣对卿大夫的称呼。

②齐卑君矣:轻视昭公。

③君只辱焉:昭公自取其辱。

④公如乾侯:为齐国所辱,再返回晋国。

【译文】

鲁昭公二十九年春,昭公从乾侯回来,住在郓邑。齐景公派高张来慰问,称昭公为主君。子家羁说:"齐国轻视国君了,国君只是在自取其辱。"昭公前往乾侯。

29.2　三月己卯[①]，京师杀召伯盈、尹氏固及原伯鲁之子[②]。尹固之复也[③]，有妇人遇之周郊[④]，尤之[⑤]，曰："处则劝人为祸，行则数日而反[⑥]，是夫也，其过三岁乎[⑦]？"

【注释】

①己卯：十三日。

②京师杀召伯盈、尹氏固及原伯鲁之子：三人都是王子朝同党。

③尹固之复也：昭公二十六年，尹氏固与王子朝奔楚，后来返回。

④周郊：京师郊外。

⑤尤之：责备尹氏固。

⑥行则数日而反：既逃亡，只几天就返回。

⑦是夫也，其过三岁乎：妇人预言不会超过三年。三年后的今天，果然被杀。其，难道。

【译文】

三月十三日，京城人杀了召伯盈、尹氏固和原伯鲁的儿子。尹氏固回国时，有妇人在周郊外与他相遇，责备他，说："在国内时怂恿别人发动祸乱，出逃没几天又返回，这样的人难道能活过三年吗？"

夏五月庚寅[①]，王子赵车入于鄻以叛[②]，阴不佞败之。

【注释】

①庚寅：二十五日。

②王子赵车：王子朝余党，见召伯盈等被杀而叛乱。鄻（niǎn）：周邑。

【译文】

夏五月二十五日，王子赵车进入鄻地发动叛乱，阴不佞打败了他。

29.3 平子每岁贾马，具从者之衣屦，而归之于乾侯[1]。公执归马者，卖之[2]。乃不归马。

【注释】

①具从者之衣屦，而归之于乾侯：季平子送马及衣屦，以示不忘昭公。具，准备。归，通“馈”。

②公执归马者，卖之：昭公抓了送马的，将马卖掉。

【译文】

季平子每年买马，准备好随从的衣服鞋子，送到乾侯去。昭公抓了送马的人，卖掉了马。于是季平子不再送马去。

卫侯来献其乘马，曰启服[1]，堑而死[2]。公将为之椟[3]。子家子曰：“从者病矣，请以食之。”乃以帏裹之[4]。

【注释】

①启服：马名。

②堑而死：掉进坑里而死。

③公将为之椟：为马作棺而葬。

④乃以帏裹之：子家羁请将马肉给随从吃，昭公用帷幕裹马埋葬。《礼记·檀弓下》云：“敝帷不弃，为埋马也。”盖古礼以敝帷裹马。

【译文】

卫灵公派人把自己名叫启服的拉车马送给昭公，马掉到坑中死了。昭公打算给马备棺埋葬。子家羁说：“跟随您的人正难过，请让他们吃马肉吧。”昭公还是用帷幕包马埋了。

公赐公衍羔裘，使献龙辅于齐侯[1]，遂入羔裘[2]。齐侯喜，与之阳谷[3]。公衍、公为之生也，其母偕出[4]。公衍先生，公为之母曰："相与偕出，请相与偕告[5]。"三日，公为生，其母先以告，公为为兄[6]。公私喜于阳谷[7]，而思于鲁[8]，曰："务人为此祸也[9]。且后生而为兄，其诬也久矣[10]。"乃黜之[11]，而以公衍为大子。

【注释】

①龙辅：饰有龙纹的美玉。

②遂入羔裘：公衍献龙辅，连羔裘也一起献上。

③阳谷：齐邑。

④公衍、公为之生也，其母偕出：古代妇女临产前，出居于另外房屋。公衍、公为的母亲一同出居于外待产。

⑤偕告：生子时一同向昭公报告。

⑥公为为兄：公为母亲言行不一，目的在争长。

⑦公私喜于阳谷：喜欢阳谷，也偏私于公衍。

⑧思于鲁：回忆在鲁这段往事。

⑨务人：指公为。为此祸：指当初公为与公若谋逐季氏，酿成昭公出奔之祸。

⑩诬也久：欺骗我这么久。

⑪乃黜之：废黜公为。

【译文】

昭公赐给公衍羔裘，派他把龙纹美玉献给齐景公，公衍把羔裘也献了。齐景公很高兴，就赐给他阳谷。公衍、公为出生的时候，二人的母亲一起出居产房。公衍先出生，公为的母亲说："我们一起出来，请一起去报告生子吧。"过了三天，公为出生，他母亲先去报告，公为就做了兄长。昭公私下里喜欢阳谷，又想起在鲁国发生的事，就说："是公为惹出了这场祸。而且后出生反而当兄长,欺骗的时间也太久了。”便废黜了公为,而把公衍立为太子。

29.4　秋,龙见于绛郊[1]。魏献子问于蔡墨曰[2]:“吾闻之,虫莫知于龙[3],以其不生得也[4]。谓之知,信乎?”对曰:“人实不知,非龙实知。古者畜龙,故国有豢龙氏,有御龙氏[5]。”献子曰:“是二氏者,吾亦闻之,而不知其故,是何谓也[6]?”对曰:“昔有飂叔安[7],有裔子曰董父[8],实甚好龙,能求其耆欲以饮食之[9],龙多归之。乃扰畜龙[10],以服事帝舜。帝赐之姓曰董,氏曰豢龙[11],封诸鬷川,鬷夷氏其后也。故帝舜氏世有畜龙。及有夏孔甲[12],扰于有帝[13],帝赐之乘龙[14],河、汉各二[15],各有雌雄。孔甲不能食,而未获豢龙氏[16]。有陶唐氏既衰[17],其后有刘累,学扰龙于豢龙氏,以事孔甲,能饮食之。夏后嘉之[18],赐氏曰御龙。以更豕韦之后[19]。龙一雌死,潜醢以食夏后[20]。夏后飨之,既而使求之[21]。惧而迁于鲁县[22],范氏其后也。”献子曰:“今何故无之?”对曰:“夫物,物有其官,官修其方,朝夕思之[23]。一日失职,则死及之[24]。失官不食[25]。官宿其业,其物乃至[26]。若泯弃之,物乃坻伏,郁湮不育[27]。故有五行之官,是谓五官,实列受氏姓[28],封为上公[29],祀为贵神[30]。社稷五祀,是尊是奉[31]。木正曰句芒[32],火正曰祝融,金正曰蓐收,水正曰玄冥,土正曰后土。龙,水物也[33]。水官弃矣,故龙不生得[34]。不然,《周易》有之:在《乾》䷀之《姤》䷫[35],曰:‘潜龙勿用[36]。’其《同人》䷌曰[37]:‘见龙在田[38]。’其《大有》䷍曰[39]:‘飞龙在天[40]。’其《夬》䷪曰[41]:‘亢龙有悔[42]。’其《坤》䷁曰[43]:‘见群龙无首,吉[44]。’《坤》之《剥》䷖曰[45]:‘龙战于野[46]。'若不朝夕见,谁能物之[47]?"献子曰:"社稷五祀,谁氏之五官也[48]?"对曰:"少皞氏有四叔[49],曰重、曰该、曰修、曰熙,实能金、木及水[50]。使重为句芒[51],该为蓐收[52],修及熙为玄冥[53],世不失职,遂济穷桑,此其三祀也[54]。颛顼氏有子曰犁,为祝融[55];共工氏有子曰句龙,为后土[56],此其二祀也。后土为社;稷,田正也[57]。有烈山氏之子曰柱为稷[58],自夏以上祀之[59]。周弃亦为稷,自商以来祀之[60]。"

【注释】

①见(xiàn):出现。绛:晋国国都,在今山西侯马。

②蔡墨:蔡史墨,晋国太史。

③虫:泛指动物。知:同"智"。

④以其不生得也:不能活捉。

⑤古者畜龙,故国有豢(huàn)龙氏,有御龙氏:古人能畜龙,今人不能活捉龙,是今人不聪明,不是龙聪明。

⑥是何谓也:问二氏的来历。

⑦飂(liù):即"蓼",诸侯国名,在今河南唐河南。叔安:国君名。

⑧裔子:远子,玄孙以下的子孙。

⑨能求其耆欲以饮食之:董父能了解龙的嗜好来喂养它。耆,同"嗜"。

⑩扰畜:驯养。

⑪帝赐之姓曰董,氏曰豢龙:以豢龙为其官名,后来就以官名为氏。

⑫孔甲:夏少康之后九世君。传说其德顺应天地。

⑬扰于有帝:顺于上帝。

⑭乘龙:驾车之龙。

⑮河、汉各二:驾车之龙为四,黄河之龙二,汉水之龙二。

⑯孔甲不能食(sì),而未获豢龙氏:孔甲自己不能饲养龙,又未找到豢龙氏。食,饲养。

⑰陶唐:尧所治理的地方,这里即指尧。

⑱夏后:孔甲。

⑲以更豕韦之后:以刘累代替豕韦之后。豕韦,祝融之后。以上参见襄公二十四年《传》。

⑳龙一雌死,潜醢(hǎi)以食夏后:刘累悄悄将龙制成肉酱给夏后吃。潜,悄悄。醢,制成肉酱。

㉑夏后飨之,既而使求之:夏后不知是龙,以为味美,想再要。

㉒惧而迁于鲁县:刘累不能再献龙肉,惧而逃走。鲁县,古地名。在今河南鲁山东北。

㉓"夫物"四句:凡事物都有专门官吏管理,官吏不断完善管理方法,时时为此考虑,形成专门职务。方,方法。

㉔一日失职,则死及之:失职便有死罪。

㉕失官不食:失去官职也失去俸禄。

㉖官宿其业,其物乃至:官吏长久从事这一职业,所管的生物才会到来。宿,安。

㉗若泯弃之,物乃坻(chí)伏,郁湮不育:如果泯灭丢弃其官职,生物自己就会潜伏不出。泯,灭。坻伏,潜藏不出。郁湮,抑郁不伸展。按,以上以物有其官论畜养龙。豢龙御龙,世不失职,龙就会来到;一旦失职,龙则潜藏。

㉘实列受氏姓:一代一代继承姓氏。

㉙封为上公:封爵为上公。

㉚祀为贵神:祭祀时奉为贵神。

㉛社稷五祀,是尊是奉:五官能世修其业,死后配食五行之神,为后人所尊奉。社,地神。稷,谷神。五祀,木、火、金、水、土五官之神。

㉜正：官长。句：音gōu。

㉝龙，水物也：龙是生活在水中的生物。

㉞水官弃矣，故龙不生得：水官废弃，所以龙不能活捉。

㉟在《乾》䷀之《姤(gòu)》䷫：《乾》卦变为《姤》卦，其初爻由阳变阴。

㊱潜龙勿用：引文为《乾》卦初九爻辞，意思是潜伏的龙不被使用。

㊲《同人》䷌曰：《乾》卦变为《同人》卦，由《乾》卦九二变出。

㊳见龙在田：爻辞的意思是，活着的龙在田地里。

㊴《大有》䷍曰：变为《大有》卦，由《乾》卦九五变出。

㊵飞龙在天：爻辞的意思是，飞舞的龙在天上。

㊶《夬(guài)》䷪曰：变为《夬》卦，由《乾》卦上九变出。

㊷亢龙有悔：爻辞的意思是，伸直身子的龙有所悔恨。

㊸《坤》䷁曰：《乾》卦变为《坤》卦，六爻全由阳变阴。

㊹见群龙无首，吉：爻辞的意思是，群龙出现无首领，吉利。

㊺《坤》之《剥》䷖曰：《坤》卦变为《剥》卦，上爻由阴变阳。

㊻龙战于野：爻辞的意思是，龙在野外战斗。

㊼物之：描述其形。按，蔡墨引用《周易》，由《周易》的记载说明有各种各样的龙，证明龙自古已有，且经常可见，否则不可能如此细致描述其形。

㊽社稷五祀，谁氏之五官也：社稷五祀是哪一代帝王的五官？

㊾四叔：后世子孙四人。

㊿实能金、木及水：四人管理金、木、水。

(51)使重为句芒：为木官之长。

(52)该为蓐收：为金官之长。

(53)修及熙为玄冥：为水官之长。

(54)世不失职，遂济穷桑，此其三祀也：四人帮助穷桑氏成功，所以人们祭祀他们。穷桑，少皞氏的号。

(55)为祝融：为火官之长。

(56)为后土:为土官之长。

(57)田正:田官之长。

(58)烈山氏:传说为神农氏时诸侯,其子叫柱,为五谷神,能种植百谷。

(59)自夏以上祀之:夏朝以前祭祀柱。

(60)弃:后稷,周人始祖。商汤代夏,废柱而以弃代替。

【译文】

秋,龙出现在绛都郊外。魏献子向蔡墨询问说:"我听说,虫类中没有比龙更聪明的了,因为人不能生擒活捉它。说它聪明,确实如此吗?"蔡墨回答说:"其实是人不聪明,而不是因为龙聪明。古时候畜养龙,所以国内有豢龙氏,有御龙氏。"魏献子说:"这二氏,我也听说过,但不知道其来历,这是说的什么呢?"蔡墨回答说:"当日飂国有个叔安,他有个后裔叫董父,实在很喜欢龙,能够了解龙的嗜好来给龙喂食,龙大都到他那儿去了。于是就驯服畜养龙,服事帝舜。帝舜赐他姓为董,赐氏为豢龙,封他在鬷川,鬷夷氏就是他的后代。所以帝舜氏世代有养龙的。到了有夏孔甲,顺服天帝,天帝赐给驾车的龙,黄河、汉水的龙各有二条,各有一雌一雄。孔甲不能饲养,又没有找到豢龙氏。陶唐氏衰落了,其后代有刘累,向豢龙氏学习养龙,以事奉孔甲,能够饲养这些龙。夏后嘉奖他,赐氏叫御龙,以代替豕韦的后代。有一条雌龙死了,刘累悄悄地把它做成肉酱给夏后吃。夏后吃后,又派人向刘累要。刘累害怕了就迁居到鲁县,范氏就是他的后代。"魏献子说:"现在为何没有龙了?"蔡墨回答说:"凡事物,都有管理的官,官创造出管理的方法,从早到晚都在思考。一旦失职,就要丢掉性命。丢了官就不能享有俸禄。官员专心从事他的职守,所管之物就会到来。要是废弃它们,这些生物就会隐伏,抑郁不能生长。所以有管理五行的官,称为五官。他们一代一代继承姓氏,封爵是上公,祭祀时作为贵神。在社神、稷神和五行之神的祭祀中,对它们尊敬崇奉。木官之长叫句芒,火官之长叫祝融,金官之长叫蓐收，水官之长叫玄冥，土官之长叫后土。龙是水中生物。水官废弃了，所以龙不能生擒。如果不是这样，《周易》就记载：在《乾》卦䷀变为《姤》卦䷫初九爻辞说：'潜伏的龙不能施展才用。'在《同人》卦䷌九二爻辞说：'巨龙出现在田间。'在《大有》卦䷍九五爻辞说：'飞舞的龙在天上。'在《夬》卦䷪上九爻辞说：'伸直身子的龙有所悔恨。'在《坤》卦䷁用九爻辞说：'出现群龙而没首领，吉利。'《坤》卦变为《剥》卦䷖上六爻辞说：'龙在原野上交战。'不是经常见到，谁能描摹它们？"魏献子说："社神、稷神的五祀，是哪一代帝王的五官呢？"蔡墨回答说："少皞氏后世子孙有四人，名叫重、该、修、熙，能够掌管金、木和水。派重当句芒，该当蓐收，修和熙当玄冥，世代不失职，于是帮助穷桑登位，这是其中的三种祭祀。颛顼氏有儿子叫犁，做祝融；共工氏有儿子叫句龙，做后土，这是其中的两种祭祀。后土就是社神，稷是管田地的官。有烈山氏的儿子叫柱为稷神，从夏朝以上都祭祀他。周朝的弃也是稷神，从商朝以来都祭祀他。"

29.5　冬，晋赵鞅、荀寅帅师城汝滨①，遂赋晋国一鼓铁，以铸刑鼎②，著范宣子所为刑书焉③。仲尼曰："晋其亡乎④！失其度矣⑤。夫晋国将守唐叔之所受法度，以经纬其民⑥，卿大夫以序守之⑦，民是以能尊其贵，贵是以能守其业⑧。贵贱不愆⑨，所谓度也。文公是以作执秩之官，为被庐之法，以为盟主⑩。今弃是度也，而为刑鼎，民在鼎矣，何以尊贵⑪？贵何业之守⑫？贵贱无序，何以为国？且夫宣子之刑，夷之蒐也，晋国之乱制也，若之何以为法⑬？"蔡史墨曰："范氏、中行氏其亡乎！中行寅为下卿，而干上令⑭，擅作刑器，以为国法，是法奸也⑮。又加范氏焉，易之，亡也⑯。其及赵氏，赵孟与焉⑰。然不得已，若德，可以免⑱。"

【注释】

①赵鞅:赵武之孙。荀寅:荀吴之子。汝滨:汝水之滨,晋国所占取的陆浑之地。

②遂赋晋国一鼓铁,以铸刑鼎:征收铁器用以铸造刑鼎。赋,征收。鼓,容量单位与器皿,一鼓十二斛四百八十斤。

③著范宣子所为刑书焉:铸刑鼎,将范宣子在晋平公时制定的刑书铸在鼎上,公之于世。范宣子,士匄(gài),仕于晋悼公、平公时期,晋平公时任中军将执政。

④晋其亡乎:孔子认为铸刑鼎是晋国将亡的征兆。

⑤失其度矣:如此是丧失了法度。

⑥夫晋国将守唐叔之所受法度,以经纬其民:晋国始封君唐叔受封时遵行西周的制度。经纬,纳入常法,作为准则。

⑦序:位次,等级。

⑧民是以能尊其贵,贵是以能守其业:人民因此尊重贵族,贵族因此能守住家业。

⑨贵贱不愆:贵贱不错乱。

⑩文公是以作执秩之官,为被庐之法,以为盟主:晋文公坚持唐叔传统,才成为盟主。执秩之官,管理爵禄位次的官。僖公二十七年文公蒐被庐,修唐叔之法。

⑪民在鼎矣,何以尊贵:民察鼎而知刑法,大家只关心鼎上的法律条文,便不会再尊重贵族。在,审察。

⑫贵何业之守:贵族便不能守其家业。

⑬“且夫宣子之刑”四句:文公六年,赵盾执政,在夷地阅兵而制订成文法律,孔子认为它不合旧制。夷之蒐,事在文公六年。乱制,乱法。

⑭干:违反。

⑮法奸:法律的罪人。

⑯又加范氏焉，易之，亡也：范宣子刑书本已废弃，现在改变传统法律而恢复范宣子刑书，必亡。

⑰其及赵氏，赵孟与焉：赵孟参与其事，必受牵连。赵孟，赵鞅。

⑱然不得已，若德，可以免：指赵孟参加铸刑鼎为不得已，如能修养德行，可免于祸。按，蔡史墨同样抨击铸刑鼎。

【译文】

冬，晋国赵鞅、荀寅领兵在汝水边筑城，就向晋国征收了四百八十斤铁，用来铸造刑鼎，铸上范宣子所制订的刑法。孔子说："晋国将要灭亡的吧！它失掉了自己的法度了。晋国应该遵守唐叔所传下来的法度，作为治理百姓的准则，卿大夫按照他们的位次来维护它，人民因此能尊重贵人，贵人因此能保守他们的家业。贵贱不错乱，就是所谓法度。文公因此设立执掌官职位次的官，在被庐制定法规，成为盟主。现在废弃这个法度，而铸造刑鼎，百姓都能知道鼎上的条文，还用得着尊重贵人吗？贵人还有什么家业可以保守？贵贱没有了次序，还怎么治理国家？并且范宣子的刑法，是在夷地阅兵时制订的，是晋国的乱法，怎么能把它奉为法规呢？"蔡史墨说："范氏、中行氏大概要灭亡了吧！中行寅是下卿，却违反上峰的命令，擅自铸造刑鼎，作为国家的法律，这是法令的罪人。又加上本已废弃的范宣子的刑书，改变传统的法律，这就要灭亡了。恐怕还要牵连到赵氏，因为赵孟参与了。不过他是不得已的，要是修养德行，还可以免于祸患。"

三十年

【经】

30.1　三十年春王正月①，公在乾侯。

30.2　夏六月庚辰②，晋侯去疾卒③。

30.3　秋八月，葬晋顷公。

30.4　冬十有二月，吴灭徐，徐子章羽奔楚[4]。

【注释】

①三十年：鲁昭公三十年当周敬王八年，前512。

②庚辰：二十二日。

③晋侯去疾卒：晋顷公去世。

④徐子章羽奔楚：徐君章羽逃亡楚国。

【译文】

鲁昭公三十年春周历正月，昭公在乾侯。

夏六月二十二日，晋顷公去疾去世。

秋八月，安葬晋顷公。

冬十二月，吴国灭亡徐国，徐子章羽逃往楚国。

【传】

30.1　三十年春王正月，公在乾侯。不先书郓与乾侯，非公，且征过也[1]。

【注释】

①不先书郓与乾侯，非公，且征过也：《经》文记载昭公在外，以前都是写“公如”、“至自”、“次于”。《经》文作者认为，郓人叛昭公，齐、晋不接纳昭公，昭公流亡国外，毫无立锥之地，又不能听取子家羁的忠言，这些都是昭公的过错。记载“公在乾侯”，是为了表明昭公错误之所在。征，表明。

【译文】

鲁昭公三十年春周历正月，昭公在乾侯。《春秋》以往不记载昭公在郓或在乾侯，而现在记载，是认为昭公不对，而且指出他的错误。

30.2　夏六月，晋顷公卒。秋八月，葬。郑游吉吊，且送葬。魏献子使士景伯诘之[①]，曰：“悼公之丧，子西吊，子蟜送葬[②]。今吾子无贰，何故[③]？”对曰：“诸侯所以归晋君，礼也[④]。礼也者，小事大，大字小之谓[⑤]。事大在共其时命[⑥]，字小在恤其所无[⑦]。以敝邑居大国之间，共其职贡[⑧]，与其备御不虞之患[⑨]，岂忘共命[⑩]？先王之制：诸侯之丧，士吊，大夫送葬；唯嘉好、聘享、三军之事[⑪]，于是乎使卿。晋之丧事，敝邑之间，先君有所助执绋矣[⑫]。若其不间，虽士、大夫有所不获数矣[⑬]。大国之惠，亦庆其加[⑭]，而不讨其乏[⑮]，明厎其情，取备而已[⑯]，以为礼也。灵王之丧，我先君简公在楚，我先大夫印段实往——敝邑之少卿也[⑰]。王吏不讨，恤所无也[⑱]。今大夫曰：‘女盍从旧[⑲]？’旧有丰有省[⑳]，不知所从。从其丰，则寡君幼弱[㉑]，是以不共；从其省，则吉在此矣。唯大夫图之[㉒]！”晋人不能诘。

【注释】

①诘：质问。

②悼公之丧，子西吊，子蟜送葬：襄公十五年晋悼公去世，郑卿子西吊丧，子蟜送葬。

③今吾子无贰，何故：当时之礼，送葬应重于吊丧，送葬者职位应高于吊丧者，现在游吉一人而兼二职，晋国于是不满。无贰，仅有一人。

④诸侯所以归晋君，礼也：晋国有礼，诸侯才归服。

⑤小事大，大字小之谓：小、大，指各诸侯国。字，抚爱。

⑥事大在共其时命：小国事奉大国，随时供其所求。

⑦字小在恤其所无：大国抚爱小国，体恤小国的困乏。

⑧共其职贡:按时向盟主交纳贡赋。

⑨与其备御不虞之患:参与其攻伐守备。与,参与。御,抵御。不虞之患,指被攻伐。

⑩共命:共时命,指按时贡献,又应其要求,共同攻战,不致忘吊丧送葬之礼。

⑪嘉好:朝会。聘享:聘问之后一定有享宴,故聘享连文。三军:指战争。

⑫晋之丧事,敝邑之间,先君有所助执绋(fú)矣:这里指郑国在以往安定时,晋君去世,郑国先君曾亲自前往送葬。间,指国家安定无事。助执绋,送葬。绋,挽柩车的大绳。送葬者应执绋而行。

⑬若其不间,虽士、大夫有所不获数矣:如果国内不安定,恐怕连士、大夫也难以派出。

⑭庆其加:庆,善,表扬。加,加礼。指郑国先君曾亲自送葬这种超乎常礼的礼节。

⑮不讨其乏:国内困难礼数不足时不加以责备。

⑯明厎(zhǐ)其情,取备而已:明察小国的忠诚,礼仪只求大体具备。厎,表达。情,忠诚。备,具备。

⑰我先大夫印段实往:周灵王之丧,郑国派印段送葬,见襄公二十九年《传》。少卿:印段职位在公孙段之下。少卿,下卿。

⑱王吏不讨,恤所无也:周朝并不以印段爵位较低而怪罪。

⑲盍:何不。从旧:依旧制派使者。

⑳丰:指礼数隆重。省:指礼数简约。

㉑则寡君幼弱:郑献公当时年尚幼,即位不足二年,不能亲来。

㉒唯大夫图之:按,游吉继子产之后执政,位为上卿,亲来送葬,于礼并不简薄。晋国的责备,是要郑献公亲自前来送葬,游吉对此苛求依理辩驳。

【译文】

夏六月，晋顷公去世。秋八月，下葬。郑国游吉到晋国吊唁，并且送葬。魏献子派士景伯去质问游吉，说："悼公的丧事，子西来吊唁，子蟜送葬。现在仅有您一人身兼二职，是什么缘故?"游吉回答说："诸侯所以归服晋国国君，是因为晋国有礼。所谓礼，是说小国事奉大国，大国爱抚小国。事奉大国在于恭敬地按时执行命令，爱抚小国在于体恤小国的困乏。因为敝国处在大国之间，供应该进献的贡品，参加为了应付意外而设的守备，难道会忘记恭敬地执行吊丧送葬的礼节？先王的制度：诸侯的丧事，由士吊唁，大夫送葬；只有朝会、聘问享礼、军事行动，才派卿参加。晋国的丧事，在敝国太平时期，先君曾经亲自来送葬。要是国内不安定，即使是士、大夫也难于派出。大国的恩惠，对超越常礼的礼节进行嘉赏，礼数不周时也不责备敝国，明察敝国的忠诚，只要求大体具备，就认为合于礼了。周灵王的丧事，我国先君简公在楚国，只是我国先大夫印段前往——他是敝国的下卿。天子的官吏并没有加以责备，是因为体恤敝国的困乏。现在大夫却说：'你们为什么不按旧章办?'旧章有隆重有俭省，不知道应该按照哪一种。如果按照隆重的，那么我们国君年纪幼小，因此不能前来；按照俭省的，那么我就在这里了。请大夫考虑吧!"晋国人没法再责问。

30.3　吴子使徐人执掩馀，使钟吾人执烛庸[①]，二公子奔楚。楚子大封[②]，而定其徙[③]。使监马尹大心逆吴公子[④]，使居养[⑤]。莠尹然、左司马沈尹戌城之，取于城父与胡田以与之[⑥]，将以害吴也[⑦]。子西谏曰[⑧]："吴光新得国，而亲其民，视民如子，辛苦同之，将用之也[⑨]。若好吴边疆[⑩]，使柔服焉，犹惧其至[⑪]。吾又强其仇，以重怒之[⑫]，无乃不可乎！吴，周之胄裔也，而弃在海滨，不与姬通[⑬]。今而始大[⑭]，比于诸华[15]。光又甚文，将自同于先王[16]。不知天将以为虐乎，使翦丧吴国而封大异姓乎[17]？其抑亦将卒以祚吴乎[18]？其终不远矣[19]。我盍姑亿吾鬼神，而宁吾族姓，以待其归[20]，将焉用自播扬焉[21]？"王弗听。

【注释】

①吴子使徐人执掩馀，使钟吾人执烛庸：昭公二十七年吴国公子光杀吴王僚，掩馀、烛庸逃亡徐、钟吾。

②大封：封给大量田地。

③定其徙：确定其徙居之地。

④监马尹：楚国官名。大心：人名。

⑤养：古地名。在今河南沈丘东。

⑥城父：古地名。即下文的夷，在养城东北。胡：古地名。在今安徽阜阳。在养东南。

⑦将以害吴也：楚国收留吴国二公子，大封给土地，是想利用二人以抗吴。

⑧子西：楚国公子申。

⑨用之：使用吴国百姓。

⑩若好吴边疆：吴、楚边界结好。

⑪其：指吴国军队。

⑫吾又强其仇，以重怒之：大封吴国二公子，加重吴国的愤恨。

⑬吴，周之胄裔也，而弃在海滨，不与姬通：吴国始祖是周太王之子太伯、仲雍，同为姬姓，多年不与中原姬姓诸侯往来。

⑭而：乃，才。

⑮比：相等同。

⑯光又甚文，将自同于先王：阖庐志向远大。甚文，有知识。先王，指太王、王季。

⑰不知天将以为虐乎，使翦丧吴国而封大异姓乎：天将助阖庐暴虐，使吴国灭亡而强大邻国。封，大。

⑱其抑亦将卒以祚吴乎：或者天终究要保佑吴国。

⑲其终不远矣：天意如何，不久可知。

⑳我盍姑亿吾鬼神，而宁吾族姓，以待其归：意即不要触怒吴国，挑起事端，而应安定自己，静待其变。亿，安。归，归宿。

㉑将焉用自播扬焉：不必自己发动，疲劳自己。播扬，发动，劳动。

【译文】

吴王让徐国人逮捕掩馀，让钟吾人逮捕烛庸，二位公子逃到楚国。楚昭王赐给他们大片田地，帮助他们迁移安居。派监马尹大心迎接吴国公子，让他们住在养。派莠尹然、左司马沈尹戌在那里筑城，把城父和胡地的田地给他们，想用来危害吴国。子西劝谏说："吴王光刚刚即位为君，而亲近他的人民，视民如子，与百姓同辛共苦，是打算利用他们。要是和吴国边境交好，让他们温柔顺服，还担心吴军会来侵犯。我们如果再使他们的仇家强大，而加重其愤怒，恐怕不可以吧！吴国是周人的后裔，被摒弃在海滨，不与中原姬姓各国通好。现在才开始壮大，可以和中原各国相比。吴王光又很有知识，准备使自己和先王等同。不知道是上天将要使他暴虐，让吴国灭亡而使异姓国家扩大疆土呢？还是终究要保佑吴国？它的结果不会太远了。我们何不姑且安定我们的鬼神，抚育我们的百姓，等待结果的到来，哪里用得着劳累自己呢？"楚昭王不肯听从。

吴子怒。冬十二月，吴子执钟吾子，遂伐徐，防山以水之[①]。己卯[②]，灭徐。徐子章禹断其发[③]，携其夫人，以逆吴子。吴子唁而送之，使其迩臣从之[④]，遂奔楚。楚沈尹戌帅师救徐，弗及。遂城夷[⑤]，使徐子处之。

【注释】

①防山以水之：堵住山上的水来淹徐国。防，堤岸，这里用作动词。按，这是利用堤岸以水攻城的最早记录。

②己卯：二十三日。

③章禹：即《经》文的章羽。断其发：据传吴国人断发文身。徐君断其发，表示从其俗为吴民，即向吴国投降。

④迩臣：近臣。

⑤夷：即城父。

【译文】

吴王发怒。冬十二月，吴王逮捕钟吾国君，并讨伐徐国，筑堤堵住山上的水灌进城里。二十三日，灭亡徐国。徐子章禹截断头发，带着夫人，迎接吴王。吴王加以慰问后送走了他，让他的近臣跟从他，徐子于是逃往楚国。楚国沈尹戌率兵救援徐国，没有来得及。于是在夷地筑城，让徐子住在那里。

30.4 吴子问于伍员曰："初而言伐楚[①]，余知其可也，而恐其使余往也，又恶人之有余之功也[②]。今余将自有之矣[③]，伐楚何如？"对曰："楚执政众而乖，莫适任患[④]。若为三师以肄焉[⑤]，一师至，彼必皆出[⑥]。彼出则归，彼归则出，楚必道敝[⑦]。亟肄以罢之，多方以误之[⑧]。既罢而后以三军继之，必大克之[⑨]。"阖庐从之，楚于是乎始病[⑩]。

【注释】

①初而言伐楚：昭公二十年，楚杀伍员之父兄，伍员逃至吴时曾建言伐楚。而，你。

②又恶人之有余之功：又厌恶功劳为他人所有。人，指吴王僚。

③今余将自有之矣：现在伐楚功劳为自己所有。

④楚执政众而乖，莫适(dí)任患：楚昭王尚年幼，执政者众多而不和，无人敢承担责任。乖，互相违离。适，当，主。

⑤肄(sì)：突袭。这里指突然袭击而又退却，使楚军劳苦疲惫。

⑥彼必皆出：楚军必全都出来迎战。

⑦道敝：因奔走于道路而疲惫。

⑧亟肄以罢之，多方以误之：多次出兵骚扰使楚疲敝，用多种方法使楚军失误。亟，屡次。罢，疲惫。

⑨既罢而后以三军继之，必大克之：待楚军疲惫再集中力量打歼灭战。这是伍员教阖庐败楚的长期战略方针。

⑩楚于是乎始病：楚国从此疲惫不堪。

【译文】

吴王向伍员询问道："起初你进言攻打楚国，我知道是可行的，但怕派我前去，又不愿意他人占了我的功劳。现在我将自己享有这份功劳了，攻打楚国怎么样？"伍员回答说："楚国执政的人很多而互相不和，没人肯承担责任。如果组织三支军队去骚扰他们，一支军队前去，他们必然全军出动。他们出兵我们就退回，他们收兵我们再出动，楚军必然疲于奔命。多次骚扰使他们疲劳，用各种办法使他们失误。他们疲乏以后再派三军一起进攻，一定能大获全胜。"阖庐听从了，楚国从此开始陷于困顿疲乏。

三十一年

【经】

31.1　三十有一年春王正月[1]，公在乾侯。

31.2　季孙意如会晋荀跞于適历[2]。

31.3 夏四月丁巳[③]，薛伯穀卒[④]。

31.4 晋侯使荀跞唁公于乾侯[⑤]。

31.5 秋，葬薛献公。

31.6 冬，黑肱以滥来奔[⑥]。

31.7 十有二月辛亥朔，日有食之[⑦]。

【注释】

①三十有一年：鲁昭公三十一年当周敬王九年，前511。

②適历：晋国地名。今地不详。

③丁巳：初三。

④薛伯穀卒：薛君献公死。

⑤唁：慰问。

⑥黑肱以滥来奔：黑肱逃奔鲁国，献滥地。黑肱，邾国大夫。滥，邾国之地，在今山东滕州东南。

⑦十有二月辛亥朔，日有食之：这是前511年11月14日之日全食。

【译文】

鲁昭公三十一年春周历正月，昭公在乾侯。

季孙意如与晋国荀跞在適历相会。

夏四月初三，薛献公穀去世。

晋定公派荀跞到乾侯慰问昭公。

秋，安葬薛献公。

冬，黑肱带着滥邑来投奔鲁国。

十二月初一，发生日全食。

【传】

31.1 三十一年春王正月，公在乾侯，言不能外内也[①]。

【注释】

①不能外内也：昭公内不容于臣子，外不容于齐国、晋国。

【译文】

鲁昭公三十一年春周历正月，昭公在乾侯，这是说他既不见容于国外，又不见容于国内。

31.2　晋侯将以师纳公[①]。范献子曰："若召季孙而不来，则信不臣矣[②]，然后伐之，若何[③]？"晋人召季孙，献子使私焉[④]，曰："子必来，我受其无咎[⑤]。"季孙意如会晋荀跞于適历。荀跞曰："寡君使跞谓吾子：'何故出君？有君不事，周有常刑[⑥]。子其图之！'"季孙练冠、麻衣、跣行[⑦]，伏而对曰："事君，臣之所不得也，敢逃刑命[⑧]？君若以臣为有罪，请囚于费，以待君之察也，亦唯君[⑨]。若以先臣之故，不绝季氏，而赐之死[⑩]。若弗杀弗亡，君之惠也，死且不朽。若得从君而归，则固臣之愿也，敢有异心[⑪]？"

【注释】

①晋侯将以师纳公：晋定公新即位，打算用武力送昭公回国。

②信不臣：确实不守为臣之道。

③然后伐之，若何：范献子曾受季孙贿赂，所以建议先召季孙，不来再动武力。

④献子使私焉：范献子私下给季孙先报信。

⑤我受其无咎：保季孙无事。

⑥有君不事，周有常刑：意思是将以周朝刑法处置季孙。

⑦季孙练冠、麻衣、跣行：季平子如此打扮，表示自己服罪。练冠，服丧时所戴白布帽子。麻衣，麻布衣。跣行，赤脚而行。

⑧事君，臣之所不得也，敢逃刑命：自己一心事君，不敢逃脱罪责。

⑨“君若以臣为有罪”四句：请囚禁于费地，留待昭公查问。

⑩若以先臣之故，不绝季氏，而赐之死：希望不绝季氏之后，请允许立继承人之后再被处死。

⑪若得从君而归，则固臣之愿也，敢有异心：意思是昭公如果愿意返国，自己愿跟随同归，不敢有二心。季平子这一番话仍然声明自己本无逐君的意图。

【译文】

晋定公打算派军队送鲁昭公回国。范献子说：“如果召见季平子而他不来，那就可以证实他不守臣道了，然后讨伐他，怎么样？”晋国召见季孙，范献子私下派人见季平子，说：“你一定要来，我担保你没事。”季孙意如与晋国荀跞在適历相会。荀跞说：“我们国君派我对您说：‘为何赶走国君？有国君却不事奉，周朝有明确的刑罚。您好好想想吧！’”季平子戴练冠、穿麻衣、赤脚走路，俯伏在地回答说：“事奉国君，是臣下求之不得的，哪敢逃避刑罚？国君要是认为下臣有罪，请求把臣囚禁在费，等待国君的调查，也唯君命是从。如果因为先臣的缘故，不灭绝季氏，而赐臣一死。如果不杀也不放逐臣，是国君的恩惠，臣死也将不朽。要是能跟从国君回国，那么这本来就是下臣的心愿，哪敢有别的念头？”

夏四月，季孙从知伯如乾侯[①]。子家子曰：“君与之归。一惭之不忍，而终身惭乎[②]？”公曰：“诺。”众曰：“在一言矣，君必逐之[③]！”荀跞以晋侯之命唁公，且曰：“寡君使跞以君命讨于意如，意如不敢逃死，君其人也[④]！”公曰：“君惠顾先君之好，施及亡人[⑤]，将使归粪除宗祧以事君[⑥]，则不能见夫人[⑦]。己所能见夫人者，有如河[⑧]！”荀跞掩耳而走[⑨]，曰：“寡君其罪之恐,敢与知鲁国之难[10]!臣请复于寡君[11]。”退而谓季孙:“君怒未怠[12],子姑归祭[13]。”子家子曰:“君以一乘入于鲁师[14],季孙必与君归。”公欲从之。众从者胁公,不得归[15]。

【注释】

①季孙从知伯如乾侯:准备迎接昭公返回鲁国。知伯,荀跞。

②一惭之不忍,而终身惭乎:子家羁劝昭公返回鲁国,忍此一惭,可免终身不归之惭。惭,耻辱。

③在一言矣,君必逐之:昭公随从不同意回去,并且认为只要昭公说一句话,就可使晋国驱逐季孙。

④寡君使跞以君命讨于意如,意如不敢逃死,君其入也:指晋君已责备季孙,季孙不敢有异议,昭公可返鲁。

⑤施(yì)及:延续。亡人:昭公自称。

⑥粪除宗祧:扫除宗庙。

⑦则不能见夫人:不愿见到季平子。夫人,指季平子。

⑧己所能见夫人者,有如河:指河为誓决不见季平子。所,如果。

⑨荀跞掩耳而走:掩耳表示不听昭公所说的话。

⑩寡君其罪之恐,敢与知鲁国之难:意思是晋君只怕负不送昭公回国的责任,现在你们内部有矛盾,就不敢过问了。

⑪臣请复于寡君:荀跞本来就袒护季平子,劝昭公归鲁本来就不是真心,现在昭公如此态度,便要以昭公不肯归鲁报告晋君。

⑫未怠:未平息。

⑬归祭:国君主祭祀,这就是让季平子回去,仍代行君事。

⑭君以一乘入于鲁师:自己单车进入季平子军队,以摆脱随从的阻拦。

⑮众从者胁公,不得归:众随从威胁昭公,昭公最终不能归鲁。

【译文】

夏四月,季平子随从荀跞前往乾侯。子家羁说:“国君和他一起回国吧。一时的羞耻不能忍受,难道将忍受终身的羞耻吗?”昭公说:“好吧。”众随从说:“就在国君的一句话了,国君一定要驱逐季孙!”荀跞以晋定公的名义慰问昭公,并且说:“我们国君派下臣以国君的名义声讨季孙意如,季孙意如不敢逃避死罪,请国君还是回国吧!”昭公说:“国君施恩顾及先君的友好关系,并延续到我这流亡之人,准备让我回国扫除宗庙以奉事国君,那就不能让我看见那个人。我要是还见那个人,有河神为我作证!”荀跞捂住耳朵跑开,说:“我们国君唯恐获罪,岂敢与闻鲁国的祸难!臣请求去回复我们国君。”退出后对季平子说:“国君的怒气还没有消解,您暂且回国去主持国政吧。”子家羁说:“国君驾一辆车进入鲁军,季平子一定会和国君一起回去。”昭公想要听从。众随从胁迫昭公,结果没能回去。

31.3 薛伯穀卒,同盟,故书①。

【译文】

薛献公穀去世,因为是同盟国,所以载入《春秋》。

31.4 秋,吴人侵楚,伐夷①,侵潜、六②。楚沈尹戌帅师救潜,吴师还③。楚师迁潜于南冈而还④。吴师围弦⑤。左司马戌、右司马稽帅师救弦,及豫章,吴师还。始用子胥之谋也⑥。

【注释】

①夷:上年楚将徐子安置在夷。

②潜：地名。在今安徽霍山南。六：古地名。在今安徽六安。

③楚沈尹戌帅师救潜，吴师还：即用伍员“彼出则归”之计。

④南冈：在今安徽霍山北，距沈较近。

⑤弦：古地名。在今河南息县南。

⑥始用子胥之谋也：吴军采用伍员“三师以肄”之计，使楚国军队疲于奔命。子胥，即伍员。

【译文】

秋，吴国入侵楚国，攻打夷地，侵袭潜地、六地。楚国沈尹戌领兵救援潜地，吴军退回。楚军把潜地人迁移到南冈后回师。吴军包围弦地。楚左司马戌、右司马稽带领军队救援弦地，到达豫章，吴军又退了回去。这是开始使用伍员的计谋。

31.5　冬，邾黑肱以滥来奔。贱而书名，重地故也[①]。君子曰：“名之不可不慎也如是：夫有所有名而不如其已[②]。以地叛，虽贱，必书地，以名其人，终为不义，弗可灭已[③]。是故君子动则思礼，行则思义[④]；不为利回[⑤]，不为义疚[⑥]。或求名而不得，或欲盖而名章，惩不义也[⑦]。齐豹为卫司寇，守嗣大夫[⑧]，作而不义，其书为‘盗’[⑨]。邾庶其、莒牟夷、邾黑肱以土地出[⑩]，求食而已，不求其名。贱而必书[⑪]。此二物者，所以惩肆而去贪也[⑫]。若艰难其身，以险危大人，而有名章彻，攻难之士将奔走之[⑬]。若窃邑叛君以徼大利而无名[⑭]，贪冒之民将置力焉[⑮]。是以《春秋》书齐豹曰‘盗’，三叛人名，以惩不义，数恶无礼[⑯]，其善志也。故曰：《春秋》之称微而显[⑰]，婉而辨[⑱]。上之人能使昭明[⑲]，善人劝焉，淫人惧焉，是以君子贵之[⑳]。”

【注释】

①贱而书名，重地故也：黑肱带着滥地逃亡来鲁国，由于重视土地的缘故，虽然黑肱地位低贱，但《经》文也记载其人名地名，使他永远难脱叛国的罪名。

②夫有所有名而不如其已：有时有名还不如无名。

③"以地叛"六句：带着土地叛逃，必记其地名人名，使其不义之举永远被记载，无法消除。名，书写其名。

④是故君子动则思礼，行则思义：意谓君子行动都应合乎礼义。

⑤不为利回：不为求利而违背礼义。回，违背。

⑥不为义疚：不因为违义而内疚。

⑦或求名而不得，或欲盖而名章，惩不义也：有的人贪求名，有的人想掩盖其名，都是不义的行为。贪求名者却不能留名，掩盖其名者却被记载下来，这就是对他们的惩罚。

⑧守嗣大夫：世袭卿大夫。

⑨作而不义，其书为"盗"：昭公二十年，齐豹杀卫君兄絷，《经》文书之为"盗"。

⑩庶其：襄公二十一年，邾庶其以漆、闾丘奔鲁。牟夷：昭公五年，莒牟夷以牟娄、防、兹奔鲁。

⑪求食而已，不求其名。贱而必书：以上三人是小国大夫，地位低贱。三人只求利而不愿有名，《经》文却特书其名，使人们警惕。

⑫此二物者，所以惩肆而去贪也：卫国齐豹是放肆，庶其等三人是贪。二物，二事，指记齐豹与记庶其等三人这两件事。肆，放肆。

⑬"若艰难其身"四句：对于那些经历艰难困苦而危害上级的人，如果让其名声显扬，则有意作难的人将更加肆无忌惮。险，危。大人，指在上位者。章、彻，同义词，显扬。攻难，作难。

⑭徼（yāo）：追求。无名：不记载其名。

⑮贪冒之民将置力焉：像庶其、牟夷、黑肱那样的人如果不记下他

的名字,则窃地叛国以求利的人便会争相仿效,拼命去干。贪冒,贪婪。置,同“致”。

⑯数:斥责。

⑰称:叙述史事。

⑱婉而辨:婉转而含义有别。

⑲上之人:指在位者。昭明:使《春秋》之义明显。

⑳是以君子贵之:按,以上君子之言,在于阐述《经》文的微言大义。

【译文】

冬,邾国黑肱带着滥地来投奔鲁国。他地位低下却记下名字,是由于看重土地的缘故。君子说:“名不可以不慎重就如这样:有时有名还不如无名。带上土地叛变,即便地位低下,也一定记载地名,以此来记下带地来的那个人的名,到底是不义,无法消除。因此君子凡有行动就想到礼,办事就想到义;不因为利而背礼,不做不合于义而使自己内疚的事。有人想求名而得不到,有人想掩盖却使名字更章显,这是对不义的惩罚。齐豹任卫国司寇,是世袭大夫,做事不义,被记载为‘盗’。邾国庶其、莒国牟夷、邾国黑肱带着土地出逃,不过是要谋求生存罢了,并不想求名,结果虽然地位低贱却被记下名字。这两件事,就是用来惩罚放肆而去除贪婪的。对于那些处心积虑不惜身历艰难而危害上级的人,如果让其名声显扬,则有意作难的人将会趋之若鹜。要是窃取城邑背叛国君以追求大利却没被记下名字,贪婪的人就会卖力去做。所以《春秋》记载齐豹为‘盗’,记下那三个背叛者的名字,用以惩罚不义,斥责无礼,这真是善于记述啊。所以说:《春秋》的记载隐微但意义显著,委婉却区别明晰。在上者能使《春秋》大义得到发扬,就使善人得到鼓励,恶人产生畏惧,因此君子重视《春秋》。”

31.6　十二月辛亥朔,日有食之[①]。是夜也,赵简子梦童子裸而转以歌[②]。旦占诸史墨,曰:“吾梦如是,今而日食,何也[3]?”对曰:“六年及此月也,吴其入郢乎!终亦弗克[4]。入郢必以庚辰[5],日月在辰尾[6]。庚午之日,日始有谪[7]。火胜金,故弗克[8]。”

【注释】

①十二月辛亥朔,日有食之:十二月初一日食。

②裸:赤身露体。转以歌:按歌声节拍跳舞。

③吾梦如是,今而日食,何也:怕日食与梦有什么关系,所以问。

④六年及此月也,吴其入郢乎!终亦弗克:六年之后的这个月吴军进入郢都,但并不能取得最后的胜利。按,定公四年十一月(该年闰十月,算上闰月为十二月),吴军入郢。史墨认为日食所示征兆与梦无关,所以只解日食而不解梦。

⑤入郢必以庚辰:必在庚辰日。

⑥日月在辰尾:此时日月行至东方苍龙七宿之尾。

⑦庚午之日,日始有谪(zhé):定公四年庚午,吴败楚于柏举。谪,异常情况。

⑧火胜金,故弗克:庚午之日太阳有异变,所以楚国有灾。但是火胜金,所以吴国最终不能胜过楚国。按,史墨的解释,完全以天象附会人事,《左传》作者只是借以作为后事的伏笔。

【译文】

十二月初一,发生日食。这夜,赵简子梦见小孩子光着身子按歌声的节拍跳舞。天亮后请史墨占梦,说:“我的梦是这样,今天又发生日食,是什么意思?”史墨回答说:“六年以后到这个月,吴国将要进入郢都吧!但最终也没能取胜。攻入郢都一定在庚辰那天,日月在苍龙宿之尾。庚午那一天,太阳开始有灾。不过火胜过金,所以不能取胜。”

三十二年

【经】

32.1　三十有二年春王正月①,公在乾侯。

32.2　取阚②。

32.3　夏,吴伐越。

32.4　秋七月。

32.5　冬,仲孙何忌会晋韩不信、齐高张、宋仲几、卫世叔申、郑国参、曹人、莒人、薛人、杞人、小邾人城成周③。

32.6　十有二月己未④,公薨于乾侯⑤。

【注释】

①三十有二年:鲁昭公三十二年当周敬王十年,前510。

②取阚:昭公派徒众夺取鲁国之阚邑。

③仲孙何忌会晋韩不信、齐高张、宋仲几、卫世叔申、郑国参、曹人、莒人、薛人、杞人、小邾人城成周:周敬王请筑成周城,晋国会合诸侯修筑成周城墙。世叔申,卫国太叔仪之孙。国参,郑国子产之子。

④己未:十四日。

⑤公薨于乾侯:鲁昭公去世。

【译文】

鲁昭公三十二年春周历正月,昭公在乾侯。

占领阚地。

夏,吴国进攻越国。

秋七月。

冬,仲孙何忌会同晋国韩不信、齐国高张、宋国仲几、卫国世叔申、郑国国参、曹国人、莒国人、薛国人、杞国人、小邾国人筑成周城。

十二月十四日,昭公在乾侯去世。

【传】

32.1 三十二年春王正月,公在乾侯,言不能外内,又不能用其人也①。

【注释】

①不能用其人:昭公不能听取子家羁的忠言,不能用其人。其人,指子家羁。

【译文】

鲁昭公三十二年春周历正月,昭公在乾侯,这是说他既不见容于国外,也不见容于国内,又不能用手下的贤人。

32.2 夏,吴伐越,始用师于越也①。史墨曰:“不及四十年,越其有吴乎②!越得岁而吴伐之,必受其凶③。”

【注释】

①吴伐越,始用师于越也:吴国此时正式兴兵伐越,时越王允常在位。越,越国。

②不及四十年,越其有吴乎:哀公二十二年,越灭吴,距今三十八年,不足四十年。

③越得岁而吴伐之,必受其凶:这里仍为《左传》作者借史墨附会天象的话以作预言。岁,指岁星。越得岁,指这年岁星行至十二星次中的星纪,星纪为越国的分野。古人认为,岁星所在,其国有福。而吴国先用兵,必受其灾祸,所以越国反而灭吴。

【译文】

夏，吴国进攻越国，这是对越国用兵的开始。史墨说：“不超过四十年，越国将要占有吴国吧！越国正处在岁星所在的方位，而吴国进攻它，必然蒙受岁星所降的灾祸。”

32.3　秋八月，王使富辛与石张如晋①，请城成周②。天子曰：“天降祸于周，俾我兄弟并有乱心③，以为伯父忧④。我一二亲昵甥舅不皇启处，于今十年⑤。勤戍五年⑥。余一人无日忘之，闵闵焉如农夫之望岁，惧以待时⑦。伯父若肆大惠⑧，复二文之业⑨，弛周室之忧，徼文、武之福⑩，以固盟主，宣昭令名，则余一人有大愿矣⑪。昔成王合诸侯城成周，以为东都，崇文德焉⑫。今我欲徼福假灵于成王⑬，修成周之城，俾戍人无勤，诸侯用宁，蝥贼远屏⑭，晋之力也。其委诸伯父，使伯父实重图之。俾我一人无征怨于百姓⑮。而伯父有荣施，先王庸之⑯。”

【注释】

①富辛与石张：二人都是周大夫。

②请城成周：王子朝之乱，其余党在王城的仍不少，周敬王为了安全，预防余党再作乱，由王城迁于成周，请晋召集诸侯修筑成周城，使更坚固。王城在今河南洛阳王城公园一带，成周在今河南洛阳东郊外白马寺东。

③我兄弟：指王子朝之党。

④伯父：指晋定公。

⑤我一二亲昵甥舅不皇启处，于今十年：王子朝之乱至今已近十年。甥舅，指甥舅之国。不皇启处，不安居。皇，通“遑”。闲暇，

空闲。

⑥勤戍五年：昭公二十七年晋国召集诸侯戍周，至今也已五年。

⑦余一人无日忘之，闵闵焉如农夫之望岁，惧以待时：自己不敢忘记诸侯勤王之劳，并且一直提心吊胆过日子。闵闵，忧愁的样子。岁，丰收。时，收割之时。

⑧肆：布施。

⑨二文之业：指晋文侯曾助周平王、晋文公曾助周襄王。

⑩徼文、武之福：求文王、武王之福。

⑪宣昭令名，则余一人有大愿矣：希望晋国仍能为保卫周室出力。宣昭，宣扬。

⑫昔成王合诸侯城成周，以为东都，崇文德焉：周成王时周公筑成周城，尊崇文治之德。

⑬徼福假灵：徼福、假灵为同义词，求福。

⑭俾（bǐ）戍人无勤，诸侯用宁，蝥（máo）贼远屏：使诸侯之戍可以撤回，坏人远逐，修治文德，周室得以安宁。俾，使。无勤，不再辛劳。蝥贼，本指吃禾苗的害虫，这里喻指坏人。屏，放逐。

⑮征怨：招怨。

⑯而伯父有荣施，先王庸之：先王将因功而酬谢晋国的功绩。施，功绩。庸，功，这里用作动词。

【译文】

秋八月，周敬王派富辛与石张去晋国，请求修筑成周的城墙。天子说："上天给周降下祸殃，使我的兄弟都生出乱心，以此成为伯父的忧虑。我几个亲昵的甥舅之国也无暇安居，至今已经十年。诸侯派兵戍守也已五年。我本人没有一天忘掉这事，忧心忡忡如农夫盼望好收成，提心吊胆地等待收割。伯父如能布施大恩，重建文侯、文公的大业，舒缓周室的忧患，向文王、武王求取福佑，以稳固盟主的地位，宣扬美名，这就是我本人最大的愿望了。昔日成王会合诸侯修筑成周城，以作为东都，尊崇文德。现在我想向成王求取福佑威灵，修筑成周城，使戍守的人免于辛劳，诸侯得到安宁，把坏人远远地屏逐，这都是晋国的功劳。谨以此事委托给伯父，请伯父三思。使我本人不致招致怨恨。伯父能建立光荣的功绩，先王会酬谢伯父的。”

范献子谓魏献子曰：“与其戍周，不如城之。天子实云[①]，虽有后事，晋勿与知可也。从王命以纾诸侯[②]，晋国无忧。是之不务，而又焉从事[③]？”魏献子曰：“善！”使伯音对曰[④]：“天子有命，敢不奉承以奔告于诸侯，迟速衰序，于是焉在[⑤]。”

【注释】

①实云：指已说了城成周而罢戍守。

②从王命以纾诸侯：遵从王命不戍周，诸侯负担得以缓解。纾，缓解。

③是之不务，而又焉从事：城成周、罢戍守，于晋于诸侯都更有利。焉，何。

④伯音：韩不信。韩起之孙，谥为简子。

⑤迟速衰序，于是焉在：时间进度及工程任务听从周王调遣。衰序，指工作量的等级次序。衰，差。序，次。

【译文】

范献子对魏献子说：“与其戍守成周，不如增筑城墙。天子已经发话，即使以后有事，晋国可以不参与。服从天子的命令而让诸侯松一口气，晋国也没有忧患。这样的事不致力去做，还做什么？”魏献子说：“好！”派伯音回复说：“天子有命令，岂敢不遵命而奔走告知诸侯，工程进度和工程量的分配，都听从天子的安排。”

冬十一月,晋魏舒、韩不信如京师,合诸侯之大夫于狄泉[①],寻盟[②],且令城成周。魏子南面[③],卫彪傒曰[④]:“魏子必有大咎。干位以令大事[⑤],非其任也[⑥]。《诗》曰:‘敬天之怒,不敢戏豫。敬天之渝,不敢驰驱[⑦]。’况敢干位以作大事乎[⑧]?”

【注释】

①狄泉:即翟泉,在今河南洛阳市内。

②寻盟:重温平丘之盟。

③魏子南面:魏舒自居于君位。

④彪傒:卫国大夫。

⑤干位:魏舒是卿而居君位,是逾越了本位。大事:指天子筑成周之事。

⑥非其任:担当不了。

⑦敬天之怒,不敢戏豫。敬天之渝,不敢驰驱:引《诗》见《诗经·大雅·板》,意思是对于上天的发怒降灾,不敢玩忽放纵。戏豫,游戏,指玩忽轻慢。渝,变,指天发怒降灾难。驰驱,放纵自恣。

⑧况敢干位以作大事乎:意思是对于上天之怒,不敢掉以轻心,而要完成天子所交的大事,却越位以颁布命令,必不免有灾祸。按,明年,魏舒未返晋而死。

【译文】

冬十一月,晋国魏舒、韩不信到京师,在狄泉会合诸侯国大夫,重温过去的盟约,并命令筑成周城。魏献子面南而坐,卫国彪傒说:“魏子必有大灾难。僭越本位颁布重大命令,这不是他所能承担的。《诗》说:‘恭敬地对待上天的发怒,不敢嬉戏玩忽。恭敬地对待上天的变异,不敢放纵随意。’更何况敢越位去作大事呢?”

己丑[①]，士弥牟营成周[②]，计丈数[③]，揣高卑[④]，度厚薄，仞沟洫[⑤]，物土方，议远迩[⑥]，量事期[⑦]，计徒庸[⑧]，虑财用[⑨]，书餱粮[⑩]，以令役于诸侯，属役赋丈[⑪]，书以授帅，而效诸刘子[⑫]。韩简子临之[⑬]，以为成命[⑭]。

【注释】

①己丑：十四日。

②士弥牟营成周：确定工程方案。

③计丈数：计算应增筑的长度。

④揣：估计。高卑：城墙高低。

⑤仞沟洫：估计沟渠深浅。

⑥物土方，议远迩：考察取土方向和远近。物，相，察看。

⑦量事期：预算完工日期。

⑧计徒庸：计算所用人工。

⑨虑财用：考虑所用器材费用。

⑩书餱粮：记下所需粮食。

⑪以令役于诸侯，属役赋丈：分配给各国工程劳役和长度。

⑫书以授帅，而效诸刘子：将以上情况记下来分送各诸侯首领，并汇总到刘文公那里。帅，诸侯大夫。效，送到。刘子，刘文公。

⑬韩简子：即韩不信、伯音。临之：监工。

⑭成命：将以上工程计划作为既定方案，下达给各个参加筑城的诸侯国。

【译文】

十四日，士弥牟规划成周的工程，计算城墙的长度，估计其高低，估量其厚薄，约算沟渠的深度，考察取土的地方和远近，预算完工日期，计算人工，考虑器材费用，记录所需粮食，向诸侯公布，分配各国工役和长度，记下来交给各国大夫，而汇总到刘文公那里。韩简子监工，贯彻执行这项命令。

32.4 十二月，公疾，遍赐大夫[①]，大夫不受。赐子家子双琥、一环、一璧、轻服[②]，受之。大夫皆受其赐。己未，公薨[③]。子家子反赐于府人[④]，曰："吾不敢逆君命也[⑤]。"大夫皆反其赐。书曰："公薨于乾侯。"言失其所也[⑥]。

【注释】

①大夫：昭公随从。

②琥：祭神玉器。虎形。轻服：细软的上等衣服。

③己未，公薨：十二月十四日，昭公死于乾侯。

④子家子反赐于府人：子家羁归还所得赏赐。府人，管仓库的人。

⑤吾不敢逆君命也：当初接受是为了不违背昭公的好意。

⑥书曰："公薨于乾侯。"言失其所也：昭公死于流亡之地，不是死于宫中，是"失其所"。按，《经》文特记下死在乾侯，表示他没有在正寝去世。

【译文】

十二月，昭公生病，赏赐所有随从大夫宝物，大夫们不接受。赐给子家羁双琥、一只环、一块璧、轻软的衣服，子家羁接受了。大夫也都接受昭公的赏赐。十四日，昭公去世。子家羁把赏赐给自己的物品又送回给库房管理人，说："我之所以接受是不敢违背国君的命令。"大夫们也都把赏赐送回府库。《春秋》记载说："昭公在乾侯去世。"是说他没有在正寝去世。

赵简子问于史墨曰："季氏出其君，而民服焉，诸侯与之，君死于外而莫之或罪也，何也[①]？"对曰："物生有两、有

三、有五、有陪贰[2]。故天有三辰[3]，地有五行[4]，体有左右[5]，各有妃耦[6]。王有公，诸侯有卿，皆有贰也[7]。天生季氏，以贰鲁侯，为日久矣[8]。民之服焉，不亦宜乎！鲁君世从其失[9]，季氏世修其勤，民忘君矣。虽死于外，其谁矜之[10]？社稷无常奉，君臣无常位，自古以然[11]。故《诗》曰：'高岸为谷，深谷为陵[12]。'三后之姓，于今为庶[13]，主所知也。在《易》卦，雷乘乾曰《大壮》䷡，天之道也[14]。昔成季友，桓之季也[15]，文姜之爱子也。始震而卜[16]，卜人谒之[17]，曰：'生有嘉闻[18]，其名曰友，为公室辅。'及生，如卜人之言，有文在其手曰'友'，遂以名之[19]。既而有大功于鲁[20]，受费以为上卿[21]。至于文子、武子[21]，世增其业，不废旧绩[22]。鲁文公薨，而东门遂杀適立庶，鲁君于是乎失国[23]，政在季氏，于此君也四公矣[24]。民不知君，何以得国[25]？是以为君慎器与名，不可以假人[26]。"

【注释】

①"季氏出其君"五句：季氏逐昭公，百姓都顺从季氏，诸侯国也都默认而没有人去问罪惩罚，因此赵简子问史墨，这是为什么。

②物生有两、有三、有五、有陪贰：世间事物的存在，有的成双，有的成三，有的成五，有的有辅佐之物，并非单一。陪贰，辅佐，匹配。

③三辰：日、月、星。

④五行：金、木、水、火、土。

⑤体有左右：身体有左右。

⑥妃耦：配偶。

⑦贰：辅助的人。

⑧天生季氏，以贰鲁侯，为日久矣：昭公二十五年《传》中乐祁说："政在季氏三世矣，鲁君丧政四公矣。"

⑨世从其失:世代放纵,贪图安逸。从,同“纵”。失,通“佚”,逸。

⑩民忘君矣。虽死于外,其谁矜之:鲁君失政,季氏勤政,百姓都只知季氏,而忘了还有国君。现在昭公死于外,当然不会有人怜惜他。矜,怜惜。

⑪社稷无常奉,君臣无常位,自古以然:社稷没有固定不变的祭祀者,君臣没有固定不变的地位,贵族与庶人不断地转化,古来如此。

⑫高岸为谷,深谷为陵:引《诗》见《诗经·小雅·十月之交》,意思是高山深谷也常发生变化。史墨认为,社会也跟自然界一样,这种变化是必然的规律。按,当时诸侯政权下移,如宋国移于华氏,齐国移于陈田氏,晋国移于六卿,鲁国移于三家,已是无法挽回的了。

⑬三后之姓,于今为庶:虞、夏、商三王的子孙,今天成了平民。

⑭在《易》卦,雷乘乾曰《大壮》䷡,天之道也:《大壮》卦,乾下震上,乾是天,震是雷,雷应在天之上,所以说“雷乘乾”。这又象征臣在君上,臣的权势大,欺凌其君。

⑮昔成季友,桓之季也:季友是桓公的小儿子。季氏从季友起开始强大。

⑯震:通“娠”,怀孕。

⑰谒:告,报告桓公。

⑱嘉闻:好名声闻于世。

⑲遂以名之:名为季友。

⑳既而有大功于鲁:闵公二年,季友平庆父之乱立公子申为君,是为鲁僖公。

㉑受费以为上卿:封于费地。

㉑文子:字行父,季友之孙。武子:名宿,文子之子。

㉒世增其业,不废旧绩:文子、武子都是鲁国执政。

㉓鲁文公薨，而东门遂杀適立庶，鲁君于是乎失国：文公十八年，东门遂杀嫡立庶，此后鲁国公族衰微，三桓更加强大。

㉔政在季氏，于此君也四公矣：三桓中季氏势力最大，季氏执政历时已久。

㉕民不知君，何以得国：百姓都忘了国君，国君不可能得到政权。

㉖是以为君慎器与名，不可以假人：史墨从历史的发展趋势说明季氏执政已久，鲁国公室早已衰弱，如今要限制和削弱季氏，已不可能。器，车服礼器。名，名位。器与名指代政权。

【译文】

赵简子问史墨道："季氏赶走了他的国君，而人民顺服于他，诸侯亲附他，国君死在外边，却没有人去向他问罪，这是什么原因呢？"史墨回答说："事物的存在有的成双、有的成三、有的成五、有的具有辅佐之物。所以天有三辰，地有五行，身体有左右，各有配偶。王有公，诸侯有卿，都有辅佐。上天降生季氏，让他辅佐鲁国国君，已经很久了。人民顺服他，不也是很正常的吗！鲁国国君世代放纵淫佚，季氏世代勤劳勤勉，人民已经忘记了国君。即便死在国外，又有谁去怜惜他？社稷没有固定不变的祭祀人，君臣没有固定不变的位子，自古以来就是这样。所以《诗》说：'高高的堤岸变为河谷，深深的河谷变为山陵。'三代帝王的后代如今成为平民，这是您所知道的。在《易》的卦象上，代表雷的震卦在乾卦上，叫《大壮》䷡，这是上天的常道。往昔成季友是鲁桓公的小儿子，文姜的爱子。刚怀孕时占卜，卜人报告说：'生下来有好名声，他的名字叫友，成为公室的辅佐。'等到出生，就如卜人所说的那样，手上有'友'字，就取名为友。后来在鲁国立下大功，得到费地并成为上卿。直到文子、武子，世代增添家业，不废弃祖先的功绩。鲁文公去世，东门遂杀死嫡子立了庶子，鲁国国君从此失去国政，大权掌握在季氏手中，到这代国君已经是第四代了。人民不知道国君，国君又怎么能得到国政？所以当国君的应慎重地对待宝器和名位，不能假借给予人。"

定公

【题解】

定公，鲁国第二十四任国君，名宋，襄公之子、昭公之弟，前509年六月即位，前495年去世，子哀公蒋立。定公前期，季孙氏专权。定公五年季平子死，季桓子嗣立，季氏家臣阳虎擅权，犯上作乱，操纵鲁国朝政，孔子不仕。定公八年阳虎叛乱，九年阳虎逃奔晋国。其后孔子为鲁司寇，定公十二年，孔子命申句须等败费宰公山不狃，并堕费。

鲁国自僖公以来，世代归服晋国。但此时晋国国内大夫专权，政出多门，内讧激烈，晋国霸业衰落，诸侯多叛。定公十一年，鲁国与郑国媾和，从此背叛晋国。齐、郑、卫、鲁各国之好逐渐形成。

楚国令尹子常贪鄙，诸侯离心。自楚昭王即位以来，无岁不有吴师。吴国在伍子胥的策划下，于定公四年大败楚军，攻入郢都。定公五年，在吴国攻占楚国之际，越国乘机侵入吴国。定公十四年，吴攻越，败之于槜李。数年之间，吴越两国争锋不断。

在诸侯纷争、群龙无首的形势下，秦国与齐国显示了他们的优势。秦国支持了楚国，齐国团结了鲁、郑、卫等诸侯国。

元年

【经】

1.1 元年春王[①]。

1.2 三月,晋人执宋仲几于京师[②]。

1.3 夏六月癸亥[③],公之丧至自乾侯[④]。

1.4 戊辰[⑤],公即位[⑥]。

1.5 秋七月癸巳[⑦],葬我君昭公。

1.6 九月,大雩。

1.7 立炀宫[⑧]。

1.8 冬十月,陨霜杀菽[⑨]。

【注释】

①元年:鲁定公元年当周敬王十一年,前509。

②仲几:宋国大夫,鲁昭公三十二年任宋国左师。京师:东周王都,在今河南洛阳。

③癸亥:二十一日。

④公之丧至自乾侯:鲁昭公去年十二月死于乾侯,现在将灵柩迎回鲁国。

⑤戊辰:二十六日。

⑥公即位:六月二十六日,鲁定公即位。

⑦癸巳:二十二日。

⑧立炀宫:季平子重建炀公庙。

⑨冬十月,陨霜杀菽:降霜而损害豆苗。按,周历十月是今农历八月,没到霜降节气而降霜,而且毁害庄稼,是异常现象,所以记载。

【译文】

鲁定公元年春周历。

三月,晋国在京师拘禁宋国仲几。

夏六月二十一日,昭公的灵柩从乾侯运回国。

二十六日,鲁定公即位。

秋七月二十二日,安葬我国国君昭公。

九月,举行盛大的求雨雩祭。

重建炀公庙。

冬十月,降霜损害豆类。

【传】

1.1 元年春王正月辛巳[①],晋魏舒合诸侯之大夫于狄泉,将以城成周。魏子莅政[②]。卫彪傒曰:“将建天子[③],而易位以令[④],非义也。大事奸义[⑤],必有大咎。晋不失诸侯,魏子其不免乎[⑥]!”是行也,魏献子属役于韩简子及原寿过[⑦],而田于大陆[⑧],焚焉[⑨],还,卒于甯[⑩]。范献子去其柏椁,以其未复命而田也[⑪]。

【注释】

①辛巳:初七。

②魏子莅政:魏舒主持政事。莅政,掌管政事。莅,临。

③建天子:为天子筑城使居之。

④易位:指魏舒以大臣身份居君位以命令诸侯大夫。

⑤奸义:违反道义。

⑥晋不失诸侯,魏子其不免乎:彪傒预言晋国如果不失去诸侯,魏舒必将受惩罚,不免于祸患。

⑦韩简子:晋国韩起之孙。原寿过:周大夫。

⑧大陆:古地名。在今河南获嘉西北,旧名吴泽陂。

⑨焚焉:为了打猎而焚烧草木。

⑩甯:古地名。在今河南获嘉西。

⑪范献子去其柏椁,以其未复命而田也:魏舒死,范献子代为执政。范献子撤去魏舒的柏木外棺,以批评他未复命便去打猎。

【译文】

鲁定公元年春周历正月初七,晋国魏舒在狄泉会合诸侯的大夫,准备修筑成周城墙。魏舒主持修城事宜。卫国彪傒说:"打算为周天子筑城,却逾越本位发号施令,这不合道义。做重大的事情却违背道义,必有大灾祸。晋国要是不失去诸侯,魏舒恐怕不能免于祸患!"这次行动,魏舒把差事交付给韩简子和原寿过,自己跑到大陆打猎,放火赶逐猎物,返程死在甯地。范献子撤除了魏舒的柏木外棺,因为他还没有复命就去打猎。

孟懿子会城成周,庚寅①,栽②。宋仲几不受功③,曰:"滕、薛、郳,吾役也④。"薛宰曰:"宋为无道,绝我小国于周,以我适楚,故我常从宋⑤。晋文公为践土之盟,曰:'凡我同盟,各复旧职。'若从践土,若从宋,亦唯命⑥。"仲几曰:"践土固然⑦。"薛宰曰:"薛之皇祖奚仲居薛⑧,以为夏车正⑨。奚仲迁于邳⑩,仲虺居薛⑪,以为汤左相。若复旧职,将承王官,何故以役诸侯⑫?"仲几曰:"三代各异物,薛焉得有旧⑬?为宋役,亦其职也⑭。"士弥牟曰:"晋之从政者新⑮,子姑受功。归,吾视诸故府⑯。"仲几曰:"纵子忘之,山川鬼神其忘诸乎⑰?"士伯怒,谓韩简子曰:"薛征于人,宋征于鬼⑱,宋罪大矣。且己无辞,而抑我以神⑲,诬我也。'启宠纳侮'⑳,其此之谓矣。必以仲几为戮[21]。”乃执仲几以归。三月,归诸京师[22]。

【注释】

①庚寅:十六日。

②栽:为筑墙而立板。

③宋仲几不受功:宋国仲几不接受任务。

④滕、薛、郳(ní),吾役也:仲几想让这三个小国代为服役。

⑤“宋为无道”四句:按,成公二年,宋、薛等国与楚国结盟,襄公二十七年以后,宋、薛或属晋,或属楚,或两属。

⑥若从践土,若从宋,亦唯命:是依践土之盟恢复旧职,还是服从宋国,薛宰表示惟晋国之命是听,实际上是反对为宋国服役。

⑦践土固然:即使依践土之盟复旧职,薛国仍应为宋国服役。

⑧皇祖:远祖。

⑨车正:掌管车服的大夫。

⑩邳(pī):古地名,在今江苏邳州。

⑪仲虺(huǐ):奚仲之后。

⑫若复旧职,将承王官,何故以役诸侯:薛宰以薛之历史力争,认为若复旧职,薛将接受天子的官位,不必为宋国服役。

⑬三代各异物,薛焉得有旧:薛宰所说是夏商时事,现在是周代,不以夏商为旧职。异物,异事,是说时代不同,事情也不同。

⑭为宋役,亦其职也:如果以夏商时事为旧职,那么宋国是商之后,为宋国服役也是复旧职。

⑮晋之从政者新:范献子新任执政。

⑯视诸故府:查考旧档案。故府,收藏档案所。

⑰纵子忘之,山川鬼神其忘诸乎:结盟必祭告山川鬼神,所以说山川鬼神不会忘记。这是顶撞士弥牟的话。其,难道。

⑱薛征于人，宋征于鬼：薛国以人为证，宋国以鬼为证。征，同“证”。

⑲抑我以神：以神压制我。

⑳启宠纳侮：指本要宠宋，反招来侮辱。

㉑戮：辱。

㉒乃执仲几以归。三月，归诸京师：先将仲几抓走带回晋国，后来觉得不妥，于是送往京师囚禁。

【译文】

孟懿子参加增筑成周城的工程，十六日，开始夯土。宋国仲几不肯接受任务，说："滕国、薛国、郳国，是代我国服役的。"薛国宰臣说："宋国所为无道，使我们小国和周断绝关系，带着我们改事楚国，所以我国常常服从宋国。晋文公在践土结盟，说：'凡是我们同盟国家，各自恢复原来的职位。'是服从践土之盟，还是依从宋国，我们唯命是听。"仲几说："即便按践土盟约，你们还是应为宋国服役。"薛国宰臣说："薛的远祖奚仲居住薛地，担任夏朝车正。奚仲迁移到邳地，仲虺住在薛地，任汤的左相。如果恢复旧职，应该是任天子官职，为什么要为诸侯国服役？"仲几说："三代的事各不相同，薛国怎么能有原先的职位？为宋国服役，也是你们的职责。"士弥牟说："晋国执政者刚上任，你先接下任务。我回去后查一下故府所存档案。"仲几说："即使您忘记了，山川鬼神难道也忘了吗？"士弥牟怒，对韩简子说："薛国用人作证，宋国用鬼作证，宋国的罪过大了。而且他已经无话可说，却用鬼神来压制我们，这是欺骗我们。'给予宠信却招来侮辱'，说的就是这种情况。一定要让仲几受到羞辱。"便抓了仲几带回国。三月，又把仲几送到京师。

城三旬而毕，乃归诸侯之戍。齐高张后，不从诸侯①。晋女叔宽曰："周苌弘、齐高张皆将不免。苌叔违天②，高子违人③。天之所坏，不可支也。众之所为，不可奸也④。"

【注释】

①齐高张后，不从诸侯：齐国高张迟到，没有赶上各国诸侯城成周之期。

②苌叔违天：天意将弃周，苌弘想迁都以延长周的帝祚，是违天。

③高子违人：高张迟到，是违人。

④众之所为，不可奸也：奸，犯。按，此为哀公三年周杀苌弘、六年高张逃亡伏笔。

【译文】

筑城持续了三旬完工，便遣返诸侯的戍卒。齐国高张晚到，没有赶上诸侯筑城。晋国女叔宽说："周朝苌弘、齐国高张都将不免于祸患。苌叔违背上天，高张违背众人。上天要毁坏谁，没人能保他。众人要怎么做，谁也不能违背。"

1.2 夏，叔孙成子逆公之丧于乾侯[①]。季孙曰："子家子亟言于我，未尝不中吾志也[②]。吾欲与之从政，子必止之，且听命焉[③]。"子家子不见叔孙，易几而哭[④]。叔孙请见子家子，子家子辞，曰："羁未得见，而从君以出[⑤]。君不命而薨，羁不敢见[⑥]。"叔孙使告之曰："公衍、公为实使群臣不得事君。若公子宋主社稷，则群臣之愿也[⑦]。凡从君出而可以入者，将唯子是听[⑧]。子家氏未有后，季孙愿与子从政[⑨]。此皆季孙之愿也，使不敢以告[⑩]。"对曰："若立君，则有卿士、大夫与守龟在[⑪]，羁弗敢知。若从君者，则貌而出者[⑫]，入可也；寇而出者[⑬]，行可也。若羁也，则君知其出也，而未知其入也[⑭]，羁将逃也。"丧及坏隤[⑮]，公子宋先入，从公者皆自坏隤反[⑯]。

【注释】

①叔孙成子:叔孙婼之子。

②中吾志:合于我心。

③吾欲与之从政,子必止之,且听命焉:季平子让叔孙成子劝诱子家羁回国共理政事,不要逃往他国。之,指子家羁。止之,留住子家羁,不让他到别国去。听命,凡事都听取子家羁的意见。

④子家子不见叔孙,易几而哭:子家羁不想与叔孙成子见面,所以改变哭丧时间。易几,改变哭丧时间。古代丧礼,初丧应朝夕哭于中庭北面。几,期。

⑤羁未得见,而从君以出:子家羁跟随昭公出国时,叔孙成子还没当卿,所以说“未得见”。

⑥君不命而薨,羁不敢见:昭公没有命令,所以不敢见叔孙成子。这是子家羁不见的托词。

⑦若公子宋主社稷,则群臣之愿也:意思是昭公之子公衍、公为造成昭公出奔,现在群臣愿奉公子宋为君。公子宋,昭公弟弟定公。

⑧凡从君出而可以入者,将唯子是听:随昭公出奔的人,谁可以返国,全部由子家羁来定。

⑨子家氏未有后,季孙愿与子从政:子家羁之父归父在宣公十八年被季氏所逐,无后于鲁,现在季氏愿意为子家氏立后,并请子家羁共襄鲁国政事。

⑩不敢:叔孙成子名。

⑪守龟:占卜用的龟甲。

⑫貌而出:指表面上随君而出,实际却未必忠于君。

⑬寇而出:与季氏结仇而出。

⑭则君知其出也,而未知其入也:随昭公出逃,是得到昭公许可;现在不得昭公许可,怎么能返国?

⑮坏隤(tuí):古地名,在今山东曲阜。

⑯从公者皆自坏隤反:子家羁与随从昭公之人全部逃亡。反,意谓不入国都而往回走。

【译文】

夏,叔孙成子到乾侯迎接昭公的灵柩。季平子说:"子家羁屡次与我交谈,没有不合我心意的。我希望与他一起执政,你一定要留住他,而且听取他的看法。"子家羁不肯见叔孙成子,便改变了哭丧时间。叔孙成子请求见子家羁,子家羁辞谢,说:"我没有见过您,就跟从国君出走了。国君没有下命令就去世,我不敢见您。"叔孙成子派人告诉他说:"实在是公衍、公为让群臣没能事奉国君。如果公子宋主持国家,这是群臣的心愿啊。凡是随从国君出走而可以回国的,全部听凭您的意见。子家氏还没有立继承人,季孙愿意和您共同执掌国政。这都是季孙的愿望,派我来奉告。"子家羁回答说:"要是立国君,有卿士、大夫和守龟在那里,我不敢过问。要是说跟从国君出走的,那么表面上跟随出走的,可以回国;与季氏结仇而出去的,可以让他出逃。至于我,是国君同意我出去,却没得到同意回去,我将逃亡。"灵柩到达坏隤,公子宋先入都,跟随昭公的人都从坏隤往回走了。

1.3　六月癸亥,公之丧至自乾侯。戊辰,公即位①。季孙使役如阚公氏②,将沟焉③。荣驾鹅曰④:"生不能事,死又离之,以自旌也⑤?纵子忍之,后必或耻之⑥。"乃止。季孙问于荣驾鹅曰:"吾欲为君谥⑦,使子孙知之。"对曰:"生弗能事,死又恶之,以自信也⑧?将焉用之?"乃止。

【注释】

①公即位:鲁定公即位。

②阚(kàn)公氏:鲁国群公墓地名。

③将沟焉:季氏恨昭公,准备在墓地挖一条沟,把昭公的墓与祖墓分开,以示昭公不得进祖墓。

④荣驾鹅:鲁国大夫荣成伯。

⑤自旌:自己彰明其恶。

⑥纵子忍之,后必或耻之:即使现在忍心为之,日后也必为此羞耻。

⑦欲为君谥:想加昭公一个恶谥。

⑧自信:自己表白自己厌恨昭公。信,同“伸”。

【译文】

六月二十一日,昭公的灵柩从乾侯运回。二十六日,定公即位。季孙派劳役到阚公氏那儿,打算挖条沟。荣驾鹅说:“国君在世时不能奉事,死后又将他隔离,莫非是要宣扬自己的过错吗?即便您忍心这样做,日后也必定以此为耻。”于是不挖沟。季孙向荣驾鹅询问说:“我打算为国君制定谥号,让子孙后代都知道。”荣驾鹅回答说:“生时不能奉事,死后又赠予恶谥,难道是要自我表白对他的厌恶吗?为什么要这样做?”于是也终止了。

1.4　秋七月癸巳,葬昭公于墓道南[①]。孔子之为司寇也,沟而合诸墓[②]。

【注释】

①葬昭公于墓道南:诸墓在墓道北,季平子葬昭公于墓道之南,以与祖墓隔离。

②孔子之为司寇也,沟而合诸墓:后来孔子任司寇时,在昭公墓之外挖沟,以扩大祖墓范围,使昭公墓合入祖墓。

【译文】

秋七月二十二日,把昭公安葬在墓道的南边。孔子当司寇的时候,在昭公墓外挖沟，使昭公墓与其他国君的墓都连在一起。

1.5 昭公出故，季平子祷于炀公①。九月，立炀宫②。

【注释】

①昭公出故，季平子祷于炀公：炀公，伯禽之子，继其兄考公立为君。昭公出奔，季平子祈祷于炀公，希望不要让昭公返回鲁国。一说，季氏亦欲废公衍而立昭公之弟，效炀公嗣位故事，故祷之。

②立炀宫：现在昭公死在外面，季平子认为祈祷有效，因此重建炀公庙。一说，定公已即位，故别新立炀宫，以表示兄终弟及，鲁有先例，非己私意。

【译文】

因为昭公出走的缘故，季平子向炀公祈祷。九月，重建炀公庙。

1.6 周巩简公弃其子弟而好用远人①。

【注释】

①巩简公：周卿士。远人：异族人。按，此本与下年《传》"二年夏四月辛酉，巩氏之群子弟贼简公"相连，被割裂置此。

【译文】

周巩简公疏远自己的子弟而喜欢用异族人。

二年

【经】

2.1 二年春王正月①。

2.2 夏五月壬辰②，雉门及两观灾③。

2.3　秋，楚人伐吴。

2.4　冬十月，新作雉门及两观。

【注释】

①二年：鲁定公二年当周敬王十二年，前508。

②壬辰：二十五日。

③雉门及两观灾：雉门失火，延烧到两观。雉门，鲁公宫的南门。

【译文】

鲁定公二年春周历正月。

夏五月二十五日，雉门失火，延烧到两观才熄灭。

秋，楚国进攻吴国。

冬十月，新建雉门和两观。

【传】

2.1　二年夏四月辛酉[①]，巩氏之群子弟贼简公[②]。

【注释】

①辛酉：二十四日。

②巩氏之群子弟贼简公：此句应与上年《传》的末句连读。贼，刺杀。

【译文】

鲁定公二年夏四月二十四日，巩氏的子弟们刺杀了简公。

2.2　桐叛楚[①]。吴子使舒鸠氏诱楚人[②]，曰："以师临我，我伐桐，为我使之无忌[③]。"

【注释】

①桐叛楚:桐世代属于楚国,现在背叛。桐,古国名,在今安徽桐城北。

②舒鸠氏:舒鸠于襄公二十四年叛楚,二十五年被楚所灭。其地在今安徽舒城,在桐北。

③以师临我,我伐桐,为我使之无忌:吴王让舒鸠人引诱楚国攻打吴国,吴国为取悦于楚,假装为楚国伐桐,使楚国对吴国没有疑忌。按,此即伍员所谓"多方以误之"。

【译文】

桐国背叛楚国。吴王派舒鸠氏诱骗楚国人,说:"让楚国派军队逼近我国,我国去攻打桐国,从而让楚国对我国出兵不产生怀疑。"

秋,楚囊瓦伐吴[①],师于豫章。吴人见舟于豫章,而潜师于巢[②]。冬十月,吴军楚师于豫章,败之[③]。遂围巢,克之,获楚公子繁[④]。

【注释】

①楚囊瓦伐吴:楚国听从舒鸠人的话,出兵伐吴。

②吴人见舟于豫章,而潜师于巢:吴国假装伐桐,故意让战船出现在豫章,而暗地里出兵巢地。按,吴实际准备袭击楚国。

③吴军楚师于豫章,败之:吴兵乘楚军不备,击败楚军。军,动词,攻击。

④遂围巢,克之,获楚公子繁:公子繁,守巢大夫。按,此役伍员"多方以误之"的策略使楚国不知虚实,防不胜防。

【译文】

秋,楚国的囊瓦进攻吴国,军队驻扎在豫章。吴国让战船在豫章出现,却暗地里出兵巢地。冬十月,吴军在豫章攻打楚军,击败了楚军。

于是包围巢地，并攻占它，俘虏了楚国的公子繁。

2.3　邾庄公与夷射姑饮酒[①]，私出[②]。阍乞肉焉[③]，夺之杖以敲之[④]。

【注释】

①夷射姑：邾国大夫。

②私：小便。

③阍乞肉焉：守门人向夷射姑讨肉。阍，守门人。《仪礼·燕礼》："宾醉，北面坐，取其荐脯以降，奏《陔》。宾所执脯以赐钟人于门内霤。"夷射姑为小便而出，守门人以为其为取脯，故向其乞肉。

④夺之杖以敲之：夷射姑夺过守门人手里的棍子打他。夷射姑无脯，且脯以赐钟人，非与阍，故敲之。按，此本与下年《传》"三年春二月辛卯邾子在门台"云云相连，被割裂置此。

【译文】

邾庄公与夷射姑一起喝酒，夷射姑出外小便。看门人向他讨肉吃，夷射姑夺过对方的棍子并打他。

三年

【经】

3.1　三年春王正月[①]，公如晋，至河，乃复。

3.2　二月辛卯[②]，邾子穿卒[③]。

3.3　夏四月。

3.4　秋，葬邾庄公。

3.5　冬，仲孙何忌及邾子盟于拔[④]。

【注释】

①三年：鲁定公三年当周敬王十三年，前507。

②辛卯：二十九日。

③邾子穿卒：邾庄公穿死。

④邾子：邾隐公。拔：古地名。今地不详。《传》文作郯(tán)，有人认为在今山东郯城西南。

【译文】

鲁定公三年春周历正月，定公去晋国，到黄河边，就返回了。

二月二十九日，邾庄公穿去世。

夏四月。

秋，安葬邾庄公。

冬，仲孙何忌与邾隐公在拔地结盟。

【传】

3.1 三年春二月辛卯，邾子在门台，临廷[①]。阍以瓶水沃廷[②]。邾子望见之，怒。阍曰："夷射姑旋焉[③]。"命执之[④]，弗得，滋怒，自投于床[⑤]，废于炉炭[⑥]，烂，遂卒。先葬以车五乘，殉五人。庄公卞急而好洁，故及是[⑦]。

【注释】

①邾子在门台，临廷：邾庄公站在门楼上，下临庭院。门台，门楼。

②阍以瓶水沃廷：守门人用瓶子装水洒在庭院里。

③夷射姑旋焉：诬告夷射姑在这里小便。旋，小便。

④命执之：邾庄公命令把夷射姑抓起来。

⑤自投于床：邾庄公发怒，从坐具上跳下来。床，坐具。

⑥废于炉炭：跌在炉炭上。废，坠，跌。

⑦庄公卞急而好洁，故及是：邾庄公急躁又有洁癖，自酿其祸而死。卞急，急躁。

【译文】

鲁定公三年春二月二十九日，邾庄公在门楼上，下临庭院。看门人用瓶子盛水洒在庭院里。邾庄公望见了，大怒。看门人说："夷射姑在这里小便了。"邾庄公下令去抓夷射姑，没抓到，更加生气，自己从床上跳下来，跌倒在炉子的炭火上，皮肉溃烂而死。先用五辆车子、五个人殉葬。庄公性急而爱洁净，所以发生了这种事。

3.2 秋九月，鲜虞人败晋师于平中[①]，获晋观虎，恃其勇也。

【注释】

①平中：晋地名。或曰在今河北唐县附近。

【译文】

秋九月，鲜虞人在平中打败晋军，抓获晋国的观虎，这是观虎自恃其勇的结果。

3.3 冬，盟于郯，修邾好也[①]。

【注释】

①盟于郯，修邾好也：鲁、邾两国都是新君，因此结盟修好。郯，即《经》文的"拔"。

【译文】

冬，在郯地结盟，是要重修与邾国的友好关系。

3.4 蔡昭侯为两佩与两裘以如楚[①]，献一佩一裘于昭王。

昭王服之[②],以享蔡侯。蔡侯亦服其一。子常欲之,弗与,三年止之[③]。唐成公如楚[④],有两肃爽马[⑤],子常欲之,弗与,亦三年止之。唐人或相与谋,请代先从者[⑥],许之。饮先从者酒,醉之,窃马而献之子常。子常归唐侯。自拘于司败[⑦],曰:“君以弄马之故,隐君身,弃国家[⑧]。群臣请相夫人以偿马,必如之[⑨]。”唐侯曰:“寡人之过也,二三子无辱[⑩]。”皆赏之。蔡人闻之,固请,而献佩于子常。子常朝,见蔡侯之徒[⑪],命有司曰:“蔡君之久也,官不共也[⑫]。明日礼不毕,将死。”蔡侯归,及汉,执玉而沉,曰:“余所有济汉而南者,有若大川[⑬]。”蔡侯如晋,以其子元与其大夫之子为质焉,而请伐楚。

【注释】

①佩:佩玉。

②服:穿戴。

③三年止之:子常将蔡侯扣留了三年。

④唐:楚附庸小国,昭王时灭之,故国在今湖北随州西北。

⑤肃爽:骏马名。

⑥请代先从者:唐国人向楚国请求,派人代替先前去的随从。

⑦自拘:窃马者自己囚禁自己,以示请罪。司败:唐国司寇。

⑧君以弄马之故,隐君身,弃国家:指唐国国君因马而被拘禁。弄,玩。马为供人玩弄之物,所以称为弄马。隐,被拘的委婉说法。

⑨群臣请相夫人以偿马,必如之:有如像肃爽那样的好马,一定让养马人送来偿还唐侯。相,帮助。夫人,指养马者。

⑩寡人之过也,二三子无辱:唐国国君自责。辱,指自拘。

⑪蔡侯之徒:蔡昭侯的随从。

⑫蔡君之久也，官不共也：子常委过于有司，意思是蔡昭侯长留楚国，是有司饯别礼物没准备好。共，通“供”。

⑬余所有济汉而南者，有若大川：蔡昭侯因佩玉而受辱，因此沉玉发誓与楚国绝交。汉，汉水。济汉而南，指朝楚。

【译文】

蔡昭侯准备了两件玉佩和两件裘衣前往楚国，把一件玉佩、一件裘衣献给楚昭王。昭王穿上裘衣戴上玉佩，设享礼招待蔡昭侯。蔡昭侯也穿戴了另外的一件裘衣和玉佩。子常想要玉佩、裘衣，蔡昭侯不给，被扣留在楚国三年。唐成公到楚国去，有两匹肃爽马，子常想得到，唐成公也不给，同样被扣留在楚国三年。唐国人商议，请求代替原先跟从唐成公的人，楚人允许了。他们让先去的人喝酒，把他们灌醉，盗取肃爽马献给子常。子常便遣返唐成公。盗马人自行捆绑了到唐国司寇那里，说：“国君因为玩马的缘故，自身失去自由，抛弃了国家。群臣们请求帮助养马人来赔马，而且一定跟那两匹肃爽马一样。”唐成公说：“这是寡人的过错，群臣们不要自我羞辱。”对他们全都给予赏赐。蔡国人听说了，也向蔡昭侯提出坚决的请求，把玉佩献给了子常。子常上朝，见到蔡昭侯的手下，命令有关官员道：“蔡国国君所以滞留这么久，是由于你们这些人没有备齐送行的礼品。到明天礼物还备不齐，就要处死你们。”蔡昭侯返国，途经汉水，拿起玉沉到水中，说：“我要是再渡过汉水往南去，有这大江作证。”蔡昭侯前往晋国，以他的儿子元与大夫的儿子作人质，请求晋国出兵攻打楚国。

四年

【经】

4.1　四年春王二月癸巳[①]，陈侯吴卒[②]。

4.2　三月，公会刘子、晋侯、宋公、蔡侯、卫侯、陈子、郑伯、许男、曹伯、莒子、邾子、顿子、胡子、滕子、薛伯、杞伯、小邾子、齐国夏于召陵[3],侵楚。

4.3　夏四月庚辰[4],蔡公孙姓帅师灭沈,以沈子嘉归,杀之。

4.4　五月,公及诸侯盟于皋鼬[5]。

4.5　杞伯成卒于会[6]。

4.6　六月,葬陈惠公。

4.7　许迁于容城[7]。

4.8　秋七月,公至自会。

4.9　刘卷卒[8]。

4.10　葬杞悼公。

4.11　楚人围蔡。

4.12　晋士鞅、卫孔圉帅师伐鲜虞。

4.13　葬刘文公。

4.14　冬十有一月庚午[9],蔡侯以吴子及楚人战于柏举[10],楚师败绩。楚囊瓦出奔郑。庚辰[11],吴入郢。

【注释】

①四年:鲁定公四年当周敬王十四年,前506。癸巳:初六。

②陈侯吴卒:陈惠公死。陈惠公,前529年即位,在位二十四年。

③召陵:古地名。在今河南郾城东。

④庚辰:二十四日。

⑤皋鼬(yòu):古地名,在今河南临颍南。

⑥杞伯成卒于会:杞悼公死于召陵之会。

⑦容城:古地名,在今河南鲁山南。

⑧刘卷:即刘蚠、刘文公,周大夫。

⑨庚午：十八日。

⑩柏举：古地名。在今湖北麻城东北。

⑪庚辰：二十八日。

【译文】

鲁定公四年春周历二月初六，陈惠公吴去世。

三月，鲁定公与刘文公、晋定公、宋景公、蔡昭公、卫灵公、陈怀公、郑献公、许男、曹隐公、莒郊公、邾隐公、顿子、胡子、滕顷公、薛襄公、杞悼公、小邾穆公、齐国夏在召陵相会，侵袭楚国。

夏四月二十四日，蔡国公孙姓带兵灭了沈国，把沈子嘉押回国，杀了。

五月，鲁定公和诸侯在皋鼬结盟。

杞悼公成在盟会时去世。

六月，安葬陈惠公。

许国迁移到容城。

秋七月，鲁定公从盟会回国。

刘文公卷去世。

安葬杞悼公。

楚国包围蔡国。

晋国士鞅、卫国孔圉领兵讨伐鲜虞。

安葬刘文公。

冬十一月十八日，蔡昭公与吴王阖庐与楚国人在柏举交战，楚军失败。楚国囊瓦出逃郑国。二十八日，吴军攻入郢都。

【传】

4.1　四年春三月，刘文公合诸侯于召陵，谋伐楚也。晋荀寅求货于蔡侯，弗得。言于范献子曰："国家方危，诸侯方贰，将以袭敌，不亦难乎！水潦方降①，疾疟方起，中山不服②，弃盟取怨，无损于楚③，而失中山，不如辞蔡侯。吾自方城以来，楚未可以得志，只取勤焉④。”乃辞蔡侯。

【注释】

①水潦(lào)：雨水成灾。

②中山：即鲜虞。

③弃盟取怨，无损于楚：晋、楚两国已结盟，伐楚只会使晋国弃盟取怨。

④吾自方城以来，楚未可以得志，只取勤焉：襄公十六年，晋国打败楚国，侵方城，自此以后，晋对楚用兵，都徒劳无功。勤，劳。按，去年，蔡昭侯用自己及大夫的儿子为质于晋国，坚请伐楚，荀寅因索求贿赂不得，劝范献子拒绝出兵。

【译文】

鲁定公四年春三月，刘文公和诸侯在召陵会合，商议攻打楚国。晋国荀寅向蔡昭公索要财物，没得到。他对范献子说：“国家正处在危急中，诸侯正离心离德，想去袭击敌人，不是很难吗！大雨正下个不停，疟疾流行，中山国不肯臣服，如果背弃盟约而招致怨恨，对楚国没有损害，却会失去中山，不如拒绝蔡侯。我国自从方城战役以来，都没能在对楚国的战事中获胜，只不过白忙乎一场。”于是拒绝了蔡昭公。

晋人假羽旄于郑①，郑人与之。明日，或旆以会②。晋于是乎失诸侯③。

【注释】

①假：借。羽旄：羽毛，可作旗杆或仪仗的装饰。

②或旆以会：让下级人员将羽毛装饰在旗尾去参会。

③晋于是乎失诸侯：晋国“或旆以会”是轻视和侮辱郑国，诸侯见晋国如此，都怨恨晋国。

【译文】

晋国向郑国借用羽旄，郑国借给了他们。第二天，晋国用羽旄装饰旌旗参会。晋国由此而失去诸侯的拥护。

将会，卫子行敬子言于灵公曰[①]：“会同难[②]，啧有烦言[③]，莫之治也。其使祝佗从[④]！”公曰：“善。”乃使子鱼。子鱼辞，曰：“臣展四体[⑤]，以率旧职[⑥]，犹惧不给而烦刑书[⑦]，若又共二[⑧]，徼大罪也[⑨]。且夫祝，社稷之常隶也[⑩]。社稷不动，祝不出竟[⑪]，官之制也。君以军行，祓社衅鼓，祝奉以从，于是乎出竟[⑫]。若嘉好之事[⑬]，君行师从[⑭]，卿行旅从[⑮]，臣无事焉。”公曰：“行也。”

【注释】

①子行敬子：卫国大夫。

②会同难：朝会难于恰如其分，让各方满意。

③啧(zé)有烦言：议论纷纷，抱怨责备。啧，大声纷争的样子。烦言，气愤或不满的话。

④其使祝佗从：子鱼口才好，因此子行敬子建议让子鱼随行。祝佗，子鱼。

⑤展四体：手脚并用。四体，四肢。

⑥率旧职：继承先人的职位。

⑦烦刑书：指获罪。

⑧共二：从事第二种职务。

⑨徼：求取。

⑩且夫祝，社稷之常隶也：太祝掌祭祀宗庙之鬼神，所以自称为社稷神的小臣。隶，贱臣。

⑪社稷不动，祝不出竟：社稷不动，祝不出国境。社稷动即国家迁移。竟，通“境”。

⑫“君以军行”四句：国君率军出行，要祭社杀牲衅鼓，太祝才跟随出境。祓(fú)社，祭祀社神。

⑬嘉好之事：指朝会。

⑭师：二千五百人为师。

⑮旅：五百人为旅。

【译文】

将要举行盟会，卫国子行敬子对灵公说：“朝会很难有意见一致的，要是议论纷纷，就不好办了。希望让祝佗跟随！”灵公说：“好的。”于是让子鱼跟随。子鱼推辞，说：“臣勤劳忙碌，以承继先人的职务，还担心完不成任务而被处罚，如果又兼任第二种职务，就要获大罪了。况且太祝是为社稷神而设立的贱职，社稷不动，太祝就不出国境，这是官制所规定的。国君率军出征，祭祀社神，用牺牲的血衅鼓，太祝奉社主跟从，这才走出国境。至于朝会之类的事，国君出行自有一师人马随从，卿出行有一旅人马随从，下臣没有什么事可做。”灵公说：“还是去吧。”

及皋鼬，将长蔡于卫[①]。卫侯使祝佗私于苌弘曰：“闻诸道路，不知信否。若闻蔡将先卫，信乎？”苌弘曰：“信。蔡叔，康叔之兄也，先卫，不亦可乎[②]？”子鱼曰：“以先王观之，则尚德也[③]。昔武王克商，成王定之，选建明德[④]，以藩屏周。故周公相王室，以尹天下[⑤]，于周为睦[⑥]。分鲁公以大路、大旂[⑦]，夏后氏之璜[⑧]，封父之繁弱[⑨]，殷民六族，条氏、徐氏、萧氏、索氏、长勺氏、尾勺氏，使帅其宗氏[⑩]，辑其分族[⑪]，将其类丑，以法则周公[12]，用即命于周[13]。是使之职事于鲁[14]，以昭周公之明德。分之土田陪敦、祝、宗、卜、史[15]，备物、典策[16]，官司、彝器[17]；因商奄之民，命以《伯禽》而封于少皞之虚[18]。分康叔以大路、少帛、綪茷、旃旌、大吕[19]，殷民七族：陶氏、施氏、繁氏、锜氏、樊氏、饥氏、终葵氏，封畛土略[20]，自武父以南及圃田之北竟[21]，取于有阎之土以共王职，取于相土之东都以会王之东蒐[22]。聃季授土[23]，陶叔授民[24]，命以《康诰》而封于殷虚[25]。皆启以商政，疆以周索[26]。分唐叔以大路、密须之鼓、阙巩、沽洗[27]，怀姓九宗[28]，职官五正[29]。命以《唐诰》而封于夏虚[30]，启以夏政，疆以戎索[31]。三者皆叔也[32]，而有令德，故昭之以分物[33]。不然，文、武、成、康之伯犹多，而不获是分也，唯不尚年也[34]。管、蔡启商，惎间王室[35]。王于是乎杀管叔而蔡蔡叔[36]，以车七乘、徒七十人[37]。其子蔡仲改行帅德，周公举之，以为己卿士，见诸王而命之以蔡[38]。其命书云：'王曰："胡[39]！无若尔考之违王命也[40]。"'若之何其使蔡先卫也[41]？武王之母弟八人，周公为大宰，康叔为司寇，聃季为司空，五叔无官[42]，岂尚年哉？曹，文之昭也[43]；晋，武之穆也[44]。曹为伯甸，非尚年也[45]。今将尚之，是反先王也[46]。晋文公为践土之盟，卫成公不在，夷叔，其母弟也，犹先蔡[47]。其载书云：'王若曰，晋重、鲁申、卫武、蔡甲午、郑捷、齐潘、宋王臣、莒期[48]。'藏在周府，可覆视也[49]。吾子欲复文、武之略，而不正其德，将如之何[50]？"苌弘说，告刘子，与范献子谋之，乃长卫侯于盟[51]。

【注释】

①将长蔡于卫：晋国打算盟会时让蔡国在卫国之前歃盟。

②“蔡叔”四句：苌弘认为，以始祖长幼为次序是合理的。蔡叔，蔡国始封君，是卫国始封君康叔的哥哥。

③尚德：贵德而不贵长幼。

④选建明德：选择明德的人而分封建国。

⑤尹天下：治理天下。尹，治理。

⑥于周为睦：诸侯与周室和睦相处。

⑦鲁公：伯禽。大路：即金路，装有铜饰的车，王子母弟出封国以赐之。大旂(qí)：画有交龙之旗，建于金路。

⑧璜：玉器。

⑨封父：古诸侯国。在今河南封丘。繁弱：良弓名。

⑩宗氏：指大宗。

⑪辑：集合。分族：指小宗。

⑫将其类丑，以法则周公：让六族依附周室，服从周公法令。类丑，指附属六族的奴隶。丑，众。

⑬用：因此。即命于周：归附周王朝，听取命令。

⑭使之职事于鲁：让他们在鲁国供职。

⑮之：指鲁国。陪敦：附庸、附属小国。祝：太祝。宗：宗人。卜：太卜，为卜筮之长。史：太史，记史事及掌典籍、星历。

⑯备物：服物，指衣服、织品及器物。典策：周朝的典籍简册。按，所以说周礼尽在鲁国。

⑰官司：卿大夫百官，这里指赐给鲁国应该有的若干卿、大夫、士。彝器：常用器具。

⑱因商奄之民，命以《伯禽》而封于少皞之虚：用《伯禽》来训诫伯禽并封在少皞故城，安抚商奄的百姓。商奄，古国名，在今山东曲阜。《伯禽》，即《伯禽之命》，《周书》中的一篇，已佚。

⑲少帛:即小白,旗名。绮茷(qiàn pèi):即绮旆,深赤色的旗子。旃(zhān)旌:旗帜。用帛制而无装饰者为旃,用析羽为饰者为旌。大吕:钟名。

⑳封畛(zhěn):封疆界。土略:也指疆界。

㉑武父、圃田:都是地名。

㉒取于有阎之土以共王职,取于相土之东都以会王之东蒐:取有阎作为卫国国君朝周王的宿邑,取相土之东都作为天子东巡的休息之地。有阎,古地名。在今河南洛阳附近。相土之东都,古地名。在今河南商丘,一说在今河南濮阳。相土,殷商之祖。

㉓聃(dān)季:周公之弟,周王司空。

㉔陶叔:司徒。杨伯峻曰:"陶叔疑即曹叔振铎,雷学淇《竹书纪年义证》'曹伯夷薨'下云'叔之封近定陶,故《左传》又谓之陶叔'。"

㉕命以《康诰》:作《康诰》以告诫康叔。《康诰》,也是《周书》中的一篇。诰,训诫之辞。殷虚:即朝歌,古地名。在今河南淇县。

㉖皆启以商政,疆以周索:鲁、卫二国都沿用殷商政事,用周朝制度区划土地。皆,指鲁公、康叔二人。启,沿用。疆,作动词,划分疆界。索,法度。

㉗密须:国名,在今甘肃灵台西。阙巩:铠甲名。沽洗:钟名。

㉘怀姓九宗:晋西北怀姓狄人。

㉙职官五正:五官之长。

㉚《唐诰》:诰命篇名,告诫唐叔之辞。夏虚:夏朝故城,在今山西太原,太原西南晋祠即祭祀唐叔的地方。

㉛启以夏政,疆以戎索:晋国周围都是戎狄,因此晋国用夏朝政事,而按戎人制度区划土地。

㉜三者皆叔也:周公、康叔是武王的弟弟,唐叔是成王的弟弟。三者,鲁公、康叔、唐叔。

㉝而有令德,故昭之以分物:以分赐东西来宣扬三人的美德。分

物,即上文分之以某物。

㉞文、武、成、康之伯犹多,而不获是分也,唯不尚年也:文、武、成、康四王的儿子中年长者很多,却不得分赐,就因为是崇尚德行而不崇尚年龄。伯,指兄长。

㉟管、蔡启商,惎(jì)间王室:成王年幼,周公旦摄政,管叔、蔡叔引诱商纣儿子武庚叛乱。惎间,毒害,叛乱。

㊱蔡蔡叔:流放蔡叔。

㊲以车七乘、徒七十人:给车七辆、奴隶七十人。

㊳"其子蔡仲改行帅德"四句:蔡仲改恶从善,周公举而用之,被命为蔡侯。帅,同"率",循。

㊴胡:蔡仲名。

㊵尔考:你的父亲,指蔡叔。

㊶若之何其使蔡先卫也:子鱼认为,以德而论,蔡国不应该先于卫国。

㊷五叔无官:管叔鲜、蔡叔度、成叔武、霍叔处、毛叔聃五人都没有官职。

㊸曹,文之昭也:曹国始封君叔振铎是文王之子、武王的弟弟。

㊹晋,武之穆也:晋国始封君唐叔虞是武王之子、成王的弟弟。

㊺曹为伯甸,非尚年也:这里以曹、晋相比,曹叔年长于唐叔,而封地更远,说明不以年龄为次序。伯甸,以伯爵居甸服。晋为侯服。《周礼·大行人》:"邦畿千里。其外方五百里谓之侯服,又其外方五百里谓之甸服。"

㊻今将尚之,是反先王也:现在如果崇尚年龄,是违反先王之制。

㊼"晋文公为践土之盟"五句:践土之盟时,卫成公逃亡在外,由夷叔参加会盟,歃盟时卫国先于蔡国。夷叔,叔武,卫成公同母弟。

㊽其载书云:"王若曰,晋重、鲁申、卫武、蔡甲午、郑捷、齐潘、宋王臣、莒期":盟书上记载所说歃血之人的次序是:晋文公、鲁僖公、

卫叔武、蔡庄公、郑文公、齐昭公、宋成公、莒兹丕公。则卫在蔡前。

㊾藏在周府，可覆视也：盟书记载明确，有案可查。

㊿吾子欲复文、武之略，而不正其德，将如之何：意思是苌弘既有意恢复文王、武王的法度，就应按文、武旧制办事，尚德不尚年。略，道。

51乃长卫侯于盟：按，经子鱼力争，晋国终于让卫国先于蔡国。

【译文】

到达皋鼬，主持者准备把蔡国位置排在卫国之前。卫灵公派祝佗私下对苌弘说："道路传言不知是否确实，听说要把蔡国排在卫国的前面，是真的吗？"苌弘说："是真的。蔡叔是康叔的哥哥，排在卫国前面，不也是可以的吗？"子鱼说："用先王的标准来看，崇尚的是德行。昔日武王打败商朝，成王平定天下，选择德行修明的人分封，作为周朝的藩篱以捍卫周室。所以周公辅佐王室，以治理天下，诸侯与周朝和睦相处。赐给鲁以大路、大旂，还有夏后氏的璜玉、封父的繁弱名弓，并给予殷朝的六个宗族：条氏、徐氏、萧氏、索氏、长勺氏、尾勺氏，让他们率领其大宗，集合其小宗，统领其奴隶，来服从周公的法令，由此而听从周朝的命令。这是让他们在鲁国供职，以宣扬周公美好的德行。赐给鲁国田地附庸小国、太祝、宗人、太卜、太史，还有服用器物、典籍简册，以及百官、彝器；安抚商奄百姓，用《伯禽》来训诫，并封在少皞的故城。赐给康叔大路、少帛旗、绩茷、旃旌、大吕钟，还有殷朝的七个家族：陶氏、施氏、繁氏、锜氏、樊氏、饥氏、终葵氏，封疆定界，从武父以南到达圃田北境，从有阎氏那里得到土地以执行王室任命的职务；取得相土的东都以协助周王在东边的巡视。授予聃季土地，授予陶叔人民，用《康诰》来训诫，而封在殷朝的故城。鲁公和康叔都沿用商朝的政策，而按周朝的制度来区划土地。赐给唐叔大路、密须之鼓、阙巩之甲、沽洗之钟，还有怀姓的九个宗族、五正的职官。用《唐诰》来训诫，而封在夏朝的故城，沿用夏朝的政策，按戎人的制度来区划土地。三个人都是天子的弟弟，都有美好的德行，所以用分赐宝物来彰显他们的德行。不然的话，文王、武王、成王、康王的哥哥还有很多，却没有得到这些赐予，就因为不是崇尚年龄的缘故。管叔、蔡叔引诱商人，企图危害周王室。周王因此杀了管叔而流放蔡叔，给蔡叔七辆车子、七十名奴隶。蔡叔儿子蔡仲改恶从善，周公举荐了他，让他任自己的卿士，并拜见周王而封为蔡侯。任命书上说：‘天子说：“胡！你不要像你父亲那样违背天子的命令。”’凭什么让蔡国排在卫国的前面呢？武王同母弟八个，周公为太宰，康叔任司寇，聃季任司空，其余五人没有官职，哪里是崇尚年龄呢！曹国是文王的后代，晋国是武王的后代。曹国以伯爵做甸服的诸侯，不是崇尚年龄。现在要崇尚年龄，这是违背先王意思的。晋文公召集践土盟会，卫成公不在场，夷叔是他的同母弟，名位依然排在蔡国的前面。盟书说：‘天子说，晋国的重、鲁国的申、卫国的武、蔡国的甲午、郑国的捷、齐国的潘、宋国的王臣、莒国的期。’盟书藏在周朝的府库中，可以查对的。您要想恢复文王、武王的制度，却不崇尚德行，打算怎么办？”苌弘认为他说得对，告诉了刘文公，与范献子商量，结盟时便把卫国排在蔡国前面。

4.2 反自召陵，郑子大叔未至而卒①。晋赵简子为之临②，甚哀，曰：“黄父之会③，夫子语我九言，曰：‘无始乱④，无怙富⑤，无恃宠，无违同⑥，无敖礼⑦，无骄能⑧，无复怒⑨，无谋非德⑩，无犯非义⑪。’”

【注释】

①郑子大叔未至而卒：郑国大夫游吉没回到郑国，就死于途中。

②临(lìn)：哭吊死者。

③黄父之会：在昭公二十五年。

④始乱：发动祸乱。

⑤怙富：凭恃富有。

⑥违同：违背共同的意愿。

⑦敖礼：傲视有礼的人。敖，同“傲”。

⑧骄能：恃才骄傲。

⑨复怒：为一事而再次发怒。

⑩无谋非德：不合道德的事不干。

⑪无犯非义：不触犯不义之事。

【译文】

郑国子太叔从召陵返回，还没到达国内就去世了。晋国赵简子为他吊丧号哭，很悲伤，说：“黄父之会上，您对我说了九句话，说：‘不要发动祸乱，不要倚仗富有，不要凭仗受宠，不要违背共同的意愿，不要傲视有礼的人，不要仗着有才干而骄傲，不要为同一件事重复发怒，不要谋划不合道德的事，不要触犯不合道义的事。’”

4.3　沈人不会于召陵[①]，晋人使蔡伐之。夏，蔡灭沈。秋，楚为沈故，围蔡。伍员为吴行人以谋楚。

【注释】

①沈：楚国盟国，在今安徽阜阳。

【译文】

沈国不肯参加召陵盟会，晋国派蔡国讨伐它。夏，蔡国灭亡沈国。秋，楚国因为沈国的缘故，包围蔡国。伍员任吴国行人谋划进攻楚国。

楚之杀郤宛也，伯氏之族出[①]。伯州犁之孙嚭为吴大宰以谋楚[②]。楚自昭王即位，无岁不有吴师[③]。蔡侯因之，以其子乾与其大夫之子为质于吴[④]。

【注释】

①楚之杀郤宛也，伯氏之族出：昭公二十七年，由于费无极的陷害，郤宛被杀，伯氏为郤宛同党，因此逃离楚国。

②伯州犁之孙嚭(pǐ)为吴大宰以谋楚：按，伍员、伯嚭都为吴国策划对付楚国。

③楚自昭王即位，无岁不有吴师：昭王即位至今十年，年年有吴军骚扰。

④蔡侯因之，以其子乾与其大夫之子为质于吴：晋国虽然合诸侯于召陵，却不讨伐楚国，蔡国于是求助于吴国。因之，依附吴国。

【译文】

楚国杀死郤宛时，伯氏的族人出逃国外。伯州犁的孙子伯嚭任吴国太宰，谋划攻打楚国。楚国自从昭王即位以来，没有一年不受到吴军骚扰。蔡昭侯依附吴国，把儿子乾和大夫的儿子送到吴国当人质。

冬，蔡侯、吴子、唐侯伐楚。舍舟于淮汭[①]，自豫章与楚夹汉[②]。左司马戌谓子常曰[③]："子沿汉而与之上下[④]，我悉方城外以毁其舟，还塞大隧、直辕、冥厄[⑤]。子济汉而伐之，我自后击之，必大败之。"既谋而行。武城黑谓子常曰[⑥]："吴用木也，我用革也，不可久也[⑦]，不如速战。"史皇谓子常[⑧]："楚人恶子而好司马[⑨]。若司马毁吴舟于淮，塞城口而入[⑩]，是独克吴也。子必速战！不然，不免[⑪]。"乃济汉而陈，自小别至于大别[⑫]。三战，子常知不可，欲奔[⑬]。史皇曰："安求其事，难而逃之[⑭]，将何所入？子必死之，初罪必尽说[⑮]。"

【注释】

①舍舟于淮汭：吴军到达淮汭，弃船登陆攻击楚国。淮，淮水。汭，河岸凹曲处。

②自豫章与楚夹汉：吴军从豫章进发，与楚军夹汉水对峙。

③左司马戌：沈尹戌。

④沿汉而与之上下：紧守汉水沿岸，上下堵截，不让吴军渡水。

⑤我悉方城外以毁其舟，还塞大隧、直辕、冥厄：沈尹戌将以方城外全部楚军抄袭吴军背后，毁坏吴军船只而断其退路。大隧、直辕、冥厄，在今河南、湖北交界的三个关隘。大隧在东，今名九里关；中为直辕，今名武胜关；冥厄亦曰黾塞，在西，今名平靖关。冥厄有大小石门，凿山通道，极为险隘。

⑥武城黑：楚国武城大夫，名黑。

⑦吴用木也，我用革也，不可久也：革车是用胶把皮革粘饰在车表面，不耐雨湿，不可久战。用木、用革，都指兵车。

⑧史皇：楚国大夫。

⑨司马：即沈尹戌。

⑩城口：指大隧等三关。

⑪子必速战！不然，不免：史皇怕沈尹戌独占其功，唆使子常不用沈尹戌的战略。不免，不免于罪。

⑫乃济汉而陈，自小别至于大别：没等沈尹戌做好准备，子常先出击。小别，小别山，在今湖北汉川，汉水以北。大别，大别山，在今湖北汉阳东北。

⑬子常知不可，欲奔：子常知道不能战胜吴军，准备撤军逃走。

⑭安求其事，难而逃之：国安之时就想执掌政事，有危难时就想逃跑。

⑮子必死之，初罪必尽说：只有拼死一战，才可解脱前罪。说，通“脱”。

【译文】

冬，蔡昭公、吴王阖庐、唐成公进攻楚国。他们在淮河边弃舟登岸，从豫章进发，与楚军隔汉水对峙。左司马沈尹戌对子常说："您沿着汉水与他们上下周旋，我带领方城外的所有人马去毁掉吴军的战船，再回头堵塞大隧、直辕、冥厄。您渡过汉水进击他们，我从后面进攻，必然把他们打得大败。"商量好就出发了。武城黑对子常说："吴国战车用的是木头，我们的战车蒙着皮革，遇雨不能持久，不如速战。"史皇对子常说："楚国人讨厌您而喜欢司马。要是司马在淮水毁掉吴国战船，堵塞城口而回兵，那可就是他单独战胜吴国了。您一定要速战，不然将不免于罪责。"子常便渡过汉水摆开阵势，从小别山直到大别山。打了三仗，子常发现不能获胜，想逃走。史皇说："平安无事时您争要权力，有急难就逃走，您想逃到哪里去？您一定要拼死作战，以前的罪责才能全部免除。"

十一月庚午，二师陈于柏举①。阖庐之弟夫概王晨请于阖庐曰："楚瓦不仁②，其臣莫有死志③，先伐之，其卒必奔；而后大师继之，必克。"弗许④。夫概王曰："所谓'臣义而行，不待命'者⑤，其此之谓也。今日我死，楚可入也⑥。"以其属五千先击子常之卒。子常之卒奔，楚师乱，吴师大败之⑦。子常奔郑⑧。史皇以其乘广死⑨。

【注释】

①二师：吴、楚两国的军队。

②瓦：子常的名。

③死志：死战的决心。

④弗许：阖庐不同意夫概王的请求。

⑤臣义而行，不待命：为人臣之道，合于义就做，不必等待命令。

⑥今日我死，楚可入也：按，夫概王准备拼死作战，以便吴军攻入郢都。

⑦子常之卒奔，楚师乱，吴师大败之：子常军队本无斗志，一战即溃。

⑧子常奔郑：按，楚国对战败之将处罚甚重，如城濮之战子玉自尽，鄢陵之战子反自杀，所以子常不敢回郢都。

⑨史皇以其乘广死：史皇乘子常之车战死。乘广，楚王或楚国主帅所乘坐的兵车。

【译文】

十一月十八日，两军在柏举对阵。阖庐的弟弟夫概王早晨向阖庐请示说："楚国囊瓦不仁，他的手下没有拼死作战的决心，我们抢先进攻，他们的士兵必定奔逃；然后大部队跟进，一定能战胜。"吴王不同意。夫概王说："所谓'臣下看到合道义的就去做，不必等待命令'，说的就是这情形。今天我拼死一战，楚国就能攻入郢都。"便带着下属五千人率先攻击子常的人马。子常的士兵溃逃，楚军大乱，吴军大败楚军。子常逃往郑国。史皇在子常车上战死。

吴从楚师，及清发[①]，将击之。夫概王曰："困兽犹斗，况人乎？若知不免而致死，必败我[②]。若使先济者知免，后者慕之，蔑有斗心矣[③]。半济而后可击也。"从之，又败之。楚人为食，吴人及之，奔。食而从之，败诸雍澨[④]。五战，及郢。

【注释】

①清发：水名，涢水支流，在今湖北安陆。

②若知不免而致死，必败我：要是发现免不了一死而拼死战斗，可能反败为胜。

③若使先济者知免，后者慕之，蔑有斗心矣：夫概王之意为网开一面，楚兵争相逃命，便会丧失斗志。蔑，同“无”。

④“楚人为食”五句：楚军做好饭未及吃，吴国追兵到，楚人赶紧逃跑。吴兵吃了楚军的饭，继续追赶。为食，做饭吃。雍澨，水名，今湖北京山西南有三澨水，此为其中之一。

【译文】

吴军追赶楚军直到清发，准备发起进攻。夫概王说：“困兽犹斗，何况人呢？如果知道免不了一死而拼命，必定会打败我们。要是让先渡过河的楚军以为能逃脱，后面的人就会羡慕他们，这样就没有斗志了。等他们一半过河以后就可以攻击了。”吴王同意了，又打败楚军。楚国人正做饭，吴军赶到，楚军跑了。吴军吃了这些饭食又去追赶，在雍澨又打败楚军。连打五仗，抵达郢都。

己卯[①]，楚子取其妹季芈畀我以出[②]，涉雎[③]。鍼尹固与王同舟[④]，王使执燧象以奔吴师[⑤]。

【注释】

①己卯：十一月二十七日。

②季芈(mǐ)畀(bì)我：楚昭王妹妹。季为排行。芈，姓。畀我，名。

③涉雎：雎，水名，一名沮水，自今湖北江陵入长江。按，杨伯峻认为楚昭王自纪南城西逃，渡沮水，当在今湖北枝江东北。

④鍼尹固：楚国大夫。

⑤执燧象以奔吴师：把火炬系在象尾上，让象冲入敌阵，以抵御吴军。

【译文】

十一月二十七日，楚昭王带着妹妹季芈畀我逃出郢都，渡过雎水。鍼尹固与昭王同船，昭王命他在大象尾巴上系上火把冲向吴军。

庚辰[①]，吴入郢，以班处宫[②]。子山处令尹之宫[③]，夫概王欲攻之，惧而去之，夫概王入之[④]。

【注释】

①庚辰：二十八日。

②以班处宫：按爵位等级占有楚人宫室。

③子山：阖庐之子。

④夫概王入之：按，《左传》记吴入郢不及伍员，而《淮南子》、《吴越春秋》、《史记》等书皆记伍员亦与此战，《史记·伍子胥列传》更言伍员掘平王之墓而鞭其尸。

【译文】

二十八日，吴军进入郢都，按照官爵尊卑入住宫室。子山住在令尹的宫里，夫概王要攻击他，子山害怕而搬走，夫概王就住了进去。

左司马戌及息而还[①]，败吴师于雍澨，伤。初，司马臣阖庐，故耻为禽焉[②]。谓其臣曰："谁能免吾首[③]？"吴句卑曰[④]："臣贱，可乎？"司马曰："我实失子[⑤]，可哉！"三战皆伤，曰："吾不可用也已[⑥]。"句卑布裳，刭而裹之，藏其身而以其首免[⑦]。

【注释】

①左司马戌及息而还：沈尹戌得知楚军已败，中途折回来。息，古地名。在今河南息县西南。

②初，司马臣阖庐，故耻为禽焉：沈尹戌曾在吴国为阖庐之臣，所以耻为吴国擒获。

③免吾首：不使吴国得到我的尸首。

④吴句卑：沈尹戌部下小臣。

⑤实失子：以前疏忽，不知道你贤能而重用你。

⑥不可用：不中用，将死。

⑦句卑布裳，刭而裹之，藏其身而以其首免：沈尹戌死后，吴句卑把他的尸身藏好，带上他的头逃走。布，铺开。

【译文】

左司马沈尹戌到达息地就退兵，在雍澨打败吴军，自己也负了伤。起初，司马做过阖庐的臣下，所以耻于被吴军擒获。对他部下说："谁能让吴军得不到我的尸首？"吴句卑说："下臣地位低贱，不知可以吗？"司马说："我过去竟然没有重用你，可以的！"又与吴军交战，沈尹戌三次都负伤，说："我已经不行了。"他死后，吴句卑铺开衣服，割下沈尹戌的头包裹好，藏好他的尸身，然后带着头逃走了。

楚子涉睢，济江，入于云中[①]。王寝，盗攻之，以戈击王。王孙由于以背受之[②]，中肩。王奔郧[③]，钟建负季芈以从[④]，由于徐苏而从[⑤]。郧公辛之弟怀将弑王[⑥]，曰："平王杀吾父，我杀其子，不亦可乎？"辛曰："君讨臣，谁敢仇之[⑦]？君命，天也。若死天命，将谁仇？《诗》曰：'柔亦不茹，刚亦不吐。不侮矜寡，不畏强御[⑧]。'唯仁者能之。违强陵弱，非勇也[⑨]；乘人之约[⑩]，非仁也；灭宗废祀[⑪]，非孝也；动无令名[⑫]，非知也。必犯是，余将杀女。"斗辛与其弟巢以王奔随[⑬]。吴人从之，谓随人曰："周之子孙在汉川者，楚实尽之[⑭]。天诱其衷，致罚于楚[⑮]，而君又窜之，周室何罪[⑯]？君若顾报周室，施及寡人，以奖天衷[⑰]，君之惠也。汉阳之田，君实有之[⑱]。"楚子在公宫之北[⑲]，吴人在其南。子期似王，逃王，而己为王[⑳]，曰："以我与之，王必免。"随人卜与之，不吉，乃辞吴曰："以随之辟小而密迩于楚，楚实存之[21]。世有盟誓，至于今未改。若难而弃之，何以事君[22]？执事之患不唯一人，若鸠楚竟，敢不听命[23]？”吴人乃退。鑢金初宦于子期氏[24]，实与随人要言[25]。王使见[26]，辞曰：“不敢以约为利[27]。”王割子期之心以与随人盟[28]。

【注释】

①云中：即云梦泽，在今湖北安陆。

②王孙由于以背受之：王孙由于以背代昭王受戈击。王孙由于，又称吴由于，楚国公族。

③郧：古地名。在今湖北京山、安陆一带。

④钟建：楚国大夫。

⑤徐苏：因被戈击伤，一时昏迷，后来慢慢苏醒。

⑥郧公辛：斗辛，蔓成然之子。昭公十四年楚平王杀蔓成然。

⑦君讨臣，谁敢仇之：国君诛讨其臣，谁敢记仇怀恨？

⑧柔亦不茹，刚亦不吐。不侮矜寡，不畏强御：引《诗》见《诗经·大雅·烝民》，意思是遇到软的不吞下去，遇到硬的不吐出来。不侮辱鳏寡的人，也不畏惧强暴的人。“柔亦不茹，刚亦不吐”二句是比喻。茹，食，吞，与“吐”对文。矜寡，鳏寡。

⑨违强陵弱，非勇也：楚平王杀其父时，王是强者，所以其父不违君命而受之。如今楚昭王逃亡在外，是弱者，要是加以凌辱，不是勇者。

⑩约：穷，指昭王正处于困境。

⑪灭宗废祀：弑君之罪，将遭灭族之祸而使宗祀废绝。

⑫动无令名：弑君的行动无美名。动，行动。

⑬斗辛与其弟巢以王奔随：斗辛阻止其弟杀昭王，并保护昭王逃往

随国。

⑭周之子孙在汉川者，楚实尽之：僖公二十八年《传》说："汉阳诸姬，楚实尽之。"吴、随等都是姬姓，所以吴国以此诱使随人反楚。

⑮天诱其衷，致罚于楚：天意要降罚于楚国。

⑯而君又窜之，周室何罪：吴国以随同为周之子孙，责备随国不应藏匿共同的仇人。窜，藏匿。

⑰奖：助成。

⑱汉阳之田，君实有之：吴人意谓将汉阳田地全部给随国。

⑲公宫：随君之宫。

⑳子期似王，逃王，而已为王：公子结长相似昭王，自荐假扮昭王以应付吴国，让昭王逃走。子期，昭王兄公子结。

㉑以随之辟小而密迩于楚，楚实存之：以随国之僻小而得保存，是因有楚国的保护。

㉒若难而弃之，何以事君：楚国有难时则背弃盟约，如此不守信义，又何以事吴国？

㉓执事之患不唯一人，若鸠楚竟，敢不听命：吴国之患，并不在昭王一人未擒，如能安定楚国民心，随国岂敢不从命？一人，指昭王。鸠，安定。

㉔鑢(lü)金：人名，曾是子期家臣。

㉕要言：口头约定，指商定藏匿昭王以及子期代王之事。要，约。

㉖王使见：想召见鑢金并封为王臣。

㉗不敢以约为利：不敢趁昭王困窘时为自己谋利。

㉘王割子期之心以与随人盟：割破子期胸部皮肤，取血与随人结盟，不是剖腹取心。子期本要代王赴难，所以取他的血，表示接受其忠诚。

【译文】

楚昭王徒步渡过睢水，又渡过长江，进入云中。昭王休息时，盗贼攻击他，用戈打昭王。王孙由于用背挡住戈，击中肩膀。昭王逃到郧地，钟建背着季芈跟从，王孙由于慢慢苏醒后也跟了上来，郧公斗辛的弟弟斗怀要杀死昭王，说："平王杀了我们的父亲，我杀死他的儿子，不也是可以的吗？"斗辛说："君王诛讨臣子，谁敢仇恨他？君王的命令是上天的意志。如果死于天命，你要仇恨谁？《诗》说：'不吞吃柔软的，不吐出坚硬的。不欺侮鳏寡，不畏惧强暴。'这只有仁爱者才能做到。躲避强者欺凌弱者，不是勇；乘人之危，不是仁；灭亡宗族，废弃祭祀，不是孝；行动得不到好名声，不是智。你一定要这样做，我将杀了你。"斗辛和弟弟巢陪着昭王逃到随国。吴国人也追到这里，对随国人说："周在汉川的子孙，都被楚国消灭净尽。上天垂示意愿，降罚于楚国，您却藏匿楚王，请问周室有什么罪？您要是能顾念并报答周室，恩惠延及寡人，以完成上天的心愿，这是您的恩惠。汉水北边的田地，都归您所有。"楚昭王在随国公宫的北面，吴军在公宫南面。子期长相像昭王，就让昭王逃走，自己装扮成昭王，说："把我交给吴人，君王一定可免于难。"随国人为交出子期而占卜，不吉利，就拒绝吴国说："随国偏僻弱小，又紧邻楚国，是楚国保存了我们。两国世代有盟誓，直到现在也没改变。如果楚国有危难而抛弃它，又凭什么事奉君王？你们的问题不只是昭王一人，要是能安定楚国，我国岂敢不听从命令？"吴军于是退兵。鑢金起初在子期氏那里当家臣，曾与随国人约定不交出楚王。昭王让他进见，他推辞说："不敢因为君王处在困境而谋取私利。"昭王割破子期的胸口取血与随国人结盟。

初，伍员与申包胥友。其亡也，谓申包胥曰："我必复楚国[①]。"申包胥曰："勉之！子能复之，我必能兴之。"及昭王在随，申包胥如秦乞师，曰："吴为封豕、长蛇[②]，以荐食上国[③]，虐始于楚[④]。寡君失守社稷，越在草莽[⑤]，使下臣告急，曰：

‘夷德无厌，若邻于君，疆埸之患也[6]。逮吴之未定[7]，君其取分焉[8]。若楚之遂亡，君之土也。若以君灵抚之，世以事君[9]。’”秦伯使辞焉，曰：“寡人闻命矣。子姑就馆，将图而告[10]。”对曰：“寡君越在草莽，未获所伏[11]，下臣何敢即安？”立，依于庭墙而哭，日夜不绝声，勺饮不入口七日。秦哀公为之赋《无衣》[12]。九顿首而坐[13]。秦师乃出。

【注释】

①复：颠覆。

②吴为封豕、长蛇：比喻吴国的贪暴。封，大。

③荐食上国：吴国屡次侵害中原诸侯。荐，屡次。上国，指中原地区的诸侯国。

④虐始于楚：首先侵害到楚国。

⑤越：流亡。草莽：草野之间。

⑥夷德无厌，若邻于君，疆埸之患也：楚国西界与秦国相接，现在吴国既占有楚国，则成为秦的邻国，这样一来秦国的边境也将不免于祸患。夷，指吴国。

⑦逮：及，乘。

⑧取分：与吴国共分楚国。

⑨“若楚之遂亡”四句：楚国如果被灭亡，将成为秦国之地；如不亡，楚国将世世代代事奉秦国。灵，威灵。抚，存恤。

⑩子姑就馆，将图而告：请申包胥暂且住进客馆，待考虑好后再作答复。

⑪未获所伏：未得安宁居处。

⑫《无衣》：《诗经·国风·秦风》中的一篇，其中有“王于兴师，修我戈矛，与子同仇”及“修我甲兵，与子偕行”的诗句。秦哀公赋此

诗，是表示将出兵救楚国。

⑬九顿首而坐：申包胥行大礼拜谢。古无九顿首之礼，申包胥求救心切，秦肯出师，故特别感谢以至九顿首。顿首，叩头。坐，跪坐。

【译文】

起先，伍员与申包胥是好朋友。当伍员逃亡的时候，对申包胥说："我一定要灭亡楚国。"申包胥说："努力吧！你能灭亡它，我一定能复兴它。"到了昭王逃亡随国，申包胥到秦国请求出兵，说："吴国如同大猪、长蛇，一再吞食上国，为害从楚国开始。我们国君失守国家，流亡荒野，派下臣来告急，说：'夷人的本性就是贪得无厌，如果成为国君的邻国，就将是秦国边境的祸患。趁吴国现在还没平定楚国，国君可以前来分割。要是楚国就此灭亡，这里就是国君的土地了。如果以国君的威灵镇抚楚国，当世世代代奉事国君。'"秦哀公派人致谢，说："寡人听到命令了。您姑且在馆舍安顿下来，我们商量后告知。"申包胥回答说："我们国君远避荒野，还没得到安身之处，下臣怎敢到安逸的地方休息？"站在那儿，靠着庭院的墙哭，日夜哭声不断，七天没喝过一勺水。秦哀公为他赋《无衣》。申包胥叩了九次头后才坐下。秦军于是出动。

五年

【经】

5.1　五年春王三月辛亥朔，日有食之①。

5.2　夏，归粟于蔡②。

5.3　於越入吴③。

5.4　六月丙申④，季孙意如卒⑤。

5.5　秋七月壬子⑥，叔孙不敢卒⑦。

5.6　冬，晋士鞅帅师围鲜虞。

【注释】

①五年春王三月辛亥朔,日有食之:此为前505年2月16日之日环食。五年,鲁定公五年当周敬王十五年,前505。

②归粟于蔡:鲁国赠送粮食给蔡国。归,同"馈",赠送。

③於越入吴:越国进攻吴国。於,发声词。

④丙申:十七日。

⑤季孙意如卒:鲁卿季平子死。

⑥壬子:初四。

⑦叔孙不敢卒:鲁臣叔孙成子死。

【译文】

鲁定公五年春周历三月初一,发生日食。

夏,送粮食给蔡国。

越国攻入吴国。

六月十七日,季平子去世。

秋七月初四,叔孙成子去世。

冬,晋国士鞅带兵包围鲜虞。

【传】

5.1 五年春,王人杀子朝于楚[①]。

【注释】

①王人杀子朝于楚:昭公二十二年王子朝作乱,失败后逃往楚国。现在周人乘楚国战乱杀死王子朝。王人,成周人。

【译文】

鲁定公五年春,成周人在楚国杀死王子朝。

5.2　夏，归粟于蔡，以周亟[1]，矜无资[2]。

【注释】

①周：周济。亟：同“急”。

②矜无资：蔡国被楚国包围，饥困，所以鲁国送粮食救急。矜，怜悯。资，粮食。

【译文】

夏，送粮食给蔡国，用来周济急难，哀怜他们缺粮。

5.3　越入吴，吴在楚也[1]。

【注释】

①越入吴，吴在楚也：越国乘吴军在楚国，后方空虚，攻入吴国。

【译文】

越国攻入吴国，这是由于吴军正在楚国。

5.4　六月，季平子行东野[1]，还，未至，丙申，卒于房[2]。阳虎将以玙璠敛[3]，仲梁怀弗与[4]，曰：“改步改玉[5]。”阳虎欲逐之，告公山不狃[6]。不狃曰：“彼为君也，子何怨焉[7]？”既葬，桓子行东野[8]，及费。子泄为费宰，逆劳于郊[9]，桓子敬之。劳仲梁怀，仲梁怀弗敬。子泄怒，谓阳虎：“子行之乎[10]？”

【注释】

①行：巡行视察。东野：季氏封邑。

②房：即防，古地名。在今山东曲阜。

③阳虎：季氏家臣。玙璠：鲁国宝玉名，鲁国国君的佩玉。

④仲梁怀：也是季氏家臣。

⑤改步改玉：古代越是尊贵的人，步行越慢越短。人的职位变了，步履之疾徐长短也应该改变，所佩之玉也要改变。阳虎想用玙璠之玉葬季平子，仲梁怀不同意，认为当初昭公出奔，季平子代行公职，故佩玙璠祭祀，现在定公在位，季平子为臣，不能再佩公玉，而应"改步改玉"。

⑥公山不狃（niǔ）：季氏家臣费宰子泄。

⑦彼为君也，子何怨焉：公山不狃告诉阳虎，仲梁怀是为季平子好，不必因此怨恨他。

⑧桓子：季平子之孙季孙斯。

⑨逆劳于郊：在郊外迎接、慰劳。

⑩子行之乎：仲梁怀随同季孙斯巡行，子泄因仲梁怀对自己不敬，便怂恿阳虎说：你现在可以逐仲梁怀了。行，驱逐。

【译文】

六月，季平子巡视东野，回都城，还没到，十七日便在房地去世。阳虎想用玙璠之玉随葬，仲梁怀不给，说："地位改变了步速佩玉也要跟着改变。"阳虎打算驱逐仲梁怀，告诉了公山不狃。公山不狃说："他是为着主君，你有什么可怨恨的呢？"安葬季平子后，季桓子巡视东野，到达费地。公山不狃任费宰，到郊外迎接慰劳，季桓子对他很敬重。慰问仲梁怀，仲梁怀却表现出不敬。公山不狃发怒，对阳虎说："你不是要赶走他吗？"

5.5　申包胥以秦师至，秦子蒲、子虎帅车五百乘以救楚。子蒲曰："吾未知吴道①。"使楚人先与吴人战，而自稷会之②，大败夫概王于沂③。吴人获薳射于柏举④，其子帅奔徒以从子西⑤，败吴师于军祥⑥。秋七月，子期、子蒲灭唐⑦。

【注释】

①吴道:吴国的战术。

②稷:古地名。在今河南桐柏。

③沂:楚国地名,在今河南正阳。

④薳射:楚国大夫。

⑤奔徒:奔跑的散兵。

⑥军祥:古地名。在今湖北随州西南。

⑦子期、子蒲灭唐:唐国跟随吴国伐楚,因此被灭。唐,国名,在今湖北枣阳。

【译文】

申包胥带来了秦军,秦国子蒲、子虎率领战车五百辆来救援楚国。子蒲说:"我不了解吴国的战术。"让楚军先和吴军交战,而从稷地领兵接应,在沂地大败夫概王。吴国在柏举俘获薳射,薳射的儿子收拾败兵跟随子西,在军祥打败吴军。秋七月,子期、子蒲灭亡唐国。

九月,夫概王归,自立也[①]。以与王战而败,奔楚,为堂溪氏[②]。吴师败楚师于雍澨,秦师又败吴师。吴师居麇[③],子期将焚之[④],子西曰:"父兄亲暴骨焉,不能收,又焚之,不可。"子期曰:"国亡矣!死者若有知也,可以歆旧祀,岂惮焚之[⑤]?"焚之,而又战,吴师败,又战于公婿之溪[⑥]。吴师大败,吴子乃归。囚闉舆罢,闉舆罢请先,遂逃归[⑦]。叶公诸梁之弟后臧从其母于吴,不待而归[⑧]。叶公终不正视[⑨]。

【注释】

①夫概王归,自立也:夫概王想自立为吴王。杜预《春秋左传注》:"自立为吴王,称夫概王。"因此前文称之为夫概王。

②以与王战而败，奔楚，为堂溪氏：夫概王被阖庐打败，逃奔楚国，后被封为堂溪氏。堂溪，或作“棠溪”，在今河南遂平西北。

③麇(jūn)：楚国地名，在雍澨附近。

④子期将焚之：焚麇地。一说所焚乃楚师阵亡将士的尸骨。按，去年吴与楚军主力及沈尹戌所率偏师均在雍澨发生战斗，今年又战于此，麇在雍澨附近，故多楚军尸骨。

⑤“国亡矣”四句：焚邑是为了战胜敌人。楚国不亡，那时可按旧规矩来祭祀。父兄死而有知，一定不会反对焚邑。歆，享。旧祀，往日的祭祀。

⑥公婿之溪：即《战国策·楚策一》中所说的浊水，在今湖北襄樊东。

⑦囚闉舆罢，闉舆罢请先，遂逃归：囚禁闉舆罢，因为他请求先走，乘机逃回楚国。闉舆罢，楚国大夫。

⑧叶公诸梁之弟后臧从其母于吴，不待而归：吴军入楚后，后臧母亲被俘虏入吴，后臧跟随入吴。战后后臧丢弃母亲只身逃回楚国。诸梁，叶公子高，沈尹戌儿子。

⑨叶公终不正视：叶公嫌后臧弃母不义，终生不正眼看他。

【译文】

九月，夫概王回国，自立为吴王。领兵和吴王阖庐交战被打败，出逃楚国，后来封为堂溪氏。吴军在雍澨打败楚军，秦军又打败吴军。吴军驻扎在麇地，子期打算放火烧麇地，子西说：“父兄亲人的骸骨暴露在野，不能收殓，又要焚烧掉，这不行。”子期说：“国家要灭亡了！死者如果有灵，以后还可以按旧规矩享受祭祀，哪里会怕焚烧？”最终放火焚烧，又交战，吴军被打败，又在公婿之溪交战。吴军大败，吴王便撤兵回国。囚禁了闉舆罢，闉舆罢请求让自己先走，乘机逃回楚国。叶公诸梁的弟弟后臧跟随母亲到吴国，后来丢弃母亲自己逃回楚国。叶公始终不拿正眼看他。

5.6　乙亥[①]，阳虎囚季桓子及公父文伯[②]，而逐仲梁怀。冬十月丁亥[③]，杀公何藐[④]。己丑[⑤]，盟桓子于稷门之内[⑥]。庚寅[⑦]，大诅[⑧]。逐公父歜及秦遄，皆奔齐[⑨]。

【注释】

①乙亥：二十八日。

②阳虎囚季桓子及公父文伯：公父文伯，季桓子堂兄弟。按，阳虎准备作乱，怕二人不从，所以先囚禁二人。

③丁亥：初十。

④公何藐：季氏族人。

⑤己丑：十二日。

⑥盟桓子于稷门之内：阳虎强迫季桓子与自己在稷门盟誓。稷门，鲁国南城门。

⑦庚寅：十三日。

⑧大诅：举行大诅仪式，祭神以加祸于反对阳虎的人。大诅谓参与诅的人很多。

⑨逐公父歜及秦遄，皆奔齐：阳虎作乱。公父歜，公父文伯。秦遄，季平子姑婿。

【译文】

二十八日，阳虎囚禁季桓子和公父文伯，驱逐了仲梁怀。冬十月初十，杀了公何藐。十二日，与季桓子在稷门里边结盟。十三日，举行大诅咒。驱逐公父歜和秦遄，二人都逃往齐国。

5.7　楚子入于郢。初，斗辛闻吴人之争宫也[①]，曰：“吾闻之：‘不让，则不和；不和，不可以远征。’吴争于楚，必有乱；有乱，则必归，焉能定楚[②]？”

【注释】

①争官：指夫概王与子山争处令尹之官事。

②“吴争于楚”五句：吴国人内争，必生内乱，自然撤兵，吴国的失败势在必然。按，这是补叙斗辛的预言。

【译文】

楚昭王进入郢都。起初，斗辛听到吴国人争宫之事，说：“我听说：‘不谦让，就不和睦；不和睦，就不能远征。’吴国人在楚国相争，必定发生动乱；有动乱就必然要撤回，哪里能平定楚国？”

王之奔随也，将涉于成臼[①]。蓝尹亹涉其帑[②]，不与王舟。及宁[③]，王欲杀之。子西曰：“子常唯思旧怨以败，君何效焉[④]？”王曰：“善。使复其所，吾以志前恶[⑤]。”王赏斗辛、王孙由于、王孙圉、钟建、斗巢、申包胥、王孙贾、宋木、斗怀[⑥]。子西曰：“请舍怀也[⑦]。”王曰：“大德灭小怨[⑧]，道也。”申包胥曰：“吾为君也，非为身也。君既定矣，又何求？且吾尤子旗，其又为诸[⑨]？”遂逃赏[⑩]。王将嫁季芈，季芈辞曰：“所以为女子，远丈夫也。钟建负我矣[⑪]。”以妻钟建，以为乐尹[⑫]。

【注释】

①成臼：水名，大约在今湖北天门。

②蓝尹亹（wěi）：楚国大夫。帑：同“孥”，妻子。

③宁：安定。

④子常唯思旧怨以败，君何效焉：当初令尹子常就是因为不弃旧怨才遭到失败，君王不可蹈子常覆辙。

⑤使复其所，吾以志前恶：不杀蓝尹亹，并且官复原职，以记住先前的教训。

⑥王赏斗辛、王孙由于、王孙圉、钟建、斗巢、申包胥、王孙贾、宋木、斗怀：九人都随从楚昭王逃难，有功，因此受赏。

⑦请舍怀也：斗怀曾想杀楚昭王，所以子西请求免赏斗怀。

⑧大德灭小怨：斗怀最终听从其兄劝告，使楚昭王免于难，是大德。

⑨且吾尤子旗，其又为诸：昭公十四年，子旗因拥立楚平王，自以为有大功，贪得无厌，终为平王所杀。所以申包胥不满意子旗，并说难道我又要做子旗吗？尤，怨恨。子旗，蔓成然。

⑩遂逃赏：申包胥不受赏。

⑪所以为女子，远丈夫也。钟建负我矣：作为女子，本应远离男子。钟建已背过我，所以非嫁他不可。丈夫，指男子。

⑫乐尹：掌管音乐的大夫。

【译文】

楚昭王逃往随国的时候，准备渡过成臼河。蓝尹亹让自己的妻子儿女渡河，而不把船给昭王。等到战事平定以后，昭王想杀蓝尹亹。子西说："子常就因为老记着过去的仇怨而失败，君王为什么要学他呢？"昭王说："你说得对。让蓝尹亹官复原职吧，我用这个来记住以往的过错。"昭王赏赐斗辛、王孙由于、王孙圉、钟建、斗巢、申包胥、王孙贾、宋木和斗怀。子西说："请不要赏斗怀。"昭王说："大德可以盖过小怨，这是合于道义的。"申包胥说："我是为了国君，不是为了自身。现在国君已经安定了，我又有什么追求呢？况且我认为子旗做法不对，难道又要学他吗？"便躲开不接受赏赐。昭王打算嫁季芈，季芈告诉说："作为女人，就是要远离男子。钟建背过我了。"便把季芈嫁给钟建，并让钟建担任乐尹。

王之在随也，子西为王舆服以保路，国于脾洩①。闻王所在，而后从王。王使由于城麇②。复命。子西问高厚焉，弗知③。子西曰："不能，如辞④。城不知高厚，小大何知？"对曰:"固辞不能,子使余也[⑤]。人各有能有不能。王遇盗于云中,余受其戈,其所犹在[⑥]。"袒而视之背,曰:"此余所能也。脾泄之事,余亦弗能也[⑦]。"

【注释】

①王之在随也,子西为王舆服以保路,国于脾泄:楚昭王在随的时候,子西陈设了楚王的车马衣饰,并在脾泄建立了国都,以安定、保护各路军民。脾泄,楚国地名,在今湖北江陵附近,离当时的郢都当不太远。

②王使由于城麇:派王孙由于修麇城。

③子西问高厚焉,弗知:子西问城墙的高厚,王孙由于不知道。

④不能,如辞:不能胜任,就应辞掉这差事。

⑤子使余:是你一定要我去的。

⑥所:处所,这里指伤痕。

⑦脾泄之事,余亦弗能也:王孙由于意为以背受戈,使王脱险,是我所能;而在脾泄建立国都之事,则非我所能了。言外之意是表白自己忠心无二。

【译文】

昭王在随国的时候,子西制作了楚王的车子、服饰,以安定、保护各路军民,把脾泄作为国都。后来得知昭王所在,就去随从昭王。昭王让由于修筑麇城,然后回来复命。子西问起城墙的高度和厚度,由于不知道。子西说:"你不能胜任,就应该辞掉。筑城却不知道它的高度、厚度,又怎能知道工程的范围大小?"由于答复说:"我坚决推辞干不了,是您要我去的。本来每人各有干得了、干不了的事。昭王在云中遇到盗贼时,是我用身子挡住了戈,伤疤现在还在。"便脱下衣服露出背让子西看,说:"这是我所能办到的。至于您在脾泄所做的事,我也不能做到。"

5.8　晋士鞅围鲜虞，报观虎之役也[1]。

【注释】

①观虎之役：定公三年，鲜虞击败晋军，擒获晋国大夫观虎。

【译文】

晋国士鞅包围鲜虞，是报复那次观虎的失败。

六年

【经】

6.1　六年春王正月癸亥[1]，郑游速帅师灭许[2]，以许男斯归[3]。

6.2　二月，公侵郑。

6.3　公至自侵郑。

6.4　夏，季孙斯、仲孙何忌如晋[4]。

6.5　秋，晋人执宋行人乐祁犁。

6.6　冬，城中城[5]。

6.7　季孙斯、仲孙忌帅师围郓[6]。

【注释】

①六年：鲁定公六年当周敬王十六年，前504。癸亥：十八日。

②游速：郑国大夫。

③许男斯：许国国君，男爵，名斯。

④季孙斯、仲孙何忌如晋：鲁国派二人到晋国聘问。杨伯峻曰："鲁卿聘晋，始见于僖三十年之公子遂，终于此，共二十四次。此后无闻。"

⑤城中城：鲁国侵郑，怕郑国报复，于是修筑内城。中城，内城。

⑥季孙斯、仲孙忌帅师围郓：郓地靠近齐国，昭公逃亡后，齐取郓以居昭公，所以派二人围攻郓地。仲孙忌，即上文之仲孙何忌。郓，鲁国城邑。

【译文】

鲁定公六年春周历正月十八日，郑国游速带兵灭了许国，抓住许国国君斯回国。

二月，鲁定公进攻郑国。

定公从攻郑前线回来。

夏，季孙斯、仲孙何忌去晋国。

秋，晋国逮捕宋国行人乐祁犁。

冬，筑内城城墙。

季孙斯、仲孙何忌领兵包围郓邑。

【传】

6.1 六年春，郑灭许，因楚败也[①]。

【注释】

①郑灭许，因楚败也：许国处于楚、郑之间，服属于楚国，楚国被吴国打败，许国失去保护，因此郑国灭亡许国。定公四年，许迁于容城，在河南鲁山南，距许昌不足四百里，故郑能灭之。

【译文】

鲁定公六年春，郑国灭亡许国，是乘楚国失败的机会。

6.2 二月，公侵郑，取匡[①]，为晋讨郑之伐胥靡也[②]。往不假道于卫[③]；及还，阳虎使季、孟自南门入，出自东门，舍于豚泽[④]。卫侯怒，使弥子瑕追之[⑤]。公叔文子老矣[⑥]，辇而如公[7]，曰："尤人而效之，非礼也[8]。昭公之难[9]，君将以文之舒鼎，成之昭兆，定之鞶鉴，苟可以纳之，择用一焉[10]。公子与二三臣之子，诸侯苟忧之，将以为之质[11]。此群臣之所闻也。今将以小忿蒙旧德[12]，无乃不可乎？大姒之子[13]，唯周公、康叔为相睦也[14]，而效小人以弃之，不亦诬乎[15]？天将多阳虎之罪以毙之，君姑待之，若何[16]？"乃止。

【注释】

①匡：郑地名，即今河南长垣之恼里。

②郑之伐胥靡：即下文"周儋翩率王子朝之徒因郑人将以作乱于周，郑于是乎伐冯、滑、胥靡、负黍、狐人、阙外"。胥靡，周地名，在今河南偃师东。

③往：前去伐郑的时候。

④阳虎使季、孟自南门入，出自东门，舍于豚泽：此时阳虎控制了鲁国大权，有意不向卫国借道，并强迫季、孟二人从卫国都城南门进，东门出，以触怒卫国，使之与三桓结仇。季，季桓子。孟，孟懿子。豚泽，卫国东门外小地名。

⑤弥子瑕：卫灵公宠臣。

⑥公叔文子：卫国大夫公叔发。

⑦辇：人拉的车，这里用作动词，乘车。

⑧尤人而效之，非礼也：责备他人的过错，又去效法他，这是不合乎礼法的。

⑨昭公之难：指鲁昭公为季氏所逐，流亡在外。

⑩"君将以文之舒鼎"五句：鲁昭公流亡时，您曾拿出三件宝物作为礼物，只要哪位诸侯能护送鲁昭公回国，就可以任选其中一种。文，卫文公。成，卫成公。定，卫定公。舒鼎，宝鼎名。昭兆，宝

龟名。鞶鉴，镶有镜子的束衣大带。

⑪公子与二三臣之子，诸侯苟忧之，将以为之质：诸侯如果还不放心，可以将公子和大臣之子作为人质送往该诸侯国。

⑫小忿：小小的怨恨，指鲁人入南门，出东门。蒙旧德：掩盖了过去的恩德。指卫公为纳鲁昭公做的努力。蒙，掩盖。

⑬大姒：太妃，文王妃子。

⑭周公、康叔：鲁、卫两国的始祖。

⑮而效小人以弃之，不亦诬乎：如果学那些小人之行，背弃两国间的传统友谊，实在是大错特错了。小人，暗指阳虎。

⑯天将多阳虎之罪以毙之，君姑待之，若何：老天有意增加阳虎的罪恶，并将严惩他，贤君姑且忍耐一下。

【译文】

二月，鲁定公进攻郑国，占领匡地，是替晋国讨伐郑国进攻胥靡。去时不向卫国借道；到回师时，阳虎让季桓子、孟懿子从卫都城南门进，东门出，住在豚泽。卫灵公发怒，派弥子瑕追击鲁军。公叔文子已告老退休，坐辇车去见卫灵公，说："怨恨别人却效仿他，不合于礼。鲁昭公有危难的时候，国君打算拿文公的舒鼎、成公的宝龟、定公的鞶鉴作为礼物，如果有谁能送昭公回国，随便他挑走其中的一件。便是国君的公子和几位重臣的儿子，诸侯要是还不放心，也愿意将他们作为人质。这是群臣都听到的。现在却因为小愤怒而掩盖过去的恩德，不也是不应该的吗？太姒的儿子，只有周公、康叔关系和睦，却学小人而丢弃良好关系，不也是上当受骗了吗？上天将增添阳虎的罪责而使他灭亡，国君姑且等等，怎么样？"卫灵公便停止追击。

6.3　夏，季桓子如晋，献郑俘也①。阳虎强使孟懿子往报夫人之币②。晋人兼享之③。孟孙立于房外，谓范献子曰："阳虎若不能居鲁④，而息肩于晋，所不以为中军司马者，有如先君[⑤]！”献子曰：“寡君有官，将使其人，鞅何知焉[⑥]？”献子谓简子曰[⑦]：“鲁人患阳虎矣[⑧]，孟孙知其衅，以为必适晋，故强为之请，以取入焉[⑨]。”

【注释】

①季桓子如晋，献郑俘也：向晋国献上二月取匡时的俘虏。

②阳虎强使孟懿子往报夫人之币：季桓子去晋国献俘，兼有聘问晋君与送晋君及夫人财礼之职，鲁国本不必再派人专报夫人之币，阳虎强迫孟懿子作为正卿单独去报晋君夫人之币。孟懿子，仲孙何忌。往报夫人之币，向晋君夫人回送礼物。

③晋人兼享之：晋国设享宴同时招待季、孟二人，而没有分别宴请，是对鲁国二卿的轻视。

④不能居鲁：不能在鲁国立足。

⑤而息肩于晋，所不以为中军司马者，有如先君：孟懿子向晋国暗示，阳虎将在鲁国作乱，不容于鲁，逃到晋国，晋可利用他。

⑥寡君有官，将使其人，鞅何知焉：晋君任用官吏，择才而使，我怎么知道将用谁？鞅，士鞅，范献子。

⑦简子：赵鞅。

⑧鲁人患阳虎矣：阳虎必将作乱，鲁国人以之为祸害了。

⑨“孟孙知其衅”四句：孟懿子预知阳虎将为乱，并且认为他必然逃往晋国，所以极力向晋国请求，以驱使阳虎逃往晋国。

【译文】

夏，季桓子去晋国，是去奉献郑国的俘虏。阳虎硬要派孟懿子前去向晋国国君夫人奉献礼物。晋国设享宴一起招待他们二人。孟懿子站在房外，对范献子说：“阳虎如果无法在鲁国站住脚，而到晋国来歇歇脚，晋国若不让他任中军司马的话，有先君作证！”范献子说：“我们国君设立官职，要选择合适者担任，我怎么能做主？”范献子对赵简子说：“鲁国人厌恶阳虎了，孟懿子看出了预兆，认为阳虎必定来晋国，所以强行为他请求禄位，以便他能到晋国来。”

6.4 四月己丑[①]，吴大子终累败楚舟师[②]，获潘子臣、小惟子及大夫七人[③]。楚国大惕，惧亡[④]。子期又以陵师败于繁扬[⑤]。令尹子西喜曰：“乃今可为矣[⑥]。”于是乎迁郢于鄀[⑦]，而改纪其政，以定楚国[⑧]。

【注释】

①己丑：十五日。

②终累：阖庐之子，夫差之兄。舟师：水军。

③潘子臣、小惟子：楚国舟师之帅。

④楚国大惕，惧亡：朝野惊心，担心再遭亡国之祸。

⑤子期又以陵师败于繁扬：子期所率陆军为吴军所败。陵师，陆军。繁扬，古地名。在今河南新蔡北。

⑥乃今可为矣：连遭两次大败，国人警惧，楚国便能治好了。

⑦于是乎迁郢于鄀：楚国从郢迁都鄀。鄀，古地名。在今湖北宜城东南，又名北郢。

⑧而改纪其政，以定楚国：改革政治，因而楚国得以安定。纪，治理。

【译文】

四月十五日，吴国太子终累打败楚国水军，俘获潘子臣、小惟子和大夫七名。楚国大为震惊，担心灭亡。子期率领的陆军在繁扬又打了败仗。令尹子西高兴地说：“现在可以做些事了。”于是把国都由郢迁到鄀，改革政事，以安定楚国。

6.5　周儋翩率王子朝之徒因郑人将以作乱于周[①]，郑于是乎伐冯、滑、胥靡、负黍、狐人、阙外[②]。六月，晋阎没戍周，且城胥靡[③]。

【注释】

①儋翩：王子朝余党。

②郑于是乎伐冯、滑、胥靡、负黍、狐人、阙外：儋翩要利用郑国在周境内发动叛乱，郑国于是攻打周室冯、滑六邑，鲁国奉霸主之命，伐郑取匡。

③晋阎没戍周，且城胥靡：为保卫周王室，修筑胥靡城。阎没，晋国大夫。

【译文】

成周儋翩率领王子朝旧部，利用郑国人在成周作乱，郑国这时便攻打冯、滑、胥靡、负黍、狐人与阙外。六月，晋国阎没戍守成周，并且筑胥靡城。

6.6　秋八月，宋乐祁言于景公曰[①]："诸侯唯我事晋，今使不往，晋其憾矣[②]。"乐祁告其宰陈寅[③]。陈寅曰："必使子往[④]。"他日，公谓乐祁曰："唯寡人说子之言[⑤]，子必往。"陈寅曰："子立后而行，吾室亦不亡[⑥]。唯君亦以我为知难而行也[⑦]。"见溷而行[⑧]。赵简子逆，而饮之酒于绵上[⑨]，献杨楯六十于简子[⑩]。陈寅曰："昔吾主范氏，今子主赵氏，又有纳焉，以杨楯贾祸，弗可为也已[⑪]。然子死晋国，子孙必得志于宋[⑫]。"范献子言于晋侯曰："以君命越疆而使[⑬]，未致使而私饮酒[⑭]，不敬二君[⑮]，不可不讨也。"乃执乐祁[⑯]。

【注释】

①乐祁:即《经》文中的乐祁犁。

②憾:怨恨。

③乐祁告其宰陈寅:乐祁把上面的话告诉了陈寅。陈寅,乐祁家宰。

④必使子往:陈寅预料,必派乐祁出使晋国。

⑤说:同"悦"。

⑥子立后而行,吾室亦不亡:陈寅知道晋国政出多门,乐祁到晋国,恐怕有难,先立后,以免家族灭亡。立后,立继承人。

⑦知难而行:冒险赴命。

⑧见溷而行:乐祁让乐溷晋见宋景公,立为后,然后出发。溷,乐祁之子。

⑨绵上:古地名。即今山西翼城西之小绵山。

⑩杨楯:黄杨木做的盾,质地坚硬致密。

⑪"昔吾主范氏"五句:晋国此时大夫专权,"政在家门",乐祁过去事奉范氏,现在却事奉赵氏,并献杨盾,必定惹祸。贾祸,惹祸。

⑫得志于宋:乐祁如果死于晋国,是为国而死,子孙必能在宋国得志。

⑬越疆:越过疆界。

⑭未致使:未完成使命。

⑮二君:晋、宋两国国君。

⑯乃执乐祁:按,范献子嫉恨乐祁事奉赵氏,便以乐祁失礼,不敬二君为由,逮捕乐祁。

【译文】

秋八月,宋国乐祁对景公说:"诸侯中只有我国奉事晋国,现在要是不派使节前去,晋国将会怨恨我国。"乐祁告知家宰陈寅。陈寅说:"肯定会让您前往。"过些日子,景公对乐祁说:"寡人愿意听你的话,你一定要前往晋国。"陈寅说:"您立下继承人再去,我们的宗室才不会消亡。就是国君也明白我们是知难而行。"乐祁把儿子乐溷引见给景公以后就出使了。赵简子迎接他，在绵上请他喝酒，乐祁献给赵简子六十面杨木盾牌。陈寅说："往日我们事奉范氏，现在您事奉赵氏，又送给礼物，将因杨盾而招致祸患，没法挽回了。不过您死在晋国，子孙一定会在宋国发达。"范献子对晋定公说："接受国君的命令出使，没有完成使命却私下喝酒，对两国的国君不尊敬，不能不声讨。"于是逮捕了乐祁。

6.7　阳虎又盟公及三桓于周社①，盟国人于亳社②，诅于五父之衢③。

【注释】

①三桓：孟孙、季孙、叔孙三家。周社：鲁为周公之后，故周社为鲁国的国社。

②亳社：也是鲁国的国社。鲁因商奄之地，并因其遗民，故立亳社。

③诅于五父之衢：五父之衢，在曲阜东南五里。按，阳虎又强迫定公、三家及国人盟誓，使鲁国君臣上下都服从他，从而进一步控制鲁国政权。

【译文】

阳虎又和定公及三桓在周社盟誓，与国人在亳社盟誓，在五父之衢诅咒。

6.8　冬十二月，天王处于姑莸，辟儋翩之乱也。

【译文】

冬十二月，周敬王住在姑莸，是逃避儋翩的叛乱。

七年

【经】

7.1 七年春王正月[①]。

7.2 夏四月。

7.3 秋，齐侯、郑伯盟于咸[②]。

7.4 齐人执卫行人北宫结以侵卫。

7.5 齐侯、卫侯盟于沙[③]。

7.6 大雩。

7.7 齐国夏帅师伐我西鄙[④]。

7.8 九月，大雩。

7.9 冬十月。

【注释】

①七年：鲁定公七年当周敬王十七年，前503。

②咸：卫地名，在今河南濮阳东南。

③沙：古地名。在今河北大名东。

④国夏：齐国大夫，国佐之孙。

【译文】

鲁定公七年春周历正月。

夏四月。

秋，齐景公、郑献公在咸地结盟。

齐国拘禁卫国行人北宫结并侵袭卫国。

齐景公、卫灵公在沙地结盟。

大规模举行求雨的雩祭。

齐国国夏领兵攻打我国西部边境。

九月，再次举行大规模的雩祭。

冬十月。

【传】

7.1　七年春二月，周儋翩入于仪栗以叛[①]。

【注释】

①仪栗：周邑。今地不详。

【译文】

鲁定公七年春二月，周儋翩进入仪栗发动叛乱。

7.2　齐人归郓、阳关，阳虎居之以为政[①]。

【注释】

①齐人归郓、阳关，阳虎居之以为政：郓、阳关都是鲁国城邑，曾贰于齐，现在齐归还鲁国，阳虎入居二地并执掌军政大权。

【译文】

齐国归还郓、阳关，阳虎居住在那儿执掌国政。

7.3　夏四月，单武公、刘桓公败尹氏于穷谷[①]。

【注释】

①单武公、刘桓公、尹氏：三人都是周王室大夫。尹氏为儋翩同党。穷谷：周地名，在今河南洛阳南。

【译文】

夏四月，单武公、刘桓公在穷谷打败尹氏。

7.4 秋，齐侯、郑伯盟于咸，征会于卫[①]。卫侯欲叛晋，诸大夫不可。使北宫结如齐，而私于齐侯曰："执结以侵我[②]。"齐侯从之，乃盟于琐[③]。

【注释】

①征会：召集诸侯会见。

②执结以侵我：卫灵公派北宫结到齐国，暗中请齐景公逮捕北宫结而发兵攻打卫国，可以借此为由与齐结盟。

③乃盟于琐：齐、卫两国结盟。

【译文】

秋，齐景公、郑献公在咸地结盟，邀请卫国参会。卫灵公想背叛晋国，大夫们反对。卫灵公派北宫结到齐国，私下派人对齐景公说："请把北宫结抓起来并侵袭我国。"齐景公听从了，于是在琐地结盟。

7.5 齐国夏伐我。阳虎御季桓子，公敛处父御孟懿子[①]，将宵军齐师[②]。齐师闻之，堕，伏而待之[③]。处父曰："虎不图祸，而必死[④]。"苫夷曰[⑤]："虎陷二子于难[⑥]，不待有司[⑦]，余必杀女。"虎惧，乃还，不败[⑧]。

【注释】

①公敛处父：孟氏家臣。

②宵军齐师：乘夜侵袭齐军。

③齐师闻之，堕，伏而待之：齐军听说鲁军的计划，故意做出松懈、毫无防备的样子，设下埋伏，引诱鲁军。堕，毁坏军容。

④不图祸，而必死：不考虑会引起祸患。而，你，指阳虎。

⑤苫夷：季氏家臣。

⑥二子:指季氏、孟氏。

⑦有司:执法官。

⑧虎惧,乃还,不败:阳虎被公敛处父和苫夷吓住,罢兵回国。

【译文】

齐国国夏攻打我国。阳虎为季桓子驾车,公敛处父为孟懿子驾车,准备夜袭齐军。齐军得知后故作松懈,设下埋伏等待。处父说:"阳虎你不考虑这样做的危害,你必死无疑。"苫夷说:"阳虎你把他们二人陷于祸难,不等军法官判决,我就一定杀了你。"阳虎害怕了,便撤兵,鲁军才得以不败。

7.6　冬十一月戊午[①],单子、刘子逆王于庆氏[②]。晋籍秦送王。己巳[③],王入于王城,馆于公族党氏[④],而后朝于庄宫[⑤]。

【注释】

①戊午:二十三日。

②庆氏:驻守姑莸的大夫。

③己巳:十二月初五。

④党氏:周王室大夫。

⑤而后朝于庄宫:周敬王返回周都。庄宫,周庄王庙。

【译文】

冬十一月二十三日,单武公、刘桓公在庆氏那里迎接周敬王。晋国籍秦护送周敬王。十二月初五,周敬王进入王城,住在公族党氏家,然后朝觐庄宫。

八年

【经】

8.1 八年春王正月[①],公侵齐[②]。

8.2 公至自侵齐。

8.3 二月,公侵齐[③]。

8.4 三月,公至自侵齐。

8.5 曹伯露卒[④]。

8.6 夏,齐国夏帅师伐我西鄙[⑤]。

8.7 公会晋师于瓦[⑥]。

8.8 公至自瓦。

8.9 秋七月戊辰[⑦],陈侯柳卒[⑧]。

8.10 晋士鞅帅师侵郑,遂侵卫。

8.11 葬曹靖公。

8.12 九月,葬陈怀公。

8.13 季孙斯、仲孙何忌帅师侵卫。

8.14 冬,卫侯、郑伯盟于曲濮[⑨]。

8.15 从祀先公[⑩]。

8.16 盗窃宝玉、大弓[⑪]。

【注释】

①八年:鲁定公八年当周敬王十八年,前502。

②公侵齐:鲁国攻打齐国,报复去年齐国侵犯鲁国西境。

③二月,公侵齐:鲁国再次攻打齐国。

④曹伯露卒:曹靖公露去世。曹靖公,前505年即位,在位四年。

⑤齐国夏帅师伐我西鄙：齐国由鲁国西境进攻鲁国。

⑥瓦：卫地名，在今河南滑县南。

⑦戊辰：初七。

⑧陈侯柳卒：陈怀公柳死。陈怀公，前505年即位，在位四年。

⑨卫侯、郑伯盟于曲濮：郑、卫两国结盟叛晋。曲濮，卫地名，约在今河南滑县与延津一带。

⑩从祀：顺祀，按即位先后的次序祭祀。先公：指鲁闵公、鲁僖公。文公二年，鲁把僖公的神主升到闵公之上，现将二公位次摆顺。

⑪盗：指阳虎。宝玉、大弓：都是鲁国国宝。

【译文】

鲁定公八年春周历正月，鲁定公进攻齐国。

定公从侵袭齐国前线回国。

二月，定公侵袭齐国。

三月，定公从进攻齐国前线回国。

曹靖公露去世。

夏，齐国国夏带兵攻打我国西部边境。

定公在瓦地与晋军会合。

定公从瓦地回国。

秋七月初七，陈怀公柳去世。

晋国士鞅领兵侵袭郑国，顺便进攻卫国。

安葬曹靖公。

九月，安葬陈怀公。

季孙斯、仲孙何忌带兵攻打卫国。

冬，卫灵公、郑献公在曲濮结盟。

按即位顺序祭祀先公闵公、僖公。

阳虎窃取宝玉、大弓。

【传】

8.1 八年春王正月，公侵齐，门于阳州[①]。士皆坐列，曰："颜高之弓六钧[②]。"皆取而传观之[③]。阳州人出，颜高夺人弱弓[④]，籍丘子钽击之[⑤]，与一人俱毙[⑥]。偃且射子钽，中颊，殪[⑦]。颜息射人中眉[⑧]，退曰："我无勇，吾志其目也[⑨]。"师退，冉猛伪伤足而先[⑩]。其兄会乃呼曰："猛也殿[⑪]！"

【注释】

①门：攻打城门。阳州：古地名。在今山东东平。

②颜高：鲁国将领。钧：此指拉力。当时三十斤为一钧，六钧为一百八十斤，合今斤六十斤。

③取而传观之：传看颜高的强弓。

④颜高夺人弱弓：颜高来不及收回自己的强弓，随便夺了把弱弓应战。

⑤籍丘子钽：齐国将领。

⑥与一人俱毙：颜高和另一人都倒地。毙，倒地。

⑦偃且射子钽，中颊，殪：颜高虽然倒地，但卧射子钽，中其脸颊，子钽毙命。

⑧颜息：鲁国将领。

⑨我无勇，吾志其目也：意在射眼，却射中其眉。无勇，不善射。按，这是他自夸之辞。

⑩冉猛伪伤足而先：冉猛装伤想先撤。冉猛，鲁国将领。

⑪殿：殿后。

【译文】

鲁定公八年春周历正月，鲁定公侵袭齐国，攻打阳州城门。军士们排列坐在那儿，说："颜高的弓有六钧力。"都拿了传看。阳州人出城，颜高夺过别人的弱弓迎战，籍丘子钼击打他，把他和另外一人打倒在地。颜高倒在地上向子钼射出一箭，射中他的脸颊，籍丘子钼毙命。颜息射中一个人的眉，退下来说："我没本事，本来是要射他眼睛的。"军队撤退，冉猛假装伤了脚走在前面。他哥哥冉会便大声喊："冉猛，到后边断后！"

8.2　二月己丑[①]，单子伐谷城，刘子伐仪栗[②]。辛卯[③]，单子伐简城，刘子伐盂，以定王室[④]。

【注释】

①二月己丑：实为三月二十六日，"二"疑为"三"之误。

②单子伐谷城，刘子伐仪栗：单武公、刘桓公讨伐儋翩余党。谷城，古地名。在今河南洛阳西北。

③辛卯：三月二十八日。

④单子伐简城，刘子伐盂，以定王室：平定周王室之乱。简城、盂，都是周地。盂即邘，在今河南沁阳西北。

【译文】

三月二十六日，单武公攻打谷城，刘桓公攻打仪栗。二十八日，单武公进攻简城，刘桓公进攻盂地，以安定王室。

8.3　赵鞅言于晋侯曰："诸侯唯宋事晋，好逆其使，犹惧不至。今又执之，是绝诸侯也。"将归乐祁，士鞅曰："三年止之[①]，无故而归之，宋必叛晋。"献子私谓子梁曰[②]："寡君惧不得事宋君，是以止子[③]。子姑使溷代子[④]。"子梁以告陈寅。陈寅曰："宋将叛晋，是弃溷也，不如待之[⑤]。"乐祁归，卒于大行[⑥]。士鞅曰："宋必叛，不如止其尸以求成焉[⑦]。"乃止诸州[8]。

【注释】

①三年止之：定公六年，晋国扣留宋国乐祁，至今三年。

②献子：士鞅。子梁：乐祁。

③寡君惧不得事宋君，是以止子：晋君怕不能事奉宋君，所以留下了您。

④溷：乐祁儿子。

⑤宋将叛晋，是弃溷也，不如待之：宋国如果背叛晋国，乐溷将不能返国，不如静待时局的转变。

⑥大行：太行山。

⑦宋必叛，不如止其尸以求成焉：扣留乐祁尸体作为谈判条件。

⑧州：古地名。在今河南沁阳东南。

【译文】

赵鞅告诉晋定公说："诸侯中只有宋国奉事晋国，好好地迎接他们的使节，还担心他不来。现在又拘禁使者，这是弃绝诸侯。"打算把乐祁放回去，士鞅说："扣留了三年，又无故放回去，宋国必定背叛晋国。"士鞅私下对乐祁说："我们国君是担心不能奉事宋君，所以留下了您。您姑且让乐溷来代替您。"乐祁把这话告诉了陈寅。陈寅说："宋国将会背叛晋国，这样做是抛弃了乐溷，不如静待时局的转变。"乐祁返回，死于太行山。士鞅说："宋国一定背叛，不如扣留乐祁的尸体来与宋国讲和。"于是把乐祁尸体扣押在州地。

8.4 公侵齐，攻廪丘之郛[1]。主人焚冲，或濡马褐以救之，遂毁之[2]。主人出，师奔[3]。阳虎伪不见冉猛者，曰："猛在此，必败。"猛逐之[4]，顾而无继，伪颠[5]。虎曰："尽客气也[6]。"

【注释】

①廪丘：古地名。在今山东郓城西北。郛：外城。

②主人焚冲，或濡马褐以救之，遂毁之：廪丘人焚毁攻城车，鲁军以湿麻衣救火，攻破外城。主人，廪丘守将。冲，攻城的战车。濡，沾湿。马褐，麻布短衣。

③主人出，师奔：廪丘人出战，鲁国增援部队奔向前去助战。

④猛逐之：阳州之役，冉猛先退，现在被阳虎一激，奋而追击廪丘人。

⑤顾而无继，伪颠：冉猛看后面没有人跟上来，就假装从车上摔下。

⑥客气：假装勇敢。

【译文】

鲁定公侵袭齐国，攻打廪丘的外城。廪丘守军焚毁鲁军的攻城车，有鲁军兵士把麻布短衣弄湿灭火，于是攻破外城。廪丘人出战，鲁国增援部队奔向前去助战。阳虎假装没看见冉猛，说："如果冉猛在这里，一定能打败他们。"冉猛便去追赶廪丘人，回头发现没人跟上来，装作从车上摔下来。阳虎说："全是假勇敢。"

8.5　苫越生子[①]，将待事而名之[②]。阳州之役获焉，名之曰"阳州"[③]。

【注释】

①苫越：季氏家臣苫夷。

②待事而名：等有大事时给儿子命名。

③阳州之役获焉，名之曰"阳州"：阳州之役鲁国获胜，所以给儿子取名"阳州"。

【译文】

苫越生了个儿子，打算等有了大事以后再取名。阳州战役俘获了敌军，就把儿子取名为“阳州”。

8.6 夏，齐国夏、高张伐我西鄙[1]。晋士鞅、赵鞅、荀寅救我。公会晋师于瓦[2]。范献子执羔，赵简子、中行文子皆执雁[3]。鲁于是始尚羔[4]。

【注释】

①齐国夏、高张伐我西鄙：按，为报复阳州、廪丘两次战役。

②公会晋师于瓦：晋军救鲁，鲁定公为表示感谢，亲自迎至瓦地。

③“范献子执羔”二句：执羔，手提羔羊作为相见礼物。中行文子，荀寅。雁，大雁，也是相见礼物。

④鲁于是始尚羔：范献子是晋国上卿，鲁定公见上卿以执羔为相见之礼，从此鲁国以羔羊为贵，唯上卿执之为相见之礼。

【译文】

夏，齐国国夏、高张攻打我国西部边境。晋国士鞅、赵鞅、荀寅救援我国。鲁定公和晋军在瓦地会合。范献子手提羔羊，赵简子、中行文子手持大雁，作为礼物。鲁国从此开始以羔羊为贵。

8.7 晋师将盟卫侯于鄟泽[1]。赵简子曰：“群臣谁敢盟卫君者[2]？”涉佗、成何曰[3]：“我能盟之。”卫人请执牛耳[4]。成何曰：“卫，吾温、原也，焉得视诸侯[5]？”将歃，涉佗挼卫侯之手[6]，及捥[7]。卫侯怒，王孙贾趋进[8]，曰：“盟以信礼也[9]，有如卫君，其敢不唯礼是事而受此盟也[10]？”卫侯欲叛晋，而患诸大夫[11]。王孙贾使次于郊[12]。大夫问故，公以晋诟语之[13]，且曰：“寡人辱社稷，其改卜嗣[14]，寡人从焉。”大夫曰：“是卫之祸，岂君之过也[15]？”公曰：“又有患焉，谓寡人‘必以而子与大夫之子为质’[16]。”大夫曰：“苟有益也[17]，公子则往[18]，群臣之子敢不皆负羁绁以从[19]？”将行，王孙贾曰：“苟卫国有难，工商未尝不为患，使皆行而后可[20]。”公以告大夫，乃皆将行之。行有日[21]，公朝国人，使贾问焉，曰：“若卫叛晋，晋五伐我，病何如矣[22]？”皆曰：“五伐我，犹可以能战。”贾曰：“然则如叛之[23]，病而后质焉，何迟之有[24]？”乃叛晋[25]。晋人请改盟，弗许[26]。

【注释】

①晋师将盟卫侯于鄟泽：晋军在瓦地与鲁定公相会之后，又与卫国结盟。

②群臣谁敢盟卫君者：去年卫国背叛晋国依附齐国，所以赵简子拟派大夫前往结盟，以羞辱卫国。

③涉佗、成何：晋国大夫。

④执牛耳：诸侯歃血为盟，割牛耳取血，盛牛耳于盘，由主盟者持盘，因称主盟者为“执牛耳”。按，会盟之礼，卑者执牛耳，尊者监临，先歃血。晋国虽是大国，但卫灵公是君，涉佗、成何是大夫，所以卫灵公请成何执牛耳。

⑤卫，吾温、原也，焉得视诸侯：卫国不过等于晋国温、原二邑的地位，怎么能跟诸侯相比？

⑥捘(zùn)：推。

⑦及捥(wàn)：血淌到手腕上。捥，同“腕”。

⑧王孙贾：卫国大夫。

⑨信礼：伸张礼仪。

⑩有如卫君，其敢不唯礼是事而受此盟也：结盟是为了敦睦邦交，伸张礼仪，卫国国君怎能不依礼而接受此盟？言外之意是晋国

如此无礼，卫国将不接受此盟。其，岂能。

⑪卫侯欲叛晋，而患诸大夫：按，卫国诸大夫反对背叛晋国。

⑫王孙贾使次于郊：让卫国国君住在郊外。

⑬晋诟：受晋国侮辱。诟，耻辱。

⑭改卜嗣：占卜改立新君。

⑮是卫之祸，岂君之过也：大夫以为不能委过于卫灵公一人。

⑯必以而子与大夫之子为质：晋国告诉卫灵公，要用其子与大夫之子作人质。而，同“尔”，你。

⑰苟有益：对卫国有利。

⑱则：假如。

⑲负羁绁：背负马笼头、马缰绳。

⑳工商未尝不为患，使皆行而后可：工商匠人也是祸患，应一同前往。

㉑行有日：已定了行期。

㉒病何如：会危险到什么程度。

㉓然则如叛之：应当先叛晋国。如，应当。

㉔病而后质焉，何迟之有：有危险后再送人质不迟。

㉕乃叛晋：王孙贾与卫灵公设计激励众大夫及国人，终于使卫国叛晋。

㉖晋人请改盟，弗许：晋国请求重新结盟，卫国不接受。

【译文】

晋军准备与卫灵公在鄟泽会盟。赵简子说：“群臣中谁敢去和卫灵公订立盟约？”涉佗、成何说：“我们能够订盟。”卫国人请晋国人执牛耳。成何说：“卫国就如同我国的温邑、原邑，哪能视同诸侯？”将要歃血时，涉佗推了卫灵公的手，血流到手腕上。卫灵公发怒，王孙贾快步上前，说：“结盟是为了伸张礼仪，卫国国君岂能不依礼而接受这盟约？”卫灵公打算背叛晋国，又担心大夫们不同意。王孙贾让卫灵公住在郊外。

大夫们询问原因，卫灵公将晋国人侮辱的话告诉大家，并说："寡人使国家遭受羞辱，不如占卜另外奉立国君，寡人愿意服从。"大夫们说："这是卫国的祸患，哪里是国君的过错？"灵公说："还有难堪的事，晋国人对寡人说'一定要把你的儿子和大夫的儿子作为人质'。"大夫们说："要是对国家有好处，公子如果去，群臣的儿子哪敢不背负马笼头、缰绳跟随前去？"人质将要动身时，王孙贾说："要是卫国有祸难，工匠商人未尝不成为祸患，让他们一同前往才行。"卫灵公把这话告诉大夫们，便要这些人都随行。动身的日子将到，灵公让国人朝见，派王孙贾询问，说："如果卫国背叛晋国，晋国五次进攻我国，会危险到什么程度？"大家都说："五次进攻我国，还有能力迎战。"王孙贾说："那么应当背叛晋国，等到危急时再派人质，怎么能算晚呢？"于是背叛晋国。晋国提出重新结盟，卫国不答应。

8.8　秋，晋士鞅会成桓公侵郑①，围虫牢，报伊阙也②。遂侵卫③。

【注释】

①成桓公：周卿士。

②围虫牢，报伊阙也：定公六年，郑国攻打周阙外等六邑，现在晋国为周王室予以报复。虫牢，古地名。在今河南封丘北。伊阙，周地山名，在今河南洛阳，阙外附近。

③遂侵卫：卫国背叛晋国，一并加以讨伐。

【译文】

秋，晋国士鞅会合成桓公，然后侵袭郑国，包围了虫牢，是要报复伊阙之役。于是乘机进攻卫国。

8.9　九月，师侵卫，晋故也[①]。

【注释】

①师侵卫，晋故也：鲁国奉晋国之命攻打卫国。

【译文】

九月，鲁军攻打卫国，这是由于晋国的缘故。

8.10　季寤、公鉏极、公山不狃皆不得志于季氏[①]，叔孙辄无宠于叔孙氏[②]，叔仲志不得志于鲁[③]。故五人因阳虎[④]。阳虎欲去三桓，以季寤更季氏，以叔孙辄更叔孙氏，己更孟氏。冬十月，顺祀先公而祈焉[⑤]。辛卯[⑥]，禘于僖公[⑦]。壬辰[⑧]，将享季氏于蒲圃而杀之[⑨]，戒都车曰[⑩]："癸巳至[⑪]。"成宰公敛处父告孟孙曰："季氏戒都车，何故？"孟孙曰："吾弗闻。"处父曰："然则乱也，必及于子[⑫]，先备诸[⑬]？"与孟孙以壬辰为期[⑭]。

【注释】

①季寤：季桓子之弟。字子言。公鉏极：季氏族人。公山不狃：季氏费地宰。

②叔孙辄：叔孙氏庶子。

③叔仲志不得志于鲁：叔仲志不被鲁国重用。叔仲志，叔仲带的孙子。

④因：依靠，投靠。

⑤顺祀先公而祈焉：顺祀，即《经》文中的"从祀"。将闵公的位置调整到僖公之前。按，阳虎将作乱，因此祭先公祈福。

⑥辛卯：初二。

⑦禘于僖公：在僖公庙举行大祭。禘，合祭众先公之礼。按，禘应当在太庙举行，这次在僖公庙，杜预《春秋左传注》以为顺祀将僖公的位次后移，阳虎怕得罪僖公神灵，所以在僖公庙举行。或曰这与闵公二年之"吉禘于庄公"一样，禘礼还是在太庙举行，主要是为僖公而举行。

⑧壬辰：初三。

⑨蒲圃：鲁都城东门外的地方。

⑩戒：敕令。都车：都邑里的战车。

⑪癸巳至：癸巳，初四。阳虎准备在初三夜里杀死季桓子，命令战车做好准备，初四起兵攻打季、孟二家。

⑫然则乱也，必及于子：阳虎将作乱，必定殃及孟氏。

⑬先备诸：先做好防备。诸，之乎。

⑭与孟孙以壬辰为期：孟氏比阳虎提前一天（初三）发兵，准备救援季氏。

【译文】

季寤、公钼极、公山不狃都不被季氏重用，叔孙辄不被叔孙氏宠信，叔仲志在鲁国不得志。所以这五个人投靠阳虎。阳虎想除掉三桓，用季寤取代季氏，叔孙辄取代叔孙氏，自己取代孟氏。冬十月，按照即位顺序祭祀先公。初二，在僖公庙举行禘祭。初三，准备在蒲圃设享礼招待季氏而杀他，命令都邑的战车说："初四都要到。"成地宰臣公敛处父告诉孟孙说："季氏命令都邑的战车，是什么缘故？"孟孙说："我没听说。"处父说："那就是要发生动乱了，必然会牵连到您，是不是先做准备？"与孟孙约定初三为会合日期。

阳虎前驱，林楚御桓子，虞人以铍、盾夹之[①]，阳越殿[②]，将如蒲圃。桓子咋谓林楚曰[③]："而先皆季氏之良也[④]，尔以是继之[⑤]。"对曰："臣闻命后[⑥]。阳虎为政，鲁国服焉，违之征死[7]，死无益于主。”桓子曰：“何后之有？而能以我适孟氏乎[8]？”对曰：“不敢爱死，惧不免主[9]。”桓子曰：“往也！”孟氏选圉人之壮者三百人以为公期筑室于门外[10]。林楚怒马[11]，及衢而骋。阳越射之，不中。筑者阖门[12]。有自门间射阳越，杀之。阳虎劫公与武叔，以伐孟氏[13]。公敛处父帅成人自上东门入[14]，与阳氏战于南门之内，弗胜；又战于棘下[15]，阳氏败。阳虎说甲如公宫[16]，取宝玉、大弓以出，舍于五父之衢，寝而为食[17]。其徒曰：“追其将至[18]。”虎曰：“鲁人闻余出，喜于征死[19]，何暇追余？”从者曰：“嘻！速驾！公敛阳在[20]。”公敛阳请追之，孟孙弗许[21]。阳欲杀桓子，孟孙惧而归之[22]。子言辨舍爵于季氏之庙而出[23]。阳虎入于讙、阳关以叛[24]。

【注释】

①虞人：掌管田猎的官。铍：长矛。

②阳越：阳虎弟弟。

③咋(zhà)：突然。

④良：忠良之臣。

⑤尔以是继之：季桓子发觉有异，暗示林楚帮助自己脱险。继之，继承其传统。

⑥臣闻命后：听到此话已太晚。

⑦违之征死：违命者死。征，招致。

⑧而：同“尔”，你。适：去，前往。

⑨不免主：使主不免于难。

⑩孟氏选圉人之壮者三百人以为公期筑室于门外：孟氏假装为公期筑房子，以防备事变。圉人，家奴。公期，孟氏之子。

⑪怒马：奋马，策马。

⑫筑者阖门：林楚、季桓子乘车冲进孟氏宅邸，筑房子的人退回去关上大门。

⑬阳虎劫公与武叔，以伐孟氏：阳虎阴谋败露，劫持鲁定公与武叔。武叔，叔孙不敢之子。

⑭上东门：鲁国东城的北门。

⑮棘下：城内地名。

⑯说：同“脱”。

⑰寝而为食：自己睡下，命人做饭。

⑱追：指追兵。

⑲鲁人闻余出，喜于征（yín）死：鲁国人知道阳虎已逃走，庆幸自己可以晚点死了。征死，缓死。按，可见阳虎荼毒害民之甚。

⑳速驾！公敛阳在：意谓公敛阳必来追赶。公敛阳，公敛处父。

㉑公敛阳请追之，孟孙弗许：按，孟孙害怕阳虎，不敢追击。

㉒归之：孟孙不敢继续收留季桓子，送他回家。

㉓子言辨舍爵于季氏之庙而出：季寤拿酒一一在季氏庙里祭献，然后逃走。子言，季寤。辨，同“遍”。舍爵，置爵。按，在祖庙里向祖宗一一斟酒祭告，这是古人将出奔告别的礼仪。

㉔阳虎入于讙、阳关以叛：阳虎窃据二地与三家对抗。讙，古地名。在今山东宁阳北。阳关，古地名。在今山东泰安东南。

【译文】

阳虎为前驱，林楚为季桓子驾车，虞人用铍、盾在两边护卫，阳越断后，准备前往蒲圃。季桓子突然对林楚说：“你的先人都是季氏家忠良之臣，你也要继承下去。”林楚回答说：“下臣听到这话已晚。阳虎执掌政事，鲁国人都服从他，违背他就是找死，死了对主人并没好处。”季桓子说：“有什么晚的？你能带着我往孟氏那儿去吗？”林楚回答说：“不敢吝惜一死，而是怕不能使主人免于祸难。”季桓子说：“去吧！”孟氏选了三百名强壮的男仆，在门外替公期建造房屋。林楚鞭马，冲上大路快速奔驰。阳越射他，没射中。季桓子乘车冲进孟氏宅邸，建房人关上大门。有人从门缝射阳越，射死了他。阳虎劫持鲁定公和武叔，去攻打孟氏。公敛处父带领成邑人从上东门进城，与阳虎在南门内交战，不能取胜；又在棘下交战，阳虎失败。阳虎脱下皮甲前去公宫，拿了宝玉、大弓出来，屯扎在五父之衢，睡下并下令做饭。他的手下说："追兵恐怕要到了。"阳虎说："鲁国人听说我出逃，正庆幸能缓死，哪里有时间来追我？"随从们说："嘿！快套车吧！公敛处父在那里。"公敛处父请求追赶阳虎，孟孙不允许。公敛处父想杀了季桓子，孟孙害怕了，把季桓子送回家去。季寤在季氏祖庙向神主一一斟酒祭告后出逃。阳虎进入讙地、阳关而叛乱。

8.11 郑驷歂嗣子大叔为政[①]。

【注释】

①郑驷歂嗣子大叔为政：驷歂接替子太叔（游吉）执政。驷歂，子然，驷乞之子。

【译文】

郑国驷歂接替子太叔执掌国政。

九年

【经】

9.1 九年春王正月[①]。

9.2 夏四月戊申[②]，郑伯虿卒[③]。

9.3 得宝玉、大弓[④]。

9.4 六月，葬郑献公。

9.5 秋,齐侯、卫侯次于五氏[⑤]。

9.6 秦伯卒[⑥]。

9.7 冬,葬秦哀公。

【注释】

①九年:鲁定公九年当周敬王十九年,前501。

②戊申:二十二日。

③郑伯虿卒:郑献公虿去世。郑献公,前513年即位,在位十三年。

④得宝玉、大弓:阳虎归还宝玉、大弓。

⑤齐侯、卫侯次于五氏:两国攻打晋国。五氏,晋国地名,在今河北邯郸西。

⑥秦伯卒:秦哀公去世。秦哀公,前536年即位,在位三十六年。

【译文】

鲁定公九年春周历正月。

夏四月二十二日,郑献公虿去世。

得到宝玉、大弓。

六月,安葬郑献公。

秋,齐景公、卫灵公驻扎在五氏。

秦哀公去世。

冬,安葬秦哀公。

【传】

9.1 九年春,宋公使乐大心盟于晋,且逆乐祁之尸[①]。辞,伪有疾[②]。乃使向巢如晋盟[③],且逆子梁之尸。子明谓桐门右师出[④],曰:“吾犹衰绖,而子击钟,何也[⑤]?”右师曰:“丧不在此故也[⑥]。”既而告人曰:“己衰绖而生子,余何故舍钟[⑦]?”

子明闻之，怒，言于公曰：“右师将不利戴氏[8]。不肯适晋，将作乱也。不然，无疾[9]。”乃逐桐门右师[10]。

【注释】

①宋公使乐大心盟于晋，且逆乐祁之尸：按，去年，乐祁死于晋国太行山地区。

②辞，伪有疾：乐大心假装有病，推辞赴晋国。

③向巢：向戌曾孙。

④子明谓桐门右师出：乐大心来到子明家，子明将他赶出。或曰，出谓出国迎尸。子明，乐祁之子溷。桐门右师，乐大心。

⑤吾犹衰绖，而子击钟，何也：子明知道乐大心称病推辞，特以“我还在丧期之中，你却击钟作乐，何故不出国”的话激他。衰绖，丧服。

⑥丧不在此故也：乐祁死于晋，所以说“丧不在此”。

⑦已衰绖而生子，余何故舍钟：子明父丧在身，却照样生孩子，我作为兄弟，为何不能奏乐？

⑧戴氏：指宋国。

⑨不然，无疾：否则，不会称病推辞。

⑩乃逐桐门右师：驱逐乐大心在明年，这里先交代结果。

【译文】

鲁定公九年春，宋景公派乐大心去晋国结盟，并迎接乐祁的灵柩。乐大心推辞，假装有病。景公便派向巢到晋国结盟，并接回乐祁的灵柩。乐大心来到子明家，子明将他赶出去，说：“我还穿着丧服，而你敲钟作乐，是为了什么？”乐大心说：“是因为灵柩不在这里啊。”然后乐大心告诉别人说：“自己在服丧期间生下儿子，我为什么要放弃敲钟作乐？”子明听说了，大怒，对宋景公说：“乐大心将要不利于宋国。他不肯去晋国，是准备作乱。不然的话，不会装病推辞。”于是驱逐乐大心。

9.2　郑驷歂杀邓析，而用其《竹刑》[①]。君子谓："子然于是不忠[②]。苟有可以加于国家者，弃其邪可也[③]。《静女》之三章，取彤管焉[④]。《竿旄》'何以告之'，取其忠也[⑤]。故用其道，不弃其人。《诗》云：'蔽芾甘棠，勿翦勿伐，召伯所茇[⑥]。'思其人，犹爱其树，况用其道而不恤其人乎[⑦]！子然无以劝能矣[⑧]。"

【注释】

①郑驷歂杀邓析，而用其《竹刑》：驷歂虽然杀了邓析，却采用他的《竹刑》。邓析，郑国大夫。昭公六年，子产曾铸刑书于鼎，邓析改所铸旧刑书，其刑书后出，写在竹简之上，称《竹刑》。邓析的《竹刑》可能更适用，故驷歂用之。

②子然：驷歂的字。

③苟有可以加于国家者，弃其邪可也：邓析制《竹刑》，对国家有利，就不必计较他无关宏旨的罪过。加，益。

④《静女》之三章，取彤管焉：《静女》三章虽写美女，但其目的在赞美彤管。《静女》，《诗经·国风·邶风》篇名。诗中的"彤管"，本是红色管状的草，古人也解释为赤管笔，用来记事，彰善恶。

⑤《竿旄》"何以告之"，取其忠也：《竿旄》是《诗经·国风·鄘风》中的篇名，篇末有"彼姝者子，何以告之"二句。君子取作诗者之忠心。

⑥蔽芾甘棠，勿翦勿伐，召伯所茇（bá）：引《诗》见《诗经·国风·召南·甘棠》，意思是很茂盛的甘棠树，不剪不砍莫动它，召伯曾经停留在树下。取意思念其人而兼及其物。

⑦不恤：不顾。

⑧子然无以劝能矣：作者批评子然用其人之道而弃其人之身。无以劝能，不能勉励贤能。

【译文】

郑国驷歂杀了邓析，却用他所作的《竹刑》。君子认为："驷歂在这件事上表现不忠。如果有人对国家有利，就可以不责罚他无关宏旨的罪过。《静女》的第三章诗，就是赞赏其中的彤管。《竿旄》'用什么劝告他'，是赞赏他的忠诚。所以，用了他的主张，就不惩罚这人。《诗》说：'甘棠的树荫茂密高大，不要剪它别砍伐，召伯曾经停留在树下。'思念这个人，尚且爱护这棵树，何况用了他的主张怎能不顾惜他的生命呢！驷歂无法劝勉有才能的人了。"

9.3 夏，阳虎归宝玉、大弓。书曰"得"，器用也①。凡获器用曰得，得用焉曰获②。

【注释】

①器用：器物用具。

②凡获器用曰得，得用焉曰获：得到器物用具叫"得"，得到生物叫"获"。按，以上解释《经》文用"得"、"获"的区别。

【译文】

夏，阳虎归还宝玉、大弓。《春秋》记载说"得"，是由于它们是器物用具。凡是得到器物用具叫"得"，得到生物叫"获"。

六月，伐阳关①。阳虎使焚莱门②。师惊，犯之而出③，奔齐，请师以伐鲁，曰："三加④，必取之。"齐侯将许之。鲍文子谏曰⑤："臣尝为隶于施氏矣⑥，鲁未可取也。上下犹和，众庶犹睦，能事大国⑦，而无天灾，若之何取之？阳虎欲勤齐师也，齐师罢，大臣必多死亡，已于是乎奋其诈谋⑧。夫阳虎有宠于季氏，而将杀季孙，以不利鲁国，而求容焉⑨。亲富不亲仁，君焉用之[10]？君富于季氏，而大于鲁国，兹阳虎所欲倾覆也[11]。鲁免其疾，而君又收之，无乃害乎[12]？”齐侯执阳虎，将东之[13]。阳虎愿东，乃囚诸西鄙[14]。尽借邑人之车，锲其轴，麻约而归之[15]。载葱灵，寝于其中而逃[16]。追而得之，囚于齐。又以葱灵逃，奔宋，遂奔晋，适赵氏。仲尼曰：“赵氏其世有乱乎[17]！”

【注释】

①伐阳关：讨伐阳虎。

②莱门：阳关城门。

③师惊，犯之而出：鲁军惊恐，阳虎乘机突围而出。

④三加：三次出兵攻打。

⑤鲍文子：鲍国，曾为鲁国施氏家臣，后被齐国召回，时已九十余岁。

⑥施氏：鲁国大夫。

⑦能事大国：谨事晋国。大国，指晋国。

⑧奋其诈谋：施展阴谋诡计。意谓阳虎怂恿齐国出兵，好从中渔利。

⑨求容：讨好齐国以求得庇护。

⑩亲富不亲仁，君焉用之：阳虎只喜欢财富而不讲究道义，不可用。

⑪君富于季氏，而大于鲁国，兹阳虎所欲倾覆也：意谓阳虎之心本在于颠覆、图谋齐国。

⑫鲁免其疾，而君又收之，无乃害乎：鲁国除掉阳虎这个祸患，齐国却收留他，无异于引狼入室。

⑬东之：囚禁于齐国东部。

⑭阳虎愿东，乃囚诸西鄙：阳虎本意想西逃晋国，知道齐国必定反其意而行，因此故意说愿东，使齐国西囚之。

⑮尽借邑人之车，锲(qiè)其轴，麻约而归之：阳虎知道自己逃跑时，齐国人必用车追赶，所以遍借城中人的车，将车轴截断，又用麻缠绕伪装起来，再将车归还。锲，截断。

⑯载葱灵，寝于其中而逃：阳虎在葱灵车上装上衣物，自己躲在衣物之中逃跑。葱灵，一种装载衣物的车。

⑰赵氏其世有乱乎：阳虎好作乱，所以孔子预言赵氏将不得安宁。

【译文】

六月，攻打阳关。阳虎派人焚烧莱门。鲁军被惊扰，阳虎突围而出，逃往齐国，请求派兵进攻鲁国，说："攻打三次，一定能攻占。"齐景公准备答应。鲍文子进谏说："下臣曾经当过施氏的家臣，知道鲁国不能攻取。他们上下仍然和谐，百姓和睦，能够事奉大国，而且没有天灾，怎么可能攻取？阳虎是想劳动齐军，齐军疲劳，大臣必定有很多死亡，他自己就能乘机施展阴谋。阳虎在季氏那里得到宠信，反而要杀季孙，以不利于鲁国，来讨好我们求得庇护。亲近富有而不亲近仁爱，国君哪里用得着他？国君比季氏富有，齐国比鲁国大，这正是阳虎所想要倾覆的啊。鲁国免除了他的祸害，国君却又收留他，不是祸害吗？"齐景公拘捕阳虎，打算把他送往东部囚禁。阳虎表示愿意住在东部，齐景公便又把他囚禁在西部边境。阳虎把当地人的车都借来，截断车轴，用麻缠上后还给车主。他在葱灵车上装满衣物，躲在里边逃走。齐国人追上抓获，囚禁在齐国都城。他又躲在葱灵车里逃脱，逃往宋国，又转逃晋国，投靠赵氏。孔子说："赵氏恐怕将世世代代有动乱了吧！"

9.4 秋，齐侯伐晋夷仪①。敝无存之父将室之②，辞，以与其弟，曰："此役也不死，反，必娶于高、国③。"先登，求自门出，死于霤下④。东郭书让登⑤，犁弥从之，曰："子让而左，我让而右，使登者绝而后下⑥。"书左，弥先下。书与王猛息⑦。猛曰："我先登。"书敛甲[8]，曰："曩者之难，今又难焉[9]！"猛笑曰："吾从子如骖之靳[10]。"

【注释】

①齐侯伐晋夷仪：齐国为卫国攻打夷仪。夷仪，古地名。在今河北邢台西。

②敝无存：齐国大夫。室之：为之娶妻。之，指敝无存。

③此役也不死，反，必娶于高、国：敝无存自认为定可立功，凯旋后将娶卿相之女。此役，指夷仪之役。高、国，高氏、国氏。

④死于霤(liù)下：敝无存率先登城，跳进城内，企图从里面打开城门出来，结果战死在城楼屋檐下。

⑤让登：抢登。让，通"攘"。

⑥子让而左，我让而右，使登者绝而后下：犁弥怕被东郭书占了先，建议等登上城的人齐了以后再下去。让，让登。绝，尽。

⑦王猛：犁弥。息：战后休息。

⑧敛甲：收拾盔甲，准备与王猛较量。

⑨曩者之难，今又难焉：东郭书对王猛的话不服气。难，为难，过不去。

⑩吾从子如骖之靳：王猛不敢与东郭书争，表示自己只不过如骖马随着服马一样。靳，驾辕的服马。

【译文】

秋，齐景公攻打晋国夷仪。敝无存的父亲打算为他娶亲，被他推辞，让给弟弟，说："这次战役如果不战死，回来后一定要娶高氏、国氏的女子。"攻城时他率先登上城墙，又想从城门冲出去，战死在城楼檐下。东郭书抢先登城，犁弥跟在后面，说："你登上去后往左，我上去后往右，等大家都上来后再下去。"东郭书登城后往左去，犁弥却先下城去。战斗结束，东郭书和犁弥在一起休息。犁弥说："是我先登城的。"东郭书收拾盔甲，说："上一次你让我难堪，现在又要让我难堪！"犁弥笑着说："我跟着您就如同骖马跟从服马一样。"

晋车千乘在中牟[①]。卫侯将如五氏[②]，卜过之[③]，龟焦[④]。卫侯曰："可也！卫车当其半，寡人当其半，敌矣[⑤]。"乃过中牟。中牟人欲伐之。卫褚师圃亡在中牟，曰："卫虽小，其君在焉[⑥]，未可胜也。齐师克城而骄[⑦]，其帅又贱[⑧]，遇，必败之，不如从齐。"乃伐齐师，败之[⑨]。齐侯致禚、媚、杏于卫[⑩]。

【注释】

①晋车千乘在中牟：晋国派兵准备反击。中牟，古地名。在今河南鹤壁西。

②卫侯将如五氏：卫灵公发兵助齐国。

③卜过之：占卜经过中牟的吉凶。

④龟焦：灼龟而卜，结果龟板烧焦，占卜不成。

⑤卫车当其半，寡人当其半，敌矣：卫国有战车五百辆，可抵晋国的一半；又自夸自己可抵晋国的战车五百辆。

⑥卫虽小，其君在焉：卫灵公亲自出马。

⑦城：指夷仪。

⑧其帅又贱：杜预《春秋左传注》以为统帅是东郭书，地位不高。按，从上下文看，齐军统帅不一定是东郭书。

⑨乃伐齐师，败之：晋国与齐国战。据哀公十五年《传》，齐国丧车五百辆。

⑩齐侯致禚(zhuó)、媚、杏于卫：齐国将三地送给卫国，答谢其出兵相救。禚、媚、杏，齐国西部之地，分别在今山东长清、茌平和禹城。

【译文】

晋国战车千辆驻在中牟。卫灵公准备到五氏去，为经过中牟而占卜，卜龟烧焦了。卫灵公说："可以！卫国的战车相当于他们的一半，寡人也相当一半，对等了。"于是经过中牟。中牟人想攻打卫军。卫国褚师圃逃亡在中牟，说："卫国虽然小，但国君在军中，不可能战胜他们。齐军攻克城邑而骄傲，统帅级别又低下，两军相遇，必定能打败齐军，不如迎战齐军。"于是攻打齐军，打败了他们。齐景公把禚、媚、杏三地送给卫国。

齐侯赏犁弥，犁弥辞曰："有先登者，臣从之，晳帻而衣狸制①。"公使视东郭书，曰："乃夫子也——吾贶子②。"公赏东郭书，辞，曰："彼，宾旅也③。"乃赏犁弥④。

【注释】

①先登者，臣从之，晳帻而衣狸制：犁弥不知道东郭书之名，只记住他的打扮。晳帻，白色头巾。帻，古代包扎发髻的巾。狸制，狸皮斗篷。

②乃夫子也——吾贶子：是这个人——我把赏赐让给您。前句是对别人说的，后句是对东郭书说的。犁弥认出先登者是东郭书。贶，赐。

③彼：指犁弥。宾旅：客卿。犁弥大概由别国初仕于齐国。

④乃赏犁弥：二人谦让，最后赏犁弥。

【译文】

齐景公赏赐犁弥，犁弥辞谢说："有先登城的人，下臣是跟着他，那人头包白色头巾，身披狸皮斗篷。"景公让他去看是不是东郭书，他看了说："正是这一位——我把赏赐让给您。"景公赏赐东郭书，东郭书辞谢了，说："犁弥是客卿。"于是赏给了犁弥。

齐师之在夷仪也，齐侯谓夷仪人曰："得敝无存者，以五家免[①]。"乃得其尸。公三襚之[②]，与之犀轩与直盖[③]，而先归之[④]。坐引者[⑤]，以师哭之[⑥]，亲推之三[⑦]。

【注释】

①得敝无存者，以五家免：能找回敝无存尸体的，赏赐五家的财富，并免除赋役。

②三襚：三次给尸体穿衣。三襚，迁尸于袭上而衣之，为一襚；小敛又衣之，二襚；大敛又衣之，三襚。

③与之犀轩与直盖：二物以作殉葬。犀轩，以犀牛皮装饰的车。直盖，高盖，即长柄伞。

④先归之：先送尸体回去。

⑤坐引者：让拉灵车的人跪着。

⑥以师哭之：全军为之吊哭。

⑦亲推之三：齐景公以亲自推车三次的重礼为敝无存送葬。

【译文】

齐军在夷仪的时候，齐景公对夷仪人说："得到敝无存尸体的，赏赐五户，免除赋役。"于是得到敝无存的尸体。景公三次为尸体穿衣服，给他犀皮蒙盖的轩车和直柄车盖殉葬，并先把灵柩送回国内。让拉灵车的人跪着拉车，带领全军哭吊，亲自推车三次。

十年

【经】

10.1　十年春王三月[①]，及齐平[②]。

10.2　夏，公会齐侯于夹谷[③]。

10.3　公至自夹谷。

10.4　晋赵鞅帅师围卫。

10.5　齐人来归郓、讙、龟阴田[4]。

10.6　叔孙州仇、仲孙何忌帅师围郈[5]。

10.7　秋，叔孙州仇、仲孙何忌帅师围郈[6]。

10.8　宋乐大心出奔曹。

10.9　宋公子地出奔陈。

10.10　冬，齐侯、卫侯、郑游速会于安甫。

10.11　叔孙州仇如齐[7]。

10.12　宋公之弟辰暨仲佗、石彄出奔陈[8]。

【注释】

①十年：鲁定公十年当周敬王二十年，前500。

②及齐平：前年鲁国两次侵齐，现在两国讲和。

③夹谷：古地名。在今山东莱芜。

④郓、讙、龟阴田：三邑即汶阳之田，分别在山东郓城东、宁阳西北及新泰西南。

⑤叔孙州仇：武叔。仲孙何忌：孟懿子。郈：叔孙氏私邑，在今山东东平。

⑥秋，叔孙州仇、仲孙何忌帅师围郈：再次围郈。

⑦叔孙州仇如齐：武叔聘问于齐国。

⑧仲佗、石彄：都是宋国卿。

【译文】

鲁定公十年春周历三月，鲁国与齐国讲和。

夏，鲁定公与齐景公在夹谷相会。

定公从夹谷回国。

晋国赵鞅带兵包围卫国。

齐国送还郓、讙、龟阴田地给鲁国。

叔孙州仇、仲孙何忌领兵包围郈地。

秋,叔孙州仇、仲孙何忌带兵包围郈地。

宋国乐大心出逃曹国。

宋国公子地逃往陈国。

冬,齐景公、卫灵公、郑国游速在安甫会面。

叔孙州仇去齐国。

宋景公弟弟辰和仲佗、石彄出逃陈国。

【传】

10.1 十年春,及齐平。

【译文】

鲁定公十年春,鲁国与齐国讲和。

10.2 夏,公会齐侯于祝其,实夹谷[①]。孔丘相[②]。犁弥言于齐侯曰:“孔丘知礼而无勇,若使莱人以兵劫鲁侯,必得志焉[③]。”齐侯从之。孔丘以公退[④],曰:“士兵之[⑤]!两君合好,而裔夷之俘以兵乱之[⑥],非齐君所以命诸侯也[⑦]。裔不谋夏[⑧],夷不乱华[⑨],俘不干盟[⑩],兵不逼好[⑪]——于神为不祥[⑫],于德为愆义[⑬],于人为失礼,君必不然。”齐侯闻之,遽辟之[⑭]。

【注释】

①祝其,实夹谷:祝其就是夹谷。

②孔丘相:孔子时为鲁国司寇,位至卿,为鲁定公相礼。

③若使莱人以兵劫鲁侯,必得志焉:犁弥建议用莱人武装劫持鲁定

公。莱,姜姓国,在今山东黄岛,襄公六年被齐国所灭,成为齐地。

④以公退:保护鲁定公退出。

⑤士兵之:武士抵御莱人。按,诸侯会盟,双方有军队随从保护。

⑥裔夷之俘:莱为齐国所灭,故称之为俘。裔,边远。

⑦非齐君所以命诸侯也:以兵乱盟,不是齐国与诸侯敦睦邦交之道。

⑧裔:指华夏以外的地区。

⑨夷:指华夏族以外的人。

⑩干:犯。

⑪兵:指兵戎之事。好:盟会和好。

⑫于神为不祥:会盟必祭告神明,侵犯则为不祥。

⑬愆义:违反道义。

⑭遽辟之:急令莱夷退出。

【译文】

夏,定公与齐景公在祝其相会,就是夹谷。孔丘任相礼。犁弥对齐景公说:“孔丘知礼却缺乏勇,如果让莱人武装劫持鲁定公,一定可以达到我们的目的。”齐景公同意了。孔丘带着定公退会,喊道:“将士们上!两国国君合好,而边远夷人俘虏却用武力捣乱,这不是齐国国君用来命令诸侯的办法。边远地区人不可能图谋中原,夷人不可能扰乱华人,俘虏不可能干犯盟会,武力不可能逼迫友好——这样对待神灵不吉祥,对于德行是丧失道义,对于人是失礼,齐君必定不会这样做的。”齐景公听说了,赶紧让莱人撤下。

将盟,齐人加于载书曰:“齐师出竟①,而不以甲车三百乘从我者,有如此盟②!”孔丘使兹无还揖对③,曰:“而不反我汶阳之田,吾以共命者,亦如之④!”

【注释】

①齐师出竟：齐军发兵远征。竟，通“境”。

②有如此盟：按盟书条款加以严惩。

③兹无还：鲁国大夫。

④而不反我汶阳之田，吾以共命者，亦如之：孔子提出须归还汶阳之田，并写入盟书。共命，指以甲兵三百乘相从。

【译文】

将要盟誓，齐国在盟书上加了一句话说：“齐军出境，鲁国要是不派出三百辆战车跟随我们，有盟誓为证！”孔丘让兹无还作揖回答说：“如果你们不归还我国汶阳的田地，让我们用来供给需要，也有盟誓为证！”

齐侯将享公，孔丘谓梁丘据曰：“齐、鲁之故[1]，吾子何不闻焉？事既成矣[2]，而又享之，是勤执事也[3]。且牺、象不出门[4]，嘉乐不野合[5]。飨而既具[6]，是弃礼也。若其不具，用秕稗也[7]。用秕稗，君辱[8]；弃礼，名恶[9]。子盍图之[10]！夫享，所以昭德也。不昭，不如其已也[11]。”乃不果享。

【注释】

①故：旧典，传统礼节。

②事既成矣：会盟已完成。

③勤：烦劳。

④牺、象：牛形、象形的酒器，盛大宴会所用。

⑤嘉乐不野合：享礼当在朝庙，不宜在野外。嘉乐，钟磬，指雅乐。

⑥飨：享礼。既具：牺、象、钟、磬尽备。

⑦若其不具，用秕稗也：飨而礼不全，就如不用五谷而用秕稗一样轻率。

⑧君辱：有辱齐君。

⑨名恶：名声不好。按，辱君和名恶都不好。

⑩盍：何不。

⑪不昭，不如其已也：享礼是用来宣扬君德的，否则不如不用。已，停止。

【译文】

齐景公准备设享礼款待定公，孔丘对梁丘据说："齐、鲁两国过去的惯例，您怎么没听说呢？盟会已经结束，却又设享礼，这是给执事增加劳累。而且牺尊、象尊不出国门，雅乐不在野外合奏。设享礼如果全部具备这些，就是抛弃礼法。要是不具备，又像用秕谷稗草那样轻率。用秕谷稗草，是君主的耻辱；抛弃礼法，名声不好。您何不考虑一下！所谓享礼，是用来宣扬德行的。不能昭明德行，就不如不举行。"最终没有设享礼。

10.3　齐人来归郓、讙、龟阴之田[①]。

【注释】

①齐人来归郓、讙、龟阴之田：阳虎去年逃往齐国，将三邑之田划归齐国，现在齐国才按盟约归还鲁国。

【译文】

齐国派人到鲁国归还郓、讙、龟阴三处田地。

10.4　晋赵鞅围卫，报夷仪也[①]。初，卫侯伐邯郸午于寒氏[②]，城其西北而守之[③]。宵熸[④]。及晋围卫，午以徒七十人门于卫西门，杀人于门中，曰："请报寒氏之役[⑤]。"涉佗曰："夫子则勇矣[⑥]，然我往，必不敢启门[⑦]。"亦以徒七十人旦门焉[8]。步左右，皆至而立，如植[9]。日中不启门[10]，乃退。反役[11]，晋人讨卫之叛故[12]，曰："由涉佗、成何[13]。"于是执涉佗以求成于卫。卫人不许[14]。晋人遂杀涉佗。成何奔燕。君子曰："此之谓弃礼，必不钧[15]。《诗》曰：'人而无礼，胡不遄死[16]。'涉佗亦遄矣哉！"

【注释】

①晋赵鞅围卫，报夷仪也：去年齐国为卫国攻打晋国的夷仪，现在对卫国进行报复。

②卫侯伐邯郸午于寒氏：去年卫灵公帮助齐国进攻五氏。邯郸午，晋国邯郸大夫，名午。寒氏，即去年《经》文的五氏。

③城：筑城。

④宵熸(jiān)：夜间，邯郸午守军全部溃散。熸，消遁，消失。

⑤请报寒氏之役：为报寒氏之战的前仇。

⑥夫子：指邯郸午。

⑦然我往，必不敢启门：卫国人不怕邯郸午，开门与他交战。涉佗认为自己前往攻打，卫国人必惧怕不敢开门。

⑧旦门：黎明攻门。

⑨步左右，皆至而立，如植：到城门下，分左右两边站定，如树木一样，纹丝不动。

⑩日中不启门：直到中午，卫国人不敢开门。

⑪反役：退兵。

⑫晋人讨卫之叛故：晋国围卫无功，只好退兵，恼羞之间，便追查卫国叛晋的原因。

⑬由涉佗、成何：定公八年，晋国与卫国结盟，二人任使者，羞辱卫灵公。

⑭卫人不许：卫国不愿意再与晋国和好。

⑮此之谓弃礼，必不钧：当初侮辱卫君，本是赵鞅的意思，成何说卫国不过如晋国的县邑，涉佗则推卫君手，都是无礼行为。不钧，不一样。

⑯人而无礼，胡不遄死：引《诗》见《诗经·国风·鄘风·相鼠》。胡，何。遄，速。

【译文】

晋国赵鞅包围卫国，是报复夷仪战役。起初，卫灵公在寒氏讨伐邯郸午，在其西北部筑城并派兵把守。城中守军夜里溃散。到晋军包围卫国，邯郸午带七十个人攻打卫国西门，在城门中杀人，说："请让我以此报复寒氏之战。"涉佗说："你算得上勇敢了，但要是我前去，他们肯定不敢开门。"也带着七十个人在黎明去攻城门。走到城门下，左右排列，全部站定，如同树木一样不动。到中午城门还不开，于是退回。退兵后，晋国追究卫国背叛的原因，说："是由涉佗、成何引起的。"于是抓了涉佗向卫国要求媾和。卫国不同意。晋国便杀了涉佗。成何逃往燕国。君子说："这叫做丢掉礼，所以处理肯定不公平。《诗》说：'人要是没有礼，何不早点死。'涉佗算是死得快了！"

10.5　初，叔孙成子欲立武叔，公若藐固谏，曰："不可。"成子立之而卒。公南使贼射之，不能杀[①]。公南为马正，使公若为郈宰。武叔既定，使郈马正侯犯杀公若，不能。其圉人曰[②]："吾以剑过朝，公若必曰：'谁之剑也？'吾称子以告[③]，必观之。吾伪固而授之末，则可杀也[④]。"使如之。公若曰："尔欲吴王我乎[⑤]？"遂杀公若。侯犯以郈叛[⑥]，武叔、懿子围郈，弗克[⑦]。

【注释】

①公南使贼射之，不能杀：因怨恨公若藐，想暗杀他。公南，叔孙家臣，武叔同党。

②其圉人：武叔的马官。

③称子以告：告诉他是您的剑。

④吾伪固而授之末，则可杀也：拿剑给人，应以剑柄向着对方，圉人准备把剑锋对着公若藐，乘机刺杀他。伪固，伪装固陋不知礼节。

⑤吴王我：以我为吴王。按，公若藐见剑锋向着自己，斥责说，你想像鲊诸刺吴王僚那样刺杀我吗？

⑥侯犯以郈叛：侯犯杀公若未得手，怕叔孙氏加罪，于是据守郈地发动叛乱。

⑦武叔、懿子围郈，弗克：叔孙氏、孟孙氏联合围郈，没攻下。懿子，孟懿子，仲孙何忌。

【译文】

起初，叔孙成子想立武叔为继承人，公若藐坚持劝谏，说："不可以。"叔孙成子立了武叔后就死了。公南派贼人射公若藐，没能杀死他。公南任马正，派公若藐任郈地宰。武叔地位稳定后，派郈邑马正侯犯杀公若藐，还是没能杀死他。武叔的马官说："我持剑经过朝廷，公若藐一定会问：'谁的剑啊？'我告诉他是您的，他一定会观看。我假装不懂礼仪而把剑尖对着他递过去，就可以杀他了。"让他照办。公若藐说："你想把我当吴王吗？"马官杀死公若藐。侯犯占据郈邑叛乱，武叔、懿子包围郈邑，没能攻下。

秋，二子及齐师复围郈①，弗克。叔孙谓郈工师驷赤曰②："郈非唯叔孙氏之忧，社稷之患也③。将若之何？"对曰："臣之业在《扬水》卒章之四言矣④。"叔孙稽首⑤。驷赤谓侯犯曰："居齐、鲁之际而无事[6]，必不可矣。子盍求事于齐以临民[7]？不然，将叛[8]。"侯犯从之。齐使至，驷赤与郈人为之宣言于郈中曰[9]："侯犯将以郈易于齐[10]，齐人将迁郈民。"众凶惧[11]。驷赤谓侯犯曰："众言异矣[12]。子不如易于齐，与其死也，犹是郈也[13]，而得纾焉，何必此[14]？齐人欲以此逼鲁，必倍与子地[15]。且盍多舍甲于子之门，以备不虞[16]？"侯犯曰："诺。"乃多舍甲焉。侯犯请易于齐[17]，齐有司观郈[18]。将至，驷赤使周走呼曰："齐师至矣！"郈人大骇，介侯犯之门甲[19]，以围侯犯。驷赤将射之[20]，侯犯止之曰："谋免我[21]。"侯犯请行，许之[22]。驷赤先如宿[23]，侯犯殿。每出一门，郈人闭之[24]。及郭门，止之曰："子以叔孙氏之甲出，有司若诛之[25]，群臣惧死。"驷赤曰："叔孙氏之甲有物，吾未敢以出[26]。"犯谓驷赤曰："子止而与之数[27]。"驷赤止，而纳鲁人[28]。侯犯奔齐。齐人乃致郈[29]。

【注释】

①二子及齐师复围郈：武叔、懿子借助齐军一起进攻郈。

②工师：掌管工匠的官。

③郈非唯叔孙氏之忧，社稷之患也：侯犯作乱，不仅仅是叔孙家祸，也是鲁国之患。

④臣之业在《扬水》卒章之四言矣：《扬水》即《扬之水》，《诗经·国风·唐风》篇名，末章有"我闻有命"四字，表示愿意听命。业，事情。

⑤叔孙稽首：谢其愿受命。

⑥无事：不事奉任何一国。

⑦子盍求事于齐以临民：驷赤劝诱侯犯依附齐国。

⑧不然，将叛：否则郈人将叛。

⑨驷赤与郈人为之宣言于郈中曰：故意散布传言。

⑩易于齐：将郈地换给齐国。

⑪众凶惧：郈人惊恐。

⑫异：态度改变。

⑬子不如易于齐，与其死也，犹是郈也：与其守着郈地，为郈人所杀，不如与齐国交换，所得仍等于这块郈地。

⑭而得纾焉，何必此：如此可缓和祸患，何必死守郈地？纾，祸患缓和。

⑮齐人欲以此逼鲁，必倍与子地：齐国得到郈地，可以胁迫鲁国，所以将加倍赏给土地。

⑯且盍多舍甲于子之门，以备不虞：在门边多设置甲胄，以防不测。

⑰侯犯请易于齐：请求与齐国交换郈地。

⑱齐有司观郈：齐国派人考察郈地。

⑲介：披甲。

⑳驷赤将射之：假装要为侯犯射杀郈人。

㉑谋免我：设法使我免于祸难，即助其逃跑。

㉒侯犯请行，许之：郈人同意让侯犯出逃。

㉓宿：齐国地名，在今山东东平，离郈西十余里。

㉔每出一门，郈人闭之：关门以防侯犯回来。

㉕诛之：治罪。指让侯犯带走盔甲将被怪罪。

㉖叔孙氏之甲有物，吾未敢以出：驷赤已从宿地返回郈。物，标记。未敢以出，不敢带走。

㉗子止而与之数：让驷赤留下向郈人点交盔甲。

㉘驷赤止，而纳鲁人：驷赤用计使自己留下，接应孟、叔两家军队。

㉙齐人乃致郈：齐将郈地归还鲁国。

【译文】

秋，武叔、懿子与齐军再次包围郈邑，还是没能攻占。叔孙对郈邑工师驷赤说："郈邑并非只是叔孙氏的忧患，也是国家的祸患。打算怎么办？"驷赤回答说："我所要做的事，在《扬水》最后一章的四个字里了。"叔孙向他行礼致谢。驷赤对侯犯说："处在齐、鲁两国之间而不事奉任何一国，肯定无法生存。您何不请求事奉齐国以统治百姓？不然的话，百姓将会反叛。"侯犯听从了。齐国使者到来，驷赤和郈邑人乘机在郈邑散布传言说："侯犯打算用郈邑和齐国交换，齐国将把郈邑民众迁走。"众人惊恐。驷赤对侯犯说："民众的意见跟您有分歧了。您与其死，不如将郈邑和齐国交换，就仍然等于得到郈邑，而能使祸患得以纾缓，何必一定要在这里？齐国想得到郈邑来逼迫鲁国，一定会加倍给您土地。另外您何不多安放些皮甲在门口，以防意外？"侯犯说："好的。"便在门口放置了许多皮甲。侯犯请求用郈邑和齐国交换，齐国官员来巡视郈邑。快要到达时，驷赤派人四处奔走呼喊："齐军来了！"郈邑人大为惊骇，都披上侯犯家门口的皮甲，包围侯犯家。驷赤假装要射他们，侯犯制止说："想办法让我免于祸难。"侯犯请求出逃，大家同意了。驷赤先到宿地，侯犯跟在后面。每走出一道门，郈邑人就关闭这道门。到了外城门，众人拦住侯犯说："你带了叔孙氏的皮甲出去，官员要是怪罪下来，群臣们怕被杀死。"驷赤说："叔孙氏的皮甲有标记，我们没敢带走。"侯犯对驷赤说："您留下帮他们清点皮甲。"驷赤留下，并接纳鲁国人进城。侯犯逃往齐国。齐国于是把郈邑归还鲁国。

10.6　宋公子地嬖蘧富猎[①]，十一分其室，而以其五与之[②]。公子地有白马四。公嬖向魋[③]，魋欲之。公取而朱其尾、鬣以与之。地怒，使其徒抶魋而夺之[④]。魋惧，将走[⑤]。公闭门而泣之，目尽肿[⑥]。母弟辰曰[⑦]："子分室以与猎也，而独卑魋，亦有颇焉[⑧]。子为君礼，不过出竟，君必止子[⑨]。”公子地出奔陈，公弗止。辰为之请，弗听。辰曰：“是我迋吾兄也[⑩]。吾以国人出，君谁与处[⑪]？”冬，母弟辰暨仲佗、石𫄨出奔陈[⑫]。

【注释】

①宋公子地：宋景公庶母弟。蘧富猎：宋国大夫。

②十一分其室，而以其五与之：公子地将自己的家财分为十一份，赏赐给蘧富猎五份。

③向魋(tuí)：司马桓魋，向戌的曾孙，景公宠臣。

④抶(chì)：鞭打。

⑤将走：将出走。

⑥公闭门而泣之，目尽肿：景公哭而挽留向魋。

⑦母弟辰：景公同母弟。

⑧颇：偏，不公平，指重蘧富猎轻向魋。

⑨子为君礼，不过出竟，君必止子：辰劝公子地依礼出奔以避君，这样景公必然挽留他。

⑩迋(guàng)：通“诳”，欺骗。

⑪吾以国人出，君谁与处：辰责备景公，大臣们如果都逃亡，您将和谁治理国家？

⑫母弟辰暨仲佗、石𫄨出奔陈：众人离心，逃往陈国。仲佗，仲几之子。石𫄨，褚师段之子。按，几人都是宋国有威望的大臣。

【译文】

宋国公子地宠爱蘧富猎，把家财分成十一份，将五份给了蘧富猎。公子地有四匹白马。宋景公宠爱向魋，向魋看中公子地的白马。景公把马要过来，把马尾、鬣毛染成红色后给了向魋。公子地发怒，派手下人打了向魋一顿并把马夺回来。向魋害怕了，打算逃走。景公关起门来对着向魋哭泣，眼睛都哭肿了。景公同母弟公子辰对公子地说：“您把家财分给蘧富猎，却看不起向魋，也有偏颇。您应该依礼避让国君，最多不过出国，国君一定会挽留您。”于是公子地出逃陈国，景公并不挽留。公子辰为他求情，景公不听。公子辰说：“这是我欺骗了我哥哥啊。我带着国人出走，您又和谁在一起？”冬，宋景公同母弟公子辰和仲佗、石彄出逃陈国。

10.7 武叔聘于齐[①]。齐侯享之，曰：“子叔孙！若使郈在君之他竟，寡人何知焉[②]？属与敝邑际[③]，故敢助君忧之[④]。”对曰：“非寡君之望也[⑤]。所以事君，封疆社稷是以[⑥]，敢以家隶勤君之执事[⑦]？夫不令之臣，天下之所恶也，君岂以为寡君赐[⑧]？”

【注释】

①武叔聘于齐：答谢齐国归还郈地。

②若使郈在君之他竟，寡人何知焉：意思是郈地如果在鲁国其他国境上，为他国所取，恐怕就不会归还鲁国了。

③际：交界。

④故敢助君忧之：按，齐侯言外之意是此举有德于鲁国国君。君，指鲁国国君。

⑤非寡君之望也：鲁国国君不敢以此为德。

⑥所以事君，封疆社稷是以：为了国家疆土的安全，才事奉齐国。

⑦敢以家隶勤君之执事：不敢以敝国家臣之乱惊扰贵国君臣。言外之意是侯犯之乱，齐国也推波助澜。家隶，家臣，指侯犯。

⑧君岂以为寡君赐：您难道以此作为对我们国君的恩赐吗？武叔意谓此举义在讨恶，并非为了得到齐国的赐予。

【译文】

武叔去齐国聘问。齐景公设享礼招待他，说："子叔孙！如果郈地在鲁君的其他国境，寡人又能知道什么呢？这里刚好和敝国交界，所以敢大胆帮助贵国国君分忧。"武叔回答说："这不是我们国君所希望的。我们所以奉事国君，是为了国土社稷，岂敢以家臣的事劳驾国君的执事？不好的臣子，是天下人所讨厌的，您难道以此作为对我们国君的恩赐？"

十一年

【经】

11.1 十有一年春[1]，宋公之弟辰及仲佗、石彄、公子地自陈入于萧以叛[2]。

11.2 夏四月。

11.3 秋，宋乐大心自曹入于萧[3]。

11.4 冬，及郑平[4]。叔还如郑莅盟[5]。

【注释】

①十有一年：鲁定公十一年当周敬王二十一年，前499。

②宋公之弟辰及仲佗、石彄、公子地自陈入于萧以叛：辰等人去年由宋国逃奔陈国。萧，宋国地名，在今安徽萧县。

③宋乐大心自曹入于萧：乐大心去年由宋国逃奔曹国。

④及郑平：鲁定公六年，鲁国侵郑取匡。现在鲁、郑两国讲和，消弭旧怨。

⑤叔还：叔弓之曾孙。

【译文】

鲁定公十一年春，宋景公的弟弟辰以及仲佗、石彄、公子地从陈国进入萧地发动叛乱。

夏四月。

秋,宋国乐大心从曹国进入萧地。

冬,鲁国与郑国讲和。叔还到郑国参加盟会。

【传】

11.1　十一年春,宋公母弟辰暨仲佗、石彄、公子地入于萧以叛。秋,乐大心从之,大为宋患①。宠向魋故也。

【注释】

①乐大心从之,大为宋患:辰等人与乐大心一起据守萧地叛乱,成为宋国的大患。

【译文】

鲁定公十一年春,宋景公同母弟弟辰与仲佗、石彄、公子地进入萧地发动叛乱。秋,乐大心随同叛乱,给宋国带来极大祸患。这是由于景公宠信向魋的缘故。

11.2　冬,及郑平,始叛晋也①。

【注释】

①及郑平,始叛晋也:按,鲁国自僖公以来,世代归服晋国。但此时晋国国内大夫专权,内讧激烈,晋国霸业衰落,诸侯多叛。鲁国与郑国媾和,从此背叛晋国。齐、郑、卫、鲁各国之好逐渐形成。

【译文】

冬,与郑国讲和,开始背叛晋国了。

十二年

【经】

12.1 十有二年春[①],薛伯定卒。

12.2 夏,葬薛襄公。

12.3 叔孙州仇帅师堕郈[②]。

12.4 卫公孟彄帅师伐曹[③]。

12.5 季孙斯、仲孙何忌帅师堕费。

12.6 秋,大雩。

12.7 冬十月癸亥[④],公会齐侯盟于黄[⑤]。

12.8 十有一月丙寅朔,日有食之[⑥]。

12.9 公至自黄。

12.10 十有二月,公围成[⑦]。

12.11 公至自围成。

【注释】

①十有二年:鲁定公十二年当周敬王二十二年,前498。

②堕(huī):毁,拆毁其城。

③公孟彄:卫国大夫,孟絷之子。

④癸亥:二十七日。

⑤公会齐侯盟于黄:齐、鲁两国结盟背叛晋国。

⑥十有一月丙寅朔,日有食之:此为前498年9月22日的日环食。

⑦成:孟孙氏私邑。

【译文】

鲁定公十二年春,薛襄公定去世。

夏，安葬薛襄公。

叔孙州仇带兵拆毁郈邑城墙。

卫国公孟彄领兵攻打曹国。

季孙斯、仲孙何忌率兵拆毁费邑城墙。

秋，举行盛大的求雨雩祭。

冬十月二十七日，定公与齐景公在黄地结盟。

十一月初一，发生日食。

定公从黄地回来。

十二月，定公包围成邑。

定公从成邑前线归来。

【传】

12.1　十二年夏，卫公孟彄伐曹，克郊[①]。还，滑罗殿[②]。未出[③]，不退于列[④]。其御曰："殿而在列，其为无勇乎[⑤]？"罗曰："与其素厉，宁为无勇[⑥]。"

【注释】

①郊：曹邑，在今山东菏泽。

②滑罗：卫国大夫。殿：殿后。

③未出：未出曹国国境。

④不退于列：殿后之军应在全军最后，但滑罗不这样。

⑤殿而在列，其为无勇乎：殿后之军却走在全军之中，将被认为无勇怕死。

⑥与其素厉，宁为无勇：滑罗料定曹国不敢追来，不必殿后，并认为与其空得勇猛之名，宁可被无勇之名。素厉，空有勇猛之名。

【译文】

鲁定公十二年夏，卫国公孟弨进攻曹国，攻克郊地。回军时滑罗殿后。还没出曹国国境，滑罗就不领兵走在后面。他的御者说：“殿后却走在队列里，那是缺乏勇气吧？”滑罗说：“与其空有勇猛之名，宁可被人认为缺乏勇气。”

12.2 仲由为季氏宰①，将堕三都②。于是叔孙氏堕郈③。季氏将堕费，公山不狃、叔孙辄帅费人以袭鲁④。公与三子入于季氏之宫⑤，登武子之台⑥。费人攻之，弗克。入及公侧⑦，仲尼命申句须、乐颀下，伐之，费人北⑧。国人追之，败诸姑蔑⑨。二子奔齐⑩，遂堕费。将堕成⑪，公敛处父谓孟孙⑫：“堕成，齐人必至于北门。且成，孟氏之保障也。无成，是无孟氏也⑬。子伪不知⑭，我将不堕。”

【注释】

①仲由：字子路，孔子弟子。

②将堕三都：三桓的私邑，季孙氏有费，叔孙氏有郈，孟孙氏有成。三家各以家臣为私邑之宰，于是先后发生了家臣据邑以叛三家之事，如南蒯、阳虎之叛季孙氏，侯犯之叛叔孙氏，所以三都成了三家本身的祸患。仲由因此建议毁掉三家私邑城墙，既可防后患，又能以此强公室。三都，指费、郈、成三地。

③于是叔孙氏堕郈：由武叔率人拆毁郈城。

④公山不狃、叔孙辄帅费人以袭鲁：叔孙辄不得志于叔孙氏，与公山不狃同为阳虎同党，抵制堕费，率武装进攻鲁国都城。公山不狃，费地宰。

⑤三子：指季孙、叔孙、孟孙三人。

⑥武子之台：在曲阜城东北五里。武子，季孙宿。

⑦入及公侧：或曰“入”乃“矢”字之误。费人攻台不克，但箭矢已射至公侧。

⑧仲尼命申句须、乐颀下，伐之，费人北：孔子这时为鲁国司寇，命令申句须、乐颀二人下台出击，费人失败。申句须、乐颀，鲁国大夫。

⑨姑蔑：蔑地，在山东泗水东。

⑩二子：公山不狃、叔孙辄。

⑪成：邑在鲁国北境，今山东宁阳东北。

⑫公敛处父：成邑宰。

⑬无成，是无孟氏也：按，公敛处父不肯堕成，防备齐人入侵只是借口，目的是要保住这个私邑。

⑭子伪不知：叫孟孙氏假装不知道。

【译文】

仲由任季氏家宰，打算拆毁三都城墙。于是叔孙氏拆毁郈邑。季氏准备拆毁费邑，公山不狃、叔孙辄带领费人袭击鲁国都城。定公和季孙、叔孙、孟孙三人进入季氏家，登上武子高台。费人攻打，没有攻克。兵士进入季氏家来到定公身边，孔子命令申句须、乐颀下台，攻击费人，费人战败。国人追赶，在姑蔑打败他们。公山不狃、叔孙辄二人出逃齐国，于是拆毁费邑城墙。准备拆毁成邑城墙，公敛处父对孟孙说：“拆毁成邑城墙，齐国人必定直抵我国北门。而且成是孟氏的保障。没有了成邑，就是没有孟氏。您就假装不知道，我打算不拆毁成邑城墙。”

冬十二月，公围成，弗克[①]。

【注释】

①公围成，弗克：公敛处父抗命不肯堕成，定公亲自领兵围成，仍然没有成功。

【译文】

冬十二月，定公包围成邑，没能攻下。

十三年

【经】

13.1 十有三年春[①]，齐侯、卫侯次于垂葭[②]。

13.2 夏，筑蛇渊囿[③]。

13.3 大蒐于比蒲[④]。

13.4 卫公孟弧帅师伐曹。

13.5 秋，晋赵鞅入于晋阳以叛[⑤]。

13.6 冬，晋荀寅、士吉射入于朝歌以叛[⑥]。

13.7 晋赵鞅归于晋[⑦]。

13.8 薛弑其君比。

【注释】

①十有三年：鲁定公十三年当周敬王二十三年，前497。

②齐侯、卫侯次于垂葭：齐、卫二国国君率兵驻扎垂葭，准备进攻晋国。垂葭，古地名。在今山东巨野。

③蛇渊囿：地在今山东肥城南汶河北岸一带。囿，园林。

④大蒐于比蒲：鲁国在比蒲举行大阅兵。

⑤晋阳：晋国地名，在今山西太原西南。

⑥士吉射：士鞅之子。朝歌：卫邑名，在今河南淇县。

⑦晋赵鞅归于晋：赵鞅返回晋都。

【译文】

鲁定公十三年春，齐景公、卫灵公驻扎在垂葭。

夏，修建蛇渊囿。

在比蒲举行大阅兵。

卫国公孟彄带兵攻打曹国。

秋，晋国赵鞅进入晋阳发动叛乱。

冬，晋国荀寅、士吉射进入朝歌发动叛乱。

晋国赵鞅回到晋国都城。

薛人杀死国君比。

【传】

13.1　十三年春，齐侯、卫侯次于垂葭，实郹氏[①]。使师伐晋，将济河，诸大夫皆曰不可[②]，邴意兹曰[③]："可。锐师伐河内[④]，传必数日而后及绛[⑤]。绛不三月不能出河，则我既济水矣[⑥]。"乃伐河内。齐侯皆敛诸大夫之轩，唯邴意兹乘轩[⑦]。齐侯欲与卫侯乘[⑧]，与之宴而驾乘广[⑨]，载甲焉[⑩]。使告曰："晋师至矣！"齐侯曰："比君之驾也，寡人请摄[⑪]。"乃介而与之乘，驱之[⑫]。或告曰："无晋师。"乃止[⑬]。

【注释】

①实郹(jú)氏：垂葭实际就是郹氏。

②诸大夫皆曰不可：诸大夫皆认为晋国仍然强大，不可贸然攻打晋国。

③邴意兹：齐国大夫。

④河内：古地名。在今河南汲县，本是卫地，这时属晋国。

⑤传必数日而后及绛：传车到晋都绛报信要数日。传，传车，驿传。

⑥绛不三月不能出河，则我既济水矣：绛得讯组织军队，行军缓慢，至少三个月才能赶到河内，则我已返回河东。按，杨伯峻曰："此时之黄河，经河南原阳、延津诸县西北而东北流，又经濮阳西而

北，齐、卫皆在河东。”

⑦唯郦意兹乘轩：郦意兹的话得当，齐景公只允许他一个人乘车，以示褒奖。

⑧齐侯欲与卫侯乘：同乘一辆战车。

⑨驾：套好车。乘广：战车名。

⑩载甲：装上甲兵。

⑪比君之驾也，寡人请摄：在饮宴中，卫灵公的战车已卸下，所以齐景公说，等到您的车子套好，我代您的御者驾车。这是齐景公故作镇定的话。比，及，等到。摄，代。

⑫乃介而与之乘，驱之：披甲与卫灵公一起登车前进。

⑬乃止：军吏报告晋军没来，齐景公停车。

【译文】

鲁定公十三年春，齐景公、卫灵公驻扎在垂葭，就是郥氏。派兵攻打晋国，准备过黄河，大夫们都说不行，郦意兹说：“可以的。选精兵进攻河内，驿传要好几天才到达绛都。绛都军队没有三个月不能到达黄河，那时我军已经渡过黄河回兵了。”于是攻打河内。齐景公把大夫们车子都收了，只有郦意兹可以坐车。齐景公想和卫灵公同坐一辆车，和他一起宴饮，命人套好乘广车，载上甲兵。使者报告说：“晋兵到来了！”齐景公对卫灵公说：“等到您的车子套好，寡人请求替您驾车。”于是披上甲和卫灵公一起上车，驱车向前。有人报告说：“没有晋军。”这才停车。

13.2 晋赵鞅谓邯郸午曰①：“归我卫贡五百家，吾舍诸晋阳②。”午许诺。归告其父兄，父兄皆曰：“不可。卫是以为邯郸③，而置诸晋阳，绝卫之道也④。不如侵齐而谋之⑤。”乃如之，而归之于晋阳⑥。赵孟怒，召午，而囚诸晋阳⑦。使其从者说剑而入，涉宾不可[⑧]。乃使告邯郸人曰："吾私有讨于午也，二三子唯所欲立[⑨]。"遂杀午。赵稷、涉宾以邯郸叛[⑩]。夏六月，上军司马籍秦围邯郸。邯郸午，荀寅之甥也[⑪]；荀寅，范吉射之姻也[⑫]，而相与睦，故不与围邯郸，将作乱[⑬]。董安于闻之[⑭]，告赵孟曰："先备诸？"赵孟曰："晋国有命，始祸者死[⑮]，为后可也[⑯]。"安于曰："与其害于民，宁我独死[⑰]。请以我说[⑱]。"赵孟不可[⑲]。秋七月，范氏、中行氏伐赵氏之宫，赵鞅奔晋阳，晋人围之[⑳]。

【注释】

①邯郸午：赵穿的后代，赵鞅同族，封于邯郸。

②归我卫贡五百家，吾舍诸晋阳：鲁定公十年，赵鞅包围卫国，卫国人恐惧，献民户五百家给赵鞅，赵鞅安置在邯郸，现在打算把他们迁到晋阳。晋阳，赵鞅封邑。

③卫是以为邯郸：五百家在邯郸，卫国因此与邯郸亲善。

④而置诸晋阳，绝卫之道也：迁于晋阳，卫国必然与邯郸关系破裂。

⑤不如侵齐而谋之：先侵齐，引起齐国来报复，这样迁五百家到晋阳，顺理成章。

⑥而归之于晋阳：邯郸午按父兄意见行事。

⑦赵孟怒，召午，而囚诸晋阳：赵鞅误会邯郸午违命不从，便将他囚禁在晋阳。赵孟，赵鞅。

⑧使其从者说剑而入，涉宾不可：赵鞅命令邯郸午的随从不得带剑，涉宾坚持带剑。说，通"脱"。涉宾，邯郸午家臣。

⑨吾私有讨于午也，二三子唯所欲立：赵鞅准备杀邯郸午，同意邯郸人另立继承人。私有讨于午，邯郸午本是赵鞅同族，讨邯郸午如同处理家中私事。

⑩赵稷：邯郸午之子。

⑪荀寅：中行寅。

⑫荀寅，范吉射之姻也：邯郸午是荀寅外甥，荀寅与范吉射有姻亲关系，杀邯郸午便牵涉到中行氏、范氏二家。

⑬故不与围邯郸，将作乱：范、中行二家不围邯郸，准备进攻赵鞅。

⑭董安于：赵鞅家臣。

⑮始祸者死：引发祸端的必须处死。

⑯为后可也：宁可后发制人。

⑰与其害于民，宁我独死：与其危害百姓，安于宁愿受先发难之罪而被处死。

⑱请以我说：晋定公追究，可杀我以谢罪。

⑲赵孟不可：仍然不同意先发难。

⑳晋人围之：范氏、中行氏包围晋阳。晋人，指范氏、中行氏。

【译文】

晋国赵鞅对邯郸午说："归还我卫国进贡的五百家，我把他们安置在晋阳。"邯郸午答应了。他回到邯郸告诉了父兄，父兄都说："不行。卫国因为这些人而与邯郸亲善，要是安置在晋阳，是断绝和卫国友好往来之路。不如侵袭齐国来达到目的。"于是照办，然后把五百家送到晋阳。赵鞅发怒，召见邯郸午，把他囚禁在晋阳。让他的随从解下佩剑进入，涉宾不答应。赵鞅派人告诉邯郸人说："这是我私自对邯郸午的惩罚，你们可以按你们的意愿立继承人。"便杀了邯郸午。赵稷、涉宾带领邯郸人叛乱。夏六月，上军司马籍秦围邯郸。邯郸午是荀寅的外甥；荀寅是范吉射的姻亲，关系和睦，所以不参与包围邯郸，准备发动叛乱。董安于听说了，告诉赵鞅说："先做准备吧?"赵鞅说："晋国有规定，首先挑起祸乱的处死，我们后发制人就行了。"董安于说："与其危害人民，宁可我一个人死。请用我来做解释。"赵鞅不同意。秋七月，范氏、中行氏攻打赵鞅家，赵鞅逃往晋阳，晋国包围了晋阳。

范皋夷无宠于范吉射[①]，而欲为乱于范氏。梁婴父嬖于知文子，文子欲以为卿[②]。韩简子与中行文子相恶[③]，魏襄子亦与范昭子相恶[④]。故五子谋[⑤]，将逐荀寅，而以梁婴父代之；逐范吉射，而以范皋夷代之。荀跞言于晋侯曰："君命大臣，始祸者死，载书在河[⑥]。今三臣始祸，而独逐鞅，刑已不钧矣[⑦]。请皆逐之。"冬十一月，荀跞、韩不信、魏曼多奉公以伐范氏、中行氏，弗克。

【注释】

①范皋夷：范氏庶子。

②梁婴父嬖于知文子，文子欲以为卿：知文子宠信梁婴父，想让他为卿以取代荀寅。梁婴父，晋国大夫。知文子，荀跞。

③韩简子：韩起之孙韩不信。中行文子：荀寅。

④魏襄子：魏舒之子魏曼多。范昭子：范吉射。

⑤五子：指范皋夷、梁婴父、知文子、韩简子、魏襄子。

⑥在河：沉于黄河，昭告河神为誓。

⑦今三臣始祸，而独逐鞅，刑已不钧矣：三家同时发难，单独驱逐赵鞅，刑罚不均。三臣，范、中行、赵氏。钧，通"均"。

【译文】

范皋夷不被范吉射宠爱，想在范氏族中发动叛乱。梁婴父得到荀跞的宠信，荀跞想让他为卿。韩简子与中行文子交恶，魏襄子也和范昭子关系紧张。所以五个人合谋，要驱逐荀寅，而让梁婴父替代他；驱逐范吉射，而让范皋夷替代。荀跞对晋定公说："国君命令大臣，首先挑起祸乱的处死，盟书沉在黄河里。如今三位臣子首先挑起祸乱，却单独驱逐赵鞅，刑罚已经不公平了。请把他们都赶走。"冬十一月，荀跞、韩不信、魏曼多事奉晋定公攻打范氏、中行氏，没能取胜。

二子将伐公[①]，齐高强曰[②]：“三折肱知为良医[③]。唯伐君为不可，民弗与也。我以伐君在此矣[④]。三家未睦，可尽克也[⑤]。克之，君将谁与[⑥]？若先伐君，是使睦也[⑦]。”弗听，遂伐公。国人助公，二子败，从而伐之[⑧]。丁未[⑨]，荀寅、士吉射奔朝歌。韩、魏以赵氏为请[⑩]。十二月辛未[⑪]，赵鞅入于绛，盟于公宫。

【注释】

①二子将伐公：准备攻打晋定公而叛乱。二子，范氏、中行氏。

②高强：齐国大夫子尾之子，鲁昭公十年逃往鲁国，后又投奔晋国。

③三折肱知为良医：多次折断胳膊，久病成良医。

④我以伐君在此矣：按，昭公十年，齐陈氏、鲍氏攻栾氏、高氏，高强攻齐景公于虎门，败而奔鲁，后奔晋。

⑤三家未睦，可尽克也：三家不和，可各个击破。三家，知、韩、魏。

⑥克之，君将谁与：意思是三家一破，国君自然要依靠范氏、中行氏。

⑦若先伐君，是使睦也：促使对方团结起来。

⑧国人助公，二子败，从而伐之：知、韩、魏随国人攻打范氏、中行氏。

⑨丁未：十一月十八日。

⑩韩、魏以赵氏为请：韩、魏联名向晋定公提出请求，让赵鞅回到国都。

⑪辛未：十二日。

【译文】

范氏、中行氏打算进攻定公，齐国高强说：“臂膀折断几次便成了良医。唯独攻打国君不行，因为民众不会支持。我就是因为攻打国君而到了这里。三家不相和睦，可以各个击破。战胜他们，国君还会去亲附谁？要是先去攻打国君，这是促使他们和睦。”二人不听，于是进攻晋定公。国人帮助定公，二人失败，三家随着讨伐二人。十一月十八日，荀寅、士吉射逃往朝歌。韩、魏为赵鞅求情。十二月十二日，赵鞅进入绛都，在公宫订立盟约。

13.3　初，卫公叔文子朝而请享灵公[①]。退，见史鳅而告之[②]。史鳅曰：“子必祸矣！子富而君贪，其及子乎[③]！”文子曰：“然。吾不先告子，是吾罪也[④]。君既许我矣，其若之何？”史鳅曰：“无害。子臣[⑤]，可以免。富而能臣，必免于难，上下同之[⑥]。戍也骄[⑦]，其亡乎。富而不骄者鲜，吾唯子之见[⑧]。骄而不亡者，未之有也。戍必与焉[⑨]。”及文子卒，卫侯始恶于公叔戍，以其富也[⑩]。公叔戍又将去夫人之党[⑪]，夫人诉之曰：“戍将为乱[⑫]。”

【注释】

①卫公叔文子朝而请享灵公：想在家中设宴请卫灵公。公叔文子，公叔发。

②史鳅(qiū)：卫国大夫史鱼。

③及子：将要祸患加身。

④吾不先告子，是吾罪也：未能事先听取您的意见，是我的过错。

⑤臣：动词，善尽为臣之礼。

⑥上下同之：无论尊卑都是如此。

⑦戍：公叔文子之子。

⑧富而不骄者鲜，吾唯子之见：唯见你富而不骄。

⑨戍必与焉：史鳅预言公叔戍必有灾难。

⑩卫侯始恶于公叔戌，以其富也：卫灵公贪，而公叔戌富，故恶之。

⑪夫人：卫灵公夫人南子，以淫荡出名。

⑫戌将为乱：南子向卫灵公进谗言。按，此本与下年“十四年春，卫侯逐公叔戌与其党”云云为一段，被割裂。

【译文】

起初，卫国公叔文子朝见而请求设享礼款待卫灵公。退朝后，见到史鰌，告诉他。史鰌说：“您一定会招致祸患了！您富有而国君贪婪，祸患将要到你身上了吧！”公叔文子说：“是这样。我没有先告诉你，是我的过错。但国君已经答应我了，该怎么办？”史鰌说：“没关系。您谨守臣礼，就可以免于祸。富有而能守臣礼，必能免于难，无论尊卑都一样。您的儿子公叔戌骄傲，大概要逃亡的吧。富有而不骄横的很少，我只见到您一个。骄横而不灭亡的，从来没有。公叔戌必定要蒙受祸难。”到公叔文子死后，卫灵公开始厌恶公叔戌，是因为他富有。公叔戌又打算除掉灵公夫人的党羽，夫人向卫灵公诉说：“公叔戌将要发动叛乱。”

十四年

【经】

14.1　十有四年春[①]，卫公叔戍来奔。卫赵阳出奔宋[②]。

14.2　二月辛巳[③]，楚公子结、陈公孙佗人帅师灭顿，以顿子牂归[④]。

14.3　夏，卫北宫结来奔。

14.4　五月，於越败吴于槜李[⑤]。

14.5　吴子光卒[⑥]。

14.6　公会齐侯、卫侯于牵[⑦]。

14.7　公至自会。

14.8　秋，齐侯、宋公会于洮[⑧]。

14.9　天王使石尚来归脤[9]。

14.10　卫世子蒯聩出奔宋。

14.11　卫公孟彄出奔郑。

14.12　宋公之弟辰自萧来奔[10]。

14.13　大蒐于比蒲。

14.14　邾子来会公[11]。

14.15　城莒父及霄[12]。

【注释】

①十有四年:鲁定公十四年当周敬王二十四年,前496。

②赵阳:卫国大夫赵黡之孙,公叔戍同党。

③辛巳:二十三日。

④顿:国名,在今河南项城。牂(zāng):顿国国君名。

⑤於越:即越国。槜(zuì)李:古地名。在今浙江嘉兴南。

⑥吴子光卒:吴王阖庐死。吴王阖庐,前514年即位,在位十九年。

⑦牵:古地名。在今河南浚县北。

⑧洮:曹国地名,在今山东鄄城西南。

⑨天王使石尚来归脤:周敬王派石尚给鲁国送来祭肉。石尚,周大夫。脤,祭社的肉。

⑩宋公之弟辰自萧来奔:定公十一年,宋公同母弟辰入萧叛乱,现在从萧地逃来鲁国。

⑪邾子来会公:邾国国君与鲁定公会于比蒲。

⑫城莒父及霄:鲁国背叛晋国,支持范氏、中行氏,惧怕晋国报复,因此修筑二城。莒父、霄,二地都在今山东莒县。

【译文】

鲁定公十四年春,卫国公叔戍逃到鲁国。卫国赵阳出逃宋国。

二月二十三日，楚国公子结、陈国公孙佗人带兵灭亡顿国，把顿子牂带回国。

夏，卫国北宫结逃来鲁国。

五月，越国在檇李打败吴国。

吴王光去世。

定公与齐景公、卫灵公在牵地相会。

定公从会见地回国。

秋，齐景公、宋景公在洮地相会。

周敬王派石尚来鲁国送祭肉。

卫国太子蒯聩出逃到宋国。

卫国公孟弫逃往郑国。

宋景公的弟弟辰从萧地逃来。

在比蒲举行盛大阅兵。

邾隐公前来与定公相会。

修筑莒父与霄地城墙。

【传】

14.1 十四年春，卫侯逐公叔戌与其党，故赵阳奔宋，戌来奔[①]。

【注释】

①卫侯逐公叔戌与其党，故赵阳奔宋，戌来奔：此文与上年《传》末段本是一传，应连读。

【译文】

鲁定公十四年春，卫灵公驱逐公叔戌与其同党，所以赵阳逃往宋国，公叔戌逃来鲁国。

14.2 梁婴父恶董安于，谓知文子曰："不杀安于，使终为政于赵氏，赵氏必得晋国[①]。盍以其先发难也，讨于赵氏？"文子使告于赵孟曰："范、中行氏虽信为乱，安于则发之[②]，是安于与谋乱也[③]。晋国有命，始祸者死。二子既伏其罪矣，敢以告[④]。"赵孟患之[⑤]。安于曰："我死而晋国宁，赵氏定，将焉用生？人谁不死，吾死莫矣[⑥]。"乃缢而死。赵孟尸诸市[⑦]，而告于知氏曰："主命戮罪人，安于既伏其罪矣，敢以告。"知伯从赵孟盟[⑧]。而后赵氏定，祀安于于庙[⑨]。

【注释】

①不杀安于，使终为政于赵氏，赵氏必得晋国：让董安于辅佐赵氏，主持赵氏政事，赵氏必得晋国。

②安于则发之：二意谓范、中行之乱是董安于挑起的。

③与谋乱：参与叛乱。

④二子既伏其罪矣，敢以告：意谓请赵鞅将董安于处死。

⑤赵孟患之：赵鞅不愿杀死董安于。

⑥人谁不死，吾死莫矣：死莫，死得迟了。莫，同"暮"。按，董安于愿以一死保护赵氏。

⑦赵孟尸诸市：暴尸市街。

⑧知伯：荀跞。

⑨祀安于于庙：将董安于祔祭于赵氏祖庙。

【译文】

梁婴父厌恶董安于，对知文子说："不杀董安于，让他一直在赵氏那里执掌政事，赵氏必将得到晋国。何不以他首先发难为由，去责问赵氏？"知文子派人告诉赵鞅说："范氏、中行氏虽然的确发动了叛乱，但这是董安于挑起的，这样董安于就是通同策划叛乱的人。晋国有命令，首先发动祸难的人处死。范氏、中行氏已经服罪,谨敢以此奉告。”赵鞅感到为难。董安于说:“要是我死而晋国得以安宁,赵氏能安定,我哪里还用活着?人谁不死,我已经死得晚了。”就上吊而死。赵鞅把他的尸首陈列在街市上示众,并告诉知文子说:“您命我杀死罪人,董安于已经服罪了,谨敢奉告。”知文子与赵鞅结盟。而后赵氏得以安定,在赵氏宗庙中祭祀董安于。

14.3 顿子牂欲事晋,背楚而绝陈好。二月,楚灭顿[①]。

【注释】

①楚灭顿:顿本属楚国的盟国,现在背楚事晋,又与属于楚国的陈国断交,因此被灭。

【译文】

顿子牂想事奉晋国,背叛楚国而断绝与陈国的友好关系。二月,楚国灭亡顿国。

14.4 夏,卫北宫结来奔,公叔戌之故也[①]。

【注释】

①公叔戌之故也:北宫结是公叔戌同党。

【译文】

夏,卫国北宫结逃来鲁国,是因为公叔戌的缘故。

14.5 吴伐越[①]。越子句践御之,陈于檇李。句践患吴之整也[②],使死士再禽焉,不动[③]。使罪人三行,属剑于颈[④],而辞曰:“二君有治[⑤],臣奸旗鼓[⑥],不敏于君之行前[⑦],不敢逃刑,敢归死[8]。"遂自刭也。师属之目[9]，越子因而伐之，大败之。灵姑浮以戈击阖庐[10]，阖庐伤将指，取其一屦[11]。还，卒于陉[12]，去檇李七里。夫差使人立于庭[13]。苟出入，必谓己曰[14]："夫差！而忘越王之杀而父乎？"则对曰："唯，不敢忘！"三年，乃报越[15]。

【注释】

①吴伐越：此时越王允常死，句践即位，吴国乘丧进攻越国，并报复定公五年越侵吴之役。

②句践患吴之整也：担心吴军严整，不易突破。

③使死士再禽焉，不动：越王派敢死队两次冲击吴阵，擒捉吴军，但吴军阵脚不动。

④属剑于颈：将剑架在脖子上。

⑤二君有治：两国交战。治，治军交战。

⑥奸旗鼓：犯军令。

⑦不敏于君之行前：在君王的阵前显示出无能。

⑧不敢逃刑，敢归死：不敢逃避刑罚，应死于阵前。

⑨师属之目：吴军看得目瞪口呆。

⑩灵姑浮：越国大夫。

⑪阖庐伤将指，取其一屦：阖庐伤大脚趾，灵姑浮夺走阖庐的一只鞋。将指，大脚趾。

⑫卒于陉：阖庐死于陉地。

⑬夫差：阖庐死，其子夫差继位。

⑭苟出入，必谓己：夫差让臣子提醒自己。

⑮三年，乃报越：三年后，即鲁哀公元年，夫差败越于夫椒。

【译文】

吴国进攻越国。越王句践率兵抵御,在槜李摆开阵势。句践担心吴军军阵严整,派敢死队两次冲击吴军,吴军阵脚不动。又让罪犯排成三行,把剑架在脖子上,致辞说:"两国国君用兵,臣子触犯军令,在国君阵前无能,不敢逃避刑罚,谨此自求一死。"便自杀了。吴军将士都注目观看,越王乘机进攻,大败吴军。灵姑浮用戈击打吴王阖庐,阖庐脚拇指受伤,灵姑浮得到他一只鞋。退兵途中,吴王阖庐在陉地死去,距离槜李七里地。夫差派人站在庭院里。只要夫差出入,这些人一定对他说:"夫差!你忘记越王杀死你父亲了吗?"夫差就回答说:"是,不敢忘记!"过了三年,就向越国报了仇。

14.6 晋人围朝歌①,公会齐侯、卫侯于脾、上梁之间②,谋救范、中行氏。析成鲋、小王桃甲率狄师以袭晋③,战于绛中,不克而还。士鲋奔周④,小王桃甲入于朝歌。

【注释】

①晋人围朝歌:包围朝歌,讨伐范氏、中行氏。

②脾、上梁之间:此处即牵地。

③析成鲋(fù)、小王桃甲:二人都是晋大夫,范氏、中行氏同党。

④士鲋奔周:析成鲋逃入成周。士鲋,析成鲋。

【译文】

晋国包围朝歌,鲁定公与齐景公、卫灵公在脾、上梁之间的牵地相会,商量救援范氏、中行氏。析成鲋、小王桃甲率领狄军袭击晋国,在绛中交战,不胜而退兵。析成鲋逃往成周,小王桃甲进入朝歌。

14.7 秋,齐侯、宋公会于洮,范氏故也。

【译文】

秋，齐景公、宋景公在洮地相会，是为了救援范氏。

14.8　卫侯为夫人南子召宋朝[①]。会于洮[②]，大子蒯聩献盂于齐[③]，过宋野。野人歌之曰："既定尔娄猪，盍归吾艾豭[④]？"大子羞之，谓戏阳速曰[⑤]："从我而朝少君[⑥]，少君见我，我顾，乃杀之[⑦]。"速曰："诺。"乃朝夫人。夫人见大子，大子三顾，速不进[⑧]。夫人见其色，啼而走[⑨]，曰："蒯聩将杀余。"公执其手以登台[⑩]。大子奔宋。尽逐其党。故公孟彄出奔郑[⑪]，自郑奔齐。

【注释】

①卫侯为夫人南子召宋朝：南子本是宋国之女，与宋朝通奸。嫁到卫国后，仍然思念宋朝，卫灵公于是召宋朝来卫。宋朝，宋国公子，貌美。

②会于洮：齐、宋会于洮。

③蒯(kuǎi)聩：卫灵公太子。盂：卫国地名。在今河南濮阳东南。

④既定尔娄猪，盍归吾艾豭(jiā)：歌词的意思是母猪已经有了家室，为何还不放过我们漂亮的公猪？歌以嘲弄卫国。娄猪，母猪，喻指南子。艾，美貌。豭，公猪，喻指宋朝。

⑤戏阳速：太子家臣。

⑥少君：小君，指南子。

⑦我顾，乃杀之：顾，回头看，以此为暗号。按，蒯聩受宋国乡人的羞辱，决计杀掉南子。

⑧速不进：戏阳速不动手。

⑨夫人见其色，啼而走：南子发现神情不对，知道太子要杀她，边哭

边跑。

⑩公执其手以登台：卫灵公牵着南子的手登台避祸。

⑪公孟彄：蒯聩同党。

【译文】

卫灵公为了夫人南子召见宋朝。在洮地相会，太子蒯聩向齐国奉献盂邑，路过宋国郊外。乡野人唱歌说："母猪已经有了家室，为何还不放过我们漂亮的公猪？"太子感到羞耻，对戏阳速说："跟随我去朝见夫人，夫人见我时，我回头看，你就杀了她。"戏阳速说："好的。"便去朝见夫人。夫人见太子，太子三次回头，戏阳速不上前动手。夫人见太子脸色不对，哭着逃走，说："蒯聩要杀我。"灵公拉着她的手登上高台。太子逃往宋国。灵公把太子同党全部赶走。所以公孟彄出逃郑国，又从郑国逃到齐国。

大子告人曰："戏阳速祸余①。"戏阳速告人曰："大子则祸余。大子无道，使余杀其母。余不许，将戕于余②；若杀夫人，将以余说③。余是故许而弗为，以纾余死④。谚曰：'民保于信⑤。'吾以信义也⑥。"

【注释】

①祸余：害我。

②戕：残杀。

③以余说：归罪于我而解脱自己。说，通"脱"。

④余是故许而弗为，以纾余死：只答应，不动手，以求暂免一死。

⑤民保于信：做人必须有信用。

⑥吾以信义也：以行为合于道义，不必死守诺言。

【译文】

太子告诉别人说："戏阳速害我。"戏阳速告诉别人说："是太子加祸于我。太子无道，让我杀他母亲。我不答应，他就要杀我；要是杀了夫人，将会把罪推到我身上来解脱自己。所以我假装答应而没动手，从而暂免一死。谚语说：'做人必须有信用。'我用道义作为信用。"

14.9 冬十二月，晋人败范、中行氏之师于潞[①]，获籍秦、高强。又败郑师及范氏之师于百泉[②]。

【注释】

①潞：古地名。在今山西潞城东北。

②又败郑师及范氏之师于百泉：郑国帮助范氏，一同被晋军打败。百泉，古地名。在今河南辉县西北。

【译文】

冬十二月，晋国在潞地打败范氏、中行氏的人马，俘获籍秦、高强。又在百泉打败郑国军队和范氏人马。

十五年

【经】

15.1 十有五年春王正月[①]，邾子来朝。

15.2 鼷鼠食郊牛，牛死，改卜牛[②]。

15.3 二月辛丑[③]，楚子灭胡[④]，以胡子豹归。

15.4 夏五月辛亥[⑤]，郊[⑥]。

15.5 壬申[⑦]，公薨于高寝[⑧]。

15.6 郑罕达帅师伐宋。

15.7 齐侯、卫侯次于渠蒢[⑨]。

15.8 郳子来奔丧[10]。

15.9 秋七月壬申[11]，姒氏卒[12]。

15.10 八月庚辰朔，日有食之[13]。

15.11 九月，滕子来会葬[14]。

15.12 丁巳[15]，葬我君定公，雨，不克葬。戊午[16]，日下昃[17]，乃克葬[18]。

15.13 辛巳[19]，葬定姒[20]。

15.14 冬，城漆[21]。

【注释】

①十有五年:鲁定公十五年当周敬王二十五年，前495。

②鼷鼠食郊牛，牛死，改卜牛:准备郊祭的牛被鼷鼠咬死，改用其他牛卜其吉凶。鼷鼠，一种小鼠。

③辛丑:十九日。

④胡:国名，在今安徽阜阳。

⑤辛亥:初一。

⑥郊:因改卜牛，到五月才举行郊祭。

⑦壬申:二十二日。

⑧公薨于高寝:鲁定公去世。高寝，宫名。

⑨渠蒢:古地名。今地不详。

⑩郳子来奔丧:奔鲁定公丧。

⑪壬申:二十三日。

⑫姒氏:鲁定公夫人，鲁哀公母亲。

⑬八月庚辰朔，日有食之:此为公元前495年7月22日的日全食。

⑭滕子来会葬:滕国国君来鲁国为定公送葬。

⑮丁巳:初九。

⑯戊午：初十。

⑰日下昃(zè)：日西斜。

⑱乃克葬：因下雨，第二天傍晚才下葬。

⑲辛巳：十月初三。

⑳定姒：姒氏。

㉑漆：古地名。在今山东邹城北，本为邾国地，襄公二十一年邾庶其逃到鲁国，献漆、闾丘等地。

【译文】

鲁定公十五年春周历正月，邾隐公来鲁国朝见。

鼷鼠咬食郊祀用的牛，牛死了，于是另行选牛占卜。

二月十九日，楚昭王灭亡胡国，把胡子豹押回国。

夏五月初一，举行郊祀。

二十二日，鲁定公在高寝去世。

郑国罕达领兵进攻宋国。

齐景公、卫灵公在渠蒢驻扎。

邾隐公前来鲁国吊丧。

秋七月二十三日，定姒去世。

八月初一，发生日食。

九月，滕顷公前来参加葬礼。

初九，安葬我国国君定公，下雨，没能下葬。初十，太阳偏西时，才完成葬礼。

十月初三，安葬定姒。

冬，修筑漆邑城墙。

【传】

15.1　十五年春，邾隐公来朝[①]。子贡观焉[②]。邾子执玉高，其容仰[③]。公受玉卑，其容俯[④]。子贡曰："以礼观之，二君者，皆有死亡焉[⑤]。夫礼，死生存亡之体也[⑥]。将左右周旋，进退俯仰，于是乎取之[⑦]；朝祀丧戎，于是乎观之[⑧]。今正月相朝，而皆不度[⑨]，心已亡矣[⑩]。嘉事不体[⑪]，何以能久？高、仰，骄也；卑、俯，替也[⑫]。骄近乱，替近疾[⑬]。君为主，其先亡乎[⑭]！”

【注释】

①邾隐公：邾国国君益。

②子贡：卫国人，端木赐，孔子弟子。观焉：观二君相见之礼。

③邾子执玉高，其容仰：朝见时邾隐公拿玉姿势过高，脸向上仰着。玉，朝见时拿的玉璧。

④公受玉卑，其容俯：鲁定公接受玉璧时姿势过低，脸向下。二人都不合礼仪。

⑤二君者，皆有死亡焉：二君都有死亡之兆。

⑥夫礼，死生存亡之体也：礼是死生存亡的体现。

⑦将左右周旋，进退俯仰，于是乎取之：人的一举一动，摆动扭转，进退俯仰，都应由礼仪来定。

⑧朝祀丧戎，于是乎观之：朝会、祭祀、服丧、征战，也可以依礼来观察它。

⑨不度：不合礼仪法度。

⑩心已亡矣：心已不在礼上。

⑪嘉事：指朝会。不体：不合于礼。

⑫替：衰废。

⑬骄近乱，替近疾：骄傲引发动乱，衰废预示疾病。

⑭君为主，其先亡乎：子贡预言鲁定公将先死。

【译文】

鲁定公十五年春，邾隐公来鲁国朝见。子贡观礼。邾隐公把玉拿得很高，脸向上仰。鲁定公接受玉时拿得很低，脸下俯。子贡说：“从礼的角度来看，二位国君都有死亡的预兆。礼是生死存亡的体现。左右周旋、进退俯仰，都应该取之于礼；朝会祭祀、丧事战争，也从这里观察。现在是正月里互相朝见，却都不合法度，说明二位国君的心中已没有礼了。朝会不讲礼，怎么能长久？高和仰是骄傲的表现；低与俯是衰废的表现。骄傲接近动乱，衰废接近疾病。我国国君是主人，恐怕要先死吧！”

15.2 吴之入楚也[①]，胡子尽俘楚邑之近胡者[②]。楚既定，胡子豹又不事楚，曰：“存亡有命，事楚何为？多取费焉[③]。”二月，楚灭胡。

【注释】

①吴之入楚也：定公四年吴楚柏举之战，吴入郢。

②尽俘楚邑之近胡者：抓走所有靠近胡国的楚国臣民。

③多取费焉：事楚不过多费贡礼罢了。

【译文】

吴军攻入楚国时，胡子把靠近胡国的楚国城邑掳掠一空。楚国安定后，胡子豹又不事奉楚国，说：“国家存亡自有天命，为什么要事奉楚国？只不过多花费财礼罢了。”二月，楚国灭亡胡国。

15.3 夏五月壬申，公薨。仲尼曰：“赐不幸言而中[①]，是使赐多言者也[②]。”

【注释】

①赐：即子贡。

②多言者：多嘴的人。

【译文】

夏五月二十二日，鲁定公去世。孔子说："赐不幸而说中了，这事使他成为多嘴的人。"

15.4 郑罕达败宋师于老丘[①]。

【注释】

①郑罕达败宋师于老丘：宋国公子地逃奔郑国，郑国为他讨伐宋国。罕达，郑国大夫。老丘，宋国地名，在今河南开封东南。

【译文】

郑国罕达在老丘打败宋军。

15.5 齐侯、卫侯次于蘧挐[①]，谋救宋也[②]。

【注释】

①蘧挐：即渠蒢。

②谋救宋也：郑国伐宋，齐、卫两国商量救宋。

【译文】

齐景公、卫灵公在蘧挐驻扎，商量救援宋国。

15.6 秋七月壬申，姒氏卒。不称夫人，不赴，且不祔也[①]。

【注释】

①不称夫人，不赴，且不祔也：这是解释《经》文不称姒氏为夫人的原因——未向同盟诸侯发讣告，也没将灵位供在祖姑庙中。

【译文】

秋七月二十三日，定姒死。《春秋》不称她为夫人，是因为没发布讣告，并且没有陪祀祖姑。

15.7　葬定公，雨，不克襄事[1]，礼也。

【注释】

①襄事：成事。

【译文】

安葬定公，下雨，没有完成葬事，这是合于礼的。

15.8　葬定姒，不称小君，不成丧也[1]。

【注释】

①不称小君，不成丧也：不称小君，不称夫人。不成丧，定公死而未葬，定姒死，不发讣告，不供入祖姑庙，因此也不算国葬。

【译文】

安葬定姒，不称她为小君，是因为没有按国君夫人的葬礼来安葬。

15.9　冬，城漆，书，不时告也[1]。

【注释】

①冬，城漆，书，不时告也：修筑城邑，一般应在农闲时。城漆本在秋季，因有碍农时，到冬天才祭告祖庙，《春秋》因此记载。

【译文】

冬，修筑漆邑城墙，《春秋》记载，是因为没及时祭告祖庙。

哀公

【题解】

哀公，鲁国第二十五任国君，名蒋，一作将，定公之子，夫人定姒所生，前494年即位，在位二十八年。二十七年，哀公为三桓所迫，奔越，第二年回国，死于有山氏家，子悼公宁立。孔子修订《春秋经》文，相传绝笔于哀公十四年"西狩获麟"句，以下至孔子去世时（哀公十六年）的《春秋经》文，皆出弟子手。《左传》记事至哀公二十七年，另附鲁悼公四年至十四年事。

哀公时期，鲁国外交还能勉强维护尊严，但是，有孔子这样的国老，有子贡这样的外交家，他们都不被重用。鲁国于哀公七年侵略邾国，随后招致吴国的讨伐。哀公以个人喜好行事，国人失望，同时，三桓专横跋扈，最终导致君臣矛盾激化，哀公逃亡。

这一时期，晋、楚势力衰落，已经无力称霸，东南的吴、越两国形成争霸局面。哀公元年，吴国为报槜李之战，攻入越国，大败句践。越国求和，吴王夫差不听伍子胥告诫，与越国讲和。夫差以为越国从此不足为患，于是挥师北上，争霸中原。在此期间，越王句践忍辱负重，励精图治。哀公十三年，当吴王夫差在黄池之会上与晋国争霸时，句践攻入吴国都城，大败吴师。哀公二十二年，越灭吴，夫差自缢。此后，越国号称一时霸主。

元年

【经】

1.1　元年春王正月[①],公即位。

1.2　楚子、陈侯、随侯、许男围蔡[②]。

1.3　鼷鼠食郊牛,改卜牛。夏四月辛巳[③],郊[④]。

1.4　秋,齐侯、卫侯伐晋[⑤]。

1.5　冬,仲孙何忌帅师伐邾[⑥]。

【注释】

①元年:鲁哀公元年当周敬王二十六年,前494。

②楚子、陈侯、随侯、许男围蔡:楚国与同盟国包围蔡国。

③辛巳:初六。

④郊:郊祭。

⑤齐侯、卫侯伐晋:齐、卫为救援范氏而攻打晋国。

⑥仲孙何忌帅师伐邾:鲁国孟懿子进攻邾国。

【译文】

鲁哀公元年春周历正月,哀公即位。

楚昭王、陈闵公、随侯、许元公包围蔡国。

鼷鼠咬食郊祀用的牛,就另外占卜选牛。夏四月初六,举行郊祀。

秋,齐景公、卫灵公攻打晋国。

冬,仲孙何忌率领军队进攻邾国。

【传】

1.1　元年春,楚子围蔡,报柏举也[①]。里而栽[②],广丈,高倍[③]。夫屯昼夜九日,如子西之素[④]。蔡人男女以辨[⑤],使疆于江、汝之间而还[⑥]。蔡于是乎请迁于吴[⑦]。

【注释】

①楚子围蔡,报柏举也:昭公四年,柏举之战,蔡国和吴国一起攻打楚国,几乎使楚国灭亡。

②里而栽:距离蔡都一里处修筑工事。

③广丈,高倍:堡垒厚一丈,高二丈。

④夫屯昼夜九日,如子西之素:筑垒的士卒屯驻于工地,经九日九夜完成。工程的完工与子西的预定计划一样。夫,士卒。素,预定计划。

⑤男女以辨:男女分别列队出降。辨,别。

⑥使疆于江、汝之间而还:楚国命令蔡国迁到江北、汝南之间,蔡人听命,楚军于是撤回。江,长江。汝,汝水。

⑦蔡于是乎请迁于吴:楚军一撤,蔡国叛楚附吴,要求迁到吴国去。

【译文】

鲁哀公元年春,楚昭王包围蔡国,是报复柏举那次战役。靠近蔡都一里构筑堡垒,宽一丈,高加倍。筑垒的士卒屯驻工地,经九日九夜完成,与子西的预定计划相符。蔡国人男女分别排队出降,楚昭王让他们迁移到长江、汝水之间就班师回去了。蔡国因此向吴国请求迁移到吴国去。

1.2 吴王夫差败越于夫椒[①],报槜李也[②]。遂入越。越子以甲楯五千[③],保于会稽[④],使大夫种因吴大宰嚭以行成[⑤]。吴子将许之。伍员曰:“不可。臣闻之:‘树德莫如滋,去疾莫如尽[⑥]。’昔有过浇杀斟灌以伐斟鄩[⑦],灭夏后相[⑧]。后缗方娠[⑨],逃出自窦[⑩],归于有仍,生少康焉,为仍牧正[⑪]。惎浇[⑫],

能戒之[13]。浇使椒求之[14]，逃奔有虞[15]，为之庖正[16]，以除其害[17]。虞思于是妻之以二姚[18]，而邑诸纶，有田一成，有众一旅[19]。能布其德，而兆其谋[20]，以收夏众，抚其官职[21]。使女艾谍浇，使季杼诱豷[22]。遂灭过、戈[23]，复禹之绩，祀夏配天，不失旧物[24]。今吴不如过，而越大于少康，或将丰之[25]，不亦难乎[26]！句践能亲而务施[27]，施不失人，亲不弃劳[28]。与我同壤[29]，而世为仇雠。于是乎克而弗取，将又存之，违天而长寇仇[30]，后虽悔之，不可食已[31]。姬之衰也[32]，日可俟也。介在蛮夷[33]，而长寇仇，以是求伯，必不行矣[34]。"弗听。退而告人曰："越十年生聚，而十年教训[35]，二十年之外，吴其为沼乎[36]！"三月，越及吴平。吴入越，不书，吴不告庆，越不告败也[37]。

【注释】

①夫椒：古地名。在今江苏太湖西洞庭山。

②报槜李也：槜李之战在定公十四年，吴王阖庐死于此役。

③甲楯：披甲持盾的士兵。

④会稽：古地名。在今浙江绍兴。

⑤使大夫种因吴大宰嚭以行成：句践退守会稽山，派文种通过太宰嚭向吴国求和。种，越国大夫文种。大宰嚭，吴国太宰伯嚭。

⑥树德莫如滋，去疾莫如尽：树德要不断增长，去害要扫除干净。滋，滋长，增长。

⑦有过浇：寒浞杀羿，因其室而生浇，处浇于过，故称。斟灌、斟鄩：夏朝同姓诸侯。

⑧夏后相：夏启之孙。

⑨后缗：夏后相之妻，有仍氏的女儿。娠：怀孕。

⑩窦：墙洞。

⑪归于有仍，生少康焉，为仍牧正：少康任有仍氏牧正。牧正，牧官之长。

⑫惎(jī)：嫉恨。

⑬戒：警戒。

⑭椒：浇的臣子。求之：追捕少康。

⑮有虞：古部落名，相传为虞舜之后，在今河南商丘虞城西南。

⑯庖正：主管膳食的官长。

⑰除其害：逃避自己的祸患。其，己。

⑱虞思：有虞之君，姚姓。妻之以二姚：将两个女儿嫁给少康。

⑲而邑诸纶，有田一成，有众一旅：虞思将纶封给少康，并给他田和奴隶。纶，古地名。在今河南虞城。一成，方十里。按，其时已存在公社所有制的井田制度，一井为一里，方十里为一成。旅，五百人。

⑳能布其德，而兆其谋：相传少康为夏朝中兴之主，自此开始广施恩德，实施复国计划。兆，开始。

㉑以收夏众，抚其官职：收拾遗民，安抚官员。

㉒使女艾谍浇，使季杼诱豷：女艾，少康臣子。谍，侦察，刺探。季杼，少康之子。豷，浇之弟。按，少康准备灭浇。

㉓过：浇的封国。戈：豷的封国。

㉔复禹之绩，祀夏配天，不失旧物：少康中兴，恢复夏朝统治及典章制度。旧物，旧事。

㉕或将丰之：如果使越兴盛。

㉖不亦难乎：如果与越国讲和，吴国将难以制服它。

㉗能亲而务施：亲民善施。

㉘施不失人，亲不弃劳：善施则得民心，亲民则百姓愿为之效劳。

㉙与我同壤：越与吴同在今江苏、浙江三江五湖之地。

㉚违天而长寇仇：违背天意，保存仇敌。

㉛不可食已：做什么也没用了。食，作为，有为。

㉜姬：指吴国，姬姓。

㉝介在蛮夷：吴居二国之间。蛮夷，指越、楚二国。

㉞而长寇仇，以是求伯，必不行矣：使仇敌壮大，而求当霸主，一定是行不通的。求伯，求当霸主。按，伍员认为与越国讲和是养虎遗患，因此竭力反对。

㉟越十年生聚，而十年教训：越国十年生民聚财，十年教育训练。

㊱二十年之外，吴其为沼乎：伍员预言二十年后吴国将被灭。为沼，宫室废坏成为池沼。

㊲不书，吴不告庆，越不告败也：吴、越二国都未向鲁国报告胜败，所以《经》文不加记载。

【译文】

吴王夫差在夫椒打败越国，报了槜李之仇。于是进入越地。越王带着披甲持盾士兵五千人，坚守会稽山，派大夫文种通过吴国太宰伯嚭向吴国求和。吴王准备同意。伍员说："不行。下臣听说：'建树德行莫如不断培植，去除毒害莫如铲除净尽。'昔日有过的浇杀死斟灌而攻打斟鄩，灭亡了夏后相。后缗正怀孕，从城墙小洞逃了出去，回到有仍，生下少康，少康后来当了有仍的牧正。少康怨恨浇，能警惕戒备。浇派椒寻找他，少康逃到有虞，做了庖正，以避免受到伤害。虞思把两个女儿嫁他为妻，并封在纶邑，拥有田地一成，部众一旅。少康能广施恩德，开始实施复国计划，收留夏朝的遗民，安抚其官员。派出女艾到浇那儿当间谍，派季杼引诱豷。从而灭亡了过、戈，恢复了禹的功绩，奉祀夏朝的祖先并祭祀上天，恢复夏朝的典章制度。如今吴国不如过国，而越国比少康强大，要是与越国讲和而使它壮大，吴国就将难以制服它！句践能够亲近百姓而致力于施舍，善施则得民心，亲民则百姓愿为之效劳。它和我国同处一块土地，却世代为仇敌。在这种情况下攻克而不占有，打算让它继续存在下去，是违背天意而滋长仇敌，以后即便后悔，也无法消除祸患了。姬姓的衰亡，已经指日可待了。我国处在蛮夷之间，而使仇敌壮大，用这样的办法来求取霸业，肯定是办不到的。”吴王不听。伍员退出后告诉别人说：“越国十年生殖聚积，又用十年教育训练，二十年之后，吴国也许要成为池沼了！”三月，越国和吴国讲和。吴国进入越国，《春秋》不加记载，是因为吴国没有报告胜利，越国也没有报告失败的缘故。

1.3 夏四月，齐侯、卫侯救邯郸，围五鹿①。

【注释】

①齐侯、卫侯救邯郸，围五鹿：定公十三年，赵稷以邯郸叛，齐、卫二国为救援邯郸，派兵包围五鹿。五鹿，晋国邑名，在今河北大名东。

【译文】

夏四月，齐景公、卫灵公救援邯郸，包围五鹿。

1.4 吴之入楚也，使召陈怀公①。怀公朝国人而问焉，曰：“欲与楚者右，欲与吴者左。陈人从田，无田从党②。”逢滑当公而进③，曰：“臣闻国之兴也以福，其亡也以祸。今吴未有福，楚未有祸。楚未可弃，吴未可从④。而晋，盟主也，若以晋辞吴，若何⑤？”公曰：“国胜君亡，非祸而何⑥？”对曰：“国之有是多矣⑦，何必不复？小国犹复，况大国乎？臣闻国之兴也，视民如伤⑧，是其福也。其亡也，以民为土芥⑨，是其祸也。楚虽无德，亦不艾杀其民⑩。吴日敝于兵，暴骨如莽，而未见德焉⑪。天其或者正训楚也，祸之适吴，其何日之有⑫？”

陈侯从之。及夫差克越,乃修先君之怨[13]。秋八月,吴侵陈,修旧怨也。

【注释】

①吴之入楚也,使召陈怀公:定公四年,吴攻入楚郢都,召陈怀公,让其归附吴国。

②“欲与楚者右”四句:陈怀公根据国人的意愿决定从吴或从楚。陈怀公南面,右为楚,左为吴。从田,有田地的根据田地所在分立左右。从党,以宗族分立左右。

③当公:不左不右,正对着怀公。

④楚未可弃,吴未可从:陈国本是楚的盟国,逢滑认为不可弃楚从吴。

⑤“而晋”四句:陈国是中原诸侯,晋国是诸侯盟主,以晋国为借口推辞吴国的胁迫,或许可行。

⑥国胜君亡,非祸而何:楚国家为吴国所胜,国君逃亡。按,陈怀公有从吴之意,所以以此驳逢滑的“楚未有祸”。

⑦有是:有这种情况,即“国胜君亡”。

⑧视民如伤:不惊动百姓,爱护百姓生命。

⑨土芥:粪土草芥,形容极其轻贱。

⑩艾杀:斩杀。

⑪吴日敝于兵,暴骨如莽,而未见德焉:吴国穷兵黩武,使国家日益凋敝,人民死亡极多,又从未推行过德政。如莽,如草莽,极言其多。

⑫祸之适吴,其何日之有:灾祸很快将降临吴国。何日之有,有何日,没多久。按,逢滑再论楚国不会灭亡,吴不可从。

⑬及夫差克越,乃修先君之怨:召陈的是阖庐,夫差侵陈是为父报仇。修怨,报仇。

【译文】

吴国攻入楚国的时候,派人召见陈怀公。怀公召集国人征求意见,说:“想要依附楚国的站到右边,想要依附吴国的站到左边。陈国人中有田地的按田地所在分立,没有田地的和亲族站在一起。”逢滑面对怀公走上前去,说:“下臣听说国家的兴起是由于福分,而灭亡是因为祸难。现在吴国没有福分,楚国没有祸难。楚国不可抛弃,吴国不可相从。晋国是盟主,如果用晋国作为借口来拒绝吴国,怎么样?”怀公说:“国家被别国战胜而且国君逃亡,不是祸难又是什么?”逢滑回答说:“国家有这种情况的很多,为什么一定不能恢复?小国尚且能恢复,何况大国呢?下臣听说国家的兴起,国君不惊动百姓,爱护百姓生命,这就是它的福分。它的灭亡,国君把人民视同粪土草芥,这就是它的祸难。楚国虽然没有德行,但也不斩杀其人民。吴国因战事频繁而使国家日益凋敝,尸骨暴露多如杂草,又从未推行过德政。上天或许正是在给楚国垂训,而祸难降临吴国,还会有多久呢?”陈怀公听从了他的话。到夫差攻占越国,便重新清算先君的仇怨。秋八月,吴国入侵陈国,这便是重新清算以前的怨仇。

1.5 齐侯、卫侯会于乾侯[①],救范氏也。师及齐师、卫孔圉、鲜虞人伐晋[②],取棘蒲[③]。

【注释】

①乾侯:晋地名,在今河北成安东南。

②师及齐师、卫孔圉、鲜虞人伐晋:孔圉,卫国大夫孔烝钽曾孙。按,鲁军参与伐晋。

③棘蒲:古地名。在今河北赵县。

【译文】

齐景公、卫灵公在乾侯相会,是要援救范氏。我军和齐军、卫国孔围、鲜虞人攻打晋国，占领棘蒲。

1.6　吴师在陈，楚大夫皆惧[①]，曰："阖庐惟能用其民，以败我于柏举。今闻其嗣又甚焉[②]，将若之何？"子西曰："二三子恤不相睦[③]，无患吴矣。昔阖庐食不二味，居不重席[④]，室不崇坛[⑤]，器不彤镂[⑥]，宫室不观[⑦]，舟车不饰，衣服财用，择不取费[⑧]。在国，天有灾疠[⑨]，亲巡其孤寡而共其乏困[⑩]。在军，熟食者分而后敢食[⑪]，其所尝者，卒乘与焉[⑫]。勤恤其民，而与之劳逸[⑬]，是以民不罢劳，死知不旷[⑭]。吾先大夫子常易之[⑮]，所以败我也。今闻夫差，次有台榭陂池焉[⑯]，宿有妃嫱嫔御焉[⑰]。一日之行，所欲必成[⑱]，玩好必从。珍异是聚，观乐是务[⑲]，视民如仇，而用之日新[⑳]。夫先自败也已[㉑]，安能败我[㉒]？"

【注释】

①吴师在陈，楚大夫皆惧：楚大夫害怕吴军侵楚。

②其嗣：指夫差。

③恤不相睦：可虑的是内部不团结。恤，忧虑，担心。

④重席：古人席地而坐，地面有席，重席指用两层席子。

⑤崇坛：起土为高台，用作室基。

⑥彤镂：涂上红漆，雕刻花纹。

⑦不观：不建楼台亭阁。

⑧择不取费：财用不靡费奢侈。按，以上六句是说阖庐生活俭朴。

⑨灾疠：天灾疾病。

⑩共：通"供"，供给。

⑪熟食者分而后敢食：士兵吃遍，自己才吃。熟食，指食品。分，

遍，人人有份。

⑫其所尝者，卒乘与焉：他所吃的美食，与战士共享。所尝，指美味。

⑬勤恤其民，而与之劳逸：体恤百姓，与民同甘共苦。

⑭死知不旷：知道为国而死，不是白死，国家会有优恤。

⑮子常：楚国前任令尹。易：反，反其道而行之。

⑯次：留宿三夜以上。陂池：池沼。

⑰宿有妃嫱嫔御焉：睡有美女陪伴。

⑱所欲必成：想要的一定到手。

⑲珍异是聚，观乐是务：唯知搜聚奇珍，一心追求玩乐。

⑳用之日新：役使百姓没完没了。

㉑夫先自败也已：夫差豪奢无度，荒淫误国，必先自败。

㉒安能败我：按，子西论阖庐、夫差的优劣，预言吴国不会进攻楚国，且将自败。哀公二十二年，越灭吴。

【译文】

吴军在陈国，楚国的大夫都感到害怕，说："正因为阖庐能使用他的人民，才在柏举把我们打败。现在听说他的继任者比他还厉害，我们该怎么办呢？"子西说："各位只需担心互相不和睦，不用担忧吴国。昔日阖庐吃饭不用两道菜，居处不坐两层席子，居室不建造在高台上，器用不加涂色雕镂，宫室之中不建楼台亭阁，车船不加装饰，衣服用具取其实用而不讲究华丽。在国内，天降灾祸疫病，就亲自巡视安抚孤寡而救济他们。在军队，等士兵们都有了吃的才敢进食，他吃的一些珍肴美味，兵士们也都有份。他勤恳地体恤人民，并和他们同甘共苦，所以人民不感到疲劳，死了也知道不会白死。我国先大夫子常反其道而行之，所以他打败了我们。现在听说夫差住宿有楼台水榭、水陂池沼，陪睡有嫔妃宫女。即使出行一天，也一定要把想要的东西弄到手，玩赏喜好的东西一定要随身带走。他积聚珍异，一心只在玩乐，把人民看成寇仇，而役使他们却又没完没了。这是他自己先使自己失败了,怎么能打败我们呢?”

1.7 冬十一月,晋赵鞅伐朝歌[①]。

【注释】

①晋赵鞅伐朝歌:按,讨伐范氏、中行氏。

【译文】

冬十一月,晋国赵鞅攻打朝歌。

二年

【经】

2.1 二年春王二月[①],季孙斯、叔孙州仇、仲孙何忌帅师伐邾,取漷东田及沂西田[②]。癸巳[③],叔孙州仇、仲孙何忌及邾子盟于句绎[④]。

2.2 夏四月丙子[⑤],卫侯元卒[⑥]。

2.3 滕子来朝[⑦]。

2.4 晋赵鞅帅师纳卫世子蒯聩于戚[⑧]。

2.5 秋八月甲戌[⑨],晋赵鞅帅师及郑罕达帅师战于铁[⑩]。郑师败绩。

2.6 冬十月,葬卫灵公。

2.7 十有一月,蔡迁于州来[⑪]。蔡杀其大夫公子驷。

【注释】

①二年:鲁哀公二年当周敬王二十七年,前493。

②漷(kuò)东田:襄公十九年,鲁国取漷水西部之田,今取漷水东部之田。漷,漷水,源出今山东峄城西北,经鱼台东北入泗水。沂西田:指邾国在沂水上游的田地。沂,沂水,此指流经曲阜南之沂水上游。

③癸巳:二十三日。

④句绎:地名,在今山东邹城东南。

⑤丙子:初七。

⑥卫侯元卒:卫灵公元去世。卫灵公,前534年即位,在位四十二年。

⑦滕子来朝:滕国国君朝鲁。

⑧晋赵鞅帅师纳卫世子蒯聩于戚:赵鞅以武力护送蒯聩回卫国。戚,古地名。在今河南濮阳北。

⑨甲戌:初七。

⑩铁:古地名。在今河南濮阳西北。

⑪蔡迁于州来:上年蔡国请求迁于吴,今年迁于州来,州来在今安徽凤台,称下蔡。

【译文】

鲁哀公二年春周历二月,季孙斯、叔孙州仇、仲孙何忌率兵攻打邾国,夺取漷东以及沂西的田地。二十三日,叔孙州仇、仲孙何忌和邾隐公在句绎结盟。

夏四月初七,卫灵公元去世。

滕顷公来我国朝见。

晋国赵鞅领兵把卫国太子蒯聩送到戚地。

秋八月初七,晋国赵鞅与郑国罕达率兵在铁地交战。郑军被打败。

冬十月,安葬卫灵公。

十一月,蔡国迁移到州来。蔡国杀死大夫公子驷。

【传】

2.1 二年春,伐邾,将伐绞[①]。邾人爱其土,故赂以漷、沂之田而受盟[②]。

【注释】

①绞:邾国邑名,在今山东滕州北。

②邾人爱其土,故赂以漷、沂之田而受盟:邾国怕失去绞,因此割让漷、沂之田与鲁国订立城下之盟。

【译文】

鲁哀公二年春,鲁国攻打邾国,打算先攻绞地。邾国人爱惜他们的土地,所以用漷、沂的田地作为贿赂而接受盟约。

2.2 初,卫侯游于郊,子南仆[①]。公曰:"余无子[②],将立女[③]。"不对[④]。他日,又谓之,对曰:"郢不足以辱社稷,君其改图[⑤]。君夫人在堂,三揖在下[⑥],君命只辱[⑦]。"夏,卫灵公卒。夫人曰:"命公子郢为大子,君命也[⑧]。"对曰:"郢异于他子[⑨]。且君没于吾手,若有之,郢必闻之[⑩]。且亡人之子辄在[⑪]。"乃立辄[⑫]。

【注释】

①子南:卫灵公之子郢。仆:驾车。

②无子:指太子蒯聩逃亡在外,没有其他嫡子。

③将立女:拟立子南为太子。

④不对:子南不贪君位,所以不回答。

⑤郢不足以辱社稷,君其改图:子南请求改立他人。

⑥三揖:指卿、大夫、士。

⑦君命只辱：子南意谓不与夫人即卿大夫等商量，而私下命太子，将有辱君命。按，子南坚决辞为太子。

⑧命公子郢为大子，君命也：以郢为太子，是先君遗命。

⑨郢异于他子：指自己因母贱而不敢同于灵公其他儿子。

⑩且君没于吾手，若有之，郢必闻之：子南意谓自己服侍灵公至死，没听说有这遗命。

⑪亡人之子辄：指蒯聩的儿子辄。亡人，指太子蒯聩。

⑫乃立辄：辄为灵公嫡孙，继位，是为出公。

【译文】

起初，卫灵公到郊外游玩，子南驾车。灵公说："我没有嫡子，想立你做继承人。"子南不回答。过些日子，灵公又对他说起这件事，子南回答说："我不足以承担国家重任，请您还是改变主意。您的夫人在堂上，卿、大夫、士在下边，这样任命将有辱君命。"夏，卫灵公去世。夫人说："命公子郢为太子，这是国君的命令。"子南回复说："我和其他公子不同。而且我随侍国君直到他去世，要是有这命令，我一定听到。况且还有逃亡太子的儿子辄在。"于是立了辄。

六月乙酉[①]，晋赵鞅纳卫大子于戚[②]。宵迷[③]，阳虎曰[④]："右河而南，必至焉[⑤]。"使大子绕[⑥]，八人衰绖[⑦]，伪自卫逆者[⑧]。告于门，哭而入，遂居之[⑨]。

【注释】

①乙酉：十七日。

②晋赵鞅纳卫大子于戚：定公十四年，蒯聩因谋杀南子不成，逃亡宋国，赵鞅因齐、卫二国救范氏、中行氏，与之为敌，因此乘卫灵公之丧，以武力护送蒯聩回卫国。

③宵迷：夜间迷失道路。

④阳虎：定公九年，阳虎逃亡晋国，事赵鞅。

⑤右河而南，必至焉：右渡黄河往南，可到卫国。杨伯峻曰："当时黄河流径自河南滑县东北流经浚县、内黄、馆陶之东。是时晋军尚未渡河，其军当自晋境直东行至今内黄县南，其右为河，渡河而南行即戚，再南行即铁与帝丘。"

⑥绕(wèn)：免冠，用布包裹发髻，为丧礼之一。

⑦衰绖(cuī dié)：丧服，这里用为动词，穿着丧服。

⑧伪自卫逆者：一行人假装从卫国来迎接太子。

⑨告于门，哭而入，遂居之：蒯聩等人入居戚城，与出公对峙。这里是用阳虎之计。

【译文】

六月十七日，晋国赵鞅送卫太子蒯聩到戚地。晚上迷了路，阳虎说："往右渡过黄河再往南，一定能到达。"让太子脱帽，用布包发，八个人穿上丧服，伪装成从卫国前来迎接的样子。告诉守门人开了城门，号哭着进入，于是就住在戚地。

2.3　秋八月，齐人输范氏粟，郑子姚、子般送之[①]。士吉射逆之，赵鞅御之，遇于戚[②]。阳虎曰："吾车少，以兵车之旆与罕、驷兵车先陈[③]。罕、驷自后随而从之，彼见吾貌，必有惧心[④]。于是乎会之[⑤]，必大败之。"从之。卜战，龟焦[⑥]。乐丁曰[⑦]："《诗》曰：'爰始爰谋，爰契我龟[⑧]。'谋协，以故兆询可也[⑨]。"简子誓曰[⑩]："范氏、中行氏反易天明[⑪]，斩艾百姓，欲擅晋国而灭其君。寡君恃郑而保焉[⑫]。今郑为不道，弃君助臣[⑬]，二三子顺天明，从君命，经德义[⑭]，除诟耻，在此行也。克敌者，上大夫受县[⑮]，下大夫受郡[⑯]，士田十万[⑰]，庶人工商遂[⑱]，人臣隶圉免[⑲]。志父无罪[⑳]，君实图之[㉑]。若其有罪，绞缢以戮[22]，桐棺三寸[23]，不设属辟[24]，素车、朴马[25]，无入于兆[26]，下卿之罚也[27]。”

【注释】

①齐人输范氏粟，郑子姚、子般送之：齐国送粮食支援范氏，郑国派兵护送。子姚，罕达。子般，驷弘。

②士吉射逆之，赵鞅御之，遇于戚：郑、范接送粮食时，与赵鞅送蒯聩的军队相遇，赵军阻截。士吉射，范吉射。

③以兵车之旆与罕、驷兵车先陈：插上大将旗帜先列好阵，使郑军前锋摸不清底细。旆，旗帜。

④彼见吾貌，必有惧心：不知虚实，心有疑虑。

⑤会：交战。

⑥卜战，龟焦：龟板烧焦，不成兆纹。

⑦乐丁：晋国大夫。

⑧爰始爰谋，爰契我龟：引《诗》见《诗经·大雅·绵》，意思是先开始谋划，然后再占卜。这里借诗意说明卜不成不要紧，先在人谋。

⑨谋协，以故兆询可也：人谋一致，相信故兆也可以。故兆，护送卫国太子时卜得的吉兆。询，信。

⑩誓：临战誓师。

⑪反易天明：违反天命。

⑫寡君恃郑而保焉：本想仰赖郑国平乱。

⑬弃君助臣：背弃晋君而帮助范氏。

⑭经：治，推行。

⑮受县：受封县邑。

⑯受郡：受封郡邑。按，当时县大郡小。

⑰田十万：十万亩田地。

⑱遂：做官。

⑲人臣隶圉：都指奴隶。免：获得自由。

⑳志父：赵鞅。无罪：有功的谦辞。

㉑实图之：意思是当赏其功。

㉒若其有罪，绞缢以戮：要是战败，请用绞刑加以诛戮。

㉓桐棺三寸：三寸桐棺为罪人所用。

㉔属：大棺内的小棺。辟：同“椑”，贴身棺。

㉕素车、朴马：用没有装饰的车马运载棺木。

㉖兆：宗族墓地。

㉗下卿之罚也：如果战败，愿以罪人处死，以薄葬作为惩罚。

【译文】

秋八月，齐国人给范氏运送粮食，郑国子姚、子般押送。士吉射前往迎接，赵鞅抵御他们，在戚地相遇。阳虎说：“我们的战车少，把主将的旗帜插在车子上，和子姚、子般的兵车先行对阵。子姚、子般从后面跟上来，他们看到我们的阵势，一定会产生疑惧。这时和他们交战，肯定能大败他们。”赵鞅采纳了他的意见。为作战而占卜，结果龟甲烤焦。乐丁说：“《诗》说：‘开始计划商量，于是占卜刻龟。’谋划一致，服从以往的占卜结果就是了。”赵鞅誓师说：“范氏、中行氏违反天意，斩杀百姓，想在晋国专权擅政而灭亡国君。我们国君依仗郑国保护自己。现在郑国无道，抛弃国君帮助臣子，各位顺从天命，服从国君命令，施行德义，消除耻辱，就在这一次行动了。克敌制胜的，上大夫得到县，下大夫得到郡，士获得十万亩田地，庶人工商可获官职，奴仆隶役获得自由。我要是有功，请国君考虑封赏。如果战败获罪，就处以绞刑，用三寸薄的桐木棺材殓尸，不用属棺和椑棺，用没有装饰的车马运载棺木，不得葬入族墓，这是按照下卿地位所做的处罚。”

甲戌，将战，邮无恤御简子[①]，卫大子为右[②]。登铁上[③]，望见郑师众，大子惧，自投于车下[④]。子良授大子绥而乘之[⑤]，曰：“妇人也[⑥]。”简子巡列[⑦]，曰：“毕万，匹夫也[⑧]。七战皆获[⑨]，有马百乘[⑩]，死于牖下[⑪]。群子勉之[⑫]！死不在寇[⑬]。”繁羽御赵罗，宋勇为右[⑭]。罗无勇，麇之[⑮]。吏诘之，御对曰：“痁作而伏[⑯]。”卫大子祷曰：“曾孙蒯聩敢昭告皇祖文王、烈祖康叔、文祖襄公[⑰]：郑胜乱从[⑱]，晋午在难[⑲]，不能治乱，使鞅讨之。蒯聩不敢自佚[⑳]，备持矛焉[㉑]。敢告无绝筋，无折骨，无面伤，以集大事[㉒]，无作三祖羞[㉓]。大命不敢请[㉔]，佩玉不敢爱[㉕]。”

【注释】

①邮无恤：王良，子良。御简子：为赵鞅驾车。

②卫大子为右：蒯聩任车右。

③铁：又称铁丘，见《经》注。

④大子惧，自投于车下：蒯聩恐惧过度，跌到车下。

⑤绥：挽着上车的绳子。

⑥妇人也：讥刺蒯聩怯懦。

⑦简子：赵鞅。巡列：视察队伍。

⑧匹夫：普通人。

⑨七战皆获：七战都俘获敌人。

⑩有马百乘：因功得赏。

⑪死于牖下：指得以善终。牖，窗。

⑫群子勉之：毕万为晋献公车右，这里以毕万事迹勉励众人。

⑬死不在寇：奋勇作战，未必就死于敌手。

⑭繁羽御赵罗，宋勇为右：三人都是晋国大夫。

⑮麇(kǔn)：用绳子绑在车上。

⑯痁(shān)作而伏:驭手为赵罗的胆小掩饰。痁,疟疾。

⑰曾孙蒯聩敢昭告皇祖文王、烈祖康叔、文祖襄公:卫国出自周文王,康叔为始封君,卫襄公为蒯聩祖父。皇祖,君主的远祖。烈祖,开创基业的祖先。文祖,继业守文之祖。

⑱胜:郑声公名。乱从:扰乱常道。

⑲午:晋定公名。

⑳自佚:自求安逸。佚,安逸,安乐。

㉑备持矛:持矛忝居于队列。

㉒集:成就。

㉓无作三祖羞:不给祖先带来羞辱。作,为。

㉔大命不敢请:死生命运不敢强求。大命,指生死。

㉕佩玉:祈祷时以佩玉献神,所以不敢吝惜。

【译文】

八月初七,将要交战,邮无恤为赵鞅驾车,卫太子蒯聩任车右。登上铁丘,望见郑国军队人马众多,蒯聩害怕了,从车上掉下来。子良把绥带递给蒯聩让他拉着上来,说:"你像个女人。"赵鞅巡视队伍,说:"毕万不过是个普通人,七战都有俘获,后来有了四百匹马,在家中善终。大家努力吧!未必就会死在敌人的手上。"繁羽为赵罗驾车,宋勇任车右。赵罗胆怯,别人用绳子把他绑在车上。军吏询问原因,繁羽回答说:"他疟疾发作所以趴下了。"卫太子祷告说:"曾孙蒯聩谨敢求告皇祖文王、烈祖康叔、文祖襄公:郑国的胜作乱,晋国的午处在危难中,不能平定祸乱,派赵鞅来讨伐。蒯聩不敢自我放佚,持矛忝居于队列。谨敢求告不要使我绝筋,不要折骨,不要伤到脸部,以取得胜利,不给三位祖先带来羞辱。死生命运不敢请求,佩玉不敢吝惜。"

郑人击简子中肩,毙于车中①,获其蜂旗②。大子救之以戈。郑师北,获温大夫赵罗③。大子复伐之,郑师大败,获齐粟千车。赵孟喜曰："可矣④。"傅傁曰⑤："虽克郑，犹有知在，忧未艾也⑥。"

【注释】

①毙：仆倒。

②蜂旗：旗名。

③郑师北，获温大夫赵罗：赵罗胆小，被郑军俘虏。

④可矣：称赞蒯聩先前怯懦，现在勇敢。

⑤傅傁(sǒu)：赵鞅下属。

⑥虽克郑，犹有知在，忧未艾也：傅傁预言这一仗虽胜，但知氏在，仍为赵氏之患。知，指知氏。艾，绝，根除。

【译文】

郑国人击打赵鞅击中肩膀，赵鞅倒在车中，郑国人缴获了他的蜂旗。太子用戈救援赵鞅。郑军败北，俘获温大夫赵罗。太子再次进攻，郑军大败，缴获齐军一千车粮食。赵鞅高兴地说："你变得勇敢了。"傅傁说："虽然打败了郑国，但还有知氏在，忧患还不能消除呢。"

初，周人与范氏田，公孙尨税焉①。赵氏得而献之②。吏请杀之。赵孟曰："为其主也，何罪？"止而与之田③。及铁之战，以徒五百人宵攻郑师，取蜂旗于子姚之幕下，献曰："请报主德④。"追郑师，姚、般、公孙林殿而射，前列多死⑤。赵孟曰："国无小⑥。"既战，简子曰："吾伏弢呕血，鼓音不衰⑦，今日我上也⑧。"大子曰："吾救主于车，退敌于下，我，右之上也⑨。"邮良曰："我两靷将绝，吾能止之⑩，我，御之上也。"驾而乘材，两靷皆绝⑪。

【注释】

①公孙尨(páng):范氏家臣。税:征收田税。

②赵氏得而献之:抓住公孙尨献给赵鞅。

③止而与之田:不杀公孙尨,并且归还其周田。

④请报主德:公孙尨夺回蜂旗,献给赵鞅,以报当时不杀之恩。

⑤追郑师,姚、般、公孙林殿而射,前列多死:子姚、子般、公孙林担任郑军殿后,赵军前锋多被射死。

⑥国无小:不可轻视小国。

⑦吾伏弢呕血,鼓音不衰:指赵鞅被击中肩膀,倒在车中,虽然口吐鲜血,但击鼓不止。弢,弓袋。

⑧今日我上也:我功为上。

⑨我,右之上也:车右中功最大。

⑩我两靷(yǐn)将绝,吾能止之:王良说自己是名驭手,马肚带将断,还能控制住马。靷,马肚带。

⑪驾而乘材,两靷皆绝:王良恐人不信,在地上横一细木,车过一颠,两靷一齐断绝。一说,王良复驾车,装上细小的木头,两靷皆断。

【译文】

起初,周朝人给范氏田地,公孙尨为范氏收税。赵氏族人将他逮住献给赵鞅。军吏请求杀了他。赵鞅说:"他是为了自己的主人,又有什么罪?"制止了军吏并归还其周田。到了铁之战,公孙尨率领步兵五百人夜间攻击郑军,在子姚的帐幕下夺取蜂旗,献给赵鞅说:"请用它来报答主公的恩德。"晋军追击郑军,子姚、子般、公孙林断后射箭,晋军前锋大多被射死。赵鞅说:"对小国也不能小看。"战斗结束,赵鞅说:"我尽管伏在箭袋上吐血,但鼓声不衰减,今天我的功劳最大。"太子蒯聩说:"我在车上救了主公,在车下击退敌兵,我是车右中功劳最大的。"邮无恤说:"我骖马的两边肚带快要断绝,我还能控制它,我是御者中功劳最大的。”他便驾车驶过小木头,结果两条革带都断了。

2.4 吴泄庸如蔡纳聘,而稍纳师[①]。师毕入,众知之[②]。蔡侯告大夫,杀公子驷以说[③]。哭而迁墓[④]。冬,蔡迁于州来[⑤]。

【注释】

①吴泄庸如蔡纳聘,而稍纳师:泄庸到蔡国送聘礼,乘机将军队带入蔡都。稍,逐渐。

②师毕入,众知之:吴军尽入,蔡国才发觉。

③蔡侯告大夫,杀公子驷以说:上年蔡国请求迁于吴,中途公子驷等反悔,因此吴国以兵相迫。蔡国于是杀了公子驷来向吴国表示道歉。

④哭而迁墓:号哭着迁移祖坟。

⑤蔡迁于州来:按,蔡国本都上蔡,后迁都新蔡,现在迁于州来。

【译文】

吴国泄庸到蔡国送聘礼,乘机将军队带进蔡国。军队全部进入后,蔡国人才发觉。蔡昭公告诉大夫们,杀死了公子驷来塞责。哭着把先君的坟墓迁走。冬,蔡国迁移到州来。

三年

【经】

3.1 三年春[①],齐国夏、卫石曼姑帅师围戚[②]。

3.2 夏四月甲午[③],地震。

3.3 五月辛卯[④],桓宫、僖宫灾[⑤]。

3.4 季孙斯、叔孙州仇帅师城启阳[⑥]。

3.5　宋乐髡帅师伐曹。

3.6　秋七月丙子[⑦]，季孙斯卒[⑧]。

3.7　蔡人放其大夫公孙猎于吴[⑨]。

3.8　冬十月癸卯[⑩]，秦伯卒[⑪]。

3.9　叔孙州仇、仲孙何忌帅师围邾。

【注释】

①三年：鲁哀公三年当周敬王二十八年，前492。

②齐国夏、卫石曼姑帅师围戚：蒯聩住在戚地，齐国帮助卫国围戚，反对蒯聩。

③甲午：初一。

④辛卯：二十八日。

⑤灾：天火，即自然发生的火灾。

⑥季孙斯、叔孙州仇帅师城启阳：鲁国支持范氏，怕晋国来报复，于是修筑启阳城。启阳，古地名。在今山东临沂北。

⑦丙子：十四日。

⑧季孙斯卒：季桓子去世。

⑨公孙猎：公子驷同党。

⑩癸卯：十三日。

⑪秦伯卒：秦惠公去世。秦惠公，前500年即位，在位九年。

【译文】

鲁哀公三年春，齐国国夏、卫国石曼姑领兵包围戚地。

夏四月初一，发生地震。

五月二十八日，桓公庙、僖公庙发生火灾。

季孙斯、叔孙州仇带兵修筑启阳城。

宋国乐髡率军攻打曹国。

秋七月十四日，季孙斯去世。

蔡国人流放本国大夫公孙猎到吴国去。

冬十月十三日，秦惠公去世。

叔孙州仇、仲孙何忌带兵包围邾国。

【传】

3.1　三年春，齐、卫围戚，求援于中山①。

【注释】

①中山：鲜虞族。

【译文】

鲁哀公三年春，齐、卫二国军队包围戚地，戚向中山国求援。

3.2　夏五月辛卯，司铎火①。火逾公宫，桓、僖灾②。救火者皆曰："顾府③。"南宫敬叔至④，命周人出御书⑤，俟于宫⑥，曰："庀女而不在，死⑦。"子服景伯至⑧，命宰人出礼书⑨，以待命。命不共，有常刑⑩。校人乘马，巾车脂辖⑪。百官官备，府库慎守⑫，官人肃给⑬。济濡帷幕，郁攸从之⑭。蒙葺公屋⑮，自大庙始，外内以悛⑯。助所不给⑰。有不用命⑱，则有常刑，无赦。公父文伯至，命校人驾乘车⑲。季桓子至，御公立于象魏之外⑳，命救火者伤人则止，财可为也㉑。命藏《象魏》㉒，曰："旧章不可亡也㉓。"富父槐至㉔，曰："无备而官办者，犹拾沈也㉕。"于是乎去表之槁㉖，道还公宫㉗。孔子在陈，闻火，曰："其桓、僖乎㉘！"

【注释】

①司铎:官名。

②火逾公宫,桓、僖灾:大火从鲁国都司铎宫烧起,越过公宫蔓延到桓公、僖公二庙。

③顾府:众人先注意到财物,因此高呼照顾好府库。府,府库。

④南宫敬叔:孔子弟子南宫阅。

⑤周人:掌管周书典籍之官。御书:送给鲁国国君看的书。

⑥俟于宫:让周人在宫里守候。

⑦庀女而不在,死:交给你保护,如又损失,受死罪。南宫阅首先关心周代典籍。庀,借为"庇",庀女即庇于女(汝)。

⑧子服景伯:子服何。子服昭伯之子。

⑨宰人:主管礼仪之官。

⑩命不共,有常刑:不遵守命令,按规定处罚。景伯命令抢救礼仪之书。

⑪校人乘马,巾车脂辖:校人驾上马,巾车往车轴两头加油,都在整装待命。校人,管马的人。巾车,管车的人。

⑫百官官备,府库慎守:百官各守其职,府库加强戒备。

⑬官人肃给:管食宿的做好各种供应准备。官,同"馆"。

⑭济濡帷幕,郁攸从之:把帷帐用水浇湿,然后顺着火势往前,把附近的房子用湿帷帐盖上。郁攸,火气。

⑮蒙葺公屋:公屋也用湿帷帐盖起来。

⑯自大庙始,外内以悛:从太庙开始,由外到内按次序蒙盖公屋。

⑰助所不给(jǐ):人力物力不足,有人支援。不给,不足。

⑱不用命:不服从命令。

⑲乘车:公车。

⑳季桓子至,御公立于象魏之外:怕被火烧到,季桓子为哀公驾车站在象魏外。象魏,宫门外的楼观。

㉑命救火者伤人则止，财可为也：人受伤就停止，因为财物是可以再造的。季桓子重人轻物。

㉒《象魏》：象魏是悬挂法令的地方，因此又指法令。

㉓旧章：指既定的法令文献。

㉔富父槐：鲁国大夫。

㉕无备而官办者，犹拾沈也：平时没准备，临时让百官仓促办事，有如要拾起地上的汤水一样不可能。沈，汁水。

㉖表：火势所向之处。槁：干枯易燃物。

㉗道还公宫：开辟火巷环绕公宫，断绝火势蔓延。道，隔火的火巷。还，同“环”。按，古代火灾不易扑灭，鲁国人在大火面前各司其职，井然有序。

㉘其桓、僖乎：古制五代以上的祖庙应拆毁。鲁桓公于哀公为十世祖，僖公为七世祖。所以孔子听到火灾，猜测是桓、僖二庙，其不拆毁而被大火所焚，也是可能的。按，桓、僖之庙不毁，杨伯峻认为季孙、叔孙、孟孙三家皆桓公之后，三家用事，尊其始祖；且三家用事始于僖公，故不毁僖庙以报德。

【译文】

夏五月二十八日，司铎发生火灾。火势越过公宫，烧到桓公庙、僖公庙。救火的人都说：“要照看好府库。”南宫敬叔到来，命令周人搬出送给鲁国国君看的书，让他在宫中守候，说：“就交给你了，要是书受损，将处死你。”子服景伯到来，命令宰人运出礼书，等待命令。要是不遵守命令，按规定处罚。校人套上马，巾车给车轴涂上油脂。百官坚守自己的岗位，府库加强看守，官人认真保障供应。用沾湿的帷幕，覆盖火场附近的房屋。公屋也用湿帷帐盖起来，自太庙开始，由外到内按次序蒙盖公屋。随时增援人力物力的不足。有不服从命令，按照规定处罚，决不赦免。公父文伯到来，命令校人套上哀公所乘车。季桓子到来，驾车把哀公送到象魏外面，命令救火的人要是伤了人就停止救火，因为财物是可以再创造的。命令把《象魏》收藏好，说："旧的典章不能丢失。"富父槐前来，说："没有准备而要百官仓促备办，就如同要收拾起地上的汤水。"于是清除火势蔓延方向的易燃物品，环绕公宫开辟防火道。孔子在陈国，听说火灾，说："恐怕是桓公庙、僖公庙吧！"

3.3　刘氏、范氏世为婚姻[①]，苌弘事刘文公[②]，故周与范氏[③]。赵鞅以为讨[④]。六月癸卯[⑤]，周人杀苌弘[⑥]。

【注释】

①刘氏：周王卿士。

②苌弘：刘文公臣子。

③故周与范氏：周王支持范氏。与，支持。

④赵鞅以为讨：赵鞅责难周王。

⑤癸卯：十一日。

⑥周人杀苌弘：杀苌弘以平息赵鞅之讨。

【译文】

刘氏、范氏世代结为姻亲关系，苌弘事奉刘文公，所以周支持范氏。赵鞅因此而讨伐。六月十一日，周人杀了苌弘。

3.4　秋，季孙有疾，命正常曰[①]："无死[②]！南孺子之子[③]，男也，则以告而立之[④]，女也，则肥也可[⑤]。"季孙卒，康子即位。既葬，康子在朝[⑥]。南氏生男，正常载以如朝，告曰："夫子有遗言[⑦]，命其圉臣曰[⑧]：'南氏生男，则以告于君与大夫而立之。'今生矣，男也，敢告。"遂奔卫[⑨]。康子请退[⑩]。公使共刘视之，则或杀之矣[⑪]。乃讨之[⑫]。召正常，正常不反[⑬]。

【注释】

①正常:季桓子宠臣。

②无死:不要为我而死。

③南孺子:季桓子之妻。

④男也,则以告而立之:要是生男孩,就立为嗣。

⑤肥:季康子。

⑥在朝:在鲁国朝廷。

⑦夫子:指季桓子。

⑧圉臣:正常自称,犹如说贱臣。

⑨遂奔卫:正常报告完后,怕被杀害,随即逃亡到卫国。

⑩康子请退:请求退位。

⑪公使共刘视之,则或杀之矣:哀公派共刘探视婴儿,婴儿已被杀死。共刘,鲁国大夫。

⑫乃讨之:缉拿凶手。

⑬正常不反:仍然惧怕季康子而不肯回国。

【译文】

秋,季孙斯有病,命令正常说:"你不要为我而死!南孺子生下的孩子,要是男的,就报告国君立为继承人,要是女的,就可以立肥。"季孙斯死后,季康子即位。安葬后,季康子在朝廷上。南氏生下男孩,正常把小孩用车载上到朝廷去,报告说:"他老人家留有遗言,命令他的贱臣我说:'南氏要是生的是男孩,就把消息报告国君和大夫而立他为继承人。'现在已经生了,是男孩,谨敢报告。"正常随后逃往卫国。季康子请求退位。哀公派共刘探视婴儿,则已被杀死。于是追捕凶手。召正常来见,正常不肯回国。

3.5 冬十月,晋赵鞅围朝歌,师于其南①。荀寅伐其郛②,使其徒自北门入,已犯师而出③。癸丑④,奔邯郸。十一月,赵鞅杀士皋夷，恶范氏也[5]。

【注释】

①晋赵鞅围朝歌，师于其南：赵鞅重兵布置在朝歌南，再伐范氏、中行氏。

②荀寅伐其郛：荀寅自城内攻朝歌南门外城。荀寅，中行寅。郛，外城。

③使其徒自北门入，已犯师而出：让部下从北门声东击西，然后自己突围而出。

④癸丑：二十三日。

⑤赵鞅杀士皋夷，恶范氏也：士皋夷，范皋夷。按，此时范氏大势已去，皋夷虽然曾助赵鞅，但终是范氏，所以赵鞅杀之以防后患。

【译文】

冬十月，晋国赵鞅包围朝歌，军队驻扎在城南。荀寅攻打朝歌外城，派他的部下从北门进城，自己则突围而出。二十三日，逃往邯郸。十一月，赵鞅杀了士皋夷，是因为憎恶范氏的缘故。

四年

【经】

4.1 四年春王二月庚戌[1]，盗杀蔡侯申[2]。

4.2 蔡公孙辰出奔吴[3]。

4.3 葬秦惠公[4]。

4.4 宋人执小邾子[5]。

4.5 夏，蔡杀其大夫公孙姓、公孙霍[6]。

4.6 晋人执戎蛮子赤归于楚[7]。

4.7 城西郛[8]。

4.8 六月辛丑[9],亳社灾[10]。

4.9 秋八月甲寅[11],滕子结卒[12]。

4.10 冬十有二月,葬蔡昭公。

4.11 葬滕顷公。

【注释】

①四年:鲁哀公四年当周敬王二十九年,前491。庚戌:二十一日。

②蔡侯申:蔡昭公,名申。蔡昭公,前518年即位,在位二十八年。

③蔡公孙辰出奔吴:公孙辰是杀蔡侯凶手的同党。

④葬秦惠公:秦惠公死于上年冬十月。

⑤小邾子:小邾国君。

⑥公孙姓、公孙霍:二人都是杀蔡侯凶手的同党。

⑦戎蛮子赤:戎蛮部落首领,名赤。

⑧城西郛:鲁国修筑西边外城,防备晋国入侵。

⑨辛丑:十四日。

⑩亳社灾:鲁国亳社发生火灾。

⑪甲寅:二十八日。

⑫滕子结卒:滕顷公结去世。

【译文】

鲁哀公四年春周历二月二十一日,盗贼杀死蔡昭公申。

蔡国公孙辰出逃到吴国。

安葬秦惠公。

宋国人拘禁小邾国君。

夏,蔡国杀了本国大夫公孙姓、公孙霍。

晋国人拘捕戎蛮子赤并送往楚国。

修筑西边外城。

六月十四日,亳社发生火灾。

秋八月二十八日，滕顷公结去世。

冬十二月，安葬蔡昭公。

安葬滕顷公。

【传】

4.1　四年春，蔡昭侯将如吴。诸大夫恐其又迁也，承[①]。公孙翩逐而射之，入于家人而卒[②]。以两矢门之[③]，众莫敢进。文之锴后至[④]，曰："如墙而进，多而杀二人[⑤]。"锴执弓而先，翩射之，中肘。锴遂杀之[⑥]。故逐公孙辰而杀公孙姓、公孙盱[⑦]。

【注释】

①承：止。想阻止蔡昭公前往吴国。

②公孙翩逐而射之，入于家人而卒：公孙翩逐射蔡昭公，昭公避入民家而死。公孙翩，蔡国大夫。家人，普通人家。

③以两矢门之：公孙翩持两矢守门，抵御蔡昭公随从。

④文之锴：蔡国大夫。

⑤如墙而进，多而杀二人：命众人排成人墙前进，公孙翩只有两箭，最多只能杀两人。

⑥锴遂杀之：杀公孙翩。

⑦公孙盱：公孙霍。

【译文】

鲁哀公四年春，蔡昭公准备到吴国去。大夫们担心他又要迁移，想阻止他。公孙翩追赶并用箭射中蔡昭公，他进入百姓家中就死了。公孙翩手持两支箭守在门口，大家不敢接近。文之锴后到，说："排成人墙前进，公孙翩最多只能杀二人。"文之锴拿着弓先行，公孙翩射他，射中肘部。文之锴便杀了公孙翩。因此驱逐公孙辰而杀死公孙姓、公孙盱。

4.2 夏，楚人既克夷虎[①]，乃谋北方。左司马眅、申公寿馀、叶公诸梁致蔡于负函[②]，致方城之外于缯关[③]，曰："吴将溯江入郢[④]，将奔命焉[⑤]。"为一昔之期，袭梁及霍[⑥]。单浮馀围蛮氏[⑦]，蛮氏溃。蛮子赤奔晋阴地[⑧]。司马起丰、析与狄戎，以临上雒[⑨]。左师军于菟和，右师军于仓野[⑩]，使谓阴地之命大夫士蔑曰[⑪]："晋、楚有盟，好恶同之。若将不废[⑫]，寡君之愿也。不然，将通于少习以听命[⑬]。"士蔑请诸赵孟。赵孟曰："晋国未宁[⑭]，安能恶于楚？必速与之！"士蔑乃致九州之戎[⑮]，将裂田以与蛮子而城之，且将为之卜[⑯]。蛮子听卜，遂执之与其五大夫[⑰]，以畀楚师于三户[⑱]。司马致邑立宗焉，以诱其遗民，而尽俘以归[⑲]。

【注释】

①夷虎：背叛楚国的夷族。

②左司马眅(pán)、申公寿馀、叶公诸梁：都是楚国大夫。致蔡：召集蔡国人。致，召集。负函：地名，在今河南信阳。

③致方城之外于缯关：方城之外，方城之外的人。缯关，古地名。在今河南方城。按，楚国集结军队，准备进攻北方。

④溯：逆流而上。

⑤奔命：奔走应命。

⑥为一昔之期，袭梁及霍：楚国假称要防备吴国入侵，暗中却在当晚下达命令，决定第二天袭击戎夷。昔，通"夕"。梁、霍，二地属于戎夷，梁在今河南临汝西。霍，在梁西南。

⑦单浮馀：楚国大夫。蛮氏：戎蛮，居于今河南临汝一带，其地在霍西。

⑧阴地：古地名。在今河南卢氏。

⑨司马起丰、析与狄戎，以临上雒：楚国司马眅征召丰、析及狄戎之人，进逼上雒。起，征召。丰、析，楚国邑名。丰，在今河南淅川西南，与湖北十堰接界。析，在今河南淅川、内乡。上雒，在今陕西商州。

⑩左师军于菟和，右师军于仓野：楚军分左右翼威胁阴地。菟和、仓野，古地名。菟和在今陕西商州东，仓野在今商州东南。

⑪命大夫：经周王或晋侯特命的大夫，与一般守县邑的大夫不同。按，阴地是晋南要道，如有失则晋都新绛（今山西侯马）将失门户之守，故特命士蔑以命大夫守之。

⑫不废：不废弃两国的盟誓。

⑬将通于少习以听命：楚国逼晋国交出蛮子赤，不然将打通少习山进攻晋都。少习，山名，在今陕西商州东，山下有武关。打通少习山，即可与秦联军，东取阴地，威胁晋都。

⑭晋国未宁：指有范氏、中行氏之难。

⑮九州之戎：在晋国阴地、陆浑一带的戎蛮。

⑯将裂田以与蛮子而城之，且将为之卜：裂田以卜，是设计诱使戎蛮前来。裂田，分给戎蛮土地。卜，筑城前先占卜。

⑰五大夫：杨伯峻认为，这里应该是只有一人，爵为五大夫。

⑱畀：交给。三户：古地名。在今河南淅川西南。

⑲司马致邑立宗焉，以诱其遗民，而尽俘以归：假装为蛮子筑城，建立宗主，以引诱蛮氏遗民，然后全部俘虏。

【译文】

夏，楚国人攻克夷虎后，就谋划进攻北方。左司马眅、申公寿馀、叶公诸梁在负函集合蔡国人，在缯关集合方城外的人，说：“吴国将沿江上溯进入郢都,大家都要奔走听命。”规定以一个夜晚为期限,袭击梁地和霍地。单浮馀包围蛮氏,蛮氏溃败。蛮子赤出奔晋国阴地。司马征集丰、析及狄戎之人,兵临上雒。左翼部队驻军菟和,右翼部队驻军仓野,派人对守阴地的命大夫士蔑说:“晋、楚两国有盟约,好恶彼此相同。不废除盟约是我们国君的愿望。不然的话,我们将打通少习山后再来听取你们的命令。”士蔑向赵鞅请示。赵鞅说:“晋国还不安宁,怎么能和楚国交恶?一定要赶紧把人交给他们!”士蔑于是召集九州戎人,说打算把田地分割给蛮子并为他筑城,还要为此而占卜。蛮子前来听取占卜结果,士蔑便把他和五大夫都逮住,在三户把他们交给楚军。司马假意要给他们城邑建立宗主,引诱流散的遗民,然后把他们全都俘虏回楚国。

4.3 秋七月,齐陈乞、弦施、卫甯跪救范氏。庚午[①],围五鹿。九月,赵鞅围邯郸[②]。冬十一月,邯郸降。荀寅奔鲜虞,赵稷奔临[③]。十二月,弦施逆之,遂堕临[④]。国夏伐晋[⑤],取邢、任、栾、鄗、逆畤、阴人、盂、壶口[⑥]。会鲜虞,纳荀寅于柏人[⑦]。

【注释】

①庚午:十四日。

②赵鞅围邯郸:上年荀寅逃至邯郸。

③临:古地名。在今河北临城西南。

④弦施逆之,遂堕临:弦施将赵稷迎进临城,赵鞅攻临,拆毁临邑城墙。

⑤国夏:齐国大夫。

⑥邢、任、栾、鄗(hào)、逆畤、阴人、盂、壶口:八邑都是晋国地名。

邢,在今河北邢台。任,在今河北任县东南。栾,在今河北栾城及赵县北。鄗,在今河北高邑及柏乡。逆畤,在今河北顺平东南。阴人,在今山西某地。盂,在今山西黎城东北太行山口吾儿峪。壶口,在今山西长治东南之壶关。

⑦纳荀寅于柏人:国夏与鲜虞人一起将荀寅送回晋地。柏人,晋国地名,在今河北隆尧西南。

【译文】

秋七月,齐国陈乞、弦施、卫甯跪救援范氏。十四日,包围五鹿。九月,赵鞅包围邯郸。冬十一月,邯郸投降。荀寅逃往鲜虞,赵稷逃往临地。十二月,弦施接入赵稷,赵鞅折毁临地城墙。国夏进攻晋国,夺取邢、任、栾、鄗、逆畤、阴人、盂、壶口。会合鲜虞,把荀寅送到柏人。

五年

【经】

5.1　五年春①,城毗②。

5.2　夏,齐侯伐宋。

5.3　晋赵鞅帅师伐卫③。

5.4　秋九月癸酉④,齐侯杵臼卒⑤。

5.5　冬,叔还如齐⑥。

5.6　闰月,葬齐景公。

【注释】

①五年:鲁哀公五年当周敬王三十年,前490。

②毗(pí):鲁地名,今地不详。

③晋赵鞅帅师伐卫:因为卫国支援范氏、中行氏。

④癸酉:二十四日。

⑤齐侯杵臼卒：齐景公杵臼去世。齐景公，前547年即位，在位五十八年。

⑥叔还：鲁国大夫。

【译文】

鲁哀公五年春，修筑毗城。

夏，齐景公攻打宋国。

晋国赵鞅带兵攻打卫国。

秋九月二十四日，齐景公杵臼去世。

冬，叔还到齐国去。

闰月，安葬齐景公。

【传】

5.1 五年春，晋围柏人，荀寅、士吉射奔齐。初，范氏之臣王生恶张柳朔，言诸昭子，使为柏人[①]。昭子曰："夫非而仇乎？"对曰："私仇不及公，好不废过，恶不去善[②]，义之经也。臣敢违之？"及范氏出[③]，张柳朔谓其子："尔从主[④]，勉之！我将止死[⑤]，王生授我矣[⑥]，吾不可以僭之[⑦]。"遂死于柏人[⑧]。

【注释】

①范氏之臣王生恶张柳朔，言诸昭子，使为柏人：王生讨厌张柳朔，但又向范氏推荐他为柏人邑宰。昭子，范吉射。

②好不废过，恶不去善：喜欢他但不掩盖他的过错，厌恶他而不抹杀他的优点。

③及范氏出：范氏从柏人逃往齐国。

④从主：跟随主人，指掩护范氏出逃。

⑤我将止死：张柳朔将据城死战，以谢王生知遇之恩。

⑥授我：教我死节的大义。

⑦僭：失去信用。

⑧遂死于柏人：张柳朔拒晋战死，范氏得以逃奔齐国。赵鞅最终战胜范氏、中行氏。

【译文】

鲁哀公五年春，晋国包围柏人，荀寅、士吉射逃往齐国。起初，范氏家臣王生讨厌张柳朔，但向范昭子建议，派张柳朔任柏人宰。范昭子说："他不是你的仇人吗？"王生回答说："私仇不涉及公事，喜欢他但不掩盖他的过错，厌恶他而不抹杀他的优点，这是道义的标准。下臣怎敢违背？"到范氏出逃，张柳朔对他儿子说："你跟从主人，努力吧！我准备留下死战到底，王生教我死节大义，我不能对他不讲信用。"就战死在柏人。

5.2　夏，赵鞅伐卫，范氏之故也，遂围中牟[①]。

【注释】

①中牟：古地名。在今河南鹤壁西。

【译文】

夏，赵鞅进攻卫国，这是由于范氏的缘故，于是包围了中牟。

5.3　齐燕姬生子[①]，不成而死[②]，诸子鬻姒之子荼嬖[③]。诸大夫恐其为大子也，言于公曰："君之齿长矣[④]，未有大子，若之何？"公曰："二三子间于忧虞，则有疾疢[⑤]。亦姑谋乐，何忧于无君[⑥]？"公疾，使国惠子、高昭子立荼[⑦]，置群公子于莱[⑧]。秋，齐景公卒。冬十月，公子嘉、公子驹、公子黔奔卫，公子鉏、公子阳生来奔[⑨]。莱人歌之曰："景公死乎不与埋，三军之事乎不与谋。师乎师乎，何党之乎[⑩]？"

【注释】

①齐燕姬：齐景公嫡夫人。

②不成：未成年。

③诸子：诸侯之妾。荼：鬻姒所生之子，为齐景公所宠爱。

④君之齿长矣：年纪大。按，景公在位已五十八年。

⑤二三子间于忧虞，则有疾疢（chèn）：过多的忧虑则易生病。间，参与。疢，疾病。

⑥亦姑谋乐，何忧于无君：按，景公有意立荼，所以用这话搪塞诸大夫。

⑦使国惠子、高昭子立荼：国惠子，国夏。高昭子，高张。按，国、高世代为齐国上卿，所以托孤国、高。

⑧莱：齐国东部边境地名，在今山东黄岛东南。

⑨公子嘉、公子驹、公子黔奔卫，公子钼、公子阳生来奔：在莱诸公子都逃亡。

⑩景公死乎不与埋，三军之事乎不与谋。师乎师乎，何党之乎：师，众，指众公子。党，所，哪里。之，往。按，莱人之歌哀众公子流离失所。

【译文】

齐国燕姬生了儿子，没成年就死了，嫔妃鬻姒的儿子荼受到宠爱。大夫们担心他被立为太子，就对景公说："国君的年龄大了，还没有太子，怎么办？"景公说："各位沉浸在忧虑中，就会生病。莫如姑且寻欢作乐，何必担心没有国君？"景公生病，派国惠子、高昭子立荼为太子，把公子们安顿到莱地。秋，齐景公去世。冬十月，公子嘉、公子驹、公子黔逃往卫国，公子钼、公子阳生逃来鲁国。莱地人歌唱道："景公死了不参加埋葬，三军大事不参与谋划。公子们啊公子们，你们又能去何方？"

5.4　郑驷秦富而侈，嬖大夫也[①]，而常陈卿之车服于其庭[②]。郑人恶而杀之。子思曰[③]："《诗》曰：'不解于位，民之攸塈[④]。'不守其位而能久者鲜矣[⑤]。《商颂》曰：'不僭不滥，不敢怠皇，命以多福[⑥]。'"

【注释】

①嬖大夫：下大夫。

②而常陈卿之车服于其庭：其位为下大夫，却摆设卿大夫的车服。

③子思：子产之子国参。

④不解于位，民之攸塈(jì)：引《诗》见《诗经·大雅·假乐》，意思是不懈怠于自己的职务，百姓就能安居乐业。解，通"懈"。攸，所。塈，安宁。

⑤不守其位：僭越失度。

⑥不僭不滥，不敢怠皇，命以多福：引《诗》见《诗经·商颂·殷武》，意思是不出错不自满，不懈怠不偷闲，上天才能赋予各种福禄。僭，差错。滥，自满。怠皇，懈怠偷闲。皇，同"遑"，闲暇。子思意谓驷秦违背这个道理，因此受祸。

【译文】

郑国驷秦富有而又狂妄，是一个下大夫，却经常在庭院中陈设卿大夫的车子和服饰。郑国人厌恶并杀了他。子思说："《诗》说：'在职位上努力不懈，百姓所以得安宁。'不安于自己的职位而能长久的太少了。《商颂》说：'不敢出错不自满，不敢懈怠和偷懒，上天就能赐予各种福禄。'"

六年

【经】

6.1　六年春[①]，城邾瑕[②]。

6.2 晋赵鞅帅师伐鲜虞。

6.3 吴伐陈。

6.4 夏,齐国夏及高张来奔。

6.5 叔还会吴于柤[3]。

6.6 秋七月庚寅[4],楚子轸卒[5]。

6.7 齐阳生入于齐[6]。

6.8 齐陈乞弑其君荼[7]。

6.9 冬,仲孙何忌帅师伐邾[8]。

6.10 宋向巢帅师伐曹[9]。

【注释】

①六年:鲁哀公六年当周敬王三十一年,前489。

②邾瑕:古地名。在今山东济宁南。

③柤:古地名。在今江苏邳州北。

④庚寅:十六日。

⑤楚子轸卒:楚昭王去世。楚昭王,初名壬,后改名轸,前515年即位,在位二十七年。

⑥齐阳生:齐景公庶子,后立为悼公。去年逃来鲁国。

⑦齐陈乞弑其君荼:杀荼本是朱毛所为,因陈乞迎立阳生,《经》文作者认为祸由陈乞始,故称“陈乞弑其君荼”。

⑧仲孙何忌:鲁国孟懿子。

⑨向巢:宋国大夫。

【译文】

鲁哀公六年春,修筑邾瑕的城墙。

晋国赵鞅率兵进攻鲜虞。

吴国攻打陈国。

夏，齐国的国夏和高张逃来鲁国。

叔还和吴国人在柤地相会。

秋七月十六日，楚昭王轸去世。

齐阳生进入齐国。

齐国陈乞杀死国君荼。

冬，仲孙何忌领兵攻打邾国。

宋国向巢带兵进攻曹国。

【传】

6.1　六年春，晋伐鲜虞，治范氏之乱也[①]。

【注释】

①晋伐鲜虞，治范氏之乱也：鲜虞与齐国、卫国同救范氏，前年又护送荀寅入柏人，因此赵鞅讨伐鲜虞以示报复。

【译文】

鲁哀公六年春，晋国进攻鲜虞，是为了惩治范氏之乱的事。

6.2　吴伐陈，复修旧怨也[①]。楚子曰："吾先君与陈有盟[②]，不可以不救。"乃救陈，师于城父[③]。

【注释】

①吴伐陈，复修旧怨也：哀公元年，陈国与楚国围蔡国，以报复吴、蔡入郢之师。现在吴国进攻陈国，以报复旧怨。

②吾先君与陈有盟：楚、陈之盟在昭公十三年，楚平王礼送陈侯吴归于陈时。

③城父：古地名。在今河南宝丰东。

【译文】

吴国进攻陈国,是再次清算以往的宿怨。楚昭王说:"我们先君与陈国有盟约,不可以不去救援。"于是前往救援陈国,驻扎在城父。

6.3 齐陈乞伪事高、国者①,每朝,必骖乘焉②。所从,必言诸大夫曰③:"彼皆偃蹇④,将弃子之命。皆曰:'高、国得君⑤,必逼我,盍去诸⑥?'固将谋子,子早图之!图之,莫如尽灭之。需,事之下也⑦。"及朝,则曰:"彼虎狼也⑧。见我在子之侧,杀我无日矣。请就之位⑨。"又谓诸大夫曰:"二子者祸矣⑩!恃得君而欲谋二三子,曰:'国之多难,贵宠之由⑪,尽去之而后君定⑫。'既成谋矣,盍及其未作也,先诸⑬?作而后,悔亦无及也⑭。"大夫从之。

【注释】

①齐陈乞伪事高、国者:高张、国夏受命立荼,陈乞想除去二人,所以装出恭顺事奉的样子。陈乞,陈僖子。

②骖乘:同车而作车右,如同二人的卫士。

③必言诸大夫:陈乞向高、国说诸大夫的坏话。

④偃蹇:骄傲。

⑤高、国得君:荼是高、国二人所立,所以得到国君宠爱。

⑥必逼我,盍去诸:诬陷诸大夫要除去高、国。

⑦需,事之下也:犹豫不决乃是下策。需,犹疑。

⑧彼虎狼也:说诸大夫是虎狼。

⑨就之位:回到诸大夫行列。按,陈乞要求回到大夫之位,以便向诸大夫挑拨。

⑩二子:指高、国。祸:将作乱。

⑪国之多难，贵宠之由：诸大夫中有被景公贵宠者，因此国家多难。贵宠之由，由于贵宠。

⑫尽去之而后君定：按，这是陈乞伪造高、国的话。

⑬既成谋矣，盍及其未作也，先诸：按，陈乞挑唆诸大夫先发难。

⑭作而后，悔亦无及：意思是让高、国先动手，诸大夫将后悔莫及。作，指高、国作难。

【译文】

齐国陈乞假装事奉高氏、国氏的样子，每逢上朝，必定和他们同乘一辆车，站在车右的位置。每次跟从，一定要谈起大夫们的事，说："那些人都很骄傲，将会抛弃你们的命令。他们都说：'高氏、国氏得到国君的宠信，必然要逼迫我们，何不除去他们？'肯定要谋算你们，你们要及早考虑对策！考虑对策，不如全部除灭他们。犹豫不决是处事的下策。"到朝廷上，就说："他们都是虎狼。他们看见我在你们的身边，很快就要杀死我了。请允许我站到大夫们的队列去。"又对大夫们说："这两人要作乱了！他们倚仗得到国君的宠信而要谋害你们，说：'国家所以多难，是由于大夫受到贵宠而造成的，全部除去后国君地位才能安定。'已经谋划好了，何不趁着他们还没动手而抢先发难？等到他们行动了可就后悔不及了。"大夫们听从了他的意见。

夏六月戊辰①，陈乞、鲍牧及诸大夫以甲入于公宫②。昭子闻之，与惠子乘如公③。战于庄，败④。国人追之，国夏奔莒，遂及高张、晏圉、弦施来奔⑤。

【注释】

①戊辰：二十三日。

②鲍牧：鲍圉之孙。

③昭子闻之，与惠子乘如公：高张、国夏赶往齐侯处。

④战于庄，败：中途与诸大夫相遇并交战，高、国败。庄，齐都临淄城内大街。

⑤遂及高张、晏圉、弦施来奔：晏圉，晏婴之子。按，陈乞终于赶走高、国二氏。

【译文】

夏六月二十三日，陈乞、鲍牧与大夫们率领甲士进入公宫。高张得知消息，与国夏坐车前往齐侯那儿。在庄街交战，被打败。国人追击他们，国夏逃往莒国，于是和高张、晏圉、弦施逃来鲁国。

6.4 秋七月，楚子在城父，将救陈。卜战，不吉；卜退，不吉。王曰："然则死也。再败楚师①，不如死。弃盟，逃仇②，亦不如死。死一也，其死仇乎③！"命公子申为王④，不可；则命公子结⑤，亦不可；则命公子启⑥，五辞而后许。将战，王有疾。庚寅，昭王攻大冥⑦，卒于城父。子闾退，曰："君王舍其子而让群臣⑧，敢忘君乎？从君之命，顺也；立君之子，亦顺也。二顺不可失也。"与子西、子期谋，潜师闭涂⑨，逆越女之子章立之⑩，而后还。

【注释】

①再败楚师：定公四年，楚国败于柏举；现在战、退都不吉利，是战败退也败，所以说再败。

②弃盟，逃仇：不救陈是弃盟，不与吴战是逃仇。

③死一也，其死仇乎：同样是死，不如战而死于仇敌。

④公子申：子西。

⑤公子结：子期。

⑥公子启：子闾。

⑦大冥：陈国地名，在今河南项城。

⑧君王舍其子而让群臣：不传位于儿子而让位于三公子。

⑨潜师：秘密转移军队。闭涂：封锁通道，不走漏消息。

⑩越女：楚昭王妾，越王句践之女。章：楚惠王。

【译文】

秋七月，楚昭王在城父，打算援救陈国。为出战而占卜，不吉利；为退兵而占卜，也不吉利。昭王说："那么只有死了。再次让楚军失败，还不如死。抛弃盟约，逃避仇敌，也不如死。同是一死，还是与仇敌战死吧！"命令公子申继位为王，公子申不同意；又命令公子结继位为王，公子结也不同意；于是命令公子启继位为王，公子启推辞了五次才答应。将要交战，昭王生病。十六日，昭王攻打大冥，死在城父。子闾退兵，说："君王舍弃他的儿子而让位于三名公子，怎敢忘记君王呢？服从君王的命令，是顺合情理的；拥立君王的儿子，也是顺合情理的。二重顺服都不能丢掉。"与子西、子期商量，秘密转移军队、封闭有关通路，迎接越国女子所生儿子章，立他为国君，然后撤兵回国。

是岁也，有云如众赤鸟[①]，夹日以飞三日。楚子使问诸周大史[②]。周大史曰："其当王身乎[③]！若禜之[④]，可移于令尹、司马。"王曰："除腹心之疾[⑤]，而置诸股肱[⑥]，何益？不穀不有大过，天其夭诸[⑦]？有罪受罚，又焉移之？"遂弗禜[⑧]。

【注释】

①有云如众赤鸟：云彩如一群赤鸟。

②楚子使问诸周大史：楚子派人问周太史是何征兆。

③其当王身乎：意思是凶兆将应验在昭王身上。古人以日比人君。

④禜（yíng）：禳灾之祭。

⑤腹心：昭王自比。

⑥股肱：指令尹、司马。

⑦不穀不有大过，天其夭诸：我没有大过错，天不会使我夭折。按，楚昭王即位时才七八岁，即位二十七年，不过三十余岁，故曰“夭”。

⑧遂弗禜：不愿移灾于他人。

【译文】

这一年，有云彩如同一群赤鸟，夹着太阳飘飞了三天。楚王派人询问周的太史。周太史说：“那是应当应验在君王的身上吧！要是禳祭，就可以转移到令尹、司马身上。”楚王说：“去除腹心的疾病，却把它放到大腿、胳膊上，有什么好处？不穀没有大过错，上天能让我夭折吗？有罪受惩罚，又能转移到哪里？”于是便不禳祭。

初，昭王有疾。卜曰：“河为祟[①]。”王弗祭。大夫请祭诸郊[②]。王曰：“三代命祀，祭不越望[③]。江、汉、睢、章，楚之望也[④]。祸福之至，不是过也[⑤]。不穀虽不德，河非所获罪也[⑥]。”遂弗祭。

【注释】

①河为祟：黄河神作祟。

②大夫请祭诸郊：请在郊野祭黄河神。

③三代命祀，祭不越望：三代时规定，祭祀不超过境内山川之神。望，本国山川之祭。

④江、汉、睢、章，楚之望也：这四条河在楚国境内，黄河则不在楚国境内。章，同“漳”，漳水。

⑤祸福之至，不是过也：祸福的降临，不超过境内山川。

⑥河非所获罪也：不是得罪黄河神而得病。

【译文】

起初，楚昭王有病。占卜说："是黄河神在作祟。"昭王不禳祭。大夫请求在郊外祭祀河神。昭王说："三代时的祭祀制度，规定祭祀不超出本国的山川。长江、汉水、睢水、漳水才是楚国的河川。祸福的到来，不会超出这些神。不穀虽然没有德行，但黄河神不是我所能得罪的。"就不去祭祀黄河神。

孔子曰："楚昭王知大道矣①！其不失国也，宜哉！《夏书》曰：'惟彼陶唐，帅彼天常，有此冀方。今失其行，乱其纪纲，乃灭而亡②。'又曰：'允出兹在兹③。'由己率常，可矣④。"

【注释】

①知大道：深明大义。

②"惟彼陶唐"六句：出自《逸书》，《古文尚书》辑入《五子之歌》。意思是唐尧能遵循上天之常道，才拥有中原之国。夏桀丧失了常道，扰乱了立国的纲纪，终于灭亡。陶唐，尧。帅，同"率"，遵循。冀方，中国。灭而亡，指夏桀。

③允出兹在兹：也是出自《逸书》，《古文尚书》收入《大禹谟》中。意思是信由己出，那么祸福也在自己。允，信。

④由己率常，可矣：自己遵循天道，必可得天之福。

【译文】

孔子说："楚昭王明白大道理了！他没有失掉国家，就是应该的！《夏书》说：'唐尧能遵循上天之常道，才拥有中原之国。夏桀丧失了常道，扰乱了立国的纲纪，终于灭亡。'又说：'信由己出，那么祸福也在自己。'由自己来遵从天道，这就可以了。"

6.5　八月，齐邴意兹来奔[①]。

【注释】

①邴意兹：高、国同党，所以逃亡鲁国。

【译文】

八月，齐国邴意兹逃来鲁国。

6.6　陈僖子使召公子阳生[①]。阳生驾而见南郭且于[②]，曰："尝献马于季孙，不入于上乘[③]，故又献此，请与子乘之[④]。"出莱门而告之故[⑤]。阚止知之，先待诸外[⑥]。公子曰："事未可知，反，与壬也处[⑦]。"戒之[⑧]，遂行。逮夜，至于齐，国人知之[⑨]。僖子使子士之母养之[⑩]，与馈者皆入[⑪]。

【注释】

①陈僖子使召公子阳生：公子阳生去年逃到鲁国，现在陈乞召他，准备立为齐君。陈僖子，陈乞。

②南郭且于：齐公子钼，逃鲁后住在鲁城南郭。

③不入于上乘：意即所献非良马。

④故又献此，请与子乘之：乘之，乘车试马。按，阳生以再献马邀公子钼，避开家人商量陈乞召回之事。

⑤莱门：鲁都郭门。

⑥阚止知之，先待诸外：阚止，阳生家臣子我。按，阚止想和阳生一起回去。

⑦事未可知，反，与壬也处：不知陈乞何意，所以让阚止返回鲁国，让他侍奉壬。壬，阳生儿子齐简公。

⑧戒之：告诫阚止不使泄密。

⑨国人知之：阳生夜返齐国，本想不让国人知道，但国人还是知道了。

⑩僖子使子士之母养之：陈乞让阳生藏在自己家中。子士之母，陈乞妾。

⑪与馈者皆入：陈乞让阳生和送食物的人一同混入宫中。

【译文】

陈僖子派人召公子阳生回国。阳生驾着马车去见南郭且于，说：“曾经献马给季孙，但没能列入他的上等行列，所以又来献这马，请和您一起坐上试试。”出了莱门后才告诉他缘故。阚止知道了，先等候在城外。阳生说：“事情还没有明朗，你先返回，和壬在一起。”告诫了阚止，就动身了。到夜里，来到齐国，国内人知道他回来了。陈僖子让子士的母亲服侍他，又让阳生和送食物的人一起进入宫中。

冬十月丁卯[①]，立之[②]。将盟[③]，鲍子醉而往。其臣差车鲍点曰[④]：“此谁之命也[⑤]？”陈子曰：“受命于鲍子。”遂诬鲍子曰：“子之命也[⑥]！”鲍子曰：“女忘君之为孺子牛而折其齿乎[⑦]，而背之也[⑧]？”悼公稽首[⑨]，曰：“吾子奉义而行者也。若我可，不必亡一大夫[⑩]；若我不可，不必亡一公子[⑪]。义则进，否则退，敢不唯子是从？废兴无以乱，则所愿也[⑫]。”鲍子曰：“谁非君之子[⑬]？”乃受盟。使胡姬以安孺子如赖[⑭]。去鬻姒[⑮]，杀王甲，拘江说，囚王豹于句窦之丘[⑯]。

【注释】

①丁卯：二十四日。

②立之：立阳生为国君。

③将盟：与诸大夫盟誓。

④差车鲍点:管车的官员名叫鲍点。

⑤此谁之命也:谁命立阳生。

⑥子之命也:鲍牧醉,陈乞于是诬赖鲍牧。

⑦女忘君之为孺子牛而折其齿乎:齐景公宠爱荼,曾经自己衔绳装牛,让荼牵着走。景公摔倒头触地,牙齿折断。君,指齐景公。孺子,指荼。

⑧而背之也:废荼是违背齐景公遗志。背,违背。

⑨悼公:阳生。

⑩若我可,不必亡一大夫:如果我可立为君,则不必责怪鲍牧并杀他。

⑪若我不可,不必亡一公子:如果我不可立为君,则不必杀我。

⑫废兴无以乱,则所愿也:无论废荼与立己,都不要发生动乱。

⑬谁非君之子:意思是都是景公儿子,不一定非立荼不可。

⑭胡姬:景公妾。安孺子:荼。赖:古地名。在今山东章丘西北。

⑮去鬻姒:把鬻姒遣送他处。鬻姒,荼的生母。

⑯杀王甲,拘江说,囚王豹于句窦之丘:王甲等三人都是荼的党羽。

【译文】

冬十月二十四日,立阳生为国君。将与诸大夫盟誓,鲍牧喝醉酒前往。他的家臣管车的鲍点说:“这是谁的命令啊?”陈乞说:“是受命于鲍子。”就硬赖鲍牧说:“是您的命令!”鲍牧说:“你忘记了国君为孺子当牛而折断自己牙齿的事了吗,现在却要违背先君的意愿吗?”阳生叩头,说:“您是秉持道义而行事的人。要是我可以当国君,不必失去一名大夫;如果我不可立为君,则不必杀我。合乎道义就进前,否则就退后,岂敢不唯您命是从?无论废立都不要引起祸乱,就是我的愿望了。”鲍牧说:“哪一位不是国君的儿子?”于是接受盟誓。派胡姬带着安孺子到赖地。把鬻姒迁往别处,杀了王甲,拘禁江说,把王豹拘押在句窦之丘。

公使朱毛告于陈子[①]，曰："微子，则不及此。然君异于器，不可以二[②]。器二不匮，君二多难，敢布诸大夫[③]。"僖子不对而泣，曰："君举不信群臣乎[④]？以齐国之困，困又有忧[⑤]，少君不可以访[⑥]，是以求长君，庶亦能容群臣乎[⑦]！不然，夫孺子何罪[⑧]？"毛复命，公悔之[⑨]。毛曰："君大访于陈子，而图其小可也[⑩]。"使毛迁孺子于骀[⑪]，不至，杀诸野幕之下[⑫]，葬诸殳冒淳[⑬]。

【注释】

①公：悼公阳生。朱毛：齐国大夫。

②然君异于器，不可以二：君位不同于器物，国不可有二君。

③器二不匮，君二多难，敢布诸大夫：阳生怕诸大夫再立荼废己，暗示必须杀荼。匮，缺乏。

④君举不信群臣乎：陈乞以为悼公怀疑自己，所以这样问。举，全部。

⑤以齐国之困，困又有忧：齐国本有饥荒之困，又有兵革之忧。

⑥少君：指荼，其时年幼。访：请示，征求意见。

⑦庶亦能容群臣乎：希望悼公能容群臣。

⑧不然，夫孺子何罪：按，陈乞暗示废悼公重立荼并非不可能。

⑨毛复命，公悔之：悼公后悔自己失言。

⑩君大访于陈子，而图其小可也：意思是杀荼可自作主张，不必问陈乞。大，指国政。小，指杀荼。

⑪骀（tāi）：齐地名，在今山东潍坊。

⑫不至，杀诸野幕之下：中途秘密杀荼于野外帐篷中。

⑬殳冒淳：古地名。今地不详。

【译文】

阳生派朱毛告诉陈僖子，说："没有您，我不会有今天。但国君与器具不同，不能有两个。器具有两个就不会匮乏，国君有两个就会多祸难，我谨敢向您陈述。"陈僖子不回答而哭泣，说："国君难道对群臣都不信任吗？因为齐国有饥荒的困境，而且饥荒后又有兵革之忧，年幼的国君无法请示，所以才访求年长者为国君，大概能对群臣加以容忍吧！不然的话，孺子又有什么罪过？"朱毛向悼公复命，悼公后悔。朱毛说："国君遇到大事向陈子征询，小事自己决定就是了。"悼公派朱毛把安孺子迁往骀地，还没到，就把他杀死在野外的帐篷里，安葬在殳冒淳。

七年

【经】

7.1 七年春[①]，宋皇瑗帅师侵郑。

7.2 晋魏曼多帅师侵卫[②]。

7.3 夏，公会吴于鄫[③]。

7.4 秋，公伐邾。八月己酉[④]，入邾，以邾子益来[⑤]。

7.5 宋人围曹。

7.6 冬，郑驷弘帅师救曹。

【注释】

①七年：鲁哀公七年当周敬王三十二年，前488。

②魏曼多：晋国大夫。

③鄫：古地名。在今山东枣庄东。

④己酉：十一日。

⑤入邾，以邾子益来：鲁国俘虏邾隐公益返回鲁国。邾子益，邾隐公。

【译文】

鲁哀公七年春，宋国皇瑗率军进攻郑国。

晋国魏曼多带兵侵袭卫国。

夏，鲁哀公与吴国人在鄫地相会。

秋，鲁哀公攻打邾国。八月十一日，进入邾国，把邾隐公益押回国。

宋国人包围曹国。

冬，郑国驷弘领兵救援曹国。

【传】

7.1　七年春，宋师侵郑，郑叛晋故也。

【译文】

鲁哀公七年春，宋军侵袭郑国，是由于郑国背叛晋国的缘故。

7.2　晋师侵卫，卫不服也[①]。

【注释】

①晋师侵卫，卫不服也：卫国支持范氏、中行氏，哀公五年曾因此进攻卫国。现在卫国仍然不服气，所以再次讨伐。

【译文】

晋军攻打卫国，是因为卫国不肯顺服。

7.3　夏，公会吴于鄫[①]。吴来征百牢[②]，子服景伯对曰："先王未之有也[③]。"吴人曰："宋百牢我[④]，鲁不可以后宋。且鲁牢晋大夫过十[⑤]，吴王百牢，不亦可乎？"景伯曰："晋范鞅贪而弃礼，以大国惧敝邑[⑥]，故敝邑十一牢之。君若以礼命于诸侯,则有数矣[7]。若亦弃礼,则有淫者矣[8]。周之王也,制礼,上物不过十二,以为天之大数也[9]。今弃周礼,而曰必百牢,亦唯执事。"吴人弗听。景伯曰:"吴将亡矣,弃天而背本[10]。不与,必弃疾于我[11]。"乃与之。

【注释】

①公会吴于鄫:去年,鲁国派叔还会吴于柤,现在鲁哀公亲自和吴人相见。

②吴来征百牢:吴国向鲁国征取百牢的献礼。牢,牲品,牛、羊、豕各一为一牢。

③先王未之有也:先王无此先例。

④宋百牢我:宋国赠送吴国百牢。

⑤鲁牢晋大夫过十:昭公二十一年,鲁国曾赠送晋国士鞅十一牢。牢,做动词,馈送牢。

⑥以大国惧敝邑:倚仗大国的势力来恐吓敝国。

⑦有数:有常数。依礼,上公九牢,侯伯七牢,子男五牢。

⑧有:又。淫:过分。

⑨上物不过十二,以为天之大数也:古代以天空为十二次,故以十二为极数。上物,天子享礼之物品。郑玄注:"享诸侯而用王礼之数。"

⑩弃天而背本:百牢超过十二,是弃天;违背周礼,是背本。

⑪弃疾:加害。

【译文】

夏,鲁哀公和吴国人在鄫地相会。吴国前来要求进献百牢,子服景伯回答说:"先王没有过这种先例。"吴国人说:"宋国给了我们百牢,鲁国不能比宋国差。况且鲁国献给晋国大夫超过十牢,献给吴王百牢,不也是应该的吗?"子服景伯说:"晋国范鞅贪婪而抛弃礼仪,用大国来恐吓敝国，所以敝国给了他十一牢。国君要是用礼来命令诸侯，那么就有规定的数量。如果也抛弃礼，那么就又过分了。周朝统一天下，制定礼仪，上等享礼物品不超过十二，因为这是上天的大数。现在抛弃周礼，而说一定要百牢，那也只能唯执事之命是听了。”吴国人不予理会。子服景伯说：“吴国将要灭亡了，抛弃上天而背弃根本。要是不给，必定会加害于我们。”便给了他们。

大宰嚭召季康子①，康子使子贡辞②。大宰嚭曰：“国君道长③，而大夫不出门，此何礼也？”对曰：“岂以为礼，畏大国也④。大国不以礼命于诸侯，苟不以礼，岂可量也⑤？寡君既共命焉，其老岂敢弃其国⑥？大伯端委以治周礼⑦，仲雍嗣之⑧，断发文身，裸以为饰⑨，岂礼也哉？有由然也⑩。”反自鄫，以吴为无能为也⑪。

【注释】

①大宰嚭：伯嚭，吴国太宰。

②康子使子贡辞：季康子不见太宰嚭。

③道长：长途跋涉到此地。

④岂以为礼，畏大国也：害怕大国，因此不敢来见。

⑤苟不以礼，岂可量也：大国不依礼行事，则什么事都能做出来，不是小国所能预料。量，估量。

⑥寡君既共命焉，其老岂敢弃其国：哀公既已亲往，季康子不敢再弃国前来。共命，奉命前来会吴王。老，指季康子。

⑦大伯端委以治周礼：太伯穿着礼服、戴着礼帽来推行周礼。大伯，周太王长子，吴国始祖。周太王想立幼子季历，太伯、仲雍同避于江南。端委，周代礼服，这里用作动词。端，玄端之衣，礼

服。委，委貌之冠，礼帽。太伯刚到吴地，穿着周的礼服、戴着周的礼帽，即所谓“治周礼”。

⑧仲雍嗣之：太伯成为当地君长，死后仲雍嗣立。仲雍，周太王次子，太伯之弟。

⑨断发文身，裸以为饰：改从当地风俗，剪断头发，赤身裸体。身上刺画鱼龙，作为装饰。

⑩岂礼也哉？有由然也：仲雍断发文身不合周礼，是有原因不得已而为之。这里借以表示季康子不来见也是不得已。

⑪以吴为无能为也：因为吴国无礼，故认为其不能成就霸业。

【译文】

吴国太宰嚭召见季康子，季康子派子贡去辞谢。太宰嚭说：“国君跋涉了那么远的路途，而大夫却不肯出门，这是什么礼仪？”子贡回答说：“哪里敢把它当礼，只是因为害怕大国。大国不用礼来命令诸侯，而要是不用礼，其后果又怎么能估量？我们国君既然已经奉命前来，他的卿岂敢丢下国家而前来？太伯穿着礼服、戴着礼帽来推行周礼，仲雍继承了他，剪掉头发身上刺花纹，赤裸身体作为装饰，哪里是礼呢？是因为有它的原因啊。”从鄫地回来，认为吴国是不会有所作为的。

7.4 季康子欲伐邾，乃飨大夫以谋之[①]。子服景伯曰：“小所以事大，信也[②]。大所以保小，仁也[③]。背大国[④]，不信；伐小国[⑤]，不仁。民保于城，城保于德[⑥]，失二德者，危，将焉保[⑦]？”孟孙曰：“二三子以为何如？恶贤而逆之[⑧]？”对曰：“禹合诸侯于涂山，执玉帛者万国[⑨]。今其存者，无数十焉。唯大不字小，小不事大也[⑩]。知必危，何故不言[⑪]？鲁德如邾，而以众加之，可乎[⑫]？”不乐而出[⑬]。

【注释】

①乃飨大夫以谋之：设享礼征求大夫意见。

②小所以事大，信也：小国以诚信事奉大国。

③大所以保小，仁也：大国以仁义保护小国。

④背大国：大国指吴国。据下文"夏盟于鄫衍"，则鄫之会约以邾属吴。

⑤小国：指邾国。

⑥民保于城，城保于德：城保民，德保城。

⑦失二德者，危，将焉保：失去诚信与仁义，如何救亡图存？按，子服景伯反对伐邾。

⑧恶(wū)贤而逆之：谁意见正确就支持谁。恶，何。逆，迎合。

⑨禹合诸侯于涂山，执玉帛者万国：相传禹在涂山会合诸侯，携玉执帛而来的有上万个国家。涂山，其地究在何处，说法很多，古注多以为在会稽，即今浙江绍兴；杨伯峻据《水经注》，以为可能是三涂山，在今河南嵩县西南。

⑩"今其存者"四句：意谓诸侯相攻伐，自古已然。字，养育。

⑪知必危，何故不言：知道伐邾必危为何不说？按，诸大夫不肯附和季康子。

⑫鲁德如邾，而以众加之，可乎：鲁国德行没有超过邾国，而以武力征服，不可。按，诸大夫赞成子服景伯意见，不同意季孙伐邾。

⑬不乐而出：众人不欢而散。

【译文】

季康子想要进攻邾国，于是设享礼宴请大夫们来商量。子服景伯说："小国所用来事奉大国的，是信。大国所用来保护小国的，是仁。背弃大国，就是不信；进攻小国，就是不仁。人民靠城邑来保护，城邑靠德行来保护，失去了信和仁这两项德行，就危险了，又怎么能保护呢？"孟孙说："各位大夫认为怎么样？何不支持贤明的人？"大夫们回答说："禹在涂山会合诸侯,手持玉帛的有上万个国家。留存至今的,不过数十个了。这是因为大国不抚恤小国,小国不事奉大国的缘故。知道必定有危险,为什么不说? 鲁国的德行和邾国一样,却用大兵来威逼他们,行吗?”宴会不欢而散。

秋,伐邾,及范门①,犹闻钟声②。大夫谏,不听③。茅成子请告于吴④,不许,曰:“鲁击柝闻于邾⑤,吴二千里,不三月不至,何及于我⑥? 且国内岂不足⑦?”成子以茅叛⑧,师遂入邾,处其公宫。众师昼掠⑨,邾众保于绎⑩。师宵掠,以邾子益来,献于亳社⑪,囚诸负瑕,负瑕故有绎⑫。

【注释】

①范门:邾国都外城门。

②犹闻钟声:说明邾国毫无防范。

③大夫谏,不听:大夫谏劝,主张抵抗,邾隐公不听。

④茅成子:邾国大夫茅夷鸿。

⑤鲁击柝(tuò)闻于邾:鲁军击柝声可以听见,说明距离很近。柝,巡夜敲击以报更的木棒。

⑥吴二千里,不三月不至,何及于我:求救于吴国,远水救不了近火。

⑦且国内岂不足:邾隐公认为国内力量足以抗拒鲁国。

⑧茅:古地名。在今山东金乡西北。

⑨众师昼掠:鲁军大肆掳掠,夺取财物。

⑩邾众保于绎:邾人退守峄山。绎,古地名。即今山东邹城峄山。

⑪以邾子益来,献于亳社:将邾隐公俘虏回国,在亳社举行献俘仪式。

⑫囚诸负瑕，负瑕故有绎：邾隐公囚在负瑕，负瑕因此有绎人。负瑕，古地名。在今山东兖州西。

【译文】

秋，攻打邾国，到达范门，还听见邾国的钟声。大夫们劝谏，邾隐公不听。茅成子请求向吴国告急，邾隐公还是不答应，说："鲁国敲打梆子的声音都能在邾国听到，吴国远离二千里，没有三个月无法赶到，哪能顾及我们？况且我们国内的力量难道不足够抗御？"成子带着茅地背叛，鲁军于是进入邾国，住在公宫。各路军队白昼抢掠，邾国民众在绎地防守。鲁军又在晚上抢掠，逮住邾隐公益回国，在亳社举行献俘仪式，把他囚禁在负瑕，负瑕因此有绎人。

邾茅夷鸿以束帛乘韦自请救于吴①，曰："鲁弱晋而远吴②，冯恃其众③，而背君之盟，辟君之执事④，以陵我小国。邾非敢自爱也，惧君威之不立。君威之不立，小国之忧也⑤。若夏盟于鄫衍⑥，秋而背之，成求而不违，四方诸侯其何以事君⑦？且鲁赋八百乘，君之贰也⑧。邾赋六百乘，君之私也⑨。以私奉贰，唯君图之！"吴子从之。

【注释】

①邾茅夷鸿以束帛乘韦自请救于吴：茅夷鸿送礼向吴国求救。束帛，五匹帛。乘韦，四张熟牛皮。

②鲁弱晋而远吴：鲁国以为晋国弱而吴国遥远。

③冯恃：依恃。

④辟君：以吴君为鄙陋。辟，陋。执事：实际是指吴君。

⑤君威之不立，小国之忧也：鲁国侵犯邾国，也是对吴国威严的挑衅。此意在激怒吴国。

⑥若夏盟于鄫衍:夏天鲁、吴两国有鄫之会。鄫衍,即鄫。

⑦成求而不违,四方诸侯其何以事君:鲁国背盟伐邾,吴国要是不加干涉,使鲁国实现其所求而不受阻挠,诸侯将对吴国离心。成求而不违,成其所求,实现其所求。

⑧且鲁赋八百乘,君之贰也:意谓鲁兵力有战车八百辆,而吴国兵力大于鲁国,鲁是吴的副手。赋,军赋。贰,副手。

⑨私:私属,部属。

【译文】

邾国的茅夷鸿用五匹帛、四张熟牛皮亲自向吴国求救,说:“鲁国认为晋国衰弱而吴国遥远,倚仗他们人马众多,违背与国君订立的盟约,瞧不起国君的执事,来欺凌我们小国。邾国不敢爱惜自己,怕的是国君的威信不能树立。君威不立,这是小国所担忧的。如果夏天在鄫衍订盟,秋天就背弃了它,鲁国得到了所想要的却没人干预,四方诸侯又用什么来事奉国君?况且鲁国有战车八百辆,是国君的副手罢了。邾国有战车六百辆,是国君的部属。把自己的部属送给副手,还是请国君考虑吧!”吴王听从了。

7.5 宋人围曹,郑桓子思曰[①]:“宋人有曹,郑之患也。不可以不救。”冬,郑师救曹,侵宋。

【注释】

①郑桓子思:郑国大夫国参,子产之子。桓为谥号。

【译文】

宋国人包围曹国,郑国的桓子思说:“宋国人占有曹国,是郑国的忧患。不能不救援曹国。”冬,郑军为救援曹国而进攻宋国。

初，曹人或梦众君子立于社宫[①]，而谋亡曹。曹叔振铎请待公孙强，许之[②]。旦而求之曹，无之[③]。戒其子曰："我死，尔闻公孙强为政，必去之[④]。"及曹伯阳即位[⑤]，好田弋[⑥]，曹鄙人公孙强好弋，获白雁，献之[⑦]，且言田弋之说[⑧]。说之[⑨]。因访政事，大说之。有宠，使为司城以听政[⑩]。梦者之子乃行。强言霸说于曹伯[⑪]，曹伯从之，乃背晋而奸宋[⑫]。宋人伐之，晋人不救，筑五邑于其郊，曰黍丘、揖丘、大城、钟、邘[⑬]。

【注释】

①社宫：社，曹之国社。宫，社之围墙。

②曹叔振铎请待公孙强，许之：叔振铎请大家等一个叫公孙强的人，众君子同意。以上是梦境。叔振铎，曹国始祖。

③旦而求之曹，无之：在曹国找不到公孙强这个人。

④去之：离开曹国。

⑤曹伯阳：曹国国君。

⑥好田弋：喜欢打猎射鸟。

⑦获白雁，献之：白雁是罕见之鸟，因此献给国君。

⑧且言田弋之说：田弋之说，有关田弋的技巧理论等。按，公孙强乃投曹伯之所好。

⑨说：同"悦"。

⑩有宠，使为司城以听政：公孙强得国君宠信，任司空以执掌曹国之政。司城，司空。

⑪强言霸说于曹伯：公孙强怂恿曹君称霸。

⑫奸：干犯，侵犯。

⑬筑五邑于其郊，曰黍丘、揖丘、大城、钟、邘：公孙强在曹都附近修

筑黍丘等五个城邑，以抵御宋军。黍丘，当时曹都在今山东定陶，黍丘当在附近。揖丘，在今山东曹县。大城，在今山东菏泽。钟，在今山东定陶。邘，在今山东定陶。按，此本与下年《传》"八年春，宋公伐曹"云云为一段，被割裂。

【译文】

起初，曹国有人梦见一群君子站在曹国国社墙外，商议灭亡曹国。曹叔振铎请求等公孙强来，大家答应了。天亮后他在曹国内访求，并无公孙强其人。他告诫儿子说："我死以后，你听到公孙强执政，一定要离开曹国。"到曹伯阳即位，喜欢打猎射鸟，曹国边境的公孙强也喜好射鸟，得到一只白雁，献给了曹伯阳，并讲述打猎射鸟技艺。曹伯阳很喜欢他。于是和他探讨国家大事，大为欣赏。公孙强得到宠信，被任命为司城来执政。做梦人的儿子便离开曹国。公孙强向曹伯阳讲说称霸之术，曹伯阳听从了，于是背叛晋国而侵犯宋国。宋国人攻打曹国，晋国人不来救援，公孙强在郊外修筑五座城邑，名叫黍丘、揖丘、大城、钟、邘。

八年

【经】

8.1 八年春王正月[①]，宋公入曹，以曹伯阳归[②]。

8.2 吴伐我[③]。

8.3 夏，齐人取讙及阐[④]。

8.4 归邾子益于邾[⑤]。

8.5 秋七月。

8.6 冬十有二月癸亥[⑥]，杞伯过卒[⑦]。

8.7 齐人归讙及阐。

【注释】

①八年：鲁哀公八年当周敬王三十三年，前487。

②宋公入曹，以曹伯阳归：宋国灭亡曹国。

③吴伐我：吴国为邾国而进攻鲁国。

④讙、阐：鲁国二邑名。讙，在今山东宁阳东北。阐，在讙北。

⑤归邾子益于邾：齐、吴为邾伐鲁，鲁国释放邾隐公益。

⑥癸亥：初三。

⑦杞伯过卒：杞僖公过去世。杞僖公，前505年即位，在位十九年。

【译文】

鲁哀公八年春周历正月，宋景公进入曹国，俘虏曹伯阳而回。

吴国进攻鲁国。

夏，齐国人占领讙、阐两地。

把邾隐公益送回邾国。

秋七月。

冬十二月初三，杞僖公过去世。

齐国人归还讙、阐两地。

【传】

8.1　八年春，宋公伐曹，将还，褚师子肥殿[①]。曹人诟之，不行[②]。师待之[③]。公闻之，怒，命反之，遂灭曹，执曹伯阳及司城强以归，杀之[④]。

【注释】

①褚师子肥：宋国大夫。

②曹人诟之，不行：曹国人辱骂殿军，殿军停下不走。

③师待之：宋军大部队在等待殿军。

④执曹伯阳及司城强以归，杀之：曹国灭国绝祀。

【译文】

鲁哀公八年春，宋景公讨伐曹国，准备撤兵时，让褚师子肥断后。曹国人辱骂褚师子肥，他的军队便停下不走。宋军大部队在等褚师子肥。景公听说了，大怒，命令返回，就灭亡了曹国，逮住曹伯阳和司城公孙强回国，并杀了他们。

8.2　吴为邾故，将伐鲁[1]，问于叔孙辄[2]。叔孙辄对曰："鲁有名而无情[3]，伐之，必得志焉。"退而告公山不狃。公山不狃曰："非礼也。君子违[4]，不适仇国。未臣而有伐之，奔命焉，死之可也[5]。所托也则隐[6]。且夫人之行也，不以所恶废乡[7]。今子以小恶而欲覆宗国[8]，不亦难乎？若使子率[9]，子必辞，王将使我。"子张疾之[10]。王问于子洩[11]。对曰："鲁虽无与立，必有与毙[12]；诸侯将救之，未可以得志焉[13]。晋与齐、楚辅之，是四仇也[14]。夫鲁，齐、晋之唇。唇亡齿寒，君所知也，不救何为[15]？"

【注释】

①吴为邾故，将伐鲁：即应上年邾国茅夷鸿的请求。

②问于叔孙辄：问可伐与否。叔孙辄，本是鲁臣，定公十二年与公山不狃逃奔齐国，后又逃往吴国。

③鲁有名而无情：有大国之名，而无大国之实。情，实。

④违：逃亡。

⑤未臣而有伐之，奔命焉，死之可也：未尽臣节而又劝吴伐鲁，为吴国效力，则不如去死。未臣，对鲁国未尽臣节。

⑥所托也则隐：吴国如果委以伐鲁之任，应避开。隐，避开。

⑦且夫人之行也，不以所恶废乡：人虽离开祖国，不应有所怨恨而祸害祖国。乡，家乡，祖国。

⑧宗国：祖国。

⑨率：在军前作向导。

⑩子张：叔孙辄。疾之：自悔失言。

⑪子洩：公山不狃。

⑫鲁虽无与立，必有与毙：平时虽无亲近盟国，但危急时必有愿共同死战的援国。

⑬诸侯将救之，未可以得志焉：吴国如果进攻鲁国，诸侯将救鲁国，吴国不一定能获胜。

⑭晋与齐、楚辅之，是四仇也：三国与鲁国成为吴的四个敌国。

⑮“夫鲁”五句：是说吴国进攻鲁国，诸侯将群起而攻吴。

【译文】

吴国因为邾国的缘故，准备攻打鲁国，向叔孙辄咨询。叔孙辄回答说：“鲁国有名而无实，进攻他们，一定可以取胜。”叔孙辄退出后告诉了公山不狃。公山不狃说：“这是不合乎礼的。君子离开自己的国家，不去敌国。在本国没尽臣礼却去进攻祖国，为敌国奔命，不如去死算了。他们要是有这样的委托，你应该回避。况且一个人流亡在外，不应该因为怀恨而危害乡国。现在您因为小怨恨而要颠覆祖国，不也很难吗？要是派您领兵前导，您一定要推辞掉，吴王将会派我去。”叔孙辄后悔自己错了。吴王向公山不狃询问。公山不狃回答说：“鲁国虽然没有亲近的国家，但肯定有与他共存亡的援国；诸侯会救援它，吴国不会如愿以偿的。晋国和齐、楚两国辅助鲁国，这就是四个敌国了。而且鲁国是齐、晋两国的嘴唇。唇亡齿寒，这道理是国君明白的，他们为什么不去救援？”

三月，吴伐我，子洩率，故道险，从武城①。初，武城人或有因于吴竟田焉[2]，拘鄫人之沤菅者[3]，曰："何故使吾水滋[4]？"及吴师至，拘者道之以伐武城，克之[5]。王犯尝为之宰[6]，澹台子羽之父好焉[7]，国人惧[8]。懿子谓景伯[9]："若之何？"对曰："吴师来，斯与之战[10]，何患焉？且召之而至，又何求焉[11]？"吴师克东阳而进[12]，舍于五梧[13]，明日，舍于蚕室[14]。公宾庚、公甲叔子与战于夷[15]，获叔子与析朱钼，献于王[16]。王曰："此同车，必使能，国未可望也[17]。"明日，舍于庚宗[18]，遂次于泗上[19]。微虎欲宵攻王舍[20]，私属徒七百人三踊于幕庭[21]，卒三百人，有若与焉[22]。及稷门之内[23]，或谓季孙曰："不足以害吴，而多杀国士[24]，不如已也。"乃止之。吴子闻之，一夕三迁[25]。

【注释】

①子洩率，故道险，从武城：公山不狃故意引吴军走险道，从武城经过。道，引导。武城，古地名。在今山东费县西南，属沂蒙山区。

②武城人或有因于吴竟田焉：武城人在吴国边境内种田。

③菅(jiān)：植物名，浸泡其茎，可剥以为绳索。

④何故使吾水滋：种田的武城人拘捕鄫人，责怪他将水弄脏。滋，污黑，污浊。

⑤拘者道之以伐武城，克之：被拘的鄫人引导吴军攻武城，以泄愤报复。

⑥王犯：吴国大夫，后逃亡鲁国，为武城宰。

⑦澹台子羽之父好焉：澹台子羽之父与王犯友好。澹台子羽，孔子弟子。

⑧国人惧：国内人不知是鄫人引导吴军攻克武城，惧怕王犯为吴军内应，引吴军攻鲁都。

⑨懿子:孟懿子。

⑩斯:承接连词,乃,就。

⑪且召之而至,又何求焉:鲁国因为进攻邾国而召来吴军。子服景伯本反对伐邾,因此话中带有气愤揶揄之意。

⑫东阳:鲁地名。在今山东费县西北。

⑬五梧:也是鲁地名。在东阳西北,在今山东平邑西。

⑭蚕室:古地名。在今山东平邑。按,吴军逐步向曲阜逼近。

⑮夷:鲁地名。距庚宗不远。

⑯获叔子与析朱钼,献于王:公宾庚、公甲叔子、析朱钼,都是鲁国大夫,三人同车,公甲叔子、析朱钼二人战死,吴军得其尸体,献给吴王。

⑰此同车,必使能,国未可望也:三人能共存亡,说明鲁国善用能人,还不可征服。

⑱庚宗:古地名。在今山东泗水东。

⑲泗上:古地名。也在今山东泗水。

⑳微虎:鲁国大夫。

㉑私属徒七百人三踊于幕庭:私下令其部属七百人在帐幕外高跳三次,以挑选精兵。

㉒卒三百人,有若与焉:终于选出三百人,有若在其中。卒,最终。有若,孔子弟子。

㉓及稷门之内:三百人行至稷门内。

㉔不足以害吴,而多杀国士:三百人不能击败吴军,徒然牺牲这许多壮士。

㉕吴子闻之,一夕三迁:吴国怕微虎偷袭,一夜之间迁移三次。

【译文】

三月,吴国进攻我国,公山不狃前导,有意从险道行军,取道武城。起初,武城有人在吴国边境种田,拘捕了浸泡菅草的鄫国人,问他:“为什么把我的水弄脏?”到吴军到来,被拘捕的那人为吴军带路去进攻武城,攻下了。王犯曾任武城宰,澹台子羽的父亲与他交好,国人都感到惧怕。孟懿子对子服景伯说:“怎么办?”子服景伯回答说:“吴军前来,就和他们交战,有什么可怕的呢?而且是我们把他们招来的,还有什么要求呢?”吴军攻下东阳继续前进,驻扎在五梧,第二天,驻扎在蚕室。公宾庚、公甲叔子和他们在夷地交战,吴军斩获公甲叔子和析朱鉏,献给吴王。吴王说:“他们同乘一辆车,说明鲁国善用能人,国家不可能被征服。”明天,住在庚宗,接着就在泗水边驻军。微虎想在晚上去攻打吴王的住所,让他所属部众七百人在庭院里跳跃三次,从中选出三百人,有若也在其中。到得稷门内,有人对季孙说:“这些人不足以对吴国造成伤害,反而多死许多国士,不如停止行动。”于是制止了此次行动。吴王听说了,一个晚上搬迁了三处住所。

吴人行成①,将盟,景伯曰:“楚人围宋,易子而食,析骸而爨,犹无城下之盟②。我未及亏③,而有城下之盟,是弃国也。吴轻而远④,不能久,将归矣,请少待之。”弗从。景伯负载,造于莱门⑤。乃请释子服何于吴,吴人许之⑥。以王子姑曹当之,而后止⑦。吴人盟而还。

【注释】

①吴人行成:吴国提议讲和。

②“楚人围宋”四句:宣公十四年至十五年,楚围宋九月,宋华元谓楚将子反曰:“敝邑易子而食,析骸以爨。虽然,城下之盟,有以国毙,不能从也。去我三十里,唯命是听。”

③我未及亏:未到宋国那种惨状。

④轻:轻举妄动。远:远征。

⑤景伯负载，造于莱门：见季孙不纳忠言，子服景伯背着盟书跑到莱门，准备离开鲁都。

⑥乃请释子服何于吴，吴人许之：鲁国本想派子服景伯到吴国当人质，吴国已同意。子服何，子服景伯。

⑦以王子姑曹当之，而后止：鲁国又提出要以吴王之子姑曹互换人质，吴王不愿姑曹留在鲁国，双方于是取消互换人质。

【译文】

吴国提出讲和，将要结盟时，子服景伯说："楚国包围宋国，宋国人交换儿子充食，劈了骨骸烧饭，尚且没有订立城下之盟。我们还没有大败亏损，反而有城下之盟，这是抛弃国家。吴军轻率远征，不能持久，将要撤兵回去了，请稍等几天。"季孙不听。子服景伯背着盟书，到莱门。鲁国请求把子服景伯留在吴国为质，吴国答应了。鲁国要求让王子姑曹当人质，最后两国都取消互换人质。吴国订盟后回国了。

8.3　齐悼公之来也[①]，季康子以其妹妻之，即位而逆之[②]。季鲂侯通焉，女言其情，弗敢与也[③]。齐侯怒。夏五月，齐鲍牧帅师伐我，取讙及阐。

【注释】

①齐悼公之来也：哀公五年，齐景公死，公子阳生逃亡到鲁国。公子阳生回齐国即位后为齐悼公。

②季康子以其妹妻之，即位而逆之：悼公即位，前来迎接。

③季鲂侯通焉，女言其情，弗敢与也：季康子妹妹与季鲂侯私通，以情告知季康子，季康子因此不敢让她去齐国。季鲂侯，季康子的叔叔。

【译文】

齐悼公当年逃亡鲁国时，季康子把妹妹许配给他，悼公即位后要接她回去。季鲂侯和她私通,她向季康子说出内情,季康子不敢把她交给悼公。齐悼公发怒。夏五月,齐国鲍牧领兵攻打我国,占取讙和阐二地。

8.4 或谮胡姬于齐侯曰[①]:“安孺子之党也[②]。”六月,齐侯杀胡姬。

【注释】

①胡姬:齐景公妾。

②安孺子:即荼。

【译文】

有人对齐悼公说胡姬的坏话说:“她是安孺子的同党。”六月,齐悼公杀了胡姬。

8.5 齐侯使如吴请师,将以伐我[①]。乃归邾子[②]。邾子又无道,吴子使大宰子馀讨之[③],囚诸楼台,栫之以棘[④]。使诸大夫奉大子革以为政[⑤]。

【注释】

①齐侯使如吴请师,将以伐我:齐国虽然获得二邑,但仍未得季康子的妹妹,因此打算与吴国一起进攻鲁国。

②乃归邾子:齐、吴讨伐的名义是为邾隐公,所以鲁国送回邾隐公。

③大宰子馀:即太宰伯嚭。

④囚诸楼台,栫(jiàn)之以棘:用荆棘做篱笆围住楼台,以防邾隐公逃跑。栫,用柴木围塞。

⑤大子革:邾国太子,即邾桓公。

【译文】

齐悼公派人去吴国请求出兵，打算攻打我国。于是我国送回了邾隐公。邾隐公回国后仍然无道，吴王夫差派太宰伯嚭去讨伐，把邾隐公囚禁在楼台，用荆棘把四周围住。派大夫们奉立太子革执政。

8.6　秋，及齐平①。九月，臧宾如如齐莅盟②。齐闾丘明来莅盟，且逆季姬以归③，嬖④。

【注释】

①及齐平：齐、鲁两国讲和。

②臧宾如：鲁国大夫臧会之子。

③季姬：季康子的妹妹。

④嬖：季姬得到齐悼公宠爱。

【译文】

秋，与齐国讲和。九月，臧宾如到齐国参加盟会。齐国闾丘明前来参加盟会，并接季姬回国，季姬得到齐悼公的宠爱。

鲍牧又谓群公子曰："使女有马千乘乎①？"公子诉之②。公谓鲍子："或谮子，子姑居于潞以察之③。若有之，则分室以行④；若无之，则反子之所⑤。"出门，使以三分之一行⑥。半道，使以二乘⑦。及潞，麇之以入⑧，遂杀之。

【注释】

①使女有马千乘乎：鲍牧本不支持立齐悼公（公子阳生），因此煽动公子们取代阳生。马千乘，暗指做国君。

②公子诉之：公子们密报悼公。

③或谮子，子姑居于潞以察之：悼公得到密报，告诉鲍牧，有人说你坏话，请你暂时住到潞地，以待调查了解。潞，齐国地名。或曰，在齐郊外。

④若有之，则分室以行：有其事，可带走一半家产离开齐国。

⑤若无之，则反子之所：无其事，恢复原位。

⑥出门，使以三分之一行：初出门，让鲍牧带三分之一的家产。

⑦半道，使以二乘：到半路，只让他带走两辆车。

⑧麇(kǔn)：捆绑。

【译文】

鲍牧又对公子们说："让你们中有人得到四千匹马好吗？"公子们告诉了齐悼公。悼公对鲍牧说："有人说你的坏话，你暂且到潞地等待调查。要是真有其事，就让你带着一半家产出国；要是并无其事，就让你恢复原位。"到鲍牧出门上路时，则只让他带了三分之一财产。走到半路，又只让他带两辆车。到潞地，就把他捆绑进城，随后便杀掉。

8.7 冬十二月，齐人归讙及阐，季姬嬖故也①。

【译文】

冬十二月，齐国归还讙和阐二地，是因为季姬得宠的缘故。

九年

【经】

9.1 九年春王二月①，葬杞僖公。

9.2 宋皇瑗帅师取郑师于雍丘②。

9.3 夏，楚人伐陈。

9.4 秋，宋公伐郑。

9.5　冬十月。

【注释】

①九年：鲁哀公九年当周敬王三十四年，前486。

②雍丘：古地名。在今河南杞县。

【译文】

鲁哀公九年周历二月，安葬杞僖公。

宋国皇瑗带兵在雍丘消灭郑军。

夏，楚国攻打陈国。

秋，宋景公攻打郑国。

冬十月。

【传】

9.1　九年春，齐侯使公孟绰辞师于吴[①]。吴子曰："昔岁寡人闻命[②]，今又革之[③]，不知所从，将进受命于君[④]。"

【注释】

①齐侯使公孟绰辞师于吴：齐、鲁讲和，因此辞谢吴军。

②昔岁寡人闻命：齐国请求吴国派兵事在去年。

③革：更改，改变主意。

④不知所从，将进受命于君：吴王不满，表示仍将派兵赴齐。明年，吴国讨伐齐国。

【译文】

鲁哀公九年春，齐悼公派公孟绰到吴国辞谢出兵。吴王说："去年寡人遵从你们的命令，现在又要取消，使我不知该怎么办，我将去贵国听取贵君的命令。"

9.2 郑武子剩之嬖许瑕求邑[①]，无以与之。请外取[②]，许之，故围宋雍丘[③]。宋皇瑗围郑师[④]，每日迁舍[⑤]，垒合[⑥]，郑师哭[⑦]。子姚救之，大败。二月甲戌[⑧]，宋取郑师于雍丘[⑨]，使有能者无死[⑩]，以郏张与郑罗归[⑪]。

【注释】

①武子剩：郑国大夫罕达，又叫子姚，武为谥号。许瑕：子姚宠臣。

②请外取：许瑕请求取于国外。

③故围宋雍丘：许瑕率军包围雍丘。

④宋皇瑗围郑师：反围许瑕的军队。

⑤每日迁舍：宋军每天换一个地方建筑堡垒。

⑥垒合：堡垒合围郑军。

⑦郑师哭：因被围不得出。

⑧甲戌：十四日。

⑨宋取郑师于雍丘：宋全歼郑军。

⑩使有能者无死：有才能的免死。

⑪郏张、郑罗：人名，即有才能的二人。

【译文】

郑国武子剩的宠臣许瑕请求得到城邑，但没有地方可以给他。许瑕请求到国外去占取，武子剩同意了，所以包围宋国的雍丘。宋国皇瑗包围郑军，每天换一个地方构筑壁垒，使壁垒合围，郑国军士都哭了。武子剩前往救援，大败。二月十四日，宋军在雍丘歼灭郑军，让有才能的人免死，带着郏张和郑罗回国。

9.3 夏，楚人伐陈，陈即吴故也。

【译文】

夏，楚国进攻陈国，是因为陈国亲近吴国的缘故。

9.4　宋公伐郑[①]。

【注释】

①宋公伐郑：郑军已败，宋国再攻郑国。

【译文】

宋景公攻打郑国。

9.5　秋，吴城邗，沟通江、淮[①]。

【注释】

①吴城邗(hán)，沟通江、淮：吴国在邗筑城，开凿长江、淮河间运河，这就是邗沟。杨伯峻谓其“连通长江与淮水，大致自今扬州市南长江北岸起，至今清江市淮水南岸止，今之运河即古邗沟水”。邗，在今江苏扬州。

【译文】

秋，吴国修筑邗城，沟通了长江、淮河。

9.6　晋赵鞅卜救郑，遇水适火[①]，占诸史赵、史墨、史龟[②]。史龟曰：“是谓沉阳[③]，可以兴兵。利以伐姜[④]，不利子商[⑤]。伐齐则可，敌宋不吉。”史墨曰：“盈，水名也；子，水位也。名位敌，不可干也[⑥]。炎帝为火师[⑦]，姜姓其后也。水胜火，伐姜则可[⑧]。”史赵曰：“是谓如川之满，不可游也[⑨]。郑方有罪，不可救也[⑩]。救郑则不吉，不知其他[⑪]。”阳虎以《周易》筮之，遇《泰》䷊之《需》䷄[12]，曰："宋方吉[13]，不可与也[14]。微子启[15]，帝乙之元子也[16]。宋、郑，甥舅也[17]。祉，禄也。若帝乙之元子归妹，而有吉禄，我安得吉焉[18]？"乃止。

【注释】

①晋赵鞅卜救郑，遇水适火：卦象显示之兆为水流向火。

②占诸史赵、史墨、史龟：请三位解释卦象。史赵、史墨、史龟，都是晋国史官。

③沉阳：阳火下沉。

④利以伐姜：利于攻打姜姓之国。按，齐国为姜姓。

⑤子商：指宋国，宋为殷商之后，子姓。

⑥"盈，水名也"六句：盈是水的名字，子是水的位置，二者势均力敌，不可相犯。盈，即嬴，赵鞅之姓。子，宋国之姓。敌，相当。干，犯。

⑦炎帝为火师：传说炎帝是火神。

⑧水胜火，伐姜则可：可伐齐。

⑨是谓如川之满，不可游也：盈如江河的满潮，不能游水渡过。

⑩郑方有罪，不可救也：郑国因为宠臣求邑伐人，是有罪。

⑪其他：指伐齐。

⑫阳虎以《周易》筮之，遇《泰》䷊之《需》䷄：阳虎用《周易》占筮可否伐宋救郑，得到《泰》卦变为《需》卦，第五爻由阴变阳。

⑬方吉：正是吉利之时。

⑭不可与：不可为敌。

⑮微子启：商纣庶兄，宋国始祖。

⑯帝乙：商纣父亲。元子：长子。

⑰宋、郑，甥舅也：宋嫁女于郑，是姑舅姻亲。

⑱若帝乙之元子归妹，而有吉禄，我安得吉焉：《泰》卦六五爻辞说：

"帝乙归妹,以祉元吉。"阳虎据此爻辞论定伐宋不吉。

【译文】

晋国赵鞅为救援郑国而占卜,得到水流向火的卦象,向史赵、史墨、史龟询问吉凶。史龟说:"这叫做阳气下沉,可以起兵。有利于攻打姜氏,而不利于攻打子商。进攻齐国可以,与宋国为敌则不吉利。"史墨说:"盈是水名,子是水位。名和位相当,不能干犯。炎帝是火师,姜姓是他的后代。水战胜火,攻打姜姓则可行。"史赵说:"这就如同河中涨满水,不能游。郑国正有罪,不能救。救郑国不吉利,其他的我不知道。"阳虎用《周易》占筮,得到《泰》卦☷变成《需》卦☵,说:"宋国正吉利,不能与它为敌。微子启是帝乙的长子。宋、郑两国是甥舅关系。福祉是禄命。要是帝乙的长子嫁女儿,同时又有吉利的禄命,我们怎么能得到吉利呢?"于是停止出兵。

9.7　冬,吴子使来儆师伐齐①。

【注释】

①吴子使来儆师伐齐:上年齐国请吴国一起攻打鲁国,后来又独自与鲁国讲和,吴国因此怀恨,反而与鲁国合谋进攻齐国。儆师,通告出兵日期。

【译文】

冬,吴王派人通报出兵攻打齐国的事。

十年

【经】

10.1　十年春王二月①,邾子益来奔。

10.2　公会吴伐齐。

10.3 三月戊戌[②],齐侯阳生卒[③]。

10.4 夏,宋人伐郑。

10.5 晋赵鞅帅师侵齐。

10.6 五月,公至自伐齐。

10.7 葬齐悼公。

10.8 卫公孟弧自齐归于卫[④]。

10.9 薛伯夷卒[⑤]。

10.10 秋,葬薛惠公。

10.11 冬,楚公子结帅师伐陈[⑥]。

10.12 吴救陈。

【注释】

①十年:鲁哀公十年当周敬王三十五年,前485。

②戊戌:十四日。

③齐侯阳生卒:齐悼公去世。齐悼公,前488年即位,在位四年。

④卫公孟弧自齐归于卫:定公十四年,公孟弧逃往齐国,现在从齐国返回卫国。公孟弧,蒯聩之党。

⑤薛伯夷卒:薛惠公夷去世。

⑥公子结:子期。

【译文】

鲁哀公十年春周历二月,邾隐公益逃来鲁国。

鲁哀公会合吴国进攻齐国。

三月十四日,齐悼公阳生去世。

夏,宋国攻打郑国。

晋国赵鞅领兵进攻齐国。

五月,鲁哀公从攻齐前线回来。

安葬齐悼公。

卫国公孟彄从齐国回到卫国。

薛惠公夷去世。

秋，安葬薛惠公。

冬，楚国公子结带兵进攻陈国。

吴国救援陈国。

【传】

10.1　十年春，邾隐公来奔。齐甥也，故遂奔齐。

【译文】

鲁哀公十年春，邾隐公逃来鲁国。他是齐国的外甥，所以接着逃往齐国。

10.2　公会吴子、邾子、郯子伐齐南鄙，师于鄎[①]。

【注释】

①鄎：齐国南部边境地名。

【译文】

鲁哀公会合吴王夫差、邾子、郯子攻打齐国南部边境，驻军于鄎地。

10.3　齐人弑悼公，赴于师[①]。吴子三日哭于军门之外[②]。徐承帅舟师将自海入齐[③]，齐人败之，吴师乃还。

【注释】

①齐人弑悼公，赴于师：齐国人杀死齐悼公，向联军发讣告。按，以取悦于吴国。

②吴子三日哭于军门之外：尽诸侯哭吊之礼。

③徐承：吴国大夫。

【译文】

齐国人杀死齐悼公，向联军发讣告。吴王夫差在军门外哭吊了三天。徐承率领水军想从海道进入齐国，齐国打败了他们，吴军便撤回。

10.4 夏，赵鞅帅师伐齐，大夫请卜之。赵孟曰："吾卜于此起兵①，事不再令，卜不袭吉②。行也。"于是乎取犁及辕③，毁高唐之郭④，侵及赖而还⑤。

【注释】

①吾卜于此起兵：去年曾占卜伐宋不吉，伐齐吉，至今才起兵。

②事不再令，卜不袭吉：一件事情不能两次占卜，占卜也不一定再次吉利。

③犁、辕：齐国地名。犁，即犁丘，在今山东临邑西。辕，在今山东禹城附近。

④高唐：古地名。在今山东禹城西南。

⑤赖：古地名。在今山东章丘西北。

【译文】

夏，赵鞅带兵攻打齐国，大夫请求占卜。赵鞅说："我就是因为占卜过而出兵，一件事不能占卜两次，占卜也不一定再次吉利。出发吧。"于是占领了犁和辕两地，拆毁高唐外城，侵袭到赖地而回兵。

10.5　秋，吴子使来复儆师①。

【注释】

①吴子使来复儆师：伐齐未能得志，吴国派人再次通知出兵日期。

【译文】

秋，吴王夫差派人前来鲁国再次通报出兵日期。

10.6　冬，楚子期伐陈①。吴延州来季子救陈②，谓子期曰："二君不务德，而力争诸侯③，民何罪焉？我请退，以为子名④，务德而安民。"乃还⑤。

【注释】

①楚子期伐陈：陈国亲吴，所以讨伐。

②延州来季子：杜预注以为即季札。并曰："季子，吴王寿梦少子也。寿梦以襄十二年卒，至今七十七岁。寿梦卒，季子已能让国，年当十五六，至今盖九十余。"杨伯峻认为："此延州来季子未必即季札本人，以近百岁老翁帅师，恐情理所难，或其子孙，仍受延、州来之封，故仍其称乎？"

③二君不务德，而力争诸侯：不致力于德政而以武力争夺诸侯，必使生灵涂炭。二君，指吴、楚两国国君。

④我请退，以为子名：延州来季子愿自动退兵，让子期获得战胜的好名声。

⑤乃还：吴军退兵回国。

【译文】

冬，楚国子期攻打陈国。吴国延州来季子救援陈国，对子期说："两国国君不致力于修明德行，反而以武力争夺诸侯，人民有什么罪过？我请求退兵，以成全您的名声，请您致力于修德而安定百姓。”于是吴军撤回。

十一年

【经】

11.1　十有一年春[①]，齐国书帅师伐我。

11.2　夏，陈辕颇出奔郑[②]。

11.3　五月，公会吴伐齐。甲戌[③]，齐国书帅师及吴战于艾陵[④]，齐师败绩，获齐国书。

11.4　秋七月辛酉[⑤]，滕子虞母卒[⑥]。

11.5　冬十有一月，葬滕隐公。

11.6　卫世叔齐出奔宋[⑦]。

【注释】

①十有一年：鲁哀公十一年当周敬王三十六年，前484。

②辕颇：陈国大夫。

③甲戌：二十七日。

④艾陵：齐国地名。在今山东莱芜。

⑤辛酉：十五日。

⑥滕子虞母卒：滕隐公虞母去世。

⑦世叔齐：太叔疾。

【译文】

鲁哀公十一年春，齐国国书领兵攻打我国。

夏，陈国辕颇出逃郑国。

五月，鲁哀公会合吴国进攻齐国。二十七日，齐国国书领兵与吴军在艾陵交战，齐军被打败，俘获国书。

秋七月十五日，滕隐公虞母去世。

冬十一月，安葬滕隐公。

卫国世叔齐出逃宋国。

【传】

11.1　十一年春，齐为鄎故[①]，国书、高无丕帅师伐我[②]，及清[③]。季孙谓其宰冉求曰[④]："齐师在清，必鲁故也[⑤]。若之何?"求曰："一子守，二子从公御诸竟[⑥]。"季孙曰："不能[⑦]。"求曰："居封疆之间[⑧]。"季孙告二子，二子不可[⑨]。求曰："若不可，则君无出[⑩]。一子帅师，背城而战，不属者，非鲁人也[⑪]。鲁之群室[⑫]，众于齐之兵车。一室敌车，优矣[⑬]。子何患焉？二子之不欲战也宜，政在季氏[⑭]。当子之身，齐人伐鲁而不能战，子之耻也，大不列于诸侯矣[⑮]。"季孙使从于朝，俟于党氏之沟[⑯]。武叔呼而问战焉[⑰]，对曰："君子有远虑[⑱]，小人何知[⑲]?"懿子强问之[⑳]，对曰："小人虑材而言，量力而共者也[㉑]。"武叔曰："是谓我不成丈夫也[㉒]。"退而蒐乘[㉓]。孟孺子泄帅右师[㉔]，颜羽御[㉕]，邴泄为右[㉖]。冉求帅左师，管周父御，樊迟为右[㉗]。季孙曰："须也弱[㉘]。"有子曰[㉙]："就用命焉[㉚]。"季氏之甲七千，冉有以武城人三百为己徒卒。老幼守宫，次于雩门之外[㉛]。五日，右师从之[㉜]。公叔务人见保者而泣[㉝]，曰："事充政重[㉞]，上不能谋，士不能死，何以治民？吾既言之矣，敢不勉乎[㉟]!"

【注释】

①齐为鄎故：去年鲁、吴、邾、郯伐齐，驻军于鄎地。

②国书、高无丕：齐国大夫。

③清：齐国地名，在今山东东阿，大清河西。

④冉求：孔子弟子，又称冉有。

⑤齐师在清，必鲁故也：齐军集结清地，必为攻打鲁国。

⑥一子守，二子从公御诸竟：季孙留守国内，孟孙、叔孙随哀公到边境抵御齐军。一子，指季孙。二子，指孟孙、叔孙。

⑦不能：季孙自料无法调动孟孙、叔孙二人。

⑧居封疆之间：让孟孙、叔孙随哀公守于境内近郊之地。封疆，境内近郊之地。

⑨季孙告二子，二子不可：孟孙、叔孙不肯听命。

⑩若不可，则君无出：二人不干，那么哀公也不必出战。

⑪不属者，非鲁人也：不参战，简直就不是鲁国人。不属者，不参战的。

⑫群室：住在都邑中的卿大夫之家。

⑬一室敌车，优矣：以一家抵御齐国兵车，足有富余。一室，指季氏，四分公室而有其二，故季孙之兵车独多。

⑭二子之不欲战也宜，政在季氏：孟孙、叔孙恨季孙专政，所以不肯尽力打仗。

⑮“当子之身”四句：大不列于诸侯矣，使鲁国完全不配列在诸侯中。按，冉求主张与齐国战，所以用话激季孙。

⑯季孙使从于朝，俟于党氏之沟：季孙入朝，叫冉求跟随前去，冉求在党氏之沟等待季孙。党氏之沟，鲁国宫中地名。

⑰武叔：叔孙州仇。

⑱君子：指武叔。

⑲小人：冉求自称。

⑳懿子：孟懿子，即孟孙何忌。

㉑小人虑材而言，量力而共者也：意思是自知才力不足，不配发言，

所以不答。虑材而言，考虑了自己的才干才发言。量力而共，估量了力量才出力。共，通“供”。

㉒是谓我不成丈夫也：武叔醒悟冉求是责其不参战，讥讽他不是个大丈夫，故意不答以激二人。

㉓蒐乘：阅兵。

㉔孟孺子泄：孟懿子之子，字泄。

㉕颜羽：孟孙家臣。

㉖邴泄：也是孟孙家臣。

㉗樊迟：孔子弟子樊须。

㉘弱：年少。

㉙有子：冉求。

㉚就用命焉：樊须虽然年少，但能遵守命令。

㉛雩门：鲁都南城西门。

㉜五日，右师从之：孟孙不愿战，五天之后右军才前来。

㉝公叔务人：名公为，鲁昭公之子。保者：守城人。

㉞事充政重：徭役繁多，赋税苛重。

㉟吾既言之矣，敢不勉乎：既批评了别人，自己就应尽力为国，虽死无怨。

【译文】

鲁哀公十一年春天，齐国因为鄎地战役的缘故，国书、高无丕领兵进攻我国，到达清地。季孙对家宰冉求说：“齐军在清地，必定是为鲁国而来。怎么办？”冉求说：“一家防守国都，两家跟从国君到边境抵御。”季孙说：“办不到。”冉求说：“那就在境内近郊抵抗。”季孙告诉叔孙、孟孙二人，他们不同意。冉求说：“要是不行，那么国君不要出去。您一人率领军队，背城而战，不肯服从命令的，就不能算是鲁国人。鲁国卿大夫各家的总数，比齐国的战车要多。就是您一家的战车，也多过齐军。您担心什么呢？那两家不想出战是正常的，因为大政握在季氏手中。

您在世的时候，齐国进攻鲁国而不能出战，这是您的耻辱，将再也不能自立于诸侯之间了。”季孙让冉求跟他一起上朝，在党氏之沟等候。叔孙喊过冉求问他对出战的看法，冉求回答说：“君子有深远的考虑，小人能知道什么？”孟孙坚持问他，冉求回答说：“小人考虑了才干才说话，衡量了力量才出力的。”叔孙说：“这是说我成不了大丈夫啊。”回去就检阅军队。孟孺子泄率领右军，颜羽驾车，邴泄为车右。冉求率领左军，管周父驾车，樊迟为车右。季孙说：“樊迟太年轻。”冉求说：“他能遵守命令。”季氏的甲士七千人，冉求带领三百名武城人为自己的亲兵。派年老、年幼的守卫宫室，驻扎在雩门外。五天后，右军才前来会合。公叔务人见到守城人就流下了眼泪，说：“徭役繁重赋税又多，在上的人不能谋划，士卒不能忘死，用什么来治理民众？我已经这么说了，怎敢不努力呢！”

师及齐师战于郊①。齐师自稷曲，师不逾沟②。樊迟曰：“非不能也，不信子也。请三刻而逾之③。”如之，众从之④。师入齐军⑤。右师奔，齐人从之⑥。陈瓘、陈庄涉泗⑦。孟之侧后入以为殿⑧，抽矢策其马，曰：“马不进也⑨。”林不狃之伍曰⑩：“走乎⑪？”不狃曰：“谁不如⑫？”曰：“然则止乎⑬？”不狃曰：“恶贤⑭？”徐步而死⑮。

【注释】

①师：指冉求所率左师。

②齐师自稷曲，师不逾沟：齐军攻左师，左师不肯越沟迎战。

③非不能也，不信子也。请三刻而逾之：请冉求再三申明号令，必能过沟。子，指冉求。刻，戒约。

④如之，众从之：依照樊迟的话，众人都越沟而战。

⑤师入齐军：左师攻入齐军。

⑥右师奔，齐人从之：孟氏所率右师本无意作战，全军败逃，齐军紧追不舍。

⑦陈瓘、陈庄：齐国大夫。泗：泗水，流经山东曲阜城北、城西。

⑧孟之侧后入以为殿：最后入城。孟之侧，孟氏族人。

⑨马不进也：不矜夸自己勇敢而殿后，谦称是由于马走不快。

⑩林不狃：右师里的军士，为伍长。伍：五人为伍，指林不狃的部下兵卒。

⑪走：逃跑。

⑫谁不如：谁不能逃跑。按，林不狃不愿意逃跑。

⑬止：指留下抗敌。

⑭恶贤：留下也无益。恶，何。贤，益处。

⑮徐步而死：徐步，慢慢撤退。按，右师虽有孟之侧、林不狃等勇猛之士，但孟氏不战，终于失败。

【译文】

鲁军左师和齐军在郊外交战。齐军从稷曲发起进攻，鲁军不肯越沟接战。樊迟说："这并非做不到，而是不信任您啊。请再三申明号令然后冲过沟去。"冉求按他的话做了，大家都跟着过沟。左师攻入齐军。鲁军右军奔逃，齐军追赶。陈瓘、陈庄渡过泗水。孟之侧在全军最后殿后，抽箭鞭打他的马，说："是马跑不快啊。"林不狃的部下说："逃走吗？"林不狃说："我们不如谁了？"兵士又说："那么停下来抵御吗？"林不狃说："我们留下有什么作用？"慢慢撤退，结果被杀死。

师获甲首八十[①]，齐人不能师[②]。宵，谍曰："齐人遁。"冉有请从之三[③]，季孙弗许。

【注释】

①师获甲首八十：冉求左师获胜。

②不能师：溃不成军。

③冉有请从之三：多次请追齐军。

【译文】

鲁军左师斩获齐军甲士的首级八十颗，齐军溃不成军。夜里，军探报告说："齐军逃跑了。"冉求多次请求追击，季孙都没允许。

孟孺子语人曰："我不如颜羽[①]，而贤于邴泄[②]。子羽锐敏，我不欲战而能默。泄曰：'驱之。'[③]"公为与其嬖僮汪锜乘，皆死，皆殡[④]。孔子曰："能执干戈以卫社稷，可无殇也[⑤]。"冉有用矛于齐师，故能入其军[⑥]。孔子曰："义也。"

【注释】

①我不如颜羽：颜羽为驭手。

②而贤于邴泄：邴泄是车右。

③"子羽锐敏"四句：颜羽勇敢敏锐善战，邴泄胆小，只喊着"逃吧"。驱之，驱马逃跑。按，孟孺子不想作战，但没喊逃走，所以说自己不如颜羽，而贤于邴泄。

④公为与其嬖僮汪锜乘，皆死，皆殡：公为与汪锜一起战死，都加以殡敛。

⑤殇：葬童子的仪式。

⑥冉有用矛于齐师，故能入其军：用矛刺杀齐军，使鲁军冲进齐军阵地。

【译文】

孟孺子对人说："我不如颜羽，却比邴泄贤明。颜羽敏锐，我不想作战但能保持沉默。邴泄说：'逃吧。'"公为和他的爱童汪锜同乘一辆车，都战死，一起加以殡殓。孔子说："能拿着武器保卫国家，可以不用未成年人礼来安葬他。”冉有用矛对付齐军，所以能够冲入齐军。孔子说：“这是合于道义的。”

11.2　夏，陈辕颇出奔郑。初，辕颇为司徒，赋封田以嫁公女①。有余，以为己大器②。国人逐之，故出③。道渴，其族辕咺进稻醴、粱糗、腶脯焉④。喜曰：“何其给也⑤？”对曰：“器成而具⑥。”曰：“何不吾谏⑦？”对曰：“惧先行⑧。”

【注释】

①赋封田以嫁公女：在封邑横征暴敛以奉献给陈哀公嫁女儿。

②大器：钟鼎类大型彝器。

③国人逐之，故出：辕颇贪暴，被逐，因此逃亡郑国。

④稻醴：稻米甜酒。粱糗(qiǔ)：小米干饭。腶(duàn)脯：腌肉干。

⑤给(jǔ)：丰富。

⑥器成而具：意思是早知辕颇将被逐，因此大器铸成时，也备好了这些食品。

⑦不吾谏：不谏吾，不早劝阻我。

⑧惧先行：辕咺意谓怕辕颇不听劝，反而先赶走自己。

【译文】

夏，陈国辕颇出逃郑国。起初，辕颇任司徒，征收封邑内田地的赋税来陪嫁陈哀公的女儿。有剩余，就为自己铸造钟鼎等大器具。国人驱逐了他，所以他出逃。路上口渴，他的族人辕咺献上米酒、小米干饭和干肉。辕颇高兴地说：“怎么这么丰富？”辕咺回答说：“您的大器铸成时就准备好了。”辕颇说：“那为什么不谏劝我？”辕咺答复说：“我怕会先被赶走。”

11.3 为郊战故,公会吴子伐齐[①]。五月,克博[②]。壬申[③],至于嬴[④]。中军从王[⑤],胥门巢将上军[⑥],王子姑曹将下军,展如将右军。齐国书将中军,高无丕将上军,宗楼将下军。陈僖子谓其弟书[⑦]:"尔死,我必得志[⑧]。"宗子阳与闾丘明相厉也[⑨]。桑掩胥御国子[⑩],公孙夏曰:"二子必死[⑪]。"将战,公孙夏命其徒歌《虞殡》[⑫]。陈子行命其徒具含玉[⑬]。公孙挥命其徒曰:"人寻约,吴发短[⑭]。"东郭书曰:"三战必死,于此三矣[⑮]。"使问弦多以琴[⑯],曰:"吾不复见子矣。"陈书曰:"此行也,吾闻鼓而已,不闻金矣[⑰]。"

【注释】

①公会吴子伐齐:鲁国联合吴国进攻齐国报仇。

②博:古地名。在今山东泰安东南。

③壬申:二十五日。

④嬴:古地名。在今山东莱芜西北。

⑤中军从王:吴王亲率中军。

⑥胥门巢:吴国大夫。下文姑曹、展如也是吴大夫。

⑦陈僖子:陈乞。书:陈书,字子占。

⑧尔死,我必得志:如果陈书战死,陈氏在齐国将更得志。

⑨宗子阳:宗楼。相厉:互相勉励努力战死。

⑩国子:国书。

⑪二子:指桑掩胥与国书。

⑫公孙夏命其徒歌《虞殡》:唱此歌表示必死。《虞殡》,送葬的挽歌。

⑬陈子行:陈逆。具含玉:准备好含玉,表示必死。含玉,古人死后口中含玉。

⑭人寻约，吴发短：俘虏斩首后，以头发联结，计数以论功。吴人头发短，所以要准备绳子来捆绑首级。寻，八尺。约，绳子。按，公孙挥想多杀敌立功。

⑮三战必死，于此三矣：时人认为三战必死，东郭书说自己这已经是参加的第三次战役了，所以必死。

⑯问：带礼品问候人。弦多：齐国人。

⑰此行也，吾闻鼓而已，不闻金矣：不闻金，指将战死。击鼓进军，鸣金收兵。按，吴军强大，齐人都预料将战败而死。

【译文】

为了在鲁国郊外作战的缘故，鲁哀公会合吴王进攻齐国。五月，攻克博地。二十五日，到达嬴地。中军跟随吴王，胥门巢率领上军，王子姑曹率领下军，展如率领右军。齐国国书率领中军，高无丕率领上军，宗楼率领下军。陈僖子对他的弟弟陈书说："你要是战死，我一定能得志。"宗子阳和闾丘明也互相勉励。桑掩胥为国书驾车，公孙夏说："这两个人一定战死。"将要交战，公孙夏命令他的部下唱《虞殡》。陈子行命令他的部下准备好含玉。公孙挥命令他的部下说："每人准备好八尺绳子，吴国人头发短。"东郭书说："参加三次战斗必定战死，我加这次已经是三战了。"派人送琴问候弦多，说："我不能再见您了。"陈书说："这次我听到的只有鼓声，不会听见收兵的锣声了。"

甲戌，战于艾陵。展如败高子①，国子败胥门巢②。王卒助之③，大败齐师，获国书、公孙夏、闾丘明、陈书、东郭书，革车八百乘，甲首三千，以献于公④。

【注释】

①展如败高子：鲁、吴联军的右军打败齐国上军。

②国子败胥门巢：齐国中军打败联军上军。

③王卒助之：吴王中军帮助胥门巢。

④革车八百乘，甲首三千，以献于公：鲁哀公率兵参战，所以将战利品慰劳哀公。

【译文】

五月二十七日，两军在艾陵交战。展如打败高无丕，国书打败胥门巢。吴王的军队帮助胥门巢，大败齐军，杀死国书、公孙夏、闾丘明、陈书、东郭书，缴获革车八百辆、士兵首级三千颗，献给鲁哀公。

将战，吴子呼叔孙①，曰："而事何也②？"对曰："从司马③。"王赐之甲、剑铍④，曰："奉尔君事，敬无废命。"叔孙未能对⑤，卫赐进，曰："州仇奉甲从君。"而拜⑥。

【注释】

①叔孙：武叔州仇。

②而事何也：问他担任何职。

③从司马：任司马。从，谦辞。

④剑铍：带剑鞘的佩剑。

⑤叔孙未能对：一时不知如何应答。按，杨伯峻曰："君赐臣剑，是欲其死，疑古无受剑铍之礼，故叔孙不知所对。下文子贡代对，亦只言受甲。"

⑥卫赐进，曰："州仇奉甲从君。"而拜：子贡代武叔受甲，拜谢吴王。卫赐，子贡，卫国人，孔子弟子。

【译文】

将要交战时，吴王召唤叔孙，说："你担任什么职务？"叔孙回答说："司马。"吴王赐给他皮甲、剑铍，说："认真奉行你国君交代的事，恭敬不要废弃命令。"叔孙没能回答，卫赐上前，说："叔孙州仇敬受皮甲跟从国君。"代叔孙拜谢吴王。

公使大史固归国子之元[①]，置之新箧[②]，褽之以玄纁[③]，加组带焉[④]。置书于其上曰："天若不识不衷，何以使下国[⑤]？"

【注释】

①公使大史固归国子之元：哀公派太史固将国书头颅送回齐国。元，头颅。

②箧(qiè)：箱子。

③褽(wèi)之以玄纁(xūn)：以玄纁垫国书的头。褽，垫在下面。玄纁，黑色和浅绛色的帛。古代以玄纁为象征天地之色。纁，浅绛色。

④组带：丝绸带。

⑤天若不识不衷，何以使下国：上天知道齐国不善，才使吴国得胜，国书被杀。不衷，不善。下国，指吴国。

【译文】

哀公派太史固送回国书的首级，放置在新盒子里，下面垫着黑和浅红的丝绸，加上绸带。把书信放在盒子上，写道："上天要是不明白你们的行为不正，怎么能让下国得胜？"

11.4　吴将伐齐，越子率其众以朝焉[①]，王及列士皆有馈赂[②]。吴人皆喜，惟子胥惧，曰："是豢吴也夫[③]！"谏曰："越在我，心腹之疾也。壤地同而有欲于我[④]。夫其柔服，求济其欲也[⑤]，不如早从事焉[⑥]。得志于齐，犹获石田也[⑦]，无所用之。越不为沼，吴其泯矣[⑧]。使医除疾，而曰'必遗类焉'者[⑨]，未之有也。《盘庚之诰》曰：'其有颠越不共，则劓殄无遗育，无俾易种于兹邑[⑩]。'是商所以兴也。今君易之[⑪]，将以求大[12]，不亦难乎？”弗听。使于齐[13]，属其子于鲍氏，为王孙氏[14]。反役，王闻之，使赐之属镂以死[15]。将死，曰：“树吾墓槚[16]，槚可材也，吴其亡乎！三年[17]，其始弱矣。盈必毁，天之道也[18]。”

【注释】

①越子：越王句践。

②王及列士皆有馈赂：越王向吴国君臣送礼庆贺。

③是豢（huàn）吴也夫：越国贿赂吴国，如同人豢养牲畜，到时一定杀掉。豢，喂养。

④壤地同而有欲于我：越国与吴国土地相连，始终怀有灭吴之心。

⑤夫其柔服，求济其欲也：越国卑屈驯服，乃是为了实现其野心。

⑥早从事焉：早日解决越国。

⑦石田：不可耕种的田地。

⑧越不为沼，吴其泯矣：吴国不灭亡越国，越国必灭亡吴国。为沼，被灭而成为池沼。泯，灭。

⑨使医除疾，而曰“必遗类焉”者：派医生治病而要留病根的。类，同类，指疾病。

⑩其有颠越不共，则劓（yì）殄（tiǎn）无遗育，无俾易种于兹邑：参见《尚书·盘庚中》，意思是狂暴不听命令的，就要劓灭干净，不让他在这里繁殖后代。颠，颠仆。越，逾越。不共，即“不恭”。劓，割除。殄，灭绝。无遗育，无遗种。易种，转生种类。

⑪易之：改变常法。

⑫求大：求得强大。

⑬使于齐：伍子胥为吴王出使齐国。

⑭属其子于鲍氏，为王孙氏：伍子胥将儿子托付给鲍氏，后来成为王孙氏。

⑮反役，王闻之，使赐之属镂以死：从艾陵之役回国，夫差认为伍子胥私通敌国，怀有二心，因此赐属镂剑令其自杀。

⑯槚(jiǎ)：树名，古人常用作棺木。

⑰三年：三年之后。

⑱盈必毁，天之道也：骄傲自满到极点，必然崩毁。盈，满。按，哀公十三年，越国进攻吴国，哀公二十二年，越国灭亡吴国。

【译文】

吴国准备进攻齐国，越王句践率领他的臣子去朝见，吴王和他的大夫们都得到馈赠。吴国人皆大欢喜，只有子胥害怕，说："这是在豢养吴国啊！"他劝谏吴王说："越国对于我国，是心腹之患。与我们同在一块土地上而又对我们有欲望。他们的柔弱顺服，是为了达到其目的，我们不如早些下手。在齐国满足心愿，就像获得一块石头田地，没有什么用。越国如果不变成池沼，吴国可就要灭亡了。让医生去治病，却说'一定要留下病根'，这是从来没有的事。《盘庚之诰》说：'如果有狂暴不听命令的，就要劓灭干净，不让他在这里繁殖后代。'这是商朝兴盛的原因。如今君王背道而驰，将要由此达到强盛，不也是很困难的吗？"吴王不听。伍子胥出使齐国，把儿子托付在鲍氏处，后来成了王孙氏。从艾陵战役归来，吴王听说了此事，便派人赐给伍子胥属镂剑要他自杀。伍子胥将死的时候，说："在我的墓前栽上槚木，槚树可以做棺材。吴国大概就要亡国了！三年后它就开始衰弱了。盈满之后必然毁坏，这是上天的常道。"

11.5　秋，季孙命修守备，曰："小胜大①，祸也。齐至无日矣②。"

【注释】

①小胜大：鲁国小齐国大。

②齐至无日矣：预料齐国必将报复，因此整顿防备。

【译文】

秋，季孙命令整修防卫工事，说："小国战胜大国，是祸害。齐国不久就会来攻了。"

11.6 冬，卫大叔疾出奔宋[1]。初，疾娶于宋子朝[2]，其娣嬖[3]。子朝出[4]，孔文子使疾出其妻而妻之[5]。疾使侍人诱其初妻之娣置于犁[6]，而为之一宫，如二妻[7]。文子怒，欲攻之，仲尼止之[8]。遂夺其妻[9]。或淫于外州[10]，外州人夺之轩以献[11]。耻是二者[12]，故出。卫人立遗[13]，使室孔姞[14]。疾臣向魋[15]。纳美珠焉，与之城钼[16]。宋公求珠，魋不与，由是得罪。及桓氏出[17]，城钼人攻大叔疾，卫庄公复之[18]。使处巢，死焉[19]。殡于郧[20]，葬于少禘[21]。

【注释】

①大叔疾：世叔齐。

②疾娶于宋子朝：世叔齐娶宋子朝女儿。

③其娣嬖：从嫁的姊妹很受世叔齐的宠爱。

④子朝出：子朝逃亡国外。

⑤孔文子使疾出其妻而妻之：孔文子让世叔齐休弃妻子，而把自己的女儿嫁给他。孔文子，卫国执政大臣孔圉。

⑥初妻之娣：即受世叔齐宠爱的从嫁姊妹。犁：卫国地名，在今河南范县。

⑦而为之一宫，如二妻：世叔齐休弃前妻，也包括其姊妹。现在他又引诱前妻姊妹，并在犁地建房，金屋藏娇，和孔文子之女一样，如同有两个妻子。

⑧文子怒，欲攻之，仲尼止之：孔文子想攻打世叔齐，孔子从旁

劝阻。

⑨遂夺其妻：孔文子接回自己女儿。

⑩淫于外州：世叔齐又在外州与其他女子私通。外州，卫地名，今地不详。

⑪外州人夺之轩以献：外州人夺了世叔齐的轩车献给国君。轩，车。

⑫耻是二者：世叔齐以为耻。二者，妻被夺，轩车又被夺。

⑬遗：世叔齐弟弟。

⑭室：妻室，这里用作动词，为妻室。孔姞：孔文子女儿，世叔齐前妻。

⑮疾臣向魋：世叔齐做了向魋的家臣。向魋，宋国司马。

⑯纳美珠焉，与之城鉏：世叔齐送珍珠给向魋，向魋赏给他城鉏。

⑰及桓氏出：向魋在哀公十四年逃亡到卫国。桓氏，向魋。

⑱卫庄公复之：卫庄公让世叔齐回到卫国。

⑲使处巢，死焉：世叔齐死于巢。巢，卫国地名。

⑳郧：卫国地名。在今山东莒县南。

㉑少禘：卫国地名。

【译文】

冬，卫国太叔疾出逃宋国。起初，太叔疾娶宋子朝之女为妻，她的娣妹很得宠。子朝出逃后，孔文子要太叔疾休掉他的妻子而把女儿嫁给他。太叔疾派随从引诱了他前妻的姐妹并把她安顿在犁地，还为她建造了一座宫室，就像有两个妻子一样。孔文子发怒，打算攻打太叔疾，孔子劝止了他。于是孔文子就把嫁为太叔疾妻子的女儿夺了回来。太叔疾又与外州女子通奸，外州人夺了他的轩车献上来。太叔疾对这两件事感到耻辱，所以出逃。卫国人立了太叔遗，让他娶嫂子孔姞为妻。太叔疾做了向魋的家臣。他送给向魋名贵的珍珠，向魋给了他城鉏邑。宋公索取这珍珠，向魋不给，于是得罪了国君。等到桓氏出逃，城鉏人攻打太叔疾，卫庄公又让他回了国。让他住在巢地，就死在那里。棺材停放在郧地，安葬在少禘。

初，晋悼公子慭亡在卫，使其女仆而田[①]。大叔懿子止而饮之酒[②]，遂聘之[③]，生悼子[④]。悼子即位，故夏戊为大夫[⑤]。悼子亡，卫人翦夏戊[⑥]。

【注释】

①仆：驾车。田：打猎。

②懿子：卫国太叔仪之孙。

③聘之：聘娶晋悼公慭的女儿为妻。

④悼子：太叔疾。

⑤夏戊：太叔疾的外甥。

⑥翦：削夺其封邑。

【译文】

起初，晋悼公的儿子慭流亡在卫国，让自己的女儿驾车去打猎。太叔懿子留他喝酒，便聘他女儿为妻，生下太叔疾。太叔疾即位，所以夏戊做了大夫。太叔疾流亡，卫国人削夺了夏戊的官爵封邑。

孔文子之将攻大叔也，访于仲尼。仲尼曰："胡簋之事[①]，则尝学之矣。甲兵之事，未之闻也[②]。"退，命驾而行[③]，曰："鸟则择木，木岂能择鸟[④]？"文子遽止之[⑤]，曰："圉岂敢度其私[⑥]，访卫国之难也。"将止[⑦]，鲁人以币召之，乃归[⑧]。

【注释】

①胡簋(guǐ)之事：指祭祀之事。胡簋，古代祭祀时盛粮食的器皿。

②甲兵之事，未之闻也：孔子反对孔文子攻打太叔疾。

③驾：准备车马。

④鸟则择木，木岂能择鸟：孔子不愿再留居卫国。

⑤文子遽止之：挽留孔子。

⑥圉岂敢度其私：不敢谋自己的私利。

⑦将止：孔子打算留下。

⑧鲁人以币召之，乃归：孔子从卫国返回鲁国。

【译文】

孔文子准备进攻太叔疾时，向孔子讨教。孔子说："祭祀的事，我曾经学过。打仗的事，我没听说过。"孔子退出后，命准备车马上路，说："鸟选择树木，树木怎么能选择鸟？"孔文子急忙阻止他，说："我怎敢为自己个人谋划，我访求的是防范卫国的祸难啊。"孔子准备留下，鲁国用礼物召请他，于是回国了。

11.7　季孙欲以田赋①，使冉有访诸仲尼。仲尼曰："丘不识也②。"三发③，卒曰："子为国老④，待子而行，若之何子之不言也？"仲尼不对⑤。而私于冉有曰："君子之行也，度于礼⑥；施取其厚，事举其中，敛从其薄⑦。如是，则以丘亦足矣⑧。若不度于礼，而贪冒无厌⑨，则虽以田赋，将又不足。且子季孙若欲行而法⑩，则周公之典在；若欲苟而行⑪，又何访焉？"弗听⑫。

【注释】

①以田赋：季孙实行的征收田亩税及征召军役、军备的改革政策。

②丘不识也：不识，不懂这些。按，孔子意在反对此法。

③三发：问了三次。

④国老：国之元老，对孔子的尊称。

⑤仲尼不对：不作正式答复。

⑥君子之行也，度于礼：君子行事应依礼来考虑。

⑦施取其厚，事举其中，敛从其薄：施舍要厚，举事适中，赋敛要少。

⑧如是，则以丘亦足矣：丘，丘赋。丘赋比田赋轻，孔子反对横征暴敛。

⑨贪冒：贪婪。

⑩子季孙：对季孙的尊称。行而法：行事符合法度。

⑪苟而行：随便办事，为所欲为。

⑫弗听：季孙不接受孔子的意见。按，此当与下年《传》"用田赋"连读。

【译文】

季孙想按田亩征税，派冉求去征求孔子的意见。孔子说："我不懂这事。"问了三次，最后说："您是国家的元老，就等着按您的意见去办，为何您不发表意见？"孔子不正式回答。而在私下对冉求说："君子办事，要根据礼来考虑；施舍时尽量丰厚，办事时选择适中，征税尽量微薄。这样的话，那么按丘征税也就足够了。要是不根据礼来衡量，而是贪得无厌，那么即便按田亩征收赋税，还是得不到满足。再说季孙如果想合乎法制，那么有周公制定的典章在；要是想随意行事，又何必来征求意见呢？"季孙不听。

十二年

【经】

12.1 十有二年春[①]，用田赋。

12.2 夏五月甲辰[②]，孟子卒[③]。

12.3 公会吴于橐皋[④]。

12.4　秋，公会卫侯、宋皇瑗于郧[5]。

12.5　宋向巢帅师伐郑。

12.6　冬十有二月，螽[6]。

【注释】

①十有二年：鲁哀公十二年当周敬王三十七年，前483。

②甲辰：初三。

③孟子：鲁昭公夫人。

④橐皋：吴国地名，在今安徽巢湖西北。

⑤郧：古地名。在今山东莒县南。

⑥螽：蝗灾。

【译文】

鲁哀公十二年春，推行依田亩征税制度。

夏五月初三，孟子去世。

鲁哀公和吴国人在橐皋相会。

秋，哀公和卫出公、宋国皇瑗在郧地相会。

宋国向巢率军攻打郑国。

冬十二月，发生蝗灾。

【传】

12.1　十二年春王正月，用田赋。

【译文】

鲁哀公十二年春周历正月，推行依田亩征税制度。

12.2　夏五月，昭夫人孟子卒。昭公娶于吴，故不书姓[1]。

死不赴，故不称夫人②。不反哭，故不言葬小君③。孔子与吊④，适季氏。季氏不绕⑤，放绖而拜⑥。

【注释】

①昭公娶于吴，故不书姓：昭公夫人是吴国女子，鲁、吴同为姬姓国，古礼“同姓不婚”，所以不系以母家姓称“吴姬”或“孟姬”，而称孟子。

②死不赴，故不称夫人：死后不发讣告，所以不称夫人。

③不反哭，故不言葬小君：反哭，葬后回祖庙号哭。小君，诸侯妻子。按，以上解释《经》文为何不称夫人，不书葬。

④与吊：参加吊唁。

⑤季氏不绕：季氏仇恨昭公，所以不为孟子行丧礼。绕，脱帽，用布把头发包起来。

⑥放绖(dié)而拜：孔子往季氏家做私人之吊，季氏不行丧礼，孔子于是除去丧服下拜。放绖，脱掉丧服。

【译文】

夏五月，昭公夫人孟子去世。昭公娶的是吴国女子，所以《春秋》不记载她的姓。孟子死后没有发布讣告，所以不称她为夫人。安葬后没有回到祖庙哭吊，所以不说安葬小君。孔子参加吊唁，到了季氏家。季氏不脱帽服丧，孔子便除掉丧服下拜。

12.3　公会吴于橐皋，吴子使大宰嚭请寻盟①。公不欲②，使子贡对曰：“盟，所以周信也③，故心以制之，玉帛以奉之④，言以结之，明神以要之⑤。寡君以为苟有盟焉，弗可改也已。若犹可改，日盟何益⑥？今吾子曰‘必寻盟’，若可寻也，亦可寒也⑦。”乃不寻盟⑧。

【注释】

①吴子使大宰嚭请寻盟：重温哀公七年吴、鲁会于鄫的盟约。

②公不欲：鲁哀公不愿重修盟约。

③周信：巩固信用。周，巩固。

④故心以制之，玉帛以奉之：从内心来约束它，用玉帛来供奉它。

⑤言以结之，明神以要之：用言辞来结盟，在神明前盟誓，使大家信守盟约。

⑥若犹可改，日盟何益：已有盟约而不信守，每天订盟也没用。

⑦若可寻也，亦可寒也：寻，温暖之义。寒，寒凉之义。寻盟是重温旧好，寒盟则是废弃盟约。按，这是巧妙地利用字义为辞令。

⑧乃不寻盟：哀公七年吴、鲁二国有鄫之盟，八年吴国便进攻鲁国，鲁国有怨恨，因此不愿重温旧好。

【译文】

哀公与吴国人在橐皋相会，吴王派太宰嚭请求重温旧盟。哀公不愿意，派子贡答复说："盟誓是用来巩固信义的，所以要用内心来制约它，用玉帛来奉献给它，用言语来完成它，在神灵前盟誓约束它。我们国君认为只要有了盟约，就不能更改了。要是还可以更改，即便每天结盟又有什么用处？现在您说'一定要重温旧盟'，如果可以重温，那也可以冷落它。"于是没有重温旧盟。

12.4　吴征会于卫[①]。初，卫人杀吴行人且姚而惧，谋于行人子羽[②]。子羽曰："吴方无道，无乃辱吾君，不如止也[③]。"子木曰："吴方无道，国无道，必弃疾于人[④]。吴虽无道，犹足以患卫[⑤]。往也！长木之毙，无不摽也[⑥]；国狗之瘈，无不噬也[⑦]。而况大国乎？"

【注释】

①吴征会于卫:召卫国参加会盟。

②卫人杀吴行人且姚而惧,谋于行人子羽:因为杀了且姚,卫出公不愿参加会盟,怕有危险。且姚,吴国外交官名。子羽,卫国大夫。

③吴方无道,无乃辱吾君,不如止也:按,子羽建议不去参加会盟。

④弃疾:加害。

⑤犹足以患卫:足以祸害卫国。

⑥长木之毙,无不摽(biào)也:大树倒下时,必定击毁周围草木。长木,大树。摽,击。

⑦国狗之瘈(zhì),无不噬也:国狗发狂,见人必咬。国狗,名狗。瘈,发狂。

【译文】

吴国召集卫国参加诸侯的会见。起初,卫国人因杀了吴国行人且姚而害怕,与行人子羽商讨对策。子羽说:"吴国正无道,恐怕会侮辱我们的国君,不如不去。"子木说:"吴国正无道,国家无道,一定加害于人。吴国虽然无道,仍然足以祸害卫国。还是去吧!高大的树木倒下,必定击毁周围草木;名狗发疯,必定见什么咬什么,何况大国呢?"

秋,卫侯会吴于郧。公及卫侯、宋皇瑗盟,而卒辞吴盟[①]。吴人藩卫侯之舍[②]。子服景伯谓子贡曰:"夫诸侯之会,事既毕矣,侯伯致礼,地主归饩[③],以相辞也。今吴不行礼于卫,而藩其君舍以难之[④],子盍见大宰[⑤]?"乃请束锦以行[⑥]。语及卫故[⑦],大宰嚭曰:"寡君愿事卫君,卫君之来也缓,寡君惧,故将止之。"子贡曰:"卫君之来,必谋于其众,其众或欲或否[⑧],是以缓来。其欲来者,子之党也;其不欲来者，子之仇也。若执卫君，是堕党而崇仇也[9]。夫堕子者得其志矣[10]。且合诸侯而执卫君，谁敢不惧？堕党崇仇，而惧诸侯，或者难以霸乎！”大宰嚭说，乃舍卫侯[11]。卫侯归，效夷言[12]。子之尚幼[13]，曰：“君必不免，其死于夷乎[14]！执焉而又说其言，从之固矣[15]。”

【注释】

①公及卫侯、宋皇瑗盟，而卒辞吴盟：鲁、卫、宋三国结盟，而拒绝和吴国结盟。

②藩：包围。

③事既毕矣，侯伯致礼，地主归饩：会盟结束，盟主应向各会盟国致礼，东道国应馈送食物。侯伯，盟主。地主，盟会所在地的东道国。

④难之：为难卫国国君。

⑤大宰：指吴国太宰伯嚭。

⑥乃请束锦以行：以束锦为见面礼。束锦，五匹锦。

⑦语及卫故：子贡为避嫌专为卫国而来，先谈其他，后来才涉及卫国的事。故，事。

⑧其众或欲或否：卫国众大夫有的赞成来，有的不赞成来。

⑨堕党而崇仇：毁弃朋友，抬举仇人。堕，毁。

⑩夫堕子者得其志矣：扣留了卫国国君，不赞成国君来的人意见应验，必然更加得意。

⑪舍：释放。

⑫效夷言：学吴语以示亲吴。夷言，吴语。

⑬子之：卫国公孙弥牟。

⑭君必不免，其死于夷乎：按，子之预言卫出公将会死于夷人之手。

⑮执焉而又说其言，从之固矣：执焉，被吴国人逮住。说，同“悦”。从之，随同吴人而去。固，必然。按，卫出公最终死于越国。越国与吴国语言相类。

【译文】

秋，卫出公与吴国人在郧地相会。哀公和卫出公、宋国皇瑗结盟，最终拒绝和吴国结盟。吴国人包围了卫出公的住处。子服景伯对子贡说：“诸侯相会，仪式已经完成，盟主向会盟国致礼，东道国送食物，以此互相辞别。现在吴国不向卫国致礼，反而包围其国君的住处来使他难堪，您何不去见太宰？”子贡就请求给五匹锦为礼物而前往。谈到卫国的事情，太宰嚭说：“我们国君愿意事奉卫君，卫君来得晚了，我们国君害怕，所以准备留下他。”子贡说：“卫君来时一定和他的大夫商量过，他们有的赞成有的反对，所以来迟了。那些赞成来的人，是你们的支持者；不愿意他来的人，是你们的仇敌。如果抓了卫君，这是毁弃支持者而抬高了仇敌。这样一来想毁掉你们的人可就得意了。而且会合诸侯却逮捕卫君，谁敢不害怕？毁弃支持者而抬高仇敌，并让诸侯害怕，恐怕难以称霸吧！”太宰嚭同意他的话，就释放了卫出公。卫出公回国后，模仿夷人的语言。这时子之还幼小，说：“国君必定不能免于祸难，他大概要死于夷地的吧！被夷人抓了却喜欢对方的话语，一定会跟他们在一起了。”

12.5　冬十二月，螽。季孙问诸仲尼[①]。仲尼曰：“丘闻之，火伏而后蛰者毕[②]。今火犹西流，司历过也[③]。”

【注释】

①冬十二月，螽。季孙问诸仲尼：周历十二月即夏历十月，昆虫本应蛰伏地下，此时出现蝗灾，实属罕见，所以季孙问孔子。

②火伏而后蛰者毕：大火星一般夏历十月即不见于天空，大火星下

去后，昆虫也全都蛰伏地下。火，星名，即心宿二，又名大火星。

③今火犹西流，司历过也：现在大火星还在西方，没有全下去，所以蝗虫未尽，历法失闰，是司历之官的过错。按，以历法说，此年当闰九月，当时应是周历十一月即夏历九月。

【译文】

冬十二月，发生蝗灾。季孙向孔子询问。孔子说：“我听说，大火星隐没不见后昆虫也全都蛰伏。现在大火星还在经过西边，这是司历把日子算错了。”

12.6 宋、郑之间有隙地焉[①]，曰弥作、顷丘、玉畅、嵒、戈、钖[②]。子产与宋人为成，曰：“勿有是[③]。”及宋平、元之族自萧奔郑[④]，郑人为之城嵒、戈、钖。九月，宋向巢伐郑，取钖，杀元公之孙，遂围嵒。十二月，郑罕达救嵒。丙申[⑤]，围宋师。

【注释】

①隙地：闲田。

②弥作、顷丘、玉畅、嵒（yì）、戈、钖（yáng）：六地均在今河南杞县一带。

③勿有是：郑、宋两国都不可占有这六地。

④及宋平、元之族自萧奔郑：平公、元公的族人公子地、公子辰等自萧逃往郑国事在定公十五年。平、元，指宋平公、宋元公。

⑤丙申：二十八日。按，此当与下年《传》“十三年春，宋向魋救其师”云云连读。

【译文】

宋、郑两国之间有几块空地，名叫弥作、顷丘、玉畅、嵒、戈、钖。子产和宋国人讲和，说：“不要去开发这些土地。”到了宋平公、宋元公的族人从萧地逃往郑国，郑国人为他们在嵒、戈、钖三地筑城。九月，宋国向巢进攻郑国，夺取钖地，杀死元公的孙子，便包围了嵒地。十二月，郑国罕达救援嵒地。二十八日，包围了宋军。

十三年

【经】

13.1　十有三年春[①]，郑罕达帅师取宋师于嵒。

13.2　夏，许男成卒[②]。

13.3　公会晋侯及吴子于黄池[③]。

13.4　楚公子申帅师伐陈。

13.5　於越入吴。

13.6　秋，公至自会[④]。

13.7　晋魏曼多帅师侵卫。

13.8　葬许元公。

13.9　九月，螽。

13.10　冬十有一月，有星孛于东方[⑤]。

13.11　盗杀陈夏区夫[⑥]。

13.12　十有二月，螽。

【注释】

①十有三年春：鲁哀公十三年当周敬王三十八年，前482。

②许男成卒：许元公成去世。

③吴子：吴王夫差。黄池：古地名。在今河南封丘南。

④公至自会：鲁哀公从黄池之会返国。

⑤有星孛于东方：彗星出现在东方。孛，彗星。

⑥夏区夫：陈国大夫。

【译文】

鲁哀公十三年春，郑国罕达领兵在嵒地歼灭宋军。

夏，许元公成去世。

鲁哀公在黄池会见晋定公、吴王。

楚国公子申带兵攻打陈国。

越国攻入吴国。

秋，哀公从盟会地回国。

晋国魏曼多率兵侵犯卫国。

安葬许元公。

九月，发生蝗灾。

冬十一月，有彗星出现在东方。

盗贼杀死陈国夏区夫。

十二月，发生蝗灾。

【传】

13.1　十三年春，宋向魋救其师[①]。郑子剩使徇曰[②]："得桓魋者有赏。"魋也逃归[③]。遂取宋师于嵒，获成讙、郜延[④]。以六邑为虚[⑤]。

【注释】

①宋向魋救其师：按，这里应与上年《传》末句连读。

②子剩：罕达。徇：告示全军。

③魋也逃归：向魋得知郑国的告示，吓得弃军逃回国。

④成讙、郜延：宋国将领。

⑤以六邑为虚：将六地毁为废墟，仍然作为两国都不属的空地。

【译文】

鲁哀公十三年春，宋国向魋救援本国军队。郑国子剩派人通告全军："抓到桓魋的有赏。"桓魋便逃回国。于是在嵒地歼灭宋军，俘获成讙、郜延。把六座城邑毁为废墟。

13.2 夏，公会单平公、晋定公、吴夫差于黄池[1]。

【注释】

①单平公：周朝卿士。

【译文】

夏，哀公在黄池与单平公、晋定公、吴王夫差相会。

13.3 六月丙子[1]，越子伐吴[2]，为二隧[3]。畴无馀、讴阳自南方，先及郊[4]。吴大子友、王子地、王孙弥庸、寿于姚自泓上观之[5]。弥庸见姑蔑之旗[6]，曰："吾父之旗也[7]。不可以见仇而弗杀也[8]。"大子曰："战而不克，将亡国。请待之[9]。"弥庸不可，属徒五千[10]，王子地助之。乙酉[11]，战，弥庸获畴无馀，地获讴阳。越子至[12]，王子地守。丙戌[13]，复战，大败吴师，获大子友、王孙弥庸、寿于姚[14]。丁亥[15]，入吴。吴人告败于王，王恶其闻也，自刭七人于幕下[16]。

【注释】

①丙子：十一日。

②越子伐吴：越乘吴王不在国内进攻吴国。

③二隧：兵分两路。隧，道。

④畴无馀、讴阳自南方，先及郊：二人队伍先到达吴都郊外。畴无

徐、讴阳，皆越国大夫。

⑤吴大子友、王子地、王孙弥庸、寿于姚自泓上观之：三人在泓水观望越军。杨伯峻曰："沈钦韩《地名补注》谓胥门西五里有越来溪，越兵自此溪入吴。泓上即今之横山。横、泓声近。横山在今江苏吴县（今江苏苏州）西南。"

⑥姑蔑：越地名，在今浙江衢州。

⑦吾父之旗也：弥庸父亲被越国俘虏，现在姑蔑人举着其父的军旗，但已改署姑蔑。

⑧不可以见仇而弗杀也：弥庸欲报仇，主张出战。

⑨请待之：太子友劝弥庸坚守。

⑩属：集合。

⑪乙酉：二十日。

⑫越子至：越王句践亲率中军赶到。

⑬丙戌：二十一日。

⑭获大子友、王孙弥庸、寿于姚：按，王子地坚守不出，所以没失败。

⑮丁亥：二十二日。

⑯王恶其闻也，自刭七人于幕下：夫差想要封锁消息，亲自将身边知道败报的七人杀死。

【译文】

六月十一日，越王进攻吴国，兵分两路。畴无馀、讴阳从南方进军，先到吴都郊外。吴国太子友、王子地、王孙弥庸、寿于姚在泓水边观察越军。弥庸望见姑蔑人的旗帜，说："这是我父亲的旗帜。不能见到仇人而不杀。"太子友说："出战而不能战胜，将会亡国。请等一等。"弥庸不听，率领部属五千人出战，王子地帮助他。二十日，两军交战，弥庸俘获畴无馀，王子地抓获讴阳。越王到来，王子地防守。二十一日，再次交战，越军大败吴军，杀死太子友、王孙弥庸、寿于姚。二十二日，进入吴国。吴国人向吴王夫差报告战败的消息，吴王担心诸侯听到这消息，亲手把七个身边知道失败消息的人杀死在帐幕中。

13.4　秋七月辛丑[①]，盟，吴、晋争先[②]。吴人曰："于周室，我为长[③]。"晋人曰："于姬姓，我为伯[④]。"赵鞅呼司马寅曰[⑤]："日旰矣[⑥]，大事未成[⑦]，二臣之罪也[⑧]。建鼓整列，二臣死之，长幼必可知也[⑨]。"对曰："请姑视之[⑩]。"反，曰："肉食者无墨[⑪]。今吴王有墨，国胜乎[⑫]？大子死乎？且夷德轻[⑬]，不忍久，请少待之[⑭]。"乃先晋人[⑮]。

【注释】

①辛丑：初六。

②盟，吴、晋争先：争歃血先后，先歃血者为盟主。

③于周室，我为长：吴为太伯之后，故云。

④于姬姓，我为伯：晋国从文公开始历代称霸。伯，通"霸"。

⑤司马寅：晋国大夫。

⑥旰(gàn)：晚。

⑦大事：指会盟。

⑧二臣：指赵鞅与司马寅，二人是谈判代表。

⑨建鼓整列，二臣死之，长幼必可知也：准备以战来决一高低。长幼，高低。

⑩请姑视之：先观察吴军动静。

⑪肉食者：指当权者。墨：晦暗之色，指脸色。

⑫今吴王有墨，国胜乎：吴王脸色晦暗，说明吴国国内必有灾祸。国胜，国家被敌人战胜。

⑬夷：对吴国的蔑称。

⑭请少待之：忍耐一下，稍等片刻。

⑮乃先晋人：最后让晋国领先歃血为盟。

【译文】

秋七月初六，举行盟会，吴、晋两国争着要先歃血。吴国人说："在周王室中，我们是最年长的。"晋国人说："在姬姓中，我们是霸主。"赵鞅召唤司马寅说："天晚了，盟事还没成功，是我们两个臣子的罪过。敲起战鼓整顿行列，我们两个臣子战死，就一定能知道长幼的顺序了。"司马寅回答说："请暂且让我去吴王那里观察一下。"去后回来，说："当权者没有气色晦暗的。现在吴王气色晦暗，国家被战胜了吗？还是太子死了呢？而且夷人秉性轻率，不能长期忍受，请稍忍耐一下。"于是吴国让晋国先歃血。

吴人将以公见晋侯[①]，子服景伯对使者曰："王合诸侯，则伯帅侯牧以见于王[②]。伯合诸侯，则侯帅子、男以见于伯。自王以下，朝聘玉帛不同[③]。故敝邑之职贡于吴，有丰于晋，无不及焉，以为伯也[④]。今诸侯会，而君将以寡君见晋君，则晋成为伯矣[⑤]，敝邑将改职贡：鲁赋于吴八百乘[⑥]，若为子、男，则将半邾以属于吴[⑦]，而如邾以事晋[⑧]。且执事以伯召诸侯[⑨]，而以侯终之，何利之有焉？"吴人乃止。既而悔之，将囚景伯[⑩]。景伯曰："何也立后于鲁矣[⑪]，将以二乘与六人从，迟速唯命。"遂囚以还[⑫]。及户牖[⑬]，谓大宰曰："鲁将以十月上辛有事于上帝、先王[⑭]，季辛而毕[⑮]，何世有职焉[⑯]，自襄以来[⑰]，未之改也。若不会[⑱]，祝宗将曰[⑲]：'吴实然[⑳]。'且谓鲁不共，而执其贱者七人，何损焉[㉑]？"大宰嚭言于王曰："无损于鲁，而只为名[㉒]，不如归之。"乃归景伯[㉓]。

【注释】

①吴人将以公见晋侯:吴人准备带鲁哀公去见晋定公。

②伯:诸侯之长。侯牧:一方诸侯之长。

③自王以下,朝聘玉帛不同:级别不同,朝见聘问的礼物也不同。

④“故敝邑之职贡于吴”四句:鲁国尊吴国为霸主,所以贡礼超过晋国。职贡,贡献。

⑤今诸侯会,而君将以寡君见晋君,则晋成为伯矣:鲁哀公如果去见晋定公,那么晋国就俨然如霸主了。

⑥鲁赋于吴八百乘:以军赋八百乘确定贡品数。

⑦若为子、男,则将半邾以属于吴:让鲁哀公去见晋定公,是吴国将自己当成侯,而将鲁国当成子、男,则只能从邾国军赋一半的标准确定贡品数。半邾,邾国军赋为六百乘,半邾为三百乘。

⑧而如邾以事晋:以六百乘来事奉晋国。

⑨执事:指吴王。

⑩既而悔之,将囚景伯:吴国认为被景伯欺骗,所以准备拘禁景伯。

⑪何:景伯的名。立后:立继承人。表示准备一去不返。

⑫遂囚以还:吴拘捕景伯带回吴国。

⑬户牖:古地名。在今河南兰考东北。

⑭鲁将以十月上辛有事于上帝、先王:上辛,第一个辛日。有事,指祭祀。按,杨伯峻曰:“鲁固无祭先王之礼,然景伯纯作谎言,云祭‘先王’,则吴之祖亦受祭,可以恐吴。”

⑮季辛而毕:季辛,最后一个辛日。孔《疏》云:“祭礼终朝而毕,无上辛尽于季辛之事,景伯以吴信鬼,皆虚言以恐吴耳。”

⑯世有职:世代担任祭祀职务。

⑰襄:鲁襄公。

⑱不会:不参加祭祀。

⑲祝宗:祭祀之官。

⑳吴实然：是吴国使他不能参加祭祀。

㉑且谓鲁不共，而执其贱者七人，何损焉：吴国既责怪鲁国不恭敬，仅抓走下臣七人，于鲁无损。贱者，景伯与六从者都不是卿，故云。

㉒而只为名：只使吴国留下恶名。

㉓乃归景伯：按，景伯略施小计，得以被释返鲁。

【译文】

吴国人打算带着鲁哀公去见晋定公，子服景伯对使者说：“周王会合诸侯，就让盟主率领侯牧进见周王。盟主会合诸侯，就让侯率领子、男进见盟主。从周王以下，朝聘时所献的玉帛也各不相同。所以敝国进贡给吴国的，只会比给晋国更丰厚，而不会不如的，这是因为把吴国作为盟主。现在诸侯相会，君王打算带着我们国君进见晋君，那么晋国就成了盟主了，敝国将改变进贡的数量：鲁国按八百辆战车的军赋进贡贵国财礼，要是被当成子、男，就要按邾国战车的半数即三百辆进贡给吴国，而用如同邾国战车的数字去事奉晋国。况且执事以盟主身份召集诸侯，却以侯的身份结束盟会，这有什么好处呢？”吴国便作罢。过后又后悔了，打算囚禁子服景伯。子服景伯说：“我已经在鲁国立了继承人，准备带着两辆车和六个人跟你们走，时间早晚则唯命是听。”吴国便囚禁了子服景伯押回国。到达户牖时，子服景伯对太宰嚭说：“鲁国打算在十月的第一个辛日祭祀上帝、先王，最后一个辛日结束，我家世代在祭祀中都有职事，从襄公以来未曾改变过。如果我不参加，祝宗将要祝告说：‘这是吴国造成的。’而且贵国认为鲁国不恭敬，却只抓了它七名地位低下的人，这对鲁国又有什么损害呢？”太宰嚭对吴王说：“捉了子服景伯对鲁国没有损害，而只是给自己带来坏名声，不如放了他们。”于是放子服景伯回国。

吴申叔仪乞粮于公孙有山氏[①]，曰：“佩玉繠兮，余无所系之[2]。旨酒一盛兮，余与褐之父睨之[3]。”对曰：“粱则无矣[4]，粗则有之[5]。若登首山以呼曰：‘庚癸乎！’则诺[6]。”

【注释】

①吴申叔仪乞粮于公孙有山氏：申叔仪，吴国大夫。公孙有山氏，鲁国大夫。二人为旧时相识。按，可见吴王不恤士兵，军中缺粮。

②佩玉繠(ruǐ)兮，余无所系之：吴王服饰华丽，我却没有可佩饰的。繠，下垂的样子。

③旨酒一盛兮，余与褐之父睨之：吴王有美酒满杯，我们只能干瞪眼。一盛，满杯。褐之父，穿粗布衣的老翁，指贱者。睨，斜视。按，这是用暗语向鲁国讨粮。

④粱：细粮。

⑤粗：粗粮。

⑥若登首山以呼曰："庚癸乎！"则诺：这是用暗语相约，公孙有山答应送粮。庚癸，下等货。《越绝书·计倪内经》将货分为十等，甲乙为高等，庚为下等，癸更下。

【译文】

吴国申叔仪向公孙有山氏讨粮食，说："佩玉下垂啊，我却没有什么佩饰。美酒一杯啊，我和贱老人干瞅着。"公孙有山答复说："细粮已经没有了，粗粮还有。如果你登上首山呼喊：'庚癸啊！'就答应你。"

王欲伐宋，杀其丈夫而囚其妇人[1]。大宰嚭曰：“可胜也，而弗能居也。”乃归。

【注释】

①杀其丈夫而囚其妇人：杀死那里的男人而拘禁女人。按，宋国不

参加黄池之会，吴王欲以此处罚。

【译文】

吴王想攻打宋国，杀死那里的男人而拘禁其女人。太宰嚭说："可以战胜，但无法在那里久居。"于是撤兵回国。

13.5　冬，吴及越平[①]。

【译文】

冬，吴国与越国讲和。

十四年

【经】

14.1　十有四年春[①]，西狩获麟[②]。

14.2　小邾射以句绎来奔[③]。

14.3　夏四月，齐陈恒执其君，置于舒州[④]。

14.4　庚戌[⑤]，叔还卒[⑥]。

14.5　五月庚申朔，日有食之[⑦]。

14.6　陈宗竖出奔楚。

14.7　宋向魋入于曹以叛[⑧]。

14.8　莒子狂卒。

14.9　六月，宋向魋自曹出奔卫。

14.10　宋向巢来奔。

14.11　齐人弑其君壬于舒州[⑨]。

14.12　秋，晋赵鞅帅师伐卫。

14.13　八月辛丑[⑩]，仲孙何忌卒[⑪]。

14.14 冬，陈宗竖自楚复入于陈，陈人杀之。

14.15 陈辕买出奔楚。

14.16 有星孛⑫。

14.17 饥⑬。

【注释】

①十有四年：鲁哀公十四年当周敬王三十九年，前481。

②西狩获麟：在西部猎获麒麟。麟，麒麟。按，旧注《春秋经》文终止于“西狩获麟”，因麒麟是传说中的仁兽，有圣王时才出现，而时无明主，出而被获，孔子伤周道之不兴，故于此绝笔。此句以下至十六年之《经》文，都是鲁国史记之文，孔子弟子为保留到孔子去世之事，录之以继《春秋经》。但旧注并非确论，仅供参考。

③射：小邾国大夫。句绎：古地名。在今山东邹城东南。

④齐陈恒执其君，置于舒州：陈恒（陈常）拘禁齐简公于舒州。舒州，齐国北部边境，在今山东滕州。一说舒州当作“徐州”，即今江苏徐州。

⑤庚戌：四月二十日。

⑥叔还：鲁国大夫。

⑦五月庚申朔，日有食之：这是前481年4月19日的日全食。

⑧宋向魋入于曹以叛：向魋占据曹地叛乱。哀公八年，曹被宋所灭。

⑨壬：齐简公。齐简公，前484年即位，在位四年。

⑩辛丑：十三日。

⑪仲孙何忌：孟懿子。

⑫有星孛：出现彗星。

⑬饥：鲁国发生饥荒。

【译文】

鲁哀公十四年春，在西部打猎捉获一只麒麟。

小邾射带着句绎逃来鲁国。

夏四月，齐国陈恒拘禁国君，把他放置在舒州。

四月二十日，叔还去世。

五月初一，发生日食。

陈国宗竖出逃楚国。

宋国向魋进入曹邑发起叛乱。

莒国君狂去世。

六月，宋国向魋从曹邑出逃卫国。

宋国向巢逃来鲁国。

齐国人在舒州杀死国君壬。

秋，晋国赵鞅领兵攻打卫国。

八月十三日，仲孙何忌去世。

冬，陈国宗竖从楚国又进入陈国，陈国人杀了他。

陈国辕买出逃楚国。

有彗星出现。

发生饥荒。

【传】

14.1　十四年春，西狩于大野[①]，叔孙氏之车子钽商获麟[②]，以为不祥，以赐虞人[③]。仲尼观之，曰："麟也。"然后取之。

【注释】

①大野：大野泽，在今山东巨野北。

②车子钽商：御者子钽商。子氏，名钽商。

③以为不祥，以赐虞人：麟为大家没见过的动物，以为怪，于是赏给虞人。虞人，管理山泽之官。

【译文】

鲁哀公十四年春，在西部大野打猎，叔孙氏的御者子钼商捉获一只麒麟，认为不吉祥，把它赐给虞人。孔子看后，说："是麒麟。"然后收下了它。

14.2 小邾射以句绎来奔[①]，曰："使季路要我，吾无盟矣[②]。"使子路，子路辞。季康子使冉有谓之曰："千乘之国，不信其盟，而信子之言，子何辱焉[③]？"对曰："鲁有事于小邾，不敢问故，死其城下可也[④]。彼不臣，而济其言，是义之也，由弗能[⑤]。"

【注释】

①以句绎来奔：逃亡到鲁国，献句绎之地。

②使季路要我，吾无盟矣：只要子路与我盟约，无须与鲁国盟誓。季路，子路，孔子学生，以诚信著称。要，约，盟约。

③"千乘之国"四句：射竟不相信鲁国的盟誓，而只相信与子路的君子协定，这对于子路并无屈辱。其，指千乘之国，即鲁国。

④鲁有事于小邾，不敢问故，死其城下可也：鲁国如果要与小邾国打仗，不管原因如何，我愿为国献身。有事，指战争。故，原因曲直。

⑤彼不臣，而济其言，是义之也，由弗能：济其言，让他的约言得以落实。济，成。义之，以不臣为义。由，子路之名。按，子路不愿与不臣之人盟约。

【译文】

小邾射带着句绎逃来鲁国，说："要是派子路和我口头约定，我就不需盟誓。"派子路去，子路推辞。季康子派冉有对他说："对千乘之国不相信其盟誓，却相信您的话，这对您有什么屈辱呢？”子路回答说：“如果鲁国对小邾国发动战事，我不敢询问缘故，可以战死在其城下。现在他不守臣道，我却让他的约言得以落实，这就是认为他的行为合乎义了，我办不到。”

14.3　齐简公之在鲁也，阚止有宠焉[①]。及即位，使为政[②]。陈成子惮之，骤顾诸朝[③]。诸御鞅言于公曰[④]：“陈、阚不可并也，君其择焉[⑤]。”弗听。

【注释】

①齐简公之在鲁也，阚止有宠焉：哀公五年，公子阳生逃往鲁国，其子壬与阚止也一起出奔，陈氏召阳生回国，阳生不知事之成败，留下阚止事壬。阳生后即位为齐悼公。事见哀公五年、六年《传》。齐悼公被杀后，立壬为齐简公。阚止，齐国大夫，字子我。

②及即位，使为政：齐简公即位，阚止被任命为执政。

③陈成子惮之，骤顾诸朝：陈常忌惮阚止，上朝时总是回头看他。陈成子，陈常。骤，屡次。顾，回头看。

④诸御鞅：齐国大夫。

⑤陈、阚不可并也，君其择焉：劝简公二者择用一人。

【译文】

齐简公在鲁国的时候，阚止得到宠爱。到齐简公即位后，让阚止执政。陈成子怕他，在朝廷上屡屡回头看他。诸御鞅对齐简公说：“陈氏、阚氏不能并列，国君还是选用其一吧。”简公不听。

子我夕[①]，陈逆杀人，逢之，遂执以入[②]。陈氏方睦[③]，使疾而遗之潘沐，备酒肉焉[④]，飨守囚者，醉而杀之，而逃[⑤]。子我盟诸陈于陈宗[⑥]。

【注释】

①子我夕：阚止晚上去见简公。

②陈逆杀人，逢之，遂执以入：阚止道逢陈逆杀人，便捉住他，送进宫中。陈逆，陈氏族人，字子行。

③陈氏方睦：陈氏家族很和睦。

④使疾而遗之潘沐，备酒肉焉：让陈逆装病，给他送去洗头的淘米水，并准备了酒肉。潘，淘米水。

⑤飨守囚者，醉而杀之，而逃：把酒肉给看守吃，趁其醉杀死了他，陈逆逃走。

⑥子我盟诸陈于陈宗：陈逆逃走，阚止怕陈氏来要人，主动与陈氏盟誓修好。陈宗，陈氏宗主之家。

【译文】

阚止晚上去朝见简公，陈逆杀人，被阚止遇见，就抓住他带入公宫。陈氏家族正和睦，就让陈逆装病，而送去洗头的淘米水，并备了酒肉，招待看守的人，喝醉后把他们杀死，陈逆逃走。阚止与陈氏族人在陈氏宗主家结盟。

初，陈豹欲为子我臣[①]，使公孙言己[②]，已有丧而止[③]。既[④]，而言之，曰："有陈豹者，长而上偻[⑤]，望视[⑥]，事君子必得志[⑦]，欲为子臣。吾惮其为人也[⑧]，故缓以告。"子我曰："何害？是其在我也[⑨]。"使为臣。他日，与之言政，说，遂有宠[⑩]。谓之曰："我尽逐陈氏而立女[⑪]，若何？"对曰："我远于陈氏矣[⑫]。且其违者不过数人[⑬]，何尽逐焉？"遂告陈氏[⑭]。子行曰："彼得君[⑮]，弗先，必祸子[⑯]。"子行舍于公宫[⑰]。

【注释】

①陈豹:陈氏族人。

②使公孙言己:请公孙推荐自己。公孙,齐国大夫。

③已有丧而止:不久因有丧事,搁下此事。已,同“以”。

④既:丧事结束。

⑤长而上偻:高个略有驼背。

⑥望视:仰视。

⑦事君子必得志:善解人意。

⑧吾惮其为人也:怕他为人狡诈。

⑨是其在我也:关键在如何使用。

⑩与之言政,说,遂有宠:阚止与陈豹谈论政事,两人很投机,陈豹因此得宠。

⑪女:同“汝”,你,指陈豹。

⑫我远于陈氏矣:陈豹自谓乃陈氏远支。

⑬违者:指与阚止作对的人。

⑭遂告陈氏:向陈氏告密。

⑮彼得君:阚止得到国君信任。

⑯子:指陈成子。

⑰子行舍于公宫:陈逆先隐藏于简公宫中。

【译文】

起初,陈豹想做阚止的家臣,让公孙推荐自己,不久因为有丧事而中止。丧事过后,公孙对阚止提起此事,说:“有一个叫陈豹的,身材魁梧而有些驼背,眼睛总是朝上看,他事奉君子一定能使人满意,想当您的家臣。我担心他的为人不好,所以没有马上告诉您。”阚止说:“这有什么要紧?这全都取决于我。”让陈豹做了家臣。过些日子,阚止与陈豹讲论政事,很满意,于是陈豹受到宠信。阚止对他说:“我把陈氏全部赶走而立你为继承人,怎么样?”陈豹回答说:“我是陈氏的远支。而且对您不满的不过几个人，为何要全部赶走他们呢？”随即把此事报告了陈氏。陈逆对陈成子说：“他得到国君的宠信，不先下手，必将加害于您。”陈逆就住进了公宫。

夏五月壬申[①]，成子兄弟四乘如公[②]。子我在幄，出逆之[③]。遂入，闭门[④]。侍人御之，子行杀侍人[⑤]。公与妇人饮酒于檀台[⑥]，成子迁诸寝[⑦]。公执戈，将击之。大史子馀曰[⑧]：“非不利也，将除害也[⑨]。”成子出舍于库[⑩]，闻公犹怒，将出，曰：“何所无君[⑪]？”子行抽剑曰：“需，事之贼也[⑫]。谁非陈宗[⑬]？所不杀子者，有如陈宗[⑭]！”乃止。

【注释】

①壬申：十三日。

②成子兄弟四乘如公：陈成子兄弟八人分乘四辆车。四乘，四辆车。

③子我在幄，出逆之：子我出来迎接陈成子等人。幄，帐幕，朝中处理政事的地方。

④遂入，闭门：成子入，反将子我挡在门外。

⑤侍人御之，子行杀侍人：齐简公侍从见成子等来意不善，抵抗被杀。

⑥檀台：宫内之地。

⑦成子迁诸寝：成子想将简公押往寝宫。

⑧大史子馀：当为陈氏一党。

⑨非不利也，将除害也：意谓陈成子不是要加害于简公，而是为之除奸。

⑩成子出舍于库：陈成子见简公发怒而出避于库。

⑪何所无君：什么地方没有国君？按，陈成子害怕，准备逃离齐国。

⑫需，事之贼也：软弱迟疑，只会坏事。

⑬谁非陈宗：陈氏族人众多，谁不能做陈氏的宗主。

⑭有如陈宗：向陈氏祖先发誓的话。按，子行对祖先发誓，成子若出奔，一定要杀死他。

【译文】

夏五月十三日，陈成子兄弟八人乘坐四辆车去见齐简公。阚止正在帐幕里，便出来迎接他们。成子等于是进入，而把阚止关在了门外。侍者抵抗他们，陈逆杀死侍者。齐简公正与妇人在檀台饮酒，陈成子把他迁往寝宫。简公拿起戈，准备攻击。太史子馀说："他不是要对国君不利，而是要消除祸害。"陈成子出外住到仓库，听说简公还在发怒，便准备出走，说："什么地方没有国君？"陈逆拔出剑说道："迟疑懦弱只会坏事。谁不能做陈氏的宗主？你走我要不杀死你，有陈氏历代宗主作证！"陈成子才留下来。

子我归，属徒[①]，攻闱与大门[②]，皆不胜，乃出[③]。陈氏追之，失道于弇中，适丰丘[④]。丰丘人执之以告[⑤]，杀诸郭关[⑥]。成子将杀大陆子方[⑦]，陈逆请而免之。以公命取车于道[⑧]，及耏[⑨]，众知而东之[⑩]。出雍门[⑪]，陈豹与之车，弗受，曰："逆为余请[⑫]，豹与余车，余有私焉[⑬]。事子我而有私于其仇，何以见鲁、卫之士？"东郭贾奔卫。庚辰[⑭]，陈恒执公于舒州。公曰："吾早从鞅之言，不及此[⑮]。"

【注释】

①属徒：集合部下。

②闱：宫中小门。

③乃出：子我出逃。

④陈氏追之，失道于弇(yǎn)中，适丰丘：子我迷路，反入陈氏封邑。弇中，古地名。在齐都临淄西南。丰丘，陈氏封邑。

⑤丰丘人执之以告：丰丘人抓住阚止报告陈常。

⑥郭关：齐郭门。

⑦大陆子方：子我家臣。即下文之东郭贾。

⑧以公命取车于道：大陆子方假说奉简公之命在路上拦到一辆车子。

⑨郝(ér)：古地名。在齐、鲁交界处。

⑩众知而东之：众人知道大陆子方乃假借简公之命夺车西逃，便扣其车，逼他东返。众，陈氏族人。

⑪雍门：齐国城门。

⑫逆为余请：陈逆请求免我一死。

⑬余有私焉：我与陈氏有私交。

⑭庚辰：二十一日。

⑮吾早从鞅之言，不及此：简公懊悔不听诸御鞅之劝，先杀陈氏。

【译文】

阚止回到家，集合起部下，攻打公宫的小门和大门，都没能取胜，便出逃了。陈氏追击他，阚止在弇中迷了路，进入丰丘。丰丘人抓住他并报告了陈氏，把他杀死在郭关。陈成子准备杀死大陆子方，陈逆为他求情而赦免了他。大陆子方假托齐简公的命令在路上得到一辆车，到达郝地，众人知道了逼他往东去。他出了雍门，陈豹给他车子，他不接受，说："陈逆为我求情，陈豹给我车子，我和他们有私交。事奉阚止而与他的仇人有私情，怎么去见鲁、卫两国的士？"大陆子方出逃到卫国。二十一日，陈成子在舒州拘禁了齐简公。简公说："我早听从诸御鞅的话，就不至于到这地步。"

14.4　宋桓魋之宠,害于公[①]。公使夫人骤请享焉,而将讨之[②]。未及,魋先谋公,请以鞍易薄[③]。公曰:"不可。薄,宗邑也[④]。"乃益鞍七邑[⑤]。而请享公焉[⑥],以日中为期,家备尽往[⑦]。公知之,告皇野曰[⑧]:"余长魋也[⑨],今将祸余,请即救。"司马子仲曰:"有臣不顺,神之所恶也,而况人乎?敢不承命。不得左师不可[⑩],请以君命召之。"左师每食击钟。闻钟声,公曰:"夫子将食[⑪]。"既食,又奏。公曰:"可矣。"以乘车往[⑫],曰:"迹人来告曰[⑬]:'逢泽有介麇焉[⑭]。'公曰:'虽魋未来,得左师,吾与之田,若何?'君惮告子,野曰:'尝私焉[⑮]。'君欲速,故以乘车逆子。"与之乘,至[⑯],公告之故[⑰],拜,不能起[⑱]。司马曰:"君与之言[⑲]。"公曰:"所难子者[⑳],上有天,下有先君[㉑]。"对曰:"魋之不共,宋之祸也,敢不唯命是听。"司马请瑞焉[㉒],以命其徒攻桓氏[㉓]。其父兄故臣曰:"不可[㉔]。"其新臣曰:"从吾君之命。"遂攻之。子颀骋而告桓司马[㉕]。司马欲入[㉖],子车止之[㉗],曰:"不能事君,而又伐国[㉘],民不与也,只取死焉。"向魋遂入于曹以叛[㉙]。六月,使左师巢伐之[㉚]。欲质大夫以入焉[㉛]。不能[㉜],亦入于曹,取质[㉝]。魋曰:"不可。既不能事君,又得罪于民[㉞],将若之何?"乃舍之[㉟]。民遂叛之[㊱]。向魋奔卫。向巢来奔[㊲],宋公使止之,曰:"寡人与子有言矣,不可以绝向氏之祀[㊳]。"辞曰:"臣之罪大,尽灭桓氏可也。若以先臣之故,而使有后,君之惠也[㊴]。若臣,则不可以入矣[㊵]。"

【注释】

①宋桓魋之宠,害于公:桓魋恃宠骄狂,势力已大,危害公室。桓魋,即向魋。

②公使夫人骤请享焉,而将讨之:夫人,宋景公母亲。骤,屡次。按,哀公十一年,宋景公曾向桓魋索要太叔疾之珠,未得逞,已怀怨恨,现在又想乘享宴之机铲除桓魋。

③请以鞍易薄:鞍,宋邑,桓魋封邑,在今山东定陶南,在薄附近。薄,即亳,宋公室之地,在今河南商丘北。按,桓魋想趁因易邑享宴景公时作乱。

④宗邑:宗庙所在之地。商汤曾建都于此,故为宗邑。

⑤乃益鞍七邑:加封桓魋七邑扩大鞍的领地。

⑥而请享公焉:桓魋宴请宋景公以示感谢,准备抢先发难。

⑦家备尽往:桓魋将甲兵预先埋伏在筵席周围。

⑧皇野:宋国司马子仲。

⑨余长魋也:从小把桓魋抚育大。

⑩不得左师不可:皇野建议争取向巢,反击桓魋。左师,桓魋哥哥向巢。

⑪夫子:指向巢。

⑫以乘车往:皇野乘车去见向巢。

⑬迹人:猎场中能辨别兽迹的人。

⑭逢泽:沼泽名,在今河南商丘南。介麇:失群的獐子。

⑮尝私焉:打猎为游戏之事,国君不好意思直接说,皇野愿意私下与向巢说。

⑯与之乘,至:皇野假言打猎,诱向巢到宋景公处。

⑰公告之故:宋景公告知真相。

⑱拜,不能起:向巢得知真相后,恐惧跪地,向宋景公磕头不能起立。

⑲君与之言：皇野让宋景公与向巢盟誓。

⑳难子：让你为难。

㉑上有天，下有先君：这是誓词。只为诛讨桓魋，决不为难向巢，有天地鬼神为证。

㉒瑞：发兵的符节。

㉓其徒：皇野的部属。桓氏：桓魋。

㉔不可：意即先前与桓魋并无仇怨，不可攻打。

㉕子颀：桓魋弟弟。桓司马：桓魋。

㉖司马欲入：桓魋想入官攻打宋景公。

㉗子车：也是桓魋弟弟。

㉘伐国：攻打公室。

㉙向魋遂入于曹以叛：哀公八年，曹国被宋国灭亡，成为宋邑。桓魋不敢伐国，进入曹地叛乱。

㉚使左师巢伐之：向巢攻曹。

㉛欲质大夫以入焉：向巢不能打败桓魋，怕宋景公发怒，因此要国内大夫做人质，然后回国。

㉜不能：未能实现。

㉝亦入于曹，取质：向巢又进入曹地，取曹人为质。

㉞又得罪于民：以曹人为质，是得罪于民。

㉟乃舍之：释放曹地人质。

㊱民遂叛之：曹人还是背叛向氏。

㊲向巢来奔：向巢怕宋景公怪罪，逃奔鲁国。

㊳寡人与子有言矣，不可以绝向氏之祀：宋景公与向巢有过盟誓，因此挽留他。

㊴若以先臣之故，而使有后，君之惠也：如念及先臣的功业，为桓氏留下后人，是国君的大恩大德。

㊵若臣，则不可以入矣：向巢不愿回国。

【译文】

宋国桓魋受宠，进而威胁到宋景公。景公让夫人几次请桓魋来参加享礼，准备乘机讨伐他。还没来得及实施，桓魋已先对景公下手，请求用鞌地来换薄地。景公说："这可不行。薄地是宋国的宗邑。"便给鞌地增加七座城邑。桓魋请求设享礼宴请景公，时间约定在中午，桓魋自家的甲士都去埋伏了。景公知道内情，告诉司马子仲说："我把桓魋养大了，现在他要祸害我，请赶快救我。"司马子仲说："有臣子不顺服，这是神灵所厌恶的，何况是人呢？怎敢不接受命令。但不能得到左师是不行的，请用国君的命令召见他。"左师每顿饭都敲钟。听见钟声，景公说："他要吃饭了。"吃完后又敲钟。景公说："可以去了。"司马子仲乘车前往，说："迹人前来报告说：'逢泽有失群的獐子。'国君说：'即便桓魋没来，但要是左师在，我就和他一起去打猎，怎么样？'国君难以向您开口，是我说：'我试着私下跟左师说说。'国君想快点，所以派了车来接您。"左师就和司马子仲乘坐一辆车前往，到了宫里，景公告诉他召见的缘故，左师拜伏在地，许久不能站起来。司马子仲说："您可以和他盟誓。"景公说："如果加祸于你，上有天，下有先君作证。"左师回答说："桓魋不恭敬，是宋国的祸患，岂敢不唯命是听。"司马子仲请求符节，用来命令部属攻打桓魋。他的父兄旧臣说："不行。"他的新臣说："听从我们国君的命令。"于是就去攻打桓魋。子颀快马跑去告诉桓魋。桓魋想攻击景公，子车制止了，说："不能事奉国君，反而攻打公室，人民不会支持，只是自己找死。"桓魋便进入曹地反叛。六月，派左师向巢讨伐桓魋。左师要国内大夫做人质，然后回国。没能办到，也进入曹地，取曹地人为人质。桓魋说："不行。既不能事奉国君，又得罪了人民，将要怎么办？"于是释放了曹地人质。曹地人民便背叛了桓氏。向魋逃往卫国。向巢逃来鲁国，宋景公派人制止他，说："寡人和你有盟誓，不能断绝向氏的祭祀。"向巢辞谢说："下臣的罪过太大，全部灭掉桓氏都是应该的。如果因为先臣的缘故而让桓氏有继承人，是国君的恩惠。至于下臣，是不能回国的了。”

司马牛致其邑与珪焉而适齐[1]。向魋出于卫地，公文氏攻之，求夏后氏之璜焉[2]。与之他玉，而奔齐。陈成子使为次卿[3]。司马牛又致其邑焉，而适吴[4]。吴人恶之，而反[5]。赵简子召之，陈成子亦召之，卒于鲁郭门之外，阬氏葬诸丘舆[6]。

【注释】

①司马牛致其邑与珪焉而适齐：司马牛交出封邑及符信，亡命齐国。司马牛，向魋弟弟。珪，封邑的符信。

②向魋出于卫地，公文氏攻之，求夏后氏之璜焉：公文氏攻击向魋，目的是为了夺取夏后氏之璜。璜，宝玉。

③陈成子使为次卿：任命向魋为副卿。

④司马牛又致其邑焉，而适吴：司马牛比向魋先到齐国，并得到齐国的封邑。现在向魋入齐，司马牛不愿意与向魋共处，又逃往吴国。

⑤吴人恶之，而反：司马牛返回宋国。

⑥卒于鲁郭门之外，阬氏葬诸丘舆：司马牛最终客死鲁国。阬氏，鲁国人。丘舆，古地名。在今山东费县西。

【译文】

司马牛交出封邑及符信，逃往齐国。桓魋在卫地，公文氏攻打他，向他讨要夏后氏的璜玉。桓魋给他别的玉，然后出逃到齐国。陈成子让桓魋担任副卿。司马牛又交还齐国给的封邑，而迁往吴国。吴国讨厌他，司马牛又回到宋国。赵简子召他去晋国，陈成子也召他，司马牛死在鲁国都城外城门以外，阬氏把他安葬在丘舆。

14.5 甲午[1]，齐陈恒弑其君壬于舒州[2]。孔丘三日齐[3]，而请伐齐三[4]。公曰："鲁为齐弱久矣，子之伐之，将若之何[5]？"对曰："陈恒弑其君，民之不与者半[6]。以鲁之众加齐之半，可克也。"公曰："子告季孙[7]。"孔子辞，退而告人曰："吾以从大夫之后也，故不敢不言[8]。"

【注释】

①甲午：六月初五。

②齐陈恒弑其君壬于舒州：陈成子杀齐简公，拥立齐平公，从此齐国由陈氏专权。

③齐：同"斋"，斋戒。

④而请伐齐三：三次请求讨伐齐国声讨陈成子。

⑤鲁为齐弱久矣，子之伐之，将若之何：鲁国因齐国之侵久已虚弱，如何去攻打齐国？

⑥民之不与者半：齐国有一半的人反对陈成子。

⑦子告季孙：权在季孙，须由季孙决定。

⑧吾以从大夫之后也，故不敢不言：孔子知道季孙一定不肯发兵，所以不去找季孙，只能以自己有责任，不敢不说来自我解嘲。

【译文】

六月初五，齐国陈成子在舒州杀死其国君壬。孔丘斋戒了三天，然后三次提出攻打齐国的请求。鲁哀公说："鲁国被齐国削弱的时间已经很久了，您要攻打齐国，打算怎么办？"孔子回答说："陈恒杀死其国君，人民有一半不支持他。以鲁国的民众加上齐国不支持他的那一半，可以战胜他。"哀公说："您去告诉季孙吧。"孔子辞谢，退出来后告诉别人说："我由于曾经位列大夫之末，所以不敢不说。"

14.6　初，孟孺子泄将圉马于成[①]。成宰公孙宿不受，曰："孟孙为成之病[②]，不圉马焉。"孺子怒，袭成，从者不得入，乃反[③]。成有司使，孺子鞭之[④]。秋八月辛丑，孟懿子卒，成人奔丧，弗内[⑤]。袒，免[⑥]，哭于衢[⑦]。听共[⑧]，弗许。惧，不归[⑨]。

【注释】

①泄：孟懿子之子孟武伯。圉马：养马。成：孟氏封邑。

②为成之病：因为成地贫困。

③从者不得入，乃反：攻不进成地。

④成有司使，孺子鞭之：成地官员来见孟孺子，孟孺子余恨未消，迁怒于成地官员，鞭打来使。

⑤孟懿子卒，成人奔丧，弗内：成地宰来奔丧，孟孺子仍然不接纳。

⑥袒，免：脱去上衣和帽子。

⑦哭于衢：在大街上哭吊。

⑧听共：愿意听命供驱使。

⑨惧，不归：成地宰恐惧，不敢回成邑。按，此当与下年《传》"十五年春，成叛于齐"段连读。

【译文】

起初，孟孺子泄将要在成地养马。成宰公孙宿不同意，说："孟孙因为成邑人贫困，不在这里养马。"孟孺子发怒，攻打成邑，跟从的人不能攻入，就返回了。后来成地官员前来，孟孺子鞭打了他。秋八月十三日，孟懿子去世，成地宰臣来奔丧，孟孺子不接纳。成地宰臣脱去上衣和帽子，在大街上哭吊。表示愿意听命供驱使，孟孺子还是不答应。成地宰臣害怕了，不敢回成邑。

十五年

【经】

15.1 十有五年春王正月[①]，成叛。

15.2 夏五月，齐高无丕出奔北燕。

15.3 郑伯伐宋。

15.4 秋八月，大雩。

15.5 晋赵鞅帅师伐卫。

15.6 冬，晋侯伐郑。

15.7 及齐平[②]。

15.8 卫公孟彄出奔齐。

【注释】

①十有五年：鲁哀公十五年当周敬王四十年，前480。

②及齐平：鲁、齐两国讲和。

【译文】

鲁哀公十五年春周历正月，成地反叛。

夏五月，齐国高无丕出逃北燕。

郑声公攻打宋国。

秋八月，举行盛大的求雨雩祭。

晋国赵鞅领兵进攻卫国。

冬，晋定公攻打郑国。

鲁国与齐国讲和。

卫国公孟彄出逃齐国。

【传】

15.1　十五年春，成叛于齐[①]。武伯伐成[②]，不克，遂城输[③]。

【注释】

①成叛于齐：成地背叛孟氏而投靠齐国。按，这应和上年《传》末句连读。

②武伯：孟孺子。

③城输：在输地筑城，以威胁成地。输，古地名，在成地附近。

【译文】

鲁哀公十五年春，成地背叛并投靠齐国。孟孺子攻打成地，没能攻克，便在输地筑城。

15.2　夏，楚子西、子期伐吴，及桐汭[①]。陈侯使公孙贞子吊焉[②]，及良而卒[③]，将以尸入[④]。吴子使大宰嚭劳[⑤]，且辞曰："以水潦之不时，无乃廪然陨大夫之尸[⑥]，以重寡君之忧[⑦]。寡君敢辞[⑧]。"上介芋尹盖对曰[⑨]："寡君闻楚为不道，荐伐吴国[⑩]，灭厥民人[⑪]。寡君使盖备使[⑫]，吊君之下吏[⑬]。无禄，使人逢天之戚，大命陨队，绝世于良[⑭]。废日共积，一日迁次[⑮]。今君命逆使人曰：'无以尸造于门[⑯]。'是我寡君之命委于草莽也[⑰]。且臣闻之曰：'事死如事生，礼也[⑱]。'于是乎有朝聘而终，以尸将事之礼[⑲]，又有朝聘而遭丧之礼[⑳]。若不以尸将命，是遭丧而还也，无乃不可乎[㉑]！以礼防民，犹或逾之[㉒]，今大夫曰'死而弃之'[㉓]，是弃礼也。其何以为诸侯主[㉔]？先民有言曰：'无秽虐士[㉕]。'备使奉尸将命，苟我寡君之命达于君所[㉖]，虽陨于深渊，则天命也，非君与涉人之过也[㉗]。"吴人内之㉘。

【注释】

①桐汭:桐水边。桐水发源于今安徽广德,注入丹阳湖。

②陈侯使公孙贞子吊焉:派大夫公孙贞子慰问吴国。

③及良而卒:公孙贞子死于途中。良,吴地名,距吴都不远。

④将以尸入:依据聘礼,使者死于出使国之境而未完成使命,副使应代行使命,并将灵柩运进城内。

⑤吴子使大宰嚭劳:吴王派太宰嚭前往吊唁。

⑥以水潦之不时,无乃廪然陨大夫之尸:怕发大水损坏灵柩。水潦之不时,不时发大水。廪然,大水泛滥的样子。

⑦重:加重。

⑧寡君敢辞:婉谢灵柩入城。

⑨上介:首席副使。芋尹:官名。盖:人名。

⑩荐:屡次。

⑪厥:其。

⑫备使:充当使者。自谦之辞。

⑬君之下吏:代指吴王。

⑭使人逢天之戚,大命陨队(zhuì),绝世于良:公孙贞子不幸,遭逢上天之忧,死于良地。使人,使臣。戚,忧愁。队,同“坠”。绝世,弃世。

⑮废日共积,一日迁次:由于公孙贞子之死,筹集殡殓的财物耗费了时间,只好一日搬迁几次,加紧赶路,以免误期。

⑯无以尸造于门:指吴国派太宰嚭谢绝以尸入城。

⑰是我寡君之命委于草莽也:陈国国君的使命无法完成。

⑱事死如事生,礼也:事奉死者与事奉生者应该一样,这是礼的规定。

⑲于是乎有朝聘而终,以尸将事之礼:朝聘中途使臣死去,应奉其

灵柩完成使命，这是礼的规定。

⑳又有朝聘而遭丧之礼：受朝聘国发生丧事，也有一定的礼节。

㉑若不以尸将命，是遭丧而还也，无乃不可乎：依礼，受朝聘国有丧事，则不让朝聘国奉灵柩完成使命。现在吴国不让芋尹盖"以尸将命"，倒像是吴国发生丧事。

㉒以礼防民，犹或逾之：用礼来教化百姓，仍不免有越礼的。

㉓今大夫曰"死而弃之"：指不接纳公孙贞子的灵柩。

㉔主：盟主。

㉕无秽虐士：不要将死者看成污秽之物。虐士，死者。

㉖达于君所：指完成使命。

㉗虽陨于深渊，则天命也，非君与涉人之过也：能完成使命，即使坠入深渊而死，也不怪罪他人。涉人，摆渡人。

㉘吴人内之：经过芋尹盖力争，吴国同意他将灵柩运进吴国城内。

【译文】

夏，楚国子西、子期攻打吴国，到达桐水边。陈闵公派公孙贞子到吴国慰问，到达良地而死，副使准备带着他的尸体进入吴国都城。吴王派太宰伯嚭慰劳陈国使者，并且辞谢说："因为大雨下得不是时候，恐怕大水会泛滥而损坏大夫的尸体，从而加重我们国君的忧虑。我们国君谨敢辞谢。"首席副使芋尹盖回答说："我们国君听说楚国无道，屡次进攻吴国，杀灭贵国的人民。我们国君派我充当副使，慰问国君的属下官吏。不幸使臣碰上上天不高兴，生命陨灭，在良地去世。我们为筹集殡殓而花费时日积聚财物，为赶路只好一天搬迁几次。现在君王派来迎接使臣的人说：'不要让尸体进入城门。'这是将我国国君的命令丢弃在杂草丛林中了。况且下臣听说：'事奉死人就如同事奉活人那样，这是礼。'因此朝聘中途而有使臣死去，应奉其灵柩完成使命，已经成为礼的规定，受朝聘国发生丧事，也有一定的礼节。如果不带着尸体完成使命，就成了受聘国遭受丧事而回国了，这恐怕不合适吧！用礼来防范百姓，尚且有人违背，现在贵国大夫说‘死了就丢弃掉’，这是抛弃礼。这还怎么成为诸侯的盟主呢？先民有句话说：‘不要把死者看成污秽。’小使奉公孙贞子的尸体完成使命，只要我们国君的命令上达君王那儿，即使是坠入深渊，那也是天命，不是君王和摆渡人的过错。”吴国人接纳了他们。

15.3 秋，齐陈瓘如楚①。过卫，仲由见之②，曰：“天或者以陈氏为斧斤，既斫丧公室③，而他人有之，不可知也；其使终飨之，亦不可知也④。若善鲁以待时，不亦可乎⑤？何必恶焉⑥？”子玉曰：“然，吾受命矣，子使告我弟⑦。”

【注释】

①陈瓘：陈恒之兄，字子玉。

②仲由：子路。

③斫丧：摧残。

④“而他人有之”四句：陈氏即便能摧垮齐国公室，但结局或是被他人渔利，或是陈氏永享国祚，今天还难以预料。飨，享有。

⑤若善鲁以待时，不亦可乎：不如与鲁国结好，等待时机。

⑥何必恶焉：何必与鲁国交恶。

⑦子使告我弟：请子路派人告诉陈恒。

【译文】

秋，齐国陈瓘前往楚国。经过卫国，仲由拜见他，说：“上天也许是把陈氏当做斧头，砍伐公室，然后别人得到它，现在还不能知道；或是陈氏最终享有，现在也不能知道。要是善待鲁国来等待时机，不也是可行的吗？何必与鲁国交恶呢？”陈瓘说：“是这样，我接受您的命令了，您派人去告诉我弟弟。”

15.4　冬，及齐平[①]。子服景伯如齐，子赣为介[②]，见公孙成[③]，曰："人皆臣人[④]，而有背人之心。况齐人虽为子役，其有不贰乎[⑤]？子，周公之孙也，多飨大利，犹思不义[⑥]。利不可得，而丧宗国，将焉用之[⑦]？"成曰："善哉！吾不早闻命[⑧]。"

【注释】

①及齐平：鲁、齐两国达成和议。

②子赣：子贡。介：副使。

③公孙成：成宰公孙宿。

④臣人：臣于人，做别人的臣子。

⑤况齐人虽为子役，其有不贰乎：齐国虽然重视你，但你能背叛鲁国，齐国也可能背弃你。为子役，为您服役。其，岂能。

⑥多飨大利，犹思不义：享有浩荡君恩，却思不义之举。

⑦利不可得，而丧宗国，将焉用之：齐国不可信赖，公孙宿不应贪求私利而忘记祖国。宗国，祖国。

⑧吾不早闻命：可惜没早听到子赣这番话。

【译文】

冬，鲁国与齐国讲和。子服景伯到齐国去，子赣为副使，见公孙成，说："人们都是他人的臣下，而有背叛他人的念头。何况齐国虽然为您服役，难道会不三心二意的吗？您是周公的后代，享受到很多巨大的利益，仍然想做不义的事。利益得不到，反而丧失了祖国，那还有什么用？"公孙成说："说得好啊！可惜我没能及早听到这番话。"

陈成子馆客[①]，曰："寡君使恒告曰，寡君愿事君如事卫君[②]。"景伯揖子赣而进之[③]。对曰："寡君之愿也。昔晋人伐卫[4]，齐为卫故，伐晋冠氏[5]，丧车五百[6]，因与卫地，自济以西，禚、媚、杏以南，书社五百[7]。吴人加敝邑以乱[8]，齐因其病[9]，取讙与阐[10]。寡君是以寒心[11]。若得视卫君之事君也，则固所愿也[12]。"成子病之[13]，乃归成。公孙宿以其兵甲入于嬴[14]。

【注释】

①陈成子馆客：让景伯、子赣住进宾馆。

②寡君愿事君如事卫君：卫国已和齐国结好，希望鲁国也能和卫国一样。

③景伯揖子赣而进之：拜请子赣前去对答。

④昔晋人伐卫：定公八年，赵鞅伐卫。

⑤冠氏：古地名。在今河北馆陶和山东冠县一带。

⑥丧车五百：定公九年，齐与晋战，败。

⑦"因与卫地"四句：齐国送给卫国济西等地，约有五百社之多。济，济水。禚、媚、杏，都是地名。社，二十五家为社。书，指记录造成户籍。

⑧吴人加敝邑以乱：哀公八年，吴为邾伐鲁。

⑨齐因其病：趁火打劫。

⑩取讙与阐：也在哀公八年。

⑪寡君是以寒心：齐国对鲁、卫两国没有一视同仁。

⑫若得视卫君之事君也，则固所愿也：希望齐国能公平对待鲁国，归还侵地。

⑬成子病之：感到愧疚。

⑭公孙宿以其兵甲入于嬴：公孙宿仍有戒心，将自己的武装置于嬴地。嬴，古地名。在今山东莱芜西北。

【译文】

陈成子让客人住进馆，说："我们国君派我来报告说，我们国君愿意事奉鲁君如同事奉卫君一样。"景伯作揖示意子赣上前答复。子赣回答说："这正是我们国君的愿望啊。往昔晋国攻打卫国，齐国因为卫国的缘故，进攻晋国的冠氏，丧失了战车五百辆，因此给予卫国土地，从济水往西，禚、媚、杏以南，一共送上五百社的户籍。吴国把动乱加在敝邑，齐国乘我国的困难，占取了谨与阐二地。我们国君所以寒心。如果能够像卫君那样事奉齐君，那本来就是我们所希望的。"陈成子感到愧疚，便把成邑归还给鲁国。公孙宿带着兵器皮甲进入嬴地。

15.5　卫孔圉取大子蒯聩之姊①，生悝。孔氏之竖浑良夫长而美②，孔文子卒，通于内③。大子在戚，孔姬使之焉④。大子与之言曰："苟使我入获国⑤，服冕、乘轩，三死无与⑥。"与之盟，为请于伯姬⑦。

【注释】

①孔圉：孔文子。

②竖：家奴。

③通于内：浑良夫与孔姬私通。内，指孔文子妻子，蒯聩之姊孔姬。

④大子在戚，孔姬使之焉：哀公二年，卫国立蒯聩之子辄为国君，蒯聩在晋国的支持下住在戚地。现在孔姬派浑良夫去见蒯聩。

⑤入获国：回国夺取君位。

⑥服冕、乘轩，三死无与：服冕、乘轩，指封其为大夫。冕，大夫之冠。轩，大夫之车。三死无与，赦免三次死罪。按，蒯聩答应事成之后报答浑良夫。

⑦为请于伯姬：浑良夫为蒯聩向孔姬请求支持。

【译文】

卫国孔圉娶了太子蒯聩的姐姐,生下孔悝。孔氏的仆人浑良夫身材魁梧且美貌,孔圉去世后,他和主母私通。太子在戚地,孔姬派浑良夫去见蒯聩。太子对他说道:"如果能设法让我回去得到国家,我会让你服冕服、乘轩车,并赦免三次死罪。"浑良夫与他盟誓,为他向伯姬请求支持。

闰月[①],良夫与大子入,舍于孔氏之外圃[②]。昏,二人蒙衣而乘[③],寺人罗御,如孔氏[④]。孔氏之老栾宁问之[⑤],称姻妾以告[⑥],遂入,适伯姬氏[⑦]。既食,孔伯姬杖戈而先[⑧],大子与五人介[⑨],舆豭从之[⑩]。迫孔悝于厕,强盟之[⑪],遂劫以登台[⑫]。栾宁将饮酒,炙未熟[⑬],闻乱,使告季子[⑭]。召获驾乘车[⑮],行爵食炙[⑯],奉卫侯辄来奔[⑰]。

【注释】

①闰月:闰十二月。

②外圃:家外的菜园。

③二人蒙衣而乘:浑良夫与蒯聩化装成妇人,蒙身乘车而出。

④如孔氏:前往孔家。

⑤老:家臣之长。

⑥姻妾:亲家的婢妾。

⑦遂入,适伯姬氏:潜入孔家,到孔姬住处。

⑧杖戈:持戈。

⑨介:披上甲胄。

⑩舆豭从之:想强迫孔悝盟誓,用车拉上猪跟在后头。豭,公猪。按,盟誓要用牛耳的血,临时没牛,用猪代替。

⑪迫孔悝于厕，强盟之：孔氏执政，因此盟誓强迫孔悝驱逐卫出公。厕，墙角。

⑫遂劫以登台：登上孔氏高台，准备起事。

⑬炙：烤肉。

⑭季子：子路。子路是孔悝邑宰。

⑮召获：卫国大夫。乘车：四马拉的坐车，不是兵车，说明不准备抵抗。

⑯行爵食炙：一边行路一边喝酒吃肉。按，示以无惧。

⑰奉卫侯辄来奔：卫出公逃往鲁国。

【译文】

闰十二月，浑良夫与太子入都，住在孔氏的宅外菜园子里。天黑以后，二人用衣巾盖住脸坐上车，寺人罗为他们驾车，到孔家去。孔氏家宰栾宁盘问他们，假称是姻亲家的侍妾，便进去了，到了伯姬住处。吃过饭后，孔伯姬拿着戈先行，太子和五个人穿上皮甲，用车拉着公猪跟着。把孔悝逼到墙角，强迫他盟誓，然后把他劫持登上高台。栾宁正要饮酒，烤肉还没熟，听说了变乱，派人告诉子路。召获驾着乘车，边走边喝酒吃肉，奉事卫出公辄逃来鲁国。

季子将入[①]，遇子羔将出[②]，曰："门已闭矣[③]。"季子曰："吾姑至焉[④]。"子羔曰："弗及，不践其难[⑤]。"季子曰："食焉，不辟其难[⑥]。"子羔遂出。子路入[⑦]。及门[⑧]，公孙敢门焉[⑨]，曰："无入为也[⑩]。"季子曰："是公孙，求利焉而逃其难[⑪]。由不然，利其禄[⑫]，必救其患。"有使者出，乃入[⑬]，曰："大子焉用孔悝？虽杀之，必或继之[⑭]。"且曰："大子无勇，若燔台，半，必舍孔叔[⑮]。"大子闻之，惧，下石乞、盂黡敌子路，以戈击之，断缨[⑯]。子路曰："君子死，冠不免[⑰]。"结缨而死[⑱]。孔子闻卫乱，曰："柴也其来[19]，由也死矣[20]。"

【注释】

①季子将入：子路准备进入国都。

②遇子羔将出：子羔将出逃。子羔，卫国大夫高柴，孔子弟子。

③门：指城门。

④吾姑至焉：想进去救孔悝。

⑤弗及，不践其难：劝子路不要参与其事。弗及，权力不在自己手里。不践其难，不要自找祸难。

⑥食焉，不辟其难：食人之禄，不避其难。

⑦子路入：入城。

⑧及门：到孔氏家门。

⑨公孙敢：孔悝家臣。门焉：守门。

⑩无入为也：意谓孔悝已经与蒯聩盟誓，进入无用。

⑪求利焉而逃其难：求私利而逃避国家之难。责备他为蒯聩守门。

⑫利其禄：食人俸禄。

⑬有使者出，乃入：子路因门开而乘机入内。

⑭虽杀之，必或继之：杀了孔悝，还有他人与太子作战。

⑮大子无勇，若燔台，半，必舍孔叔：子路鼓动众人纵火焚台，以救孔悝。孔叔，孔悝。

⑯断缨：砍断子路冠带。

⑰君子死，冠不免：虽死而冠不可脱。

⑱结缨而死：子路系好冠带，从容殉难。

⑲柴也其来：高柴是卫大夫，所以不必为孔悝而战，因此会出逃到鲁国来。柴，子羔。

⑳由也死矣：子路是孔悝家臣，所以一定会为他而死。

【译文】

子路将要入城，遇见子羔正要出来，说："城门已经关闭了。"子路说："我姑且前往。"子羔说："权力不在自己手里，不要去遭受祸难。"子路说："吃了他的俸禄，不能躲避祸难。"子羔便出城去。子路进入。到孔氏家门，公孙敢在看门，说："不要进去做什么了。"子路说："这是公孙敢吧，谋求利益却逃避祸难。我不会这样，食人俸禄，就一定要救援他的祸患。"有使者从里边出来，子路便进了门，说："太子哪里用得着扣住孔悝？即便杀了他，还一定会有人接续他。"并且说："太子没有勇气，要是放火烧台，烧到一半，他一定会放掉孔悝。"太子听说，害怕了，让石乞、盂黡下台与子路搏斗，用戈击打子路，把子路的帽带截断。子路说："君子死了帽子也不能脱掉。"把帽带系好而死。孔子听说卫国动乱，说："子羔会逃到鲁国来，子路将死去。"

孔悝立庄公①。庄公害故政②，欲尽去之，先谓司徒瞒成曰："寡人离病于外久矣③，子请亦尝之④。"归告褚师比，欲与之伐公，不果⑤。

【注释】

①庄公：即太子蒯聩，卫出公之父。

②庄公害故政：认为旧臣不可靠。故政，出公旧臣。

③离病：遭难。离，同"罹"。

④子请亦尝之：也尝尝"离病"之苦。按，想先驱逐瞒成。

⑤归告褚师比，欲与之伐公，不果：两人准备联合攻打庄公，未能如愿。褚师比，褚师声子，卫国大夫。按，此当与下年《传》"瞒成、褚师比出奔宋"连读。

【译文】

孔悝立了庄公。庄公认为原来的旧臣不可靠，想全部换掉，先对司徒瞒成说:“寡人在外边遭遇患难很久了,请你也尝一尝。”司徒瞒成回去告诉褚师比,想和他一起攻打庄公,但没能如愿。

十六年

【经】

16.1 十有六年春王正月己卯①,卫世子蒯聩自戚入于卫,卫侯辄来奔。

16.2 二月,卫子还成出奔宋②。

16.3 夏四月己丑③,孔丘卒④。

【注释】

①十有六年:鲁哀公十六年当周敬王四十一年,前479。己卯:二十九日。

②卫子还成:卫国司徒瞒成。

③己丑:十一日。

④孔丘卒:孔子死。《公羊传》和《穀梁传》说孔子生于襄公二十一年,终年七十三岁;《史记·孔子世家》说孔子生于襄公二十二年,终年七十二岁。按,《春秋经》结束于此年,本年之后不再有《经》文。

【译文】

鲁哀公十六年春周历正月二十九日,卫国太子蒯聩从戚地进入卫国,卫出公辄逃来鲁国。

二月,卫国子还成出逃宋国。

夏四月十一日,孔丘去世。

【传】

16.1　十六年春，瞒成、褚师比出奔宋①。

【注释】

①瞒成、褚师比出奔宋：本段应该与上年《传》末句连读，事连去年。

【译文】

鲁哀公十六年春，瞒成、褚师比出逃宋国。

16.2　卫侯使鄢武子告于周曰①："蒯聩得罪于君父君母，逋窜于晋②。晋以王室之故，不弃兄弟，置诸河上③。天诱其衷，获嗣守封焉④。使下臣肸敢告执事⑤。"王使单平公对曰："肸以嘉命来告余一人⑥，往谓叔父⑦：余嘉乃成世⑧，复尔禄次⑨。敬之哉！方天之休，弗敬弗休，悔其可追⑩？"

【注释】

①卫侯：庄公蒯聩。鄢武子：卫国大夫肸。

②蒯聩得罪于君父君母，逋窜于晋：指哀公二年奔晋。逋窜，逃窜。

③河上：即戚地。

④获嗣守封焉：回国获得君位。

⑤使下臣肸（xī）敢告执事：蒯聩向周室请求册命，承认其君位。

⑥嘉命：好消息。余一人：周敬王自称。

⑦叔父：指蒯聩。

⑧余嘉乃成世：赞许你继承先世。

⑨复尔禄次：复，恢复。禄次，禄位。按，周王承认其君位。

⑩方天之休，弗敬弗休，悔其可追：得天之福，则应恭敬，不敬则天不赐福，将后悔莫及。方，有，得到。休，赏赐。

【译文】

卫庄公派鄢武子向周朝报告说："蒯聩得罪了君父君母，逃窜到晋国。晋国因为王室的缘故，不抛弃兄弟，把我安置在黄河边。上天体谅我心，得以继承保有封地。派下臣肸谨向执事报告。"周敬王派单平公回复说："肸把好消息报告我，回去以后告诉叔父：我赞赏你继承先世，恢复你的禄位。你要恭敬啊！这样才能得到上天的赐福，不恭敬就不能得到上天的赏赐，那时后悔哪里来得及？"

16.3 夏四月己丑，孔丘卒。公诔之曰[①]："旻天不吊[②]，不慭遗一老，俾屏余一人以在位[③]，茕茕余在疚[④]。呜呼哀哉！尼父，无自律[⑤]。"子赣曰："君其不没于鲁乎[⑥]！夫子之言曰：'礼失则昏[⑦]，名失则愆[⑧]。'失志为昏，失所为愆[⑨]。生不能用[⑩]，死而诔之，非礼也；称一人，非名也[⑪]。君两失之[⑫]。"

【注释】

①公：鲁哀公。诔(lěi)：悼词。

②旻(mín)天：仁悯的上天。不吊(dí)：不善。

③不慭(yìn)遗一老，俾屏余一人以在位：上天竟不愿留下国老，使他保护我执政。慭，愿。一老，指孔子，鲁谓孔子为国老。俾，使。屏，保护。余一人，鲁哀公自称。

④茕茕(qióng)：孤独的样子。在疚：忧愁成病。疚，病。

⑤尼父，无自律：失去了孔子，使我失去了所效法的榜样。律，法则。

⑥君其不没于鲁乎：预言哀公将不能在鲁国善终。

⑦昏：昏暗，昏昧。

⑧愆：过错。

⑨失志为昏，失所为愆：丧失了意志就会昏乱，失去了本位就是过错。

⑩生不能用：不能重用孔子。

⑪称一人，非名也：天子自称“余一人”，诸侯不可如此自称。哀公自称“余一人”，不合名分。

⑫两失之：失礼又失名。

【译文】

夏四月十一日，孔丘去世。鲁哀公作诔文悼念说：“上天不发慈悲，不肯留下这位国老，让他保护我牢居君位，使我孤苦忧愁成病。呜呼哀哉！尼父啊，我失去了所效法的榜样。”子赣说：“国君将不能在鲁国善终吧！夫子的话这样说：‘礼失去了就要昏昧，名分丧失就是过错。’丧失了意志就会昏乱，失去了本位就是过错。生时不能任用，死了作诔文哀悼他，这是不合于礼的；自称‘余一人’，这是不合于名分的。国君两样都丧失了。”

16.4　六月，卫侯饮孔悝酒于平阳，重酬之[①]。大夫皆有纳焉[②]。醉而送之，夜半而遣之[③]。载伯姬于平阳而行[④]，及西门[⑤]，使贰车反祏于西圃[⑥]。子伯季子初为孔氏臣，新登于公[⑦]，请追之，遇载祏者，杀而乘其车。许公为反祏[⑧]，遇之，曰：“与不仁人争明[⑨]，无不胜。”必使先射[⑩]，射三发，皆远许为[⑪]。许为射之，殪[⑫]。或以其车从[⑬]，得祏于橐中[⑭]。孔悝出奔宋。

【注释】

①卫侯饮孔悝酒于平阳，重酬之：蒯聩设宴招待孔悝，重谢他。平阳，古地名。在今河南滑县东南。

②大夫皆有纳焉：又馈赠众大夫。

③醉而送之，夜半而遣之：待孔悝醉后，半夜把他送走。

④载伯姬于平阳而行：孔悝将伯姬载至平阳，一起走。

⑤西门：平阳西门。

⑥使贰车反祏(shí)于西圃：到了西门，孔氏母子派人回去取孔氏宗庙神主。贰车，副车。祏，藏宗庙神主的石匣。西圃，孔氏宗庙所在地。

⑦新登于公：新近升为庄公的大夫。

⑧许公为反祏：孔悝久等不见载祏者来，派许公为回去迎接。

⑨不仁人：指子伯季子，背叛孔氏而依附庄公。争明：争强。

⑩必使先射：让子伯季子先射。

⑪许为：即许公为。

⑫许为射之，殪：许公为一箭射死子伯季子。

⑬或以其车从：有人驾上子伯季子的车子跟许公为走。

⑭橐(tuó)：袋子。

【译文】

六月，卫庄公在平阳请孔悝饮酒，重重地酬谢他。大夫们也都有馈赠。等孔悝喝醉后送走他，半夜里就让他上路。孔悝用车载上伯姬从平阳动身，到达西门，派贰车回西圃去取宗庙神主。子伯季子原先是孔氏的家臣，新近成为国君的臣子，请求追赶孔悝，遇到载运宗庙神主的人，杀死他并坐上他的车。许公为去迎接运神主的车，与子伯季子相遇，说："与不仁的人争高下，没有不胜利的。"一定要子伯季子先射，子伯季子射了三箭，都离许公为很远。许公为射了一箭，就把子伯季子射死了。有人乘上子伯季子的车子，在袋子里找到神主。孔悝出逃宋国。

16.5 楚大子建之遇谗也，自城父奔宋[①]。又辟华氏之乱于郑[②]。郑人甚善之。又适晋，与晋人谋袭郑，乃求复焉[③]。郑人复之如初[④]。晋人使谍于子木[⑤]，请行而期焉[⑥]。子木暴虐于其私邑[⑦]，邑人诉之，郑人省之[⑧]，得晋谍焉，遂杀子木[⑨]。其子曰胜，在吴，子西欲召之[⑩]。叶公曰[⑪]："吾闻胜也诈而乱[⑫]，无乃害乎[⑬]？"子西曰："吾闻胜也信而勇，不为不利。舍诸边竟，使卫藩焉[⑭]。"叶公曰："周仁之谓信[⑮]，率义之谓勇[⑯]。吾闻胜也好复言[⑰]，而求死士，殆有私乎[⑱]！复言，非信也；期死，非勇也[⑲]。子必悔之。"弗从。召之，使处吴竟[⑳]，为白公。请伐郑，子西曰："楚未节也[㉑]。不然，吾不忘也。"他日，又请，许之。未起师，晋人伐郑，楚救之，与之盟[㉒]。胜怒，曰："郑人在此，仇不远矣[㉓]。"

【注释】

①楚大子建之遇谗也，自城父奔宋：昭公十九年，楚平王信费无极之谗使城父司马杀太子建，城父司马告太子建，遂自城父奔宋。

②又辟华氏之乱于郑：太子建恰逢宋国华氏之乱，又逃亡郑国。事在昭公二十年。

③乃求复焉：太子建请求回郑国。按，做晋人内应。

④郑人复之如初：郑国人不知内情，待太子建如初。

⑤使谍：晋人派间谍与太子建联系。子木：太子建。

⑥请行而期焉：辞行时与太子建约定袭击郑国的日期。

⑦子木暴虐于其私邑：太子建在郑国自己的私邑中胡作非为。

⑧省之：考察、调查太子建。

⑨遂杀子木：郑杀太子建。按，以上追述前事。

⑩子西欲召之：召胜回楚国。

⑪叶公：子高，沈诸梁。

⑫诈而乱：狡诈且好作乱。

⑬害:成为祸害。

⑭舍诸边竟,使卫藩焉:安置在边境,让胜保卫边境。

⑮周仁之谓信:靠近仁才叫诚信。周,亲。

⑯率义之谓勇:遵循道义才叫勇。率,遵循。

⑰复言:一言既出,必实行之,不管是否合理。

⑱而求死士,殆有私乎:胜好复言,又求死士,怕有私心。死士,敢于拼死的人。

⑲复言,非信也;期死,非勇也:期死,不管义与不义,必拼一死。这是驳子西所谓胜"信而勇"。

⑳吴竟:楚国邻近吴国的边境,不在吴国境内,即指白地,在今河南息县东。

㉑未节:未上轨道,未强盛起来。

㉒楚救之,与之盟:为了与晋国抗衡,楚国反而救郑国。

㉓郑人在此,仇不远矣:胜与郑国有杀父之仇,子西却救郑国并与之盟,所以胜指为敌人。仇,指郑国,也指子西。

【译文】

楚国太子建遭到诬陷的时候,从城父出逃宋国。又避宋国华氏之乱逃往郑国。郑国人对他很好。又到晋国,与晋国人商量攻打郑国,为此要求再回到郑国去。郑国人像当初一样对待他。晋国人派间谍和太子建联系,临回晋国时商定袭击郑国的日期。太子建在他的封邑中暴虐胡为,封邑里的人告发他,郑国人来查问,抓获晋国间谍,于是杀了太子建。太子建儿子名胜,在吴国,子西想召他回国。叶公说:"我听说胜狡诈而且好作乱,恐怕会成为祸害的吧?"子西说:"我听说胜讲求信用而且勇敢,不做不利的事情。把他放在边境,让他保卫国境。"叶公说:"亲近仁叫做信,遵循义叫做勇。我听说胜讲求实践诺言,而寻求不怕死的勇士,恐怕存有私心吧!只是实践诺言,不算信;不怕死,不是勇。您一定会后悔的。"子西不听他的话,召胜回国,让他住在与吴国交界的地方，号为白公。胜请求攻打郑国，子西说："楚国还没强盛起来。不是这样的话，我是不会忘记的。"过些日子，胜又提出请求，子西同意了。还没发兵，晋国进攻郑国，楚国救援，与郑国结盟。胜发怒，说："郑国人就在这里，仇敌离我不远了。"

胜自厉剑[①]，子期之子平见之，曰："王孙何自厉也[②]？"曰："胜以直闻[③]，不告女，庸为直乎[④]？将以杀尔父[⑤]。"平以告子西。子西曰："胜如卵，余翼而长之[⑥]。楚国，第我死[⑦]，令尹、司马，非胜而谁[⑧]？"胜闻之，曰："令尹之狂也[⑨]！得死，乃非我[⑩]。"子西不悛[⑪]。胜谓石乞曰[⑫]："王与二卿士[⑬]，皆五百人当之[⑭]，则可矣。"乞曰："不可得也[⑮]。"曰："市南有熊宜僚者[⑯]，若得之，可以当五百人矣[⑰]。"乃从白公而见之。与之言，说[⑱]。告之故[⑲]，辞[⑳]。承之以剑[㉑]，不动[㉒]。胜曰："不为利谄[㉓]，不为威惕[㉔]，不泄人言以求媚者[㉕]，去之[㉖]。"

【注释】

①厉：磨。

②王孙：指胜，他本是楚平王孙子。

③胜以直闻：以爽直著称。

④庸：岂，难道。

⑤将以杀尔父：胜恨楚国的执政者子西、子期，因此这样说。尔父，指子期。

⑥胜如卵，余翼而长之：像鸟用翅膀把卵孵化养大一样养育胜。

⑦第：假如。

⑧令尹、司马，非胜而谁：子西不知道胜的本意在为父报仇，误以为他是要夺权，所以说我死后胜即将执政，何必作乱。

⑨令尹：子西。

⑩得死，乃非我：得死，得善终。此指如果子西得善终。乃非我，我乃非人。白公胜立誓必杀子西。

⑪不悛(quān)：不悔悟。

⑫石乞：胜的同党。

⑬王：指楚惠王。二卿士：指子西、子期。

⑭皆五百人当之：一共要五百人才对付得了。皆，共。

⑮不可得也：凑不够五百人。

⑯熊宜僚：勇士。

⑰可以当五百人矣：一个人可抵得上五百人。

⑱说：同“悦”。

⑲告之故：告诉他杀二卿之事。

⑳辞：熊宜僚拒绝。

㉑承之以剑：以剑逼熊宜僚。

㉒不动：仍不答应。

㉓不为利谄：不为利所动。谄，动。

㉔不为威惕：不为威胁所惧。惕，戒惧。

㉕求媚：讨好他人。

㉖去之：白公胜称赞熊宜僚，知道他虽然拒绝，但一定不会泄密，作罢而归。

【译文】

胜亲自磨剑，子期的儿子平见到了，说：“王孙为何亲自磨剑呢？”胜说：“我以直爽闻名，不告诉你，怎么能算得上直爽？我想用这剑来杀你的父亲。”平把这话告诉了子西。子西说：“胜就像蛋，我用翅膀翼护他使他长大。在楚国只要我死了，令尹、司马不是胜还会是谁？”胜听到了，说：“令尹太狂妄了！他要能善终，我就不是人。”子西依然不悔悟。胜对石乞说：“君王和两位卿士共用五百人来对付，就行了。”石乞说：

“没法找到这五百人。”胜说：“市南有个熊宜僚，要是得到他，就可以相当于五百人。”石乞于是跟从白公去见熊宜僚。和他交谈，很投机。把找他的目的告诉他，熊宜僚拒绝了。石乞把剑架在他的脖子上，仍然不为所动。胜说：“不被利所诱，不被威胁所屈服，不会泄漏别人的话去讨好人，我们走吧。”

吴人伐慎[①]，白公败之。请以战备献[②]，许之。遂作乱。秋七月，杀子西、子期于朝，而劫惠王。子西以袂掩面而死[③]。子期曰：“昔者吾以力事君，不可以弗终[④]。”抉豫章以杀人而后死[⑤]。石乞曰：“焚库、弑王。不然，不济。”白公曰：“不可。弑王，不祥；焚库，无聚[⑥]，将何以守矣？”乞曰：“有楚国而治其民，以敬事神，可以得祥；且有聚矣，何患？”弗从。叶公在蔡[⑦]，方城之外皆曰：“可以入矣[⑧]。”子高曰：“吾闻之，以险侥幸者，其求无餍[⑨]，偏重必离[⑩]。”闻其杀齐管脩也，而后入[⑪]。

【注释】

①慎：古地名。在今安徽颍上。

②请以战备献：白公胜请求进献战利品，乘机作乱。

③子西以袂(mèi)掩面而死：悔不听叶公之劝。袂，衣袖。

④昔者吾以力事君，不可以弗终：以勇力事君，也应以勇力而死。

⑤抉：拔取。豫章：樟木。

⑥无聚：无储备。

⑦叶公在蔡：按，蔡国已迁州来，其地被楚国占有，故叶公在蔡。

⑧可以入矣：可以入郢都平乱。

⑨以险侥幸者，其求无餍：冒险以求侥幸成功者，贪婪无厌。

⑩偏重必离：求取无厌则办事不公，不公则众叛亲离。叶公意谓待有机可乘时再进入郢都。偏重，不公平。

⑪闻其杀齐管脩也，而后入：知道白公杀贤臣，起兵讨伐。管脩，齐国管仲之后，后来成为楚国贤臣。

【译文】

吴国攻打慎地，白公胜打败了他们。白公胜请求进献战利品，获得许可。白公胜乘机作乱。秋七月，在朝廷上杀死子西、子期，并劫持了楚惠王。子西用衣袖遮住脸死去。子期说："当初我凭勇力事奉君王，不可以有始无终。"拔起一棵樟木杀死人后自己也死了。石乞说："烧掉库房、杀死楚王。不这样的话没法成功。"白公胜说："不行。杀死楚王不吉利，焚烧库房就没了积蓄，凭什么来守国？"石乞说："有了楚国而治理人民，恭敬地事奉神明，就可以得到吉利；并且也会有财物，还担心什么？"白公胜不听。叶公在蔡地，方城以外的人都说："可以进都平乱了。"叶公子高说："我听说，通过冒险侥幸成功的人，他的贪欲没有满足的时候，办事不公民众必定会叛离他。"听说他杀了齐管脩，于是进兵都城。

白公欲以子闾为王①，子闾不可，遂劫以兵。子闾曰："王孙若安靖楚国，匡正王室，而后庇焉②，启之愿也，敢不听从？若将专利以倾王室③，不顾楚国，有死不能。"遂杀之，而以王如高府④，石乞尹门⑤。圉公阳穴宫⑥，负王以如昭夫人之宫⑦。

【注释】

①子闾：楚平王儿子启，哀公六年楚昭王死时曾五次推辞王位。

②而后庇焉：之后庇护我。

③专利：专谋私利。

④而以王如高府：把惠王挟持到高府。高府，楚国离宫。

⑤尹门：镇守高府之门。

⑥圉公阳：楚国大夫。穴宫：在墙上挖洞。

⑦负王以如昭夫人之宫：圉公阳背着惠王逃到昭夫人的宫中。昭夫人，惠王的母亲。

【译文】

白公胜想立子闾当楚王，子闾不答应，白公胜就用武力胁迫他。子闾说："王孙如果安定楚国，整顿王室，然后对我加以庇护，那么这正是我所希望的，怎敢不听从呢？要是打算专谋私利来倾覆王室，不顾及楚国，我宁死不从。"白公胜便杀了子闾，而带着楚惠王到高府，石乞把守宫门。圉公阳在宫墙上挖了个洞，背着惠王来到昭夫人的宫中。

叶公亦至，及北门，或遇之，曰："君胡不胄[①]？国人望君如望慈父母焉。盗贼之矢若伤君，是绝民望也，若之何不胄？"乃胄而进。又遇一人曰："君胡胄？国人望君如望岁焉[②]，日日以几[③]。若见君面，是得艾也[④]。民知不死，其亦夫有奋心[⑤]，犹将旌君以徇于国[⑥]，而又掩面以绝民望[⑦]，不亦甚乎！"乃免胄而进。遇箴尹固帅其属，将与白公[⑧]。子高曰："微二子者，楚不国矣[⑨]。弃德从贼，其可保乎？"乃从叶公。使与国人以攻白公，白公奔山而缢。其徒微之[⑩]。生拘石乞而问白公之死焉[⑪]。对曰："余知其死所，而长者使余勿言[⑫]。"曰："不言将烹。"乞曰："此事克则为卿，不克则烹，固其所也，何害？"乃烹石乞。王孙燕奔頯黄氏[⑬]。诸梁兼二事[⑭]，国宁，乃使宁为令尹[⑮]，使宽为司马[⑯]，而老于叶[⑰]。

【注释】

①不胄：不戴头盔。

②望岁：盼望好收成。

③几(jì)：同“冀”，期望。

④艾：安心。

⑤其亦夫有奋心：人人有奋战之心。

⑥犹将旌君以徇于国：将打着叶公的旗号，遍告国人。

⑦掩面：古代的头盔两旁长以护面颊，看不清面容。

⑧与：帮助。

⑨微二子者，楚不国矣：楚国在柏举之败后，二人复楚有大功。二子，子西、子期。

⑩微之：藏匿其尸。

⑪死：通“尸”。

⑫长者：指白公胜。

⑬王孙燕：白公胜的弟弟。頯(kuí)黄氏：吴国地名，在今安徽宣城。

⑭诸梁兼二事：叶公身兼令尹、司马二职。

⑮宁：子西之子子国。

⑯宽：子期之子。

⑰而老于叶：国家安定之后，将二职让给宁、宽二人，叶公自己退休于叶地。按，此是后话，预先交代于此。

【译文】

叶公也赶到了，在北门有人遇见他，说：“您怎么不戴头盔？国人盼望您就像盼望慈祥的父母一样。盗贼的箭矢要是伤害了您，就是断绝了民众的希望，为何不戴头盔？”叶公于是戴了头盔继续前行。又遇到一个人说：“您怎么戴头盔？国人盼望您就像盼望好年成一样，天天等待着。要是望见您的脸，就能安心了。民众知道不会有生命危险，就有奋进之心，还想打着您的旗号在国内巡行，您却把脸遮起来使民众断绝希望，不也太过分了吗！”叶公于是又脱下头盔行进。遇到箴尹固带领部属，打算去帮助白公胜。叶公说：“如果没有子西、子期这两人，楚国就不存在了。你放弃德行而跟从乱贼，难道能有保障吗？”箴尹固于是随从叶公。叶公派他和国人一起进攻白公胜，白公胜逃到山上自缢而死。手下人把他的尸体藏了起来。活捉了石乞而追问白公胜的尸体下落。石乞说：“我知道它在哪里，但是白公胜不让我说。”叶公说：“不说的话就煮了你。”石乞说：“这样的事成功了就是卿，不成功就要煮死，本来就是这样的结局，有什么妨害？”于是煮死了石乞。王孙燕出逃到頯黄氏。叶公便自己兼任令尹、司马二职，国家安定后，任命宁为令尹，任命宽为司马，自己退休到叶地养老。

16.6　卫侯占梦，嬖人求酒于大叔僖子①，不得，与卜人比②，而告公曰：“君有大臣在西南隅③。弗去，惧害④。”乃逐大叔遗。遗奔晋。

【注释】

①嬖人：卫庄公宠臣。大叔僖子：太叔遗。

②比：相勾结。

③君有大臣在西南隅：暗指太叔遗。

④弗去，惧害：利用占卜梦而进谗言，指出不除去太叔遗，怕会危害国君。

【译文】

卫庄公占梦，宠臣向太叔遗讨酒，没有得到，就和卜人勾结，告诉庄公说：“国君有大臣住在西南角。您不除掉他，恐怕有危害。”于是驱逐了太叔遗。太叔遗逃往晋国。

卫侯谓浑良夫曰："吾继先君而不得其器，若之何[①]？"良夫代执火者而言曰[②]："疾与亡君[③]，皆君之子也。召之而择材焉可也[④]。若不材，器可得也[⑤]。"竖告大子[⑥]。大子使五人舆豭从己，劫公而强盟之，且请杀良夫[⑦]。公曰："其盟免三死[⑧]。"曰："请三之后有罪杀之。"公曰："诺哉[⑨]！"

【注释】

①吾继先君而不得其器，若之何：宝器尽被辄带走，蒯聩虽然继承君位，却无传国宝器。

②良夫代执火者而言曰：浑良夫与庄公密谋，所以屏退举火把的左右之人。执火者，举火把的侍者。

③疾：太子疾。亡君：出公辄。

④召之而择材焉可也：召他们回来，量才择用。

⑤若不材，器可得也：辄不才，废掉他，宝器可得。

⑥竖告大子：小臣密告太子疾。竖，小臣。

⑦请杀良夫：因良夫言召出公辄，所以太子疾要杀他。

⑧其盟免三死：曾答应免浑良夫三次死罪。

⑨诺哉：答应杀浑良夫。按，此与下年《传》当连读。

【译文】

卫庄公对浑良夫说："我继承了先君君位却没有得到他的宝器，怎么办？"浑良夫取代在一旁拿火烛的人后说道："太子疾和逃亡的国君，都是您的儿子。召回他们然后再择才确定继承人，这就行了。如果他没有才干，废掉他，宝器就可以得到了。"小臣密告了太子。太子派五个人抬着公猪跟从自己，劫持了庄公并强行和他结盟，还要求杀死浑良夫。庄公说："和他订的盟誓上免他三次死罪。"太子说："请在三次免死以后有罪再杀他。"庄公说："好吧！"

十七年

【传】

17.1　十七年春[1]，卫侯为虎幄于藉圃[2]，成，求令名者而与之始食焉[3]。大子请使良夫。良夫乘衷甸两牡[4]，紫衣狐裘[5]。至，袒裘，不释剑而食[6]。大子使牵以退，数之以三罪而杀之[7]。

【注释】

①十七年：鲁哀公十七年当周敬王四十二年，前478。

②虎幄：刻有虎纹的木屋。藉圃：卫国园圃名。

③求令名者而与之始食焉：找一个名声好的人一起在木屋中吃第一顿饭。令名者，有好名声的人。

④良夫乘衷甸两牡：浑良夫乘卿车。衷甸，大夫之车。两牡，用两匹公马为服马。牡，公马。按，庄公曾许良夫乘大夫之车。

⑤紫衣狐裘：紫衣，君王的服色。按，浑良夫居功，车服等都有僭越。

⑥袒裘，不释剑而食：袒裘、不释剑表现出在君前不敬。袒裘，敞开身上皮袍。按古礼，中衣外加裘，裘外加裼衣，裼衣外加朝衣，浑良夫只能袒朝衣露裼衣，如今他竟自袒至裘衣，露中衣，是大不敬。不释剑，不解下佩剑。古礼非特别恩准，臣见君必须解下佩剑。

⑦大子使牵以退，数之以三罪而杀之：本段应和上年《传》末句连读。三罪，指紫衣、袒裘、不释剑。

【译文】

鲁哀公十七年春，卫庄公在藉圃建造虎幄，落成后，寻求有好名声的人与他在这里吃第一顿饭。太子请让浑良夫来。浑良夫乘坐由两匹公马拉着的衷甸车，穿着紫衣狐裘。到达后，敞开狐裘，没解下佩剑就吃起来。太子派人把他拉下去，数说了他的三项罪名就杀死他。

17.2 三月，越子伐吴，吴子御之笠泽[①]，夹水而陈。越子为左右句卒[②]，使夜或左或右，鼓噪而进[③]。吴师分以御之。越子以三军潜涉[④]，当吴中军而鼓之[⑤]，吴师大乱，遂败之[⑥]。

【注释】

①笠泽：江水名，今江苏、浙江南面和吴淞江平行的一条江。

②越子为左右句(gōu)卒：摆开左右翼进攻。句卒，句曲迂回的军阵。

③鼓噪：击鼓呐喊。

④潜涉：偷渡过河。

⑤当吴中军而鼓之：越王率领的三军向吴国中军正面进攻。

⑥吴师大乱，遂败之：左右句卒分散吴军力量，然后越以三军攻吴中军，吴军败。

【译文】

三月，越王攻打吴国，吴王在笠泽抵抗，两军夹水布阵。越王分兵设左右队，让夜间左右队轮番出击，击鼓呐喊进攻。吴军分兵抵御。越王带三军偷偷渡河，对着吴国中军正面击鼓而攻，吴军大乱，越军便打败了吴军。

17.3 晋赵鞅使告于卫，曰："君之在晋也[①]，志父为主[②]。请君若大子来[③]，以免志父[④]。不然，寡君其曰'志父之为也'[⑤]。"卫侯辞以难[⑥]，大子又使椓之[⑦]。夏六月，赵鞅围卫。

齐国观、陈瓘救卫[⑧]，得晋人之致师者[⑨]。子玉使服而见之[⑩]，曰："国子实执齐柄，而命瓘曰：'无辟晋师[⑪]。'岂敢废命？子又何辱[⑫]？"简子曰[⑬]："我卜伐卫，未卜与齐战。"乃还[⑭]。

【注释】

①君：即蒯聩。

②志父：即赵鞅。

③请君若大子来：卫庄公新即位，晋国强使卫国来朝见。若，或者。

④免志父：免除国君责备赵鞅办事不周的罪过。

⑤不然，寡君其曰"志父之为也"：卫庄公如果不来，晋国国君会以为是赵鞅阻挡不让前来。其，将，恐怕。

⑥卫侯辞以难：以国内未安定加以推辞。

⑦大子又使椓(zhuó)之：太子疾在晋国使者面前诽谤卫庄公。椓，毁谤，告发。

⑧国观：国书之子。陈瓘：字子玉。

⑨得晋人之致师者：擒获晋军挑战者。

⑩子玉使服而见之：让俘虏脱去囚服，穿上原来的衣服再接见他。

⑪无辟晋师：意即齐国决心与晋国对抗到底。辟，同"避"。

⑫子又何辱：按，陈瓘有意放回俘虏，让他们传话，使赵鞅退兵。

⑬简子：赵鞅。

⑭乃还：陈瓘虚声恫吓，赵鞅畏惧，晋军退兵。

【译文】

晋国赵鞅派人告诉卫国，说："国君您在晋国的时候，我是主人。请您或是太子来我国，以免除我的罪责。不然的话，我们国君将会说'是赵鞅让卫国这样做'。"卫庄公以国内不安定为理由推辞了，太子疾又在使者那儿说庄公的坏话。夏六月，赵鞅包围卫国。齐国国观、陈瓘救援卫国，俘虏了晋国来挑战的人。陈瓘让被俘者穿上原来的衣服后接见他，说："国氏掌握着齐国的实权，命令我说：'不要避让晋军。'我岂敢废弃命令？哪里又用得着劳动您前来赐教呢？"赵鞅说："我为攻打卫国占卜过，但没有为和齐国作战占卜过。"于是撤兵回国。

17.4 楚白公之乱，陈人恃其聚而侵楚①。楚既宁，将取陈麦。楚子问帅于大师子穀与叶公诸梁②，子穀曰："右领差车与左史老，皆相令尹、司马以伐陈③，其可使也。"子高曰："率贱，民慢之，惧不用命焉④。"子穀曰："观丁父，鄀俘也，武王以为军率⑤，是以克州、蓼，服随、唐，大启群蛮⑥。彭仲爽，申俘也，文王以为令尹⑦，实县申、息⑧，朝陈、蔡⑨，封畛于汝⑩。唯其任也，何贱之有⑪？"子高曰："天命不谄⑫。令尹有憾于陈⑬，天若亡之，其必令尹之子是与⑭。君盍舍焉⑮？臣惧右领与左史有二俘之贱而无其令德也⑯。"王卜之，武城尹吉⑰。使帅师取陈麦。陈人御之，败。遂围陈。秋七月己卯⑱，楚公孙朝帅师灭陈⑲。

【注释】

①恃其聚：依仗着粮草充足。

②问帅：询问统帅的人选。

③右领差车与左史老，皆相令尹、司马以伐陈：右领差车与左史老曾辅佐子西、子期伐陈。差车，右领名。老，左史名。

④率贱，民慢之，惧不用命焉：统帅出身微贱，则将士轻视他而不服从命令。按，二人都是战俘，故曰贱。

⑤观丁父，鄀俘也，武王以为军率：观丁父是鄀国俘虏，楚武王起用了他。

⑥大启群蛮:征服蛮人各部。

⑦彭仲爽,申俘也,文王以为令尹:彭仲爽是申国俘虏,楚文王重用他为令尹。

⑧实县申、息:灭亡申、息,使它们成为楚国的县。

⑨朝陈、蔡:使陈、蔡二国来朝楚国。

⑩封畛(zhěn)于汝:使楚国的疆域直达汝水。

⑪唯其任也,何贱之有:用人唯才,不分贵贱。任,胜任。

⑫不谄:不容怀疑。谄,疑。

⑬令尹有憾于陈:哀公十五年,令尹子西伐吴,陈国却去慰问吴国,因此遗恨未消。

⑭天若亡之,其必令尹之子是与:上天有意灭亡陈国,必让子西之子继承父志。

⑮君盍舍焉:何不舍弃右领与左史。

⑯臣惧右领与左史有二俘之贱而无其令德也:右领、左史出身与观丁父、彭仲爽相同,但无二人那样的才德,不宜统率军队。

⑰武城尹:子西之子公孙朝。

⑱己卯:初八。

⑲楚公孙朝帅师灭陈:楚国灭亡陈国。

【译文】

楚国白公胜的动乱,陈国人倚仗自己粮草充足而侵犯楚国。楚国安定后,打算夺取陈国的麦子。楚惠王向太师子穀与叶公诸梁咨询将领的人选,子穀说:"右领差车和左史老都曾辅佐令尹、司马攻打陈国,应该可以任用。"叶公说:"这两人出身微贱,民众轻慢他们,恐怕不会听从他们的命令。"子穀说:"观丁父是鄀国的俘虏,武王让他当军率,结果攻克州、蓼二国,使随、唐二国顺服,领土大大扩张到蛮人各部。彭仲爽是申国俘虏,文王让他当令尹,使申、息二国成为我国的县,让陈、蔡二国前来朝见,疆土拓展到汝水。只要能胜任,微贱又有什么关系?"子高说："天命不容怀疑。令尹对陈国有遗恨，上天要是灭亡陈国，那必定保佑令尹的儿子去实现。君王何不舍弃右领和左史呢？下臣担心右领和左史有观丁父、彭仲爽这两位俘虏的低贱而没有他们的才德。"楚惠王为此占卜，武城尹公孙朝吉利。于是派他带兵夺取陈国的麦子。陈国人加以抵御，被打败。便包围了陈国。秋七月初八，楚国公孙朝领军灭亡陈国。

王与叶公枚卜子良[1]，以为令尹。沈尹朱曰："吉，过于其志[2]。"叶公曰："王子而相国，过将何为[3]？"他日，改卜子国而使为令尹[4]。

【注释】

①枚卜：不告诉所卜何事，直接占卜。子良：楚惠王的弟弟。

②过于其志：占卜所示超过了让他当令尹的预定期望。志，期望。

③王子而相国，过将何为：令尹相当于宰相，超过了便将为王。

④子国：子西之子子宁。

【译文】

楚惠王和叶公为选任子良为令尹而占卜。沈尹朱说："吉利，超过了对他的期望。"叶公说："作为王子而辅助国君，超过了又会当什么？"过些日子，改为占卜子国让他当了令尹。

17.5　卫侯梦于北宫[1]，见人登昆吾之观[2]，被发北面而噪曰："登此昆吾之虚，绵绵生之瓜[3]。余为浑良夫，叫天无辜[4]。"公亲筮之，胥弥赦占之[5]，曰："不害。"与之邑，置之而逃，奔宋[6]。卫侯贞卜[7]，其繇曰："如鱼窥尾，衡流而方羊[8]。裔焉大国，灭之，将亡[9]。阖门塞窦[10]，乃自后逾[11]。"

【注释】

①北宫:卫庄公的寝宫。

②昆吾之观:宫内的观,在北宫的南面。

③登此昆吾之虚,绵绵生之瓜:浑良夫以瓜的初生由小到大为比喻,说自己帮助卫庄公夺取君位。绵绵,不断的样子。

④余为浑良夫,叫天无辜:卫庄公本来与浑良夫盟誓,免除他的三次死罪,春天却以一时之事而杀了浑良夫,浑良夫因此对天鸣冤。按,这是庄公杀浑良夫以后心虚而做的噩梦。

⑤胥弥赦:卫国筮史。

⑥与之邑,置之而逃,奔宋:卫庄公给胥弥赦封邑,胥弥赦不接受,逃到了宋国。卫庄公无道,胥弥赦不敢说实话,于是不接受封邑而逃亡。置,舍弃。

⑦贞卜:用龟占卜。

⑧如鱼竀(chēng)尾,衡流而方羊:说卫庄公像一条尾巴发红的鱼,横在水中彷徨。竀,通“赪(chēng)”,浅赤色。衡,横。方羊,即“彷徉”,游移不定。

⑨裔焉大国,灭之,将亡:紧靠大国,将被灭亡。裔,边,靠。

⑩阖门塞窦:关门塞洞。

⑪乃自后逾:从后墙逃出。按,以上是贞卜爻辞,预示卫庄公不吉,将败亡。

【译文】

卫庄公在北宫做梦,见到有人登上昆吾之观,披头散发脸朝北边大喊道:“登上这昆吾的废墟,有绵绵不断生长的大瓜小瓜。我是浑良夫,向上天控诉我无辜遭殃。”庄公亲自卜筮,胥弥赦分析说:“没有妨害。”庄公赐给胥弥赦封邑,他没接受,而逃往宋国。卫庄公又占卜,繇辞说:“像鱼尾巴发红,穿过急流而犹豫彷徨。紧靠大国,兴兵来击,就将灭亡。关门塞洞,于是越过后墙。”

冬十月，晋复伐卫[①]，入其郛[②]。将入城，简子曰："止。叔向有言曰：'怙乱灭国者无后[③]。'"卫人出庄公而与晋平[④]。晋立襄公之孙般师而还[⑤]。

【注释】

①晋复伐卫：六月围卫没有成功，晋复伐之。

②郛：外城。

③怙乱：乘人之乱。后：后嗣。

④卫人出庄公而与晋平：卫国人赶走卫庄公，与晋国讲和。

⑤晋立襄公之孙般师而还：赵鞅立般师为卫国国君。

【译文】

冬十月，晋国又来攻打卫国，进入外城。将要进入内城，赵鞅说："停下来。叔向有句话说：'趁着别人内乱灭亡该国的人没后代。'"卫国人驱逐庄公而与晋国讲和。晋国立襄公的孙子般师后回国。

十一月，卫侯自鄄入[①]，般师出[②]。初，公登城以望，见戎州[③]。问之，以告。公曰："我，姬姓也，何戎之有焉[④]？"翦之[⑤]。公使匠久[⑥]。公欲逐石圃[⑦]，未及而难作。辛巳[⑧]，石圃因匠氏攻公。公阖门而请[⑨]，弗许。逾于北方而队，折股[⑩]。戎州人攻之[⑪]，大子疾、公子青逾从公[⑫]，戎州人杀之[⑬]。公入于戎州己氏[⑭]。初，公自城上见己氏之妻发美，使髡之[⑮]，以为吕姜髢[⑯]。既入焉，而示之璧，曰："活我，吾与女璧。"己氏曰："杀女，璧其焉往[⑰]？"遂杀之而取其璧。卫人复公孙般师而立之。十二月，齐人伐卫[⑱]，卫人请平，立公子起[⑲]，执般师以归，舍诸潞[⑳]。

【注释】

①卫侯自鄄(juàn)入:卫庄公被赶走,逃入齐国的鄄地。晋军一撤,又从鄄地返回国都。鄄,齐国地名,在今河南濮阳,距卫都帝丘不远。

②般师出:因回避卫庄公而出走。

③戎州:戎人所住的小乡村。

④我,姬姓也,何戎之有焉:姬姓国何故有戎人?

⑤翦之:摧毁戎州村落并掠夺他们的财物。

⑥匠:木匠。一说即百工,工匠的统称。久:长期不休息。

⑦石圃:卫国卿士,石恶的侄子。

⑧辛巳:十二日。

⑨阖门而请:闭门请求议和。

⑩逾于北方而队,折股:爬越北墙,摔下来,摔断了大腿。队,同"坠"。

⑪戎州人攻之:戎人复仇。

⑫公子青:太子疾的弟弟。

⑬戎州人杀之:杀死太子疾、公子青。

⑭己氏:己姓戎人。

⑮髡(kūn):剃去头发。

⑯以为吕姜髢(tì):用己氏妻子的美发作夫人的假发。吕姜,庄公夫人,齐国女。髢,假发。

⑰杀女,璧其焉往:杀庄公璧一样可以得到。

⑱齐人伐卫:卫庄公娶齐女,且般师是晋人所立,故伐卫。

⑲公子起:卫灵公之子。

⑳执般师以归,舍诸潞:齐国人带走般师,安置在潞邑。潞,齐国邑名,在齐都郊外。

【译文】

十一月,卫庄公从鄄地进入国都,般师出走。起初,庄公登城远望,

看见戎州。询问情况,左右告诉了他。庄公说:"我是姬姓,何故有戎人?"就毁了戎州。庄公长久使唤木匠不让休息。他又想驱逐石圃,还没来得及就发生了祸难。十二日,石圃借助匠人的力量进攻庄公。庄公关门请求讲和,石圃不答应。庄公爬北墙摔下来,跌断了腿。戎州人攻打他,太子疾、公子青越墙跟从庄公,戎州人杀了他们。庄公进入戎州己氏家。起初,庄公从城上看见己氏妻子的头发很美,就把她头发剃下来,给吕姜做假发。这时他进入己氏家,拿出玉璧,说:"救我活命,我给你玉璧。"己氏说:"杀了你,玉璧又能跑到哪去?"便杀了庄公拿走玉璧。卫国人接公孙般师回来立为国君。十二月,齐国攻打卫国,卫国请求讲和,齐国立公子起为卫君,抓了般师回国,安顿在潞地。

17.6　公会齐侯盟于蒙①,孟武伯相。齐侯稽首,公拜②。齐人怒③。武伯曰:"非天子,寡君无所稽首。"武伯问于高柴曰④:"诸侯盟,谁执牛耳⑤?"季羔曰⑥:"鄫衍之役,吴公子姑曹⑦;发阳之役⑧,卫石魋⑨。"武伯曰:"然则彘也⑩。"

【注释】

①齐侯:齐简公的弟弟齐平公。蒙:地名,在今山东蒙阴东。

②齐侯稽首,公拜:齐平公磕头,鲁哀公仅是弯腰作揖。

③齐人怒:以为哀公无礼。

④高柴:孔子弟子,熟知礼仪。

⑤执牛耳:指主持盟会的人。

⑥季羔:高柴。

⑦鄫衍之役,吴公子姑曹:哀公七年,吴、鲁会于鄫衍。

⑧发阳之役:此役在哀公十二年。发阳,郧地名。

⑨卫石魋:卫国大夫石曼姑之子,时为卫卿。

⑩然则彘也：听了高柴的话，武伯自以为这次该他执牛耳。彘，武伯名。

【译文】

鲁哀公和齐平公在蒙地会盟，孟武伯相礼。齐平公叩头，哀公弯腰作揖。齐国人发怒。孟武伯说："不是天子，我们国君没有叩头的。"孟武伯询问高柴："诸侯会盟，谁执牛耳？"高柴说："鄫衍那次会盟，是吴国公子姑曹；发阳那次会盟，是卫国的石魋。"孟武伯说："那么这次就是我了。"

17.7　宋皇瑗之子麇有友曰田丙[①]，而夺其兄酁般邑以与之[②]。酁般愠而行[③]，告桓司马之臣子仪克[④]。子仪克适宋，告夫人曰[⑤]："麇将纳桓氏[⑥]。"公问诸子仲[⑦]。初，子仲将以杞姒之子非我为子[⑧]。麇曰："必立伯也[⑨]，是良材。"子仲怒，弗从[⑩]。故对曰："右师则老矣，不识麇也[⑪]。"公执之[⑫]。皇瑗奔晋[⑬]，召之[⑭]。

【注释】

①皇瑗：宋国右师。

②而夺其兄酁(chán)般邑以与之：麇夺其兄酁般之邑送给田丙。

③酁般愠而行：怒而出走。

④桓司马：桓魋。哀公十四年作乱后逃走。子仪克：桓魋家臣。

⑤夫人：宋景公母亲。

⑥麇将纳桓氏：这是子仪克诬陷皇麇的话。

⑦子仲：皇野，皇麇族人。

⑧子仲将以杞姒之子非我为子：子仲拟将非我立为嫡子。杞姒，子仲妻子。

⑨伯：非我之兄。

⑩子仲怒，弗从：因立子之事，皇野与皇麇结下私怨。

⑪右师则老矣，不识麇也：右师年老，不会作乱，皇麇就难说了。按，这是有意陷害皇麇的话。右师，指皇瑗。

⑫公执之：拘捕皇麇。

⑬皇瑗奔晋：皇瑗怕受牵连，逃亡晋国。

⑭召之：宋景公召皇瑗回国。按，此当与下年《传》"宋杀皇瑗"一段连读。

【译文】

宋国皇瑗儿子麇有朋友名田丙，麇夺其兄剸般的封邑给了田丙。剸般怒而出走，告诉桓司马的家臣子仪克。子仪克到宋都，告诉夫人说："麇打算接纳桓氏。"景公向子仲征询。起初，子仲准备立杞姒的儿子非我为嫡子。麇说："一定要立哥哥，他是个好人才。"子仲发怒，没有听从。所以这时回答说："右师已经年老，至于麇就难以逆料了。"景公拘捕了麇。皇瑗逃往晋国，宋景公召他回国。

十八年

【传】

18.1　十八年春①，宋杀皇瑗②。公闻其情③，复皇氏之族，使皇缓为右师④。

【注释】

①十八年：鲁哀公十八年当周敬王四十三年，前477。

②宋杀皇瑗：此段应与上年《传》末句连读。

③公闻其情：过后发现皇瑗父子乃受诬陷。

④复皇氏之族，使皇缓为右师：恢复皇氏宗族，让皇缓继其职。皇

缓，皇瑗的侄子。

【译文】

鲁哀公十八年春，宋国杀死皇瑗。宋景公了解到他的冤情后，恢复了皇氏的家族，任命皇缓为右师。

18.2　巴人伐楚，围鄾[①]。初，右司马子国之卜也，观瞻曰[②]："如志[③]。"故命之[④]。及巴师至，将卜帅。王曰："宁如志，何卜焉[⑤]？"使帅师而行。请承[⑥]，王曰："寝尹、工尹勤先君者也[⑦]。"三月，楚公孙宁、吴由于、薳固败巴师于鄾，故封子国于析[⑧]。君子曰："惠王知志[⑨]。《夏书》曰：'官占唯能蔽志，昆命于元龟[⑩]。'其是之谓乎！《志》曰：'圣人不烦卜筮[⑪]。'惠王其有焉[⑫]。"

【注释】

①鄾：楚国地名，在今湖北襄阳东北。

②观瞻：楚开卜大夫，观从之后。

③如志：符合预先的愿望。杜预《春秋左传注》："子国未为令尹时，卜为右司马，得吉兆，如其志。"

④故命之：任命子国为右司马。

⑤宁如志，何卜焉：卜子国为司马已得吉兆，不必再卜。宁，子国。

⑥请承：请楚王任命副将。承，助手，副将。

⑦寝尹、工尹勤先君者也：定公四年柏举之战，寝尹吴由于以背受盗戈，尹固为王执燧象，可为副手。寝尹，吴由于。工尹，薳固，又称箴尹固。

⑧析：古地名。在今河南内乡、淅川西北。

⑨惠王知志：惠王了解人的心愿。

⑩官占唯能蔽志，昆命于元龟：所引《夏书》为《逸书》，今收入伪古文《尚书·大禹谟》中，意思是占筮之官只有先善断人意，再用龟甲。官占，占卜之官。蔽，断。昆，后。

⑪不烦卜筮：不常卜筮，指不专靠卜筮决断事情。

⑫惠王其有焉：称赞惠王善用人。

【译文】

巴国军队进攻楚国，包围鄾地。起初，要任命子国为右司马而占卜，观瞻说："符合意愿。"所以就任命了他。到巴军到达，将要占卜主帅。楚惠王说："子国符合意愿，何必再占卜呢?"就命令他领兵出发。子国请求任命副手，惠王说："寝尹、工尹都是为先君出过力的人。"三月，楚国子国、寝尹、工尹在鄾地打败巴军，所以把析地作为子国的封邑。君子说："楚惠王知人善任。《夏书》说：'占筮之官只有先善断人意，再用龟甲。'说的就是这种情形吧！《志》说：'圣人不常卜筮。'惠王就是这样的啊。"

18.3　夏，卫石圃逐其君起，起奔齐①。卫侯辄自齐复归②，逐石圃而复石魋与大叔遗③。

【注释】

①起奔齐：起为齐国所立。

②卫侯辄自齐复归：哀公十五年辄出逃。

③逐石圃而复石魋与大叔遗：石魋、太叔遗本为蒯聩所逐，现在辄将他们召回。

【译文】

夏，卫国石圃驱逐国君起，起逃往齐国。卫出公辄从齐国重新回国，驱逐石圃而恢复石魋和太叔遗原来的官职。

十九年

【传】

19.1　十九年春[①]，越人侵楚，以误吴也[②]。夏，楚公子庆、公孙宽追越师，至冥[③]，不及，乃还[④]。

【注释】

①十九年：鲁哀公十九年当周敬王四十四年，前476。

②越人侵楚，以误吴也：用进攻楚国来迷惑吴国，使吴国放松戒备。

③冥：越国地名，在今安徽广德、浙江长兴之间。

④不及，乃还：越国本为误吴，故迅速撤军，楚军追不上。

【译文】

鲁哀公十九年春，越国侵犯楚国，是为了误导吴国。夏，楚国公子庆、公孙宽追赶越军，到达冥地，没赶上，便回国了。

19.2　秋，楚沈诸梁伐东夷[①]，三夷男女及楚师盟于敖[②]。

【注释】

①楚沈诸梁伐东夷：楚国攻打东夷，以向越国报仇。东夷，越国东部的夷人，附属于越国。

②三夷：古地名。在今浙江宁波、台州、温州之间。敖：东夷之地，在浙江滨海处。

【译文】

秋，楚国沈诸梁进攻东夷，三夷男女和楚军在敖地结盟。

19.3　冬，叔青如京师[①]，敬王崩故也[②]。

【注释】

①叔青:鲁国大夫叔还之子。

②敬王崩:周敬王去世。周敬王,前519年即位,在位四十四年。

【译文】

冬,叔青前往京师,是因为周敬王去世了。

二十年

【传】

20.1　二十年春[①],齐人来征会[②]。夏,会于廪丘[③]。为郑故,谋伐晋[④]。郑人辞诸侯[⑤]。秋,师还。

【注释】

①二十年:鲁哀公二十年当周元王仁元年,前475。

②齐人来征会:征集会盟。杨伯峻曰:"此时晋公室已卑,四卿分权,且争权,早已失霸;楚又患吴、越。齐之陈恒欲因此主盟诸侯以树己声势。"

③廪丘:齐国地名,在今山东郓城西北。

④为郑故,谋伐晋:哀公十五年,晋国进攻郑国,现在齐、鲁二国准备为郑国报仇。

⑤郑人辞诸侯:郑国不想攻打晋国。

【译文】

鲁哀公二十年春,齐国前来召集会盟。夏,在廪丘相会。因为郑国的缘故,商议讨伐晋国。郑国辞谢了诸侯各国。秋,撤军回国。

20.2　吴公子庆忌骤谏吴子[①],曰:"不改[②],必亡。"弗听。出居于艾[③],遂适楚。闻越将伐吴。冬,请归平越[④],遂归。欲除不忠者以说于越[⑤],吴人杀之[⑥]。

【注释】

①骤:多次。

②不改:不改弦更张,刷新政治。

③艾:吴国地名,在今江西修水西。

④请归平越:愿意出面与越国和谈。

⑤欲除不忠者以说于越:铲除奸臣,以讨越国喜欢。

⑥吴人杀之:认为庆忌不自量力,杀了他。

【译文】

吴国公子庆忌屡次谏劝吴王,说:“不改的话,吴国必将灭亡。”吴王不听。庆忌出居到艾地,又去楚国。他听说了越国准备攻打吴国的事。冬,请求回国去与越国讲和,于是回国了。他想要除掉不忠者来取悦于越国,被吴国人杀了。

20.3 十一月,越围吴,赵孟降于丧食[①]。楚隆曰[②]:“三年之丧,亲昵之极也[③],主又降之,无乃有故乎?”赵孟曰:“黄池之役[④],先主与吴王有质[⑤],曰:‘好恶同之。’今越围吴,嗣子不废旧业而敌之,非晋之所能及也[⑥],吾是以为降。”楚隆曰:“若使吴王知之[⑦],若何?”赵孟曰:“可乎?”隆曰:“请尝之。”乃往。先造于越军[⑧],曰:“吴犯间上国多矣,闻君亲讨焉,诸夏之人莫不欣喜,唯恐君志之不从[⑨]。请入视之。”许之。告于吴王曰:“寡君之老无恤[⑩],使陪臣隆敢展谢其不共[⑪]。黄池之役,君之先臣志父得承齐盟[⑫],曰:‘好恶同之。’今君在难,无恤不敢惮劳,非晋国之所能及也[⑬],使陪臣敢展布之。”王拜稽首曰:“寡人不佞,不能事越,以为大夫忧[⑭],拜命之辱[15]。"与之一箪珠[16]，使问赵孟[17]，曰："句践将生忧寡人，寡人死之不得矣[18]。"王曰："溺人必笑[19]，吾将有问也，史黯何以得为君子[20]？"对曰："黯也进不见恶，退无谤言[21]。"王曰："宜哉。"

【注释】

①赵孟降于丧食：当时赵鞅死去，无恤正服父丧，服丧期间饮食应简化，又因晋国无力救吴国，所以他的饮食比居丧时还要降等，以示悲悼与自责。赵孟，赵襄子无恤。

②楚隆：赵襄子家臣。

③三年之丧，亲昵之极：服三年丧，已是亲属关系的顶点。

④黄池之役：黄池之盟在哀公十三年。

⑤先主：指赵鞅。质：誓约。

⑥今越围吴，嗣子不废旧业而敌之，非晋之所能及也：是说想帮助吴国对抗越国，但晋国自己已衰弱，爱莫能助了。嗣子，赵襄子自称。

⑦使吴王知之：让吴王知道赵襄子的心意。

⑧先造于越军：吴国已被越军包围，楚隆进入吴国必先经过越军营垒。

⑨君志之不从：意愿不能实现。

⑩老：国老。赵襄子是晋国正卿。

⑪陪臣：楚隆自称。展：陈述。谢：谢罪，道歉。共：通"恭"。

⑫齐盟：盟会必斋戒，故称斋盟。齐，同"斋"。

⑬无恤不敢惮劳，非晋国之所能及也：赵无恤非害怕辛劳，而是力所不及，无法救援吴国。

⑭大夫：指赵襄子。

⑮拜命之辱：拜谢赵襄子之意。

⑯箪(dān):竹制的盒子。

⑰问:赠送。

⑱句践将生忧寡人,寡人死之不得矣:这是夫差答楚隆的话,意思是越国句践将活活折磨死夫差,夫差已是求死不得了。

⑲溺人必笑:当时谚语:快被淹死的人反而会笑。

⑳史黯何以得为君子:昭公三十二年,史黯曾预言不及四十年,吴国将被越国灭亡,夫差因此有感而问。史黯,史墨。

㉑黯也进不见恶,退无谤言:在朝时无人讨厌他,不仕时无人诽谤他,是贤明君子。

【译文】

十一月,越国包围吴国,赵孟正在服丧,把饮食标准比规定又降低了一等。楚隆说:“三年的丧期,是表示亲人间亲密关系的极点,现在您又降等,莫非另有原因吗?”赵孟说:“黄池会盟时,先主与吴王有盟誓,说:‘好恶共同承受。’现在越国包围吴国,作为继承人的我想不废弃过去的誓言而帮助吴国,但又不是晋国所能办得到的,所以饮食降等。”楚隆说:“要是让吴王知道您的心意,怎么样?”赵孟说:“可行吗?”楚隆说:“请试一试看。”于是前往。先到越军中,说:“吴国冒犯上国已经多次,听说君王亲自前来讨伐,中原的人们没有不高兴的,唯恐君王的愿望不能实现。请让我进入吴国看看。”越方同意了。楚隆告诉吴王说:“我们国君的国老无恤,派陪臣我楚隆前来,谨敢为他的不恭而陈告谢罪。黄池盟会,主君的先臣志父得以参加盟誓,说:‘好恶相同。’现在君王处在危难中,无恤不敢害怕劳累,只是因为晋国力所不能及,所以谨派陪臣我前来禀告。”吴王下拜叩头说:“寡人不才,不能事奉越国,因而成为大夫的忧患,谨此拜谢他的好意。”给了楚隆一盒珍珠,让他送给赵孟,说:“句践想让寡人生活在忧患中,寡人是不得善终了。”吴王又说:“快淹死的人必然强作笑容。我还要问你呢,史黯为什么能成为君子?”楚隆答复说:“史黯在朝廷没人厌恶,不做官也没人说他坏话。”吴王说:“真是恰当啊!”

二十一年

【传】

21.1　二十一年夏五月[①]，越人始来[②]。

【注释】

①二十一年：鲁哀公二十一年当周元王二年，前474。

②越人始来：越国已经战胜吴国，想称霸，第一次遣使来鲁国朝聘。

【译文】

鲁哀公二十一年夏五月，越国首次来鲁国朝聘。

21.2　秋八月，公及齐侯、邾子盟于顾[①]。齐人责稽首[②]，因歌之曰："鲁人之皋，数年不觉，使我高蹈[③]。唯其儒书，以为二国忧[④]。"是行也，公先至于阳谷[⑤]。齐闾丘息曰[⑥]："君辱举玉趾，以在寡君之军[⑦]。群臣将传遽以告寡君[⑧]，比其复也[⑨]，君无乃勤[⑩]。为仆人之未次[⑪]，请除馆于舟道[⑫]。"辞曰："敢勤仆人[⑬]？"

【注释】

①邾子：邾桓公。即太子革。顾：齐国地名，在今山东鄄城东北。

②齐人责稽首：哀公十七年，齐平公向哀公稽首，哀公仅作揖为答，齐国仍耿耿于怀。

③鲁人之皋，数年不觉，使我高蹈：鲁国无礼，几年也不觉悟，使齐平公长途跋涉来赴会。皋，迟缓。高蹈，远行。

④唯其儒书，以为二国忧：责怪鲁国只知道拘泥于周礼"非天子，寡君无所稽首"，而不答齐平公稽首之礼，使齐、邾二国远来。二

国，指齐国、邾国。

⑤阳谷：在今山东阳谷东北。

⑥间丘息：齐国大夫间丘明后人。

⑦君辱举玉趾，以在寡君之军：哀公先到阳谷，间丘息说，有劳鲁君尊驾，先期慰问齐军。在，慰问。寡君之军，指齐军。

⑧传遽：驿站车马。

⑨比：及，等到。其：指传遽。

⑩勤：劳累。

⑪次：客馆，这里指准备客馆。

⑫请除馆于舟道：间丘息请哀公先在舟道下榻。除馆，设置客馆。舟道，齐国地名。

⑬敢勤仆人：不敢烦劳齐国侍臣。

【译文】

秋八月，鲁哀公和齐平公、邾桓公在顾地结盟。齐国人责备上次鲁哀公不回拜叩头一事，因而唱歌道："鲁国无礼，几年也不觉悟，使我长途跋涉来赴会。只因为他们过于相信儒家的书，造成了齐、邾二国忧患和苦恼。"这次盟会，哀公先到达阳谷。齐国间丘息说："劳驾国君亲自光临，慰劳我们国君的军队。群臣们将乘坐驿车报告我们国君，等到他们返回，国君未免太劳累。因为仆人还没安排好馆舍，请先在舟道安歇。"哀公辞谢说："怎敢劳动贵国的仆人？"

二十二年

【传】

22.1　二十二年夏四月①，邾隐公自齐奔越，曰："吴为无道，执父立子②。"越人归之，大子革奔越③。

【注释】

①二十二年:鲁哀公二十二年当周元王三年,前473。

②吴为无道,执父立子:哀公八年,邾隐公被吴国所囚,吴国立太子革为君。十年,邾隐公奔往鲁国,后来又出奔齐国。

③太子革奔越:越国送邾隐公回国,太子革逃往越国。

【译文】

鲁哀公二十二年夏四月,邾隐公从齐国逃往越国,说:"吴国所为无道,拘押父亲而立儿子为君。"越国把邾隐公送回国,太子革逃往越国。

22.2 冬十一月丁卯[①],越灭吴[②],请使吴王居甬东[③],辞曰:"孤老矣,焉能事君?"乃缢[④]。越人以归[⑤]。

【注释】

①丁卯:二十七日。

②越灭吴:哀公二十年,越围吴,至此已三年,越国终于攻进吴国都城。按,据《左传》,哀公元年夫差败越于夫椒,至此越灭吴,共历二十二年,与哀公元年伍员所谓"二十年之外,吴其为沼乎"正相应。

③请使吴王居甬东:想将夫差流放甬东。甬东,古地名。今浙江舟山群岛。

④乃缢:夫差自缢而死。

⑤越人以归:越国将夫差尸体带回国。按,越国灭亡吴国后,吴地尽为越国占有。《孟子·离娄下》"曾子居武城,有越寇",则越已与鲁接境。

【译文】

冬十一月二十七日,越国灭亡吴国,想让吴王住到甬东去,吴王辞谢说:"我老了,怎么能事奉君王?"便上吊自杀。越国把他的尸体带回国。

二十三年

【传】

23.1 二十三年春①,宋景曹卒②。季康子使冉有吊,且送葬,曰:"敝邑有社稷之事,使肥与有职竞焉③,是以不得助执绋,使求从舆人④,曰:'以肥之得备弥甥也⑤,有不腆先人之产马,使求荐诸夫人之宰⑥,其可以称旌繁乎⑦?'"

【注释】

①二十三年春:鲁哀公二十三年当周元王四年,前472。

②宋景曹:宋元公夫人,景公之母,小邾国之女,鲁国季桓子外祖母。景,谥。曹,姓。

③肥:季康子名。与有职竞:忙于政事。

④求:冉有。从舆人:也指送葬。舆人,送柩车的贱役。

⑤弥:远。肥是季桓子庶子,所以自称为远甥。

⑥有不腆先人之产马,使求荐诸夫人之宰:愿以先人的马匹,让冉求献于夫人的家宰之前。不腆,不丰厚,谦虚语。荐,进献。

⑦其可以称旌繁乎:意思是说所献的马不知是否能与夫人华美的马饰相配。称,相称,配得上。繁,马缨。

【译文】

鲁哀公二十三年春,宋国景曹去世。季康子派冉求去吊唁,并送葬,说:"敝邑有祭祀社稷之事,使季康子忙于政事,所以不能前来执绋送葬,派我来随从仆役送葬,说:'由于肥忝居远房外甥,愿以先人不多的马匹,让冉求献于夫人的家宰之前,不知是否能与夫人华美的马饰相配?'"

23.2 夏六月，晋荀瑶伐齐[①]。高无丕帅师御之。知伯视齐师[②]，马骇，遂驱之[③]，曰："齐人知余旗，其谓余畏而反也[④]。"及垒而还[⑤]。将战，长武子请卜[⑥]。知伯曰："君告于天子，而卜之以守龟于宗祧，吉矣[⑦]，吾又何卜焉？且齐人取我英丘[⑧]，君命瑶，非敢耀武也，治英丘也[⑨]。以辞伐罪足矣，何必卜[⑩]？"壬辰[⑪]，战于犁丘[⑫]，齐师败绩。知伯亲禽颜庚[⑬]。

【注释】

①荀瑶：荀跞之孙知襄子。

②知伯视齐师：察看齐军虚实。

③马骇，遂驱之：知伯马惊，就势驱马往前冲。

④齐人知余旗，其谓余畏而反也：不往前冲，齐国人将笑我胆小害怕。反，同"返"。

⑤及垒而还：冲到齐军营垒而还。

⑥长武子请卜：请卜战之吉凶。长武子，晋国大夫。

⑦君告于天子，而卜之以守龟于宗祧，吉矣：出征前在宗庙用龟甲占卜过，得吉兆。

⑧英丘：晋国地名，今地不详。

⑨非敢耀武也，治英丘也：不是为炫耀武力，只为收复英丘。

⑩以辞伐罪足矣，何必卜：为英丘而攻打齐国，理由充足，不必占卜。

⑪壬辰：二十六日。

⑫犁丘：即隰(xí)，在今山东临邑西。

⑬知伯亲禽颜庚：活捉颜庚。颜庚，齐国大夫涿聚。

【译文】

夏六月，晋国荀瑶攻打齐国。高无丕领兵抗御。知伯察看齐军情况,马受惊,便驱马向前,说:“齐国人认识我的旗帜,不向前会认为我害怕而回转。”到达齐军营垒而回。将要开战了,长武子请求占卜。知伯说:“国君报告了天子,而用龟甲在宗庙占卜过,得吉兆,我又何必再卜呢?况且齐国占取我们的英丘,国君命令我来,不是胆敢炫耀武力,而是要收复英丘。用正当的理由讨伐有罪者就完全可以了,何必占卜?”二十六日,在犁丘交战,齐军吃了败仗。知伯亲自擒获颜庚。

23.3 秋八月,叔青如越,始使越也。越诸鞅来聘,报叔青也。

【译文】

秋八月,叔青去越国,这是鲁国首次出使越国。越国诸鞅前来聘问,是回报叔青的出使。

二十四年

【传】

24.1 二十四年夏四月[①],晋侯将伐齐,使来乞师[②],曰:“昔臧文仲以楚师伐齐,取谷[③];宣叔以晋师伐齐,取汶阳[④]。寡君欲徼福于周公[⑤],愿乞灵于臧氏[⑥]。”臧石帅师会之[⑦],取廪丘。军吏令缮,将进[⑧]。莱章曰[⑨]:“君卑政暴[⑩],往岁克敌[⑪],今又胜都[⑫],天奉多矣[⑬],又焉能进?是躛言也[⑭]。役将班矣[⑮]。”晋师乃还[⑯]。饩臧石牛[⑰],大史谢之[⑱],曰:“以寡君之在行[⑲],牢礼不度[⑳],敢展谢之。”

【注释】

①二十四年:鲁哀公二十四年当周元王五年,前471。

②晋侯将伐齐,使来乞师:请鲁国出兵助战。

③昔臧文仲以楚师伐齐,取谷:僖公二十六年,鲁国臧文仲求得楚军攻打齐国,夺取谷地。

④宣叔以晋师伐齐,取汶阳:成公二年鞌之战后,齐军失败,鲁国夺得汶阳田地。宣叔,臧孙许。

⑤寡君欲徼福于周公:周公为鲁国的始祖。

⑥愿乞灵于臧氏:臧氏多次战胜齐国,所以希望臧氏领兵。

⑦臧石:臧宾如之子。

⑧军吏令缮,将进:下令做好作战准备,即将进军。

⑨莱章:齐国大夫。

⑩君卑政暴:晋国公室卑弱,政在三家。

⑪往岁克敌:指去年晋国知伯擒获齐国颜庚。

⑫胜都:指取廪丘。

⑬天奉多矣:上天赐予已很多。

⑭𫍲(wèi)言:虚夸不足信的话,大话。

⑮役将班矣:预言晋军不会进军,将班师回国。

⑯晋师乃还:果然撤退。

⑰饩臧石牛:晋国以活牛慰劳臧石。

⑱大史谢之:礼物不多,晋国太史表示歉意。

⑲以寡君之在行:国君在军中。

⑳牢礼不度:礼物不合礼数。

【译文】

鲁哀公二十四年夏四月,晋出公准备攻打齐国,派人来鲁国请求出兵,说:"往日臧文仲带领楚军进攻齐国,夺取谷地;宣叔领着晋军攻打齐国,占取汶阳。我们国君想获得周公的赐福,也愿意向臧氏求福。"臧石带兵与晋军会合，夺取了廪丘。军吏命令修缮武器，准备进军。莱章说："晋国国君卑弱政事暴虐，去年克敌制胜，现在又取得都邑。上天给予的已经很多了，又怎么能前进？这是在说大话。就要班师回去了！"晋军果真撤回去了。晋国送活牛给臧石，太史道歉，说："由于我们国君在军中，礼物不合礼数，谨此表示歉意。"

24.2　邾子又无道[①]，越人执之以归，而立公子何[②]。何亦无道。

【注释】

①邾子又无道：按，哀公二十二年，越国送邾隐公回国。

②公子何：太子革的弟弟。

【译文】

邾隐公依然无道，越国拘捕了他带回国，而立了公子何。公子何同样无道。

24.3　公子荆之母嬖[①]，将以为夫人[②]，使宗人衅夏献其礼[③]。对曰："无之[④]。"公怒曰："女为宗司[⑤]，立夫人，国之大礼也，何故无之？"对曰："周公及武公娶于薛[⑥]，孝、惠娶于商[⑦]，自桓以下娶于齐，此礼也则有。若以妾为夫人，则固无其礼也[⑧]。"公卒立之，而以荆为大子。国人始恶之[⑨]。

【注释】

①公子荆：鲁哀公庶子。

②将以为夫人：立为正妻。

③宗人衅夏：司礼官，名叫衅夏。献其礼：提供立夫人的礼节。

④无之：没有这种礼节。

⑤宗司：宗人。

⑥武公：指鲁武公，名敖。

⑦孝：鲁孝公，名称。惠：鲁惠公，名弗皇。商：宋。按，以上都是鲁国早期国君。

⑧若以妾为夫人，则固无其礼也：按，春秋诸侯盟约中有“无以妾为妻”，可见古本无此礼。此处衅夏实际是反对立公子荆之母为夫人。

⑨国人始恶之：对哀公不满。

【译文】

公子荆的母亲得宠，哀公想立她为夫人，令宗人衅夏献上立夫人的礼仪。衅夏回复说：“没有这样的礼仪。”哀公发怒道：“你担任宗人，立夫人是国家的大礼，为什么说没有？”衅夏答复说：“周公和武公娶薛国女，孝公、惠公娶宋国女，从桓公以后都娶齐国女，这种礼仪是有的。至于把妾立为夫人，那么确实没有这种礼仪。”哀公最终还是立了她，而立荆为太子。国人开始讨厌哀公了。

24.4　闰月[①]，公如越[②]，得大子适郢[③]，将妻公而多与之地。公孙有山使告于季孙，季孙惧[④]，使因大宰嚭而纳赂焉，乃止[⑤]。

【注释】

①闰月：闰十月。

②公如越：哀公访越。

③得大子适郢：哀公与适郢相亲善。适郢，越王太子名。

④公孙有山使告于季孙，季孙惧：季孙怕哀公依靠越国来讨伐自己。

⑤使因大宰嚭而纳赂焉，乃止：季孙贿赂太宰嚭，阻止哀公与太子適郢的亲事及友好关系。太宰嚭，本是吴国臣子，吴国灭亡后事奉越国。

【译文】

闰十月，哀公到越国去，与太子適郢关系密切，適郢准备把女儿嫁给他并给予许多土地。公孙有山派人告诉季孙，季孙害怕了，派人通过太宰嚭而送上贿赂，事情才得以中止。

二十五年

【传】

25.1　二十五年夏五月庚辰[①]，卫侯出奔宋[②]。

【注释】

①二十五年：鲁哀公二十五年当周元王六年，前470。庚辰：二十五日。

②卫侯出奔宋：卫出公辄外逃到宋国。

【译文】

鲁哀公二十五年夏五月二十五日，卫出公辄逃往宋国。

卫侯为灵台于藉圃，与诸大夫饮酒焉[①]。褚师声子袜而登席[②]，公怒。辞曰[③]：“臣有疾，异于人。若见之，君将蔎之[④]，是以不敢。”公愈怒。大夫辞之，不可[⑤]。褚师出，公戟其手[⑥]，曰：“必断而足！”闻之，褚师与司寇亥乘，曰：“今日幸而后亡[⑦]。”

【注释】

①卫侯为灵台于藉圃，与诸大夫饮酒焉：饮酒庆祝灵台落成。

②褚师声子：褚师比。哀公十六年想进攻蒯聩，不成，逃往宋国，此时已返回卫国。袜：穿着袜子。

③辞：解释。

④散(hù)：呕吐。

⑤大夫辞之，不可：群臣从旁解说，出公仍然不谅解。

⑥戟其手：左手叉腰，右手横指，如戟形。

⑦今日幸而后亡：不被处死，得以逃亡，是为幸运。

【译文】

卫出公在藉圃建造灵台，与大夫们一起饮酒。褚师声子穿着袜子入席，出公发怒。褚师声子解释说："臣脚部有病，和别人不一样。您要是见了，将会作呕，所以不敢脱袜。"出公更加生气。大夫们为他解释，出公仍然不谅解。褚师声子退出，出公左手叉腰，右手横指说："一定要砍断你的脚！"褚师声子听见了，他和司寇亥同坐一辆车，说："今天的事情能落个逃亡就是幸运的了。"

公之入也，夺南氏邑[①]，而夺司寇亥政[②]。公使侍人纳公文懿子之车于池[③]。

【注释】

①南氏：卫子南之子公孙弥牟。

②夺司寇亥政：免了亥的司寇之官。

③公使侍人纳公文懿子之车于池：将公文懿子的车子扔进水池。公文懿子，公文要。

【译文】

卫出公回国的时候，夺走南氏的封邑，也夺了司寇亥的官位。出公让侍人把公文懿子的车扔进了水池。

初，卫人翦夏丁氏[1]，以其帑赐彭封弥子[2]。弥子饮公酒，纳夏戊之女[3]，嬖，以为夫人。其弟期[4]，大叔疾之从孙甥也，少畜于公[5]，以为司徒。夫人宠衰，期得罪[6]。公使三匠久[7]。公使优狡盟拳弥[8]，而甚近信之[9]。故褚师比、公孙弥牟、公文要、司寇亥、司徒期因三匠与拳弥以作乱[10]，皆执利兵，无者执斤[11]。使拳弥入于公宫，而自大子疾之宫噪以攻公[12]。鄄子士请御之[13]，弥援其手，曰："子则勇矣，将若君何[14]？不见先君乎[15]？君何所不逞欲[16]？且君尝在外矣，岂必不反？当今不可[17]，众怒难犯，休而易间也[18]。"乃出[19]。将适蒲[20]，弥曰："晋无信，不可[21]。"将适鄄[22]，弥曰："齐、晋争我，不可。"将适泠[23]，弥曰："鲁不足与[24]，请适城钼以钩越[25]，越有君。"乃适城钼。弥曰："卫盗不可知也，请速，自我始。"乃载宝以归[26]。

【注释】

①夏丁氏：哀公十一年《传》："悼子亡，卫人剪夏戊。"夏丁氏即夏戊氏。

②帑：家财。彭封弥子：弥子瑕。

③纳夏戊之女：将夏戊的女儿进献给出公。

④期：夏戊的儿子，太叔疾从外甥。

⑤少畜于公：期从小在卫出公那里长大。

⑥夫人宠衰，期得罪：夫人色衰爱弛，期也失宠得罪。

⑦三匠：三种工匠。

⑧公使优狡盟拳弥:出公派伶人与大夫盟,有意羞辱大夫。优狡,伶人,名狡。拳弥,卫国大夫。

⑨而甚近信之:亲近信任拳弥。

⑩故褚师比、公孙弥牟、公文要、司寇亥、司徒期因三匠与拳弥以作乱:这些人都对卫出公有怨仇。

⑪斤:斧子。

⑫大子疾之宫:按,太子疾已死于哀公十七年,其宫尚在。

⑬鄄子士:卫国大夫。

⑭子则勇矣,将若君何:虽勇,但无法救国君。

⑮先君:指蒯聩,乱起时不能马上逃走,为戎州己氏所杀,见哀公十七年《传》。

⑯君何所不逞欲:何处不能满足愿望。按,这是劝出公赶快逃亡,不必固守不出。

⑰当今不可:现在要抵御作乱者已不可能。

⑱众怒难犯,休而易间也:意谓叛乱高潮一过,就易于离间他们,再图谋返国。休,安定。

⑲乃出:卫出公辄出逃。按,拳弥不让抵抗,借口众怒难犯,先出逃,之后寻机回国,哄出公出逃。

⑳蒲:靠近晋国的地方,在今河南长垣。

㉑晋无信,不可:拳弥怕卫出公得到晋国的援助,以晋国无信阻止卫出公逃往蒲。

㉒鄄:卫国地名,在齐、晋交界处,在今山东鄄城西北。

㉓泠:靠近鲁国的地方。

㉔鲁不足与:鲁国国小力弱。

㉕请适城钼以钩越:城钼靠近宋国,宋国南边靠近越国,越君正强,可以结援。城钼,在今河南滑县东,靠近宋国。钩,勾连,联系。

㉖弥曰:“卫盗不可知也,请速,自我始。”乃载宝以归:拳弥告诫卫

出公带着财宝外逃很容易招来强盗袭击，应迅速离开，拳弥愿意为之先导。骗过卫出公，拳弥便装上财宝回到卫国。

【译文】

起初，卫国翦灭夏丁氏，把他家的财产赐给了彭封弥子。彭封弥子请出公饮酒，献上夏戊的女儿，得到出公的宠爱，立她为夫人。她的弟弟期，是太叔疾的从外甥，从小在出公处长大，被任为司徒。夫人的宠爱衰减，期也得罪了出公。出公役使三种匠人长时间不让休息。出公让优狡和拳弥盟誓，但又对拳弥很是亲近信任。所以褚师比、公孙弥牟、公文要、司寇亥、司徒期依靠三种匠人和拳弥发动叛乱，都手持锐利兵器，没武器的拿着斧头。让拳弥进入公宫，而从太子疾的宫中鼓噪呐喊着攻打出公。鄄子士请求抵御。拳弥拉着他的手，说："你固然勇敢，但将怎么保护国君呢？没看见先君的情景吗？国君到哪里不能满足他的意愿？况且国君也曾经在外面待过，怎么知道一定不能再回来？现在不能硬来，众怒难犯，等安定下来就容易离间他们了。"出公于是出走。打算到蒲地去，拳弥说："晋国没有信用，不能去。"打算到鄄地，拳弥说："齐、晋两国在争夺我们，也不能去。"打算到泠地去，拳弥说："鲁国不足以亲附，请到城鉏以联系越国，越国有能干的国君。"于是逃往城鉏。拳弥说："卫国盗贼的举动不可预料，请赶快走，我走在前面。"于是拳弥载运了宝物回到卫国。

公为支离之卒[①]，因祝史挥以侵卫[②]。卫人病之。懿子知之[③]，见子之[④]，请逐挥。文子曰："无罪[⑤]。"懿子曰："彼好专利而妄[⑥]，夫见君之入也，将先道焉[⑦]。若逐之，必出于南门而适君所[⑧]。夫越新得诸侯，将必请师焉[⑨]。"挥在朝，使吏遣诸其室[⑩]。挥出[⑪]，信，弗内[⑫]。五日，乃馆诸外里[⑬]，遂有宠，使如越请师[⑭]。

【注释】

①支离:战阵名,将军队分散而布阵。

②因祝史挥以侵卫:祝史挥在卫国国都,卫出公想以祝史挥为内应攻打卫都。

③懿子知之:知道祝史挥为内应。

④子之:公孙弥牟,即下文的文子。

⑤无罪:是说祝史挥并无罪。

⑥妄:不法,胡作非为。

⑦夫见君之入也,将先道焉:卫出公有回国的希望,祝史挥必然前去引路,为他效劳。道,引导。

⑧若逐之,必出于南门而适君所:要是驱逐祝史挥,他一定去依附卫出公。

⑨夫越新得诸侯,将必请师焉:预言卫出公一定会向越国请求援兵。

⑩挥在朝,使吏遣诸其室:先驱逐祝史挥的家室。

⑪挥出:祝史挥出逃。

⑫信,弗内:祝史挥在外面住了两晚又想返回,卫国人不让他进城。信,住两晚。

⑬外里:卫出公所住地名,在今河南滑县。

⑭遂有宠,使如越请师:卫出公果然宠信祝史挥,派他前往越国请求援兵。

【译文】

卫出公把士兵布成散阵,借助祝史挥做内应进攻卫都。卫国人感到担忧。公文懿子知道了,进见公孙弥牟,请求驱逐祝史挥。公孙弥牟说:“祝史挥并无罪过。”公文懿子说:“他专权好利而又胡作妄为,要是见到国君将进入国都,将会前往引路。如果驱逐了他,他必定从南门出去到国君那里。越国新近得到诸侯拥戴,一定会去请求越国出兵的。”

祝史挥还在朝廷上，文子就先驱逐他的家室。祝史挥出走，住了二宿，卫国人不接纳他回城。过了五天，他就住到外里，得到卫出公的宠信，派他到越国请求援兵。

25.2　六月，公至自越[①]。季康子、孟武伯逆于五梧[②]。郭重仆[③]，见二子[④]，曰："恶言多矣，君请尽之[⑤]。"公宴于五梧，武伯为祝[⑥]，恶郭重，曰："何肥也[⑦]？"季孙曰："请饮彘也[⑧]！以鲁国之密迩仇雠[⑨]，臣是以不获从君[⑩]，克免于大行[⑪]，又谓重也肥[⑫]。"公曰："是食言多矣，能无肥乎[⑬]？"饮酒不乐，公与大夫始有恶[⑭]。

【注释】

①公至自越：鲁哀公去年闰十月访越，现在返回鲁国。

②五梧：鲁国南部边境地，今地不详。

③仆：为鲁哀公驾车。

④二子：指季康子、孟武伯二人。

⑤恶言多矣，君请尽之：郭重诬告季康子、孟武伯二人，说他们不臣之举很多，请哀公加以追究。

⑥武伯为祝：向哀公敬酒。

⑦肥：指郭重身体肥胖。

⑧请饮彘也：季康子暗示武伯失言。饮，罚酒。彘，孟武伯。

⑨鲁国之密迩仇雠：鲁国紧靠着仇敌。指鲁、齐相邻而交恶。

⑩臣是以不获从君：是说季、孟二人因要防备齐国，无法随哀公前往越国。

⑪大行：远行。

⑫又谓重也肥：郭重随国君远行劳累，不宜说他肥胖。

⑬是食言多矣,能无肥乎:按,哀公指桑骂槐,责怪三桓经常食言。

⑭公与大夫始有恶:哀公与三家从此互相厌恶。

【译文】

六月,哀公从越国回来。季康子、孟武伯在五梧迎接。郭重为哀公驾车,见了他们两人,回来说道:“他们坏话说了很多,国君请加以追究。”哀公在五梧设宴,武伯祝酒,厌恶郭重,说:“你怎么这么肥胖?”季孙说:“请罚武伯喝酒!因为鲁国紧挨着仇敌,下臣所以不能跟从国君,得以免去远行,可他却说辛苦伴随国君的郭重肥胖。”哀公说:“这个人食言多了,怎么能不肥胖呢?”大家虽然饮酒但都不高兴,哀公和大夫们开始不和。

二十六年

【传】

26.1 二十六年夏五月①,叔孙舒帅师会越皋如、舌庸、宋乐茷纳卫侯②。文子欲纳之。懿子曰:“君愎而虐,少待之,必毒于民,乃睦于子矣③。”师侵外州,大获④。出御之,大败⑤。掘褚师定子之墓,焚之于平庄之上⑥。

【注释】

①二十六年:鲁哀公二十六年当周元王七年,前469。

②叔孙舒帅师会越皋如、舌庸、宋乐茷纳卫侯:鲁、越、宋三国以武装护送卫出公回国。叔孙舒,鲁国叔孙文子。皋如、舌庸,越国大夫。乐茷,宋国司城子潞。

③少待之,必毒于民,乃睦于子矣:不用多久,必然荼毒百姓,那时百姓将倾心于文子了。

④师侵外州,大获:诸侯联军入侵外州,肆意劫掠。

⑤出御之，大败：卫军抵御联军，大败。

⑥掘褚师定子之墓，焚之于平庄之上：褚师定子，褚师比父亲。平庄，山陵名。按，卫出公掘坟焚棺以泄愤。

【译文】

鲁哀公二十六年夏五月，叔孙舒带兵会合越国的皋如、舌庸、宋国的乐茷送回卫出公。文子想接纳他。懿子说："国君刚愎而暴虐，过些时候，他必然荼毒百姓，人民就会倾心于您了。"诸侯军队侵袭外州，大肆掠夺。卫军出城抵御，大败。卫出公掘开褚师定子的坟墓，把尸骸在平庄上放火焚烧。

文子使王孙齐私于皋如[①]，曰："子将大灭卫乎？抑纳君而已乎？"皋如曰："寡君之命无他，纳卫君而已。"文子致众而问焉[②]，曰："君以蛮夷伐国[③]，国几亡矣。请纳之。"众曰："勿纳[④]。"曰："弥牟亡而有益，请自北门出[⑤]。"众曰："勿出。"重赂越人[⑥]，申开守陴而纳公[⑦]，公不敢入[⑧]。师还[⑨]。立悼公[⑩]，南氏相之[⑪]，以城鉏与越人[⑫]。公曰："期则为此[⑬]。"令苟有怨于夫人者报之[⑭]。司徒期聘于越[⑮]，公攻而夺之币[⑯]。期告王，王命取之，期以众取之。公怒，杀期之甥之为大子者[⑰]。遂卒于越[⑱]。

【注释】

①王孙齐：卫国大夫王孙贾之子。私：个人私下会见。

②文子致众而问焉：文子召集众人征询意见。

③蛮夷：指越国。

④勿纳：按，卫出公已经失尽人心。

⑤弥牟亡而有益，请自北门出：只要对卫国有好处，文子愿从北门

出去逃离卫国。按,出公当时在南郊,故文子请自北门出,以避出公。

⑥重赂越人:请越国不要干涉。

⑦申开守陴而纳公:卫国人打开城门,作出欢迎卫出公的样子,但城墙上却戒备森严。申开,将几重城门大开。申,重。守陴,守卫女墙。按,越人受赂,故对卫国此举不闻不问。

⑧公不敢入:知道国人并无诚意接纳自己,卫出公不敢进城。

⑨师还:联军退兵。

⑩立悼公:卫国人立悼公。悼公,蒯聩庶弟公子黚。

⑪南氏:公孙弥牟。

⑫以城钼与越人:割地相报。

⑬期则为此:卫出公认为落得如此结局,责任在司徒期。期,司徒期。

⑭令苟有怨于夫人者报之:卫出公没法责罚司徒期,迁怒于夫人,允许对夫人不满的人进行报复。夫人,司徒期的姐姐,卫出公夫人。

⑮司徒期聘于越:为悼公聘问越国。

⑯币:送给越国的财礼。

⑰期之甥:卫出公与司徒期姐姐所生的儿子,即司徒期的外甥,此时已立为太子。

⑱遂卒于越:卫出公最终死在越国。

【译文】

文子派王孙齐私下和皋如联系,说:“您是打算彻底灭亡卫国呢?还是只把国君送回来?”皋如说:“我们国君的命令没有别的,只是送回卫君罢了。”文子召集大众征询意见,说:“国君领着蛮夷来攻打本国,国家几乎要灭亡了。请接纳他。”大家说:“别接纳他。”文子说:“如果我逃亡而有益于国家,我请求从北门出去。”大家说:“不要出去。”文子重重地贿赂越国人，大开城门守卫城墙而接纳卫出公，出公不敢进入。越军撤回。卫国人立了悼公，文子辅相他，把城钽割给越国。卫出公说："这都是司徒期干的。"下令对夫人有怨气的，可以报复她。司徒期去越国聘问。出公攻击他并夺走其所带财礼。司徒期报告越王，越王命令夺回来，司徒期带领众人取回聘礼。出公发怒，杀死司徒期的外甥，也就是所立的太子。卫出公最终死在越国。

26.2　宋景公无子，取公孙周之子得与启畜诸公宫①，未有立焉②。于是皇缓为右师，皇非我为大司马，皇怀为司徒③，灵不缓为左师④，乐茷为司城⑤，乐朱钽为大司寇⑥。六卿三族降听政⑦，因大尹以达⑧。大尹常不告⑨，而以其欲称君命以令⑩。国人恶之⑪。司城欲去大尹，左师曰："纵之，使盈其罪⑫。重而无基，能无敝乎⑬？"

【注释】

①公孙周：宋元公之孙子高。得：宋昭公。启：得的弟弟。畜：养。

②未有立焉：未决定立谁为太子。

③皇怀：皇非我堂兄弟。

④灵不缓：子灵围龟的后裔。

⑤乐茷：乐溷儿子。

⑥乐朱钽：乐轶儿子。

⑦六卿三族降听政：三族分任上述六卿官职，同掌政事。三族，皇、灵、乐三族。

⑧因大尹以达：六卿之政通过大尹上达景公。大尹，景公身边宠臣。

⑨大尹常不告：不报告景公。

⑩而以其欲称君命以令：以自己的意愿假传君令。

⑪国人恶之：大尹蒙上蔽下，专擅国政，国人痛恨。

⑫纵之，使盈其罪：先纵后擒，待大尹恶贯满盈再动手。盈，满。

⑬重而无基，能无敝乎：势重而不以仁、德为基础，必败。敝，败。

【译文】

宋景公没有儿子，收养了公孙周的儿子得和启，养在宫内，还没决定立谁为太子。这时皇缓任右师，皇非我任大司马，皇怀任司徒，灵不缓任左师，乐茷任司城，乐朱钼任大司寇。六卿三族一起听政，通过大尹上达景公。大尹常常不报告景公，而按照自己的欲望假称君命发号施令。国人都厌恶他。司城想除去大尹，左师说："随他去，让他恶贯满盈。权重而没有基础，能够不败吗？"

冬十月，公游于空泽①。辛巳②，卒于连中③。大尹兴空泽之士千甲④，奉公自空桐入，如沃宫⑤。使召六子⑥，曰："闻下有师，君请六子画⑦。"六子至，以甲劫之曰："君有疾病，请二三子盟⑧。"乃盟于少寝之庭⑨，曰："无为公室不利。"大尹立启⑩，奉丧殡于大宫⑪，三日而后国人知之⑫。司城茷使宣言于国曰："大尹惑蛊其君而专其利⑬，今君无疾而死，死又匿之，是无他矣，大尹之罪也⑭。"

【注释】

①空泽：宋国地名，在今河南虞城南。

②辛巳：初四。

③卒于连中：宋景公去世。连中，客馆名。宋景公，前516年即位，在位四十八年。

④大尹兴空泽之士千甲：发动甲士千人。

⑤奉公自空桐入，如沃宫：大尹将景公尸体秘密运回宫中，秘不发丧。空桐，古地名。离空泽不远。沃宫，宋国都城内宫名。

⑥六子：即上文的六卿。

⑦闻下有师，君请六子画：大尹假传君命，以地方上有战事请六卿来商讨。画，商量。

⑧请二三子盟：强迫六卿盟誓。

⑨少寝：小寝，诸侯休息的地方。

⑩大尹立启：立启为太子。

⑪丧殡：棺材。大宫：宋国祖庙。

⑫三日而后国人知之：知道景公已死。

⑬大尹惑蛊其君而专其利：蛊惑国君，专权跋扈。

⑭“今君无疾而死”四句：暗指大尹弑君。

【译文】

冬十月，宋景公在空泽游玩。初四，在连中去世。大尹征集了空泽甲士千名，事奉着景公的尸体从空桐入都，进入沃宫。派人召唤六卿，说：“听说地方上有战事，请六卿来商讨。”六卿到来，用甲士劫持他们，说：“国君有重病，请大家盟誓。”于是在小寝的庭院盟誓，说：“不要做对公室不利的事。”大尹立启为国君，将棺柩安顿在祖庙。三天后国人才知道这事。司城乐茷派人在国内散布说：“大尹蛊惑国君而专权擅利，如今国君无疾而终，死后他又隐匿丧事，这没有别的可说，就是大尹的罪过。”

得梦启北首而寝于卢门之外①，己为乌而集于其上，咮加于南门②，尾加于桐门③。曰：“余梦美，必立④。”大尹谋曰：“我不在盟⑤，无乃逐我，复盟之乎⑥！”使祝为载书⑦。六子在唐盂⑧，将盟之。祝襄以载书告皇非我⑨，皇非我因子潞、门尹得、左师谋曰[10]:“民与我,逐之乎?”皆归授甲,使徇于国曰:“大尹惑蛊其君,以陵虐公室[11],与我者,救君者也[12]。”众曰:“与之!”大尹徇曰:“戴氏、皇氏将不利公室[13],与我者,无忧不富。”众曰:“无别[14]!”戴氏、皇氏欲伐公[15],乐得曰:“不可。彼以陵公有罪,我伐公,则甚焉[16]。”使国人施于大尹[17],大尹奉启以奔楚,乃立得[18]。司城为上卿[19],盟曰:“三族共政[20],无相害也。”

【注释】

①北首:头向北。卢门:宋国都城南门。

②咮(zhòu):鸟嘴。

③桐门:北门。按,以上为梦境。

④余梦美,必立:得醒后解释梦境,以为自己必将代启为国君。古人认为,生者南向,死者北首,启北首而卧是将死之象。卧于门外是将失国的征兆。得变为大鸟停在启身上,嘴在南门,尾在北门,是代启得国之象。

⑤我不在盟:少寝之盟是以景公名义盟六卿,并非与大尹盟誓。

⑥复盟之乎:想再与六卿盟誓。

⑦载书:盟书。

⑧唐盂:古地名。离宋国都城不远。

⑨襄:太祝名。

⑩子潞:乐茷。门尹得:乐得。左师:灵不缓。

⑪陵虐公室:欺凌公室。

⑫与我者,救君者也:支持六卿的就是救君的人。

⑬戴:乐氏。

⑭无别:意思是你大尹和那些真要不利于公室的人并无差别。按,

众人不响应大尹。

⑮公：指启。

⑯彼以陵公有罪，我伐公，则甚焉：乐得意谓伐公甚于凌公。

⑰使国人施于大尹：加罪于大尹。

⑱乃立得：立得为君，即昭公。

⑲司城：乐茷。

⑳三族：即皇、灵、乐三族。

【译文】

得梦见启头朝北睡在卢门外，自己变成大鸟停在他身上，嘴巴搁在南门上，尾巴放在桐门上。他醒来后说："我的梦很好，一定可以立为国君。"大尹和人商议说："我没有参加盟誓，恐怕会被赶走，再跟他们盟誓吧！"让太祝准备盟书。六卿正在唐盂，打算和他盟誓。祝襄把盟书内容告诉了皇非我，皇非我和子潞、门尹得、左师商量说："人民倾向我们，赶走大尹吧？"都回家发放皮甲，派人在国内宣扬说："大尹蛊惑国君，欺凌虐待公室。支持我们的，就是救援国君的人。"大家说："支持。"大尹也宣扬说："戴氏、皇氏想对公室不利，支持我的，不用担心不富。"大家说："你和那些人没有区别。"戴氏、皇氏准备攻打国君启，乐得说："不能那样做。大尹因为欺凌国君而有罪，我们进攻国君，罪过就更大了。"派国人加罪于大尹，大尹事奉着启逃往楚国，于是立了得为国君。司城任上卿，盟誓道："三族共同执政，不要彼此危害。"

26.3　卫出公自城钼使以弓问子赣①，且曰："吾其入乎？"子赣稽首受弓，对曰："臣不识也②。"私于使者曰："昔成公孙于陈③，甯武子、孙庄子为宛濮之盟而君入④。献公孙于齐⑤，子鲜、子展为夷仪之盟而君入⑥。今君再在孙矣⑦，内不闻献之亲，外不闻成之卿⑧，则赐不识所由入也⑨。《诗》曰：'无竞惟人，四方其顺之[10]。'若得其人，四方以为主，而国于何有[11]？"

【注释】

①卫出公自城鉏使以弓问子赣：问，赠送。子赣，子贡。按，出公想请求子贡帮他复国。

②不识：不知道能否回国。

③昔成公孙于陈：僖公二十八年，卫成公奔楚，后来又逃往陈国。孙，通"逊"，逃亡。

④甯武子、孙庄子为宛濮之盟而君入：此盟在僖公二十八年。

⑤献公孙于齐：襄公十四年，卫献公被孙林父和甯惠子驱逐，奔齐。

⑥子鲜、子展为夷仪之盟而君入：襄公二十五年，甯惠子之子甯喜在夷仪见卫献公，商议使其返国，二十六年卫献公回国。

⑦今君再在孙矣：两次逃亡。哀公十五年逃鲁，今又逃宋。

⑧内不闻献之亲，外不闻成之卿：献公逃亡，有子鲜、子展跟随在外，助其复国。成公逃亡，甯武、孙庄在国内愿意接纳他回国。现在出公是内无亲信，外无忠臣。

⑨则赐不识所由入也：出公内外无亲，失尽人心，所以子贡不知道出公如何能回国。赐，子贡，端木赐。

⑩无竞惟人，四方其顺之：引《诗》见《诗经·周颂·烈文》，意思是得到贤人便会强大，四方都会顺服。无，语气词。竞，强。顺，今作"训"。

⑪若得其人，四方以为主，而国于何有：为君的如能任用贤才，四方臣民都会归顺，复国又有何难？出公已失尽人心，难以再回国了。

【译文】

卫出公从城鉏派人带着弓赠送给子赣，并且说："我能回国吗？"子赣叩头接受弓,回答说:"臣不知道。"私下对使者说:"昔日成公避居陈国,甯武子、孙庄子为他在宛濮结盟然后成公回国。献公避居于齐国,子鲜、子展为他在夷仪结盟然后献公回国。现在国君再次避居在外,国内没听说像献公那样有留守的亲信,在外没听说像成公那样有跟随的卿,那么我就不知道根据什么他能回国。《诗》说:'得到贤人便会强大,四方都会顺服。'如果能得到这样的人,四方臣民都会以他为主宰,回国又有何难?"

二十七年

【传】

27.1 二十七年春[①],越子使舌庸来聘,且言邾田[②],封于骀上[③]。二月,盟于平阳[④],三子皆从[⑤]。康子病之[⑥],言及子赣,曰:"若在此,吾不及此夫[⑦]!"武伯曰:"然。何不召?"曰:"固将召之。"文子曰:"他日请念[⑧]。"

【注释】

①二十七年:鲁哀公二十七年当周贞定王介元年,前468。

②越子使舌庸来聘,且言邾田:越王派舌庸聘鲁,并且以霸主身份让鲁国归还所占邾国田地。舌庸,越国大夫。

③封于骀上:商定以骀上作为鲁、邾两国的疆界。骀上,即鲁襄公四年《传》之狐骀,在今山东滕州。

④盟于平阳:鲁、越两国结盟。平阳,古地名。在今山东邹城。

⑤三子皆从:三人都随哀公参加盟会。三子,季康子、叔孙文子、孟武伯。

⑥康子病之:耻于与蛮夷之邦的越国盟誓;且以公、卿与一个大夫结盟,也是耻辱。

⑦若在此，吾不及此夫：子贡善于外交，要是在这里，鲁国便不会处于这种境地。

⑧他日请念：季孙不能重用子贡，临难时才想起他，因此文子说：以后可要记着他。

【译文】

鲁哀公二十七年春，越王派舌庸聘鲁，并且商谈关于邾国田地的事，商定以骀上作为鲁、邾两国的疆界。二月，在平阳结盟，季康子、叔孙文子、孟武伯三人都随哀公参加盟会。季康子对结盟感到不快，谈到子赣，说："他要是在这里，我不会到这地步！"武伯说："是的。为什么不召他来？"季康子说："本来就要召他。"文子说："以后请记着他。"

27.2　夏四月己亥①，季康子卒②。公吊焉，降礼③。

【注释】

①己亥：二十五日。

②季康子卒：季孙肥去世。

③公吊焉，降礼：降礼，礼节降等。按，鲁哀公对季孙本已怀恨在心，因此吊丧时礼节降等。

【译文】

夏四月二十五日，季康子去世。哀公去吊唁，礼数降等。

27.3　晋荀瑶帅师伐郑①，次于桐丘②。郑驷弘请救于齐③。齐师将兴，陈成子属孤子三日朝④。设乘车两马，系五邑焉⑤。召颜涿聚之子晋，曰："隰之役，而父死焉⑥。以国之多难，未女恤也。今君命女以是邑也，服车而朝⑦，毋废前劳⑧！"乃救郑。及留舒⑨，违谷七里，谷人不知⑩。及濮⑪，雨，不涉。子思曰[12]："大国在敝邑之宇下[13]，是以告急。今师不行，恐无及也[14]。"成子衣制、杖戈[15]，立于阪上，马不出者，助之鞭之[16]。知伯闻之，乃还，曰："我卜伐郑，不卜敌齐[17]。"使谓成子曰："大夫陈子，陈之自出[18]。陈之不祀，郑之罪也[19]，故寡君使瑶察陈衷焉[20]，谓大夫其恤陈乎[21]？若利本之颠，瑶何有焉[22]？"成子怒曰："多陵人者皆不在[23]，知伯其能久乎[24]！"中行文子告成子曰[25]："有自晋师告寅者，将为轻车千乘以厌齐师之门，则可尽也[26]。"成子曰："寡君命恒曰：'无及寡，无畏众[27]。'虽过千乘，敢辟之乎[28]？将以子之命告寡君[29]。"文子曰："吾乃今知所以亡[30]。君子之谋也，始、衷、终皆举之，而后入焉[31]。今我三不知而入之，不亦难乎[32]！"

【注释】

①荀瑶：知襄子。

②桐丘：古地名。在今河南扶沟西。

③驷弘：郑国大夫驷歂之子，字子般。

④陈成子属孤子三日朝：让遗孤三日内朝见国君。属，集合。孤子，阵亡将领的遗孤。

⑤设乘车两马，系五邑焉：以一乘车两匹马再加城邑五座封赏遗孤，以激励他们作战。乘车，战车一辆。

⑥隰之役，而父死焉：隰之役在哀公二十三年，颜涿聚，即颜庚战死。

⑦今君命女以是邑也，服车而朝：国君以城邑封赏你，你应驾着车去朝见谢恩。

⑧毋废前劳：不可废弃先父的功劳。

⑨留舒：齐国地名，在今山东东阿东北。

⑩违谷七里，谷人不知：齐军行军整肃诡秘，过谷境而谷人毫无知

觉。违,距离。谷,古地名。在今山东东阿。

⑪濮:濮水,在今河南滑县与延津。

⑫子思:郑国子产之子国参。他与驷弘一同前往齐国求救兵。

⑬大国在敝邑之宇下:晋国已兵临城下。

⑭今师不行,恐无及也:齐军不肯渡河,只怕救援不及。

⑮制:雨衣。杖戈:拄着戈。

⑯立于阪上,马不出者,助之鞭之:陈成子亲自督促齐军前进,凡是踌躇不前的,亲自用鞭策之使前。

⑰我卜伐郑,不卜敌齐:只伐郑,不与齐国为敌。

⑱大夫陈子,陈之自出:陈氏本是陈国公室贵族,庄公二十二年陈完出逃齐国,这是齐国陈氏之祖。

⑲陈之不祀,郑之罪也:哀公十七年楚国灭亡陈国,不是郑国之罪。这里意在挑拨陈氏与郑国的关系。

⑳察陈衷焉:了解陈国被灭的实情。

㉑其恤陈乎:希望陈成子能体恤陈国的被灭。

㉒若利本之颠,瑶何有焉:如果陈成子不体恤陈国的被灭,与我荀瑶并无关系。利本之颠,以陈国的颠覆为利。本,指陈国。

㉓多陵人:欺人太甚。不在:不会长久。

㉔知伯其能久乎:预言知氏不能长久。其,岂能,难道。

㉕中行文子:晋国荀寅。此时逃亡在齐国。

㉖有自晋师告寅者,将为轻车千乘以厌齐师之门,则可尽也:晋军将以轻装战车攻击齐军阵门,可能尽歼齐军。厌,压。

㉗无及寡,无畏众:不攻击零星的士卒,也不畏惧敌军众多。及,攻击。

㉘虽过千乘,敢辟之乎:晋军轻车虽有千乘之众,齐军也不回避、害怕。

㉙将以子之命告寡君:陈成子怀疑荀寅有为晋国而威吓齐国之心,所以这样说。

㉚吾乃今知所以亡:现在才知道自己何以会逃亡。

㉛君子之谋也，始、衷、终皆举之，而后入焉：有才智的人行事，都应考虑到事情的开始、发展和结局，然后才行动。始、衷、终，开始、中间、结局。

㉜今我三不知而入之，不亦难乎：后悔自己无知，不了解成子之心，贸然进言。

【译文】

晋国荀瑶领兵攻打郑国，驻扎在桐丘。郑国驷弘到齐国求救。齐国军队将要出发，陈成子召集阵亡将士的孩子，分三天朝见。设置了一辆车两匹马，再加城邑五座作封赏。召见颜涿聚的儿子晋，说："隰地战役，你父亲战死。由于国家多难，没有抚恤你。现在国君命令把这座城邑封赏你，你应驾车去朝见，不要废弃你父亲的勋劳！"于是出兵救援郑国。到达留舒，离谷地七里，谷地人还不知道。到达濮水，下雨，军队不愿意渡河。子思说："晋国的人马就在敝邑的屋檐底下了，所以告急。现在军队不前进，恐怕来不及了。"陈成子穿着雨衣，拄着戈，站在山坡上，马不行的，就拉它或是鞭打它。知伯听说了，便收兵而回，说："我占卜过攻打郑国，但没占卜和齐国作战。"派人对陈成子说："大夫陈氏是从陈国分支出来的。陈国被灭，是郑国的罪过。所以我们国君派我来调查陈国被灭亡的原因，请问您体恤陈国的被灭吗？要是您觉得宗国覆亡对您有利，和我又有什么关系呢？"陈成子发怒说："经常欺凌别人的都不能长久，知伯难道能够长久吗？"中行文子告诉陈成子说："有人从晋军来告诉我，晋军打算用千辆轻车，迫近攻击齐军的营门，就可全歼齐军了。"陈成子说："我们国君命令我说：'不要追赶零散的兵士，不要害怕人马众多。'即便超过一千辆车，我岂敢退避？我将把您的话报告我们国君。"中行文子说："我现在才明白自己所以流亡的原因。君子谋划一件事，对开始、中间、结局都要考虑周详，然后再报告。现在我对这三个环节都不知道就报告了，不也就很难了吗？"

27.4 公患三桓之侈也[①],欲以诸侯去之[②]。三桓亦患公之妄也[③],故君臣多间[④]。公游于陵阪[⑤],遇孟武伯于孟氏之衢,曰:“请有问于子,余及死乎[⑥]?”对曰:“臣无由知之。”三问,卒辞不对[⑦]。公欲以越伐鲁而去三桓[⑧]。秋八月甲戌[⑨],公如公孙有陉氏[⑩]。因孙于邾[⑪],乃遂如越[⑫]。国人施公孙有山氏[⑬]。

【注释】

①侈:盛气凌人。《说文》:“侈,掩胁也。”段玉裁《注》云:“掩者,掩盖其上;胁者,胁制其旁。凡自多以陵人曰侈,此侈之本义也。”

②欲以诸侯去之:三桓强大,无视公室,哀公对其意见很大,亦恐被杀或被逐,故想借诸侯军队驱逐三桓。

③妄:狂妄昏乱,胡作非为。

④间:矛盾,嫌隙。

⑤陵阪:古地名。在曲阜城东北黄帝陵附近。

⑥及死:好死,寿终正寝。

⑦三问,卒辞不对:孟武伯不回答。

⑧公欲以越伐鲁而去三桓:当时越国强大,俨然为霸主。

⑨甲戌:初一。

⑩有陉氏:有山氏。

⑪因孙于邾:被三桓所迫,鲁哀公先躲进公孙有山氏家,然后逃亡邾国。

⑫遂如越:哀公最后逃亡越国。哀公十六年,子贡曾预言哀公将不没于鲁国,现在果真如此。

⑬国人施公孙:因哀公从有山氏家出走,国人拘捕了公孙有山氏。施,拘捕。

【译文】

鲁哀公忧虑三桓的专横,想借助诸侯的力量除去他们。三桓也担心哀公胡作非为,因此君臣之间有很多隔阂。哀公在陵阪游玩,在孟氏之衢遇到孟武伯,说:“我有件事要向你请教,我能有好死吗?”孟武伯回答说:“下臣无法知道。”问了三次,孟武伯始终辞谢不答。哀公想请越国来进攻鲁国而除去三桓。秋八月初一,哀公到公孙有山氏处。因此而逃亡于邾国,接着就去了越国。国人拘捕了公孙有山氏。

27.5　悼之四年[①],晋荀瑶帅师围郑,未至,郑驷弘曰:“知伯愎而好胜,早下之,则可行也[②]。”乃先保南里以待之[③]。知伯入南里,门于桔柣之门[④]。郑人俘酅魁垒[⑤],赂之以知政[⑥],闭其口而死[⑦]。将门[⑧],知伯谓赵孟[⑨]:“入之[⑩]。”对曰:“主在此[⑪]。”知伯曰:“恶而无勇,何以为子[⑫]?”对曰:“以能忍耻,庶无害赵宗乎[⑬]!”知伯不悛,赵襄子由是惎知伯,遂丧之[⑭]。知伯贪而愎,故韩、魏反而丧之[⑮]。

【注释】

①悼之四年:悼,鲁悼公,哀公之子,名宁。哀公出国,鲁国人立他为君。按,鲁悼公四年为前463年,《左传》编年至鲁哀公二十七年止,这里附悼公四年后事。

②知伯愎而好胜,早下之,则可行也:驷弘表示愿意屈服,使晋军退兵。下之,表示妥协。行,撤退。

③乃先保南里以待之:驷弘先据守南里,以等待晋军。保,据守。南里,郑国都城外地方。

④知伯入南里,门于桔柣之门:晋军进入南里,郑军且战且退,晋军逼近桔柣之门。桔柣之门,郑国城门。

⑤鄐(xī)魁垒:晋国军士。

⑥赂之以知政:许以卿的地位,让鄐魁垒投降。

⑦闭其口而死:鄐魁垒不答应,郑军塞其口而杀之。

⑧将门:将攻打郑国城门。

⑨赵孟:赵襄子无恤。

⑩入之:荀瑶叫赵孟先攻门。

⑪主在此:赵孟回答,主将在此,何不自己先入?主,指荀瑶。

⑫恶而无勇,何以为子:赵襄子本是贱妾的儿子,赵简子废嫡子伯鲁而立他,所以荀瑶讥其貌丑而无勇,何以立为嫡子。恶,貌丑。子,指太子。

⑬以能忍耻,庶无害赵宗乎:能为社稷忍辱负重,能使赵氏长久不衰,所以立为嫡子。

⑭知伯不悛,赵襄子由是惎(jì)知伯,遂丧之:荀瑶轻侮赵无恤,知、赵两家恶感日甚,知伯于是想灭掉赵氏。不悛,不悔改。惎,憎恨。

⑮知伯贪而愎,故韩、魏反而丧之:鲁悼公十四年(前453),知伯率领晋国的韩、魏二家围赵襄子于晋阳。韩、魏反而与赵氏联合,杀知伯于晋阳,灭知氏。韩、赵、魏三家分晋之势形成。

【译文】

悼公四年,晋国荀瑶带兵包围郑国,还没到,郑国驷弘说:"荀瑶刚愎而争强好胜,我们早些向他表示屈服,他就会退兵了。"于是先在南里设防等候晋军。荀瑶进入南里,攻打桔柣之门。郑国俘获了鄐魁垒,用卿的官职来诱降他,鄐魁垒不答应,郑军塞上其口杀死了他。将要攻打城门,荀瑶告诉赵孟:"你冲进去。"赵孟回答说:"主将您在这里呢。"荀瑶说:"你貌丑而缺乏勇气,怎么会立你为继承人?"赵孟回答说:"因为我能忍受耻辱,也许对赵氏宗族没有危害吧!"荀瑶不知改悔,赵孟由此而怨恨荀瑶,荀瑶便想灭掉赵孟。荀瑶贪婪而刚愎,所以韩氏、魏氏反倒灭亡了他。